跟我学炒股从入门到精通

刘川 著

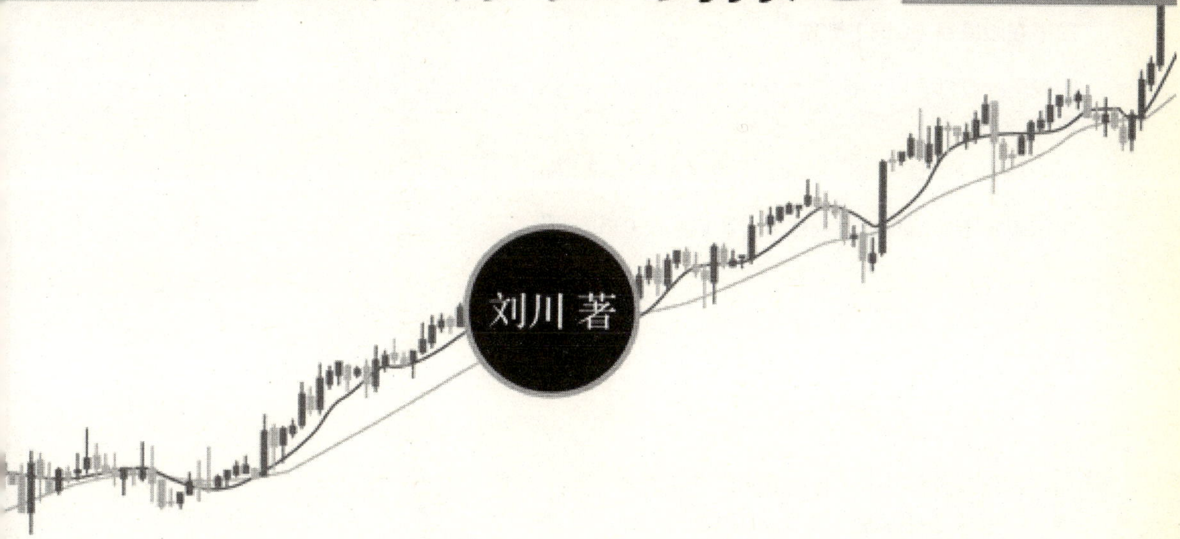

電子工業出版社
Publishing House of Electronics Industry
北京・BEIJING

内 容 简 介

本书主要围绕股票操作的技术分析和盘口分析，得以让股市初学者可以快速入门。全书共分为 13 章，内容涵盖了入市前的准备工作，蜡烛图分析、成交量分析、技术指标分析、盘口分析、平均线分析、抓涨停等几种分析方法，以及看盘软件的基本使用方法。

本书采用分析过程与图片案例相结合的形式，直观、清晰地还原分析过程，针对性地给出买点和卖点，可以让初学者在最快时间内掌握交易的精髓。

图书在版编目（CIP）数据

跟我学炒股从入门到精通 / 刘川著. —北京：电子工业出版社，2015.5
ISBN 978-7-121-25563-2

Ⅰ. ①跟… Ⅱ. ①刘… Ⅲ. ①股票投资—基本知识 Ⅳ. ①F830.91

中国版本图书馆 CIP 数据核字（2015）第 033529 号

责任编辑：张 毅 特约编辑：徐 岩
印 刷：三河市鑫金马印装有限公司
装 订：三河市鑫金马印装有限公司
出版发行：电子工业出版社
北京市海淀区万寿路 173 信箱 邮编 100036
开 本：720 × 1000 1/16 印张：27.75 字数：513 千字
版 次：2015 年 5 月第 1 版
印 次：2016 年 1 月第 5 次印刷
定 价：58.00 元

凡所购买电子工业出版社图书有缺损问题，请向购买书店调换。若书店售缺，请与本社发行部联系，联系及邮购电话：（010）88254888。

质量投诉请发邮件至 zlts@phei.com.cn，盗版侵权举报请发邮件至 dbqq@phei. com.cn。

服务热线：（010）88258888。

刘培杰数学工作室
已出版(即将出版)图书目录——原版影印

书　　名	出版时间	定　价	编号
数学物理大百科全书.第1卷	2016—01	418.00	508
数学物理大百科全书.第2卷	2016—01	408.00	509
数学物理大百科全书.第3卷	2016—01	396.00	510
数学物理大百科全书.第4卷	2016—01	408.00	511
数学物理大百科全书.第5卷	2016—01	368.00	512

zeta函数,q-zeta函数,相伴级数与积分	2015—08	88.00	513
微分形式:理论与练习	2015—08	58.00	514
离散与微分包含的逼近和优化	2015—08	58.00	515
艾伦·图灵:他的工作与影响	2016—01	98.00	560
测度理论概率导论,第2版	2016—01	88.00	561
带有潜在故障恢复系统的半马尔柯夫模型控制	2016—01	98.00	562
数学分析原理	2016—01	88.00	563
随机偏微分方程的有效动力学	2016—01	88.00	564
图的谱半径	2016—01	58.00	565
量子机器学习中数据挖掘的量子计算方法	2016—01	98.00	566
量子物理的非常规方法	2016—01	118.00	567
运输过程的统一非局部理论:广义波尔兹曼物理动力学,第2版	2016—01	198.00	568
量子力学与经典力学之间的联系在原子、分子及电动力学系统建模中的应用	2016—01	58.00	569

算术域	2018—01	158.00	821
高等数学竞赛:1962—1991年的米洛克斯·史怀哲竞赛	2018—01	128.00	822
用数学奥林匹克精神解决数论问题	2018—01	108.00	823
代数几何(德文)	2018—04	68.00	824
丢番图逼近论	2018—01	78.00	825
代数几何学基础教程	2018—01	98.00	826
解析数论入门课程	2018—01	78.00	827
数论中的丢番图问题	2018—01	78.00	829
数论(梦幻之旅):第五届中日数论研讨会演讲集	2018—01	68.00	830
数论新应用	2018—01	68.00	831
数论	2018—01	78.00	832

刘培杰数学工作室
已出版(即将出版)图书目录——原版影印

书　　名	出版时间	定　价	编号
湍流十讲	2018—04	108.00	886
无穷维李代数:第 3 版	2018—04	98.00	887
等值、不变量和对称性:英文	2018—04	78.00	888
解析数论	2018—09	78.00	889
《数学原理》的演化:伯特兰·罗素撰写第二版时的手稿与笔记	2018—04	108.00	890
哈密尔顿数学论文集(第 4 卷):几何学、分析学、天文学、概率和有限差分等	2019—05	108.00	891
偏微分方程全局吸引子的特性:英文	2018—09	108.00	979
整函数与下调和函数:英文	2018—09	118.00	980
幂等分析:英文	2018—09	118.00	981
李群,离散子群与不变量理论:英文	2018—09	108.00	982
动力系统与统计力学:英文	2018—09	118.00	983
表示论与动力系统:英文	2018—09	118.00	984
初级统计学:循序渐进的方法:第 10 版	2019—05	68.00	1067
工程师与科学家微分方程用书:第 4 版	2019—07	58.00	1068
大学代数与三角学	2019—06	78.00	1069
培养数学能力的途径	2019—07	38.00	1070
工程师与科学家统计学:第 4 版	2019—06	58.00	1071
贸易与经济中的应用统计学:第 6 版	2019—06	58.00	1072
傅立叶级数和边值问题:第 8 版	2019—05	48.00	1073
通往天文学的途径:第 5 版	2019—05	58.00	1074
拉马努金笔记. 第 1 卷	2019—06	165.00	1078
拉马努金笔记. 第 2 卷	2019—06	165.00	1079
拉马努金笔记. 第 3 卷	2019—06	165.00	1080
拉马努金笔记. 第 4 卷	2019—06	165.00	1081
拉马努金笔记. 第 5 卷	2019—06	165.00	1082
拉马努金遗失笔记. 第 1 卷	2019—06	109.00	1083
拉马努金遗失笔记. 第 2 卷	2019—06	109.00	1084
拉马努金遗失笔记. 第 3 卷	2019—06	109.00	1085
拉马努金遗失笔记. 第 4 卷	2019—06	109.00	1086
数论:1976 年纽约洛克菲勒大学数论会议记录	2020—06	68.00	1145
数论:卡本代尔 1979:1979 年在南伊利诺伊卡本代尔大学举行的数论会议记录	2020—06	78.00	1146
数论:诺德韦克豪特 1983:1983 年在诺德韦克豪特举行的 Journees Arithmetiques 数论大会会议记录	2020—06	68.00	1147
数论:1985—1988 年在纽约城市大学研究生院和大学中心举办的研讨会	2020—06	68.00	1148
数论:1987 年在乌尔姆举行的 Journees Arithmetiques 数论大会会议记录	2020—06	68.00	1149

刘培杰数学工作室
已出版(即将出版)图书目录——原版影印

书　　名	出版时间	定　价	编号
数论:马德拉斯 1987:1987 年在马德拉斯安娜大学举行的国际拉马努金百年纪念大会会议记录	2020—06	68.00	1150
解析数论:1988 年在东京举行的日法研讨会会议记录	2020—06	68.00	1151
解析数论:2002 年在意大利切特拉罗举行的 C. I. M. E. 暑期班演讲集	2020—06	68.00	1152
量子世界中的蝴蝶:最迷人的量子分形故事	2020—06	118.00	1157
走进量子力学	2020—06	118.00	1158
计算物理学概论	2020—06	48.00	1159
物质,空间和时间的理论:量子理论	2020—10	48.00	1160
物质,空间和时间的理论:经典理论	2020—10	48.00	1161
量子场理论:解释世界的神秘背景	2020—07	38.00	1162
计算物理学概论	2020—06	48.00	1163
行星状星云	2020—10	38.00	1164
基本宇宙学:从亚里士多德的宇宙到大爆炸	2020—08	58.00	1165
数学磁流体力学	2020—07	58.00	1166
计算科学:第 1 卷,计算的科学(日文)	2020—07	88.00	1167
计算科学:第 2 卷,计算与宇宙(日文)	2020—07	88.00	1168
计算科学:第 3 卷,计算与物质(日文)	2020—07	88.00	1169
计算科学:第 4 卷,计算与生命(日文)	2020—07	88.00	1170
计算科学:第 5 卷,计算与地球环境(日文)	2020—07	88.00	1171
计算科学:第 6 卷,计算与社会(日文)	2020—07	88.00	1172
计算科学.别卷,超级计算机(日文)	2020—07	88.00	1173
代数与数论:综合方法	2020—10	78.00	1185
复分析:现代函数理论第一课	2020—07	58.00	1186
斐波那契数列和卡特兰数:导论	2020—10	68.00	1187
组合推理:计数艺术介绍	2020—07	88.00	1188
二次互反律的傅里叶分析证明	2020—07	48.00	1189
旋瓦兹分布的希尔伯特变换与应用	2020—07	58.00	1190
泛函分析:巴拿赫空间理论入门	2020—07	48.00	1191
卡塔兰数入门	2019—05	68.00	1060
测度与积分	2019—04	68.00	1059
组合学手册.第一卷	2020—06	128.00	1153
*一代数、局部紧群和巴拿赫*一代数丛的表示.第一卷,群和代数的基本表示理论	2020—05	148.00	1154
电磁理论	2020—08	48.00	1193
连续介质力学中的非线性问题	2020—09	78.00	1195

刘培杰数学工作室
已出版(即将出版)图书目录——原版影印

书　　名	出版时间	定　价	编号
典型群,错排与素数	2020-11	58.00	1204
李代数的表示:通过 gln 进行介绍	2020-10	38.00	1205
实分析演讲集	2020-10	38.00	1206
现代分析及其应用的课程	2020-10	58.00	1207
运动中的抛射物数学	2020-10	38.00	1208
2-纽结与它们的群	2020-10	38.00	1209
概率,策略和选择:博弈与选举中的数学	2020-11	58.00	1210
分析学引论	2020-11	58.00	1211
量子群:通往流代数的路径	2020-11	38.00	1212
集合论入门	2020-10	48.00	1213
酉反射群	2020-11	58.00	1214
探索数学:吸引人的证明方式	2020-11	58.00	1215
微分拓扑短期课程	2020-10	48.00	1216
抽象凸分析	2020-11	68.00	1222
费马大定理笔记	即将出版		1223
高斯与雅可比和	即将出版		1224
π 与算术几何平均:关于解析数论和计算复杂性的研究	即将出版		1225
复分析入门	即将出版		1226
爱德华·卢卡斯与素性测定	即将出版		1227
通往凸分析及其应用的简单路径	即将出版		1229
微分几何的各个方面.第一卷	即将出版		1230
微分几何的各个方面.第二卷	2020-12	58.00	1231
微分几何的各个方面.第三卷	2020-12	58.00	1232
沃克流形几何学	2020-11	58.00	1233
仿射和韦尔几何应用	2020-12	58.00	1234
双曲几何学的陀螺向量空间方法	即将出版		1235
积分:分析学的关键	2020-12	48.00	1236
为有天分的新生准备的分析学基础教材	2020-11	48.00	1237
代数、生物信息和机器人技术的算法问题.第四卷,独立恒等式系统(俄文)	2020-08	118.00	1119
代数、生物信息和机器人技术的算法问题.第五卷,相对覆盖性和独立可拆分恒等式系统(俄文)	2020-08	118.00	1200
代数、生物信息和机器人技术的算法问题.第六卷,恒等式和准恒等式的相等 问题、可推导性和可实现性(俄文)	2020-08	128.00	1201

联系地址:哈尔滨市南岗区复华四道街 10 号　哈尔滨工业大学出版社刘培杰数学工作室
网　　址:http://lpj.hit.edu.cn/
邮　　编:150006
联系电话:0451-86281378　　13904613167
E-mail:lpj1378@163.com

前言

在定期存款、股票、期货、基金等一系列理财方式中，股票是让人又爱又恨的一种，门槛低、收益相对高、风险可控等优点让它具备长久的诱惑力。但是面对股市里数量众多的股票，我们究竟应该把宝贵的资金投入到哪几只股票里去呢？对于散户们来说，这是一道需要从很多方面来思考入手的问题。如果只是从中随意地选择，偶尔地捞一桶金不算难事，但是想要源源不断地获得盈利却是不可能的。究其原因就是，他们不懂得更新知识和自如地运用学到的知识。对于股票基础知识基本为零的新手们来说，应该懂得武装好大脑才能充实起钱包的道理。

为什么编写本书

新股民们都面临着一个难题，因为市面上关于股票的书比你能买到的股票的数目可能还要多。这些书有讲技术分析的，有讲股票估值的，有前人大师写的，也有这几年在股市里叱咤风云的人物写的。如果将这些书都汇总起来，放在你们的面前，大概脑子里只会嗡嗡作响，实在是让人无从下手。

于是就有了写这本书的动机。本书主要以股票买卖的流程为线性框架，并通过股市买卖里很多常用的名词，加上即便是从来没买卖过股票的人也能明白的浅显的解释，组织串联起整个框架，为你立体地呈现出股票买卖中你不得不关注的各个方面。形象地说，就好比是一本高深武功秘籍的总纲。在你修炼高深的武功前，先为你打好扎实的基础，等你对股票买卖有了个清晰的概念后，自然知道日后从哪方面再去深入，真正做到一日千里。

新股民要注意什么

再往细了说，新手炒股，一般要从三个方面着手。

第一，了解股市基础知识。

与进入其他市场一样，作为新手，初入股市，要对市场的参与者，对自己交易的目标、交易价格的形成，以及自己平日里所使用的交易工具进行一个简单的了解。这种了解能使人从更加宏观的角度来观察股市，摆脱股价短期波动带来的不利影响。

第二，掌握一项适合自己的技术。

要想成为一个专业的医师，需要丰富的临床经验；要想成为一个工程师，需要长期的工作经验。但许多初入股市的人，却忘记了作为一个投资者也需要一项适合自己的交易技术，忘记了这可能需要较长的时间进行训练。

第三，树立正确的交易理念。

有一些错误，作为交易者是绝对不能犯的；有一些前期工作，作为交易者是永远不可能准备周全的；有一些钱，作为交易者是绝对不可以动用的……

这就是交易中不可不知的一些经典理念，只有将正确的交易理念与交易技术相结合，操作才能真正取得成功。

本书包括什么内容

本书就是从这三个方面入手来介绍新手如何炒股的。

其中，前 3 章主要介绍股票的基础知识和投资者必须树立的一些交易理念。包括股票基础知识、开户过程、大智慧炒股软件的使用策略、新手必知的投资理念等。

第 4～12 章是介绍股票技术分析的，涉及的内容包括 K 线理论、形态理论、均线指标。这些都是炒股所必须掌握的经典技术分析工具，特别是 K 线理论，无论是短线操作还是中长线操作，都有无可替代的作用，投资者要注意仔细揣摩。

第 13 章则是从公司基本面，利用几个案例来说明实战操作中如何利用公司的基本面和财务状况来选择优质股并规避风险。

本书由刘川统筹编写，同时参与编写的还有鲍凯、范陈琼、郭现杰、雷凤、刘桂珍、王凯迪、张昆、张燕、张友、赵桂芹、鲍洁、李亚伟、王小龙、张金霞，在此一并表示感谢！相信本书能够为投资者的股市求索之路提供实实在在的帮助，让投资者尽量避开被套牢和亏损的境地，实现用钱赚钱的梦想。

目录

第13章 查看公司基本面

附录A 常见股票名词释义速查 / 419

第 1 章

炒股之前，认清自己

大多数投资者宁愿相信，有一个通向市场终极的魔术法则。他们还相信，肯定有一小部分人知道这个法则，就是那些意气风发、指点江山，并从市场上收获了大笔财富的高手。因此一直努力想揭开这个“芝麻开门”的秘密，从而变得同样富有。但是只有少数人知道去哪里寻找，因为答案在他们最不可能想到的地方——投资者自身！这也许你永远也不会相信。

1.1 资金性质决定在市场格局中的定位

在股市中，短时间大量资金集中投入，会使股价朝一个方向运动；而短时间股票集中卖出，又会使股价朝另一个方向运动。所以，大资金能左右股价。但是由于“回波效应”（一买就涨，一卖就跌），致使大的资金进出困难；小资金则相反。投资者一定要明白这个原理，加以自我对照，看看自己属于哪种，不要自觉或不自觉地站错了队。比如说，大资金由于建仓或出货周期长，必定要实行“左侧交易”，而小资金就没有必要跟着“逆势操作”，而应该采取机动灵活的“右侧交易”。

另外，主力资金是动作的发出者，股价波动的制造者，它知道什么时候该涨、该跌；小资金则不知道，是价格波动的接受者。一般来说，大资金掌握主动，如同战争中处于进攻一方；小资金容易陷入被动，好比防御一方。大兵团作战，攻城略地，讲究周密计划，组织协调，行动坚决，不惜代价。小分队独立作战，讲究生存，打得胜就打，打不赢就跑。作战风格形成鲜明对照。

比如，十万人的军队，攻下城池，自损一万，不算什么。而对方总共一万人，则是全军覆没，还丢了城池，意义绝不相同。力量小的一方，在防御作战中，由于不具备战场控制权，战机往往稍纵即逝，极易失去军队的行动自由，而陷入被动挨打的不利局面。所以，无论是主力还是机构大户，以及中小投资者，都必须清醒地认识到，自己的资金在股市中所处的地位，这将决定操作模式、强度、频率、风格。

1.1.1 照照镜子，你属于狼还是羊？

明白了上述道理，就清楚自己所应有的投资策略。是羊就要防备狼，还要吃得上草。如果是狼就要吃羊，这是生态链，不然没法生存。有的散户朋友在被套后，不屑一顾地说，“不怕，庄家还在里面呢。”现在，你就知道问题在哪里了吧？在股市中，狼和羊是相对的，一看流通盘大小，同样的资金量，对小盘股影响就大。二看对手力量大小，对手控制股价能力比你强，他就成了狼，你就不再是狼。

市场上“大小非”一出来，则是老虎，各路狼们当然知道应该怎么办。而中等规模的资金，则有个站队问题，站入狼群，就属于狼的一分子，不站进去就可以看作是羊。这里指的“站队”是区分帮庄、协庄、联庄，还是跟庄、抗庄的意思。当然，生存斗争激烈时，也会出现狼吃狼、虎吃狼的情况。

你如果是羊，就老老实实按羊的规则操作，别做非分之想。比如，你有几千万，就得考虑好，分散投资当然没问题。但如果想要集中投资，就得当心了，一旦贸然进入一个小流通盘股，你可以占它 4 %，主力一定会对你震仓，那对你来说就是“一买就跌”。而当你感到吃不消了，主力就把你挤出去了，接下来的事情，对你来说就是“一卖就涨”。

1.1.2 是长线资金还是短线资金

这与银行的“长存短贷”道理一样。长有长的用法，短做短的打算。一股小部队可以快攻快撤；同样，一支小资金可以追涨杀跌。而大资金则根本不行，大资金只能做长远打算。所以，假如你是长线资金，不妨参照基金，按价值投资；如果是短线资金，首先应考虑趋势投资。但大资金也有短期性质的，小资金也有长期性质的，就要权衡。

总的原则是，长线资金运作股市的中长期趋势，也就是“基本趋势”；中线资金运作中短期趋势，也就是“次级趋势”；日间杂波不好掌握，一般不建议投资者去追求。想好了你必须有取有舍：如果你是长线资金，那么就不必眼红别人的追涨杀跌，不用去关心涨停个股，而安心于价值投资，耐心长期持有。反之，如果你是短线资金，操作上就不能死等，尤其是不慎被套时，不能用等待的方法期望解套。

1.1.3　承受风险能力是大还是小

有很多投资者在进入股市时，根本回答不清楚这个问题，甚至有的人，在本金损失了 40%以后，才发现自己承担不起这个损失。一个承受风险能力小于 30%的资金，是不适宜进入股市的。同样，一个止损纪律执行不好的人，也不应进入股市。对于专业投资人来说，风险收益比小于 3，就不是一桩好的交易，应该放弃。对于稳健投资者，对本金采取稳定收益策略，用利息部分去博高风险、高收益，是不错的选择。对于稍大一点的资金，通常是由"普通权"＋"优先权"相组合的资金，或者应考虑"安全垫"方式操作，即先投入一部分资金，等获利后，再加大投入。

作为投资者，头脑要清醒：操作风格一定要适应自己承受风险的能力。从操作风格上看，依次往前排是：无所作为—保守—稳健—激进—赌徒。每个投资者都应该视自身情况，对号入座，选取自己应具备的操作风格。

1.1.4　期望是高收益还是平稳收益

马克思鲜明指出，任何资本都是趋利的。明确资金的收益期望很重要，是要求高收益还是平稳收益？对于有高期望的资金来说，可能需要风险逐利，这无疑属于压力型资金。而在操作压力型资金时，人们的心态常常会变得很坏。对于期望平稳收益的资金来说，并不需要大风大浪，而需要无风险套利。只需要积少成多，加上日积月累，要有足够的耐心和坚持不懈的毅力。后者在操作心态上明显占据优势，其操盘手的水平，也比较容易得以发挥。

能够收益多少？面对本身就是不确定的市场环境，到底将来收益能有多少，投资者事前是不清楚的。所以，正确的做法是："制止损失扩大，而让利润奔跑。"至于最终得到多少收益，将视市场给多少而定。因而，那种预定计划收益的做法，是不切合实际的。

1.1.5　资金的特点将决定操作策略

综上所述，投资股市资金量的大小、期限的长短、承受风险的强弱以及收益期望的高低，将决定投资策略和操作方法。因为只有我们顺应市场，而不能奢望市场适应我们。不能根据自身的喜好来决定投资方式。比如你喜欢做长线，但资金是短期的，就逼着你只能学做短线操作，不管你愿意不愿意。

对于资金量大、期限相对长、追求平稳收益的资金来说，将以基本面业绩分析为主，坚持价值投资为导向，中线持有，高抛低吸。对于承受风险能力相对强、资金量小、期限短的资金，则采取以技术分析为主，寻找市场热点，实行趋势投资，追涨杀跌。对于目前尚不清楚是属于何种性质资金时，暂且按低风险、低收益的短期资金来安排操作，会比较稳妥。

1.2 投资人的性格心理和思维特征

如果用计算机描述股票的操作状态，只有四种：买入，卖出，持筹，空仓。然而在一系列投资过程中，操作者的心理却异常复杂。十个操作者，就有十种不同的操作方式。他们为什么常常失手？通过观察，可以找出投资人失败的两个基本原因。

缺乏系统投入，怕麻烦

他们缺乏持之以恒、苦心孤诣的决心和耐力。这需要通过强化训练来获得。想象一下，偶尔去体育馆，举几次 10kg 重的器物，这样并不能锻炼我们的体力，也不能起到健美的作用。同样的道理，想要通过粗浅的准备、冲动的直觉，以及未经实践检验的策略去打赢市场，将是多么的可笑。

一个拘泥于人类本性的人，是很难在股票市场上有所作为的。这需要相当的个人自我超越，需要长期艰苦的实践与磨炼。一个想要在股票市场获取巨大成功的人士，自身必须具备伟大的潜质。这正是我们选择股票道路的困难和可贵之处。

在交易过程中过度情绪化

急于获利，无视风险。这样他们就脱离了心理的理性状态，而这种状态，是沉浸于学习探索过程中所必需的要素。

关于投资心理学，有部分学者将投资者的真知灼见，解读成“真正的自己”，将情绪化思维解读为“另一个自己”，揭示了投资过程中，人们无时无刻不处于心理矛盾和思想斗争的心路历程。

1.2.1 投资心理的挣扎与矛盾

在真正的自己与另一个自己之间的游移和挣扎，是许多投资者最困惑的问题之一。他们常常泛起真正的自己的感悟，觉得自己能够清楚地看清市场，常对市场有着准确的理解。可是，这些理解和极其正确的分析，无法转化为行动，无法结出成功的果实。在采取具体行动的时候，常常为另一个自己所左右，一旦行动就会出现错误，往往“看得对，而做不对”，因此前进不得。这一部分投资者处在深深的矛盾中，老是为自己看对做不对而感到迷惑，并为此痛苦。

这些投资者问题的根源何在？这是一个深沉的课题。处在这种状态的投资者，如何再向前迈出一步，至关重要。他们的真实状况，是真正的自己与另一个自己搅在一起，当他们看市场的时候，心里很清楚，市场是这样的，或者是那样的。真正的自己常常自然而然地涌流出来。

但当他们去行动的时候，对于得失的顾忌和担心，使他们又被另一个自己左右起来，小心翼翼，瞻前顾后，内心的自由已经荡然无存。这个时候，他们怎么可能取得投资成功呢？这一部分人也不知道自己为什么会这样，明明看上去正确的事情，怎么做起来就是另一个样子。他们甚至认为，自己的市场知识已经很多了，对于市场没有什么不懂的东西，但是他们却无法成功。以图 1-1 为例，当股价回落至上升通道下轨附近，到底是应该买入还是卖出呢？

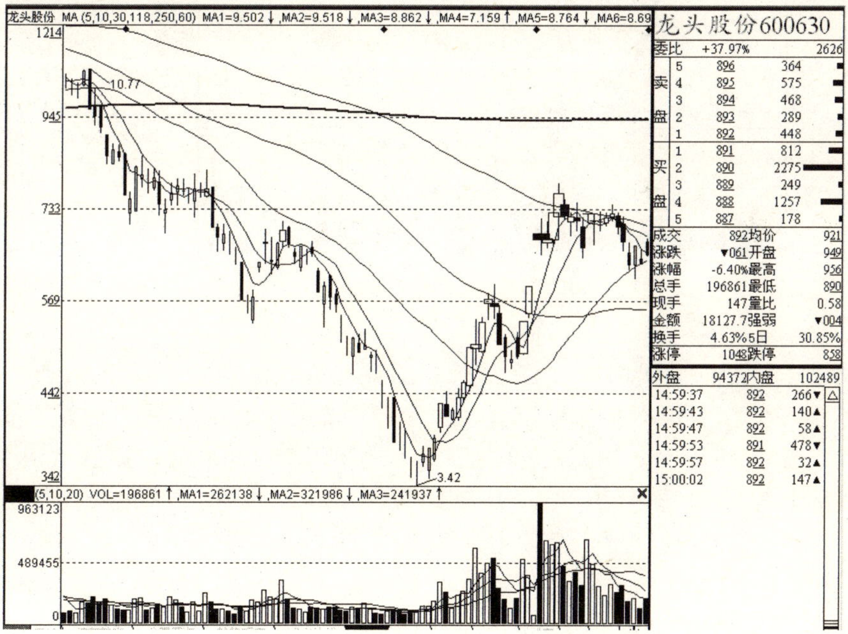

图 1-1

这时很矛盾，如果买进，跌了怎么办？如果卖出，涨了又怎么办？一般而言，他们会在这种情况下徘徊，找不到出路，迈不出那最为重要的一步。因此，他们就无法再使真正的自己再强大一点，突破另一个自己的局限和原有的相对平衡。我们若不管他们的想法，仅仅从他们的投资行为上看，他们的行为模式，与一般的情绪化模式非常接近，只有一点区别。这点区别是，他们的行为中，常常有对重大市场机会的领悟，可是他们却不能把这种领悟坚持下去。尽管他们的真正的自己，常常跃出来想给他们以帮助，可是实际上却一点帮不上（见图 1-2）。

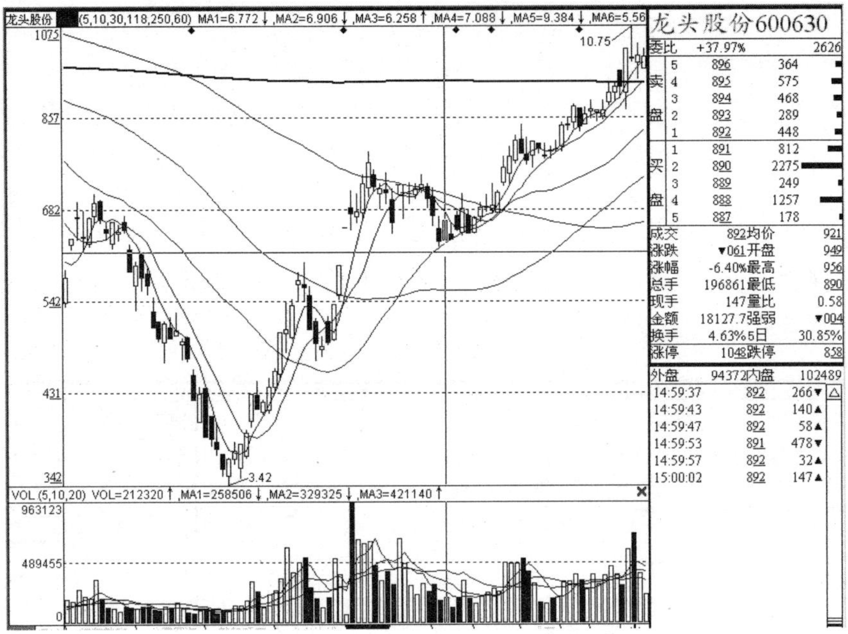

图 1-2

结果涨上去了，这时另一个自己会说，要是买进去就好了；真正的自己说，我想买你不让。其实，分析不是最重要的，而如何行动才是最重要的。看的时候不带情绪，做的时候被情绪所包围；用真正的自己来看，用另一个自己来做。这是一个极大的误区。实际上是看的时候有点信心，有点勇气，到做的时候，信心和勇气全部丧失了。我们应该用真正的自己来看，更要用真正的自己来做。这一部分投资者，已经积累了一定的市场经验，他们面对成功的最后一道门槛，跨过去就是坦途；跨不过去，就仍然要站在市场大海的岸边，继续被迎面而来的海浪拍打。

然而大多数人的起点，都是从现有的情绪化的行为开始的，还没有清除作为敌人的另一个自己。在另一个自己的主导下，投资者只能形成情绪化的行为模式。所有的投资行为，都被情绪所支配，行为的动因，来自市场的暗示和诱导，毫无主动性。这种行为模式，使投资者失去了对市场整体的把握，注意力完全被相互矛盾的细节所吸引，以至于不能自拔。市场显得不通情理而难于理解，市场明明摆在面前，可是却无法相信它，怀疑、犹豫笼罩其上。好，再接着往下看，经过一段时间，机会又来了，股价又一次下触上升通道下轨（见图 1-3）。

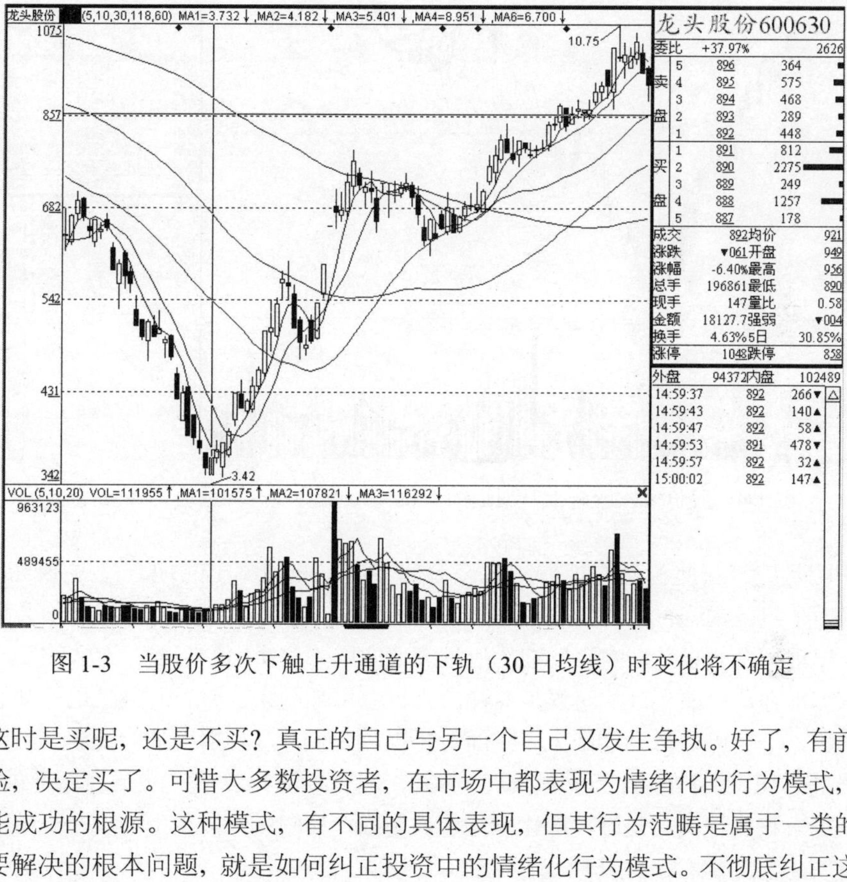

图 1-3　当股价多次下触上升通道的下轨（30 日均线）时变化将不确定

这时是买呢，还是不买？真正的自己与另一个自己又发生争执。好了，有前两次的经验，决定买了。可惜大多数投资者，在市场中都表现为情绪化的行为模式，这就是不能成功的根源。这种模式，有不同的具体表现，但其行为范畴是属于一类的。我们所要解决的根本问题，就是如何纠正投资中的情绪化行为模式。不彻底纠正这种行为模式，投资成功就无从谈起。所以真正的自己最大的敌人，就是另一个自己，是另一个自己所形成的情绪化的行为模式。市场中的绝大多数投资者，都是采用这种模式，也就是不自觉地使自己成了羊群中的一只。所有的行为都不是来自于自觉，不是来自于内心整体的认同。也就是说，所有的行为，都不像投资者自己的行为，却像是被操纵的木偶的行为，这是我们不能获利的本质原因（见图 1-4）。

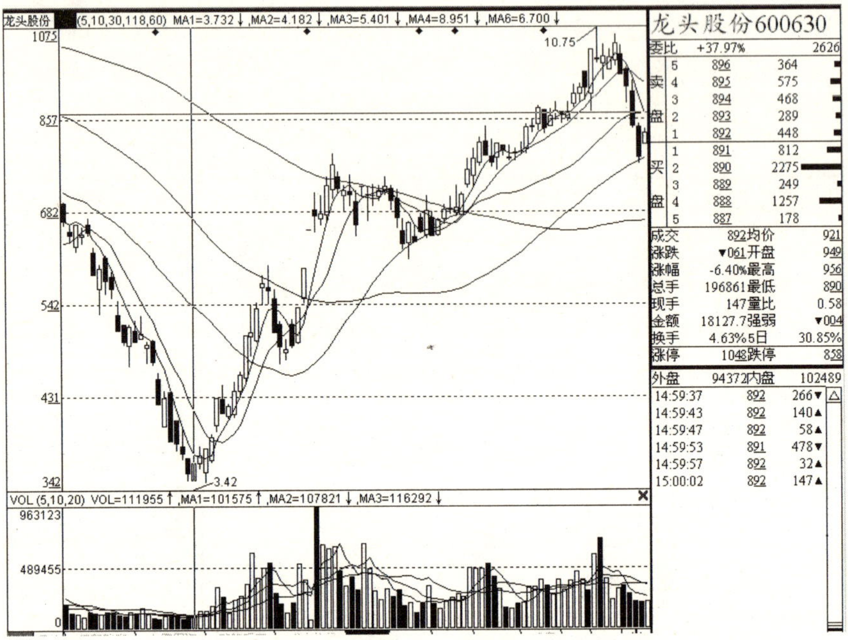

图 1-4　股价多次触碰上升通道的下轨（30 日均线），通道终将被打破

明明是应该在此买进的地方，怎么偏偏变成了应该卖出的地方？这下彻底糊涂了。另一个自己构成行动的障碍，任何正确的行动，在另一个自己这里都不会顺利通过，会出现一个复杂的、内心反馈的过程。当你认为该卖出的时候，无数的疑问就会跑出来。当你认为该买进的时候，各种担心也会接踵而来。另一个自己是行动的最大障碍，另一个自己是行动的敌人。当面对止损的时候，这种情况最为突出。由于另一个自己的作用，真正的自己无法行动，在最需要行动的时候，我们丧失了行为的能力。止损也好，积极地入市也好，都化作泡影。最后，我们只好接受市场暗示，结局与我们的真实意愿相违背，成功离我们远去了。

行动大于思考，行动高于思考，不仅仅指行动才有实际的意义，也指在真正的自己状态下的行动，代表了人们直觉与潜意识的能量，是针对客观而产生的正确的反应。提升和强化真正的自己，也是为了提高我们的行为能力，使我们的行动没有任何障碍。那就要清除另一个自己，清除来自我们自身的障碍，通常被人们称作心理情绪障碍。我们必须培养和强化行为能力，要意识到只有行动才会有结果，才会成功。

本节主要说明，投资者的心理思维是对炒股成败举足轻重的因素，也是高手与菜鸟的分水岭，应该引起足够的重视。

1.2.2　个体心理特征

孙子曰:“三军可夺气，将军可夺心。”

从某种意义上说，股市二级市场的博弈（除了分红）可以理解为，由心理行为正确的一方，赚取心理行为错误一方人的钱。那么每个投资人在入市前，都应该看看自己是什么性格，是否适合做股票，或适合做哪一类股票，以及怎么做。

一个人身上经常表现出来的本质的、稳定的心理特征，它包括能力、气质和性格。其中以性格为核心。个性特征是指个体在心理发展过程中，逐渐形成的稳定的心理特点。个性特征的形成，与环境、教育、社会和遗传因素有着密切的关系。但是，它并非孤立存在的，它和个性的其他组成部分相互联系着，受其他方面的制约，特别是受动机、理想、信念、世界观的影响。个性心理特征，是以一定的先天素质为前提，在后天生活实践中形成和发展起来的。个性心理特征，是在心理过程中形成的，它又反过来影响心理过程的进行。

一个人的个性特征，对其心理特点和行为方式有很大的影响，对炒股也有很大的影响。这些特征影响着个人的言行举止，反映个人的基本精神面貌和意识倾向，集中地体现了个人心理活动的独特性。

- 性格外向的人，擅长演讲，会表现出主动与人交往、善于交际、热情、友好等方面的心理和行为特点，适合于当股评或投资顾问。
- 性格内向且高聪慧性的人，适合于从事股票技术研究或股票理论创新。
- 而富于创造性的人，会表现出想象力丰富、思维具有跳跃性，适合于在股市中为主力“讲故事”。

有的人善于观察事物的细节，有的人却粗心大意，这是能力在认识上的差异体现。此外，每个人都能产生情绪活动，但情绪产生的速度和强度却因人而异。有的人脾气暴躁，一触即发，并不适合炒股；有的人却是慢性子，不易发脾气，不宜做短线，这是气质上的不同所致。

做股票对性格的要求偏重于内省型。要求时而敏捷、时而迟缓、时而兴奋、时而平静，要求在压力情况下能够控制情绪，面对挫折要有足够的坚韧，并且要有百折不回的执着。

1.2.3　人的思维特征

炒股就是比思维、比智慧。思维是一种高级、复杂的认识活动，是人脑对客观现实进行的间接和概括的反映。在我国，投资者对市场知识（包括技术分析、基本分析、交易技术等），相对比较熟悉，但对交易思维（包括个人性格、投资心理、投资哲学、交易纪律），却不甚重视。

如果把市场知识，看作外部世界，这相当于罗汉拳的招式。而把交易思维看作内在世界，这相当于罗汉拳的内功。如果一个人打罗汉拳，只有招式，没有内功，是打不死人的。真正的投资高手，必须内外兼修，招式容易解决，内功修炼却需要花费很多时间和精力。因此，注重投资心态、交易思维、投资哲学的修养，同时配合系统的风险管理，最终定能如鱼得水。

思维具有逻辑性，这是指思维总是按照一定的形式、方法和规则来进行。有一个经典小品《逻辑》：当男孩深深地爱上了一个女孩，因为怕被拒绝，一直不敢表白。一天，他想到了一个好方法，于是对女孩说："你好，我在这张字条上写了一句关于你的话，如果你觉得我写的是事实，请你送我一张你的照片好吗？"女孩想：无论他写什么，只要自己都说不是事实，这样不就可以了吗？于是，女孩欣然答应了男孩的请求。男孩把字条递给女孩。女孩胸有成竹地打开字条。但是，她绞尽脑汁也想不出拒绝男孩的方法，只好恭敬地把自己的照片送到男孩的手中。因为字条上是这么一句话："你不会吻我，也不想把你的照片送给我。"

逻辑性思维在炒股中解决的主要问题有："是什么"（解释市场），"可能会怎样"（推测），与"接下来怎么办"（操作）。辩证性思维在炒股中主要解决"为什么是这样"（原因），以及股市成功的辩证标准等。

从现代心理学的观点看，投资人的心理思维活动，主要存在于两个意识层面之中：一个是潜意识层面；另一个是意识思维层面。艺术型投资家的投资决策，主要形成于潜意识层面之中，而科学型投资家的投资决策，主要形成于意识思维层面之中。投资交易的正确决策方式，可划分为两大类型：一类为艺术型；另一类为科学型。历来著名的投资家和交易家，都可划属于上述类型之一。而芸芸投资大众，则既不属于科学型投资，也不属于艺术型投资，而是情绪型投资。

1.2.4 技法应匹配性格

不同的个性特征，适合于不同的操作方式。有的人几乎天天在学习，今天学了这种炒法，明天又去学那种炒法。新鲜归新鲜，自己操作套路老在变，一年下来也无法进行真正的总结，因为没有形成适用于自己的技法。这是股票操作大忌，其实采用不同的操作方法都可以获利。

有耐心的做法

在笔者的朋友中，最有耐心的是一位业余老股民甲，他有自己的工作。原先也喜欢每天冲进冲出，对别人说，做股票不要看周 K 线和月 K 线，认为那样做太沉闷了。突然有一天，这个股民甲喜欢琢磨起月 K 线来了。从 2005 年 6 月 6 日的 998 点起来后，忽然茅塞顿开，看清了月线从下面起来了，于是买入一只同样是月 K 线低位金叉的个股，持有了将近一年的时间，一直到月 K 线到了高位，才放掉那只股票，获利两倍多，资金账户从 20 多万元一下子增长到了 50 多万元。后来，他逢人就说，做股票要看月 K 线，还不断告诉别人，做股票不能每天做快枪手，买进后应该多放点时间。

短线做法

而另一位年轻朋友乙正好与甲相反，特别喜欢做短线，每天都要买进卖出。他特别用功，每晚忙到十一二点，每星期则把所有的股票，都认真地过一遍，挑出他认为有潜力的股票，把它们放入到自选股里。然后每天盯着，看到有机会就买入，涨不动了就卖出。只要一有时间，他就会泡在股市里，不停地来回折腾。他的收益同样也不错，估计盈利也在两倍以上。

大波段做法

而笔者自己，既没有老甲的耐心，也没有小乙的勤奋。于是，采用了和他们两个都不同的方法，只做大波段，以周 K 线为主，参考短线的 60 分钟和日 K 线，同时也参考月 K 线。在周 K 线指标低的时候买进，然后持有一段时间，到周线高位时就多关注，等周 K 线刚开始回落，就卖出股票，等待下一次的机会。虽然这样操作经常会买不到最低点，也卖不到最高点，但在牛市中坚持下来，也有不菲的收益。

三个人虽各有各的操作方法，但都取得了不错的业绩，主要是因为都采取了适合于自己的方法。一个人的性格及其操作理念，决定了他的操作策略，做股票并没有统一的最佳操作方法。只有适合自己的，才是最好的。

现在你该明白了，电视里股评家所说的策略，对于你并非合适，因为他与你的性格不同。

1.3　投资者普遍有心理偏差

孔子曰：“三军可夺帅也，匹夫不可夺志也。”

一个人做什么都要有主心骨。股市上也一样，必也修心志乎。对应于人类上亿年进化，慢慢形成趋利避害的本能，也形成了人们的从众心理等弱点。如果将这些直觉用于股市，往往是错误的，会导致不良后果。因为主力知道，只有利用散户人性方面的弱点，才可以赚到钱。

毋庸讳言，凡奔股市而来，都是为了获利，但总有人功利心切而事与愿违。表现在操作上，期望赚快钱、赚大钱、不等待、不套牢，普遍存在幻想、惰性、贪心、恐惧等心理偏差，凡此种种想要不出现，几乎是不可能的，因为它们是人性的表现，是与生俱来的。但是它们的表现程度是可以控制的。成功的投资家，是能够成功地把它们控制在一个适度的范围内，不使其影响理智的思维。本节想说明，对于心理偏差，人人皆有，并不可怕，可怕的是自己不察觉，更可怕的是听之任之。

1.3.1 幻想光环：总感觉股价还会上涨

人的本性存在一种倾向，只愿意相信自己潜意识中愿意相信的事，而不愿意相信真实世界所发生的事。只愿意听到自己潜意识中感到舒服的话，而不是真实的但逆耳的话。投资决策过程，经常就是一个选择过程。投资人从自己的利害得失出发，只关注对自己有利的消息，往往对市场走势有一种主观上的期盼，致使投资人不能客观地对市场进行观察。

输了不认赔，甚至还要加码，不及时止损。很多人不是不懂这个道理，就是心太软，下不了手。炒股绝对要有止损点，因为你绝不可能知道这只股票会跌多深。我们常常可以看到，不少投资人在明知道已经做错了以后，还不愿认错，这些人犯的错误就是不尊重市场。市场是客观的，当一个人输了的时候，就是市场明确告诉你犯了错误的时候。

不相信自己，却轻信别人。不少散户通过学习掌握了很多分析方法和技巧，具有一定的分析水平。可当自己精心研究看中一只股票，准备买进时，只要听旁边的股民随便说说“这只股票不好，不如××有题材……”，立即放弃买入而改买××股。当自己选的股票涨起来时，却只有后悔的份儿。

1.3.2 预测迷局：你掐准了告诉我

投资者也好，投机客也罢，似乎都更关心预测。预测，几乎是人类千百年来的情结。它包含着人类对未来的渴知、对命运的膜拜、对不可知的恐惧。如果真正能预测未来，在多数人眼中，那一定是接近“神”的境界了。但很多年来，所谓“极为精准的预测”，总是以传奇、故事或者极其隐秘晦涩的方式在我们之间传播。

预测，也总是因为其伴随而来的各种神秘技术而披上神秘外衣。古时有龟甲占、草卜、奇门、术数，现代有仿真、混沌、模糊和超级计算机。中国有易经紫微斗数，西方也不乏星占之法。从袁天罡的《推背图》、刘伯温的《烧饼歌》，到现在的混沌预测、全息预测等专业科学预测体系，无不体现了人类源自基因深处的、对未来的孜孜渴求。由于股市是一个巨大的博弈场所，具有极大的不确定性，因而过分迷信“预测”，则会掉进一个思维误区（见第 5 章）。

1.3.3 惰性困惑：炒股干吗这么麻烦

几乎人人心里都明白，天下没有免费的午餐，但绝大多数人，还是愿意获得免费的午餐。于是他们就不能从心里真正面对并回答这个问题：股市投资究竟是一项事业，还是一种赌博？多数人是把它看成一种赌博。尽管绝不会在嘴上承认这一点。那么如果你把股市投资看成是一项事业，你投入了多少时间和精力做投资前的准备工作？试想，如果一个人想当数学家、物理学家、电机工程师或者医师、律师等等，他们第一要做的事，一定是去上学，以获取最必要的基础知识。

股市投资，比上述各项专业难度都高，因为潜在的高回报率吸引了大量的人才。可是，又有多少人付出了比其他那些专家更多的时间和精力来研究投资市场的学问？为数不少的人，不愿意做功课，却总是不时地想从朋友处、证券商处，或其他渠道，打听所谓内部消息，或者十分注意报纸的所谓股评、推荐。这些消息往往都是免费的，而免费的信息往往都是靠不住的。

况且，市场上任何信息都是有其目的的。很多股民热衷于打听相互对股市的看法，或者所谓专家对股市的看法，其实是无益的。总之，不劳而获（或少劳多获）的心态有多种，甚至可以说是无处不在。不愿付出艰苦的劳动，是不可能长期从市场上得到相应的回报的。

1.3.4 贪念怪圈：咱来就是要赚钱的

人人都知道贪不是好事，可是绝大多数人，由于人性本身的弱点，戒不了贪欲，每每总想追求利润最大化。主要表现在以下四方面。

- 第一，本来通过基本面、技术面已经选了一只好股票，走势也可以，只是涨得慢些，便耐不住性子，通过打听消息，想抓只热门股先做一下短差，再拣回原来的股票。结果往往是左右挨耳光，这边套牢，那边踏空。
- 第二，很多人都认识到高抛低吸、滚动操作可获得较大的利润，也决心这么做。可一年下来，却没滚动起来。原因就是抛出后，没有耐心等其回落，经不住诱惑，又想先去抓一下别的热点，做短差，结果适得其反。

- 第三，一年到头总是满仓。股市呈现明显的波动周期，下跌周期中，90%以上的股票没有获利的机会（到目前为止，我国仍未实行做空机制）。可不少股民就是不信这个邪，看着盘面上，一有飘红的股票就手痒，总抱着侥幸心理，以为自己也可以买到逆势走强的股票，天天满仓。本想提高资金利用率，可往往一买就套。绝大多数投资人，在股票市场上失败的原因，往往是下手过重，或曰“交易过量”。他们往往期盼一夜暴富。在这种巨大利润的驱使下，往往铤而走险，他们会忽略相对应的巨大风险。
- 第四，就是我们常看到的，“赚小钱赔大钱”的现象。大多数投资人由于受贪欲驱使，当赚了钱时，觉得“二鸟在林，不如一鸟在手”，急于获利了结。而当赔了钱时，又死不认账，企图扳回平手，而导致越输越大。有经验的投资家都知道，在输的时候戒贪难，而在赢的时候戒贪更是难上加难。有人甚至认为，在赢的时候，不能戒除贪欲，是获得巨大成功的最后障碍。要有正确的风险管理，前提是戒贪。但戒贪实在是一件很难做到的事。

1.3.5 恐惧魔咒：天哪，还要跌多少

一轮熊市下来，股民们个个都伤痕累累。等股价跌到地板价了，这时有很多人实在受不了折磨，加上家人的埋怨和生活的负担，终于忍不住割肉出局了。这种怕的心情，会持续影响很多年。当然，散户如果不割肉，机构就拿不到足够的筹码；筹码不够，自然就不会去拉升，股价也就涨不上去。只有等散户们割了肉，等机构们吃饱喝足了，那么离第二次行情发动就不远了。

其实，经验丰富的投资家也有怕，只是他们的怕和普通投资人正好相反。投资家怕市场但不怕自己。他们对市场十分敬畏，但对自己却十分自信。普通股民正好相反，普通股民对市场毫无畏惧，因此往往在最高点买进，而在最低点卖出。但是他们也有怕，那就是怕自己。在市场一涨再涨接近最高点时，他们怕自己误了班车，而不怕市场已经十分脆弱。而在市场一跌再跌接近最低点时，他们怕世界末日到来，而急于抽身逃跑。

所以，成功的投资家的贪和怕，只不过和普通投资人正好相反。投资家是在普通股民贪的时候怕，而在普通股民怕的时候贪。普通股民的怕，还表现在投资决策时，既犹豫不决，又容易冲动。普通股民的怕，是非常容易相互感染的，从而表现出一种强烈的群体性。当人们的情绪相互感染时，理智便不复存在。

道理虽然简单，但做起来却非常难。因为它要求一个人能脱胎换骨地改造自己。就好像戒烟、减肥，其实方法都不复杂，但是又有几个人能持之以恒坚持到底呢？一

个人如果心理素质不好，则往往会偏离正确的市场分析的方法，以主观愿望代替客观分析，也常常会背离风险管理的基本原则。所以，一句话，要想战胜对手，就要先战胜自己。不能战胜自我的人，绝不可能在投资市场取得最后的成功。

1.4　纠正心理偏差的训练过程

一个投资者从门外汉，到逐步摸索、磨炼，最终成为一名成功的投资者，必须经历理论的学习、经验教训的总结、心理内部长期斗争后，才能形成稳健、乐观、自信及戒骄、戒躁、戒贪的心态，即不以物喜，不以己悲的至高境界。这一过程可划分为四个阶段，每个阶段，你都必须付出一定的代价（金钱的损失和精神上的痛苦煎熬）。

大部分成功人士都付出了几百万元，甚至上千万元的资金损失，而承受精神上的压力，几乎到了崩溃的边缘，部分人士还曾出现过以自杀来寻求解脱。这一过程，一般须有几年至十几年的时间才能完成，也就是说，一个投资者从零到成功（是指能够长期立于不败之地），需要较长的时间（国外许许多多的成名大师，包括江恩等人一般都是用了十年的时间）。本节所指，纠正心理偏差将是一个长期过程，并非一蹴而就，但也绝非不可为。而一个立志投身股市，有一番作为和抱负的人，相信一定能过这道关。

1.4.1　第一回：初学股票，误打误撞听天由命

投资者最初踏入证券市场时，啥都新鲜，看着这，摸着那，多以“小学生的身份”勤奋学习，通过专业书、报刊、互联网、电视、周围的朋友以及专业人士的讲解，来学习相关专业知识和经验。在股票操作上，自己很少有主见，所买股票，一般都是电视上股评人士推荐，或身边的朋友介绍的。

这一阶段的心理，主要表现为赚钱心切，着急恐慌，没主见，心有余而力不足。为了赚钱，为了暴富，不惜冒一切风险（实质上是初生牛犊不怕虎，根本不知道市场的风险有多大），追涨杀跌是他们的拿手好戏。他们急于搜寻赚钱之法，这一过程一般需 6～10 个月，学历低的投资者所需时间更长。这一时期，因为误听他人的建议买卖股票，而遭受很大损失。

1.4.2 第二回：研究几个常见指标，亏损最严重

经过第一阶段学习、磨炼、总结，或许很快找到了所谓的赚钱秘诀。这个所谓的秘诀，一般为几个指标，加上量价分析，以及一些具备牛股特征的突破形态，这些在书籍里介绍最多，也比较容易掌握。目前市场上大多数投资者基本上都会这些，但只有一小部分人，才能精通此道。这些指标紧贴股价走势，依靠它们来操作，某一段时间内，短线成功机会很多，有时甚至可以买在最低点，卖在最高点。

因此，每一次操作成功，就会有一种很大的成就感，仿佛自己的才华终于找到得以施展的舞台，啊！我成功啦！于是乎自信、冲动、虚荣心甚至狂妄冲昏了头脑。回想起刚入市的时候，那些曾向他推荐过股票的人屡屡出错，这就更增强了他的自信心，更加相信赚钱可以靠自己的能力，而且自己认为已经具备了赚钱的能力。每当周围的人出了错，或者著名的股评人出了几次错，而自己却是判断对了，这使得他越来越只相信自己，也越来越封闭自己，对自己的指标越来越崇拜了。而对同行人士，却出奇地挑剔，往往会妒忌别人的“对”，嘲笑别人的“错”。只对外来的和尚，些许还能尚存一丝敬意。自己周围的人都是“白皮”。

在操作上，频繁操作，不吃不喝可以，就是手里不能没有股票。几分钟没股票，或者自己看好的股票没买上，就出现了大涨，此时心里就如同猫抓一样难受。而且，大部分人喜欢满仓操作，买了大涨的股票就到处炫耀，或者独自扬扬得意；买了大跌的股票就懊恼、沮丧。要么处于大喜或大悲状态，要么处于小喜或小悲状态，他真的动了自己最真实的感情。这时他和股市的关系，就像热恋中的恋人一样，一天也不能分离。一开盘，必须看行情走势；收盘后干啥都可以，就是不能不看行情走势。买卖股票时，有的投资者十分斤斤计较价位，买入价必须在最低价位附近，卖出价必须是在最高价位附近。而有的投资者却仍在追涨杀跌，追逐市场热点板块。他们脑子里几乎只有“赚钱”二字，对于亏损、风险的概念却很模糊。

这一阶段的心理变化是，从一个听信他人、上当受骗的受害者（被动、盲目、恐慌），到虚心勤奋（急切、后悔、抱怨、自信），到自负（不服输、不服气任何人），这样循环往复。在学习上，自从掌握了某个理论，或者几个指标后，就一直处于故步自封状态，自我禁锢，自我封闭，很难接受他人的观念。觉得自己差不多是天下第一了，还不断向他人讲经说法。自己失败时很沮丧，又不甘心服输，总要找一大堆理由来为自己开脱。或者一定要找出别人的错，并当众（或当面）说出来。心理上认为：我有错，你也有错，他也有错，大家都有错了，自己就没有错了。陷入了逻辑错误的怪圈。这种不服输的麻木心理极为强烈。一旦赚了钱，则是自己的功劳。亏钱的事，几乎都是因为别人干扰自己，或者受其他事件的影响造成的。其实这

时的他，对股市的了解，最多不会超过股市投资总知识量的一半，也就是个半瓶子醋。

这一过程中的他思想麻木僵化，频繁买卖操作，检验自己的预测、判断结果，在时喜时悲不断地后悔、抱怨中度日。对他来说整天泡在股市里操作是一种享受，因为那是用自己的钱换来的一种游戏。操作是一种令人兴奋的游戏，而且像吸食鸦片一样上瘾。一旦上了瘾就很难控制自己的欲望，就不再理性地对人对事（大多在股市中），严重的像赌徒，贪恋的他早已忽略了自己操作的目的是赚钱，因为他在不断地享受着操作游戏的乐趣。

此阶段至少需要 3 年以上的磨炼，有的甚至 7 年以上。这是他走向成功的最困难的阶段，就像红军的两万五千里长征一样艰难。投资损失也是最惨重的阶段，在股市上损失几十万，或在期市上损失几百万，都不在话下。因为他想暴富，却又根本不知道如何控制风险。盲目自信、自负，自我封闭，思想麻木，阻碍了他的进步。一直到惨重地损失后，自己才被惊醒。以后的他有三条路可走：一条路是绝望地离开股市；另一条路是无奈地甘心听从“高人”指导；第三条路是自己休整一段时间后，开始反思、再学习，重新修造自己（这样的投资者只有很少一部分）。

1.4.3　第三回：系统学习，保持微利或者小亏

这样的股民经过几年的反复折腾，而最终结果又是大败。面对惨痛的教训，最终开始醒悟了，认识到自己的水平还是不行，以前的行为是多么的幼稚啊！于是，再次开始学习，这次学习是系统的学习，包括技术分析的各种分析方法、基本面分析的方法、投资组合、风险控制等等。总结以前的经验教训，把理论与实践结合起来。

在心态修养方面进步很快，变骄狂为谦卑，逐步克服贪恋与恐惧。不再喜怒无常，情绪基本稳定。面对盈利和亏损，能够泰然处之。对行情的大涨或大跌，也不再有很大的情绪波动了。不再贪功好利，不再急躁恐惧。不再炫耀自己，能够认识到自己的不足，并逐步改变。虚心好学不倦，努力寻找一个能够长期获胜的操作方法。

在操作上，这一阶段以学习新理论、总结过去的经验教训为主，不再频繁操作。在业绩上，不再有大的波动，基本维持在微利或小亏状态。这一阶段最重要的是心态修养，其次是系统地掌握各种理论和分析方法与技巧，并与实践结合起来。但是，这期间自我控制的能力还不够强。这一阶段需历时 3 年左右。这时的他就如同一般的武林高手一样，一般情况下不会被对手打得大败，平手或小输小赢的机会多。如果这时他遇到了成功高人的点拨，就会少走许多弯路，距离成功所需时间就会大大缩短。

1.4.4 第四回：把技术与心态结合，长期盈利

经过多年的潜心学习、刻苦磨炼，掌握的理论丰富、系统，能够把刻骨铭心的经验教训与理论有机结合起来。心态方面，把浮躁、缺乏耐心、情绪不稳定、贪恋、恐惧、争强好胜、妒忌、自负、沮丧的心态基本上都去掉了；能真正做到不以物喜，不以己悲。能毫不含糊地牢牢控制住自己在证券上的欲望，能够把技术分析方法与基本分析法有机结合起来，把风险控制摆在操作首位。找到了一个切实可行的交易系统。真正做到知行合一，实现了长期稳定的盈利。

这一阶段最主要的是心态的把握。如同武林中得道的大师一样，精通各种武艺，道德修养极高。水平高靠的是心境中的“意念”，已不再是武功了。

1.5 修成正果所具有的素质

交易之道，刚者易折。唯有至阴至柔，方可纵横天下。天下柔弱者莫如水，然上善若水。这里所讲的，投资者应具有的修养素质，并不是领袖般的明察秋毫、洞若观火、高瞻远瞩、远见卓识，而是超然平和类型。最难之处在于将相对激进的人格、倾向无为的修养和高频无方向性操作，三个似乎矛盾的层次的融合——这就是真正优秀的高手难得一见的根本原因。讲通俗一点，一个相对成熟的投资者，基本素质有五项。

- 第一是具有冒险精神（在遇到对自己有利的进机时，敢于重仓出击）。
- 第二是思维理性（不受市场气氛影响，有根据实际情况而操作的能力）。
- 第三是逻辑推理性强（能够根据一些表象，分析到股价波动的实质目的）。
- 第四是本能性反应快（见多识广，数学速算能力强）。
- 第五是有乐观的工作生活状态（对理性投资，有足够的耐心与信心）。

仅有这些还不够，优秀投资者还应具备以下特点。

1.5.1 计划性与应变弹性

计划性人人皆知，关键是执行。而应变弹性是指频繁的交易过程和交易的结果（哪怕资金变动得再疯狂），无法影响你的整体状态。做到交易就是交易，与结果没关系，是短线交易的基本修养之一。被结果和操作强度影响的交易过程，不可能是

平滑的；不平滑的个人状态，会彻底让你丧失交易的节奏，自然便丧失掉良性的交易结果。

就交易的结果而言，不只是亏损会影响你，盈利更能快速打破你的平滑状态。不少人进步到一定程度却无法再进步，往往是因为他们难以接受疯狂的盈利。从来记不住所有你做过的交易（包括上一回合做了什么），所有的交易都被你忘记了，或是从来就没进入你的记忆，只是执行了就过去了。留在记忆里的交易，非常容易将你带离当前的市场现实。

似乎多数人都很看重经验和经验中的记忆，但真正有价值的经验，其实质只是对市场的适应，而不是在历史重演中焕发价值。市场有定式无定形，经验的价值太有限了，善于忘记比牢记某些经验更好。说句题外话，看电视，如果隔段时间去看以前的片子，会觉得像看新片子一样新鲜，却又似曾相识，那就该祝贺你了。你可以有许多念头，但别让它停留。人几乎不可能没念头，你要做到的，不是让自己没念头（那样你都没法交易），而是让念头一晃而过（无论是执行过的，还是没执行过的），别留在大脑里。念头不论对错，停留时间越长，越会将你带向糟糕的境地，即使没让你亏损，也会大大降低效率。

1.5.2　自主性与思维开放

这似乎看起来是一对矛盾。自主性体现为抗干扰，特立独行。自主，意味着相信自己的判断，相信自己的交易系统，对自己充满信心。但同时也要求思维开放，接受外界有用信息。开放则意味着修改自己的系统，可能听从他人的意见而放弃自己的判断。而难就难在如何取舍。对于学习有成的投资人来说，永远是自主的，他人的意见永远只是参考。但又不是将自己封闭起来，而应与外界始终存在信息交流。问题在于如何知道何时应坚持，何时应修正，何时应放弃。

1.5.3　纪律性与坚强意志

股市的法则是，赢家不到 10%。而这 10%的赢家的秘诀，就是知道错了要跑，而且跑得比任何人还要快。股市是投机的市场，身为赌徒，想要和庄家短线搏击，要小心，你想咬庄家一块肉，庄家却想要了你的命。在金融市场的基本生存技能，必须经过辛苦的学习。在股市里，只有想办法挤进英雄榜，而不能被摆到忠烈祠。因为笔者也曾经历过那种痛苦，才学会止损。所以股市的第一课，不是买进而是止损。

没有止损的观念，你是没有资格进入股市的。不知道止损，等于没有学好技术分析；不会执行止损，等于你还不会操作。止损的方法很多，但最犀利的停损法，才值得你去练习。也就是说，只有这一种方法，可以快速增加你的功力。其他方法都没这个方法有效。止损的观念通常大家都有，只是不会执行、不想执行罢了。因为通常到了你的止损点的时候，或多或少有了一定的损失，这时候你可能会下不去手，结果因为一迟疑，又增加了损失，变成最后的深套其中，以至于“断头断脚”。

1.5.4 耐压性与承担后果

有个统计，我国股市第一代大户、操盘手如今几乎都灰飞烟灭（指角色并非指人）。圈子里戏称，炒股时间长了大都成“三头”（指光头、白头、秃头），尤其是为主力机构操盘的勇士们。其心理压力可见一斑。没有承担压力的思想准备，是不适合炒股票的。

炒股是对人心理极限的挑战。焦虑、痛苦、压力、郁闷将伴随着你。小不忍则乱大谋。比如在震荡市中，怀着做一把就跑的想法，最后终于忍不住杀了进去，结果要被迫做中长线。多年的经验表明，一忍再忍，最后忍无可忍买入时，通常会买在天花板。又或者是忍无可忍，忍痛割肉的时候，一刀只会割在地板上。

1.5.5 专注性与宽广视角

你的注意力很松弛，但行情和环境的任何变动都被注意到了，并且可同时注意不同的东西。人的注意力状态，在通常情况下只有两种：要么注意力非常集中，但却只能关注一个东西；要么同等程度地分散注意力，但却灵敏地对任何可以被观察到的变化都能做出反应。

前者是大家熟悉的，所谓全神贯注的工作状态。人们在有确定目标或注意对象时，通常都是这种状态，但却不是很适合交易。因为这种状态，非常容易使人因过分集中而不能注意到别的东西，还容易因过分集中，不知不觉地让身体变得紧张，而无法长时间持续。最致命的是，这种注意力太容易启动人的大脑了，让你不知不觉中就开始与大脑中的观念，而不是现实里的市场进行交易。

后者也是大家很熟悉的，是人们通常在没什么具体的目的和需要注意的目标时进入的一种状态（比如在公共汽车上）。可能大家觉得有些意外，只要这种状态没有陷入半睡眠境地，而是保持着清醒的平稳，就是频繁短线交易所需要的状态。这种状态将人变成了一面镜子，在没有过分干扰和启动大脑与身体的情况下，却注意到了环境中所有细小的变化。看起来安静却是最灵敏的，最适合多品种、高频率的短线交易的需要。但交易状态有一个地方与平时不一样：同时注意到许多东西，注意力却没有过于分散，对每个东西都是集中的。否则，你便会丧失掉好的行动能力。

1.5.6　敏锐性与坚韧持久

长时间保持平稳的兴奋感，短线交易必须要有一种适度的兴奋感。缺乏兴奋感，就像快耗尽了汽油的汽车，跑不了多远就会停下来。或者需要一次次重新启动交易状态，整个人陷入一种停滞中的僵化，眼睁睁看着行情起伏，却无法灵敏地行动。

兴奋感过于强烈的交易，就像短跑，可能在短时间内速度很快，效率较高，却很快会让你的体力和神经衰弱下来，同样陷入难以富有弹性的交易境地。一会儿兴奋，一会儿缺乏兴奋，结果也不会比前两种情况好到哪里去，如同忽快忽慢的汽车，容易让人晕车一样。不平稳的心理状态，无法支撑频繁的交易，也容易失去方向感而左右挨耳光。保持住体力状态的平稳：心理和身体状态息息相关，两者有很强的相关性。除了心理状态影响外，对短线交易者，适度的睡眠时间是非常重要的，你不能在疲劳或睡眠过度的状态下投入交易，除非你已经完全适应了短线。这种人能很快地让身体进入状态。

体力是否到达平稳状态，有一个简单的标准。你是否感到身体的柔软性和弹性较好，既不感到疲乏的僵硬，又没感到身体充满力量的紧张？你是否几乎意识不到你身体任何一个特殊部分的存在，只是觉得很放松和轻松？只有这种体力状态，能够支持长时间频繁的、不依赖事先判断趋势的交易。

在行情和各品种不同的节奏之外，始终保持一种平滑的个人节奏。在行情和交易过程中，短线交易者最难以避免的，就是让行情的节奏控制了自己的节奏，跟随着行情的快慢冷热而失去了自我。这是短线交易者非常致命的地方。有的行情的变化不是平滑的，很多行情和波段都是在突然中发生的。如果你不能在行情之外，保持平滑的个人状态，而只能跟随行情状态，就别指望能成为合格的高手了。反观一个真正优秀的主力操盘手，其操盘的优秀之处，也正是在这样的一个方面：通过对行情节奏的控制，将“羊群”引入混乱的心理节奏，或者干脆引入恶性心理循环，从而为主力的操作留下足够的空间。

1.6　成功王者的金刚经

大凡天下王者，必也上合天时，下顺地利，中启人和。世上任何成功，都要首先归结于理念上的成功，得益于正确的世界观与科学的方法论。投资股市，莫不如此。亲历多年血战，方知辩证一二。笔者十分认同这些至理名言，建议作为投资者的操行哲理，奉之为座右铭。

1.6.1 第一句话：当优秀成为一种习惯

这句话是古希腊哲学家亚里士多德说的。如果说优秀是一种习惯，那么懒惰也是一种习惯。人出生的时候，除了脾气会因为天性而有所不同，其他的东西，基本都是后天形成的，是家庭影响和教育的结果。我们的一言一行，都是日积月累养成的习惯。好司机形成好的习惯，易出事故的司机，平时就有不好的习惯。不管你做什么事情，是否养成了良好的习惯都会决定你的成败。

投资理财也是同样的道理，在你养成了良好的投资习惯后，你会发现，在市场中稳定盈利，原来是这么容易。所以我们从现在起就要把优秀变成一种习惯，使我们的优秀行为习以为常，变成我们的第二天性。让我们习惯性地去创造性思考，习惯性地去认真做事情，习惯性地操作投资，习惯性地欣赏大自然。炒股的优秀习惯是什么呢？是正确的理念，加上良好的心态，以及按规则系统进行操作。必须放弃人们固有的念头，坚持客观交易，绝不随心所欲想当然。

1.6.2 第二句话：不要企图一夜暴富

事情的结果固然重要，但是做事情的过程更加重要，因为结果好了，我们会更加快乐，但过程使我们的生命充实。人的生命最后的结果一定是死亡，我们不能因此说我们的生命没有意义。世界上很少有永恒（生命本身其实只是存在，只有当你自己赋予你的生命一种你希望实现的意义，因此享受生命的过程就是一种意义的所在）。

我们做股票，不能指望一夜暴富，而是沿着正确的方向，用科学的方法，逐渐积累自己的财富，其中当然还会有曲折、反复，但这些都阻挡不了我们前进的步伐。炒股的乐趣和成就，在于不断完善自我，不断接受挑战，最终达到自我价值的实现和财务自由。

1.6.3 第三句话：不以一时成败论英雄

在人与人的关系以及做事情的过程中，我们很难直截了当就把事情做好。我们有时需要等待，有时需要合作，有时需要技巧。我们做事情，会碰到很多困难和障碍，有时候我们并不一定要硬挺、硬冲，我们可以选择绕过障碍，也许这样做事情更加顺利。

回到股市中，最大的难题是，如何评价一笔交易，何为正确，何为不正确。而相关研究表明，某些情况下，非理性投资者实际上可以获得比理性交易者更高的收益，非理性投资者仍然可以影响资产价格。按规则做，不赚钱也属于正确；不按规则做，赚到钱也算不上正确。

打个比方，有的散户不愿止损，要死扛，恰好有一回运气好，股价又回升了，于是就会强化他的错误观念，认为：原来不止损才是对的，你们严格止损者反而赔了钱。这一观念始终矫正不过来。炒股票，一个错误观念，就是一个难关。难关不一一克服，人就提高不了。所以，在投资策略上，切记：赚钱的交易，不一定是正确的交易；不赚钱的交易，不一定是不正确的交易。

1.6.4 第四句话：谋定而动，知止而行

只有知道如何停止的人，才知道如何加快速度。滑雪的时候，最大的体会就是停不下来。刚开始学滑雪时没有请教练，看着别人滑雪，觉得很容易，不就是从山顶滑到山下吗？于是穿上滑雪板，一下就滑下去了，结果从山顶滑到山下，实际上是滚到山下，摔了很多个跟斗。然后才发现，根本就不知道怎么停止、怎么保持平衡。

经过反复练习怎么在雪地上、斜坡上停下来，才终于学会了在坡上停止、滑行、再停止。这个时候就发现自己会滑雪了，敢于从山顶高速地往山坡下冲。只要你能停下来，你就不会撞上树、撞上石头、撞上人，就不会被撞死。因此，只有知道如何停止的人，才知道如何高速飞驰。在股市上，那种比冲锋，比获利大（他们还会笑你这个专家只会停，不如他们会赚钱），到头来，最终将是比谁“死得快”。而知道如何退出，明白循序渐进，通晓恪守空仓的，往往才是笑到最后的人。

1.6.5 第五句话：放弃是一种智慧，缺陷则是“恩惠”

放弃是一种智慧。当你拥有六个苹果的时候，都吃掉也只吃到了一种味道，那就是苹果的味道。如果你把其中的五个苹果，拿出来给别人分享，尽管表面上你失去了苹果，但实际上你却得到了其他人的友情。以后当别人有了水果的时候，也一定会与你分享，你会从这个人手里得到一个橘子，从那个人手里得到一个梨，最后你可能就得到了不同的水果，不同的味道，不同的颜色。

“塞翁失马焉知非福”。所以说，放弃是一种智慧。笔者认为股市中，凡看不清的行情就应放弃；风险可能会大于收益的投资，也应该放弃；自己没能力做到的事（比如抓涨停板），更应该放弃。想通这个道理的人，一年就做一次行情足矣。

原则是，每一次放弃，都必须是一次升华，否则就不算为放弃；每一次选择，都必须是一次升华，否则就不要选择。缺陷是一种“恩惠”。有不少宗教修身信条也告诫人们，不要“因得而喜，因失而悲”。

不要感到某一次交易不完美，不要觉得鱼头、鱼尾都应该你拿，更不要指望把股市的钱都赚光。做人最大的乐趣在于，通过奋斗去获得我们想要的东西。所以，有缺点，意味着我们可以进一步完美；有匮乏之处，意味着我们可以进一步努力。如果我们每天早上醒来，感到自己今天缺点儿什么，还需要追求，还需要更加完美，那是一件多么值得庆幸的事情啊!

第 2 章
走，开户去

股民要进入股市，首先必须到证券公司进行开户，然后才能进行交易。

2.1　如何选择证券公司

该到哪里去开户？这是新股民首先需要知道的问题。这还得从我国证券市场的总体架构说起。我国设有两个证券交易市场供股民进行股票交易，在交易所设有很多交易席位，这些交易席位通常由大机构和证券公司使用，普通股民则是通过委托证券公司进行交易。因此，普通股民开户其实是在证券公司进行。

2.1.1　证券交易市场

证券交易市场也称二级市场、次级市场，是指对已经发行的证券进行买卖，转让和流通的市场。在二级市场上销售证券的收入属于出售证券的股民，而不属于发行该证券的公司。

1. 证券交易所

证券交易所是证券交易市场发展到一定程度的产物，也是集中交易制度下证券市场的组织者和一线监管者。

根据我国《证券交易所管理办法》规定，证券交易所是指依法设立的，不以营利为目的，为证券的集中和有组织的交易提供场所、设施，履行国家有关法律、法规、规章、政策规定的职责，实行自律性管理的会员制事业法人。与证券公司等证券经营机构不同。证券交易所本身并不从事证券买卖业务，只是为证券交易提供场所和各项服务，并履行对证券交易的监管职能。

在我国有两个证券交易市场：上海证券交易所（简称上交所或沪市）和深圳证券

交易所（简称深交所或深市）。

2. 交易席位

交易席位原指交易所交易大厅中的座位，座位上有电话、电脑等通信设备，经纪人可以通过它传递交易与成交信息。证券商参与证券交易，必须首先购买席位。拥有交易席位，就拥有了在交易大厅内进行证券交易的资格。

随着科学技术的不断发展，通信手段日益现代化，交易方式由手工竞价模式发展为电脑自动撮合；交易席位的形式也发生了很大变化，已逐渐演变为与交易所撮合主机联网的电脑报盘终端。

世界各国证券交易所都向证券公司提供交易席位，如美国最大的纽约证券交易所现有席位超过 1300 个。

我国证券交易所为证券公司提供的交易席位有两种，即有形席位和无形席位。有形席位，指设在交易所交易大厅内与撮合主机联网的电脑报盘终端。无形席位，指证券公司利用现代通信网络技术，将证券营业部里的电脑终端与交易所撮合主机直接联网，直接将交易委托传送到交易所撮合主机，并通过通信网络接收实时行情和成交回报数据。

2.1.2 选择证券公司开户

在证券交易所内能提供的交易席位是有限的，面对需要进行证券交易所进行交易的众多股民，该怎么办呢？这时，通常采用一种代理机制。在证券交易所，由一个证券公司使用一个交易席位，而普通股民到证券公司去开户，进行股票交易时，向证券公司发出买卖指令，再由证券公司将股民发送的委托指令通过交易所的交易席位提交给交易所。

因此，股民要炒股，首先必须要选择一家证券公司进行开户。

面对众多的证券公司，新股民该怎么选择呢？下面列出选择证券公司进行开户时需要考虑的一些重要因素。

- 公司的实力和信誉：由于股民本人不能进入证券交易所从事股票的买卖，同时，也无法全面了解有关股票交易的有关信息。在变化无常的证券市场上从事股票交易，选择一个实力强大、信誉好的证券公司，将是保证其资产的安全，进而能够盈利的重要前提。
- 证券公司是否有证券交易所的席位：只有取得了证券交易所席位的证券公司才能派员进入证券交易所从事股票的买卖。否则，证券公司只能再委托其他获得席位的经纪人代理买卖，如果这样将会徒然增加委托买卖的中间环节，增加股民买卖股票的费用。

- 资讯服务：证券公司如何帮客户赚钱才是最重要的。客户如何及时获得信息，是一个证券公司资讯服务的重要体现。选择证券公司时，这点是最需要考虑的。能否每天提供重要信息，包括股票的推荐、大盘的分析等，甚至每天的电子邮件或手机短信能否接收到关于股票市场的信息，都是值得考虑的。
- 选择好的客户经理：选择客户经理很重要，在股票交易过程中有什么疑难问题，都可以通过客户经理得到专业的回答和帮助。
- 是否有增值服务：增值服务是证券公司提供一些收费（也有些是免费）服务，为客户进行定制相关股市信息，或进行技术提高培训。
- 交易成本：在股票交易过程中，股民买卖股票都会产生佣金、印花税、过户费等交易费用，有的证券公司撤单也是要收费的。所以，选择一个收费体制合理的证券公司可以为你节约不少钱。
- 交易方式是否多样：证券公司提供的交易方式有营业部交易大厅柜台交易、电话委托交易、网上交易、手机交易等多种。证券公司提供的交易方式越多，客户在炒股过程中就越方便。例如，如果提供手机交易方式，则只要手机能上网的地方，客户就可以进行股票的买卖操作。

2.2　开户需要带什么资料

当股民选定了一家证券公司作为其买卖股票的经纪人之后，接下来就是在证券公司开户。所谓开户，就是股票的买卖人在证券公司开立委托买卖的账户。其主要作用是在于确定股民信用，表明该股民有能力支付买股票的价款或佣金。

去证券公司开设账户，是股民委托证券商或经纪人代为买卖股票时，与证券商或经纪人签订委托买卖股票的契约，确立双方为委托与受托的关系。

2.2.1　开户的资料

对于普通股民来说，一般都是以个人名义开户，必须持身份证亲自到证券公司营业部办理开户手续。以下人员不能进行开户操作。

- 未满18周岁的未成年人及未经法定代理人允许者。
- 证券主管机关及证券交易所的职员与雇员。
- 党政机关干部、现役军人。

- 证券公司的职员。
- 被宣布破产且未恢复者。
- 法人委托开户未能提出该法人授权开户证明者。
- 曾因违反证券交易的案件在查未满三年者。

如果不是个人投资者，而是以一个企业（或其他机构）的名义开户，则需要准备以下资料。

- 机构营业执照副本原件。
- 机构营业执照正本复印件（加盖公章）。
- 法人代表证明书。
- 法人代表授权委托书。
- 法人代表身份证。
- 代理人身份证原件。
- 预留印鉴卡及回款账户。

2.2.2 开立股票账户

股民要在某个证券交易所进行交易，就需要在该交易所开设一个股东账户，由于我国有两个证券交易所，所以股民也需要分别开设深圳证券账户卡和上海证券账户卡。

股票账户类似于股票存折，既是股民的代码卡，又是股民分红派息、买卖股票的有效凭证。每一个股民只能建立一个代码，股民在认购新股、委托买卖、代理股票过户时，必须在有关凭证上填写自己的代码。

开立股票账户的开户费标准，上海股票账户 40 元/户，深圳股票账户 50 元/户。证券公司核查开户者提供的相关材料无误后，进行相关开户操作，最后给股民发放股票账户卡。

2.2.3 开立资金账户

开立资金账户，即委托买卖的账户，其主要作用是在于确定股民信用，表明该股民有能力支付买股票的价款或佣金。

股民开设资金账户，是股民委托证券商或经纪人代为买卖股票时，与证券商或经纪人签订委托买卖股票的契约，确立双方为委托与受托的关系。委托人必须亲自签订受托契约并交验居民身份证和股东代码卡正本。

资金账户只需要开设一个，沪深两市的股东账户卡可对应一个资金账户。通常情况下，股民只需要记住这一个资金账户即可，平常在网上交易时通过资金账户登录即可。

资金账户是股民以后进行交易时要经常使用到的一串数字，与其对应的还要设置一个资金账户密码。今后凭资金账号和交易密码进行委托交易。

另外，根据规则，凡要进行股票交易者，都必须首先到任意一家专业银行或综合性银行开设一个三方存管银行账号，以便作日后分红派息之用，此账号也可作为委托买卖资金专户，以便清算交割的顺利进行。

提示：在去银行开设账号之前，最好先咨询证券公司，确定支持银证业务的银行。

2.2.4　开通网上交易和手机交易

股民若准备使用网上交易（即网络炒股），在开户时可同时申请开通网上交易。申请网上交易时，还需要签署《因特网交易的开户申请表》和《网上证券交易委托协议书》等文件，并根据需要获取网上交易的认证程序。

类似地，如果股民准备使用手机进行股票交易，在开户的同时也可申请开通手机交易功能。

2.3　炒股都要交什么费用

在进行股票交易时，将产生相关的交易费用，如印花税、证券公司的佣金等，下面简单介绍一些主要费用，方便股民在进行交易时计算成本。

2.3.1　开户费

根据相关规定，股民开户时需要缴纳相关的开户费用。

上海证券交易所的开户费如下。

- 个人投资者开户费：40 元/户。
- 机构投资者开户费：400 元/户。

深圳证券交易所的开户费如下。

- 个人投资者开户费：50 元/户。
- 机构投资者开户费：500 元/户。

开户费是一次性费用，开设好股东账户之后就不会再产生这笔费用了。

通常，如果你和证券公司的客户经理进行沟通，是可以免掉开户费的。

2.3.2 委托费

这笔费用主要用于支付通信等方面的开支。一般按交易的单数计算，对于上海证券市场的股票、基金，上海本地券商按每笔 1 元收费，异地券商按每笔 5 元收费；交易深圳证券市场的股票、基金，券商按 1 元收费。

2.3.3 印花税

股民在买卖成交后支付给国家税务部门的税收。2008 年 9 月 19 日开始，将证券交易印花税调整为单边征收，税率为 1‰，由卖出方缴纳 1‰的印花税。

印花税由券商代扣后由交易所统一代缴，债券与基金交易均免交印花税。印花税作为政府调控股市的一个工具，经常会进行调整。

2.3.4 佣金

这是股民在委托买卖成交后所需支付给证券公司的费用。上海股票、基金及深圳股票均按实际成交金额的 3‰向券商支付，上海股票、基金成交佣金起点为 10 元；深圳股票成交佣金起点为 5 元；深圳基金按实际成交金额的 3‰收取佣金；债券交易佣金收取最高不超过实际成交金额的 2‰。

2.3.5 过户费

过户费是指股票成交后，进行过户所需支付的费用。由于我国两家交易所不同的运作方法，上海股票采用的是“中央登记、统一托管”，所以此费用只在股民进行上海股票、基金交易中才支付此费用，深股交易时无此费用。此费用按成交股票数量（以每股为单位）的 1‰支付，不足 1 元按 1 元收取。

2.3.6 转托管费

办理深圳股票、基金转托管业务时所支付的费用。此费用按户计算，每户办理转托管时需向转出方券商支付 30 元。

2.4　佣金是可以谈的

从炒股需要交的费用可以看出，要交的费用有很多种类，其中有的费用是证券公司代收的，如印花税，是按财政部的相关规定进行征收的。对于这些费用，股民只有按规定缴纳。证券公司在交易过程中收取的主要费用是佣金，很多证券公司为了吸引客户，都会推出佣金的优惠方案。

根据规定，股民支付给券商的佣金是交易金额的 0.3%，买入 10000 元的股票，需支付 30 元的佣金，看起来数额不是很大。但，如果你是一个交投活跃的股民，喜欢做短线，估算一下一年交给券商的佣金是多少。为方便计算，全部按 10 万元的投入资金计算，忽略操作过程中账面资金的增加或减少。

对于短线股民来说，一周至少要做一次交易（即满仓买入，然后又全部卖出），这样一次交易的交易费为 20 万元，一年按 48 周交易时间计算，则全年的交易费为 960 万元。按 0.3%的佣金计算，要支付给券商的佣金为 28800 元。如果以 960 万元这个交易额来看，28800 元这个数值不算大，但实际操作的金额为 10 万元，全年的佣金达到投入金额的近 30%！想一下，你投入 10 万元到股市中，一年的目标是多少？30%的利润可能是大多数股民都不容易达到的目标。

实际操作中，除了以上计算的佣金之外，还有印花税等硬性支付。因此，交易成本是一笔不小的支出。

不能忽视佣金的比率！

如果你的交易活跃，喜欢做短线，年交易额较大；或者你开户后初次投入的金额较大，是可以和证券公司谈佣金的比例的。现在证券公司之间的竞争很激烈，都想吸引股民的加入。现在一般证券公司对新开户的股民都有礼物赠送，如送手机、送炒股机等。对于佣金，也可以进行不同幅度的优惠。如有的证券公司对于持股金额达到 10 万元以上的股民，可以按 0.1%收取佣金。与 0.3%的比率相比，降低了 2/3。仍按上例中的方式计算，如果按 0.1%的佣金比率计算，全年 960 万元的交易额需支付的佣金为 9600 元。

2.5　股票的交易时间

股票的交易时间包括交易日和每个交易日的交易时间区间两个方面。

2.5.1 交易日

股票交易日首先必须是在工作时间，对周末、国家规定的节假日，股市都休市不进行交易。一般在年底就会公布下一年度节假日休市的安排，在节假日业临之前，也会在证券交易所的网站上公布节假日的休市安排（同时也会通过不同媒体公布休市安排）。图 2-1 所示是上海证券交易所网站在 2014 年 1 月 22 日发布的《关于 2014 年春节休市安排的公告》。

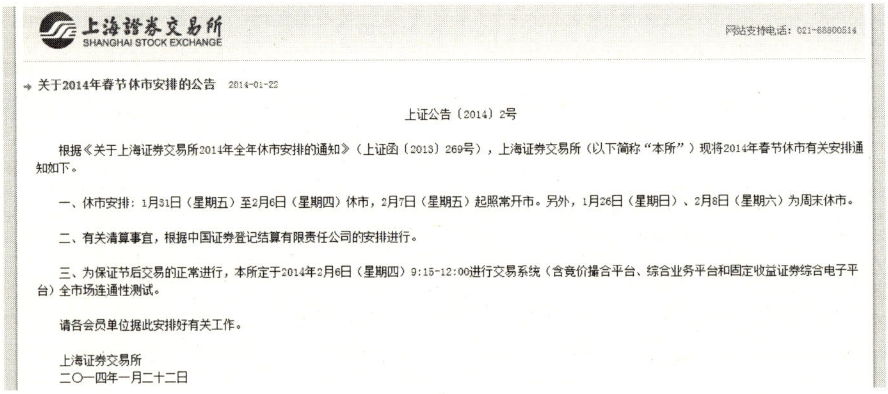

图 2-1 查看休市安排

通常，股市休市都是按照国家假日安排进行的。例如，2014 年春节的 7 天长假（1 月 31 日—2 月 6 日），股市也同步休市。在有些情况下，股市休市的时间比国家安排的长假更长。例如，2013 年春节假期是 2013 年 2 月 10—16 日，2 月 17 日上班。7 天长假是将 3 天假期与前后两个周末通过调休的方式进行的，但股市中周末仍然休息。2013 年 2 月 17 日为星期日，因此，股市到 2 月 18 日才开市，休市时间为 8 天。

2.5.2 每日交易时间

根据规定，在股市的每个交易日中交易时间分为两段。

- 上午：9:30—11:30，共 2 小时。
- 下午：01:00—03:00，共 2 小时。

全天共 4 小时交易时间。

除了以上 4 小时交易时间外，在每天开盘前 5 分钟为集合竞价时间，即早上 9:25 将产生集合竞价，成为当天的开盘价，5 分钟之后（即 9:30）开始当天正式的交易。

2.6 根据券商选择炒股软件

电脑和互联网的普及使股民的操作越来越方便，现在炒股不使用电脑的股民已经很少了。有了电脑之后，还需要选择一款炒股软件。通常开户后，证券公司会提示股民到其网站去下载安装炒股软件，不同证券公司提供的软件名称有所不同。不过，无论是哪种炒股软件，其提供的基本功能都是相同的。下面介绍两款证券公司使用比较多的炒股软件。

2.6.1 通达信

通达信行情交易软件是很多证券公司采用的炒股软件之一，不同证券公司为其设置了不同的名称。例如，国信证券的交易软件取名为“金太阳”。

通达信行情交易软件集各类证券分析软件之所长，是一套 Win98/ME/2k/XP/7/8/Vista 平台上进行各种证券分析的系统，功能强大、操作方便、界面友好，支持互联网接收实时行情，适合各类证券投资者使用。

许多证券公司提供给股民使用的都是通达信软件的改版，一般只是在该软件基础上添加该证券公司的交易系统即可。

登录通达信行情分析软件后，首先看到的是行情报价界面。界面正中间是多只股票的行情报价，四周分别由上面的菜单栏、左侧的财经资讯栏、下方的状态栏和右侧的工具栏组成，如图 2-2 所示。

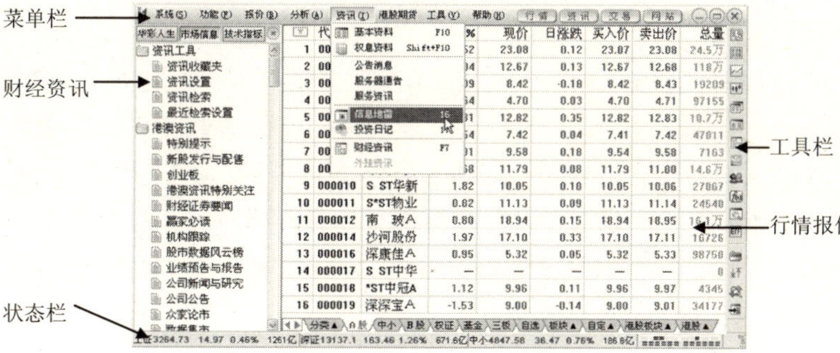

图 2-2 通达信软件界面

行情、资讯、交易的所有功能在菜单栏里实现；而其中重要功能提炼出来组成了工具栏；状态栏反映了当前大盘行情、多空红绿军、网络连接状态、预警功能状态和系统状态。

通达信的一个特色功能是定制面板，股民可将不同的看盘界面组合在一起，如图 2-3 所示为通达信看盘的定制界面，在该界面中既可看到自选股的报价，也可看到所关注股票的分时图、K 线图、大盘分时走势图等。

图 2-3　通达信看盘界面

2.6.2 同花顺

“同花顺”是一个强大的资讯平台，能为股民提供文本、超文本（HTML）、信息地雷、财务图示、紧急公告、滚动信息等多种形式的资讯信息，能同时提供多种不同的资讯产品（如大智慧资讯、巨灵资讯等），能与券商网站紧密衔接，向股民提供券商网站的各种资讯。而且个股资料、交易所新闻等资讯都经过预处理，让股民轻松浏览、快速查找。丰富的资讯信息与股票的行情走势密切地结合，使用户能方便、及时、全面地享受到券商全方位的资讯服务。

系统预置了近 200 个经典技术指标，并且为了满足一些高级用户的需求，还提供指标、公式编辑器，可随意编写和修改各种公式、指标、选股条件及预警条件。

如图 2-4 所示为同花顺的行情报价界面。同花顺行情报价的一个主要特点是增加了一列“星级”栏，鼠标指向星级中的图标，将显示评级的具体数据。

图 2-4　同花顺行情报价

同花顺软件提供简单易用的“傻瓜选股”，如图 2-5 所示，股民只需在如图所示窗口中单击选股方案图标，即可进行选股。

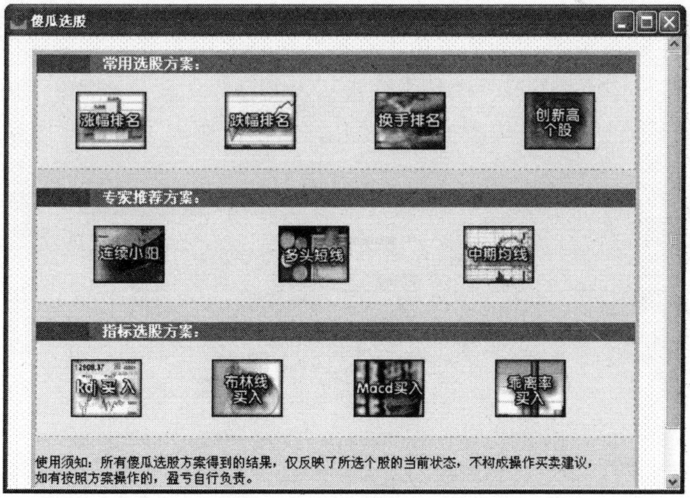

图 2-5　“傻瓜选股”窗口

2.7 在网上买第一只股票

通过炒股软件，股民可以在家里看盘，并发出交易委托指令进行股票的买卖。本节为新股民演示通过网络炒股的方式下单购买股票的过程。

办好开户程序后，就可到券商指定的网站下载交易下单程序，一般交易下单程序都与行情软件在一起下载。

如图 2-6 所示为国信证券的网上交易登录界面，在如图所示的窗口中，输入券商处开设的资金账号和交易密码，单击“登录”按钮即可进入网上交易窗口。下面简单介绍买入和卖出的相关操作。

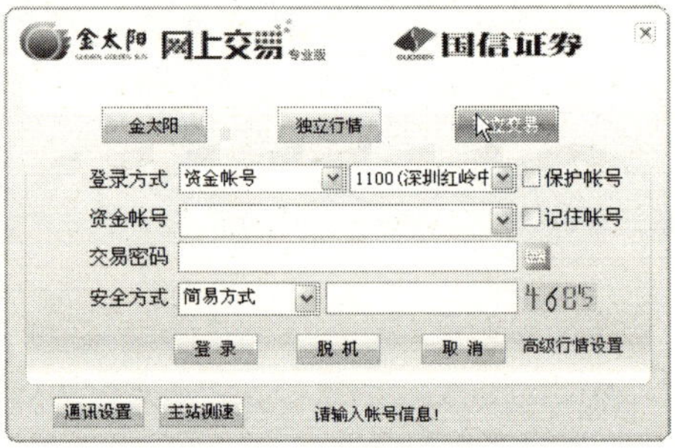

图 2-6 登录网上交易

（1）买入：进入交易界面后，单击左侧功能列表中的“买入”，在右侧窗口中将显示买入的界面（见图 2-7），在其中输入买入的证券代码，系统自动根据账户上的资金计算出可买最大数量。输入买入数量后，单击“买入下单”即可完成买入操作。

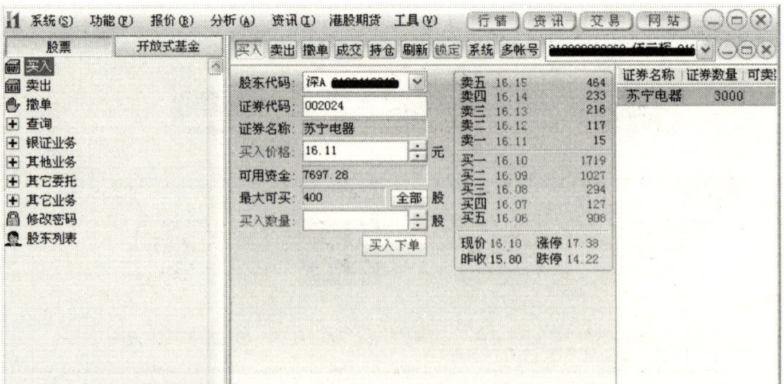

图 2-7 买入股票

（2）卖出：单击左侧功能列表中的“卖出”，在右侧窗口中将显示卖出的界面，在其中输入要卖出的证券代码，系统自动根据卖出股票当前实际价格填入到卖出价格框中，股民可修改卖出的价格，然后输入卖出数量，单击“卖出下单”即可完成卖出操作（见图 2-8）。

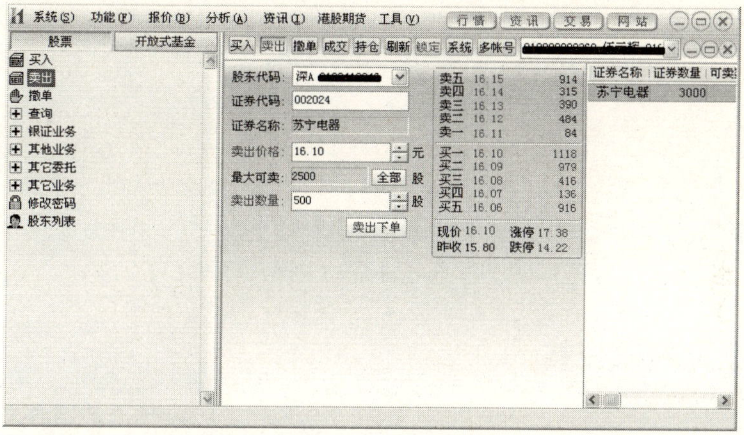

图 2-8　卖出股票

（3）查询：单击左侧功能列表中的“查询”菜单，将显示查询子菜单，其中可查询“资金股份”“当日委托”“当日成交”等多项账户数据。如图 2-9 所示为查询资金股份的界面，将显示账户中现有股份、可用资金等数据。

通过网上交易系统还可撤单（还未成交的委托单）、进行新股申购、银证转账等业务。

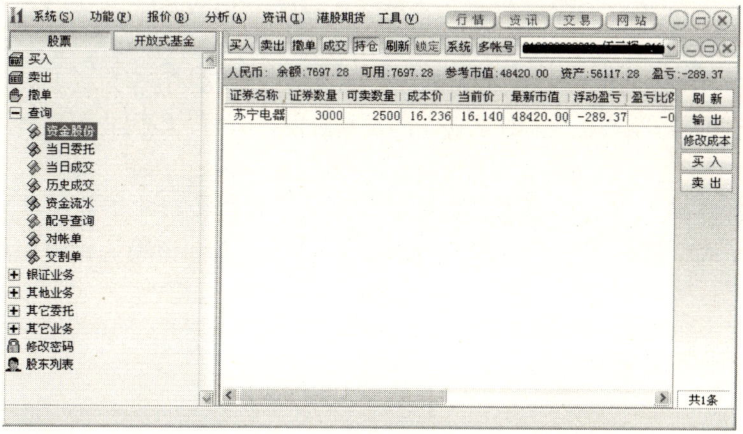

图 2-9　查询资金股份

提示：不同的证券公司提供的网上交易程序界面可能会不同，本节只演示了一种交易程序的操作界面。读者在实际操作时，可先咨询证券公司，了解相关注意事项。

2.8 打新股

股民平常买卖股票，进行交易的市场称为二级市场。而新股申购则称为一级市场，在大多数情况下，一级市场的风险要远小于二级市场（大部分新股上市都有一倍左右的涨幅）。因此，也导致大量的资金在一级市场中专事申购新股。作为普通股民，也可以通过二级市场申购新股，本节介绍新股申购的方法。

2.8.1 获取新股资料

在我国，股份公司要发行上市，必须首先通过相关监管机构审核。通过审核后，上市公司将发布招股说明书，并公布新股发行的日程安排。作为普通股民，只能参与新股的网上发行。因此，股民需关注网上发行的日期，只有在这一天的交易时间进行申购才有效。

很多财经网站都专门开设有一个新股频道，如图 2-10 所示是金融界网站的新股频道。在该网页中有关新股的各栏目，包括新股要闻、新股评论、打新技巧、新股公告、新股发行全览、新股法规、增发一览等栏目。股民单击相关链接，就可查看相应的信息。例如，单击“新股发行全览”链接，将显示如图 2-11 所示的有关新股发行的相关信息。

在图 2-11 所示页面中可看到有新股申购攻略、新股发行全览、新股首日上市一览、拟发行新股一览等栏目，默认显示的是新股发行全览，股民也可切换到其他栏目查看相关信息。

在图 2-11 所示网页中单击某只股票，即可查看该股票的相关信息。例如，单击“鸿利光电”将显示如图 2-12 所示网页，可以查看到该股的相关信息。

图 2-10 金融界新股频道

图 2-11 新股发行全览

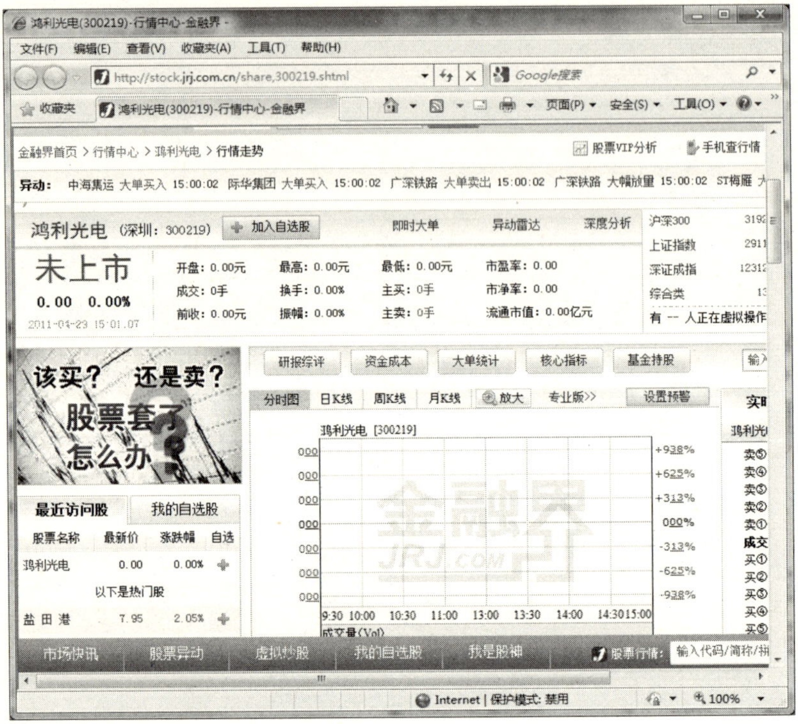

图 2-12　新股信息

2.8.2 新股申购规则

股民要申购新股，首先应了解相应的规则，下面列出新股申购的主要规则。

- 每个资金账户申购同一只新股时，只能申购一次，若重复申购，只有第一次申购有效。
- 申购新股的委托不能撤单，新股申购期间内不能撤销指定交易。
- 申购新股每 1000 股（上海证券交易所）或 500 股（深圳证券交易所）配一个申购配号，同一笔申购所配号码是连续的。
- 股民发生透支申购（即申购总额超过结算备付金余额）的情况，则透支部分确认为无效申购不予配号。
- 每个中签号只能认购 1000（或 500）股，申购上网定价发行新股须全额预缴申购股款。
- 新股上市日期由证券交易所批准后在指定证券报上刊登，具体内容股民可详细阅读其招股说明书和发行公告。

2.8.3 新股申购流程

新股申购流程主要分为 4 个部分：申购、配号、中签、资金解冻。

1．申购

从图 2-11 所示的网页中可以看到新股的申购日期。在申购日期的交易时间内，股民在二级市场中采取买入股票的方式发出申购委托，申购委托需指明申购数量（发行单价是固定的）。股民在申购新股时，必须保证资金账户中有足够的申购款。申购在发行日当天结束。

为了描述方便，通常将申购日期称为 T 日，后续日期就使用 T+x 来表示。

股民在发出申购委托之后，后续工作就不需要去操作了。不过，股民还应该关注后续每天发布的一些数据。

2．配号

申购日后的第一天（T+1 日），相关机构将根据有效申购总量，进行配售新股的工作，有以下几种可能。

- 如有效申购量小于或等于本次上网发行量，不需进行摇号抽签，所有配号都是中签号码，股民按有效申购量认购股票。
- 如申购数量大于本次上网发行量，则通过摇号抽签，确定有效申购中签号码，每一中签号码认购一个申购单位新股（申购数量往往都会超过发行量）。

股民可通过交易系统查询到起始配号数据，由于配号数据是连续的，可根据配号数量自动往后计算，得出所有配号。

3．中签

申购日后的第二天（T+2 日），将公布中签率，并根据总配号，由主承销商主持摇号抽签，确认摇号中签结果，并于摇号抽签后的第一个交易日（T+3 日）在指定媒体上公布中签结果。每一个中签号可以认购 500 股新股（沪市每一个中签号可以认购 1000 股新股）。

4．资金解冻

申购日后第四天（T+4 日），对未中签部分的申购款进行解冻。如果中了一签，则将其余未中签的资金返还到股民账户中；若未能中签，则全部资金都将返还。

提示：股民可以根据自己的资金的变化情况，判断是否中签。在 T+4 日，申购资金若全部返还到股民的资金账户内，则表示未中签。

2.9 股票转户与销户

由于各种原因，股民的工作、生活城市可能会发生改变，为了方便以后到证券公司办理相关事项，通常股民需要将股票账户进行转户操作。有些时候，股民由于服务、佣金等因素，也可能需要进行转户操作。本节简单介绍转户与销户的相关操作流程。

2.9.1 股票转户

所谓转户，是指将一个证券公司开设的股票账户转移到另一个证券公司。这里的转户，其实就是股民资金账户的改变，而沪市、深市的股东账户不需要改变。

办理股票转户时，股民持有的股票可以不卖出，继续持有。办理股票转户的流程如下：

（1）办理转户前需要把资金账户中全部剩余资金转到银行卡，办理转户当日不能交易股票，不能委托，不能申购新股。

（2）股民携带本人身份证、股东卡在股票交易时间原开户的证券公司处办理转户手续。

（3）在原证券公司办理沪市的撤销指定交易。

（4）在原证券公司办理深市转托管，需提供持有的股票代码、数量及欲转入证券公司的全称和深圳 A 股席位号。有些信息需要提前与新证券公司联系获取。如果股民股东账户里没有股票，则不需要办理深市的转托管。

（5）原账户撤销完成后，股民携带本人身份证及股东卡到新证券公司营业部办理转入手续，办理上海指定交易和深圳的股票转入，开设防新资金账号的设立。

（6）最后还需要办理资金第三方存管协议，股民应提前与新证券公司联系，了解能使用三方存管的银行，并开设好银行卡。

2.9.2 销户

通常，股民开户之后很少销户，即使不操作，开设的账户放在那里也无所谓。但总有些股民由于各种不同的原因需要进行销户，因此，这里也简单介绍一下销户的流程。

在销户之前，股民需要将股票账户内的股票全部卖出，并将资金全部转出，然后才能进行销户。股民办理销户业务时至少需两个连续交易日，且两个连续交易日内不能有任何交易及转账业务。

销户的流程如下:

(1) 股民提供身份证、股东账户卡（上海和深圳）、三方存管的银行卡等资料到证券公司。

(2) 证券公司工作人员审核资料、查验密码后送主管签批。

(3) 结清股东的资金和股份，办理销户手续。当天进行结息、撤销上海指定交易等操作。

(4) 第二个交易日销资金账户、股东账户、签字确认。股民交回股东代码卡。

若股民有场外基金账户，办理销户业务至少需连续三个交易日。

股民销户后，其资料在证券公司还将保留两年。

第 3 章 选择适合自己的炒股策略

交易策略是指整个交易活动过程中的资源配置方方面面的问题，也就是打仗的指挥问题。是进攻还是防御？是追击还是撤退？是分兵把口还是集中优势兵力打大仗？具体在投资上是以基本面为主坚持价值投资，还是以技术面为主进行趋势交易？是中长线还是短线？长多短空还是长空短多？是激进还是保守？是人为主观判断市场变化进行交易，还是客观顺从市场变化进行程序系统交易等？它构成了每个投资者个体不同的风格，也决定着长期交易的成败。

3.1 从田忌赛马说起

古代策略，见著于《田忌赛马》。齐国的大将田忌，很喜欢赛马，有一回，他和齐威王约定，要进行一场比赛。他们商量好，把各自的马分成上、中、下三等。比赛的时候，要上马对上马、中马对中马、次马对次马。由于齐威王每个等级的马都比田忌的马强得多，所以几场比赛下来，田忌都失败了。田忌觉得很扫兴，比赛还没有结束，就准备离开赛马场。这时，田忌抬头一看，人群中有个人，原来是自己的好朋友孙膑。

孙膑招呼田忌过来对他说："我刚才看了赛马，威王的马比您的马快不了多少呀。"孙膑还没有说完，田忌瞪了他一眼："想不到您也来挖苦我！"孙膑说："我不是挖苦您，我是说您再同他赛一次，我有办法让您准能赢了他。"田忌疑惑地看着孙膑："您是说另换一匹马来？"孙膑摇摇头说："连一匹马也不需要更换。"田忌毫无信心地说："那结果还不是一样！"孙膑胸有成竹地说："您就按照我的安排办事吧。"

那边齐威王屡战屡胜，正在得意地夸耀自己马匹的时候，看见田忌陪着孙膑迎面走来，便说："怎么，莫非您还要再赛一次？"田忌说："当然！"齐威王一看，心中暗自好笑。"且慢！"田忌说，"不过这会儿得说好，允许我随便出什么马！"

齐威王满不在乎地说："那就开始吧！"一声锣响，比赛又开始了。

孙膑先以下等马对齐威王的上等马，第一局输了。接着进行第二场比赛。孙膑拿上等马对齐威王的中等马，获胜了一局。第三局比赛，孙膑拿中等马对齐威王的下等马，又战胜了一局。这下，齐威王目瞪口呆了。比赛的结果是三局两胜，当然是田忌赢了齐威王。还是同样的马匹，由于调换一下比赛的出场顺序，就得到转败为胜的结果（见表 3-1 所示）。

表 3-1　赛马对局情况表

区分	对局可能之一				对局可能之二				对局可能之三			
	齐威王	田忌	单局胜	结局	齐威王	田忌	单局胜	结局	齐威王	田忌	单局胜	结局
第一场	上马	上马	齐威王		次马	上马	田忌		上马	上马	齐威王	
第二场	中马	中马	齐威王	齐威王	上马	中马	齐威王	齐威王	中马	次马	齐威王	齐威王
第三场	次马	次马	齐威王		中马	次马	齐威王		次马	中马	田忌	

区分	对局可能之四				对局可能之五				对局可能之六			
	齐威王	田忌	单局胜	结局	齐威王	田忌	单局胜	结局	齐威王	田忌	单局胜	结局
第一场	上马	中马	齐威王		上马	次马	齐威王		上马	次马	齐威王	
第二场	中马	上马	田忌	齐威王	中马	中马	齐威王	齐威王	中马	上马	田忌	田忌
第三场	次马	次马	齐威王		次马	上马	田忌		次马	中马	田忌	

细心的读者也许会发现，表中齐威王获胜概率还是很大的，因为相比之下，同档次的马齐威王的占优。问题出来了，首先田忌的保密工作必须要做好，不然意图暴露，对方也换马出场，就无法取胜；其次，要千方百计刺探对方出马的顺序，才能制定己方顺序。如果情报不灵，既定策略落空，取胜也只是空谈。

策略的重要性，对炒股也是一样，同样的资金量，同样的行情条件下，不同的策略炒法，便有大为不同的结果。如果说经济学首要解决的是资源配置问题，而炒股首要解决的是策略问题。本章要旨：提醒投资者重视对策略的认知，介绍几种不同的交易策略，讲解如何理性选择交易策略和风格。本章又是本书的重要部分。讲到策略要点，一要科学，建立客观的交易系统；二要顺应大盘，顺势而为；三要适合于你，既要适合你的资金性质，又要适合你的性格。

3.2 选择交易策略：努力变成少数赢家

有个问题，平时可能没人去想，为什么普通人称为照相，专业人士却叫摄影；普通人称为写字，书法家却叫书法？源于专业与非专业之分。话说回来，炒股同理，不做功课的人同样也在炒，修车的、卖蛋的都可以炒。而机构们忙了一大圈，也算做投资。区别何在？笔者要告诉你：套路不同。那么，常用的炒股策略是怎样的？一般投资者能否也学会相对专业的炒股套路呢？答案是肯定的，但前提是你不能嫌麻烦。

再有个问题，想的人也比较少。那就是自己为什么常常会输，有时还输得很惨？不少朋友自然会用一句话来回答："不是因为我们无能，而是对方太狡猾。"从而将不利的结果，统统归咎于自身以外的某种原因。试问，如果不是因为自己愿意投资入市，又有何种力量强迫于你呢？再说，即便市场环境恶化，你也完全可以退出，以保存实力，不再继续玩了嘛！足见自身有原因。以中国革命战争史为例，当年红军被迫长征转移时，王明便将当时的失败，归于"敌人过于强大"。那么，前几次反围剿斗争时，敌人就不够强大了吗？再说，既然敌人如此强大，岂不是中国革命永远无法成功？当然，这个问题历史已作了解答：外因（敌人）通过内因（己方策略）而起作用。换言之，你永远都有可选择的招。

还有个问题，很多人是因为看见左邻的王小二、右舍的张大妈，进入股市赚了不少钱，并且权衡一下自己的才华，比他们高出许多，然后才踏入股市的。你也许会问，自己也学了不少，甚至曾经多次抓到涨停板，但最终一算账，还是没能赚到钱。其结局，并不比王小二、张大妈强多少。这是为什么？

回答是（除了大市环境外）：因为你尚未形成长期稳定获利的套路，或者叫交易策略。该策略将解决如何对资产进行合理配置：进入何种市场投资；何时进入，何时退出；何时满仓，何时空仓；何时加码，何时减磅；何时持仓坚守，何时空仓等待。跟着而来的问题是：我们将根据什么理由来决定买或卖？依据什么标准来评判一宗交易的得与失？

要知道做交易是个巨大的空间，有多种方案可供选择，进攻还是防御，追击还是转移，包括主观交易与客观交易、左侧交易与右侧交易、主动交易与被动交易等，仅退出方法就有"止损、止平、止盈"三种之分（见本章3.3）。投资者要选择适合于自己的交易策略和操作手段。如同战争中有运动战、阵地战、游击战等多种战术，任何一方都要趋利避害，选取有利于自身的作战方法。

就一般而论，交易策略通常涉及交易思想、交易原则、交易手段、交易标准和交易风格等。从实战角度看，从事股票投资需要建立风险控制、资金管理、策略技术、情绪控制、执行纪律等分系统。对于普通投资者而言，通过学习实践，掌握一定的投资策略和交易技术是完全可能的，这是“磨刀不误砍柴工”。

3.2.1　战略性交易策略：顺应大盘态势

投资者之所以要经常分析大盘形势，研究当前热点，就是为了确定交易方向，坚持顺势而为。做股票其实就是两件事，认识形势与采取对策。要想通一个道理，如果要在波动不休的股市里赚到钱，就一定不能始终待在里面，而应该时而参与、时而休息才行。

因此，认清市场当前主要走势方向，核实大盘是否处于可操作区域很重要。而且必须顺势而为，只参与那些行情趋势强烈，或者说行情主要趋势，并只持有符合这一主要走势方向的头寸，或者是不予参与（见图 3-1）。如果你只参与 30 或 60 天均线上方的行情并交易，至少不会亏大钱。

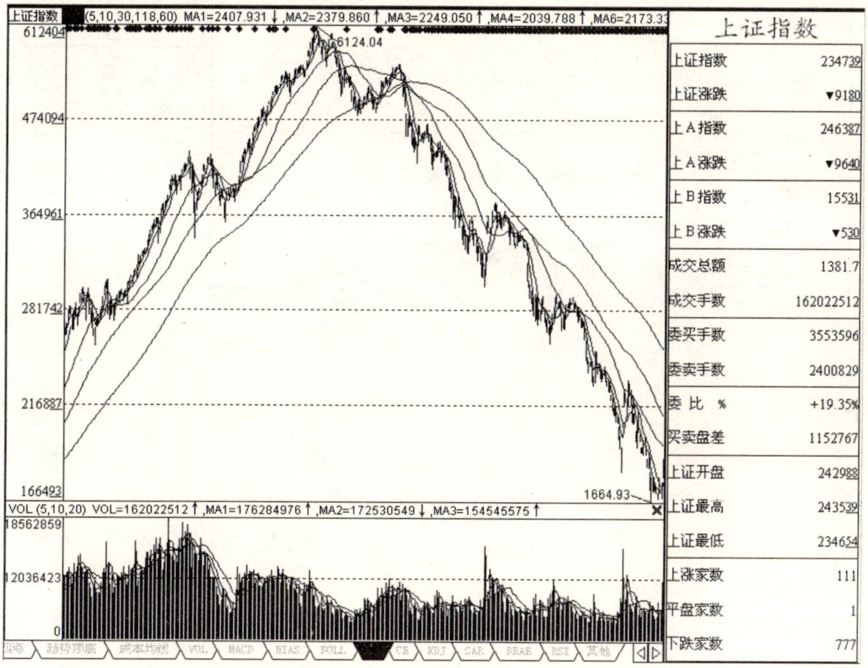

图 3-1　从上证指数看出，做股票必须时而参与、时而休息才行

坚持与大盘走势相匹配原则，在不同行情趋势及强度下，制定相应操作策略，总

体思路是“强则追价，平可抄底，落则空仓，盘整无为”。

强则追价

当市场处于活跃强势时期，这个时候的操作策略是“长多短空”，操作战术是“追涨龙头”！这类股票主要伴随着整个指数型的大上升浪，其技术形态，表现为完美的上升通道，并伴随匀速的量能放出，“突破”类个股脱颖而出。这时是“涨中买，买中涨”，敢于追涨，捕捉龙头，高了不轻易抛出（见图 3-2）。

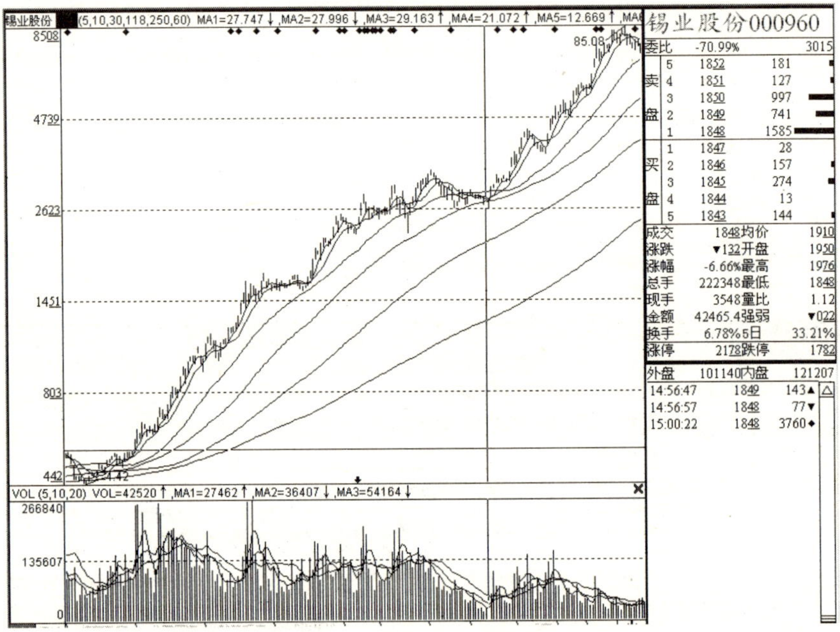

图 3-2　当市场处于活跃强势时期采取买入持有策略

平可抄底

市场处于平衡箱体时期，这个时候的操作策略是“长空短多”，波段机会操作战术是“高抛低吸”。要把握好波段空间中波轴、波势、波峰谷、波长、波幅五要素，坚持低买高卖不追涨。何为高，何为低？通常“高抛低吸”的操作点位于箱体运动的箱型顶部和底部位置；BOLL 布林线的上轨线和下轨线；趋势通道的上轨趋势线和下轨支撑线；成交密集区的边缘线；投资者事先制定的止盈位或止损位；在支撑位买进，于压力位抛出（图 3-3）。

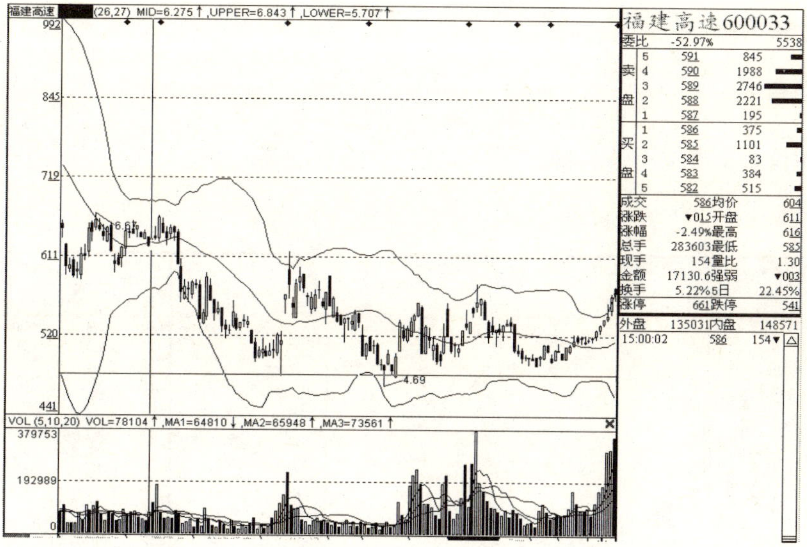

图 3-3　当市场处于平衡箱体时期以“高抛低吸”为主，并适当休息

落则空仓

当市场处于下跌疲惫弱势时期，这个时候的操作策略是“现金为王”，操作战术是“不参与”（以后有做空机制时另当别论）。做过股票的都知道，此时情况属于下跌N浪，杀伤力巨大，“多头不死，下跌不止”，投资者屡战屡败，损失惨重。所以最好的策略是“不参与”（见图 3-4）。

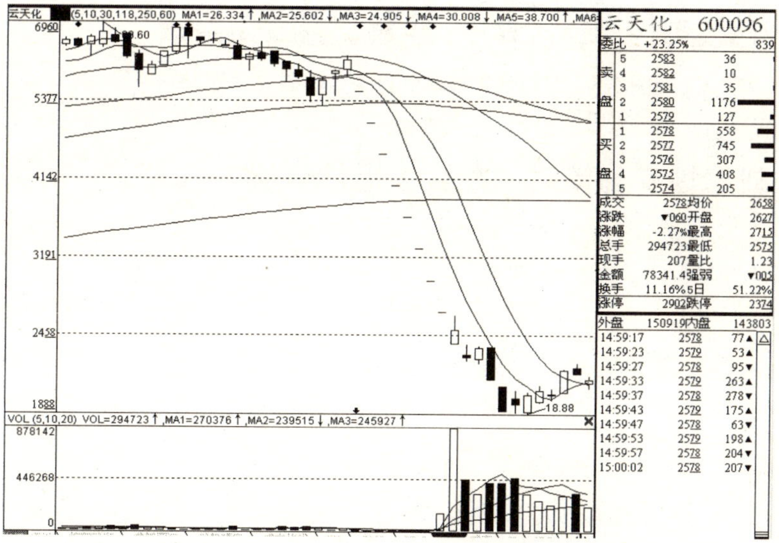

图 3-4　当市场处于下跌时期坚持空仓策略

盘整无为

有的时间段行情很难做，属于“垃圾波动”。没有明显的趋势，每日上蹿下跳幅度又不大。刚买进去就有可能开始下跌；而刚卖掉，反而又涨了起来，没有明显的波段。其实这就是震荡行情的特征，市场在围绕中枢震荡。而这种震荡的操作方法就是“不参与”，也就是休息（见图 3-5）。

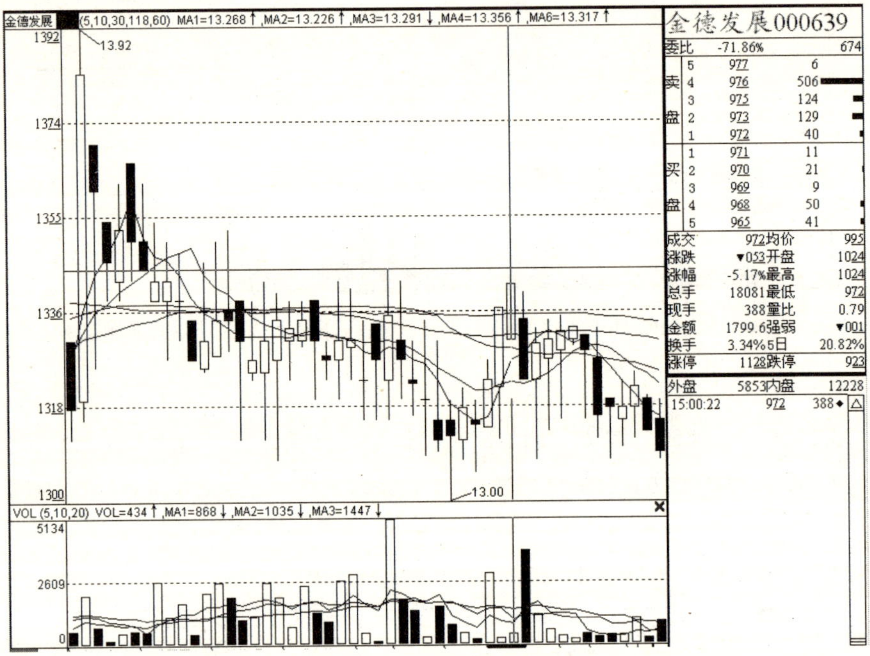

图 3-5 面对这种震荡的操作方法就是“不参与”

3.2.2 战术性交易策略：配合大盘炒个股

中小投资者需要采取机动灵活的战术，是基本战术上的游击战，与不排除有利条件下的持久战相结合。游击战讲究灵活，持久战讲究坚定，两者合一。游击战在中国有悠久的历史。“游军之形，乍动乍静。避实击虚，视羸挠盛。结陈趋地，断绕四径。”游是走，击是打，游而不击是逃跑主义，击而不游是拼命主义。游击战的精髓是“敌进我退，敌驻我扰，敌疲我打，敌退我追”。合理选择作战地点，快速部署兵力，灵活选择作战时机，战斗结束迅速撤退。

在股市中，主力的实力大于我们许多倍，而散户则相当可怜。作为散户，对自己的优缺点要分析。资金少、信息不灵通、分析能力有限、心态不稳定、常犯错误、纪律性不强……这些都决定了，我们在市场里面处于弱势地位。如果跟主力采取消耗战，硬打死扛，股票涨了也不跑，跌了也不抛，认为反正迟早有一天股价会涨回来，其结果是不断地坐电梯（2007.5.30 以来下跌是血的教训），结果终被主力套住。主要因为我们的作战方式不正确。如果我们采取游击战：打得赢就打，行情好的时候机会多，该买自然要买，赚了钱就跑。打不赢就跑，有风险更要跑，跑是为了找到更好的方式来打，该卖的时候一定要卖。

不排除有利条件下持久战的精髓，在于卖出以后不轻易换股，下次有买点再介入，直到抓住主升浪。理由是多数股票都有主升浪，只要行情好。粗略统计了一下，从 2005 年 6 月以来，几乎所有的股票涨幅都在 200%以上，涨幅在 100%以上的股票有 1333 只。

当市场处于强势或个股活跃时期，个股趋势形成，且大盘与个股两者方向一致时，可重仓出击。在牛市时，追涨有一定的必要性。否则，一味等待也许会错过机会。

当确认一轮趋势明朗或热点明确的上扬行情已经形成，才有追涨的理由。追涨不等于追高。一般情况下，没有必要追高。如果错过第一时间，就要避免在大阳线后买入，等回撤时再介入，等待第二轮的上攻行情。

对于启动不久或刚突破，处于牛市的上升过程中的个股，则坚持追涨买入。任何时间段都可以介入，而且越早越好，任何犹疑都可能踏空。

在市场处于活跃强势时期，抓住个股波段机会高抛低吸。当大盘与个股两者方向不尽一致时，仅以中等仓位出击。对于波段操作买入点，应于股价回档后，在调整市的尾段，遇到支撑阻碍，并且量、价由减变增时，方可介入。

在股市仍呈弱市运行格局的前提下，波段操作无疑是规避风险的较好方法。在下降通道的下轨线，或在连续下跌之后，阶段性低点位置适当做多。在反弹过程中，一旦触及上轨线及时止盈，在弱市里也能获得较好收益。

当市场环境尚可，处于平衡箱体时期，或是相对弱市中，如果个股趋势形成，基于控制风险及更好地把握机会的原则，应将介入的时间尽量往后推，原则上应该在临收盘最后半小时，甚至收市前介入。

市场处于疲惫弱势时期，考虑观望或轻仓试探（见表 3-2）。

表 3-2　不同大盘情况下采取不同的操作策略

结合大盘与个股机会的交易策略					
大盘走势	个股走势	稳健操作风格		激进操作风格	
		策略	仓位（%）	策略	仓位（%）
市场处于强势	上升趋势	回撤介入	100	追涨	100
市场处于强势	波段机会	高抛低吸	70	高抛低吸	100

续表

结合大盘与个股机会的交易策略					
大盘走势	个股走势	稳健操作风格		激进操作风格	
		策略	仓位（%）	策略	仓位（%）
市场处于强势	下降趋势	不参与	0	少量参与	30
大盘平衡市	上升趋势	高抛低吸	50	追涨	70
大盘平衡市	波段机会	高抛低吸	50	高抛低吸	80
大盘平衡市	下降趋势	不参与	0	不参与	0
大盘平衡市	垃圾行情	不参与	0	高抛低吸	20
市场处于弱势	下降趋势	不参与	0	不参与	0
市场处于弱势	波段机会	不参与	0	高抛低吸	50

3.2.3 掌握交易的原则：策略指导思想

操作就必须遵循一以贯之的原则和正确的指导思想。这个指导思想不能因为市场暂时或局部的变动而动摇。通过学习借鉴，以及多年实战经验和教训总结，交易原则可以概括为九个“坚持”、九个“不”。

- 坚持“顺势交易”的原则。其实有很多说法都是错的，比如“高抛低吸”，其实是逆势操作，猜底与抄底也是逆势操作。问题在于，要搞清楚顺势而为，究竟顺哪个势，是日线、周线、还是小时线？
- 坚持“客观判断”的原则。炒股就免不了要预测，但仅仅是假设，股价具体如何走，要看客观真实的，也就是要验证。
- 坚持“不过度交易”原则。主要指不透支炒股，不过于频繁炒股，慎重满仓炒股。
- 坚持“追随市场”的原则。该进就进，该出就出，任何时候都不给自己找理由。
- 坚持“认错斩亏，让利润奔跑”的原则。认准这个原则，坚定不移做下去。
- 坚持“独立思考”的原则。自己也有可能会错，错了不要紧，改了就行，但绝不要听信消息，而将自己的命运交付他人。
- 坚持“信号第一”的原则。坚持客观交易，放弃人为想象。相信信号，毫不动摇。
- 坚持“买入要谨慎，卖出要果断”的操作原则。买入要瞻前顾后，卖出要毫不犹豫。
- 坚持“下午买入”“阴线买入”的稳健精神。中小散户切记，稳健是你的朋友。

- 不偏离“选股套路”，不以“数钱心理”为依据。在千变万化的股市诱惑中，不要轻易改变你的选股套路，看不清楚的钱不要赚。
- 不轻易更改“时间结构”，不变投资金额及频率。套路不能变，一变就走型，自己就控制不了炒股进程。投资习惯也不要经常变，不然永远提高不了。
- 不临时改变“买卖计划”，绝不在盘中见异思迁。记住“计划你的交易”，“交易你的计划”，是经历千难万险，逐步迈向成功的必由之路。
- 不合规则的“好股”坚决不碰，该出局的不拖。庄股、垃圾股，以及走势怪异的股，涨得再好也不碰。对于止损，股谚说，“不怕错，就怕拖”。
- 不在“卖出信号”当口，或下降波段持股（除小波段底部）。形成一条纪律，只买入或持有上升途中个股，对于已有卖出信号，或已进入下降通道的，坚决不碰，原有的也坚决卖出。
- 不在大盘形势不好时选股，形势不明朗时不重仓。大盘下跌，凶多吉少，多数个股跟跌，时机不宜就不要硬选股。其实这时选出的也没有用，因为任何选股，都是在大盘向好之时才管用。而在形势不明朗时，或者选择空仓，或者轻仓，绝不要重仓。
- 不要盲听盲从，不听无确切根据的消息，不接受别人现成的研究结论。炒股票就是要亲力亲为，怕吃苦或想偷懒，是做不好的。由于沪、深股市有“政策市、消息市”之称，因而投资者非常爱打听“消息”。其实对于消息面的利好、利空应辩证看待，政策面、消息面的利好和利空都是相对的，唯有通过市场的检验，才能得出正确的判定结论。
- 不进行无谓的交流，对于不可复制的所谓“成功模式”要放弃学习。交流应该在两个风格接近的人之间进行，泛泛而谈起不到任何作用。
- 不要死捂股票。不少中、小投资者，有这样一种根深蒂固的观念：买进一只股票，套牢不要紧，只要不割肉，总有解套甚至获利的机会。这种想法或许在前几年牛市中不算错，但在当前这样的震荡市格局中，假如一味死捂股票，而不懂得及时止损，最终将导致越套越深。

另外还有一些原则，操作时也应该遵守。比如，对收益的期望，原则是保持获利的稳定性与持续性，而不是收益最大化。所以不应追求股神般的“百战百胜”，不要求精确“分毫不差”，不企望完美“正确无误”。股票是这样，你越想完美，就越感到受挫折。要同时坚持双重策略，在盈利的头寸上是一个长线持股者；在相反的头寸上是一个短线交易者。不设定目标价位出入市，只服从市场走势；不因为价位太低而吸纳，也不因为价位太高而沽空。

入市要等候机会，买卖不宜太频繁。不要因为不耐烦而入市，也不要因为不耐烦而平仓。连战连败后，减低入市头寸或停止交易。无恰当理由，不更改所持股票的买卖策略。总之，当你的操作原则在日积月累中开始渐渐影响你的操盘想法时，你也就渐趋成熟了。再要提醒的是，不要因循守旧。证券市场发展变化日新月异，过去的老经验，只适应于当时股市规模较小的实际情况。如今证券市场的规模和特点，不可与过去同日而语，投资者的分析方法、原则和投资理念亦应时时更新，才能适应市场，获取收益。

3.3 搜选股票策略：如何找好股票

选股票相当于军事上“多目标选择的困惑”问题，在经济学意义上属于机会成本。选股通常有两种方向：一种是根据基本面，自上而下（先宏观经济、后产业、再行业、最后到公司）初选中长线品种；另一种是根据技术面，自下而上初选短线品种。选中后放入股票池中备用。做股票要精选个股，而且一定要规避风险股。

3.3.1 第一步：从形态上分析，注意规避风险股

中线避免已跌破年线的个股，跌破年线往往意味着较大级别的调整浪正展开，后市下行空间、回调的时间难以预测，此时应规避（如图 3-6）。

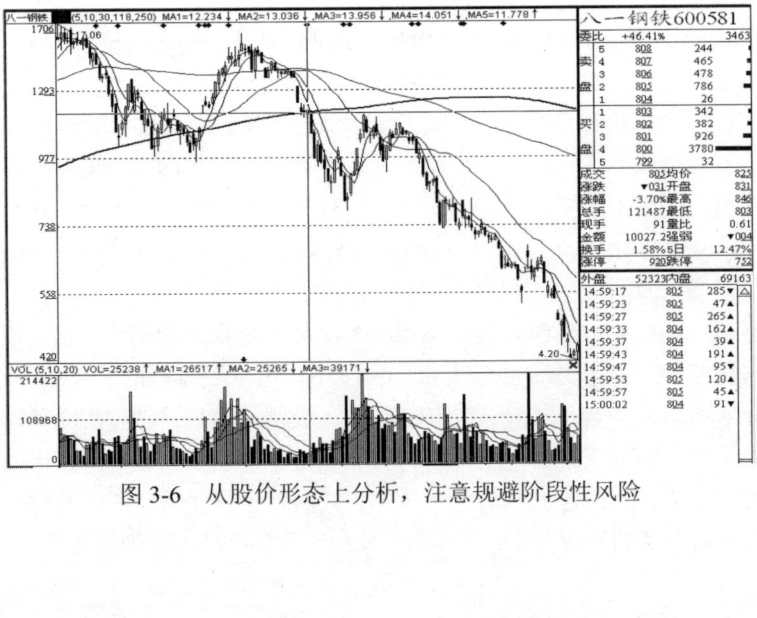

图 3-6　从股价形态上分析，注意规避阶段性风险

中线避免股价刚上触年线、但年线仍持续下行的个股。这种形态往往是熊股在展开反弹，反弹高度难以确定，所以投资者宜参与主升行情，避免反弹行情（见图 3-7）。

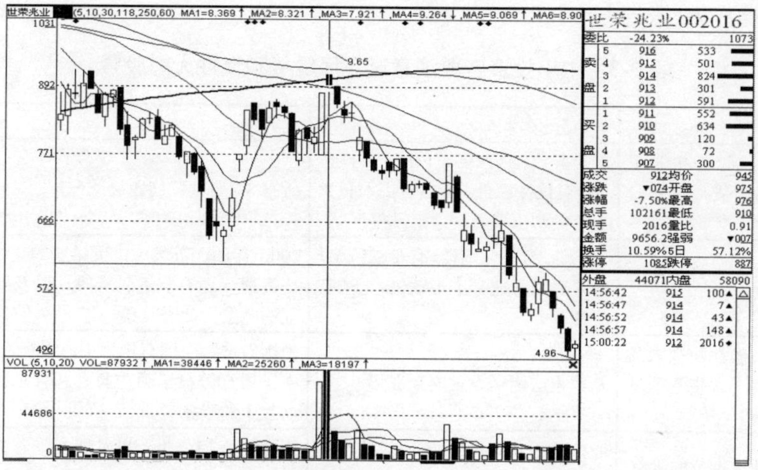

图 3-7 操作上要避免股价首触年线、但年线仍持续下行的个股

年度内已出现翻番行情的个股应避免介入，原则上一年之内翻了一倍，一年之内不碰；一年之内翻了两番，两年之内不碰。以此类推，一波行情下来翻了 n 番的个股，n 年之内不碰。坚持这样的原则：宁可错过一千匹黑马，亦不可错买一匹黑熊（见图 3-8）。

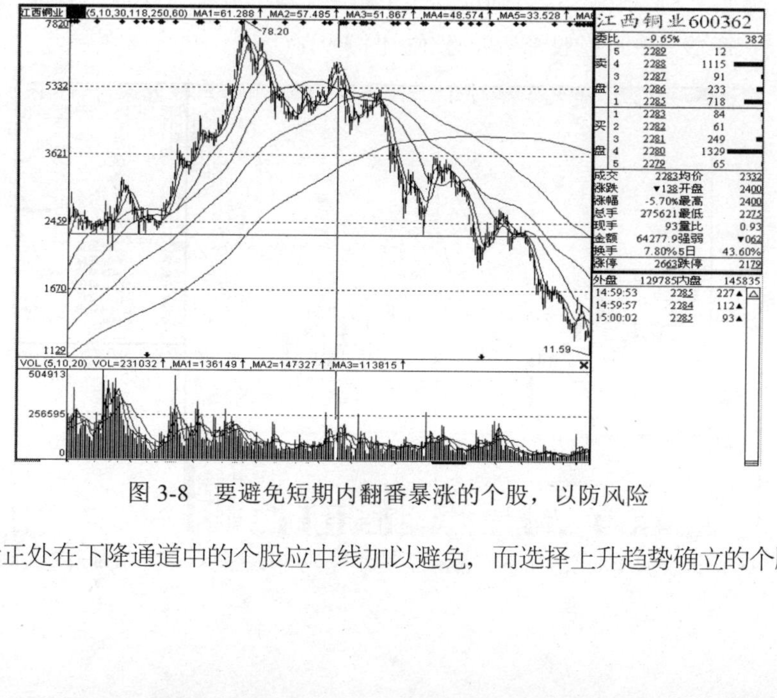

图 3-8 要避免短期内翻番暴涨的个股，以防风险

对于正处在下降通道中的个股应中线加以避免，而选择上升趋势确立的个股。

3.3.2 第二步：选股要从质地上分析，注意规避问题股和股性不佳的股

具体操作方法，见表 3-3。

表 3-3 中小投资者要注意避免风险股和惰性大的股票

方法	质地类型	理由分析	案例说明
坚决不买	ST 股票和非正常停牌后复牌股票	此类股票，存在退市风险，在操作上，对抗性极强，不容易买入和卖出，经常出现“一字形跌停”	所有 ST 股票和问题股
坚决不买	老庄走势特征的股票	流动性差，成交清淡，有暴跌风险，并且容易形成一字形跌停，无法及时摆脱	2006 年的江苏吴中，更早些的金宇车城、金德发展，还有宏达股份等，以及类似走势特征的股票；此类股票一年之内不碰
建议不买	指标性超级大盘股（含指数型基金）	基本无法跑赢大盘同期涨幅	中国石油、中国石化、工商银行、建设银行、中国银行等盘子超重股票（含总股本在排名前二十的股票）
建议不买	他人推荐的股票	股票是相互博弈的，天下没这么便宜的事情	媒体、咨询公司，以及朋友推荐的，并不适用于其他投资者

为更好地说明表 3-3，以 000545ST 吉药为例，该股现已“摘帽”，名称恢复成“金浦钛业”。但究其股性，仍与众多 ST 股无二，高度控盘，忽涨忽跌，高度投机，属于反技术走势的“妖股”。正常情况下，当一只股票拔高“一字形涨停”时，多半次日继续上冲，拐头出现至少会有个“放量滞涨”过程。而“金浦钛业”则相反，从“一字形涨停”到“一字形跌停”一气呵成，想出也出不来，套你没商量。因此，建议中小投资者所有 ST 股票和问题股都不要碰（见图 3-9）。

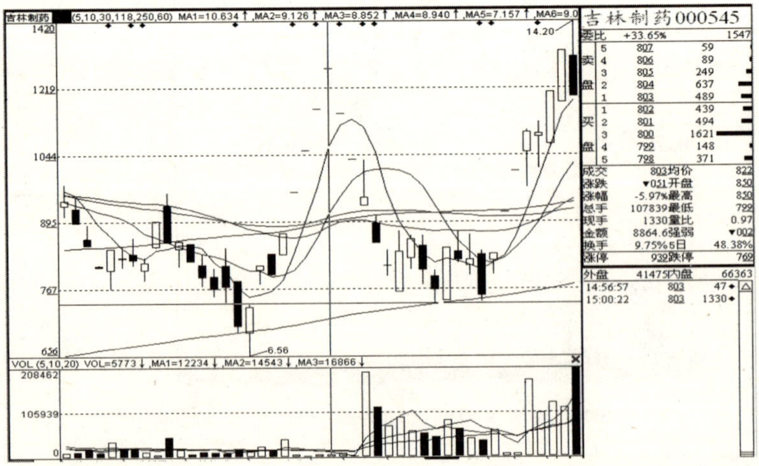

图 3-9 这个曾经的 ST 股票从“一字形涨停”到“一字形跌停”，且不放量最套人，不能碰

3.3.3　第三步：设法选出具有上涨潜力的股票

可以采用如下方法进行选择。

- ❑ 板块指数共振法选股（短线）：可通过“板块监测”，以走势强弱和多日换手率寻找热门股票。当大盘与板块都发出买入信号时，（以行业板块为主）来选择交易活跃的板块，再加上个股信号，此时做多成功概率大。
- ❑ 大小周期共振法选股（短线）：同一只股票，当大小周期都发出买入信号时，向上的可能就比较大。比如，当周线、日线都在金叉之上，此时小时线又金叉，可积极做多。
- ❑ 业绩增长与基金加仓交集法选股（中线）：中长线选股，可关注机构的研究成果和操作步调，以公开披露信息为据，注重业绩及成长性。将根据你的风格，在“价值型”“成长型”和“价值成长型”中进行选取。当一只股票业绩增长，而且基金等机构跨季度持续增仓，说明该股票质地优良，被众人看好，一般会有主升行情在后面。需要重点加以关注，坚持不懈长期跟踪，始终依据买卖信号，严格进行买卖操作（不换股），直至抓住主升浪后退出。

大牛市中可选择创新高或近期新高的个股，未来 60 天的时间里再创新高的可能性达 70%以上。在市场大势向好时，选择以涨停方式突破的个股，以捕捉主流热点中的龙头个股。比如太行水泥（600553），当国家出台推行 4 万亿投资拉动基础设施建设政策时，水泥股成为上涨先锋，在此种情况下，就可以适当追涨（见图 3-10）。

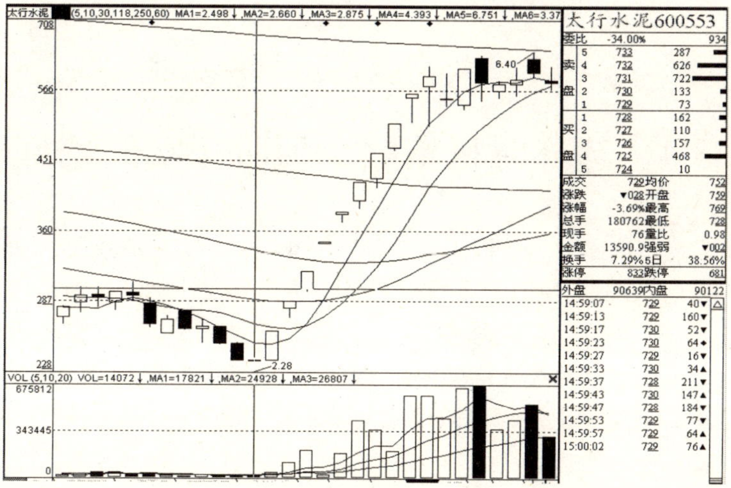

图 3-10　大势向好时应积极把握上升中的股票，必要时可进行追涨

买入股票的时候坚持做到四个优先：熊牛转换时节，大幅下调后的个股反弹优先；新股上市后第一次出现买入信号的个股优先；小盘股优先；低价股优先。

比如，依据笔者的波段理论，以上述的周期共振法，选出华星化工，等到股价上触 60 日均线，止盈退出（见图 3-11）。

图 3-11　实战操作案例

至于能否进一步深度挖掘并买入具有上冲潜力的“好股票”，可参看本书第 4 章。

3.4　选择时机策略：何时买卖股票好

选时策略是“选择时间结构”与“选择进（出）场点”的统称。如何选择“时间结构（操作信号周期）”？主要根据资金性质、个人性格，特别是风险承受范围而定。比如，一个风险承受能力强的人，可经得起大幅洗盘，以承担大的风险，博取高的收益，可以选择月线进行操作，忽略中间一切中、小波动。反之，就应选取小的时间结构。从类型上看，可以把它们比喻成“袋鼠”“狮子”和“蜗牛”三种战法。

3.4.1　“袋鼠”战法：N 日短线交易

就是数天之内，可以做很多来回。像袋鼠来回蹦蹦跳跳一样。具体操作就是选择 30 分钟或者 60 分钟 K 线，对当日的 K 线趋势进行画线并判断。然后根据趋势突破、量能配合、指标辅助这三个方面相结合来决定买卖操作（见图 3-12）。

图 3-12　利用重要均线为支撑，高抛低吸做差价

尽管这样操作单笔盈利有限，但可以靠大量交易保持赢多输少的格局。“袋鼠”战法对技术水平和交易能力、交易纪律甚至体力有很高的要求。

3.4.2　“狮子”战法：中级波段交易

股票交易时间在 18 到 25 个交易日之间。具体操作适用于日 K 线或者周 K 线，在这个时间段内，行情一般会有较大级别的波动。可以像狮子一样，趋势不明朗时离场观望，耐心等待时机，一旦出现果断出击（见图 3-13）。

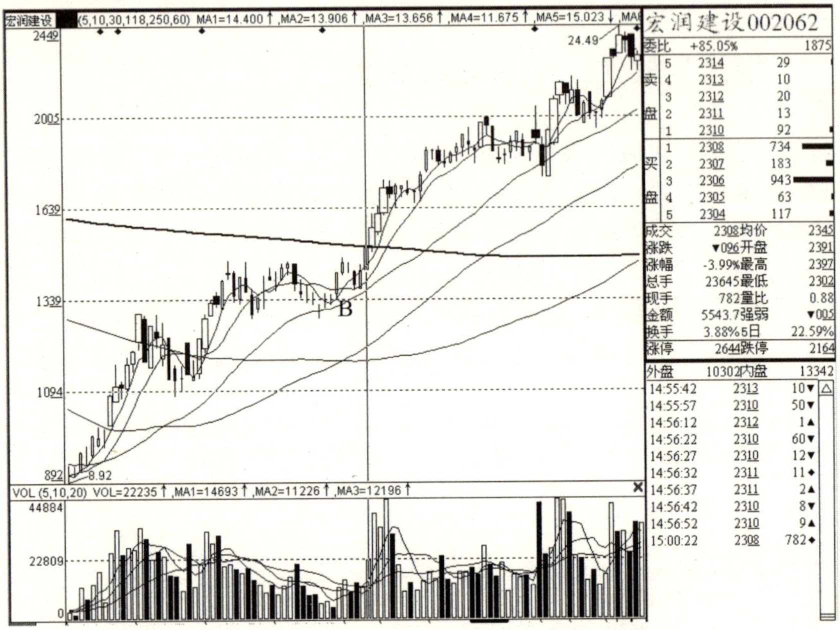

图 3-13 当量能放出并突破重要阻力关口时介入做足波段

具体操作就是，首先判断是否有单边行情，力度多大，方向如何。当看准行情方向上涨，就在合适时机进场做多，并设好止损位。如果买入后出现亏损，到达止损位，就坚决止损。如果买入后继续上涨，脱离自己成本位置，就根据情况增加多单，也可以持仓等待。直到行情出现转折，或者有调整迹象平仓离场。

3.4.3 “蜗牛”战法：长期趋势交易

除了N日短线交易和中线波段交易外，投资者还可以采用长期趋势交易策略。适用于周K线和月K线，这个策略类似于股票长期投资，可以理解成蜗牛长跑。但是此种方法更适合基本分析的投资者，投资于指数型基金。如果投资者有较充裕的资金，对指数牛市大级别周期有比较好的研究心得，可以采用长期趋势交易。比如判断目前沪深证券市场，如果处于大牛市，中途会有调整，但不改变长期上扬态势，就可以选择合适的价位，介入做多（见图 3-14）。

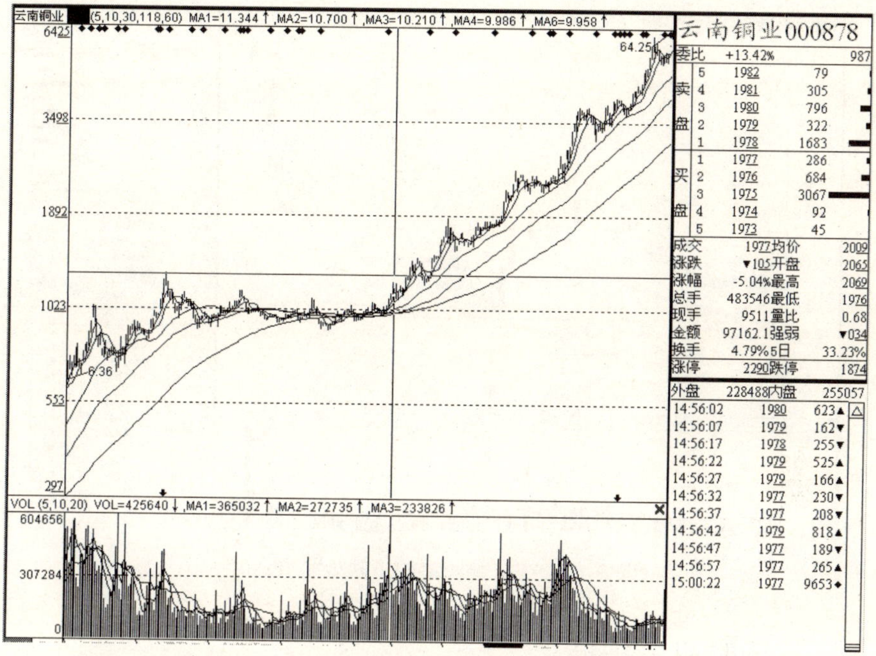

图 3-14　大牛市中买入后一路持有，像“蜗牛”上树

操作完成后，一般不做平仓和加仓动作。只需要观察长期趋势是否结束。

当然，看盘是要多方面看才会有结果，利用多周期的走势，来综合判断市场的整体状况，月线、周线、日线、60 分钟、30 分钟、15 分钟、5 分钟，甚至 1 分钟（权证适用），而不是死盯住某一个周期。不然就成了管中窥豹、盲人摸象。观察顺序，通常在选定个股后，先从大的方面，比如周线、日线观察其压力位、支撑位，然后从小的方面，如 60 分钟、30 分钟，甚至分时图，寻找切入点，最后做出决定。至于哪个周期适合你，要根据市场的状况和你的风险承受能力以及个人的性格来决定。一般来说，短线 30 分钟、60 分钟比较适合，再短由于 T+1 的原因就不太适合了，对于可以 T+0 的权证来说，主要看的就是 5 分钟和 1 分钟，参考 15 和 30 分钟 K 线图。

至于如何选准时机进（出）场问题。股谚：“选股不如选时。”好的进场时机，将起到事半功倍作用。买入点通常有 K 线切入和分时图切入两种，每一种又分为低吸买点、追涨买点。

低吸买点是股价上升一段后，自然回撤，等遇到支撑时，量由大变小，再由小变大，股价开始拐头向上时介入（见图 3-13“B”点）。追涨买点是指股价刚启动或刚创新高时，大胆介入（见图 3-15）。

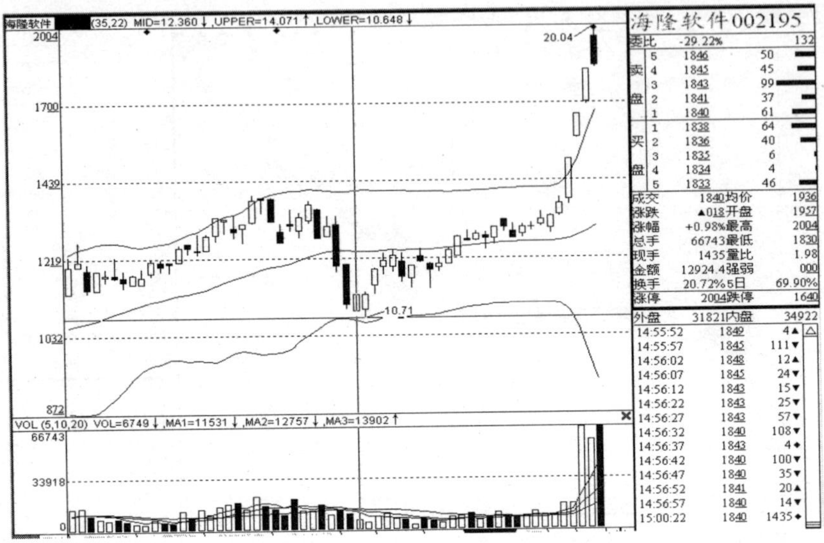

图 3-15　在上升通道的下轨处是介入点

3.4.4　离场时机的把握

好的离场时机有三个，“止损、止平、止盈”。运用起来各有利弊。

“止盈”是指股价上触通道上轨，面临回调前，先行卖出。或者第一次上触重要的中长期均线、前期的密集成交区、重要的技术关口等（见图 3-16）。

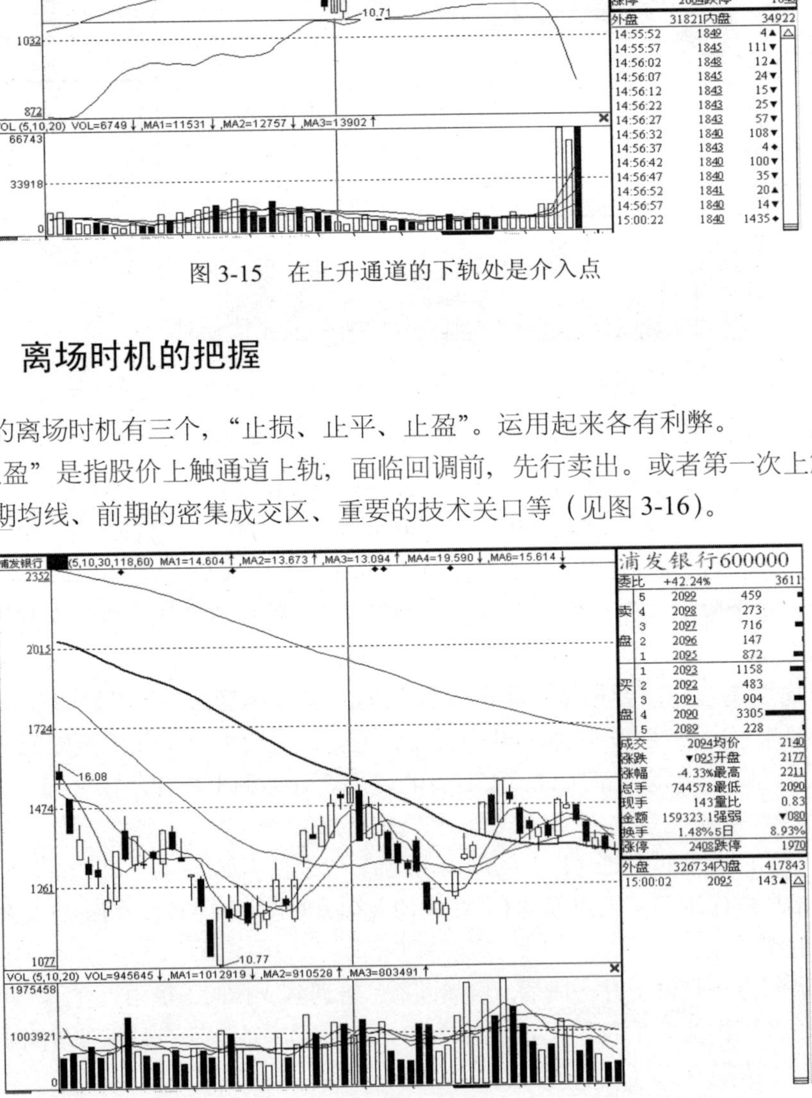

图 3-16　股价上升至重要均线处常常是良好的卖点

它的好处是保住收益，缺点是容易踏空。适用于反弹或趋势尚未形成的牛市早期阶段。

“止平”是指买入后，股价先升后降。常见于短线专业炒手操作。为防止持仓头寸由盈变亏，就在股价跌落至买入价位时，为防止进一步下跌，快刀斩乱麻，先退出来再说。此种方法适用于权证等波动剧烈的品种。它的好处是永远不用担心被套牢，缺点是容易踏空。通常在大盘不稳或心里没底时使用。

而“止损”有很多种方法（详见第 8 章，这里就不再赘述），其概念人人都知道，关键是执行力，执行止损时不能心存幻想。对于成熟的投资者，不设止损就不进场；不能执行止损，就不能长期待在股市里。

3.5 资金管理策略：多少仓位合适

例如，一个胜率 60%的游戏，你有 1000 元，有 100 次下注的机会，赔率 1：1。那么，你如何进行下注，才能获得最大的收益呢？在看下文前，建议你先思考一下这个问题。据调查，一般人倾向于在不利的情况下，增加更多的赌注；而在有利的情况下，下更少的赌注。实际上，反映到市场中，人们常常在连续的几次下跌之后，总是会预期有一次上涨。或连续的几次上涨后，预期有一次下跌。但这只是赌徒的谬论，因为盈利的机会仍然只有 60%。此时，资金管理就极为重要了。

假定你以 1000 元开始这个游戏，结果连输三次，只剩下 700 元。那么，多数人会认为，第四次会赢，于是把赌注增加到 300 元（想挽回损失的 300 元），尽管连续四次输的概率不大，但是仍有出现的可能。那么，你只剩下 400 元，要在这个游戏中挽回损失就必须盈利 150%，机会不大。假设你把赌注放大到 250 元，那么，很可能你四次游戏后就破产了。

不管哪一种情况，在这个简单的游戏中不能实现盈利，在于没有资金管理的概念，所冒的风险太大了，没有在风险和机会之间取得平衡。

本节讲述了什么是资金管理，为什么要进行资金管理，怎样进行资金管理。读者中数学空间概念弱者，或者资金量偏小的，可忽略本节。但对于大资金，或立志在投资市场有所作为的，本节为应读内容。

3.5.1 什么是资金管理

资金管理是指在风险市场，通过限制单次投入资金的比例来控制风险。资金管理方式取决于你的交易风格是属于激进还是稳健。资金管理还影响了你资金净值升、降曲线平滑的程度。常见的资金管理策略，有金字塔型资金管理、等比例型资金管理。

什么是资金管理体系？资金管理体系指日常的仓位分布、交易的频率、交易仓位在特定情况下占总资金量的比例，以及加仓和减仓的规则和依据。仓位的分布，就是指依据机会，区分不同情况下的仓位大小，而不简单依据主观认为的所谓成功率。交易的频率和交易仓位，以及仓位在特定情况下占总资金量的比例，则是依据一个人最适合于自己的交易习惯。如果需要进行调整，将是一个客观的调整，不能是主观的想法。加仓和减仓规则必须有依据，要求加仓和减仓，并不因为行情分析来得到，而是依据纪律来得到，什么情况下可以加，什么情况下不能加。

3.5.2 资金管理的原则

资金管理适用的原则因人而异，而不是“放之四海而皆准”的，只有相对合理或合适的。参照基金的评价方式，综合风险系数、波动率、收益期望，并结合笔者的操作习惯和心态特点，总结出以下资金管理的原则。

- ❑ 安全进入法则：每个部位建立过程必须调整为正。
- ❑ 最少担心法则：操作之后以心情轻松很放松为好。
- ❑ 最小后悔法则：面对上平下三种可能皆不会后悔。
- ❑ 减少波动法则：收益稳定而权益净值的波动小好。
- ❑ 中庸发展法则：在收益与风险中求得平衡能接受。

当然，投资者也可自己总结出不同的资金管理原则。注意以上这些法则，并不是收益最大化或最快见成效，而是力求稳定发展。另外，有关原则还包括不与别人攀比“净值增长率”（承担风险不一样），以及“谁比谁更正确”（只有主力才知道）。

在交易操作中，仓位控制的原则通常有：

- ❑ 慎重满仓，始终保持一定比例的备用资金以机动。
- ❑ 市场出现无风险机会的时候，可以放大资金操作。
- ❑ 在市场出现波段操作机会时，可以重仓短线操作。
- ❑ 在市场出现技术性机会时，可以轻仓短线操作。
- ❑ 买、卖不过量，控制损失不超过本金的1/10。
- ❑ 当买、卖遭遇损失时，应出局，永不加码交易。

根据大盘风险系数来决定仓位高低，如果当前大盘风险系数是70%，那么仓位就应该是30%。仓位大小与市场状态相一致。市场处于平衡状态时，应较少参与；而市场处于活跃状态时，应较多参与。仓位大小与自身状态相一致。一旦出现连续失手，需要赶快警惕起来，减低仓位直至离场休息。

3.5.3 资金管理的方法

首先要明确一点，所谓资金管理没有绝对的“好”，也没有绝对的“不好”。只有与你交易系统的胜率联系在一起时，才有意义，才能进行评价。但是炒股，资金管理绝对不可以没有，因为资金管理决定着你账户净值上升（或下降）的平滑程度。

持仓比

一个账户的持仓比＝持仓市值/总权益。通过调整和控制持仓比，可以调控该账户的系统风险（有关系统风险内容见第 8 章）。

分散度

分散度＝1/持仓个股只数 M。这个 M 值是该账户中个股品种的数量，也就是存放“鸡蛋”的“篮子”。比如你账户里有三只股票：“界龙实业”“中国石油”“太行水泥”，那你的 M 数为 3。通过调整分散度，可以控制账户的非系统风险。每只个股将占多少资金，取决于交易系统对每只个股所处位置的判断。如果同时运用多个策略，不同的系统，则还取决于每个系统的目标预期年均回报率。笔者倾向，不同时持有超过 5 只以上的个股，核心个股绝不超过 3 只（中线个股 2 只，短线个股 1 只）。

批次量

分段原则是，同一只个股买卖分段进行，基于趋势型策略的系统交易者，需要设立多个买点、卖点。批次量＝权重×已建仓次数 N1/计划建仓次数 N0。反映出建仓过程中风险值的大小。比如说你分两次满仓，每次一半，那你的批次量就是 1/2。当建首仓时，风险值为 0.5；而当建仓完毕时，风险值为 1。该指标用于 T+0 操作对风险的提示。

手法值

手法值代表操作的风格，笔者对激进风格取值 1，进取风格取值 0.75，稳健风格取值 0.5，保守风格取值 0.25。比方追涨风格属于激进，低吸属于稳健，而抄底则又是激进等等。反映操盘手的风险取向，它会影响净值波动率。

个股波动系数

个股波动系数是由于股票质地不同、主力控盘程度以及操盘手法不同所反映在盘面上的波动特点。笔者对 ST 类股票取值 1.8，题材股取值 1.4，绩优股取值 1，防御品种取值 0.6。

一个账户的波动率，由上述诸因素共同乘积所组成。所以，如果资金管理得当，就控制了账户净值的波动率，从而掌握了操盘的主动权。

资金管理要求“梯次进出，中短结合，平滑收益，降低风险”。大盘牛市 70%～100%仓位；平衡市 30%～50%，熊市 0～15%。

- 实例一，大资金实行“安全垫”制度。根据中、短周期两种投资模式来决定资金的划分模式，将总体资金划分为 60%和 40%两种。先期只投入短线资金，等积小胜后再投入重兵。
- 实例二，将整体投入资金划分为六等份，六等份的资金分三个阶梯。A. 第一阶梯为 1 个单位，即占总资金的 1/6；B. 第二阶梯为 2 个单位，即占总资金的 1/3；C. 第三阶梯为 3 个单位，即占总资金的 1/2。
- 实例三，可以根据行情的不同，以每个阶梯逐次递进或递退，组合使用资金。A. 第一阶梯为 3 个单位，即占总资金的 1/2；B. 第二阶梯为 2 个单位，即占总资金的 1/3；C. 第三阶梯为 1 个单位，即占总资金的 1/6。

下面就“实例三”具体展开说明各梯次资金的投入方法。

- 第一个阶梯资金的使用：在大势低迷时，即跌势末期，以短线操作为主，快进快出、高抛低吸。操作一些超跌或有启动迹象的个股，买入股票后，大势明朗可中线持有，否则短线获利了结。建仓后，发觉错误，立即止损；建仓后不能确定对错，持仓观望，但观望时间不能过长，在确定了第一笔资金已盈利后，持仓等待第二次介入机会。
- 第二个阶梯资金的使用：当第一份资金在获利状态且已无风险可言时，可使用第二份资金。此时，应选择明显底部放量个股，中线持有。建仓后，发觉错误，马上将第一笔资金止盈；同时，严格第二笔资金的止损位。
- 第三个阶梯资金的使用：只有当前两份资金在获利状态下，且大势明显向好时，这份资金才可投入。严格遵循：趋势理论、顺势而为、高抛低吸、短线操作、快进快出。

由此可见，由于不同的组合，所产生的风险度是不同的，对收益也有影响，这就是资金管理的意义。

3.6 程式化交易系统：获利方法可复制吗

这个系统其实是个数学模型，可以帮助那些不太懂分析、研判和操作技巧，没有能力把握买卖点的投资者使用，也适合没有时间研究股市的人士使用。具体操作是：

张三首先将一笔资金分成两半，用其中一半买入股票，如股票升了 25%，就立即卖出持仓的 1/5，将这 25%利润锁定，变成现金；相反，如果股价下跌了 20%，就动用另一半现金，买入相当于目前市值的 20%的同一种股票。

举例说明，有 20 万本金，留 10 万元现金，再用其余的 10 万元买进现价 10 元的某股 1 万股。若股价升至 12.50 元，即已赚取 25%的利润，就立即卖出 2000 股，即将 2.5 万元的利润变为现金。这时持仓股票为 8000 股（现价 12.50 元），持仓市值仍为 10 万元，现金为 12.5 万元。其后股价跌至 10 元，即损失了市值 20000 元，这时应动用现金买入 2000 股，即增持 20000 元的股票，这时股票为 1 万股（现价 10 元），现金为 10.5 万元。一个来回下来增加了 5000 元（见表 3-4）。

表 3-4　高抛低吸策略适用于震荡市，要优于常捂不动策略

股票价格	总权益（万元）	持仓股数	市值（万元）	现金数（万元）	操作
10 元	20	10000	10	10	
12.5 元	22.5	10000	12.5	10	卖出 2000 股
12.5 元	22.5	8000	10	12.5	
10 元	20.5	8000	12.5	12.5	买入 2000 股
10 元	20.5	10000	10	10.5	

李四是常捂不动的做法。买入股票后不操作，升升跌跌之后，股票仍为 1 万股（现价 10 元），现金仍为 10 万元。上上下下，坐了一回电梯，一无所获。可见，长此下去，张三将胜于李四。

所以，程式化交易系统坚持下去，严格地按照这个程式买卖。经过长期实战验证，此法优于“捂股不放”的做法，你的资本会越滚越大。

程式化交易系统买卖计划的操作要点。

- ❑ 前提是平衡市格局。用此方法在大牛市使用会踏空，在大熊市使用会套牢。
- ❑ 能否赚钱的关键，在于能否长期地严格执行这个程式化买卖计划。若长期坚持下去，可以避免追涨杀跌的误判，减低风险，增加利润。
- ❑ 现金与股票最初的比例是 1∶1，但慢慢地现金的比例就会越来越大。一年之后，你可以重新再建立 1∶1 的比例，使资本增值得更快。

上述例子中，上升 25%就卖出，下跌 20%就买入。实战中，投资者可自行确定上升和下跌的幅度，如上升 20%时卖出，下跌 15%时买入。

运用这个计划，最好操作绩优股或基金重仓股。也可以调整为股票占 60%，现金占 40%，等等。

对应于单边上升情况，更加适用于金字塔买卖系统。当买入的股票持续上升时，希望获取更多的利润，就可以采取“金字塔买入法”，即“越升越买，越买越少，看对时才加码”。如某股现价 10 元时买入 100 手，涨至 12 元时又买入 50 手，涨至 15 元时又买入 20 手。因为害怕追涨带来的风险，又想博到尽头，所以只能涨得越高，买得越少。

卖出时采取“倒金字塔卖出法”。如上述该股涨至 20 元时卖出 2000 股，再涨至 22 元时又卖出 5000 股。因为害怕过早地卖出，因此可以从少到多，涨得越高，卖得越多，因涨得越高，见顶的危险就越大。

这种买卖系统的缺陷不适应震荡市，震荡市中往往在高位追入后，市价不升反跌。低位买入的利润将全部消失，而高位买入的却全部被套，十分危险。

3.7 形成交易风格：做最实在的你

交易风格通常包括交易方式和策略选取。按交易方式可以归纳为短线交易、中线或波段交易、长线交易。投资者不要幻想把这三种交易方式集于一身，从而把价格曲线拉直。把价格曲线拉直是一个无法实现的梦想，这个不切实际的梦想使绝大部分投资者陷入亏损的泥潭。投资者应该根据自己的性格和交易品种的特性，来确定自己到底是应该以短线为主还是以中长线为主，一旦确定就不要轻易改变，否则投资者会陷入不知所措之中。策略选取将在“竞博、激进、稳健、保守”中，选取适合于投资人自身性格与爱好的风格。交易风格为什么重要？炒股圈子里有这么一句话：“炒股要有三只眼，一只观大盘，一只瞄个股，还有一只瞅自己。”瞅自己什么呢？就是自己的交易风格。因为风格会影响你炒股的成败。

市场上有这么一首炒股的歌，事关交易风格，在股民中流传甚广。

看好不买时一直涨！
追涨买后变成熊样。
气愤不过几天卖掉，卖后立即大涨。
两中选一个，必然选错，买的下跌，没买的大涨。
选错后改正错误，换股，又换错。
下决心不搞短线，长期持股，则长期不涨。
熬不过了，抛了长线，第二天涨停。
又去搞短线，立即被套。
总结了历史经验，用在下一次，肯定错了。
恢复到以前的投资风格，又亏了。

总的来看，问题出在风格不定、思维混乱。

- 其一，“看好不买时一直涨”。既然是看好，就属于符合他的规则，就应该操作，而不应光说不做。
- 其二，“追涨买后变成熊样”。追涨的本身就是扩大风险的举动，就应有止损作保障。
- 其三，“气愤不过几天卖掉，卖后立即大涨”更不对了。无论是洗盘，还是出货，只要符合“卖出”规则，就坚决卖出，后面的情况与己无关。
- 其四，“两中选一个，必然选错”。这倒也不容易，说明选股条件有问题。其实可能也有选择对的时候，只不过人们觉得不过瘾，所以就只记得失误的那次。
- 其五，“选错后改正错误，换股，又换错”。什么叫改正错误？错在哪儿？不清楚如何改正。
- 其六，“下决心不搞短线，长期持股，则长期不涨”。注意！这就是风格不固定，如果真是长线，不涨也没什么可抱怨的。
- 其七，“熬不过了，抛了长线，第二天涨停”。你看，既然是长线，就不能用短线的目光，期待股价立涨。如果是按规则抛出的，就不应在意次日是否涨停，仿佛这个涨停，原本是属于他的，抓不到就不应该。
- 其八，“又去搞短线，立即被套”。不套才怪，心如此沉不下来，怎么能操作好呢？
- 其九，“总结了历史经验，用在下一次，肯定错了”。用错误的观点进行总结，始终找不到正确的道路。
- 其十，“恢复到以前的投资风格，又亏了”。画了一个圆，又回到起点。

投资者炒股形成风格，应注意把握三要素。

- 风格定位要准确，要与性格相匹配，要根据自身资金情况、性格特点、工作环境等来确定。通常要明确长、中、短线风格；究竟是属于激进、进取，还是稳健或偏重于保守风格，只能取一种。
- 风格定位要清晰，不能模棱两可，必须有取有舍。如上所述，做短线，就不能指望长线利润；做长线，就不能幻想躲避短调风险。不能两头好处都想得。
- 操作风格要固定。很多投资者最大的问题，不是没有风格，而是风格老在变，不定型。一次不如意，就又改变风格，让自己都无所适从。

回首这次股市由牛转熊，连续出现了超大幅度的下跌，途中几乎看不到反弹。风险骤然降临，令很多投资者猝不及防很受伤。尤其是最近刚刚入市的新手，甚至还没享受到赚钱的快乐，就不幸变成了市场调整的“牺牲品”。相信很多新手都不曾体会过熊市的苦楚，所以还远远谈不上对风险的认识。而不经历熊市的洗礼，算不上真正的投资赢家。股市之中，我们比的是“谁比谁活得更持久”。经历了 2007 至 2008 年年底，中国股市最大的熊市，面对很多股票被“腰斩”甚至“脚斩”，令多少人痛心不已。也只有少数人存活下来。这里面有运气的因素，更重要的原因，就是他们已形成自己的操作风格和纪律。现略加整理，与投资者朋友共勉。

- ❑ 亏损股票一定要砍仓。在操作纪律上，对于任何股票，原则上只要账面亏损超过 30%，就要考虑砍仓止损。这么操作，虽然可能经常错过大牛股，有时很多股票仅仅是一次技术调整就被“震”出去了。但是，遵守纪律的最终目的，是规避不确定性所带来的风险。
- ❑ 亏损股票坚决不能补仓。有时因为某些特殊原因，极有可能错过砍仓时机，比如突然利空造成的跌停等。那么这时在操作上，如果做不到砍仓退出，如果下不了手，那么退而求其次，就是坚决不补仓！很多人在操作上，一亏损，就盲目补仓。其实股票买后下跌，盲目补仓会雪球越滚越大，亏损越来越严重。因此亏损股票不补仓，是避免亏损进一步扩大的次优选择。
- ❑ 顺势而为尊重趋势。无论是对大盘还是个股（除非你自己是大资金操纵），都一定要尊重趋势，即大的运行方向格局。这就是所谓“牛不言顶”“熊不言底”。

第 4 章 技术分析外行入门

在股票市场中，技术分析是一个很宽广的领域，涉及各种知识，主要包括 K 线分析、量价分析、分时图分析、成交量分析等。

4.1　什么是技术分析

股票市场中，分析预测价格走势的方法总共有两种，一种是基本面分析方法，一种则是技术面分析方法。两种分析方法截然不同，它们的实际效用也不尽相同。

4.1.1　基本面与技术面分析方法之别

基本面分析方法也称为基本分析法，是指对宏观经济、行业前景、企业价值等决定着股票内在价值的基本因素进行分析，以此来分析股票的价值、衡量股价高低的分析方法。其中，企业的内在价值是基本面分析中的核心要素。

基本面分析方法所依据的原理是“价格向价值靠拢”。这一原理的正确性是毋庸置疑的，但由于股票价格的中短期走势易受其他偶然性因素影响，因而，基本面分析方法只适用于分析预测价格的中长期走势，对于短期走势是无能为力的，这是它的不足之处。

技术面分析方法则正好相反，它直接关注于市场交投行为本身，侧重于从多空双方力量转变情况来分析并预测价格走势，可以较为准确地预测股市及个股的中短期走势。

股票市场是一个资金驱动市，买盘资金多，则股市或个股会受其推动而上涨；卖盘资金多，则股市或个股就会受其打压而下跌。技术面分析只关心股票市场、股价走向等市场行为本身的变化，而不考虑影响个股实际价值的各种要素（如行业发展前景、企业经营情况等等）。

技术分析派认为，引发价格变动的各种因素都体现在市场交易行为本身中，这些因素既包括企业业绩的变化情况、发展前景等基本面因素，也包括投资者对于企业未来的希望、担心、恐惧等情绪因素，价格的走势最终还是由参与具体买卖交易的投资者来决定的，因此研究价格如何变动比研究价格为什么变动更能了解未来市场价格的变动方向。企业的基本面即使再好，但如若不能被市场认可，也是难以出现好的上涨行情的。从基本面来分析，无助于我们把握买卖时机。但是技术面分析则不同，它专注于市场交易行为本身，可以了解市场动向，从而跟踪出击。

4.1.2 技术分析的前提假设

技术分析的理论基础是建立在三个合理的假设之上：市场行为涵盖一切；价格走势依趋势运行；历史往往会重演。

“市场行为涵盖一切”构成了技术分析的基础，它也解释了为什么技术分析者不用关注于个股基本面的变化。这一命题是指所有影响到价格走势的因素都将反映到市场行为中来。影响价格走势的基本因素多种多样，既有宏观经济的变化、行业政策的倾向、金融货币政策的调整，也有企业盈利能力的变化、管理层人员的变化等等。但是，基本因素的变化并不是导致价格变化的直接原因，是投资者对这些因素、信息的反馈才促成了价格的变动。市场行为的外在表现形式就是各种盘面数据。其中，最为重要的盘面数据就是价格走势，其次是成交量。除此之外，还有盘口挂单信息、成交细节等等。

“价格走势依趋势运行”是技术分析的核心理念。这一假设包含了三层含义：第一，在技术分析里，趋势被认为是存在的，可分为上升趋势、盘整趋势（也常常被称为无趋势）、下跌趋势。技术派在进行分析时，要对市场目前的趋势有一个判断，判断的准确与否直接影响到其操作结果的情况。第二，价格将会沿着市场的趋势进行运动。第三，正在进行的趋势将会持续下去，直至发生反转；促使趋势发生反转的原因可能是政策性的，也可能是过度投机造成的。研究价格趋势的意义就是要在一个趋势发生发展的早期，及时准确地把它揭示出来，从而达到顺着趋势交易的目的。事实上，技术分析在本质上就是顺应趋势，即以判定和追随既有趋势为目的。

对于股票市场中的趋势运行规律，道氏理论最先、最完备地对其进行了论述。基于趋势运行规律在技术分析领域中的重要性，我们将结合道氏理论对其进行单独讲解。

“历史往往会重演”是指相似的盘面形态往往会演绎出相似的后期价格走势。

这一假设是有深刻依据的。经验研究表明，价格走势、成交量等盘面形态可以很好地反映投资者的心理倾向、做多或做空的预期。因而，盘面形态只是一种表象，它内在地体现了投资者的心理倾向。人类心理从来就是某些共通的性质，而市场本身的走势正好将这种共通的人类心理特性反映出来。投资者心理倾向预示了价格后期走势，因而，相似的盘面形态自然也就预示了相似的后期价格走势。“历史往往会重演”这一说法就是指打开未来之门的钥匙隐藏在历史里，或者说将来是过去的翻版。

以这三大假设为前提，技术分析不再是无源之水，它有了自己的理论基础。第一条假设“市场行为涵盖一切”指出了技术分析的可行情；第二条假设“价格走势依趋势运行”指出了技术分析领域的核心内容；第三条假设“历史往往会重演”则为我们提供了开启技术分析大门的钥匙，为我们提供了行之有效的途径。

技术分析的实战价值无疑是极为重要的。很多没有业绩支撑，甚至屡屡亏损，但在股票市场中的价格走势却往往能“一鸣惊人”、上演黑马行情。此时，借助于基本面来分析，我们显然是无能为力的，但是，如若我们熟练地掌握了技术分析方法，则这一切都可以迎刃而解。

4.2 技术分析的类别

“技术分析”是一个很宽广的领域，它的核心就是，以“市场行为本身”为着手点、进而预测价格走势。市场交投行为可以通过很多不同的角度得以呈现，例如，股价走势(用 K 线来表示)、成交量变化、盘口分时图形态，也可以通过数字量化的技术指标来呈现，依据着手角度的不同，技术分析可以划分为许多种类。

4.2.1 经典理论分析法

自金融市场诞生之日起，就不乏一些杰出的人士提出一些闪光的思想，这些思想让我们更好地理解了金融市场的运行规律，这些闪光的思想最终凝结成了所谓的经典理论。这些理论既有指导我们进行买卖操作的，也有阐明股市运行规律、揭示其内在机制的。就一般的情形来说，这些理论虽然不提供明确的买卖点，但是，它们对于我们深刻理解这个市场、宏观把握价格走势却有着莫大的帮助。对于广大投资者来说，要想对以股市为代表的金融市场有一个更好的感悟，学习经典理论，是必不可少的一个环节。下面我们列出了常见经典理论及其主要思想，供读者参考。

- 道氏理论：堪称技术分析领域中最基础、最重要的一种理论，很多技术理论都是以它为基础的。道氏理论系统地阐述了股票市场中的趋势运行规律，为我们遨游于股市指明了方向。
- 波浪理论：地位仅次于道氏理论。道氏理论阐述了趋势运行规律，但却并没指明趋势运行的细节。以道氏理论为基础，波浪理论阐述了趋势运行的具体方式。波浪理论认为股市的运行是以波浪的方式运行的，从局部走势来看，上升浪与下跌浪交替出现；从整体走向来看，上升趋势与下跌趋势交替出现，这构成了一个完整的循环，并且这个循环是以五升三降的八浪运行方式呈现出来的。五升三降的八浪循环方式也可以说是波浪理论的核心思想。
- 箱体理论：箱体理论是一种顺势而为的操作性理论，它侧重于指导投资者的买卖操作。箱体理论与我们惯有的"高抛低吸"思维完全不同，它要求我们在股价突破原有箱体时再买入，虽然看似有追涨的嫌疑，但它的成功率却很高。而且，它是一种真正的顺势操作，与那种基于主观臆断而展开逃顶抄底的交易完全不同。
- 江恩理论：江恩理论由20世纪最著名的投资大师威廉·江恩（Willian D.Gann）大师结合自己在股票和期货市场上的骄人成绩和宝贵经验提出的。江恩理论认为股票、期货等证券交易市场里也存在着宇宙中的自然规则，市场的价格运行趋势不是杂乱的。基于这一思想，江恩通过对数学、几何学、宗教、天文学的综合运用，建立起自己独特的分析方法和测市理论。此外，江恩基于自身的经验总结，还提出一套交易法则，这是江恩理论与其他技术理论的最大不同之处。因而，我们也可以认为江恩理论是一套关乎投资者买卖交易之道的理论。
- 黄金分割率理论：黄金分割率是一个神秘的数字，它与自然界的种种事物密切相关，人们把0.618及其倒数1.618称为黄金分割率。通过回顾金融市场的价格走势，人们发现，当价格涨幅或跌势接近黄金分割率数值时，极易出现较大的回调或反弹，这就是股票市场中的黄金分割率理论。
- 量价理论：著名的证券大师格兰维尔总结、归纳了8种常见的量价配合关系，它们适用范围广、基础性强，也有助于我们通过量价配合来理解、把握价格走势，这8种量价关系就构成了经典的量价理论。在技术分析领域有量价分析方法，它便是以这8种量价关系为基础的，这是我们进一步学习量价分析之道的基础性内容。

- 除此之外，还有很多较为经典的技术分析理论，如相反理论、季节理论、甘式理论等，这些量价理论的重要性与知名度较之前单独介绍的几种要差一些，但它们仍是开拓思路的好内容，有兴趣的读者不妨查阅相关资料，学习一下。

4.2.2　形态分析法

形态分析法，也可以称之为 K 线形态分析法。在技术分析的三大前提假设中，有这样一条："历史往往会重演"。K 线形态分析法正是以此为据的。特殊的 K 线形态有着特殊的市场含义，在结合价格的局部或整体运行情况的基础之上，这些形态或者能够反映短期内多空力量的转变，或者能够反映市场整体多空力量对比情况。

形态分析法的核心要义就是透过特殊的 K 线形态来把握价格走势，在熟识了这些特殊的 K 线形态之后，我们的买卖操作就有的放矢了。例如，能够预示价格短期走向的特殊 K 线形态有长上影线、长下影线、螺旋桨、抱线、孕线、红三兵、黑三鸦、多方炮、空方炮、希望之星、黄昏之星等；能够预示价格中长期走向、帮助我们把握趋势循环中的顶部与底部的 K 线形态有双重顶、双重底、圆弧顶、圆弧底、头肩顶、头肩底、尖顶、V 形底等。

如图 4-1 所示为新海股份走势图，此股在中长期的高位区出现了一波急速上涨、又急速反转下行的走势，这就形成了一个尖顶形态。而这种形态当其出现在高位区时，它是一种经典的顶部反转形态，预示着顶部区的出现；实盘中，它预示了趋势的反转，对我们的逃顶操作也有着重要的指导意义。

4.2.3　成交量分析法

股市中的成交量通俗地讲就是某只股票在一段时间内，买方买进了多少股（或者说是卖方卖出了多少股），以单边的交易来计算。例如，某只股票当日成交量显示为 10000 股=100 手（1 手=100 股），这是表示买卖双方达成协议共交易了 10000 股，即买方买进了 10000 股，同时卖方卖出了 10000 股。在计算成交量时按 10000 股来统计。（注：个股的成交量是以股票数量来表示的，大盘的成交量则是以成交金额来表示的，通常所说的大盘有多少亿的成交量就是指成交金额。）

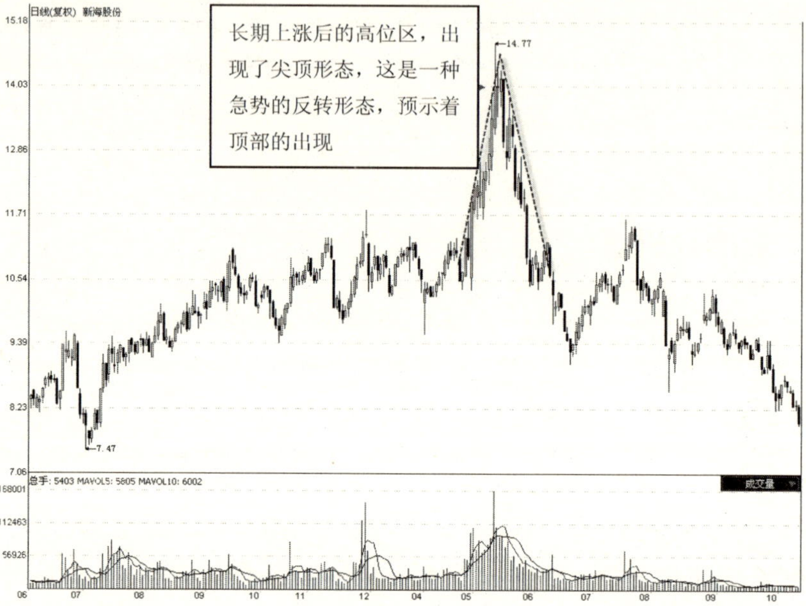

图 4-1 新海股份走势图

成交量分析法，也可以称之为量价结合分析法、量价分析法。在结合价格走势的基础之上，成交量蕴含了丰富的市场信息，它可以呈现多空双方的交锋力度，可以反映价格上涨的原动力是否充足，可以体现主力的市场行为，也可以对价格走势的转折起到预警作用。

美国著名的投资专家格兰维尔曾经说过："成交量是股票的元气，而股价是成交量的反映罢了。成交量的变化，是股价变化的前兆。"这句话可以说是量价分析法的核心内容。格兰维尔提出的 8 种量价配合关系（即经典的量价理论）也是量价分析方法的奠基性内容。

在实战中，运用量价分析方法的关键就是要掌握一些较为常见的、典型的量价配合关系，明晰它们的市场含义，了解它们出现之后的价格走向。量价关系掌握得越多，则我们的实战能力就越强。

图 4-2 为亨通光电走势图，此股在短期内大幅上涨之后，如图中标注所示，再度以两根大阳线创出了新高。但这两日的成交量却明显小于此前上涨时的均量，这是多方力量不足、买盘入场力度较小的标志，预示着这一波上涨走势难以持续。实盘中，我们宜卖股离场。透过量能形态的这种变化，再结合价格走势，我们可以及时地了解到多方上推动度的不足，从而把握好阶段性高点。

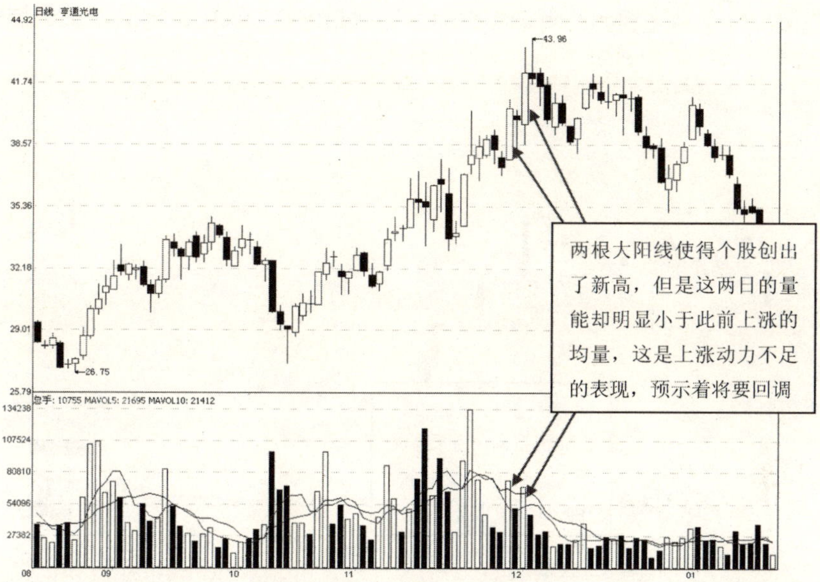

图 4-2　亨通光电走势图

4.2.4　技术指标分析法

技术指标，是以数学量化的方式来呈现市场的一种手段。每一个技术指标都相当于一个数学函数，它以开盘价、收盘价、最高价、最低价、成交量等最基础的盘面数据为输入参数，以基于某一市场原理而构造出来的数学公式为运算过程，通过输出指标值，并将指标值连接成指标线，以此来反映市况。指标线的用处在于指示当前价格的运行方向，对价格是否到达重要的价格区域发出预报。通过计算所得的指标值和指标值之间的相互间关系及指标线之间的交叉穿越关系，可以解读市场某些方面的运行特征，对买卖决策有很大作用。

基于技术指标设计原理的不同、功能的不同，技术指标大致可以分为以下几大类：趋势类指标、能量类指标、量价指标、超买超卖指标（也常称之为反趋向指标）、图表型指标、大盘指标、统计指标等等。在实盘中，我们既可以单独使用某一指标来研判分析、做出买卖决策，也可以综合运用多种指标把握战机。就准确率来说，综合运用各类指标所能取得的效果会更好。

图 4-3 为凯乐科技走势图，在图的最下方为 MACD 指标窗口，如图中标注所示，此股在深幅下跌之后，MACD 指标出现了一个金叉形态（这一金叉形态体现为指标窗口中的 DIFF 线向上交叉 DEA 线），而这种金叉形态就是一个明确的买股信号，它

预示着一波反弹上涨走势将展开。实盘中，依据此信号，我们就可以实施中短线买卖操作。

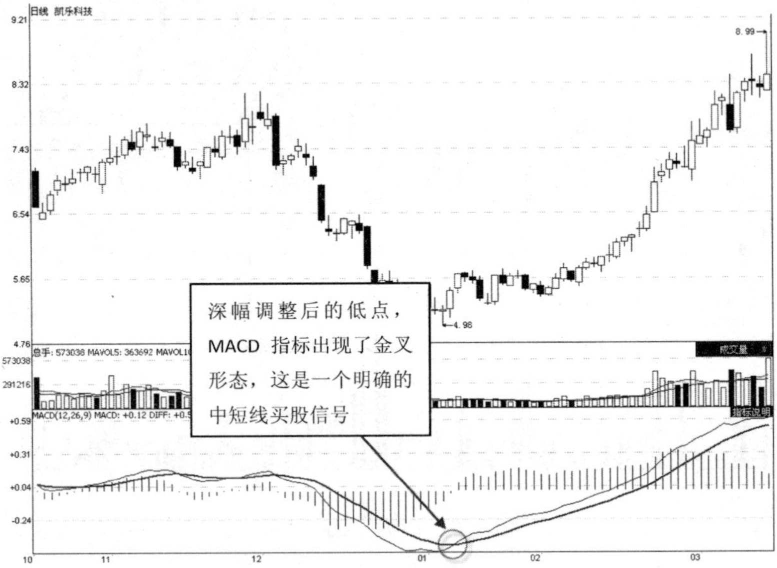

图 4-3　凯乐科技走势图

4.2.5　主力动向分析法

在国内股票市场中，我们可以把投资者统分为两大类：一类是资金实力相对较少、信息较为闭塞的散户投资者；另一类是资金实力强大、信息渠道灵通的主力资金投资者。散户是股票市场的参与者，他们追随着个股的运行；主力资金则是价格走势的引导者，他们制造着趋势。有主力资金强力入驻的个股，其走势总是特立独行，远强于市场平均表现，无主力入驻的个股则往往表现平淡、碌碌无为。在买卖股票时，如果我们能把握主力的动向与意图、追随主力的行踪，就可以分享主力拉升所带来的超额收益。

主力动向分析法是一门综合性较强的技术手段，很多盘面数据都可以反映主力行为。例如，量能的变化、分时图中的分时线形态、委买委卖盘的挂单变化、盘中实时交易过程中的大笔成交单、资金流向、相应的技术指标等等，除此之外，还有一个很特别的形态可以反映主力动向，这就是——涨停板。若非重大的利好消息，个股出现的涨停板都或多或少源于主力的参与。涨停板给人的感觉是强势上涨，似有主力在强势拉升。但有的时候情况并非如此，涨停板也常常成为主力诱多出货的一种操盘手法。在实战中，我们要注意辨别。

主力动向分析法就是综合运用各种技术手段、依据多种盘面数据，来分析、辨识主力的市场行为，进而把握主力动向、预测价格走势。

4.2.6 盘口分析法

盘口，在每个交易日中实时呈现着多空双方的交锋细节，多方正以连续的大单买入来推升个股，还是空方在小卖单频繁抛售。盘口分析法就是关注于这些反映实时成交情况的盘面数据。例如，分时线、分时量、挂单情况、成交细节、委比、量比、内外盘等等，以这些实时的盘口数据为依托，来分析多空双方的交锋情况，从而预测个股随后的走势。

在盘口分析法中涉及的所有实时盘面数据中，分时线与分时量这两种数据最为重要。透过分时线的波动形态、分时量的变化方式，我们不仅可以更好地把握个股短期内是强势还是弱势，还可以实时地了解到是否有主力采取行动等信息，这可以说是量价配合在盘口中的一种应用。

图 4-4 为广东明珠分时图。从日 K 线图上来看，此股当日处于中期低点，上一交易日收于涨停板，当日又收于小阳线，中短线有上涨空间，且日 K 线形态不错，似乎个股仍有反弹空间。图 4-5 标示了此股在当日前后的日 K 线走势情况。

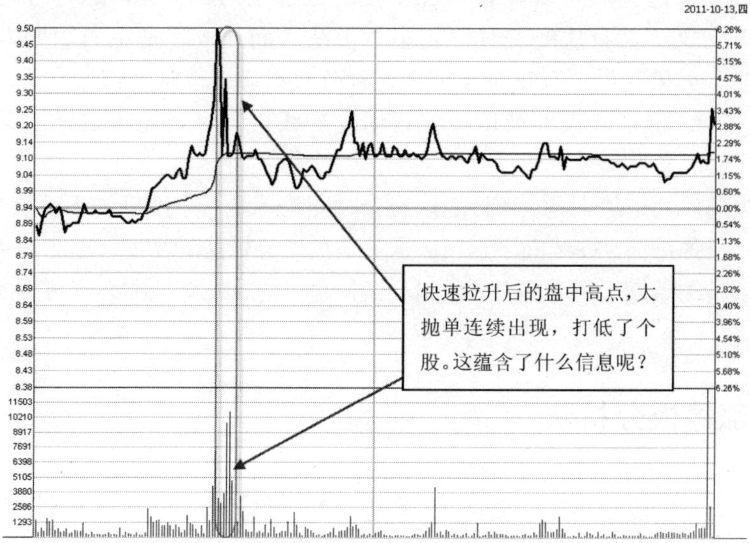

图 4-4　广东明珠分时图

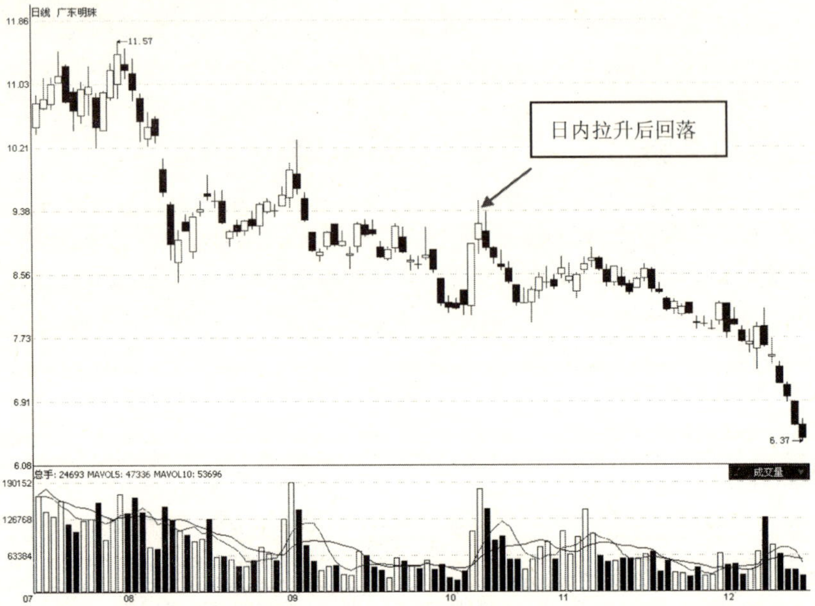

图 4-5 广东明珠走势图

但是，当日的分时图很诡异，如图中标注所示，盘中快速上扬后的高点突破连续大抛单离场，这种形态从日 K 线图中是无法察觉的。其实，这种分时图是主力先快速拉升，又突然打压的一种惯用出货手法。而且，它是主力短期内出货意愿较强的标志。如果我们可以正确地识别这种分时形态、理解其市场含义，那么，就不会追涨买入。提前买入而博取反弹行情的短线投资者也能够很好地保住短线收益了。

从此股随后的走势来看，当日的这一分时图的确是一个准确的下跌信号，此股随后即结合了反弹行情，继续向下运行。这就是盘口分析法的功能，它能够帮助我们很好地把握个股的短期运行方向，避免出现误操作，是短线交易中必不可少的一种分析技法。

4.2.7 涨停板分析法

涨停板分析法是一种综合性较强、难度系数相对较高，但实战效率却极好的技术分析手段。在震荡市场或小牛市行情中，个股在涨停板之后的中短期内往往都有着不错的表现。而且，那些中短期内能够实现凌厉飙升、快速翻倍的黑马股也多是以涨停板作为启动标志的。可以说，如果掌握了涨停板技术，我们中短线交易不仅增添了一种行之有效的途径，而且，如果运气稍佳的话，甚至可以骑上翻倍大牛股，这不能不说是一个极大的诱惑。

但是，涨停板技术并不好掌握。如想很好地理解、把握涨停股的后期走势，就一定要关注 K 线形态、盘口分时线形态、量价配合、主力控盘过程等等因素，这也是我们为什么说涨停板是一种综合性较强的技术手段的原因所在。

涨停板分析方法是一种偏门绝技，想要掌握它，心态不能过急，要有一个循序渐进的过程。我们将逐步深入、层层引导，力图帮助读者构筑一个完善的涨停技术交易系统。

图 4-6 为东方金钰走势图是。此股在长期横向震荡之后，以一个涨停板实现了强势突破，无论是从 K 线走势，还是当日的分时图，涨停板都向我们发出了明确的买入信号。如果我们懂得涨停板技术，是完全有能力把握住这一波黑马飙升走势的。

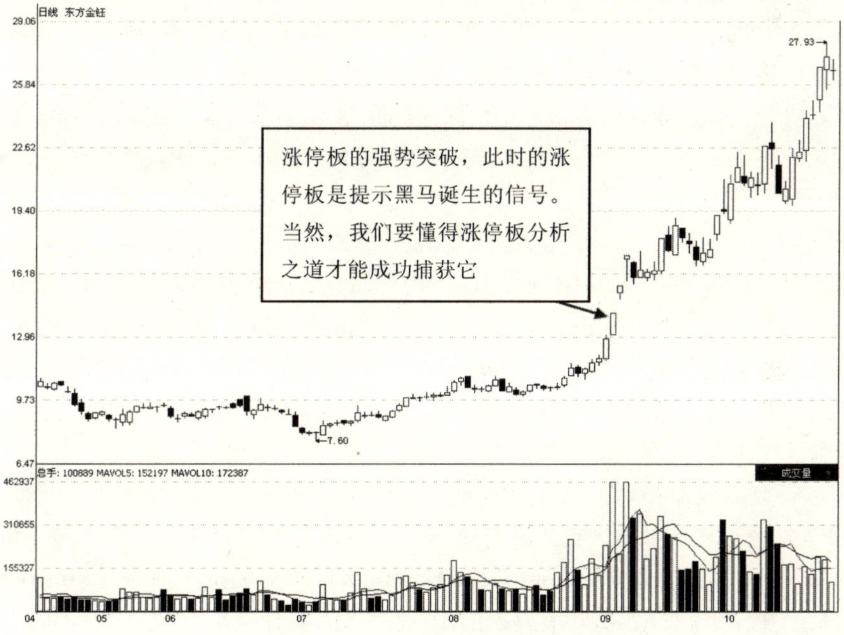

图 4-6　东方金钰走势图

4.3　道氏理论与箱体理论

道氏理论（Dow theory）在技术分析大厦中具有奠基性的作用，它最早、最为系统地阐明了股市中的趋势运行规律。透过道氏理论，我们可以全面、系统地了解股市中所客观存在的趋势运行规律，这是我们在学习技术分析术前必不可少的一个步骤。箱体理论则再接再厉，它以趋势运行为指导，所不同的是，它侧重于实战交易，对于买卖点也有明确的标示。笔者认为，要想更进一步理解技术分析、掌握其制胜之道，这两种经典理论是不能不学的。

4.3.1 道氏理论的由来

道琼斯公司的共同创立者查尔斯·道（1851—1902 年）最早论述了道氏理论中的一些思想，这些内容散见于他本人所发表的各种社论中。1884 年，查尔斯·道与其合伙人组建公司，向投资人发布反映美国股市整体运行情况的道琼斯指数。最初的道琼斯股票价格平均指数是根据 11 种具有代表性的铁路公司的股票，采用算术平均法进行计算编制而成，发表在查尔斯·道自己编辑出版的《每日通讯》上，其计算公式为：股票价格平均数=入选股票的价格之和/入选股票的数量。该指数涵盖金融、科技、娱乐、零售等多个行业，可以很好地反映美国股票市场的总体走势。自 1897 年起，道琼斯股票价格平均指数开始分成工业与运输业两大类，其中工业股票价格平均指数包括 12 种股票，运输业平均指数则包括 20 种股票，并且开始在道琼斯公司出版的《华尔街日报》上公布。

在当时，投资者普遍认为个股的走势具有独立性，它取决于消息面、基本面、投资者预期等等，而且，对于由所有股票组合而成的股市这个整体来说，它的走向并没有规律可循，完全是随机的。在这种环境中，查尔斯·道通过研究所创设的道琼斯指标，意识到了一种关于股票市场的全新理念——在股票市场中，个股的价格波动的背后，实际上总是隐藏着市场整体趋势的变化。

通过研究道琼斯指数，查尔斯·道发表了一系列的社论，这些社论就是道氏理论的思想雏形，但查尔斯·道并没有对其进行系统化的总结。查尔斯·道去世以后，威廉·彼得·汉密尔顿（William Peter Hamilton）和罗伯特·雷亚（Robert Rhea）继承了道氏理论，他们所著的《股市晴雨表》《道氏理论》将这一理论思想推广开来，受到了世人的广泛关注。现在我们所看到的道氏理论正是威廉·彼得·汉密尔顿与罗伯特·雷亚这三人共同的研究结果。道氏理论为技术分析派指明了方向，在道氏理论之后，很多实用的技术分析方法、技术分析理论也如雨后春笋般地破土而出。

4.3.2 趋势运行的五大核心原则

今天我们接触的道氏理论，已经全面、系统地论述了股市中的趋势运行规律，道氏理论的核心内容体现为五条基本原则，这五条原则全面、系统地论述了股市趋势运行规律。

1．价格走势的三个级别：基本趋势、折返走势、短期波动

道氏理论将股票市场中的价格走势划分为三个级别：基本趋势、折返走势、短期波动。基本趋势也称为主要趋势，也就是我们平常所说的“趋势”。它是大规模的、中级以上的上下运动，通常持续一年或数年之久，并导致价格累计增值或贬值至少20%以上（从实际表现来说，往往达 50%以上）。

基本趋势依据运行方向划分为具体的三种表现形式：上升趋势、下跌趋势、盘整趋势（也称为横向震荡趋势、无趋势）。这三种基本趋势是我们学习趋势理论时的核心内容。在股市中，我们常听到这样的说法，“永远顺着趋势交易”“绝不可逆趋势而动”等等，这里面所说的 “趋势”就是指这三种基本趋势。

折返走势穿插于基本趋势的行进过程中，它与原有的基本趋势运行方向相反，是对基本趋势的一种调整，并对基本趋势产生一定的牵制作用。折返走势一般可持续几日到几周，对原有基本趋势的修正幅度一般为股价在一波上涨中的 1/3 或 2/3。例如，在上升趋势中出现了回调走势，或者是下跌趋势中出现的反弹走势，它们均属于折返走势。

短期波动，一般是指短短几个交易日内的价格波动，多由一些偶然因素决定。从道氏理论的角度来看，其本身并无多大的意义。

图 4-7 标示了道氏理论中的基本趋势、折返走势、短期波动。从图中我们可以看到，基本趋势是指从“1”一直到“6”这个价格主要波动的大方向，次级走势则是指像从“2”至“3”，或是从“4”到“5”这样的过程，而像从“A”到“B”的这种小波动走势则属于短期波动。

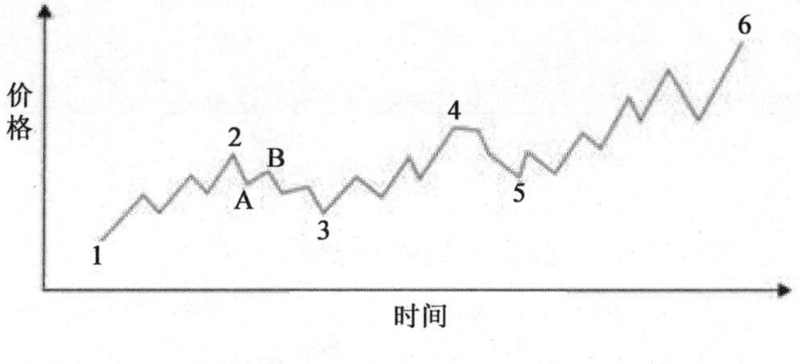

图 4-7　道氏理论基本趋势、折返走势、短期波动

2．基本趋势有三种具体的表现形式

上升趋势是价格整体运行方向向上的一种运行过程，在上升趋势中，我们可以看

到价格走势会呈现出“后上涨峰高于前上涨峰、后回调谷高于前回调谷”的运行方式，这正是上升趋势的典型运行特征。下跌趋势是价格整体运行方向向下的一种运行过程，在下跌趋势中，可以看到价格走势会呈现出“后下跌谷低于前下跌谷，后反弹峰低于前反弹峰”的运行方式。横向震荡趋势则波峰与波峰交错、波谷与波谷交错的一种横向运行过程，由于这种横向运行过程并没有明确的上升或下降方向，故也常被称之为无趋势。

图 4-8 为斯米克走势图。在此期间内，可以看到个股的走势呈震荡下行状，股价重心不断下移，这正是跌势的典型运行形态。实盘中，在识别出这种趋势运行状态后，我们就要实施正确的顺势操作，即只宜少量仓位参与并博取反弹收益，中长线则不宜持股。

图 4-8 斯米克走势图

图 4-9 为香江控股走势图，此股走势横向震荡，虽然上下波动幅度较大，但总体运行上并无明确的上升或下降方向，这就是横向震荡趋势，也称之为无趋势。在这种趋势运行状态下，我们更适宜进行短线意义上的波段操作。否则的话，将会坐过山车、无法实现利润的增长。

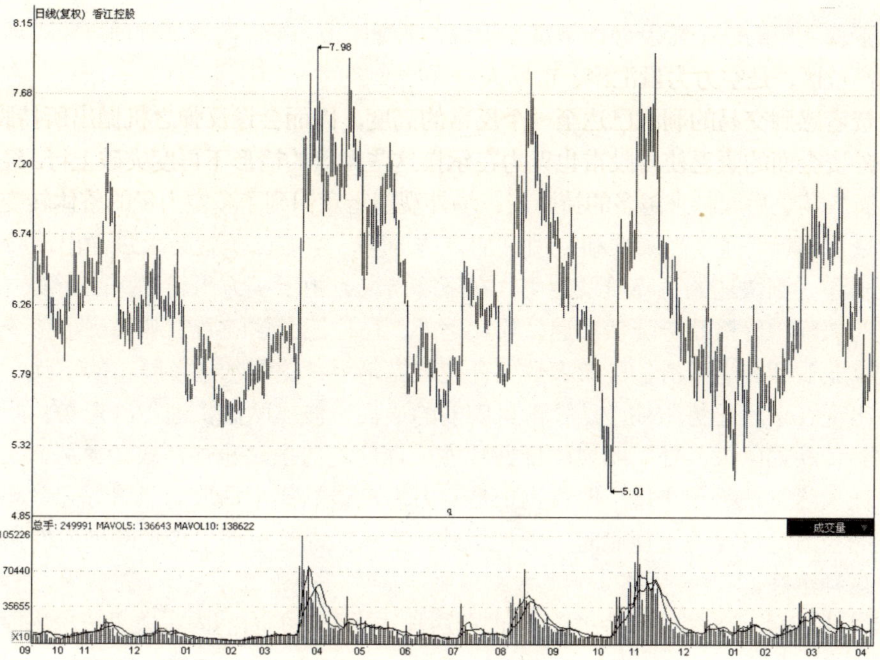

图 4-9　香江控股走势图

3. 上升趋势、下跌趋势各分三个阶段

为了更好地揭示趋势运行过程，通过不断的研究、总结，道氏理论将上升趋势与下跌趋势各划分为三个阶段，理解这种划分方法有助于我们深刻地了解趋势的运行过程及运行规律。

上升趋势的三个阶段分别是筑底阶段、上升阶段、探顶阶段。筑底阶段出现在中长期的低位区，是多方力量积聚、市场人气逐步恢复的一个阶段，经筑底阶段之后，多方力量会不断增强、突破上升行情呼之欲出。上升阶段是多方力量完全占据主导地位、场外买盘加速入场的一个阶段，股市会加速上扬，且同期也会有宏观经济走势向好、企业盈利能力增强等利好因素的推波助澜。但股市的上涨归根结底是源于资金的大量的流向。可以说，促成上升趋势的根源是投资者的信心。探顶阶段，出现在上升趋势末期，是股市见顶前的冲刺阶段，也是多方力量的最后一次集中释放。在这一阶段，所有的市场信息都令人乐观，投资者情绪高涨，很多不熟悉股市的场外人士也开始加入进来。但过高的估值状态却是一个客观事实，它使得专业人士及投资者不得不以通过透支企业未来三年或五年的高速成长为解释的依据。但随着指数或股价的屡创新高，成交量却是不增反减，这是买盘力量越来越弱的表现，也是股市见顶的明确信号。

下跌趋势的三个阶段分别是筑顶阶段、下降阶段、探底阶段。筑顶阶段出现在中长期高位区，是空方力量汇聚、市场人气开始涣散的一个阶段。在这一阶段，有远见的投资者感到交易的利润已达至一个反常的高度，因而会逢反弹之机抛出所持股票。而场外资金面的匮乏使得股市也无力在承接这些抛盘的情形下再度突破上行。经顶部的不断震荡之后，越来越多的持股者、场外观望者意识到了多空力量的整体转变，空方力量也不断增强，当某种利空消息加以诱导时，空方抛压就会大量涌出，股市也将正式步入到快速的下降阶段之中。在下降阶段，由于买方少起来，因而卖方就变得更为急躁，价格跌势陡然加速。除此之外，往往还会伴随着宏观经济走势令人担忧、企业盈利能力下滑、失业人数上升等利空消息，这都加速了股市的下跌。探底阶段出现在下跌趋势末期，是股市见底前的最后一波或两波快速下跌走势，此时的股市累计跌幅巨大，处于明显的低估状态。探底走势虽然也往往较为急势、迅速，似乎让人感觉跌势无止境，但这也正是空方力量最后集中释放的显著标志。与其说充足的空方力量导致了探底时的急速下跌，还不如说是市场中少量的恐慌性抛盘促成了这种下跌。

图 4-10 为上证指数走势图，股市在这长达近三年的时间内完成了一轮牛熊交替的大循环。借助于道氏理论对于升势三个阶段、跌势三个阶段的划分，我们可以更好地把握趋势运行，对于实盘操作的指导意义也十分重要。

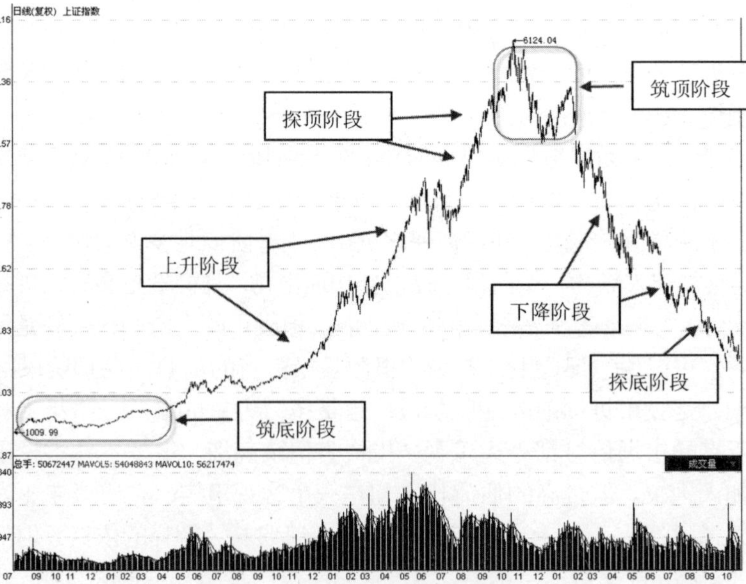

图 4-10 上证指数走势图

4．交易量是验证基本趋势的辅助工具

交易量也就是我们所说的成交量，在技术分析领域，成交量被认为是仅次于价格走势（K 线形态）的第二大盘面数据。道氏理论同样十分重视成交量的作用。道氏理论认为，在趋势运行过程中，成交量可以有效地帮助我们识别趋势、验证趋势。例如在上升趋势中的量价齐升形态、下跌趋势中的持续缩量均可以直观清晰地反映出当时趋势运行状态。成交量虽然重要，但道氏理论仍然把价格走势当作第一要义。成交量仅仅是一种辅助性的工具，是对价格运动变化的参照和验证，当量能形态无法支持、验证现有的趋势运行时，道氏理论告诉我们：还是要以价格走势为准绳。

5．现行的趋势具有强持续力，直至反转信号出现时

一轮趋势一旦形成并开始发展下去，它就具有极强的持续力，在没有明显的反转信号出现前，基本趋势会沿着原有的方向持续运行下去。

这说明，我们不可主观臆断趋势的反转，而应遵循市场给出的反转信号。就股市运行的实际情况来说，预示着一轮趋势结束或即将结束的反转信号有很多种，例如，上升趋势末期的“量价背离”形态，顶部区的缩量滞涨、顶部区的头肩顶等反转形态，底部区的双重底等反转形态。

道氏理论的 5 条基本原则，全面系统且不失深度地论述了股市的趋势运行规律。虽然道氏理论是以平均指数（即大盘指数）为研究对象的，但这些结论同样适用于个股。可以说，趋势运行规律不仅适用于股市，它同样也适用于个股。

4.3.3 箱体理论的由来

尼古拉斯·达瓦斯（Nicolas Darvas）原是一名舞蹈演员，他入市时仅有 3000 美元，在 18 个月的时间内净赚 200 万美元。在他出版的《我如何在股市赚了 200 万》一书里，他将自己的成功归结为一种实战性极强的操作理论——箱体理论。

尼古拉斯·达瓦斯在进入股市之后，一边展开实战，一边在广泛研究个股走势、翻阅大量投资书籍。在此基础之上，他发现了股价运行的规律。其实，这个规律我们都了解，但在实际运用时往往疏忽它，这就是趋势运行规律。

尼古拉斯是这样表述的：“我翻看各种书籍，分析股市行情，观察百张个股走势图。当我深入研究这些个股走势时，我开始了解以前从不知道的有关股价走势的一些知识。我开始认识到，股价走势并不是完全杂乱无章的。股票并不是像气球一样没有方向地乱飞。就像受到地球的吸引力一样，股价总是有一个明确的上涨或下跌趋势，这个趋势一旦确立就会持续。股价总是沿着这一趋势展开一系列波动，或者我将其称之为‘箱体’。股价会在高低点之间不断波动。围绕这一涨跌波动区间画出的区域就代表一个箱体。”

4.3.4 箱体理论的操作之道

箱体理论认为价格的走势是以箱体的方式呈现出来的，所谓的“箱体” 就是指股票在运行过程中，形成了一定的价格区域，即股价是在一定的范围内波动，这样就形成一个股价运行的箱体。箱体理论指出：当股价滑落到箱体的底部时会受到买盘的支撑，当股价上升到箱体的顶部时会受到卖盘的压力，当股价持续在这样一个类似箱体的区域范围内运动时就构成箱体运动形态。

箱体理论指出，股票不可能总在一个箱体中运动，当股价有效突破原箱体的上沿或跌破原箱体的下沿时，股票就会进入一个新的箱体里运行，原箱体的上沿或下沿将转变成新箱体的支撑位或阻力位。因而，当股票有效突破箱体上沿后，此时可以追涨买股。但是，若个股随后无法形成一个新的、位置更高的箱体，则应设定好止损点，及时卖出。

对箱体理论的追涨买股操作方法，可能很多投资者并不理解。其实这种操作是基于两个原理：一是顺应趋势发展方向，二是只操作强势股。箱体理论可以说是一种顺势而为的操作性理论，这一理论特别适用于在震荡市及升市之中，此时，它是强势股启动时明确的买卖信号。而且，利用箱体理论，我们可以成功地避免深度套牢，从而保证本金的安全。

图 4-11 为奥维通信走势图，在经历了低位区的长期震荡之后，此股逐步上行，并以一根醒目的大阳线突破了此前震荡走势所构筑的箱体区域。依据箱体理论，这是多方力量经箱体震荡后力量明显增强，且当前正开始大力进攻的标志，预示着一轮突破行情的展开。实盘中，我们要顺应多空力量的这种转变，及时地买股入场布局，顺势而为进行操作。

在应用箱体理论时，我们也应注意技巧，其中，最为重要的就是辨识真假突破。一般来说，如果个股的箱体区域上下震荡幅度较大，且在突破时无明确的大阳线或涨停板为标志，则这种突破的真实性较差，我们不宜追涨买入。

图 4-12 为美的电器走势图。此股在高位区出现了宽幅震荡走势，同样构筑了一个箱体区域。随后，个股突破了箱体上沿，并站于箱体上沿之上。但有两点是值得我们注意的：一是个股此前的箱体震荡幅度巨大，且这一箱体位于中长期的高点，限制了个股的后期上涨空间；二是在突破箱体上沿位置时，并没有出现大阳线或者是涨停板等明确的突破信号。一般来说，这是多方力量不足的标志，并不是突破可靠的表现。实盘中，对于这种突破箱体上沿的形态，我们是不宜追涨买入的。

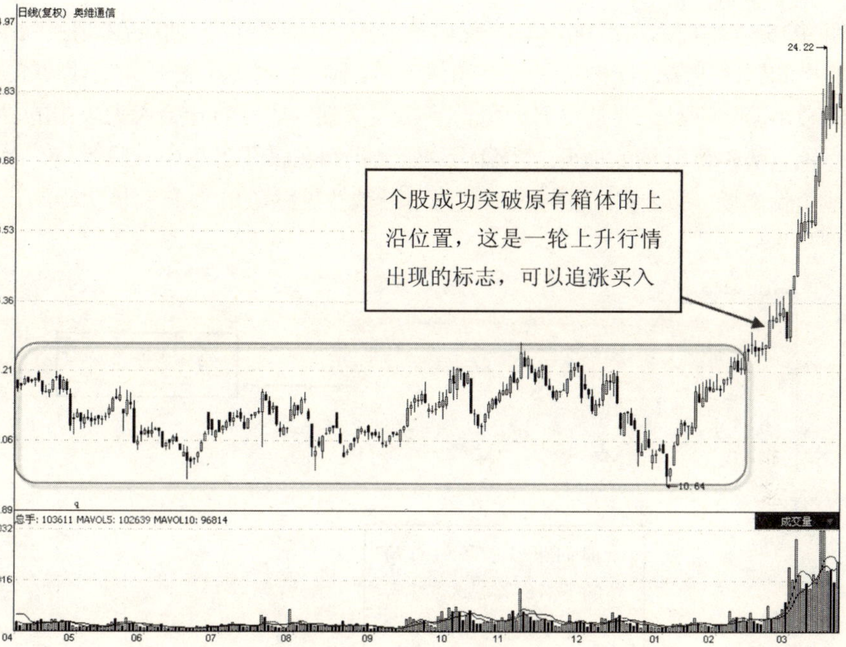

图 4-11　奥维通信走势图

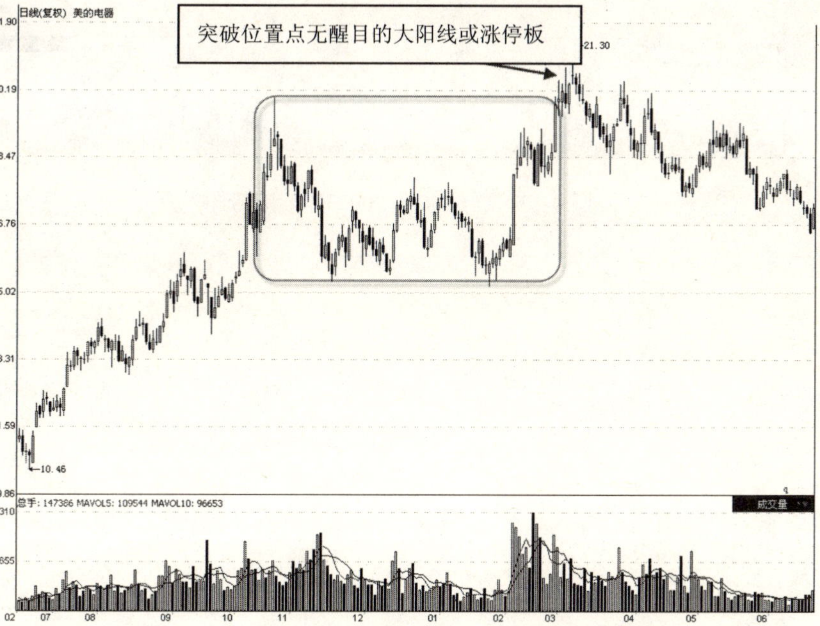

图 4-12　美的电器走势图

图 4-13 为联信永益（002373，现名千方科技）走势图。此股在高位区出现了长时间的横向震荡走势，这构筑了一个箱体区域。随后，个股以一个带上影线的跌停板形式跌破了箱体下沿，这是空方力量得到明显增强，且目前开始大力攻击的标志，预示着一轮急势破位行情的展开。实盘中，如果我们在震荡走势中买股入场，而又没有及时地卖股离场，那么，此时的这种箱体下沿被快速跌破的形态就是明确的止损离场信号。

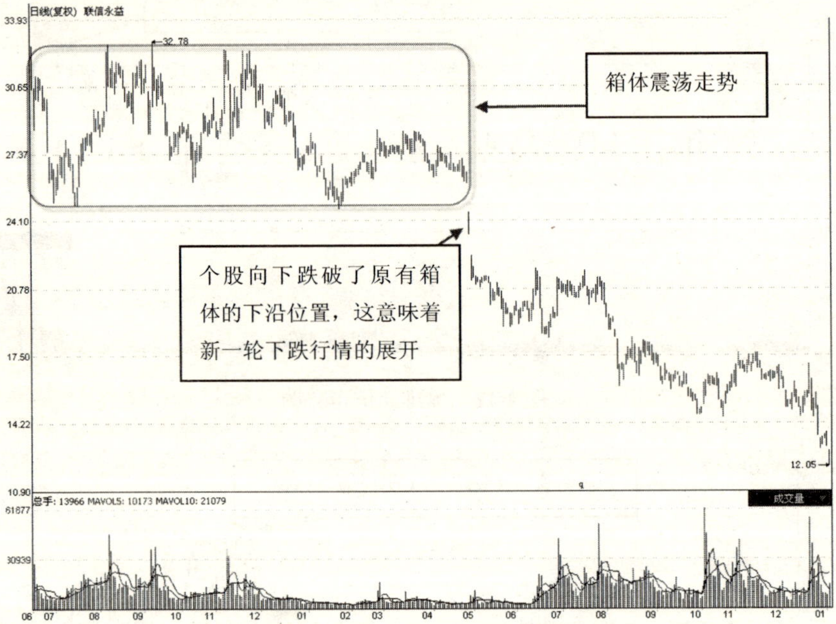

图 4-13　联信永益（002373）走势图

第 5 章
蜡烛图：古老的东方智慧

K 线图是投资者第一个必须掌握的基础知识，它以其特有的内在含义及形象的名称，在投资市场中，发挥着非凡的作用。学习任何一种技术分析，都必须先学习 K 线知识，以 K 线为基础，才能去构架和掌握更多的技术分析方法。

5.1 K 线图概述

蜡烛图又称为 K 线图，一个单位交易时间的四种基本要素都在 K 线图中有所体现，所以我们打开任何一款技术分析软件，首先映入眼帘的必然是 K 线图，配以移动平均线、成交量以及摆动指标，只要涉及技术分析，无论你是哪一个流派，都是以 K 线图作为最基本的分析工具的。有些人秉承了西方的技术分析流派，他们会选择竹节图作为最基本的分析工具。那么这两种图孰优孰劣呢？我们可以做一下对比，见图 5-1 及图 5-2。

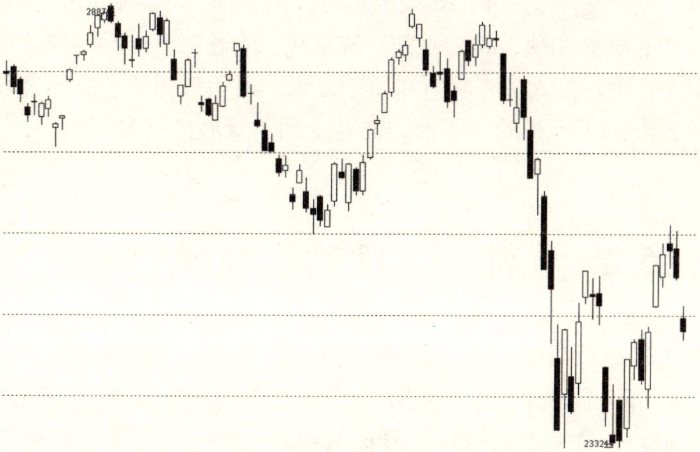

图 5-1　蜡烛图图示

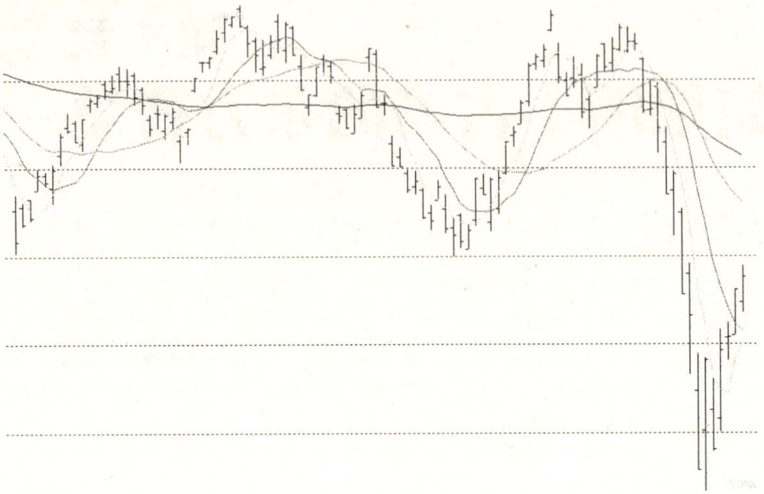

图 5-2 竹节图图示

通过这两幅图的对照，如果请你作一个选择，我想你已经有了答案。蜡烛图在视觉方面，显得更加直观、更加饱满，开盘价和收盘价的位置更加明显，并且上涨与下跌的颜色不同，使分析者一眼便能知晓这一天的价格运行轨迹。

通过蜡烛图的颜色，反映出了东方哲学的内涵。通常蜡烛图在分析软件中上涨多以红色或白色来表示，下跌多以绿色或黑色来表示，这对于观察涨跌的变化非常直观明了，易于判断。

我们讲到有关蜡烛图的形态分析时，甚至以蜡烛图的颜色来命名这些蜡烛图形态的名称，尤其是这类名称生动形象地反映了市场将要发生的变化。假如你现在对 K 线图一无所知，请看一下这几例 K 线图名称，是否能让你对股市的后势变化做出预测？例如上吊线、曙光初现、乌云盖顶、流星线、前进白色三兵等等。观其名，知其形。显然，曙光初现，给人带来朝气和希望，预示着后势将要上涨；乌云盖顶、流星线、上吊线等，充满了不祥的、压抑的征兆，预示着后势将要下跌。

5.2 上涨与下跌的蜡烛图的画法

当一天的走势运行结束之后，收盘价高于开盘价时，代表股价在这个交易时间单位内是上涨的。那么在这个交易时间单位中，股价达到的最高点，称之为最高价；股价达到的最低点，称之为最低价。开盘价和收盘价之间，用矩形来表示，称为实体。最高价与最低价在矩形的中央，分别用两根线段来表示，叫作上影线和下影线。

我们将这样的一根蜡烛图称为阳线。图 5-3 为这种阳线的内在走势与蜡烛图的表示方法。

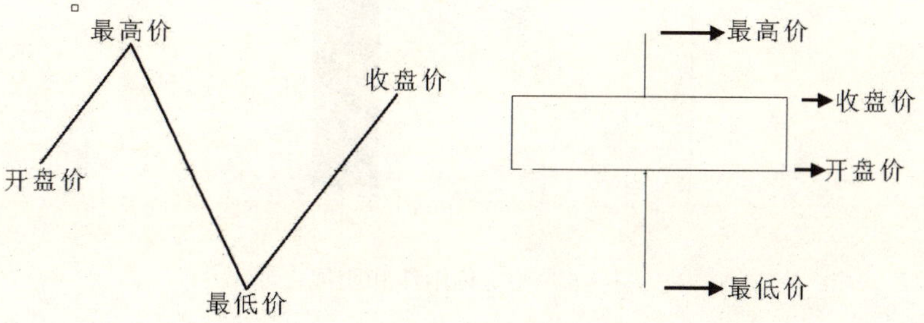

图 5-3　蜡烛图阳线的内部走势与表示形态

与之相反的蜡烛图，在这个交易时间单位内，收盘价低于开盘价时，我们称之为阴线。中间用矩形表示的阴线实体，用黑颜色将它填实，表示该交易时间单位内是下跌的。图 5-4 为蜡烛图阴线的内部趋势与它的表示形态。

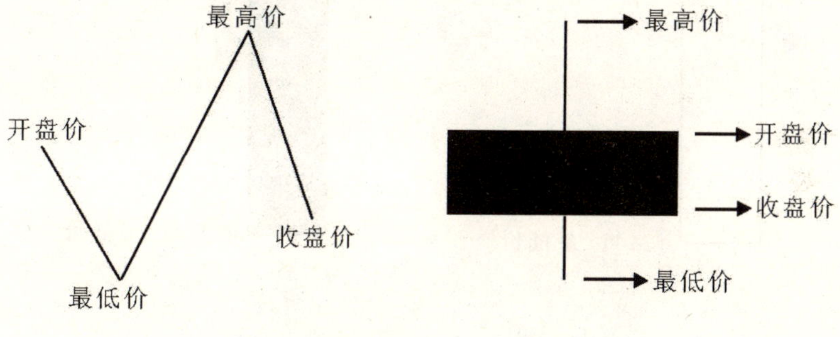

图 5-4　蜡烛图阴线的内部走势与表示形态

5.3　长实体阳线与阴线的意义

长实体阳线往往代表市场强劲的涨势，说明市场情绪比较乐观，但若市场上涨的尾升出现，也许会另有其深意。例如高位天量长阳，则隐含着股市可能见顶的含义。这需要通过整体的技术分析与其他蜡烛图与之配合，才能得出概率较大的结论，单独一根长实体阳线，只能说明在这一单位时间内，上涨动能很强而已。

长实体阴线与之相反，代表着极其疲弱的走势，若出现于下跌趋势的尾部，并且成交量极少，有可能是下跌趋势的尾声（见图 5-5）。

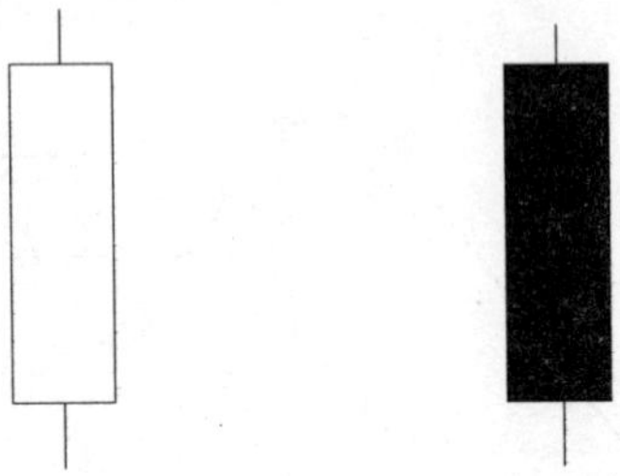

图 5-5　长实体阳线和阴线

在极端情况下，这种涨势极强或是跌势极强的交易时间内，通常没有震荡走势，而是直接上涨，或直接下跌。例如阳线，开盘价便是最低价，收盘价也是最高价；例如阴线，开盘价便是最高价，收盘价也是最低价。这种蜡烛图，我们称之为光头光脚阳线或阴线，较之于长实体阳线或阴线，具有更大的力度（见图 5-6）。

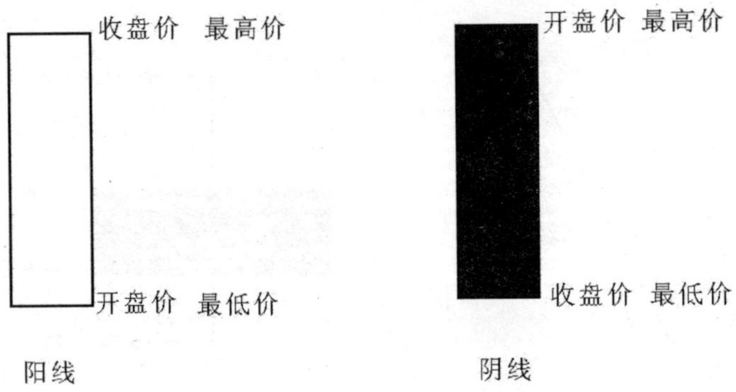

图 5-6　光头光脚阳线和阴线

5.4　小实体 K 线的意义

小实体 K 线，相对来说，它的实体部分较小，而上下影线也相对较小，我们将其称为星线。通常这类 K 线表示市场多空双方已暂时达成妥协，没有任何一方进行主动进攻，市场陷入暂时的休整状态。但是，如果这类 K 线与其他 K 线组合在一起，根据其出现的位置不同，则具有不同的意思。例如，黄昏之星是出现在市场顶部的反转形态，而启明星是出现在市场底部的反转形态。它甚至可以与较长的阴线或阳线构成孕线形态。星线的用途很广泛，而蜡烛图分析的难点和重点也正是在于对星线的分析与使用上。在前进白色三兵中，如果出现星线，则代表了后市向上的动能已经衰弱，市场极可能已陷入停顿状态（见图 5-7）。

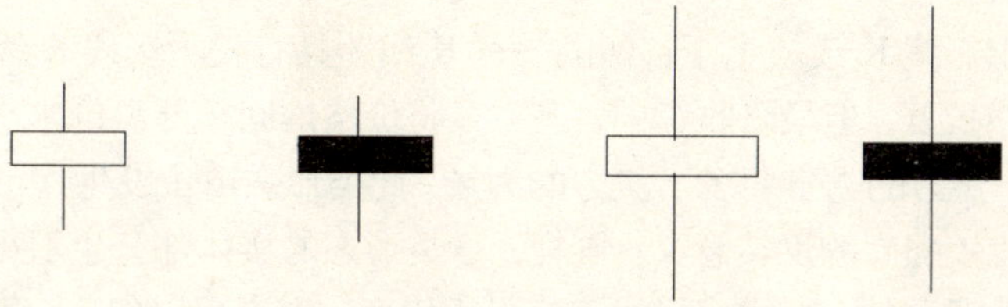

图 5-7　星线

较长的上下影线，代表当日的交易情况比较激烈。若辅之以较大的成交量，说明当日的交易已经处于白热化。若出现在特殊的 K 线组合当中，则具有极其重要的参考价值。

5.5　具有长上影线 K 线的意义

长上影线，代表着该日交易中多方首先将价格推高，但收盘前最终还是被空方压制而回。这说明了空方的力量要远远大于多方的力量，若出现在市场的顶端，则市场中看跌的意愿非常强烈。但出现在市场的底部，具有向上反转的可能性。请注意，我们一直在说的是可能性，它需要其他 K 线的辅助分析，才能将之定性。

例如流星线形态，便是出现在市场顶部的看跌反转形态。再如倒锤子线，便是出现在市场底部的看涨反转形态。此类形态出现在顶部的意义大于出现在底部的意义。因为这一类形态的实体较小，所以实体的颜色无关紧要，也就是说，它是阴线也好，阳线也好，并不影响作用的发挥。在这类形态中，重点要研究的是它的长上影线（见图 5-8）。

图 5-8　长上影线的 K 线

5.6 具有长下影线 K 线的意义

与具有长上影线 K 线成上下镜像的一种 K 线为具有长下影线 K 线。当日交易中，空方首先将价格拉低，但最终收盘前，多方又将价格推回至开盘价水平附近，说明在市场的气氛中，买方的力量要多于卖方的力量。此类形态不论发生在市场的顶部还是底部，都具有比较强烈的反转意义。同样，这类形态的实体部分也很小，所以它的实体颜色也是无关紧要的，阴线或阳线在这里所代表的意义可以忽略，我们应将重点放在它的长下影线上。

例如，上吊线是出现在市场顶部的看跌反转形态。再如，锤子线是出现在市场底部的看涨反转形态，这类形态不论出现在市场的顶部还是底部，它们所具有的反转意义都是相同的，如图 5-9 所示。

图 5-9　长下影线的 K 线

5.7 无实体 K 线的意义

无实体 K 线在市场中，较其他 K 线形态是比较少见的。它的开盘价与收盘价是同一价位，通常被称为十字线。它具有非凡的意义，比普通星线具有更强的反转意愿，是这种 K 线所特有的特质。如当其出现在市场顶部时，其反转意义较之于星线更为强烈，它代表市场买卖双方处于胶着状态，不分胜负，保持着极度微妙的平衡。如果这类形态出现在市场顶部，则说明买方力量不足以继续推动股价上涨，而抛盘力量有所增强，一旦空方抛盘力度增强，股价将毫不犹豫地向下急泄。同样，如果这类形态出现在市场的底部，那么一旦多方向上推动的力度增强，那么股价也将快速上扬。

由于价格自身重力的原因，这类形态的 K 线出现在市场顶部时，反转力度要大于底部反转，如图 5-10 所示。

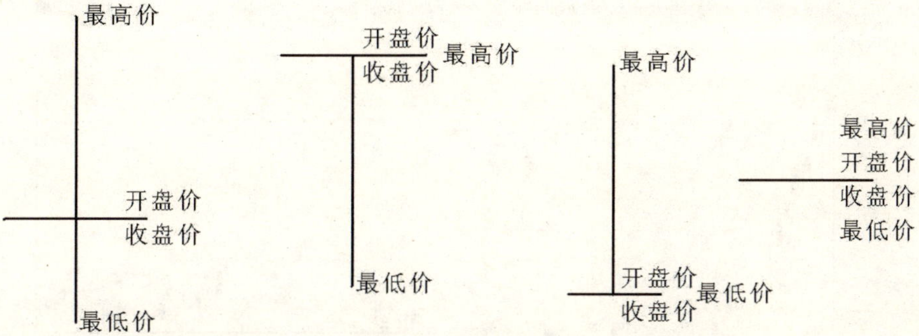

图 5-10　无实体 K 线

图中只有上影线而没有下影线的星线，如果出现在市场的顶部，则称之为“死亡墓碑”。它的名字本身便具有不祥的征兆，属于流星线一类的反转形态，同时也具备了星线的意义，是更强烈的流星线形态。

只有上影线而没有下影线的 K 线，通常称之为“丁字线”。它的主要意义也是出现在市场顶部或底部的反转预期作用，它兼有了锤子线、上吊线和十字星线的多重含义。不论出现在市场的顶部还是底部，都不可掉以轻心。另外前面所讲述的这些十字星线，如果与之前的长阴线、长阳线共同组合，则称为十字孕线。当其出现在市场顶部或底部时，同样具有重要的意义，较之于普通孕线有更大的反转力量。

图中的“一字线”，往往代表着市场中极端的表现，为涨停或是跌停的情况。

综上所述，我们发现一种现象，我们所讲的这些图形，几乎囊括了所有的可能出现的 K 线形态，将它们排列组合，再根据其在市场出现的位置加以判断，便会对后市的研判产生重要的影响。市场是有语言的，而蜡烛图便是市场语言的具体表现，读懂了蜡烛图的变化，也就读懂了市场的变化。

5.8　K 线发出的买入信号

在各类分析工具当中，K 线发出的信号往往要早于其他项，因此具有一定的超前性，这就为股民实现低价买进、高价卖出的目标带来了方便。如图 5-11 所示为 ST 东源（000656，现名金科股份）日 K 线图。在股价下跌的末期，K 线出现了一个看涨吞没形态组合，根据此信号，投资者可以做出买入的决策。但是此时均线依然处于空头排列状态，也就是说，如果根据均线来做出买入决策，要等待几个交易日后才能看到买入的信号出现。

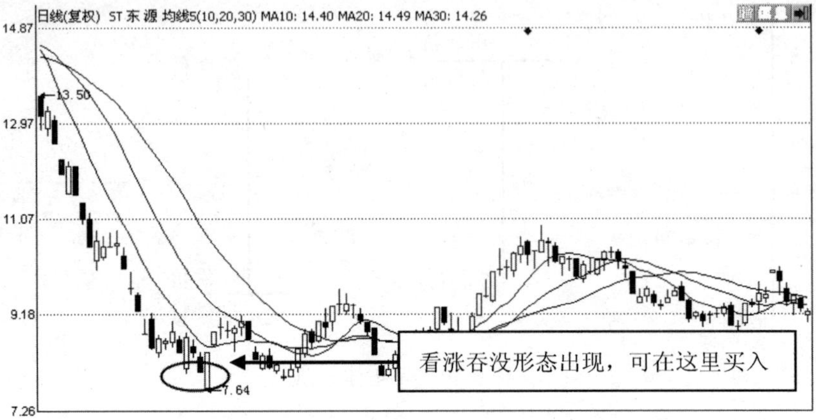

图 5-11 ST 东源（000656）日 K 线图

5.8.1 阳锤子线

阳锤子线是在市场上不经常出现的一个反转信号。它是单一的一直呈现组合而成，首先它必须是一条阳线。其次该条线的实体非常小，下影线很长，最少要达到实体的两倍，上影线不存在或者非常小。当这条 K 线出现后，就标志着市场的底部已经到来，未来价格可能开始向上反转。因此投资者可以在第二天开盘时少量买入股票，以实现低价买进的目标。如图 5-12 所示为阳锤子线的示意图。

图 5-12 阳锤子线

如图 5-13 所示为中国中铁（601390）日 K 线图。图中标注的位置是一个阳锤子线。尽管该 K 线有一段上影线，但是这并不影响对阳锤子线的认定。因为该上影线非常小，几乎可以忽略不计。而且该 K 线出现在市场的底部，因此具有很强的反转效力。未来股价开始向上反转，因此此时 K 线就处于当前的最低点附近。如果在 K 线出现后，投资者做出了买入的决策，那么这时就是以最低价买入的。

如图 5-14 所示为西安旅游（000610）日 K 线图。此例中，阳锤子线出现在盘整行情的底部，这也具有一定的反转效率。说明在盘整行情的下边线附近遇到了多头的强烈回击，股价将会向上运行。因此可以在此时买入股票，进行短线操作，当股价运行至大盘整行情的上边界时再卖出股票获利了结。

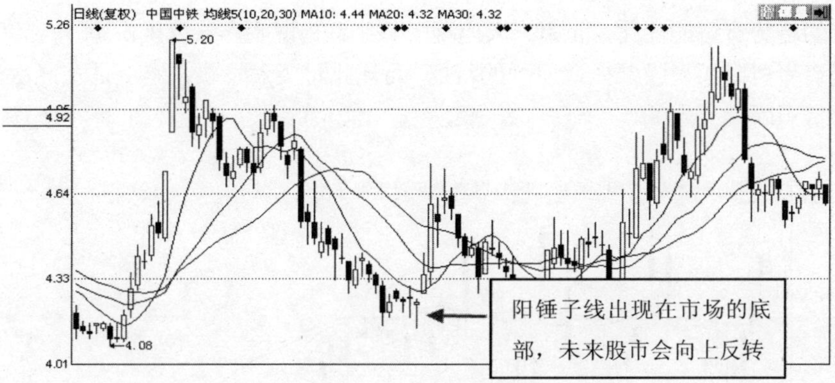

图 5-13 中国中铁（601390）日 K 线图

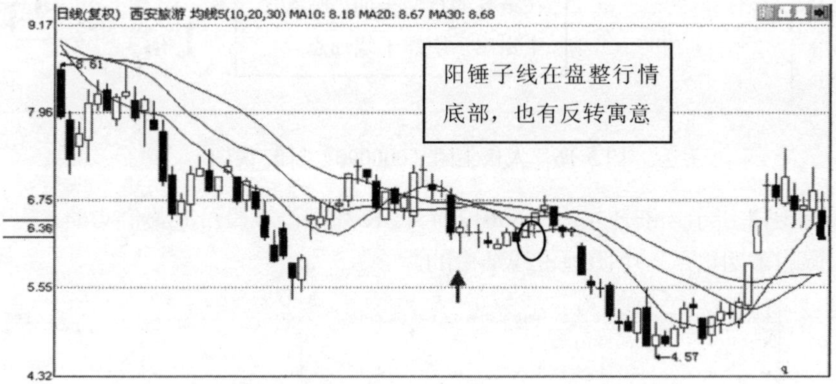

图 5-14 西安旅游（000610）日 K 线图

5.8.2 阴锤子线

阴锤子线与阳锤子线类似，K 线的外观形态基本相同，都是具有长长的下影线，实体较小，上影线不存在或者很小，下影线长度是实体的两倍以上。阴锤子线与阳锤子线最大的不同是它当天收成一根阴线，因此尽管也具有一定的反转效力，但是与阳锤子线相比力量稍微逊色。而投资者看到阴锤子线出现后，可以在第二天开盘后观看股价是否真的发生反转，然后再决定是否买入股票。如图 5-15 所示为阴锤子线示意图。

图 5-15 阴锤子线

如图 5-16 所示为太极集团（000090）日 K 线图，在剧烈下跌的行情末期，K 线图中走出了阴锤子线形态，这就标志着下跌的趋势有可能变化。而第二天出现一只阳线，说明多头已经占据了主动，因此短线投资者可以买入股票抓取反弹的行情，而且此时买入股票基本上是在此次暴跌行情的最低点附近买入的。

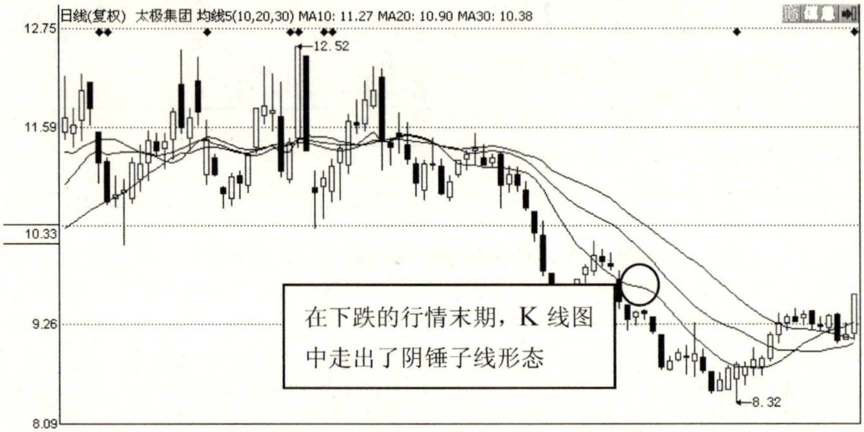

图 5-16　太极集团（000090）日 K 线图

如图 5-17 所示为浙江东方（600120）日 K 线图。在股价到最高点时，开始了回调，回调的末期正是一个阴锤子线结束的。

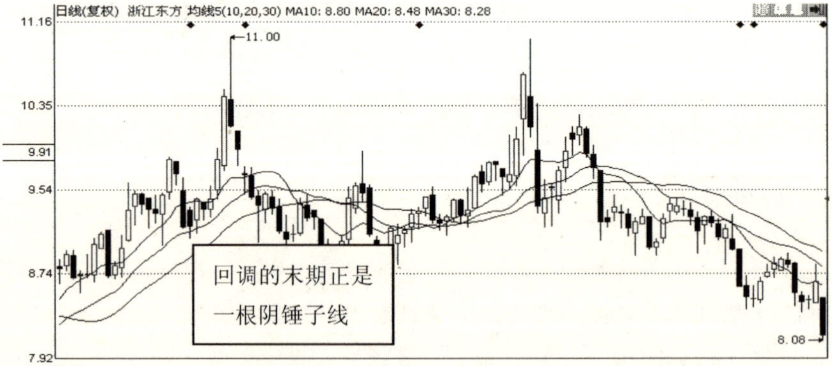

图 5-17　浙江东方（600120）日 K 线图

5.8.3 穿越压迫线

当股价经过大规模的上涨之后，某一天空头开始反击，形成了一条大阴线，穿过了前一日的 K 线实体，这条大阴线就称为压迫线。但是压迫线出现后，如果股价没有暴跌，而是在小幅调整后继续上扬，说明多头仍然比较顽强，此次下跌只是一个短暂的休整过程。一根大阳线突破了覆盖线的最高点，就说明一个新的买入信号出现了，未来股价将在多头的推动下继续上涨。如图 5-18 所示为穿越压迫线形态示意图。

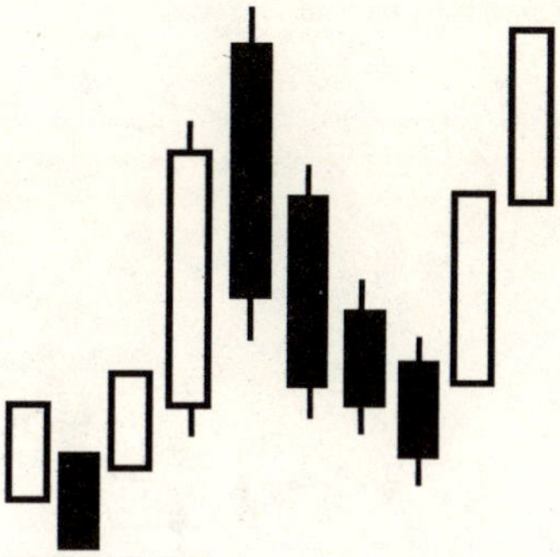

图 5-18　穿越压迫线形态

如图 5-19 所示为浙江东方（600120）日 K 线图。图中第一个箭头标注的 K 线是一个压迫线，当天大阴线吞没了之前的阳线实体，说明多头在此处受到了空头的阻击。但是在此后股价并没有大幅下跌，而是横盘调整，在第二个箭头指向的位置出现了一根大阳线，而且依然保持顽强的推动力。因此股民可以在此时买入股票，而且未来的上涨速度是十分迅速的。

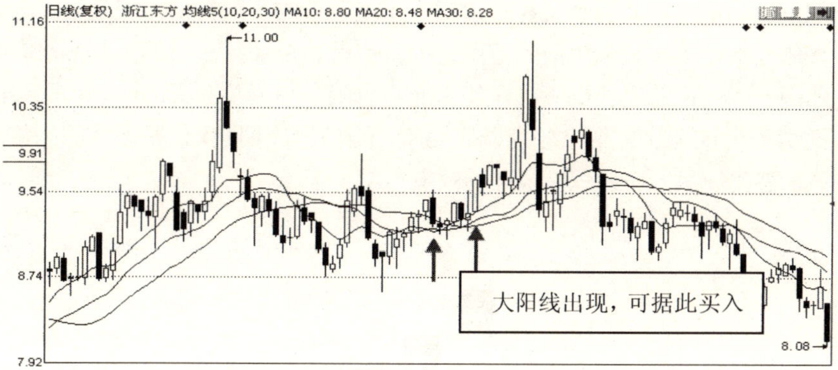

图 5-19　浙江东方（600120）日 K 线图

股价在上升的走势中，往往会出现阶段性的盘整。这时穿越压迫线要出现这种形态就经常在盘整的行情中。如图 5-20 所示为郑州煤电（600121）日 K 线图。从图中可以看到，股价在上涨的过程中，在盘整的环节经常出现穿越压迫线这种形态。当阳线突破了之前的压迫线时，就说明盘整即将结束，多头将继续推高股价向更高的价位迈进。因此没有入场的投资者可以利用此时股价刚刚突破覆盖线，立即入市，以较低的价位来追逐后面的利润空间。

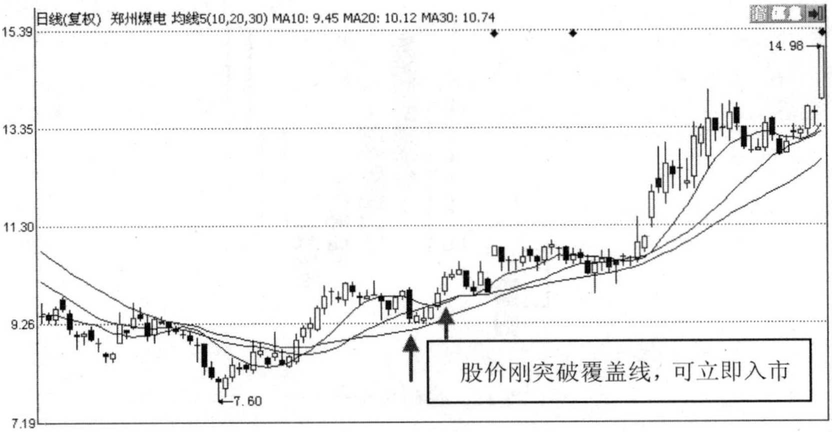

图 5-20　郑州煤电（600121）日 K 线图

5.8.4　上升三法

如图 5-21 所示为上升三法形态示意图。该形态要求第一个 K 线是一大阳线，代表了原有的上涨趋势，后面三个交易日出现了连续三天的下跌行情，但是下跌的幅度非常小，整体上均在第一天大阳线的范围之内。也就是说连续三日的下跌都没有突破大阳线的范围，因此说明空头向下打压能力非常有限。当最后一天的一个大阳线向上突破时，说明多头继续占据市场的主动性，前三日的小幅下挫仅仅是多头的休整而已。因此在该形态出现后，应该积极地进场做多。

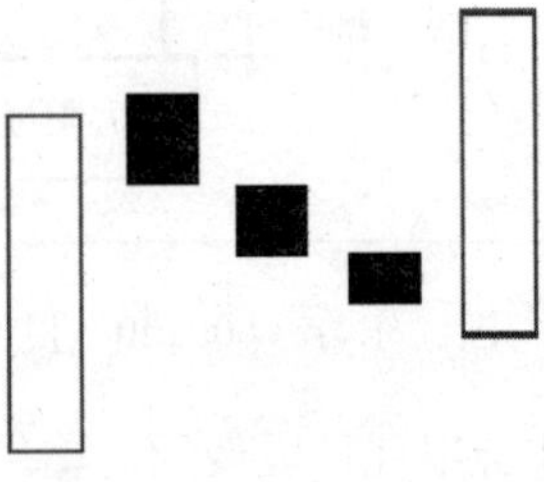

图 5-21　上升三法形态示意图的

如图 5-22 所示为特变电工（600089）日 K 线图。股价在经历了市场的底部之后开始上扬，在上扬的前期就出现了两个上升三法形态。尽管两根阳线之间夹杂了多个 K 线，不是标准图形，但是这丝毫不影响认定上升三法形态。因为这样两根阳线之间的多个 K 线均运行在第一天阳线的范围之内，也就是说空头没有大幅度地向下打压股价，对多头具有强大的支撑作用。因此当最后一个阳线出现后，就标志着股价将会继续上扬，投资者应该利用此时积极购买股票博取后市的收益。

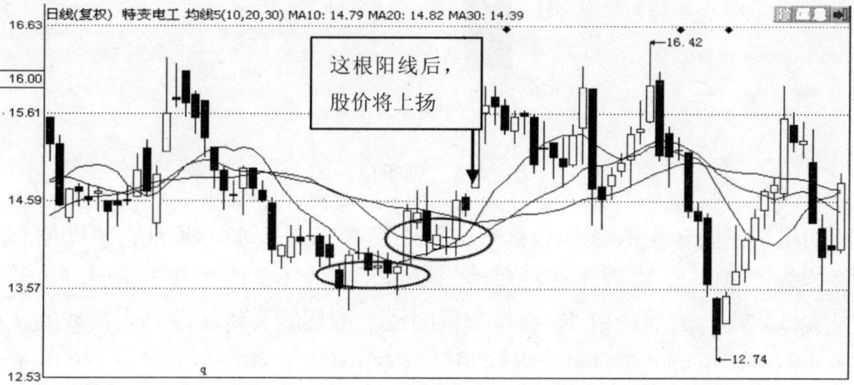

图 5-22　特变电工（600089）日 K 线图

如图 5-23 所示为亚盛集团（600108）日 K 线图。在整个股价上扬的过程中，先后出现了多个上升三法形态，而且每个上升三法形态出现后，股价都被多头向上攀升到一个平台。整个股价走势就是这样以多个平台的方式稳步向上运行的，因此如果在每个上升三法出现后，股民都能够积极地入市，则可以实现巨大的经济利益。

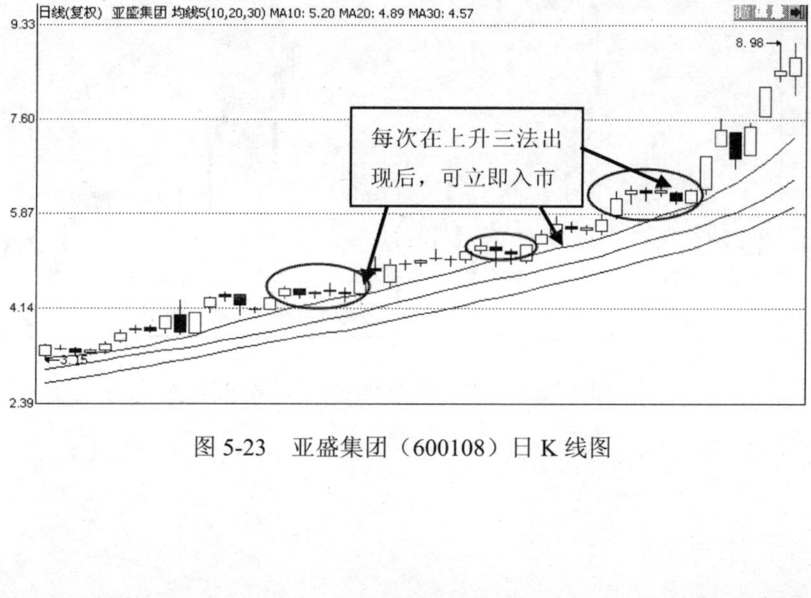

图 5-23　亚盛集团（600108）日 K 线图

5.8.5 启明星

如图 5-24 所示为启明星形态示意图。顾名思义，就是指在黑暗中出现的一颗星星，它将预示着光明将要到来。在股市中，如果启明星出现了，就意味着下跌的行情有可能将要结束，未来将会出现一轮上涨行情。

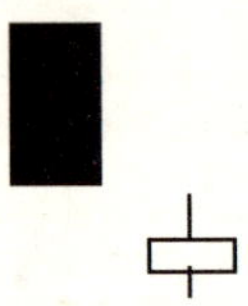

图 5-24 启明星形态

启明星形态由 3 根 K 线组合而成，第 1 根 K 线是一个阴 K 线，说明原有的趋势为下跌趋势。第 2 根 K 线是一根星线，星线是阳线还是阴线并不重要，重要的是星线本身实体较小。最后一根 K 线是一根阳线，阳线的实体深深刺入阴线的实体中，说明多头占据了市场的主动性。当启明星形态出现后，往往标志着股价的反转，因此股民可以在此时买入股票。

如图 5-25 所示为浙江东方（600120）日 K 线图。图中箭头标志的 K 线与前面的两根 K 线组合在一起形成了一个启明星形态，该形态出现后结束了之前的下跌行情，股价开始了向上的反弹过程。因此，一个阶段性的底部在此时出现了，当启明星的最后一个阳线出现后，股民如果能够立刻入场，离最低价还是很近的。

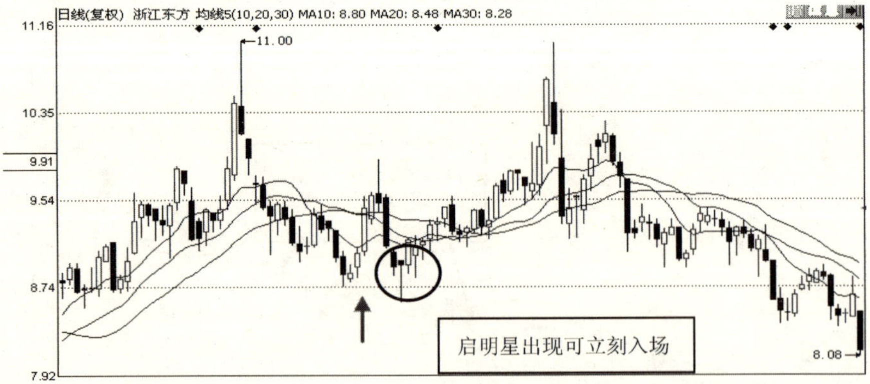

图 5-25 浙江东方（600120）日 K 线图

如图 5-26 所示为太极集团（000090）日 K 线图。股价在连续下跌了三个交易日之后，出现了两个星线，此后一个大阳线出现，形成了一个启明星。尽管此刻启明星有两个星线，但是这并不影响启明星的反转效力。因为大阴线经过了星线后形成了大阳线，就说明了市场中多头已取代了空头的地位，投资者可以在此时买入股票。从后市的走势图中也可以看到，此时买入股票的交易者买入价十分接近最低价。

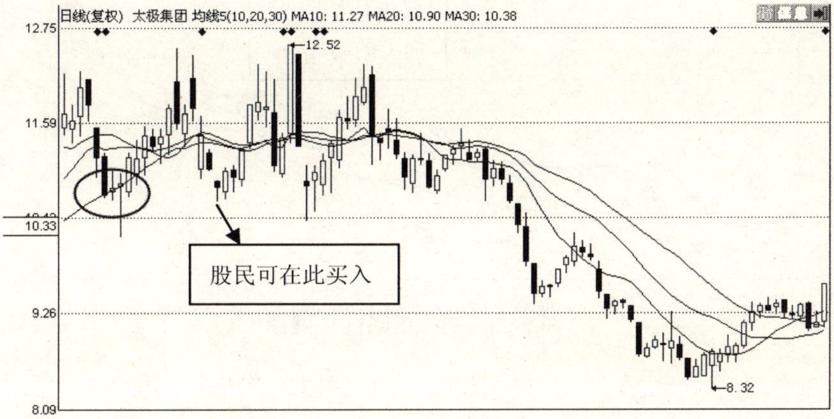

图 5-26　太极集团（000090）日 K 线图

5.8.6　三个武士

如图 5-27 所示为三个武士形态示意图。该形态出现在上涨的过程之中，要求每根 K 线的开盘价都位于前一日 K 线的收盘价附近，而每一日的收盘价都接近于当天的最高点附近。连续三天的阳线就表明了多头能够稳步地向上推升股价，空头似乎没有还击的能力。尽管此形态出现在上涨的行情中，已经不是市场的最低点，但是因为它标志着未来股价依然能够稳步向上，因此投资者可以在此时追高买入。

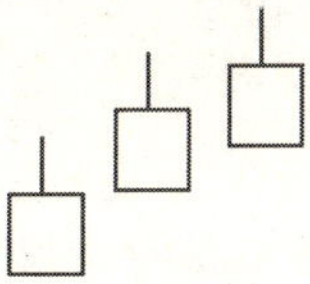

图 5-27　三个武士形态

如图 5-28 所示为亚盛集团日 K 线图。股价在上涨的行情中，出现了一个三个武士形态。这说明股价经过中间的休息已经远离最低价，但是依然具有向上的动力，而且多头可以稳定地控制股价向上运行。因此投资者可以在此时积极入场，谋取后面的上涨利润。

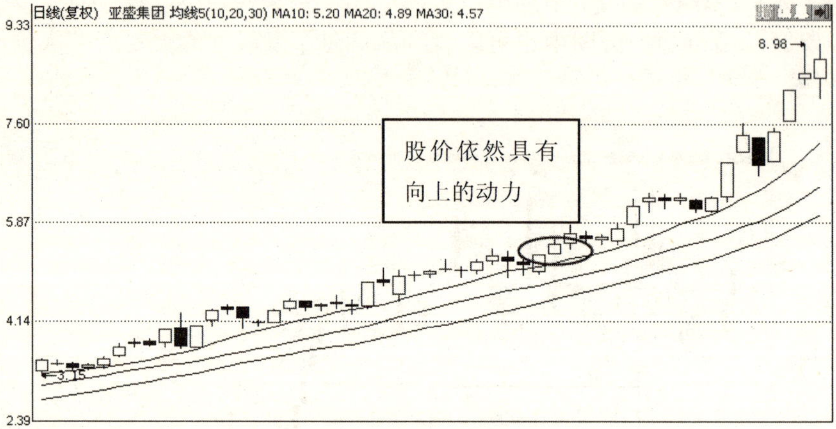

图 5-28　亚盛集团日 K 线图

如图 5-29 所示为浙江东方（600120）日 K 线图。股价在上扬的过程中，受到了短期均线的支撑，而且出现了一个三个武士形态。此形态出现后就标志着股价将要继续上行。因为三根 K 线的实体过大，因此股民可以在股价稍微向下回调时买入股票，以寻找更低的价位入场。

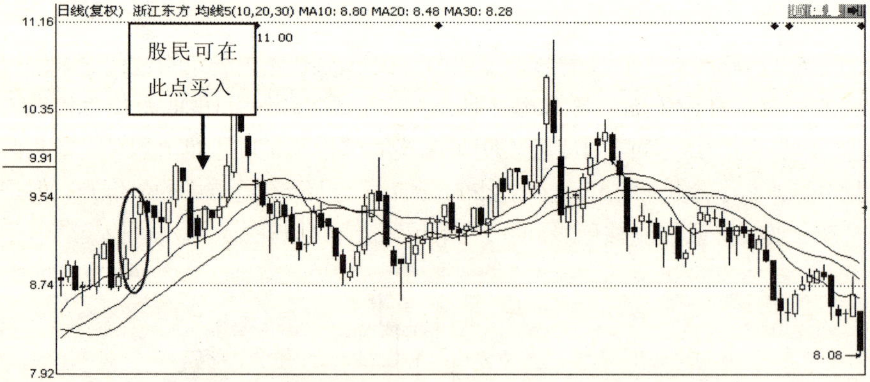

图 5-29　浙江东方（600120）日 K 线图

5.8.7　上涨孕线形态

上涨孕线形态一般出现在市场的底部或者阶段性的底部，形态出现后往往意味着行情将要向上反转。如图 5-30 所示为上涨孕线形态示意图。该形态出现之前有一段明显的下跌行情，该形态的第一根 K 线是一根阴线，代表原有的下跌趋势；后面一根 K 线是一根阳线，而且阳线的实体非常小，完全被第一根阴线的实体所包含。也就是说，第二根阳线的开盘价和收盘价都位于前一日阴线的实体范围之内。在暴跌的行情出现之后，小阳线的出现取代了大阴线，这说明股价在底部遭到了一定的反击，有可能形成一个市场的底部。因此投资者可以在此时少量买入股票，一旦股价向上成功反转，则此时的买入价就是最低价。

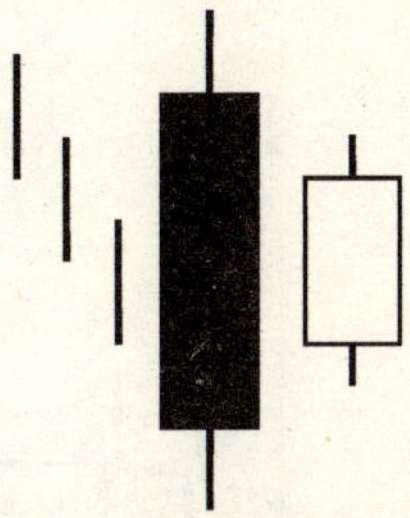

图 5-30 看涨孕线形态

如图 5-31 所示为西安旅游（000610）日 K 线图。股价在连续下跌之后，出现了一个孕线，阳 K 线在开盘时就出现了大幅跳空高开，而且高开高走，尽管最终的实体不大，但是已经说明原有的下跌趋势放慢了脚步。因此短线投机者可以在此时少量买入股票，寻求向上的反弹行情。从后市走势可以看到，尽管股价没有成功向上反转，但是这个看涨孕线形态出现后还是引发了一轮向上的反弹行情。因此在此时买入的投资者还是可以获得一定利润的，而且在看涨股时买入股票，最大的优势就是买入价非常低，十分接近最低价。

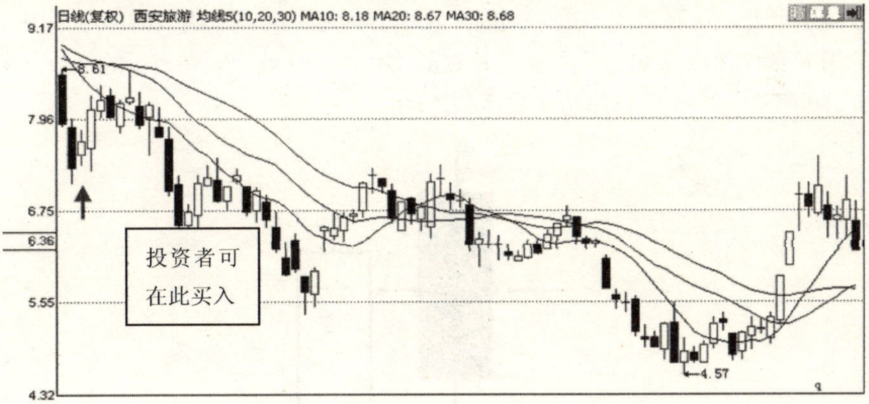

图 5-31 西安旅游（000610）日 K 线图

如图 5-32 所示为 ST 国创（600145）日 K 线图。股价在 7.81 元创出了新低，但是同时也形成了一个看涨孕线形态。尽管阳 K 线的实体非常小，似乎仅凭单一的一根阳线难以做出向上反转的决策，但是如果与之前的阴线结合在一起，这个看涨的孕线形态就可以发挥出它的反转效力。在此时买入的投资者可以十分接近 7.81 元的低价买入，而未来股价大幅向上反弹，至少有 4 元的利润空间存在。

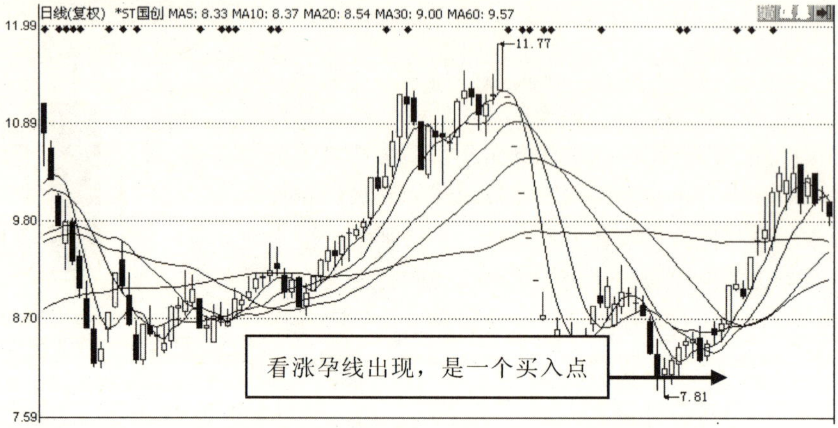

图 5-32 ST 国创（600145）日 K 线图

5.8.8 上涨刺透形态

上涨刺透形态一般出现在市场的底部，具有很强的反转效力。如图 5-33 所示为上涨刺透形态示意图。该形态由两根 K 线组合而成，第一根 K 线是一根阴 K 线，第二根 K 线是一根阳 K 线，阳 K 线的开盘价低于前一日阴线的收盘价。也就是说，在开盘时出现了跳空低开，但是当天形成了阳线，收盘价超过了前一日阴线的中心点以上，第二天的阳 K 线实体深深刺入前一根阴 K 线的实体中。这就说明在市场的低位，多头予以了充分的回击，空头的打压势头被多头所动摇。

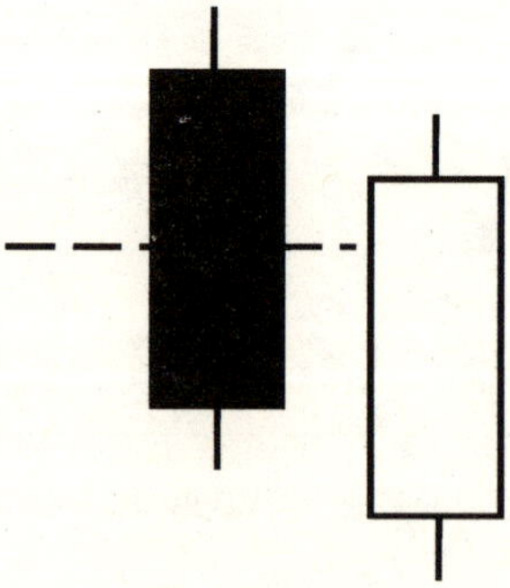

图 5-33 上涨刺透形态

如图 5-34 所示为宇通客车（600066）日 K 线图。股价在上涨的过程中出现了一次短暂的回调，当股价受到长期均线的支持，K 线图中给出了一个上涨刺透形态。这就说明股价将要继续上升，原有的回调行情即将宣告结束。因此投资者应该利用此时立刻入场，这是此次回调的最低价附近。此时离最高价 24.43 元还有将近 5 元的利润空间。

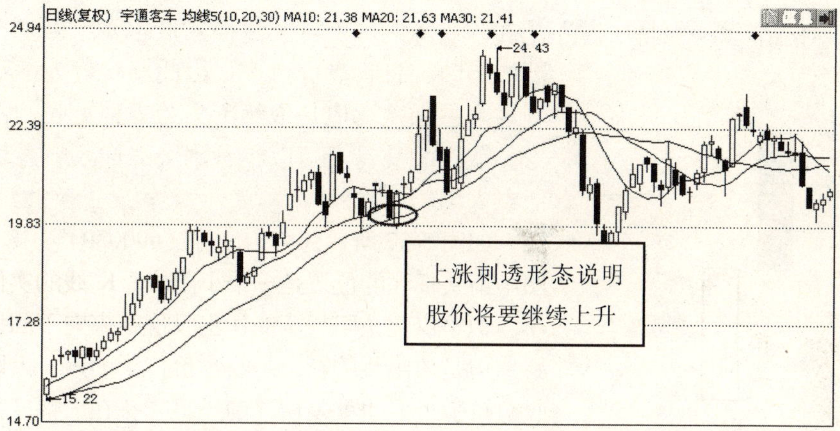

图 5-34 宇通客车（600066）日 K 线图

如图 5-35 所示为宇通客车（600066）日 K 线图。当股价达到 15.22 元时，创出了整个下跌行情的新低。但是此时一个上涨刺透形态出现了，这就说明股价很有可能形成了一个底部。此时买入股票的投资者是以极低的价格来买入的，因此风险相对来说非常小，一旦股价成功向上反转，则未来获取的收益将十分巨大。

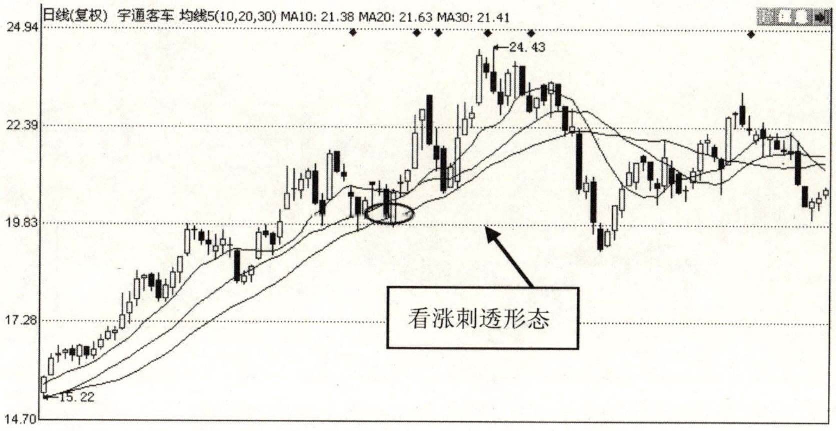

图 5-35 宇通客车（600066）日 K 线图

5.8.9 上涨插入形态

如图 5-36 所示为上涨插入形态示意图。从外观上看，上涨插入形态非常相似于上涨刺透形态，但是二者还是有本质上的区别。上涨插入形态要求第二天的收盘价为前一日收盘价附近。因此反转效力不及上涨刺透形态强烈。但是依然不失为一种见底的常见信号，激进的交易者可以在看到上涨插入形态后寻找低点入场。

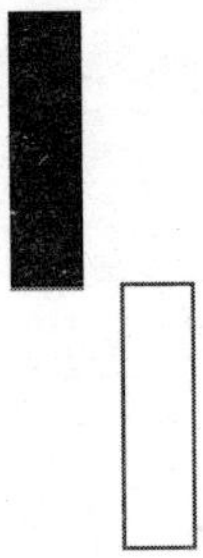

图 5-36　上涨插入形态

如图 5-37 所示为中信证券（600030）日 K 线图。图中箭头标注的位置是一个小阳线，K 线的实体非常小，似乎仅凭该阳线不能作出股价结束向下回调的判断。但是该阳线的特点是收盘价位于前一日大阴线的收盘价附近。也就是说，前一日空头在大幅度打压股价，形成了一根大阴线后，一根小阳线的出现，标志着空头的能量被多头吞噬，因此股价很有可能会继续上扬。交易者可以在第二天观望股价是否成功向上反转，当后一个交易日出现一个阳线后，就验证了之前的上涨插入形态成立。因此投资者可以在后面的交易日逢低进场做多。

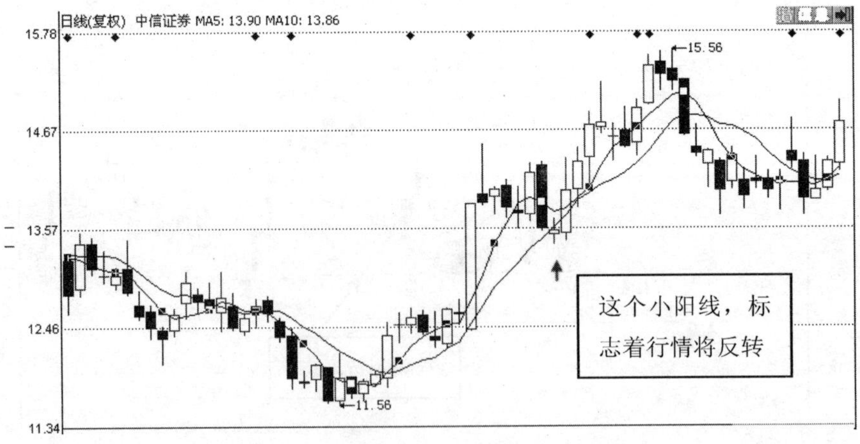

图 5-37　中信证券（600030）日 K 线图

如图 5-38 所示为中国一重（601106）日 K 线图。股价在盘整的后期，K 线图走出了上涨插入形态，股价将受到盘整行情底部的支撑，继续向上反弹。因此短线投资者根据这个信号，可以作出买入的决策。此时的买入价仅仅是盘整行情的最低点附近，而获利价可以设定在盘整行情的上限。因此，此信号可以为投资者带来一个不小的收益。

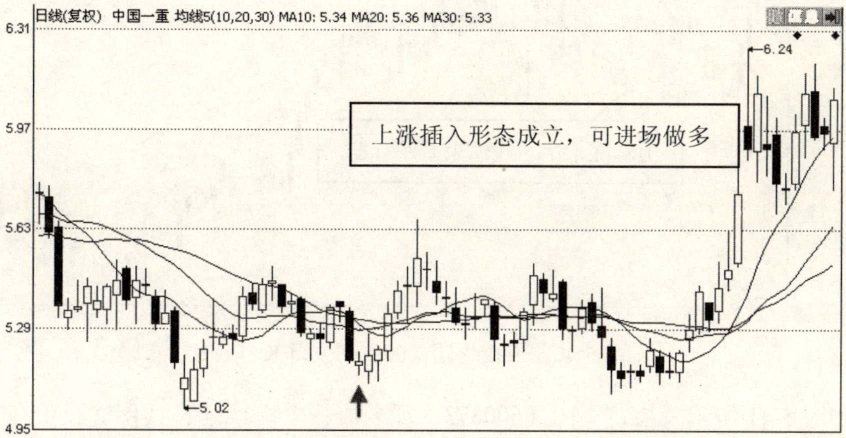

图 5-38 中国一重（601106）日 K 线图

5.8.10 看涨十字孕线形态

如图 5-39 所示为看涨十字孕线形态示意图。它实际上是看涨孕线的一种变体，它的前一日也是一根大阴线，但是后一日是一根十字线，且十字线位于前一日阴线的实体之中。该形态一般表明空头的地位受到了动摇，后市很大程度上会向上反弹。

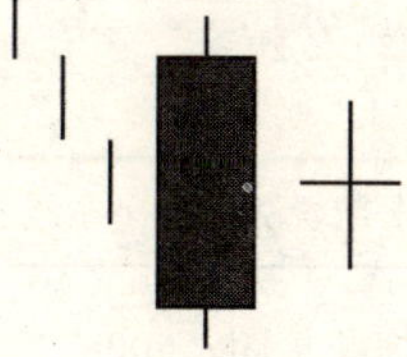

图 5-39 看涨十字孕线形态

如图 5-40 所示为太极集团（000090）日 K 线图。在股价下跌的末期，出现了一个看涨十字孕线形态，尽管该十字孕线已有极小的实体存在，但是与其长长的上下影线相比，该实体可以忽略不计，因此可以认定是看涨十字孕线的一种变体。该形态出现后结束了原有的暴跌行情，开启了股价向上的反弹过程。

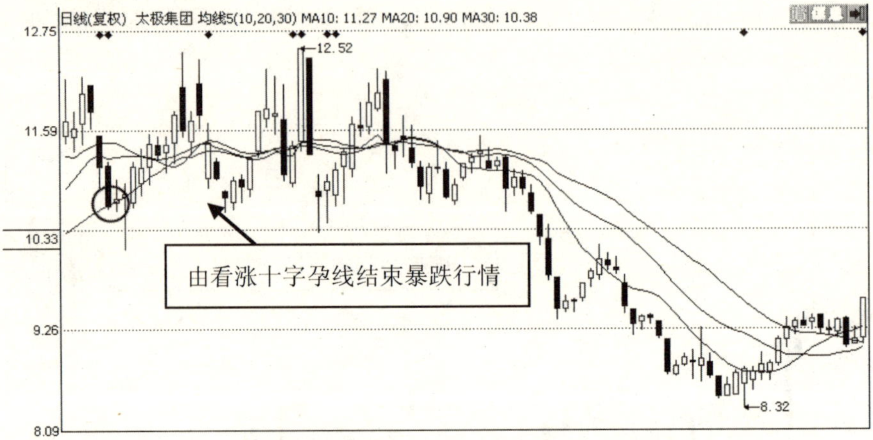

图 5-40　太极集团（000090）日 K 线图

如图 5-41 所示为梅花集团（600873，现名梅花生物）日 K 线图。股价在下跌的末期，出现了一个看涨十字孕线形态。此后股价开始向上飙升，连续两根大阳线触及到了整个盘整行情的顶端。因此，在看涨十字孕线形态出现后买入股票的股民，可以抓住整个波段的收益。因为他们的买入点是十分低廉的，可以说已经买在了市场的低点上。

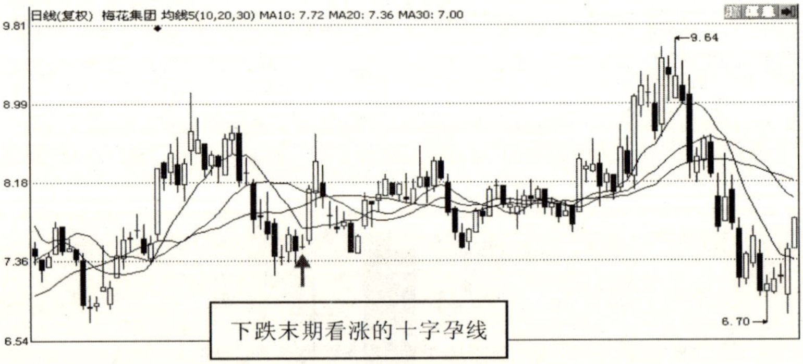

图 5-41　梅花集团（600873）日 K 线图

5.9　股价高位 K 线最先发出卖出信号

当股价运行到市场的高位之时，及时卖出股票才可以兑现利润。如果信号出现滞后性，则将会把原有的利润交还给市场。因此早期出现的卖出信号比买入场信号还要重要，即使入场时没有抢到最低点，如果能够及时逃顶也可以拥有巨大的经济利润，而 K 线就是在股价运行时最先出现的一组信号之一。

如图 5-42 所示为梅花集团（600873）日 K 线图。当股价运行至 9.64 元附近时，达到了整个上涨行情的顶峰，此时均线依然给出多头排列状态。但是从 K 线图中投资者可以发现危险的降临，因为长长的上影线往往标志着在上方有强大的空头压力，因此股价是否能够继续向上运行是一个很大的未知数。激进的交易者会在此时兑现利润，平仓离场，而如果等到均线形成死叉后再卖出股票，股价已经下跌了 1～2 元。

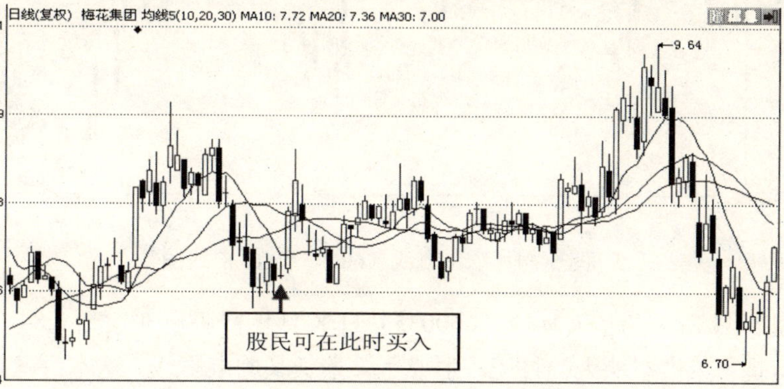

图 5-42 梅花集团（600873）日 K 线图

5.9.1 阳上吊线

如图 5-43 所示为阳上吊线形态示意图。该形态由单一的一根 K 线构成，K 线的实体非常小，上影线几乎不存在，下影线也极长，最少要达到实体的两倍，而且当天要收成一根阳线。这就表明空头在市场的顶部曾经将股价向下大幅度打压，尽管多头予以了充分的还击，但是一旦未来多头能量不足，空头将大幅向下压股价。因此此时是并不常见的一个信号，是投资者获利了结的一个警告。

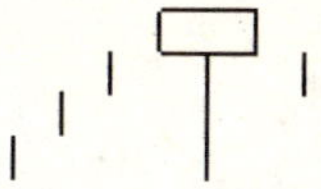

图 5-43 阳上吊线形态

如图 5-44 所示为歌华有线（600037）日 K 线图。股价在接近最高点附近出现了一个阳上吊线，这就是危险到来的一个前期信号。投资者应该在此时获利了结离场，尽管后一个交易日创出了新高，但是也只是上影线触及到了新高，当天收盘时已形成了十字线，因此在上吊线出现后及时获利离场是十分明智的。此时的卖出价已经十分接近于最高价。

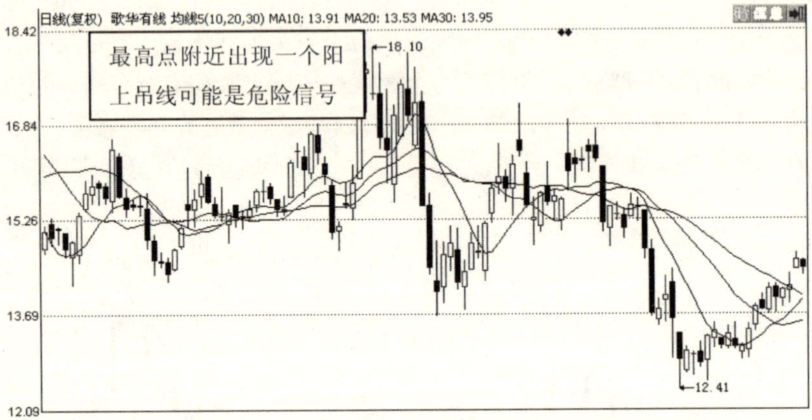

图 5-44　歌华有线（600037）日 K 线图

如图 5-45 所示为楚天高速（600035）日 K 线图。股价在达到 6.84 元时创出了新高，但是当天被空头大幅打压，形成了一条长长的上影线。这本身就是一个危险的信号，此时如果没有卖出股票，在第二天看到一个阳上吊线时也应该离场。尽管此后股价继续小幅上扬，但是依然没有创出新高，甚至远没有达到前期 6.84 元的高位，而在阳上吊线出现后能够及时获利不少，卖出股票也是在市场高位卖出的，后市上涨的高点比上吊线的最高价高出不多。因为能够在阳上吊线出现后及时离场风险相对较小，可以避免后市大幅暴跌的行情。

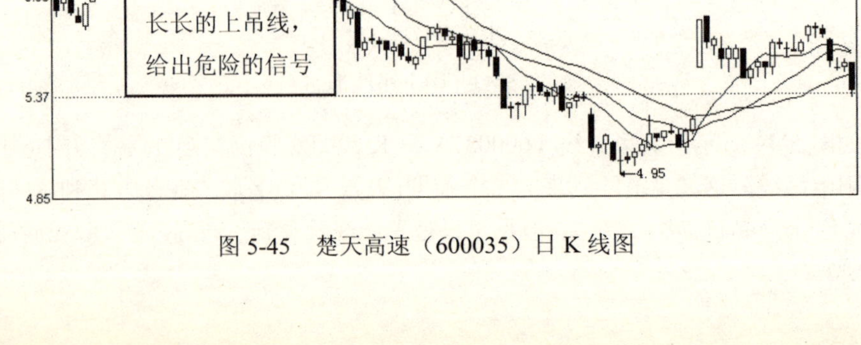

图 5-45　楚天高速（600035）日 K 线图

5.9.2　阴上吊线

阴上吊线与阳上吊线外观上比较相似，都是具有长长的下影线，下影线的长度达到了实体的两倍以上，上影线很少或者不存在。但是阴上吊线要求当天的收盘价要位于开盘价之下，也就是说在当天股价就被空头控制，因此它的反转效力要比阳上吊线大。如图 5-46 所示为阴上吊线形态示意图。

图 5-46　阴上吊线形态

如图 5-47 所示为中国中铁（601390）日 K 线图。当股价达到 5.20 元时创出了新高，而且当天收成了一根光头光脚大阳线，此阳线与前一日阳线形成了一个巨大的向上跳空，说明多头的能量十分强大。至此丝毫没有任何离场的信号，但是股价在第二天出现了一个大幅度的向下跳空低开，而且当天收成了一根阴上吊线，这就给市场带来了几分悲观的色彩。投资者应该在下一个交易日离场。下一个交易日尽管在开盘时依然跳空低开，但是股价一路上行到锤子线附近，因此交易者就迎来了获利离场的时机。此时卖出股票非常接近最高价 5.20 元。

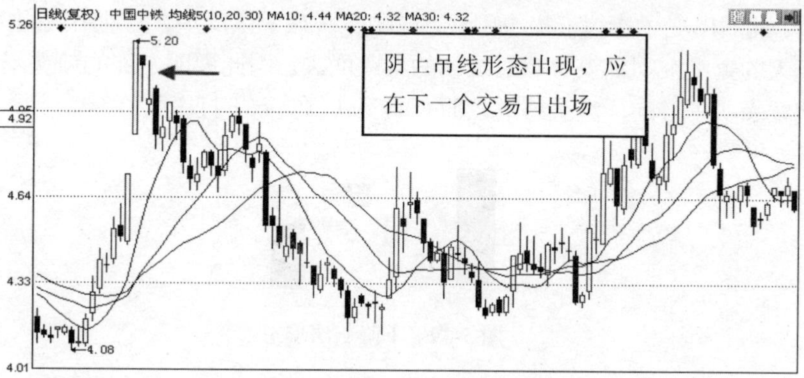

图 5-47　中国中铁（601390）日 K 线图

如图 5-48 所示为福成五丰（600965）日 K 线图。从图中可以看到，两个上吊线分别引发了两次回调的行情。因此如果交易者想进行短线操作，实现波段利益，不被回调的行情吞没原有的利润，则应该在两次阴上吊线出现后卖出手中的股票，及时离场。

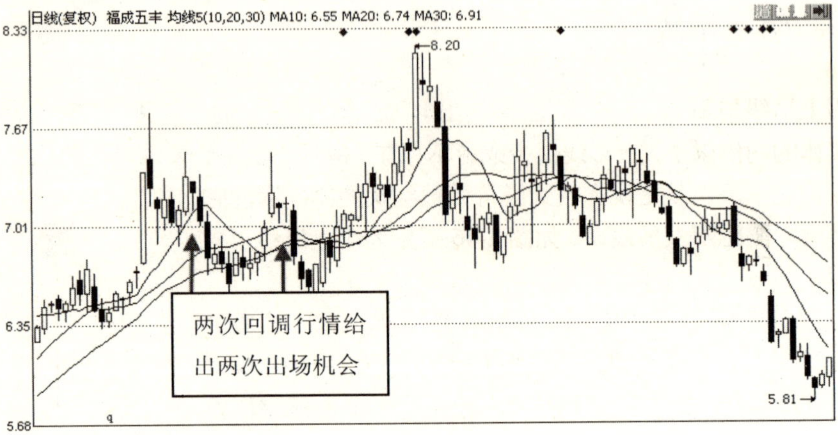

图 5-48　福成五丰（600965）日 K 线图

5.9.3　下降三法

如图 5-49 所示为下降三法形态示意图。当一根大阴线出现后，代表着原有的下跌行情。此后出现了连续三根小阳线，说明多头在予以反击，但是阳线的实体较小，连续三天的上涨空间都没有超过最初的下跌而去。因此说明上涨的势头不大，最后一根阴线指明了方向，空头将继续原有的下跌行情向下打压股价。

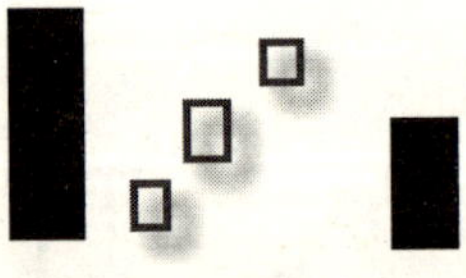

图 5-49　下降三法形态

如图 5-50 所示为福成五丰（600965）日 K 线图。股价在下跌的初期，出现了一个向下的跳空缺口，说明空头的实力非常强劲。此后一根大阴线出现，代表原有的下跌趋势，之后出现了连续两个小阳线，但是没能突破阴线的范围，最后，一根向下暴跌的大阴线继续将股价向下打压。至此一个下降三法的变体形态就出现了，尽管两个阴线之间的阳线只有两根，但是同标准的下降三法形态一样，都具有卖出的警告含义。如果此时没有获利离场，股民将被带向无底深渊。

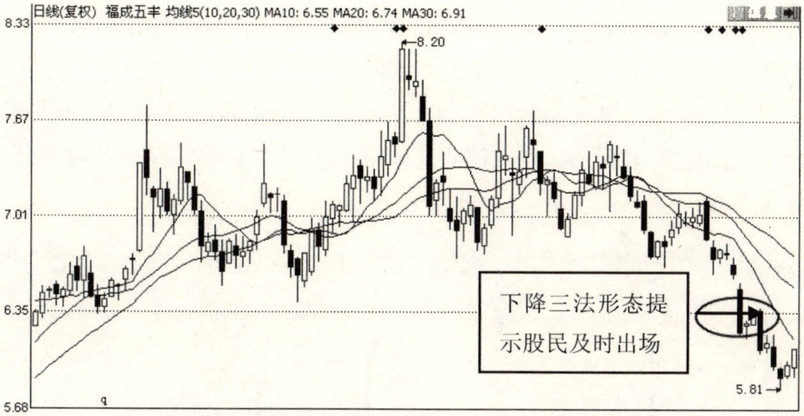

图 5-50　福成五丰（600965）日 K 线图

如图 5-51 所示为特变电工（600089）日 K 线图。股价在市场的顶部出现了一个下降三法形态。一根大阴线从顶部将股价大幅打压，此后的连续 6 根 K 线都没能向上突破阴线的开盘价。当最后一根大阴线出现后，标志着顶部形成，股价将大幅下挫。因此投资者应该尽快获利离场，此时的离场价依然还处于市场的顶部，但是稍有迟疑，卖出价就会远远低于市场的最高价。

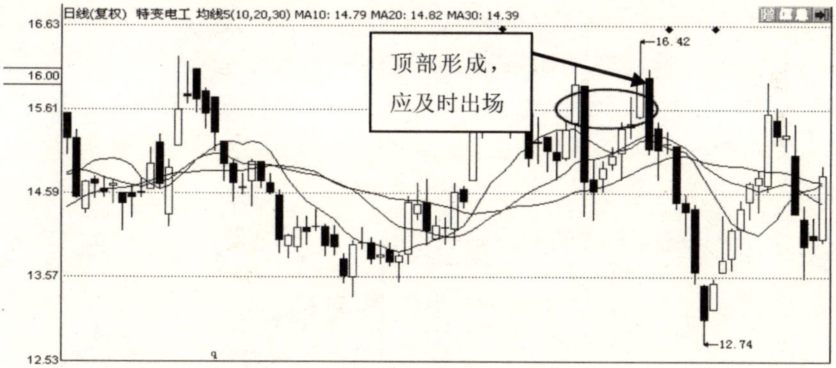

图 5-51　特变电工（600089）日 K 线图

5.9.4　高位大阳线

高位大阳线是指股价在市场的高点，出现了一根大阳线。投资者此时一般不能根据大阳线来进行追涨，因为此时的阳线位置过高，往往是庄家在诱导投资者入场。因此获利离场是最明智的选择。

如图 5-52 所示为福成五丰（600965）日 K 线图。从图中可以看到，股价在达到 8.20 元的高位时，是以一个光头光脚大阳线的形式触及的，而在此之前股价已经有了不小的涨幅，因此在此根大阳线出现后，警觉的投资者不会根据此阳线来买入股票，相反还会据此作出卖出获利离场的决策。如果投资者真能够做到在此时离场，则是以最高价来卖出的。

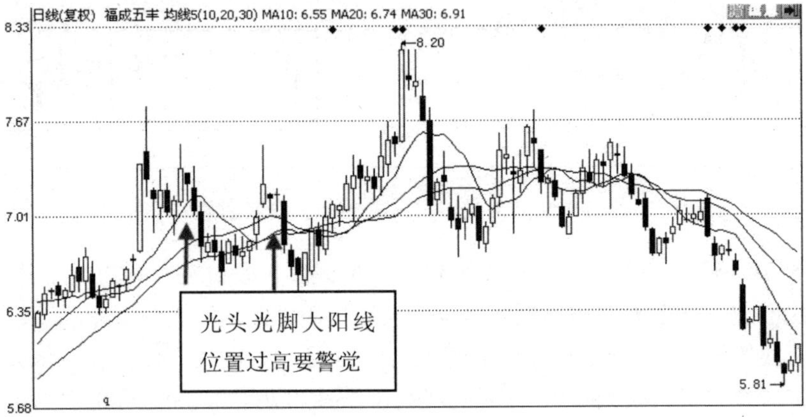

图 5-52 福成五丰（600965）日 K 线图

如图 5-53 所示为宇通客车（600066）的日 K 线图。股价在经历了一轮暴涨的行情之后，以一根向上跳空的大阳线触及到了市场的顶部。警觉的投资者意识到这根大阳线并不是股价继续向上运行的信号，而是一种危险的来临。此后股价开始短暂回调，但是不久又创出 24.43 元的新高，但是此时的新高与之前大阳线的最高价相差不多，而且被空头大幅打压，形成了一根长长的上影线，据此，投资者应该在此时获利离场。

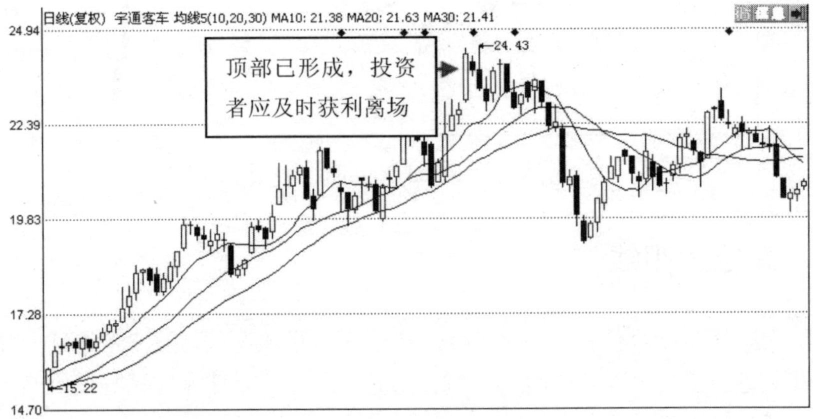

图 5-53 宇通客车（600066）日 K 线图

5.9.5　倒锤子阳线

倒锤子阳线是指将阳锤子线旋转 180 度得到的一种 K 线形态。如图 5-54 所示为倒锤子阳线形态示意图。该形态是一根阳线； K 线的实体非常小且没有下影线；上影线极长，远远超过了实体的两倍距离。该形态说明在股价的顶部，多头被空头的强大压力所击败，尽管当天收成阳线，但是多头的实力已经不再十分明显。因此投资者应该作出离场的决策。

图 5-54　倒垂子阳线形态

如图 5-55 所示为西安旅游（000610）日 K 线图。图中箭头标注的 K 线为倒锤子阳线，它结束了之前短暂的上涨过程。至此，股价开始向下暴跌，因此如果没有在此处卖出股票的投资者会有不小的损失。

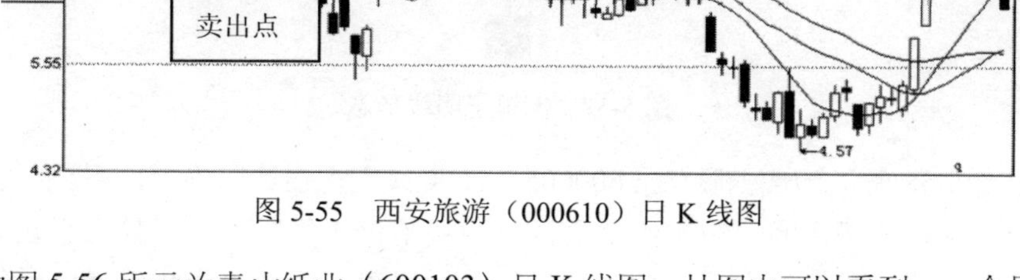

图 5-55　西安旅游（000610）日 K 线图

如图 5-56 所示为青山纸业（600103）日 K 线图。从图中可以看到，一个早晨之星结束了之前短暂的反弹行情，股价的阶段性顶部就是这个倒锤子阳线制造的。

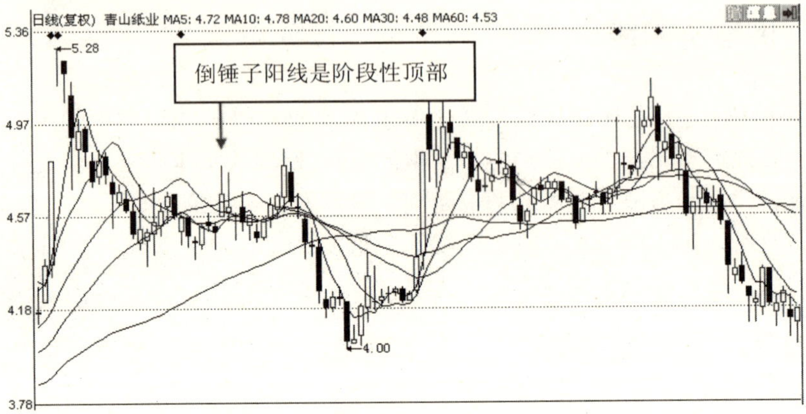

图 5-56 青山纸业（600103）日 K 线图

5.9.6 倒锤子阴线

倒锤子阴线是将阴锤子线旋转 180 度得到的，它本身要求 K 线是一个阴线。该线实体较小；没有下影线或下影线极短；上影线很长，最少达到实体的两倍。当倒锤子阴线出现在市场的底部时，说明股价在高位曾经被空头大力向下打压，而且在当天收盘时已经位于开盘价之下，说明当天多头的战斗成果就被空头吞噬，因此未来很大程度上会继续向下运行。因此投资者应该据此作出卖出的决策。如图 5-57 所示为倒锤子阴线形态示意图。

图 5-57 倒锤子阴线形态

如图 5-58 所示为武钢股份（600005）日 K 线图。在该图中可以看到，倒锤子阴线出现在一个巨大的阳线实体之后。该阳线不仅实体巨大，而且几乎是光头光脚阳线，看似表明多头实力强劲，但是在此后出现的倒锤子阴线毅然将股价引入到了短暂的回调行情中。因此如果投资者选择进行短线交易，或者资金较小的投资者，无法承担股价大幅波动的时候，可以选择先获利离场。

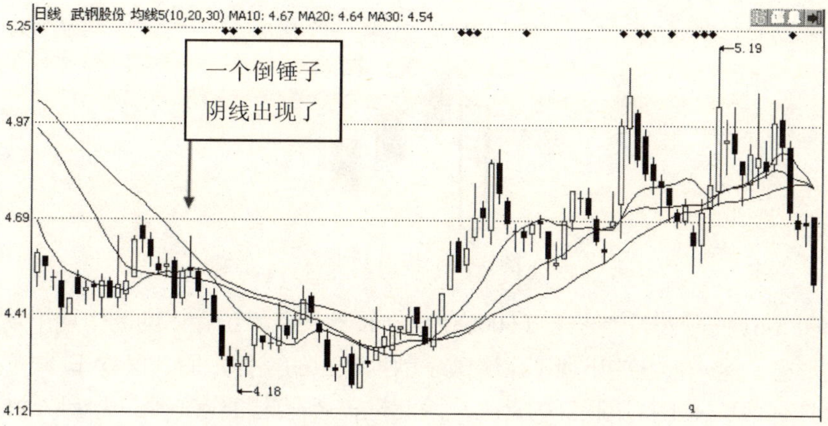

图 5-58　武钢股份（600005）日 K 线图

图 5-59 所示为浙江东方（600120）日 K 线图。图中的两个顶部都是倒锤子阴线创出的，这两个顶部形成了一个双重顶。因此此时根据 K 线形态卖出股票的投资者，是以近似最高价的价位获利离场的。

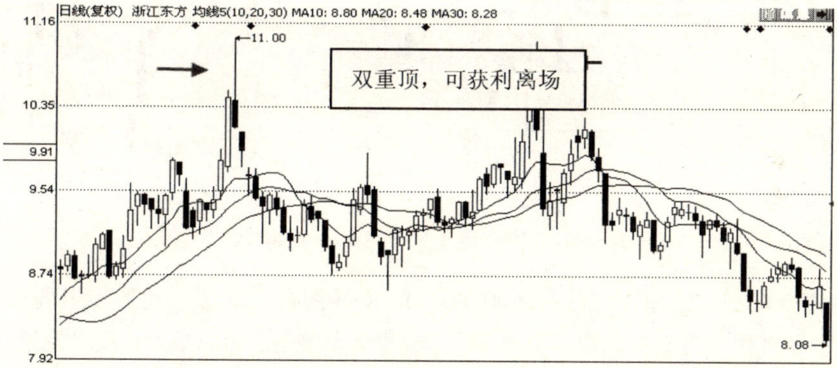

图 5-59　浙江东方（600120）日 K 线图

5.9.7　黑三兵

黑三兵与三个武士是一组相反的 K 线形态。它一般出现在股价暴跌的行情之中，是指连续出现三根阴线。而且每一根阴线的开盘价都位于前一日股价的收盘价附近，而且收盘价都位于当天的最低价附近。这说明空头可以稳步地向下打压股价，似乎多头没有还手之力。因此尽管此时股价已经有了一定程度的下跌，但是依然需要尽快地卖出手中的股票，因为未来的下跌之路还是漫漫无期的。如图 5-60 所示为黑三兵形态示意图。

图 5-60　黑三兵形态

如图 5-61 所示为特变电工（600089）日 K 线图。股价在下跌的中期出现了一个黑三兵形态，这一形态的出现不仅突破了前期低点的支撑，而且仅就 K 线形态本身来说就具有稳步向下打压股价的含义。因此投资者在此时应该毫不犹豫地选择离场，尽管此时有可能已经出现亏损，但可以避免更大的亏损。

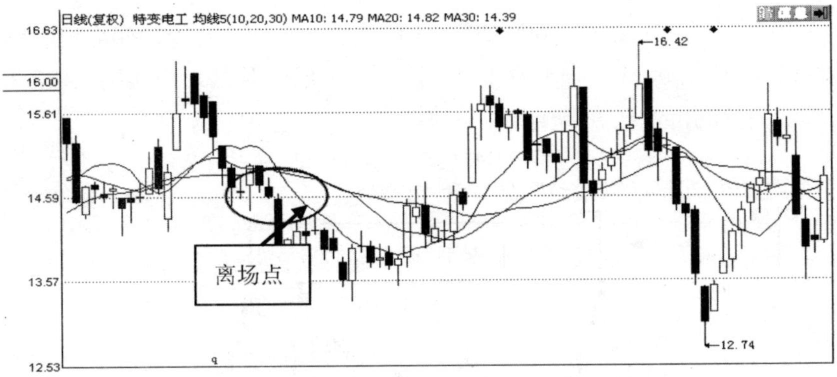

图 5-61　特变电工（600089）日 K 线图

如图 5-62 所示为浙江东方（600120）日 K 线图。此次黑三兵形态出现在下跌的初期，股价还没有远离最高价。因此，投资者此时卖出还是可以很大程度上规避风险的。

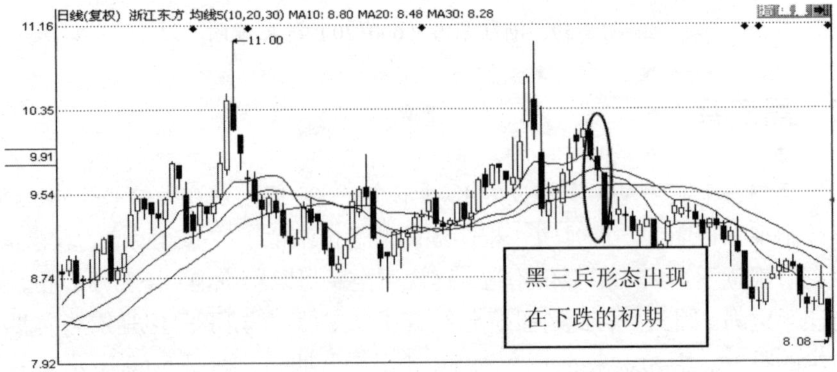

图 5-62　浙江东方（600120）日 K 线图

5.9.8 黄昏星

黄昏星是与启明星相反的一组 K 线形态，它是在上涨的尽头出现的一种形态，意味着行情将由光明走向黑暗。因此交易者应该在此时尽快离场。如图 5-63 所示为黄昏星形态示意图。

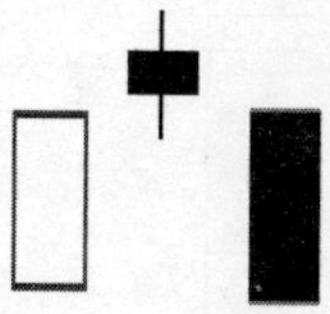

图 5-63　黄昏星形态

黄昏星形态由三根 K 线组合而成，第一根 K 线为阳线，代表着原有的上涨趋势；第二根 K 线为星线，星线的阴阳属性并不重要，重要的是实体较小；第三根是一根阴 K 线，阴线实体深深地刺入到第一根 K 线的实体中。这就表明了多头的实力已经衰竭，空头的实力开始显现。

如图 5-64 所示为特变电工（600089）日 K 线图。股价在盘整的顶部出现了一个黄昏星，尽管阳线的实体不是十分大，但是依然具有较强的反转效力。阳线的实体逐步变小，经过星线，最后变成一个大阴线，完成了多头向空头的转变。此时一个顶部也就应运而生，不仅如此，后市股价几次触及到黄昏星的位置时都未能有效地突破，从而形成多个顶部。因此，此时获利了结是十分正确的选择。

如图 5-65 所示为西安旅游（000610）日 K 线图。股价在反弹的末期出现了一个黄昏星形态。其中的星线是以十字线形式出现的，而且最后一根 K 线是以向下跳空的形式出现的一根阴线，因此反转效力更强。自此股价开始一路暴跌，尽管出现了一次短暂的向上反弹行情，但是反弹高度没有达到黄昏星的位置，就出现了暴跌的走势。因此，在黄昏星形态出现后及时离场是十分必要的。

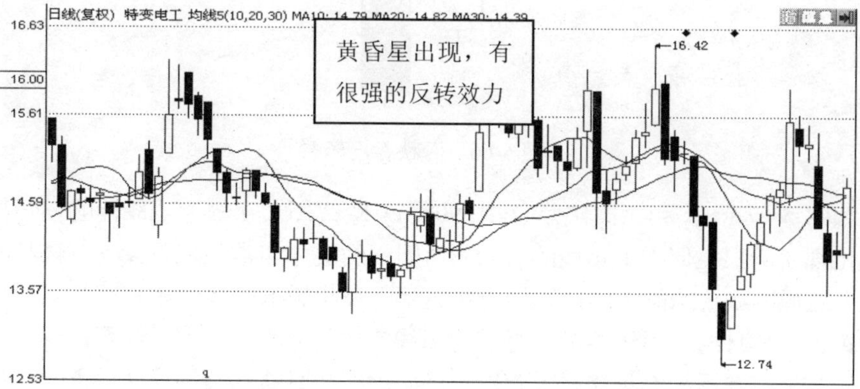

图 5-64　特变电工（600089）日 K 线图

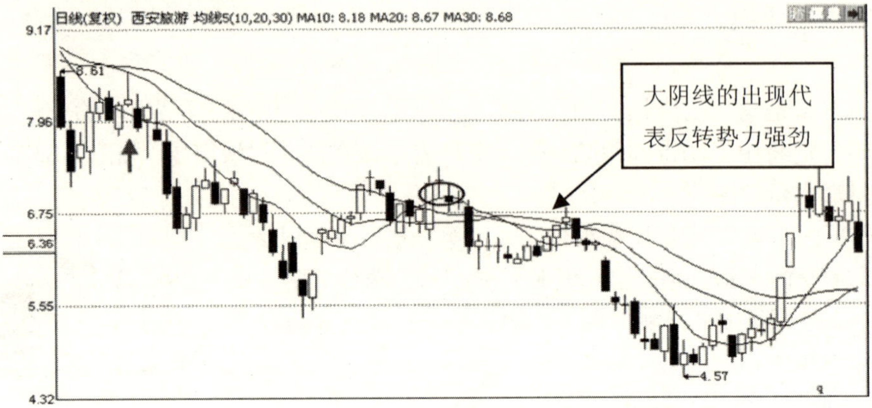

图 5-65　西安旅游（000610）日 K 线图

5.9.9　看跌吞没

如图 5-66 所示为看跌吞没形态示意图。该形态由两个 K 线组合而成，第一个 K 线为一根阳线，后一个 K 线是一根阴线，而且阴线的实体要明显大于阳线的实体，前一日阳线的实体要完全被后一日阴线的实体所包含。这就说明空头产生了巨大的打压作用，将之前多头的胜利成果完全吞噬。因此，当此种形态出现在市场的顶端时，常常标志着顶部的形成，交易者在看到此信号时应该及时出逃。

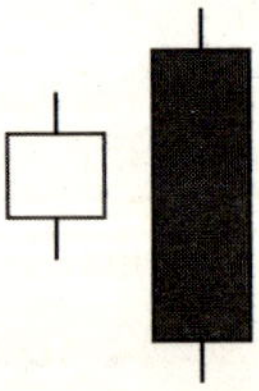

图 5-66　看跌吞没形态

如图 5-67 所示为中国中铁（601390）日 K 线图。在一个阶段性的反弹顶部，先是出现了一根类似于十字线的小阳线，阳线的实体非常小，而且具有较长的上下影线。这说明多头的能量已经开始有所衰竭，长长的上影线就代表遭到了空头顽强的打击。后一日的大阴线吞没了之前的阳线实体，形成了一个看跌吞没形态，这更加强了行情将要反转的可能。因此投资者应该在此时获利离场，从后市的走势来判断，此时离场是以一个近似于最高价的点位获利平仓的。

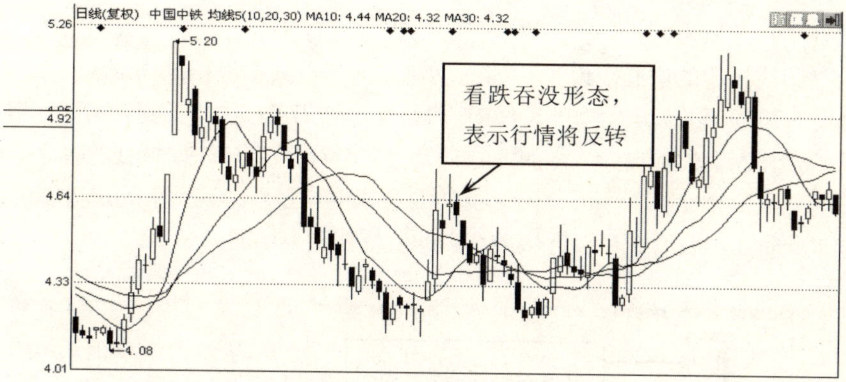

图 5-67 中国中铁（601390）日 K 线图

如图 5-68 所示为特变电工（600089）日 K 线图。从图中可以看到，股价在 16.42 元达到了顶峰，但是当天也遭受到了空头的强烈反击。后一个交易日小幅高开，但是在高开后迅速下跌，形成了一根大阴线，吞没了前一日的阳线实体，形成了一个看跌吞没形态。不仅如此，该阴线还吞没了之前两根阳线的实体，说明空头的动力非常强劲，因此反转的意味更加强烈。据此，多头应该平仓离场，否则从走势图中也可以发现，股价下跌了将近 4 元。

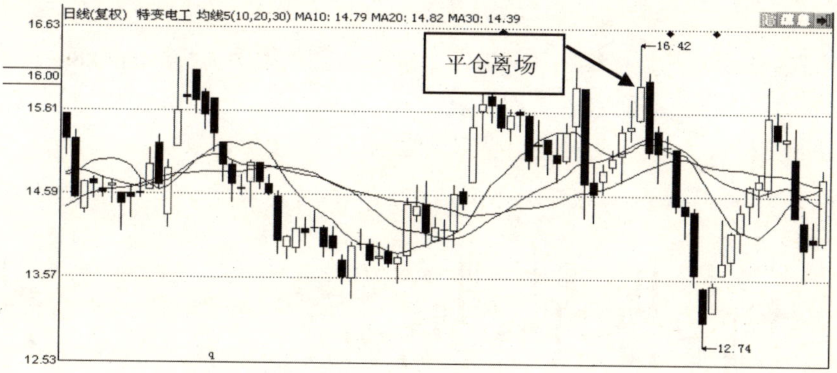

图 5-68 特变电工（600089）日 K 线图

5.9.10 乌云盖顶

如图 5-69 所示为乌云盖顶形态示意图。该形态也是在市场顶部常常出现的一种反转组合，第一个 K 线是一根阳线，后一个 K 线是一根阴线，阴线在开盘时向上跳空高开，

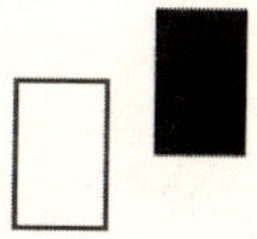

图 5-69 乌云盖顶形态

但是出现了高开低走的行情。在收盘时阴线实体没有完全吞没前一日的阳线，而是深深刺入到阳线实体的中心点以下，因此反转效力与看跌吞没相比稍弱。

如图 5-70 所示为天坛生物日 K 线图。股价在达到 27.89 元之时创出了新高，但是同时也形成了一个乌云盖顶形态，而且此形态非常近似于看跌吞没形态。阴线的收盘价与前一日阳线的开盘价相比相差不大，因此反转的意味更加强烈。从后来的走势图中可以发现，如果此时卖出股票，是以近似最高点的价位获利离场的。

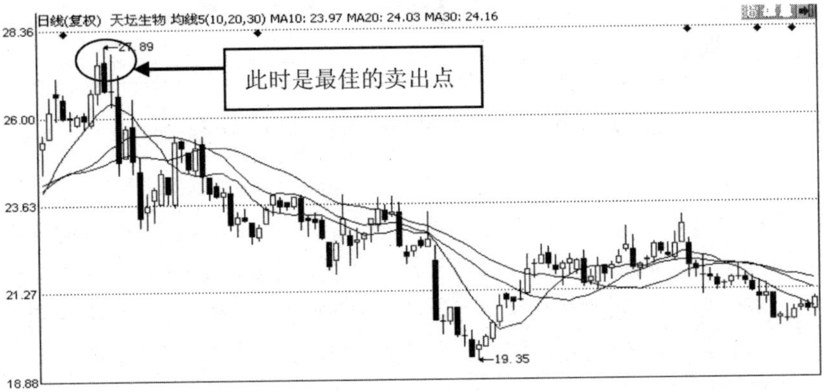

图 5-70　天坛生物日 K 线图

如图 5-71 所示为太极集团（600129）日 K 线图。图中箭头标出的 K 线与前一日 K 线形成了一个乌云盖顶形态，此后股价开始向下回落，不久出现的反弹也没有超过乌云盖顶的形态。因此，此时卖出股票风险极低，卖出价比较高。

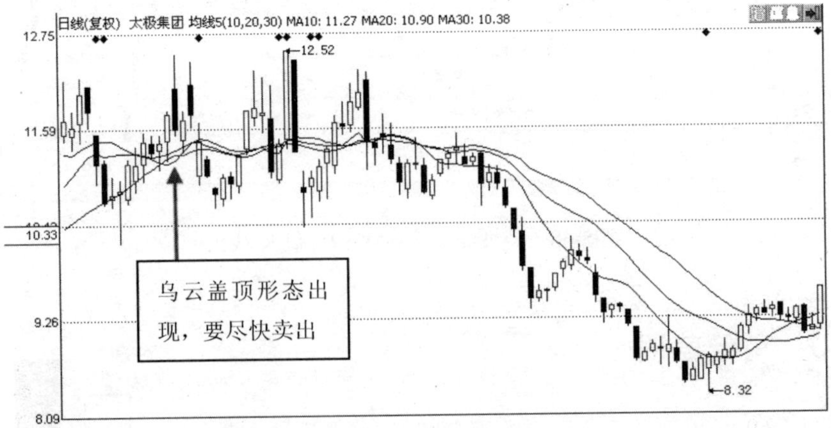

图 5-71　太极集团（600129）日 K 线图

第 6 章 量价分析：助推的动力

“量是价的先行指标”“量比价先行”，成交价和成交量是市场提供的最基本、最原始的数据，量价关系的研究、趋势判断是一切技术分析的基础和核心。股价的涨跌来自于多空双方的力量对比，某一时点的价、量就是该时点上多空双方市场行为的充分反映。投资者可以从价格涨跌和成交量变化来分析多空双方的态度和意图，从而预测、判断股价后期量能的走势。

6.1 什么是成交量

在股票进行交易时，成交量与股价有非常密切的关系。股价无论涨跌都会出现买卖双方，而股票市场的规律就来源于买卖的波动。既然是市场规律，那就有涨跌的情况，而股价的涨跌与成交量的多少，即买入和卖出股票的多少有直接关系。通过对两者的研究，可以掌握股价上涨和下跌的规律，从而使股民在股市中获利。本节先讲解一下成交量的基础知识，为后面的分析打下基础。

6.1.1 K 线中的成交量

成交量是股票市场买卖的表现，当买卖成交频繁时，成交量上升，股票价格也随之上涨。相反，买卖成交冷淡时，成交量就会下降，并且可能连带股价的下跌，市场表现不活跃（见图 6-1）。

成交量与股价的关系犹如汽车的“油门”和“刹车”，成交量的推动能让股价上涨，成交量的“缩水”也能让股价回落，所以说股价的涨跌和成交量是分不开的。

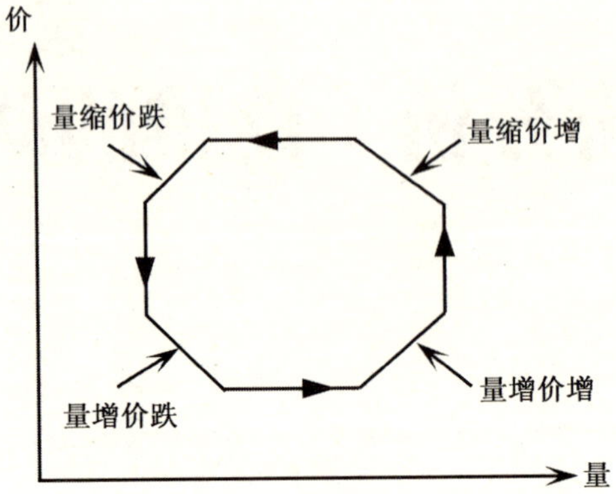

图 6-1　量价关系

股票价格的涨跌离不开资金的进出，而成交量则是反映进入资金多少的图形，所以大家一定要通过成交量来分析和预测股票价格的走势（见图 6-2）。

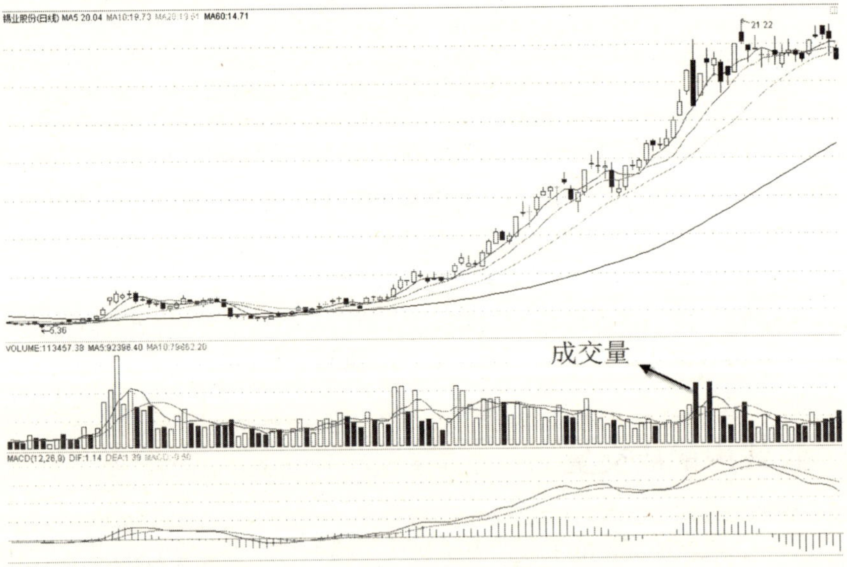

图 6-2　成交量

6.1.2　分时图中的成交量

成交量在走势图中以条形的方式来表现，代表股票买卖的数量和成交金额。在分时图中，成交量不是单一的颜色。在上涨过程中的成交量显示为红色，下跌过程中显示为绿色，白色则表示价格不变过程中成交的量（见图 6-3）。

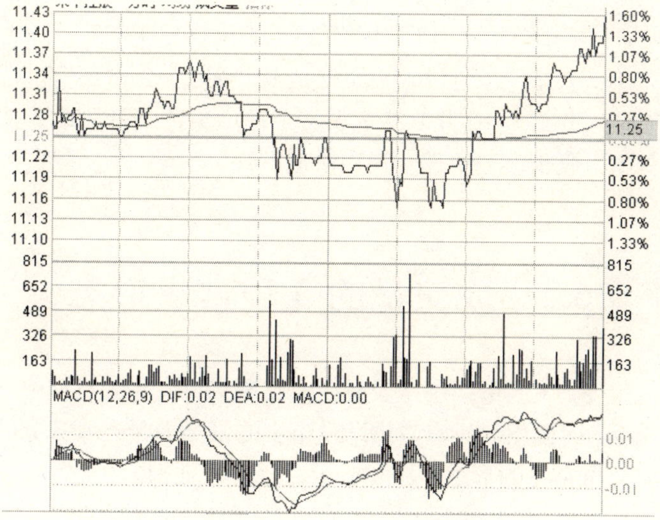

图 6-3　分时图中的成交量

股票价格走势的轨迹和成交量都是通过分时图来表现的。

在分时图中，大家需要关注的就是以下几个数据：开盘价、分时线、均价线、成交量柱、成交盘口。如图 6-4 所示，可以看到宁波韵升（600366）在左上方有两条线，最上方为分时线，下方为均价线。中间上方为开盘价，此时应该注意开盘价，因为开盘价是庄家或者散户的第一动作区，并且结合分时线和均价线的位置关系。图中左下方柱形为成交量柱，此时应该注意成交量有没有放大或者缩小的迹象。右下方成交盘口，记录成交单子的情况。

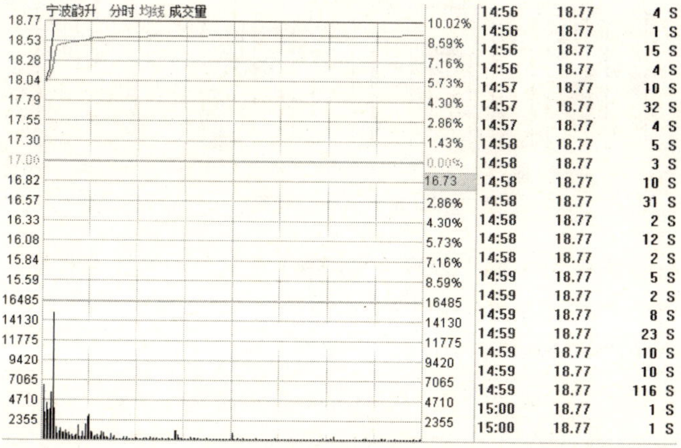

图 6-4　分时图

图 6-4 中还可以看到在“买 1”的位置显示的价格是 18.77 元，代表一股的当前卖出最低价格为 18.77 元。绿色代表主卖就是以“买 1”到“买 5”的价格卖出（跌停板价成交一律计入外盘）。在此要注意大资金进场买货或者是离场卖单，必定是大笔买入和大笔卖出，股价就会快速上拉和快速下跌。

6.2 成交量的 3 种常见形态

股市再怎么千变万化，最终还是表现在成交量实买实卖的资料中。成交量就是反映股市力量的指标，可以引导投资者借助股市中的强势力量达到获利的目的，以下为大家介绍 3 种成交量常见的形态、温和放量、巨量、地量。

6.2.1 第一种：温和放量

温和放量通常出现在股价的底部，多发生在调整行情和下跌行情之后，温和放量的原因是随着吸筹的延续，使股票价格慢慢向上爬升。

温和放量的形态为，线路不会出现非常明显的拐点。成交量柱状线像一座座小山似的逐步堆积起来，连续放量的形态如图 6-5 所示。

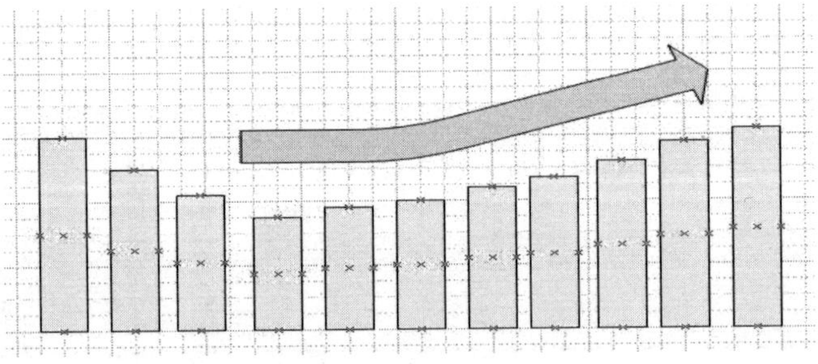

图 6-5 温和放量

如图 6-6 所示为宜华木业（600978）。该股主导产品为实木家具、实木地板和实木复合地板，获得“中国驰名商标”“国家免检产品”“中国名牌产品”“出口名牌”等荣誉；随着经济稳步发展，国内地板、家具市场潜力巨大。

该股在周五领涨家具板块上涨，盘中出现温和放量的现象。从图中能反映出来该股通过一波下跌调整后，在底部横盘走势调整同时，价位也在调整，成交量出现低迷的现象，盘中的买卖冷清。股价经过横盘整理后，便出现了温和放量的现象，股价也随之缓慢拉升。

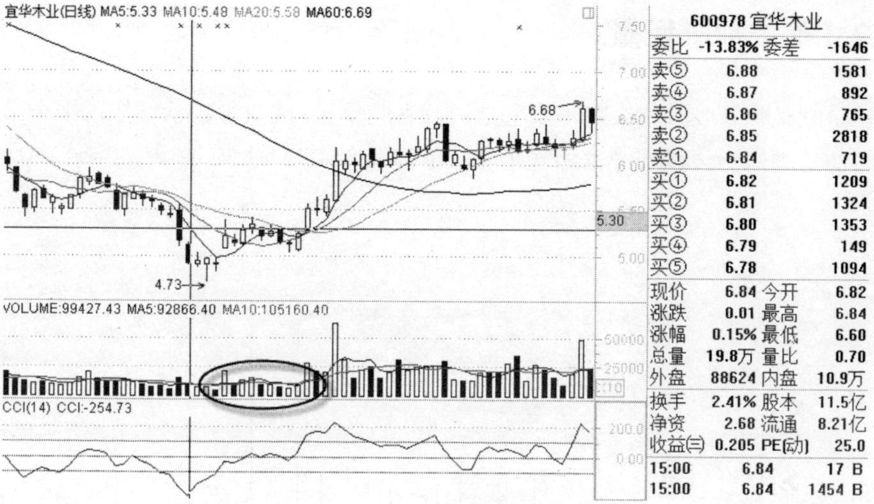

图 6-6　温和放量

如图 6-7 所示为飞马国际（002210）。该股也在通过开展物流园，吸引多家商家进驻，并在上海、苏州等地相继建立物流平台，从区域向全国、从石化行业向多行业发展。该股周五低开高走，全天大幅震荡，盘中出现温和放量的现象，同样也是经过一段时间的下跌调整后，成交量也持续了一段低迷时期，然后才上演温和放量的走势。

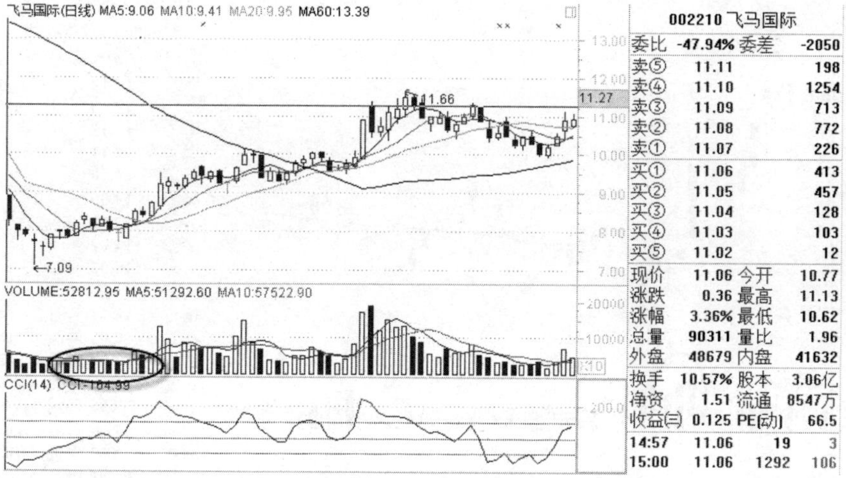

图 6-7　温和放量

温和放量在不同行情和股价位置上有不同的表达意思，在相对于股价比较低的时候产生的温和放量，是股价即将缓慢上涨的信号。

6.2.2 第二种：巨量

巨量就是指某股票成交了很多笔数目惊人的单子。成交量柱状线像一个个平房紧挨着，然后突然一栋楼房竖立起来了，巨量的形态如图 6-8 所示。

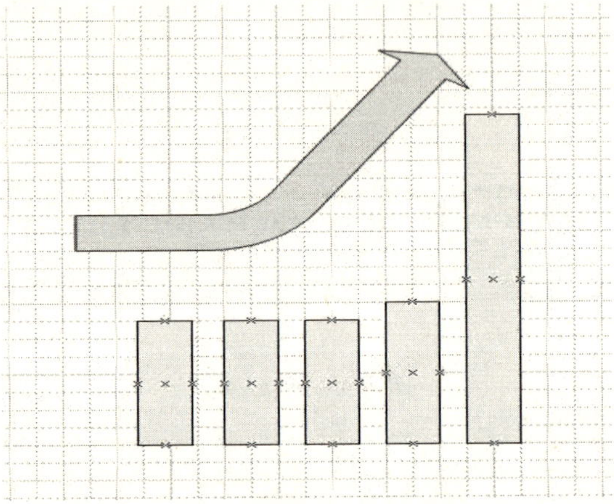

图 6-8 巨量

巨量下跌就是暴跌，说明下跌意向明显，一般出现有重大利空消息发布后。

如图 6-9 所示为歌华有线（600037）。该股由于受到美股大跌和创业板第一批 28

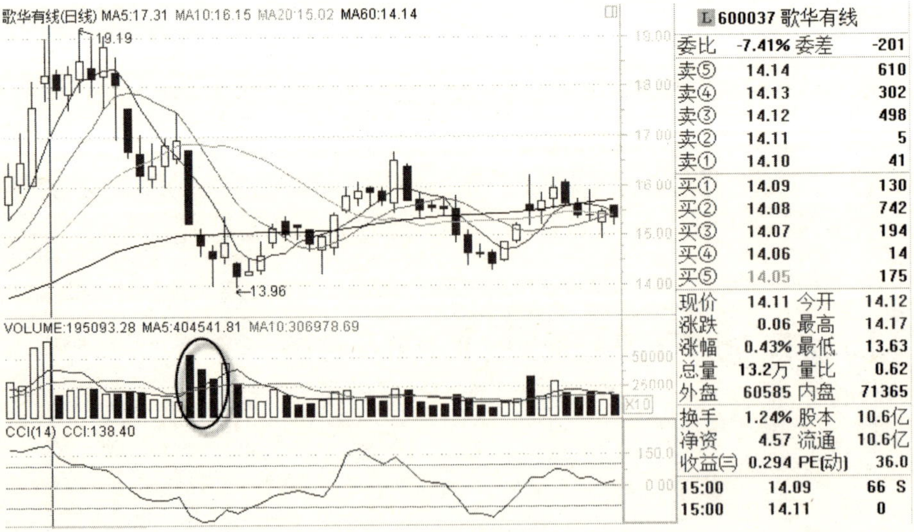

图 6-9 放巨量

股大幅低开，市场人心恐慌，连基本面很稳健的歌华有线都莫名其妙地杀到了跌停，市场多头很谨慎，指数轻易之间就补掉了之前国庆行情的第 2 个缺口（2937 点的缺口）。

如图 6-10 所示为老白干酒（600559）。该股由于中秋节和国庆节相近，直接影响到酿酒板块的受益。由于机构提前意识到酒行业在节假期和下半年好业绩的行情中，提前入场。

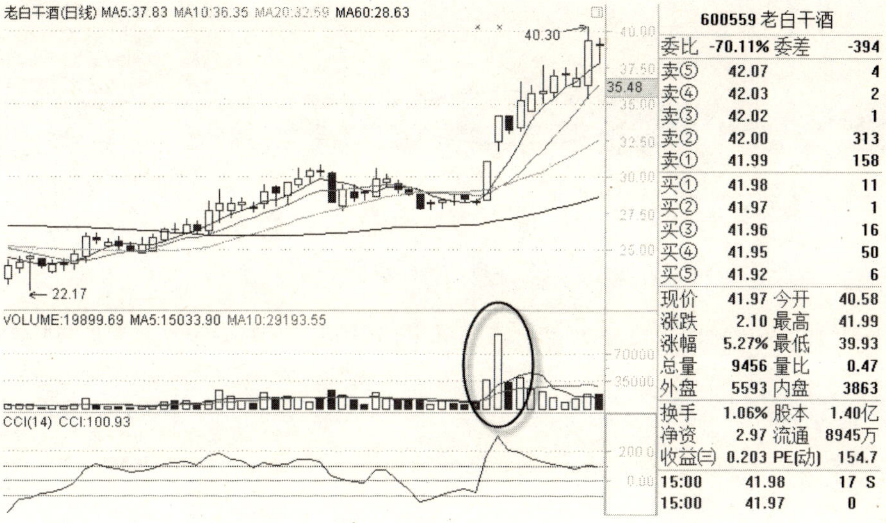

图 6-10 放巨量

6.2.3 第三种：地量

地量是衡量下跌行情是否见底的标准。

（1）地量通常出现在股票行情清淡时，此时市场买卖表现不积极，因为基本上没有利润可谈，手中有股票的没有卖出的理由，有资金的也不愿入场买股。在出现地量的同时，股价也是在相当小的价格范围内进行波动。如图 6-11 所示为天兴仪表（000710）。该股由于长时期处于成交量低迷状态，股价基本上在小范围内上下走动，出现持续地量的状态。

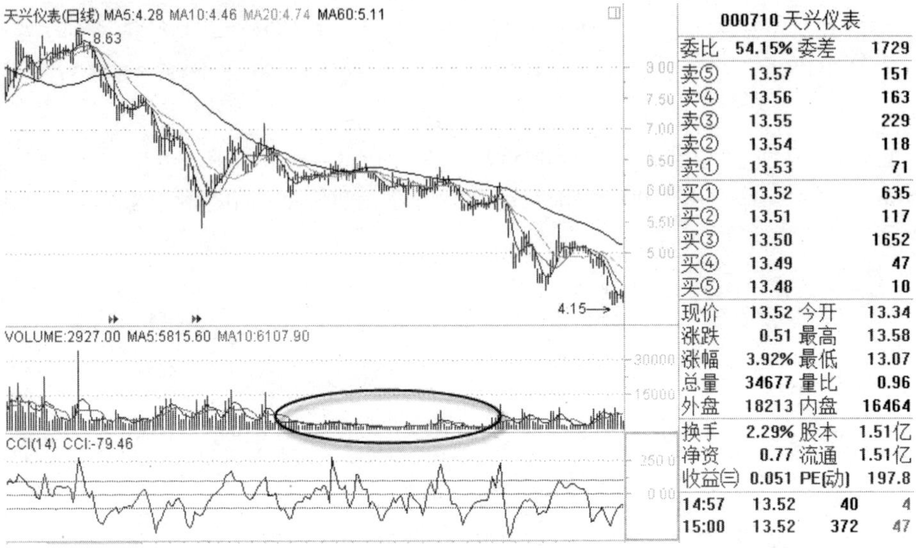

图 6-11 持续地量

（2）有些股票会出现地量放量下跌的现象。如图 6-12 所示为成飞集成（002190）。

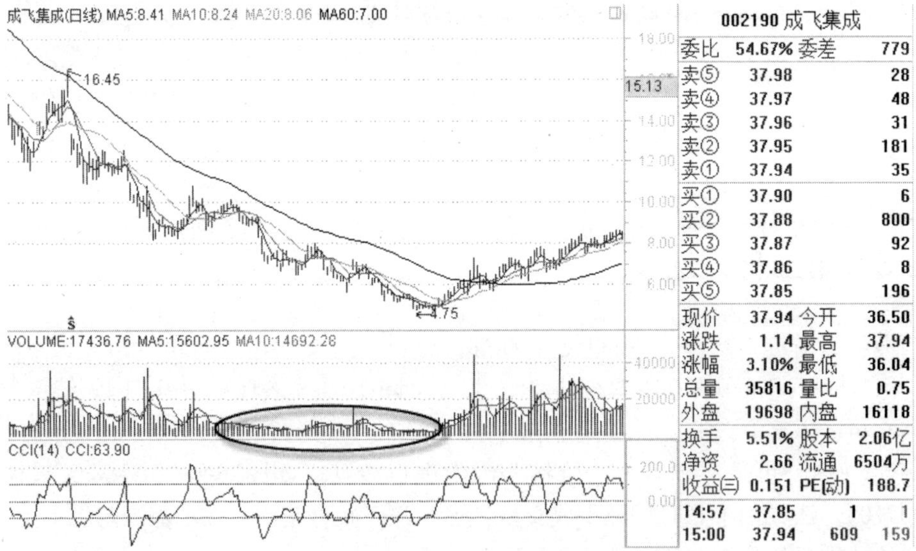

图 6-12 地量放量下跌

（3）当股票股价处于趋势向上时，很明显这是标志性的上涨信号。如图 6-13 所示为上海贝岭（600171）。

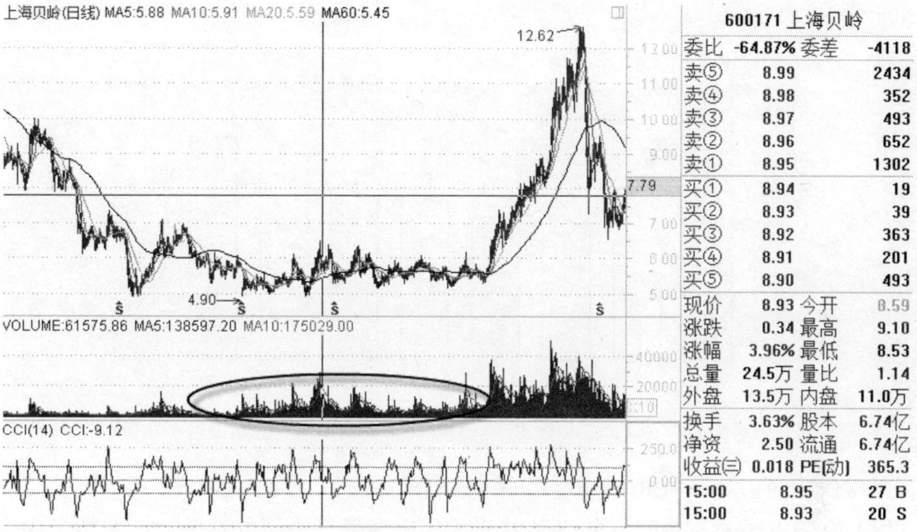

图 6-13　地量上涨信号

6.3　6 种量价关系及其市场含义

股价的涨跌与成交量有着紧密的关系。市场上现在有 100 个人参与市场进行股票买卖，某股价格在 5 元时有 70 个人看好，认为此股会出现更高的价格，而当这 70 个人都买入后，价格得到拉升。股价到了 20 元时，之前买入的人中有 20 个人认定价格不会继续上升了，所以卖出股票，而最初看跌的 30 个人又改变了立场，认为价格还会继续上升。这时价格产生了瞬间不平衡，卖出的有 30 人，买入的只有 20 人，则价格下跌。看好、看淡的人数会重新组合并决定下一步走势。

股票成交量的大小，是股票被市场关注程度的表现。当投资者对股票看好时，他们就会投入资金购买股票，被购买的股票股价便上涨。当大多数投资者不看好股票时，通常会抛出股票，从而引起股价下跌。

下面分析几种经常出现的量价关系，希望大家能在实盘操作中得到应用。

6.3.1　量增价平

量增价平是指在一个时间段内成交量明显比之前的成交量有所增加，但是股票市场的指数或个股价格还是维持在一个小范围内进行波动的现象，其成交量形态如图 6-14 所示。

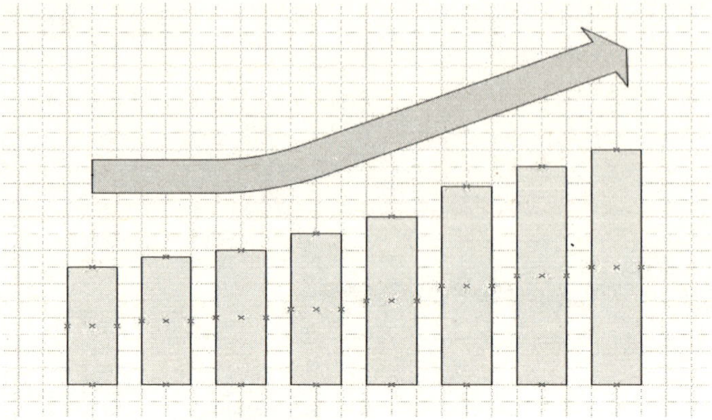

图 6-14　量增价平

量增价平可以出现在市场走势的任何一个阶段。

（1）股票市场处在长时间的下跌状态中，出现量增价平的现象时，多数是由于新的主力资金正在建仓，如果市场有掉头向上的动作，那么表示底部已经形成，此时投资者应密切关注。如图 6-15 所示的上证指数（999999）。当日上证指数直接低开，朝 2109 点逼近，并跌破直到 2103 点企稳，10 点后开始借助公布的 CPI 资料拉升，最终以“价平量增”收盘。这种走势充分说明了有新的资金介入，行情有较大可能在这附近止跌并且出现反弹。

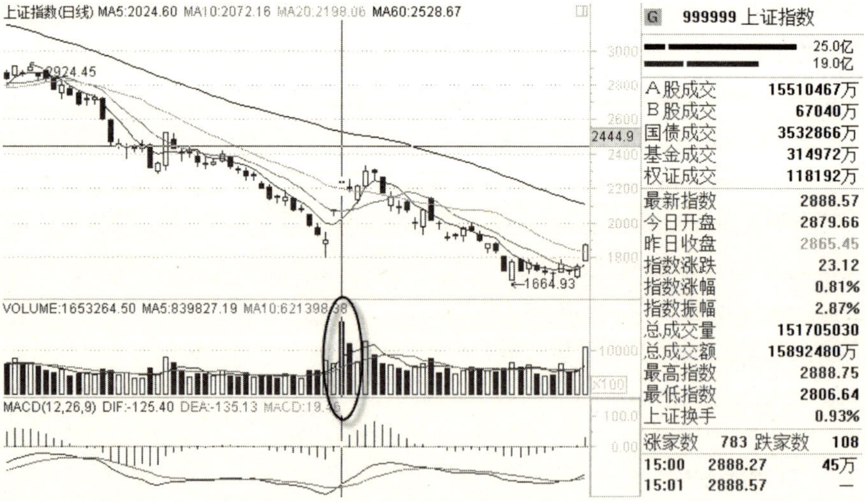

图 6-15　下跌行情中出现的量增价平

（2）股票市场处在相当高价位时，出现量增价平的现象时，是由于大多数投资者获利后开始悄然出货，如果市场和个股有掉头向下的动作，那么表示顶部已经形成，此时投资者应密切关注。如图 6-16 所示的红星发展（600367），该股在上涨中途就出现了量增价平的走势。

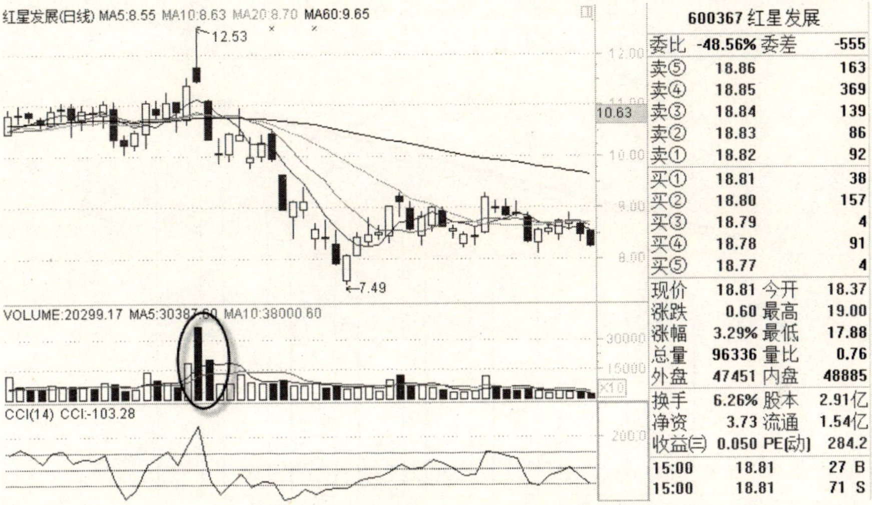

图 6-16　量增价平出现在行情高位区

（3）在股价上涨的中途如果出现量增价平的走势，有可能是已经获利的投资者开始出货，但是股价不一定出现下跌，会经过一段时间的整盘调整后继续上涨。如图 6-17 所示为平庄能源（000780）。该股在一波上涨行情的高位时出现了放量现象，股价并没有出现下跌情况，而是出现了冲高回落调整的走势。

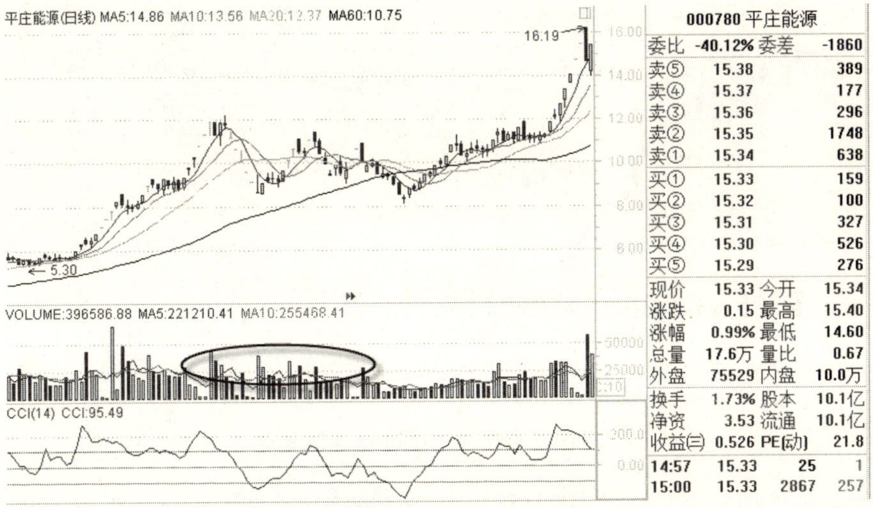

图 6-17　平庄能源（000780）量增价平

6.3.2 量增价涨

量增价涨是指由于成交量的增长，指数或者个股也顺势上涨，市场将迎来一波好行情的开始。成交量形态如图 6-18 所示。

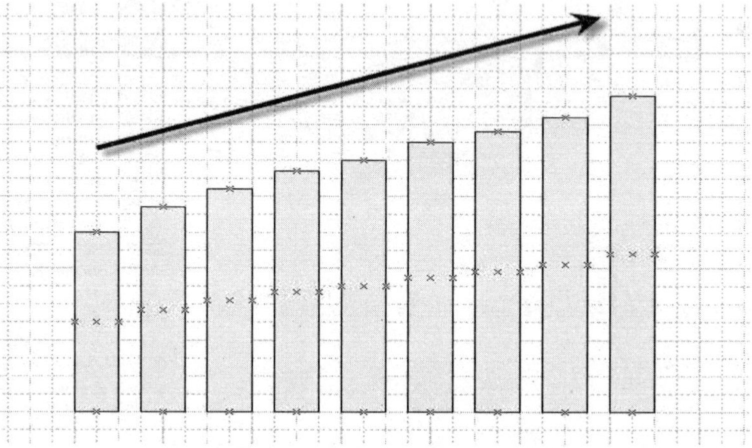

图 6-18 量增价升涨

如图 6-19 所示为金岭矿业（000655）。该公司上半年业绩大幅增长，该股明显出现量增价涨的走势，同比增长 112.59%；实现归属于上市公司股东的净利润 2.59 亿元，同比增长 214.57%；实现每股收益 0.43 元。

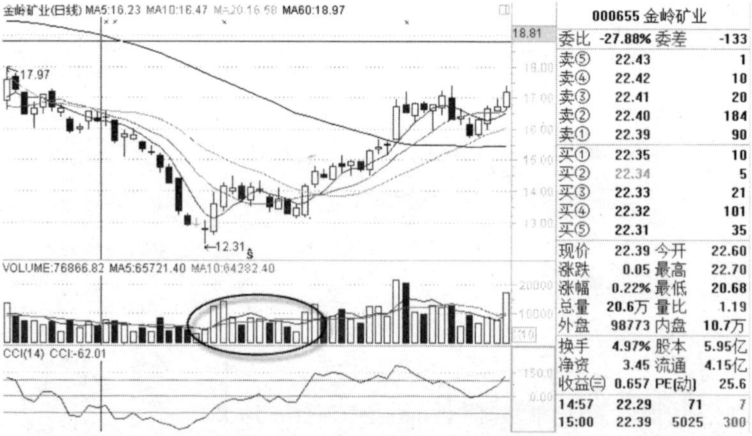

图 6-19 金岭矿业（000655）量增价涨

如图 6-20 所示为五粮液（000858）。该股明显出现量增价涨的走势。白酒巨头五粮液发布了当年中期报告，报告中显示公司由于量增价涨引起业绩飘红，并且在下半年还会出现更好的未来业绩。

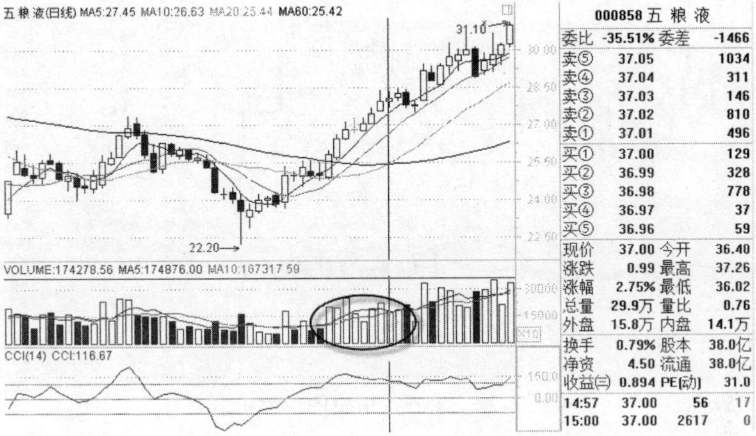

图 6-20　五粮液（000858）量增价涨

6.3.3　量缩价涨

量缩价涨是指个股或指数的成交量缩量的情况下，股价和指数反而上涨的一种现象，其成交量形态如图 6-21 所示。

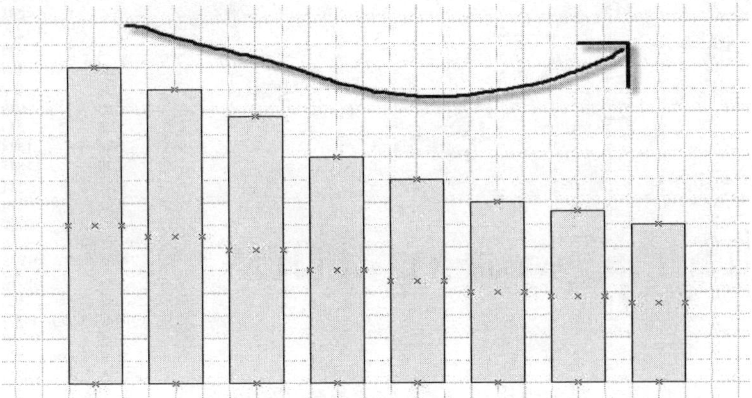

图 6-21　量缩价涨

（1）出现在上升行情中的量缩价涨，说明很有可能是庄家或者机构锁住了大量的筹码，股票行情将出现上升的走势。如图 6-22 所示为内蒙华电（600863）。该股在股价上升行情中出现量缩价涨的走势，股价随后就走出了一波上涨行情。

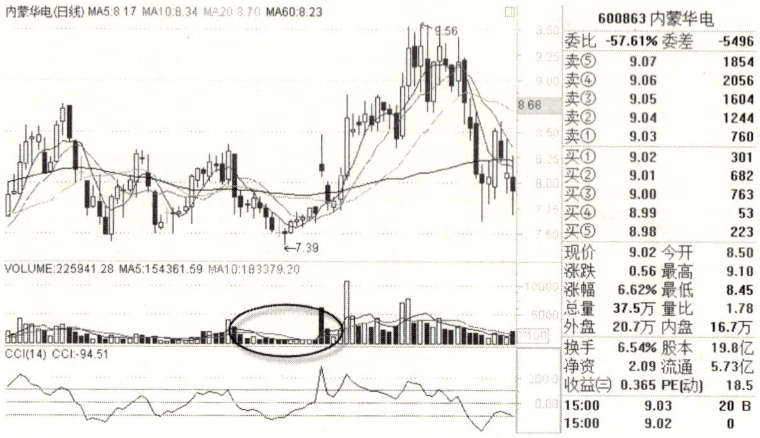

图 6-22 上升行情中的量缩价涨

（2）如果量缩价涨出现在下跌行情时，通常是庄家或者机构为了出货，由于他们二者控盘程度比较重，便会用极少的资金把股价拉高，当出现量缩价涨时，很容易出货获利。如图 6-23 所示的襄阳轴承（000678），该股在股价经过一波下跌行情之后的反弹过程中，出现了这种量缩价涨的走势。

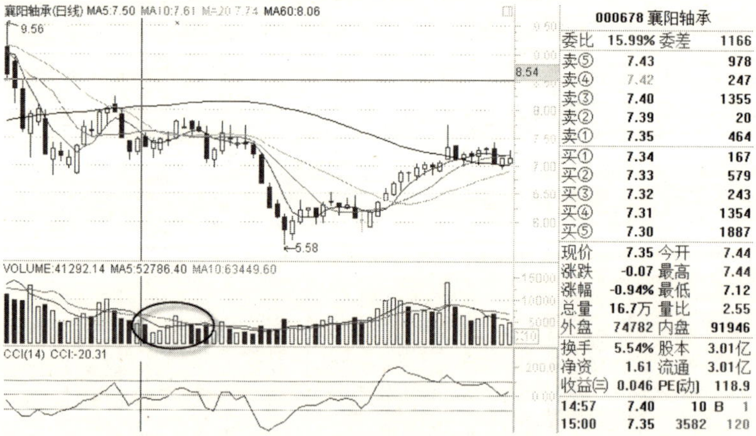

图 6-23 下跌行情中的量缩价涨

（3）如果量缩价涨出现在上涨中途或从底部启动时，多数原因是庄家或者机构控盘程度非常之高，只需放出很少成交量，便能让股票直接封涨停。如图 6-24 所示的 ST 东源（000656），该股票终被借壳，转型地产后，公司是一家房地产开发企业，主营房地产开发、物业管理和钢材的生产、销售、机械加工等。目前，公司主要收入来源为：标牌设计制作、物资销售和租赁等三类业务。

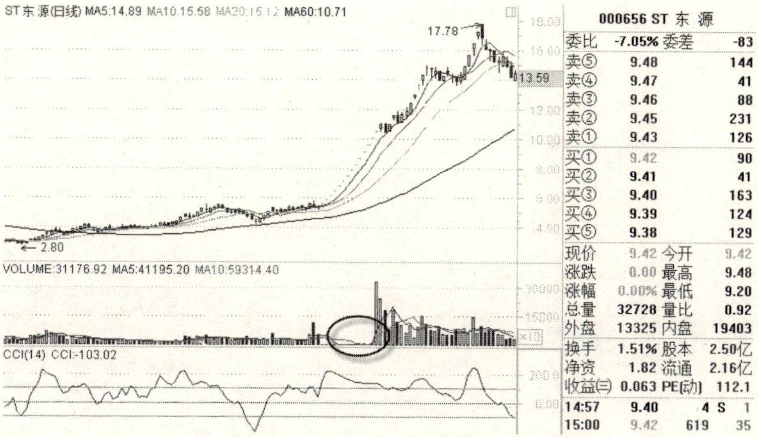

图 6-24　量缩价涨在上涨中途或者是从底部启动时

6.3.4 量增价跌

量增价跌是指个股或者指数的成交量增量的情况下，股价和指数反而下跌的一种现象，其成交量柱状线形态如图 6-25 所示。

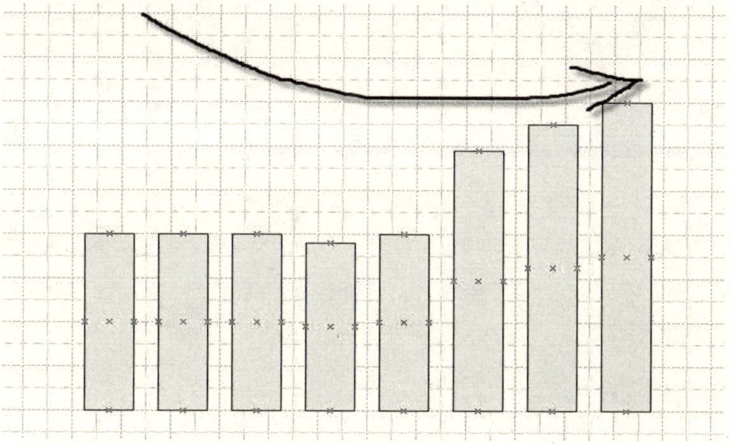

图 6-25　量增价跌

如果量增价跌出现在股价即将结束下跌时，通常是庄家或者机构为了吸取更低的筹码，用打压的方式来吸筹，很容易使股价出现量增价跌，这种现象正是底部买入的信号。如图 6-26 所示的兰花科创（600123），该股经长期下跌后，在金融危机末期股价跌势得到缓解，成交量也慢慢增大，这种较长时间的放量是主力资金入场的行为，最后该股在次年 1 月股价持续走高，如图 6-27 所示。

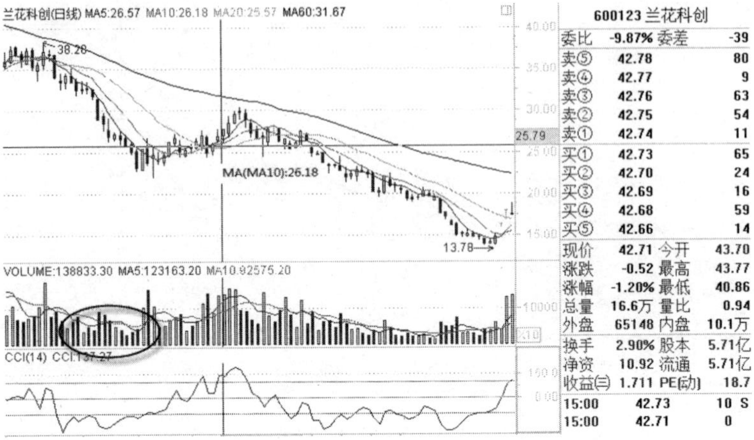

图 6-26　出现在股价结束下跌时的量增价跌

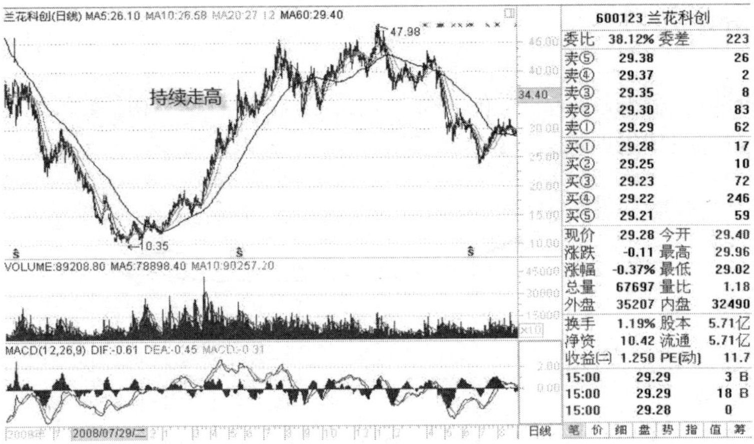

图 6-27　股价持续走高

6.3.5　量缩价跌

量缩价跌是指个股或指数在成交量减少的同时，股价和指数也下跌的一种现象。量缩价跌其成交量柱状线形态如图 6-28 所示。

（1）如果量缩价跌在股价底部时出现，通常这个时候卖家非常急于找到买家交易离场，但是买家多以观察为主，很少进场与卖家交易，所以在这种情况的行情中量缩价跌的出现是非常自然的现象，如图 6-29 所示为长城信息（000748）。

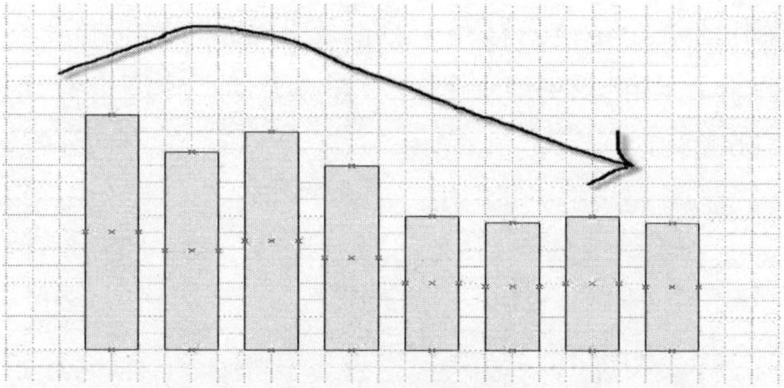

图 6-28　量缩价跌

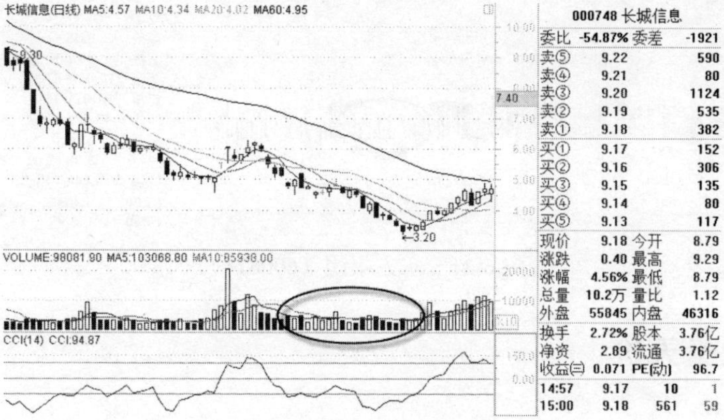

图 6-29　股价底部时量缩价跌

（2）如果当股价处于阶段性的顶部时，此时的主力不是想继续持有股票，而是急于想找买家接盘，在主力找不到买家的情况下，主力只有“见一个卖一个”的态度来卖一点筹码，如图 6-30 所示为山鹰纸业（600567）。

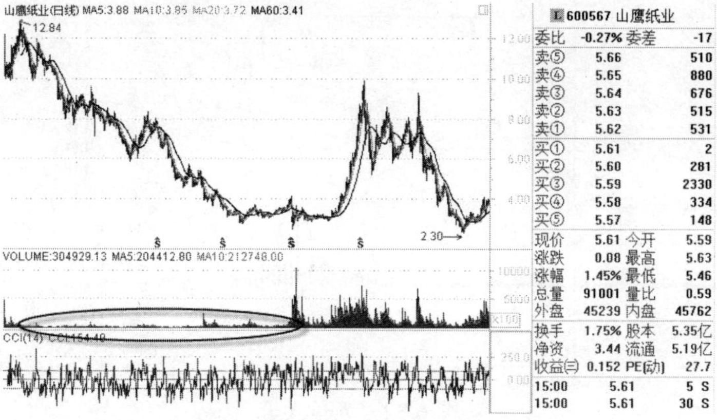

图 6-30　山鹰纸业（600567）

（3）量缩价跌出现在股价价格位于不是最终顶部的时间，并且股价是调整中的阶段性向下行为。当股市中的筹码被新的买入者接盘后，股价会持续上升，如图 6-31 所示为东方集团（600811）。

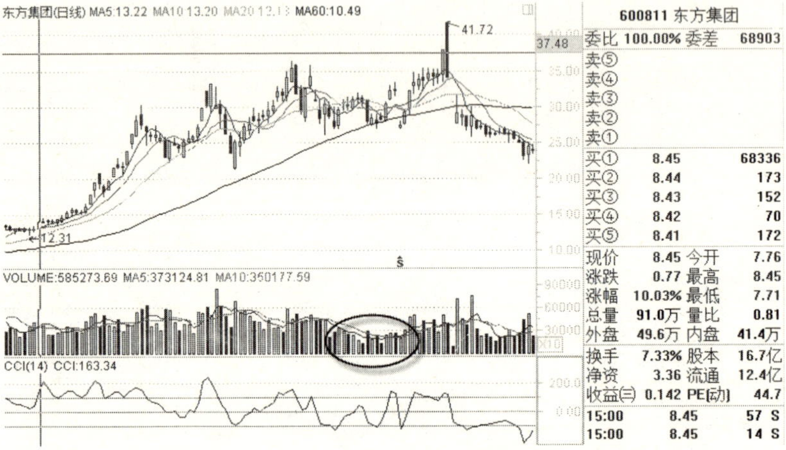

图 6-31　东方集团（600811）

6.3.6　天量天价

天量天价是指个股或指数当天出现近段时间最大的成交量，通常是平时的几倍以上，有了天价才会出现天量，很明显是见顶信号，如图 6-32 所示为包钢股份（600010）。

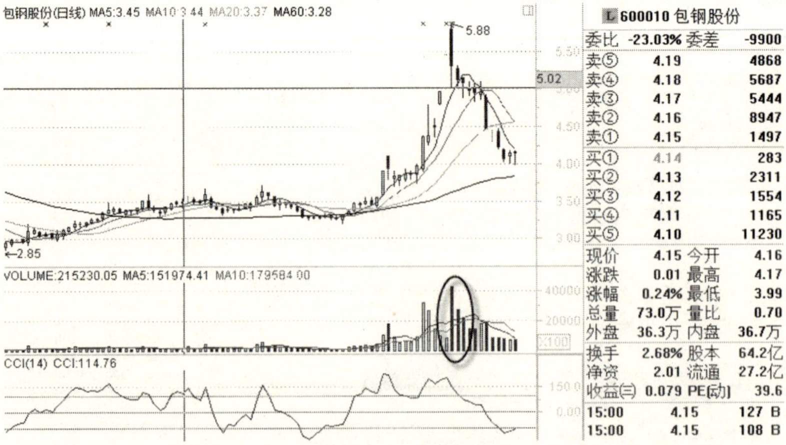

图 6-32　天量天价

天量天价的成交量非常之高，与之对应的价格同样也很高，在这种行情出现时说明是股价见顶和出货的信号。

6.4　成交量减少意味着什么

缩量是指股票近期所形成的成交量与前期相比有减少的趋势。它是相比较而得出的一个增减概念，包含有横向缩量、纵向缩量、单日缩量和阶段性缩量的概念。持续缩量表明市场成交极为清淡，在这一时期，大部分投资者对市场的后期走势意见趋于一致。

6.4.1　缩量上涨有没有风险

缩量一般是指当日成交量低于前一日成交量 10%以上，而且，在实际的操作中，只有日换手率在 3%以下才有意义。当大多数投资者都对后市看好，只有人买，没有人卖，就必然会使成交量持续萎缩，股价上涨。一般情况下，如果是缩量涨停，可放心持有。如果不是涨停，可以分为以下几种情况。

1. 如果股票的价位偏低，说明空方惜售，后期上涨的空间很大。

2. 如果股票的价位偏高，说明多方做多意愿不足，回调的可能性很大，尤其是在放量上涨之后再缩量上涨，说明行情可能反转向下，短线就可以出货，彻底出局或者再过段时间抢进。

3. 上升途中缩量上攻天天涨，股价在上涨的过程中不放量，因为大部分筹码已被主力锁定了，在没有抛压的情况下，股价上涨是不需要成交量支撑的。

4. 下跌途中缩量阴跌天天跌。股价在下跌过程中不放量也是正常现象，一是没有接盘根本抛不出去，二是没有人肯割肉。实战中往往出现无量阴跌天天跌的现象，只有在出现恐慌性抛盘之后，再次放量才会有所企稳。

6.4.2　底部无量涨停是很好的机会

底部无量涨停是指股价在底部涨停时，会出现无量的情况。在看待底部无量涨停这种情况之前，首先要明白一个概念，即“底部”是有相对性的。

假设大盘并没有出现大的波动，并且个股方面也没有利好的消息面，而股价在底部整理一段时间后突然涨停，那么基本上可以断定是主力所为。但是，在实际操作中，可能会有各种不同现象的发生，下面分析几种无量涨停的现象。

1．下跌放量、底部有量而涨停无量

在下跌的过程中放出了很大的量，表明有主力出逃；等到达底部之后又出现了放量，应该是有新的主力进入。当新主力在底部拿到一定的浮动筹码之后就会开始拉升，由于新主力的成本在底部，希望能够尽量地拉高股价，所以，常常是拉出涨停，而且觉得现在还没有到出货的时候，就会出现涨停无量。

2．下跌无量、底部无量、涨停也无量

下跌无量、底部也无量，说明在这两个阶段都没有主力参与，但接下来出现了无量涨停，说明有主力参与。一般来讲，既然涨停也没有量，就表明主力没有减仓意愿，而且愿意再增加仓位，即使是老主力也还有一定的实力。从逻辑上说，因为没有看到建仓过程，所以即使是新主力也应该没有完成建仓。因此，应该进一步观察主力建仓的情况，通常来讲，出现这种情况，毫不犹豫地买入。

6.4.3 如何通过地量看股价走势

在股市的技术分析中，骗钱、骗量、骗指标的事情无处不在，但是，在众多的技术指标中，有一种没有欺骗性的、最简单、最有价值的指标就是地量。地量是缩量的一种极端表现，指市场人气十分低迷，交投极为清淡，成交量创下了很长一个时间段内的最低水平，表明绝大多数投资者对后市走势高度认同。

地量可以分为近期地量、历史地量、阶段性地量，一般在股价中长期底部时出现居多。出现地量之后往往意味着中长线买入时机的来临，如果投资者能够在出现地量的时候结合该公司基本面的分析，在这一价位介入，并能忍受住时间的考验，一般均会有所斩获。同时，在实际操作中，地量只有在日换手率 0.5%以下，以及周换手率在 2%以下的地量才有意义。

另外，地量在庄家洗盘的末期也会出现，是庄家判断自己震仓是否有效的一种方法。主力拉升前要让大部分筹码保持良好的锁定性，即“锁仓”。如果投资者能在这一时期跟上主力，毫无疑问将会获得丰厚的收益。

例如，金发科技（600143）的股价在经过漫长的下跌后，成交量已萎缩至极，其股价也在此形势下迅速止跌回升，形成中期底部，如图 6-33 所示。

但是，地量具有低量之后还有更低量的特点，因此，通过地量看股价走势还必须结合其他方面因素进行综合分析才行。

图 6-33　金发科技（600143）

1．地量分析必须结合市场趋势

在上升趋势中，投资者要确认是否多次出现地量，然后可以在有温和放量伴随的股价上涨过程中择机介入；在下降趋势中，即使能够暂时确认地量，也不敢肯定在今后行情中是否会出现更低的地量，投资者最好不要轻易介入。在盘整趋势中，对地量的运用要结合技术分析的方法，通过技术形态和技术指标进行具体的分析。

2．地量分析必须结合个股的基本面

在选择股票的时候，除了地量分析之外，还要考虑公司的基本面，分析出现地量的具体原因，是因为股价暴跌，市场中几乎没有获利盘产生的地量，还是庄家高度控盘导致的地量。投资者根据不同地量产生的原因，要采用不同的投资方法。

3．地量分析必须结合资金动向

在实际操作中，地量能否止跌，并不取决于地量本身，而取决于地量之后的放量。当其他资金及时介入，就会出现反转上涨的情况；当其他资金介入缓慢时，地量将无法停止下跌的趋势，可能导致更深的下跌、更低的地量。

6.5 成交量的陷阱

传统的炒股理论认为，成交量往往是不会骗人的，而股价则容易受主力或大户操纵，认为成交量的大小与股价的上升或下跌成正比关系，趋势需要成交量来确认。例如，成交量增加，价格才能涨；缩量跌不深；天量之后有天价等，这些观点一般情况下是正确的，但有其片面性，甚至有时候是错误的。在实战操作中，主力机构不仅仅会利用操纵股价来骗钱，同样也会利用成交量来设置陷阱，让许多喜欢进行技术分析的投资者上当、受骗。下面简单介绍一些主力利用成交量设置陷阱的方法，使投资者能够知己知彼，提高警惕。

6.5.1 久盘整突然放量突破

久盘整是指在一个相当长的时期内（如两个月、三个月，甚至半年等），股票在一个相对窄小的价格区间进行波动，上行无力，下跌无量，交投极不活跃，不被市场人士关注。这种股票有时候会在某一天的开盘后发现挂有大量的买单或卖单，给投资者一种向上拉升的假象。当许多人看到该股突破盘局而追涨时，该股在涨到 5%～7%时会突然掉头下跌，大量的抛单抛向那些早上挂单追涨而未能成交而又没有撤单的中小散户。虽然随后还会反复拉升，但往上的主动买单减少，而往下的抛单却不断，股价逐渐走低，到收市前半小时甚至跌到前天的收盘价以下。随后的日子，该股成交量萎缩，股价很快跌破前次的起涨点，并一路阴跌不止。如果投资者不及时止损，股价还会加速下跌，跌到难以相信的程度，使投资者深度套牢。

那么，为什么该股会在突然放量往上突破时又掉头直转向下呢？其实，这就是庄家利用量增价涨这一普遍认可的原则设置的陷阱。因为，庄家在久盘之后为了尽快脱身，往往会采取对敲的方式，制造出成交量放大的假象，诱使投资者跟进接下庄家的卖单，为其提供出货机会。

如图 6-34 所示的神开股份（002278），庄家造成了几根小阳线，做出吸货的模样，随后压低开盘后，成交量迅速放大，股价几乎拉到涨停，但随后却连连阴跌不止，显然那天庄家拉升出货。一旦股价跌破带量上攻的那一天的开盘价，就应该止损离场，以防后面被深度套牢。

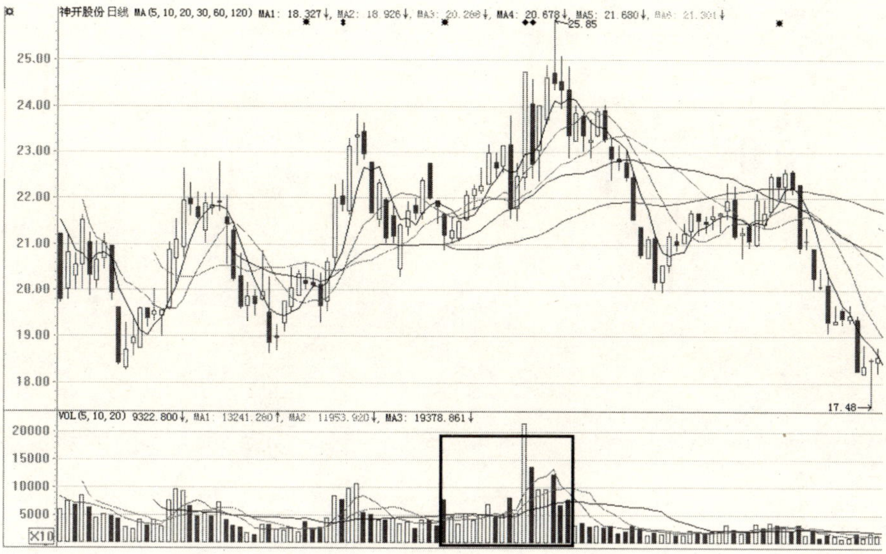

图 6-34　神开股份（002278）

6.5.2　中报或年报公告前，个股成交量突然放大

中报或年报公布前，许多企业的业绩已经做出来了，一些投资者会通过新闻媒体提前知道相关消息，股价会因消息面的影响出现异常波动。主力机构一般都能提前得到相关的利好消息，从而提前推升股价，一旦等到消息公布之时，大量的散户买入之后，庄家已经得到相当高的收益了，此时往往会趁机减仓或出货，导致股价大幅下跌。

如图 6-35 所示的三峡新材（600293），在中报公布前突然逆市而上，成交量温和放大。随后几天，不顾大势回调，放量推高。随后公布中报，上半年净利润激增 4362.84%，当日股价即下跌了 0.65%，紧接着第二日又下跌了 3.65%。

6.5.3　逆市放量上涨

逆势放量上涨是指在大盘放量下跌的时候，有些股票却逆势飘红，放量上攻，非常引人注目。一般来讲，逆势上扬的股票要么是有潜在的利好，要么是有庄家介入，于是，有散户会放心跟入。其实，这种情况也许只是主力的一个骗局，该股往往只有一两天的短暂行情，随后反而加速下跌，致使许多在放量上攻当日跟进的人套牢。这里庄家利用了反向操作的战术，在大盘下跌时逆势而为，吸引市场广泛的关注，然后在拉抬之中达到出货的目的。

图 6-35　三峡新材（600293）

如图 6-36 所示的东风汽车（600006），在大盘大跌的情况下，逆市飘红，成交量居高不下，吸引许多投资者追涨。但随后，该股却缩量下跌，使许多追涨的投资者深度套牢。

图 6-36　东风汽车（600006）

6.5.4 借利空大幅杀跌

这种情况通常会出现在大盘和个股持续下跌之后，此时一旦出现利空消息，主力往往喜欢采取放大利空效应，利用大手笔对敲来打压股价，刻意制造出恐慌性的破位下行或大幅杀跌，诱骗中小投资者纷纷抛售股票，以达到快速收集筹码的目的。尤其是主力在建仓后进行震仓洗盘时经常会采取这种手法。

如图 6-37 所示为农业银行（601288）的盘面，由于加息预期和关于银行提高资本充足率方面的传言等利空消息的影响，以农行为首的银行股大幅杀跌。

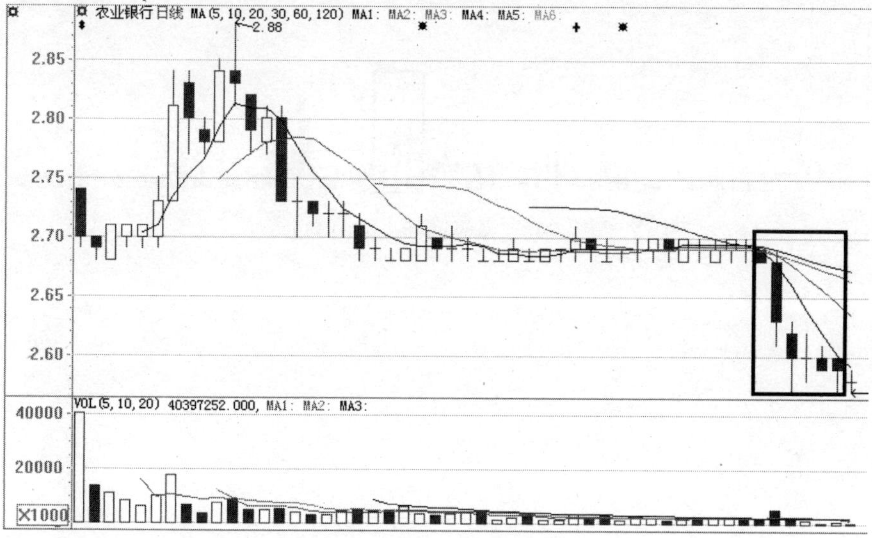

图 6-37 农业银行（601288）

6.5.5 高送配除权后的填权

一般来讲，在个股有大比例送红股、用公积金转送和配股消息公布之前，主力都会将股价炒得较高。一旦消息公布，炒高了股票大幅除权，价位马上会便宜很多，30 元的股票，10 送 10 就只有 15 元了。这时，庄家再利用填权行情炒作和广大中小投资者喜欢追涨的心理，在除权后开始大幅拉抬股价，造成大量踊跃买入的假象，趁机大肆出货。因此，对于除权的个股必须要复权，让股价波动保持一种连续性，以避免掉入陷阱。

如图 6-38 所示的东湖高新（600133）从 10.48 元飙升到 21.9 元，该股高送转。除权后，庄家在开盘后有明显的滚打行为，成交量放大，许多人跟进，使庄家获得绝好的出货机会。第二天，该股继续出货，随后进入盘整。

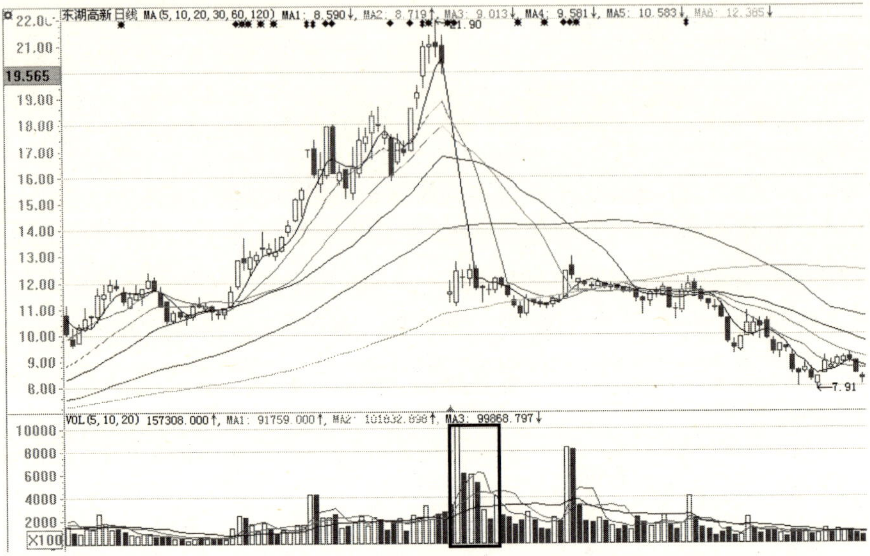

图 6-38　东湖高新（600133）

第 7 章 技术指标：助攻后卫

技术指标是依据某一技术分析原理，通过对行情数据进行数学处理的产物，它可以从定量的角度告诉我们股市当前的状态如何。是处于短期超买状态，还是处于短期超卖状态？是多方的力量更强，还是空方的力量更强？我们所讲的移动平均线 MA、指数异同平滑平均线 MACD 都是技术指标。在学习它们的过程中我们知道，这些指标的最大优点就在于可以发出较为明确的买卖信号。对于我们来说，只需依信号进行操作，就可以取得不错的战绩。本章将再接再厉，继续学习其他常用的技术指标。

7.1 大盘路在何方——ADR

股市的整体运行情况往往直接牵动着个股的走势：当大盘处于持续涨多跌少的强势状态下时，个股就会有充分表现的空间，完全可以凭借着主力的推动、消息题材的刺激而出现飙升的走势；反之，当大盘处于跌多涨少的弱势状态下时，由于投资者人心涣散，是难以出现强势的上涨走势的。如何识别大盘的真实涨跌情况呢？是处于强势状态，还是处于弱势状态呢？涨跌比率指标 ADR（Advance Decline Ratio）就是一个专门用于分析大盘强弱的指标。

7.1.1 什么是 ADR 指标

涨跌比率指标 ADR 指标又叫上升下降比指标、腾落指数，它是一种专门用于研究股票市场价格指数走势的中长期技术分析工具。ADR 的基本思想是观察股票上涨家数与下降家数的比率，以看出股市目前所处的大环境。一般来说，当市场总体的买盘力度大于卖盘力度时，上涨的股票数量会大于下跌的股票数量。反之，当市场总体的卖盘力度大于买盘力度时，下跌的股票数量则会大于上涨的股票数量。

ADR 指标的计算过程为：ADR（N）＝N 日内股票上涨家数的合计/N 日内股票下跌家数的合计，N 为 ADR 指标的时间周期，一般设定为 10 个交易日。当 ADR 数值大于 1 时，表示在包括当前交易日在内的前 10 日内的上涨股票数量大于下跌股票数量。反之，当 ADR 数值小于 1 时，则表示在包括当前交易日在内的前 10 日内的下跌股票数量大于上涨股票数量。ADR 指标主要用于研判市场的中长期走势，尤其体现在它对趋势反转的提前预示之上。下面我们就来看看如何利用 ADR 指标分析趋势运行情况。

7.1.2 上升趋势中的 ADR 指标运行形态

股票市场的上升趋势是一个涨多跌少的市况，此时市场做多力量强劲，大多数个股均处于持续上涨的状态，体现在 ADR 指标的运行形态上就是：ADR 指标值会持续地运行于数值 1 的上方。此外，如果 ADR 指标线能够随着指数的逐波上升，而同步呈现出逐波上扬的形态，则说明市场的做多力量不仅完全占据了主导地位，而且多方力量正在逐步增强，这预示着股市后期还有很大的上升空间。

图 7-1 为上证指数走势图。在 ADR 指标窗口中，我们用虚线标注了 ADR=1 的位

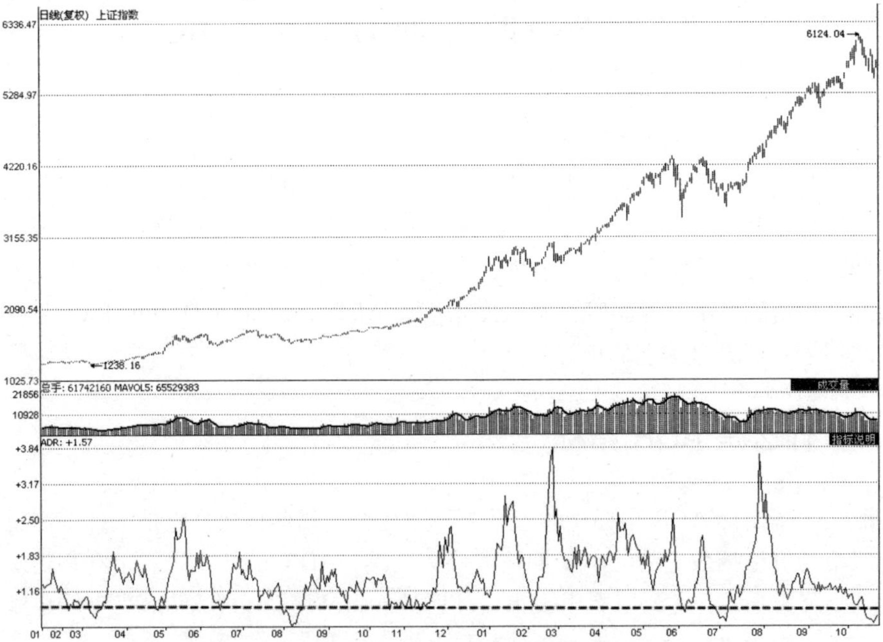

图 7-1　上证指数上升趋势中 ADR 指标线形态

置，如图所示，股市在此期间处于上升趋势中，上升趋势是一个涨多跌少的市道，体现在 ADR 指标线的运行形态上就是：ADR 指标线会持续、稳健地运行于数值 1 的上方，而透过 ADR 指标线与数值 1 的位置关系，我们也可以从一个中长线的角度出发来更好地把握住股市的趋势走向。

图 7-2 为上证指数走势图。股市在此期间处于上升途中，如图标注，可以看到期间的 ADR 指标线呈现出了逐波上扬的形态。这是市场多方力量在逐步增强的体现，预示着股市后期仍有较大的上升空间，是我们应坚定持股待涨的明确信号。

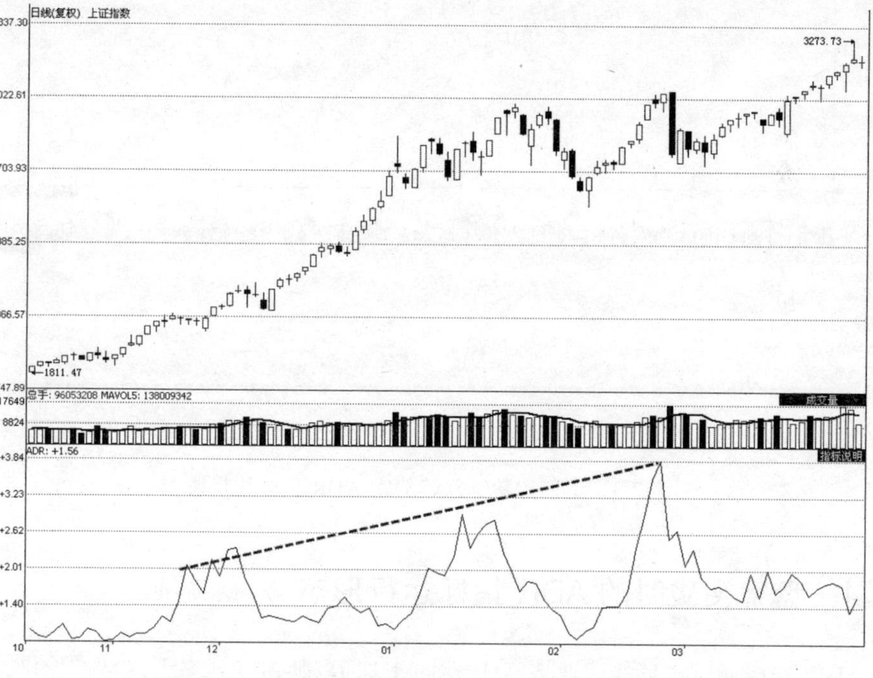

图 7-2　上证指数上升途中 ADR 逐波上扬形态

7.1.3　下跌趋势中的 ADR 指标运行形态

股票市场的下跌趋势是一个跌多涨少的市况，此时市场做空力量强劲，大多数个股均处于持续下跌的状态，体现在 ADR 指标的运行形态上就是：ADR 指标值会持续地运行于数值 1 的下方。

图 7-3 为上证指数走势图。在 ADR 指标窗口中，我们用虚线标注了 ADR=1 的位置。如图所示，当股市由顶部区步入到下跌趋势中后，除了偶尔出现的短暂反弹走势

外，ADR 指标线就开始持续地运行于数值 1 下方，这就是 ADR 指标线对于下跌趋势的直观反映。

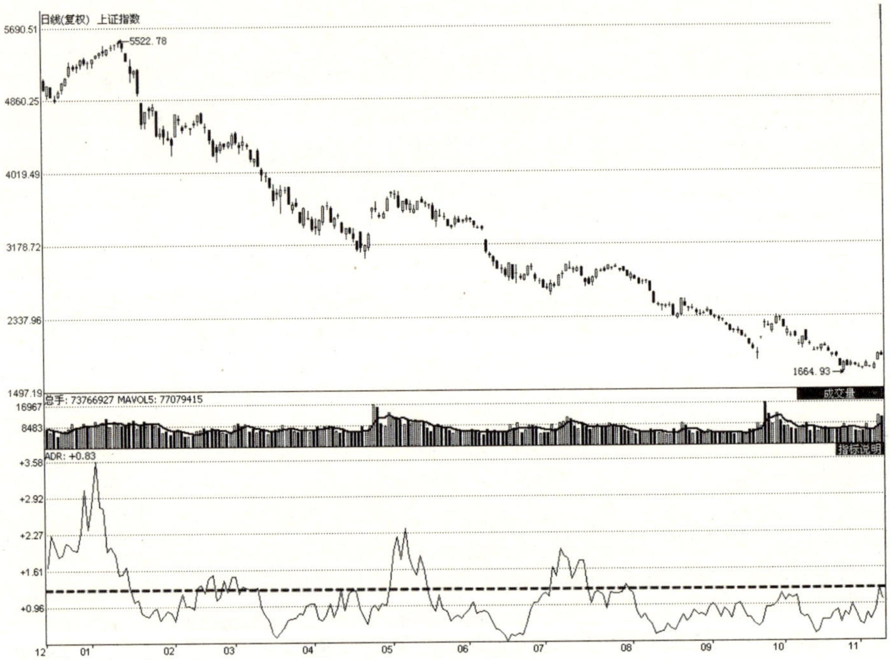

图 7-3　上证指数下跌趋势中 ADR 指标线形态

7.1.4　盘整突破时的 ADR 指标运行形态

ADR 指标通过市场的股票涨跌比率来间接地反映市场做多力量是否充足。当股市在上升途中出现盘整走势后，若在突破盘整走势时出现了 ADR 指标线快速上升，且创出阶段性新高的运行形态，多表明市场的做多力量仍然充足，是突破行情成立的标志，也是新一波涨势即将开始的信号。

图 7-4 为上证指数走势图。如图所示，股市在上升途中两次出现明显的盘整走势，但是在每一次的盘整走势后的突破时都出现了 ADR 指标线快速上升，且创出阶段性新高的运行形态，这预示着突破有效、新一波的涨势即将开始。

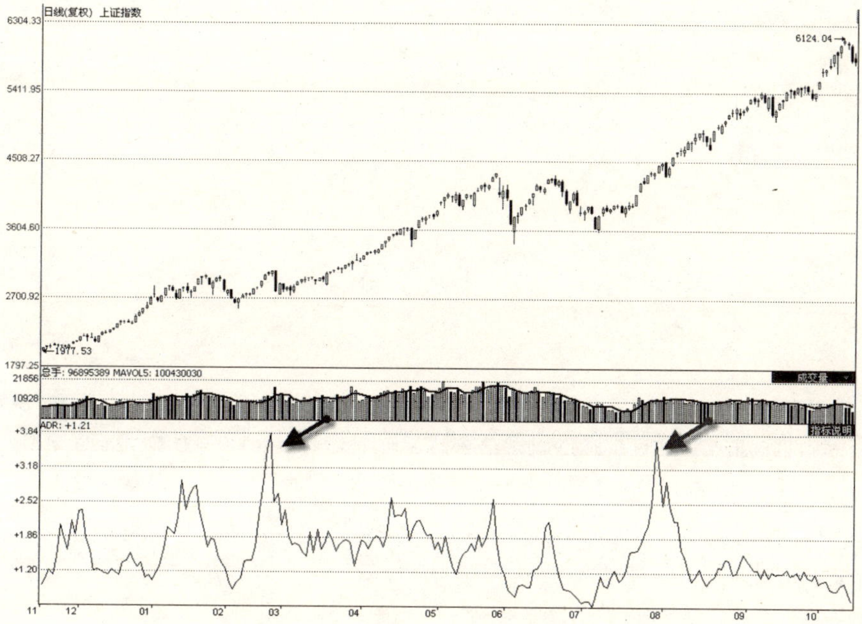

图 7-4　上证指数上升途中盘整突破时 ADR 指标线形态

7.1.5　ADR 指标如何预示牛市的出现

ADR 指标的另一个功用是预测牛市行情的出现。当股市经历了深幅下跌之后，若在低位区出现了明显的止跌企稳迹象，则往往意味着底部的出现。但是底部出现并不等于随后就有牛市行情出现，因为只有多方有强烈的入场意愿时，股市才会在筑底之后出现持续上涨的牛市行情。此时，透过 ADR 指标线的波动形态，就可以很好地判断出多方的入场意愿是否强烈。如果 ADR 指标线在低位区的止跌企稳走势中，随着一波上涨走势的出现而创出了近几个月的新高，则多意味着多方入场意愿强烈、新一轮牛市行情呼之欲出。

图 7-5 为上证指数走势图。如图所示，股市在深幅下跌后出现了止跌企稳的走势，虽然指数的走势波澜不惊，但是 ADR 指标线却随着同期的一波小幅上涨走势而呈现出快速攀升形态。这使得 ADR 指标值创出了几个月以来的新高，这是多方入场意愿极为强烈的表现。当这一形态出现在股市深幅下跌后的止跌企稳区域时，多代表着底部区的构筑时间将较为短暂、新一轮的升势将较为可观。

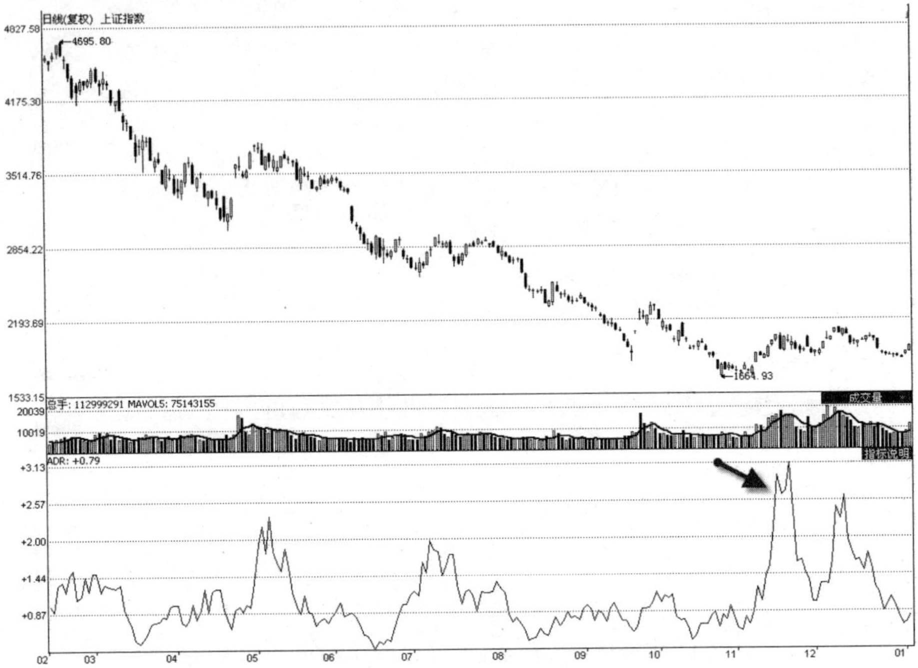

图 7-5　上证指数底部区 ADR 指标线快速攀升形态

7.2　趋势为王——TRIX

TRIX 全称为三重指数平滑移动平均指标（Triple Exponentially Smoothed Average），它是一种用于分析价格中期走势的趋势类指标，TRIX 指标基于移动平均线理论而产生。它通过对一条平均线进行三次平滑处理，再根据这条移动平均线的变动情况来预测价格的中期走势。TRIX 指标可以较好地屏蔽掉主力的“骗钱行为”，使我们更清晰地看到股市或个股的中期走势情况。（注：TRIX 指标既可用于分析指数的走势，也可用于分析个股的走势。）

7.2.1　什么是 TRIX

在运用移动平均线分析价格走势时，我们可以看到移动平均线往往会因价格的短期快速回调走势、反弹走势等使得其频繁出现交叉形态，且均线运行形态较为突兀。为了可以使均线的运行形态更为平滑、更能直观清晰地体现出价格的中期走势，TRIX

指标应运而生。

TRIX 通过对一条平均线进行三次平滑处理，然后利用所得出曲线的变化率来分析股价的中长期走势。这使得 TRIX 指标可以很好地过滤价格的短期波动所带来的干扰，从而使我们能从一个中期的角度更好地把握价格的走势，以避免频繁操作带来的失误和损失。并且，由于 TRIX 指标很好地保留了均线所具有的呈现价格总体运行趋势这一特点，这就降低了投资者深度套牢和跑丢“黑马”的风险。

7.2.2　上升趋势中的 TRIX 指标运行形态

TRIX 指标基于移动平均线产生，在上升趋势中，周期较短的移动均线会运行于周期相对较长的均线上方，这是移动平均线系统的多头排列形态，这种排列形态会使得 TRIX 指标的数值大于零。因而，在上升趋势中，我们可以看到 TRIX 指标线会持续地运行于零轴上方。这就是 TRIX 指标对于上升趋势的直观反映。

图 7-6 为西部资源（600139）走势图。图中用虚线标注了 TRIX 值为 0 的位置，在 TRIX 指标窗口中有两条指标线，一条为 TRIX 指标线（细线），另一条为 TRIX 指标的移动平均值曲线 TRMA（粗线）。如图所示，此股在经底部区震荡后开始步入到上升趋势后，TRIX 指标线就开始持续稳健地运行于零轴上方，这就是 TRIX 指标线对于上升趋势的直观反映。

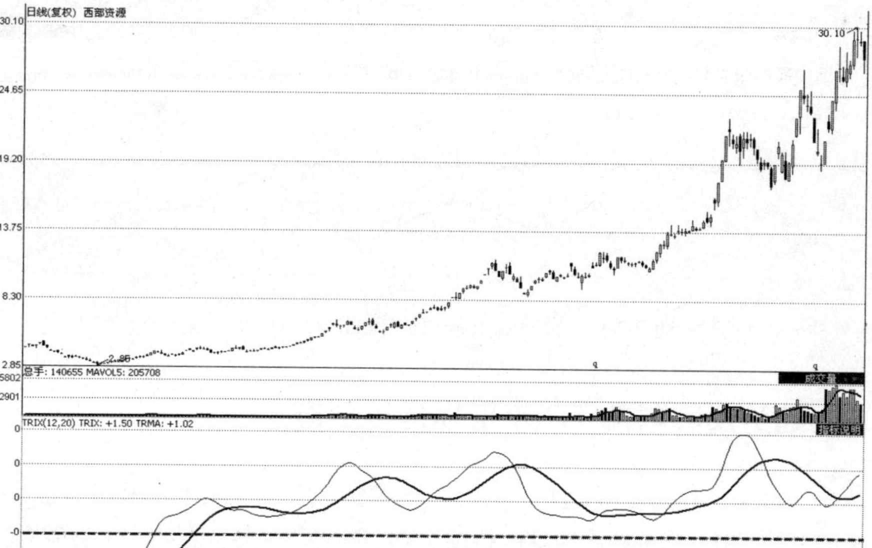

图 7-6　西部资源上升趋势中 TRIX 指标线形态

7.2.3 下跌趋势中的 TRIX 指标运行形态

在下跌趋势中，周期较短的移动均线会运行于周期相对较长的均线下方，这是移动平均线系统的空头排列形态，这种排列形态会使得 TRIX 指标的数值小于零。因而，在下跌趋势中，我们可以看到 TRIX 指标线会持续的运行于零轴下方。这就是 TRIX 指标对于下跌趋势的直观反映。

图 7-7 为京投银泰（600673）走势图。图中用虚线标注了 TRIX 值为 0 的位置，如图所示，此股在经顶部区震荡后开始步入到下跌趋势，TRIX 指标线就开始持续地运行于零轴下方，这就是 TRIX 指标线对于下跌趋势的直观反映。

图 7-7 京投银泰下跌趋势中 TRIX 指标线形态

7.2.4 趋势反转时的 TRIX 指标运行形态

当股市或个股经历了深幅下跌之后，若深幅下跌后的低位区出现了止跌企稳走势，且同期的 TRIX 指标线由前期的持续运行于零轴下方转而开始向上突破零轴，并在随后较长时间内站稳于零轴上方，则代表跌势已经结束，一轮升势即将展开，是跌势转升势的信号。

图 7-8 为银河动力（000519）走势图。如图所示，此股在持续下跌的过程中，其 TRIX 指标线始终是运行于零轴下方的。随着此股出现了止跌企稳走势，同期的 TRIX 指标线也开始向上突破零轴，并且在随后较长的时间内稳稳地站于零轴上方。这是个股跌势转升势的信号，也是我们中长线买股布局的信号。

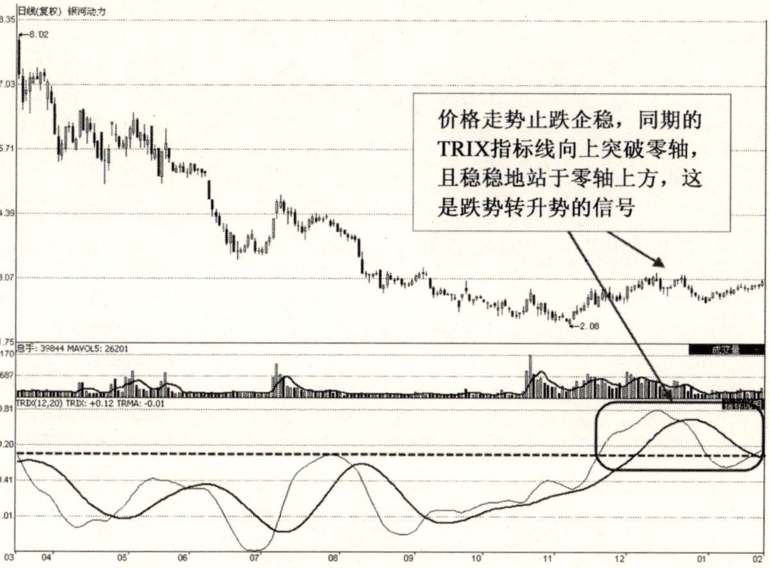

图 7-8　银河动力跌势转升势 TRIX 指标线形态

当股市或个股经历了持续上涨之后，若在大幅上涨后高位区出现了滞涨走势，且同期的 TRIX 指标线由前期的持续运行于零轴上方转而开始向下跌破零轴，并在随后较长时间内运行于零轴下方，则代表升势已经结束，一轮跌势即将展开，是升势转跌势的信号。

图 7-9 为韶能股份（000601）走势图。此股在持续上涨的过程中，其 TRIX 指标线始终是运行于零轴上方的。随着此股在高位区出现了震荡滞涨走势，在震荡滞涨走势的后期，我们可以看到 TRIX 指标线也开始向下跌破零轴，并且在随后较长的时间内运行于零轴下方。这是个股升势转跌势的信号，也是我们中长线卖股离场的信号。

除了利用 TRIX 指标线与零轴之间位置关系的变化判断趋势的反转发生外，我们还可以结合价格的波动形态与 TRIX 指标线的波动形态来判断趋势的反转。当股市或个股在经持续上涨而处于高位区间时，若这时的价格走势出现了一峰高于一峰的上涨走势，而同期的 TRIX 指标线却呈现一峰低于一峰的走势，这种形态称之为 TRIX 指标线的顶背离形态，它预示着顶部区的出现。反之，当股市或个股在经持续下跌而处于低位区间时，若这时的价格走势出现了一谷低于一谷的下跌走势，而同期的 TRIX 指标线却呈现一谷高于一谷的走势，这种形态称之为 TRIX 指标线的底背离形态，它预示着底部区的出现。

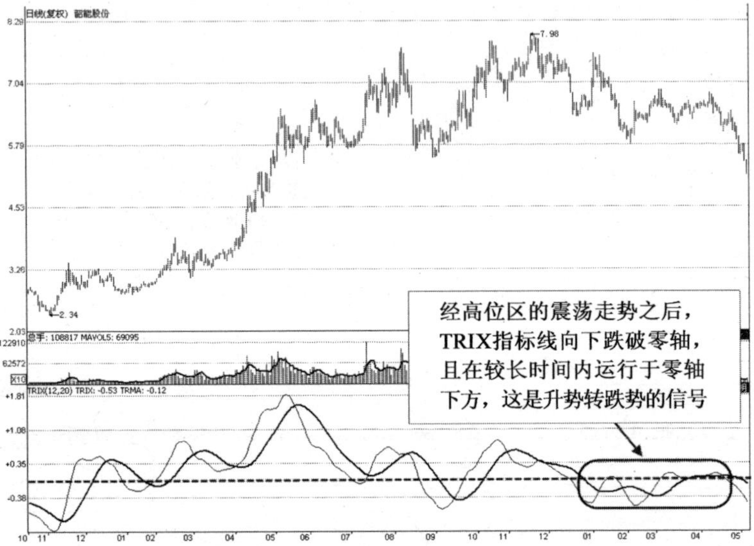

图 7-9　韶能股份升势转跌势 TRIX 指标线形态示意图

图 7-10 为西部资源（600139）走势图。如图所示，此股在持续上涨后的高位

图 7-10　西部资源 TRIX 指标线顶背离形态

区出现了 TRIX 指标线的顶背离形态，这一形态直观清晰地预示了此股正步入顶部区。

图 7-11 为 ST 方源（600656）走势图。如图所示，此股在持续下跌后的低位区出现了 TRIX 指标线的底背离形态，这一形态直观清晰地预示了此股正步入底部区。

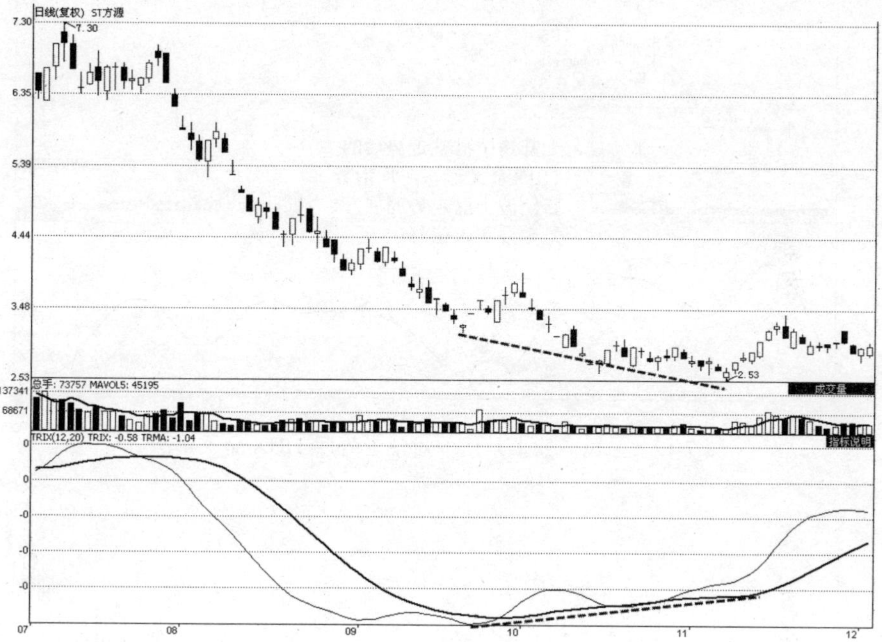

图 7-11　ST 方源 TRIX 指标线底背离形态

7.2.5　金叉形态下的中线买入信号

TRIX 指标的金叉形态是指 TRIX 指标线由下向上交叉并穿越 TRMA 线。一般来说，金叉形态代表着中线买入时机的出现，但是在实盘操作中，我们还要结合价格的前期走势情况来做决断。当金叉形态出现在深幅下跌后的低位震荡走势中，或是上升途中的回调走势后，或是上升途中的盘整走势后，是极好的中线买入时机，因为，这代表着一轮上涨行情即将出现。

图 7-12 为益民商业（600724）走势图。如图标注所示，此股在上升途中的盘整走势后出现了一个 TRIX 指标线向上交叉并穿越 TRMA 线的金叉形态，这是个股升势将再度展开的信号，也是我们持续待涨，或是中线买入的信号。

图 7-13 为东湖高新（600133）走势图。如图标注所示，此股在低位的震荡走势中所出现的金叉形态是中期升势展开的标志，可以作为中线买入个股的信号。

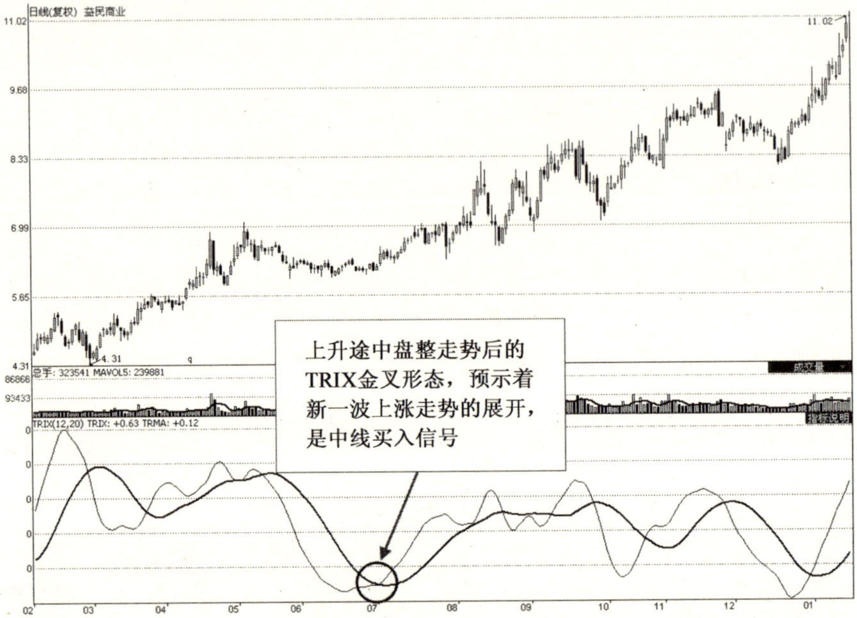

图 7-12　益民商业上升途中盘整走势后 TRIX 金叉形态

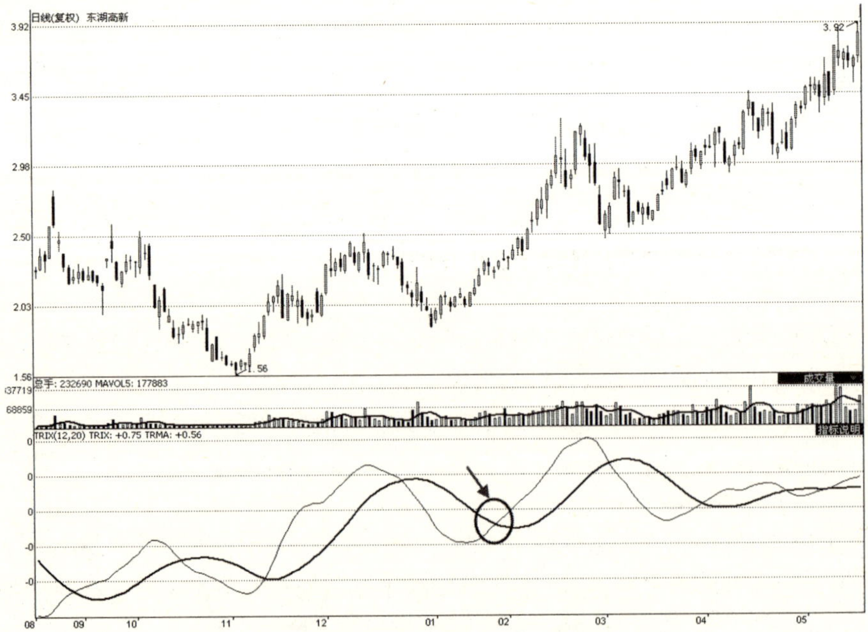

图 7-13　东湖高新低位震荡区 TRIX 金叉形态

7.2.6 死叉形态下的中线卖出信号

TRIX 指标的死叉形态是指：TRIX 指标线由上向下交叉并穿越 TRMA 线。一般来说，死叉形态代表着中线卖出时机的出现，但是在实盘操作中，我们还要结合价格的前期走势情况来做决断。当死叉形态出现在持续上涨后的高位震荡走势中，或是下跌途中的反弹走势后，或是下跌途中的盘整走势后，多预示着新一轮下跌行情的展开。此时，我们不宜恋战，而应尽早抛出手中个股。

图 7-14 为东湖高新（600133）走势图。如图标注所示，此股在下跌途中的两次盘整走势后均出现了 TRIX 指标线向下交叉并穿越 TRMA 线的死叉形态，这是个股新一轮跌势将再度展开的信号，也是我们持币观望的信号。

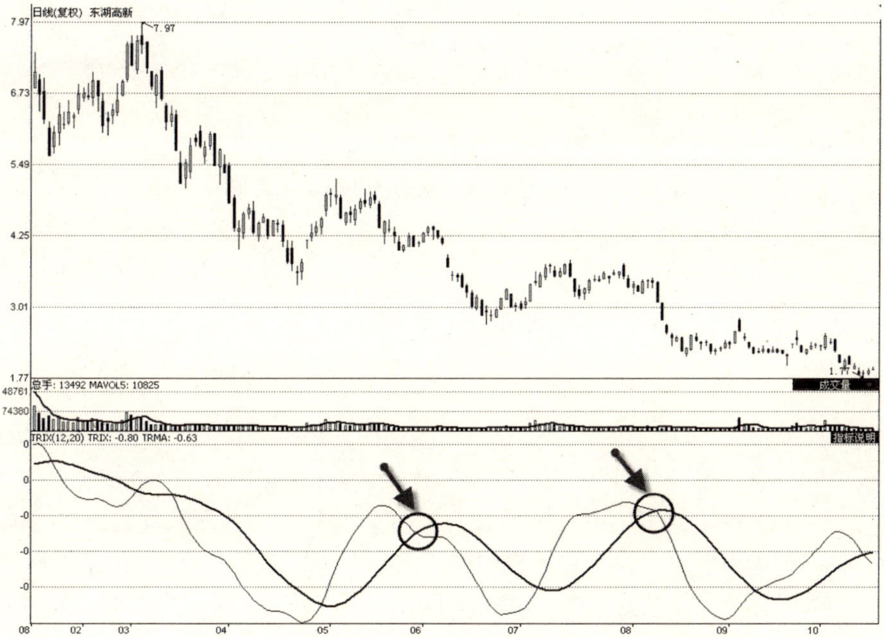

图 7-14 东湖高新下跌途中盘整走势后 TRIX 死叉形态

图 7-15 为南宁糖业（000911）走势图。如图标注所示，此股在高位的震荡走势中所出现的死叉形态是中期跌势展开的标志，可以作为中线卖股离场的信号。

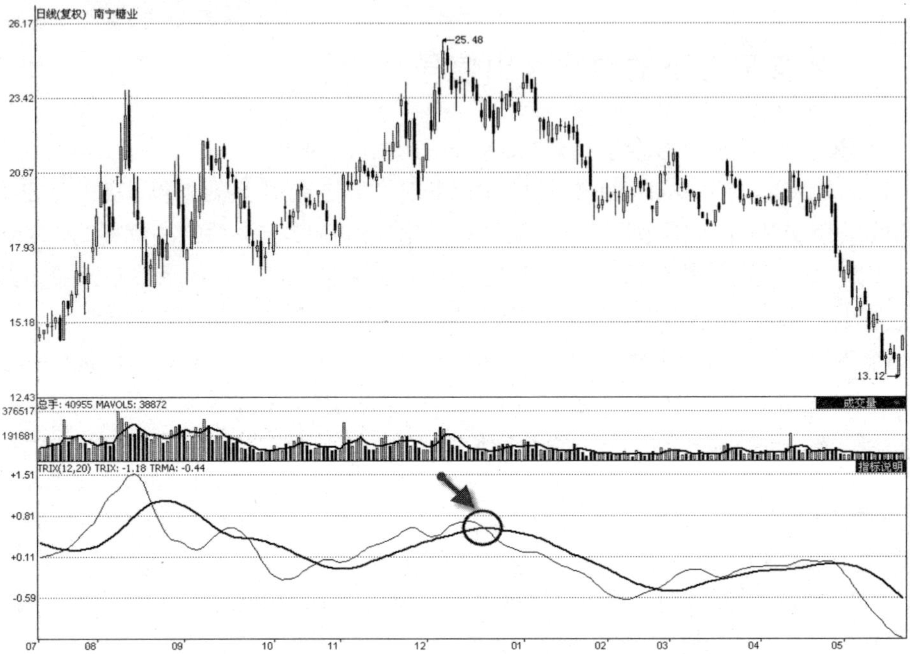

图 7-15　南宁糖业高位震荡区 TRIX 死叉形态

7.3　钟摆左右——KDJ

随机摆动指标 KDJ 主要用于指标市场短期内的超买超卖情况，进而揭示价格波动过程中的阶段性高点与低点。它是一个纯粹的短线指标，由乔治·蓝恩博士（George Lane）提出，最早用于期货市场的分析，后由于这一指标的普遍性及实用性，从而被移植到股票市场中。由于股市中从事短线买卖的投资者人数众多，因而，KDJ 也成为众多指标中普及度较高的一个。（注：KDJ 指标既可用于分析指数的走势，也可用于分析个股的走势。）

7.3.1　什么是 KDJ

随机摆动指标 KDJ 属于摆动类指标，摆动类指标是以统计学理论中的正态分布假设为基础，根据某一段时间内的价格波动区间及某一时间点处于这一价格波动区间的位置情况，来做出买卖判断。在摆动类指标中，往往要引入一个“平衡位置”，这个平衡位置就是衡量价格短期波动情况的依据，但是由于股市及个股是持续运动着的，且往往具有一定的方向性，因而，这个平衡位置就应随着价格走势的变化而变化。当价格在短期内明显偏离平衡位置时，就意味着短期内有再度向平衡位置靠拢的倾向，以此提示投资者展开短线的买卖操作。

KDJ 指标主要是研究最高价、最低价和收盘价之间的关系，同时也融合了动量观念、强弱指标和移动平均线的一些优点，用来考查当前价格脱离正常价格波动范围的程度。由于 KDJ 指标的波动速度较为频繁，因而，它更适用于研究震荡行情，在较为凌厉的升势或是较为迅猛的跌势中，由于价格向上或向下推进的速度过快，此时的 KDJ 指标线就会失真，失去它应有的短线指导作用。

KDJ 指标窗口的三条指标线（K 线、D 线、J 线），其中的 K 线与 D 线主要用于反映价格短期内偏离平衡位置的情况，即反映市场短线内的超买超卖状态，而 J 线是反映 K 值和 D 值的乖离程度，从而领先 KD 值找出阶段性的高点与低点。KDJ 指标的计算过程较为复杂，对于我们普通投资者来说，只需了解其基本原理即可，重点是应学会如何利用 KDJ 展开短线买卖操作。下面我们结合实例来讲解一下 KDJ 指标的实际用法。

7.3.2 短线买点与 KDJ 指标超卖值

K 线与 D 值都在 0～100 的区间内波动，并且以数值 50 为多空实力的平衡点，这一位置也称为 KDJ 指标的中轴。在利用 KDJ 指标分析价格短期内的波动情况时，我们可以关注 K 值与 D 值偏离中轴的情况。当 K 值与 D 值在 25～75 区间时，这表示市场处于常态下，多空双方的交锋较为缓和，价格走势也将延续原有的路线。

当一波快速下跌走势出现，使得 K 值与 D 值都低于 20 时，则表明市场短期内处于超卖状态。这是空方力量释放过度、多方可能展开阶段性反击的信号，可以作为我们短线买入的信号。

图 7-16 为亿纬锂能（600014）走势图。在 KDJ 指标窗口中，我们用虚线标注了数值 20 所在的位置，其中由细到粗的三根线分别为 J 线、K 线、D 线。如图中箭头标注所示，一波快速下跌走势后，K 值与 D 值都进入了超卖状态区，而同期的个股又正处于一波快速下跌之后的相对低位区，这说明市场短期内处于超卖状态，是我们短线买入的信号。

图 7-17 为世博股份（002059）走势图。如图所示，此股在一波快速上涨下跌后，K 值与 D 值都开始运行于数值 20 上方。这说明市场已处于超卖状态，是一波反弹上涨走势即将展开的信号，此时，也是我们短线买入的时机。

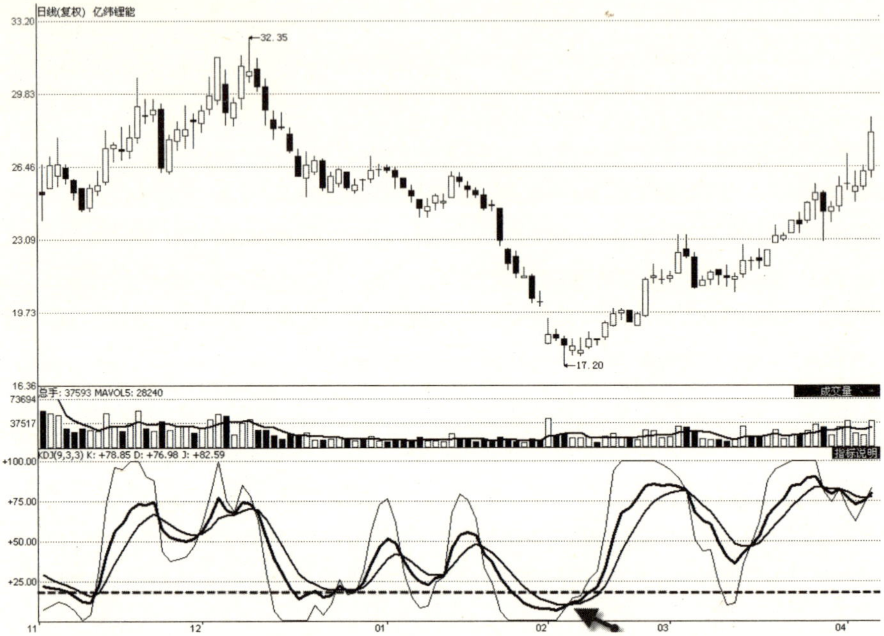

图 7-16 亿纬锂能短期超卖状态下的 KDJ 指标线形态

图 7-17 世博股份短期超卖状态下的 KDJ 指标线形态

7.3.3　短线卖点与 KDJ 指标超买值

当一波快速上涨走势出现，使得 K 值与 D 值都高于 70 时，则表明市场短期内处于超买状态，是多方力量释放过度、空方可能展开阶段性反击的信号，可以作为我们短线卖出的信号。

图 7-18 为四创电子（600990）走势图。在 KDJ 指标窗口中，我们用虚线标注了数值 70 所在的位置，如图中箭头标注所示。一波快速上涨走势后，K 值与 D 值都进入了超买状态区，而同期的个股又正处于一波快速上涨之后。这说明市场短期内处于超买状态，是我们短线卖出的信号。

图 7-18　四创电子短期超买状态下的 KDJ 指标线形态

图 7-19 为三钢闽光（002110）走势图。如图所示，此股在一波快速上涨走势后，K 值与 D 值都开始运行于数值 70 上方。这说明市场已处于超买状态，是一波回调走势即将展开的信号，此时，也是我们短线卖出的时机。

7.3.4　金叉形态下的短线买入信号

KDJ 指标的金叉形态是指 J 线向上交叉穿越 K 线与 D 线，它是 KDJ 指标所发

图 7-19 三钢闽光短期超买状态下的 KDJ 指标线形态

现的短线买入信号。但是，由于 KDJ 指标线的波动较为频繁，因而，我们还应结合价格的走势特征来判断这一金叉形态是否可以作为短线买入的信号。一般来说，当个股在低位区的震荡走势中、上升途中的回调走势后、上升途中的盘整震荡走势中所出现的 KDJ 指标的金叉形态，往往是较为准确的短线买入信号。若这一金叉形态出现在震荡走势中的相对低位点，则这一金叉形态的买入信号就要更为准确。

图 7-20 为新五丰（600975）走势图。如图标注所示，此股在震荡走势中的相对低位点所出现的 KDJ 指标金叉形态，可靠地预示了一波反弹上涨走势的出现，是我们短线买入的明确信号。

图 7-21 为芭田股份（002170）走势图。如图标注所示，此股在上升途中出现了两波明显的回调走势，在回调走势后均出现了 KDJ 指标的金叉形态。这两个金叉形态均预示了此股新一波上涨走势的展开，是我们短线买入的明确信号。

7.3.5 死叉形态下的短线卖出信号

KDJ 指标的死叉形态是指 J 线由上向下交叉并穿越 K 线与 D 线，它是 KDJ 指标所发现的短线卖出信号。但是，由于 KDJ 指标线的波动较为频繁，因而，我

图 7-20 新五丰 KDJ 指标金叉形态

图 7-21 芭田股份 KDJ 指标金叉形态

们还应结合价格的走势特征来判断这一死叉形态是否可以作为短线卖出的信号。一般来说，当个股在高位区的震荡走势中、下跌途中的反弹走势后、下跌途中的盘整震荡走势中所出现的KDJ指标的死叉形态，往往是较为准确的短线卖出信号。若这一死叉形态出现在震荡走势中的相对高位点，则这一死叉形态的卖股信号就要更为准确。

图 7-22 为荣盛发展（002146）走势图。如图标注所示，此股在震荡走势中的相对高位点所出现的 KDJ 指标死叉形态，可靠地预示了一波下跌走势的出现，是我们短线卖出的信号。

图 7-22　荣盛发展 KDJ 指标死叉形态

图 7-23 为深高速（600547）走势图。如图标注所示，此股在下跌途中出现了几次短暂的反弹行情，在反弹走势后均出现了 KDJ 指标的死叉形态。这几个死叉形态均预示了此股新一波下跌走势的展开，是我们短线卖出的明确信号。

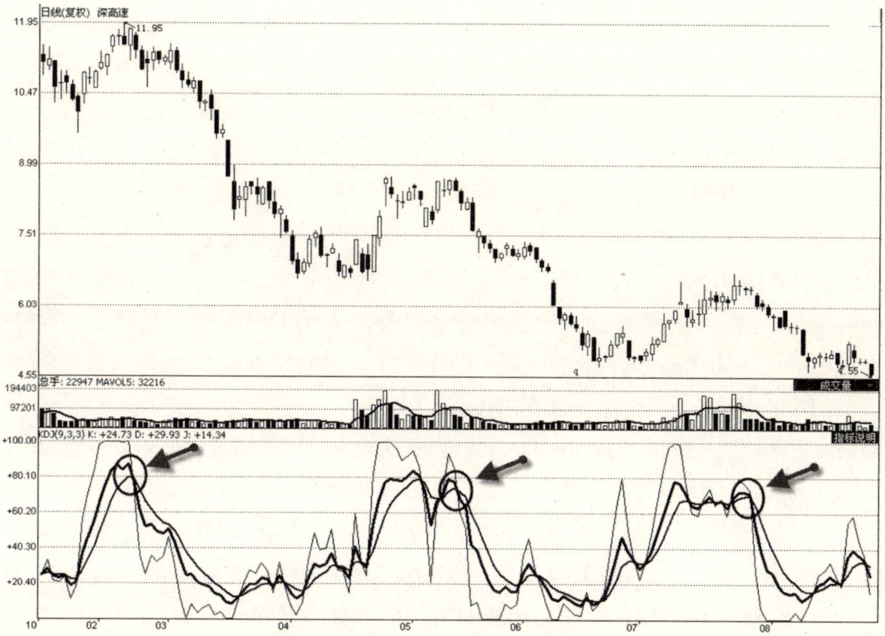

图 7-23　深高速 KDJ 指标死叉形态

7.4　游龙戏水——DMA

平均线差 DMA（Different of Moving Average）是一种建立在移动平均线理论之上的趋势类指标。DMA 指标通过利用两条不同周期的移动平均线，直观地呈现出移动平均线之间的位置偏离程度，以此来判断当前买卖能量的大小和未来价格趋势。（注：DMA 指标既可用于分析指数的走势，也可用于分析个股的走势。）

7.4.1　什么是 DMA

平均线差 DMA 指标是基于移动平均线在运行过程中的一些特性而提出的，不同周期的移动平均线体现了这一时间周期下市场平均持仓成本的变化情况，而且，中期及中长期的平均持仓成本是大多数投资者更为认可的价格。因而，当价格短期内出现快速上涨或下跌走势，从而使得短期均线明显远离中长期均线时，短期均线会有再度靠拢中长期均线的强烈倾向。此外，由于趋势具有强大的持续力，当短期均线靠拢中长期均线后，又会在多方的推动下，或是空方打压下，而再一次地远离中长期均线。

这就是短期移动平均线与中长期移动平均线之间的“分离、聚合、再分离”特性，即在一波价格上涨或下跌的趋势中，较短期的移动平均线 MA 往往迅速脱离较长期的移动平均线 MA，随后在价格走势趋缓的时候，二者又会逐渐聚合。

基于这一特性，反映短期均线与中长期均线之间分离程度的平均线差 DMA 指标应运而生。DMA 指标通过计算两条周期不同的移动平均线的差值，以此观察两条均线之间的偏离程度，进而来预测价格走势。此外，由于 DMA 指标是基于移动平均线产生的，因而，它也很好地继承了移动平均线所具有的反映趋势运行状态的特性。可以说，DMA 指标是一个长短兼顾的指标。

DMA 指标在计算时，以 10 日均线为短期均线，以 50 日均线为中长期均线。在 DMA 指标窗口中，有两条曲线，即 DDD 指标线与 AMA 指标线。其中，DDD 指标线的数值反映了短期均线与中长期均线之间的差值，DDD=短期平均值－长期平均值=MA10－MA50。AMA 指标线为 DDD 指标线的移动平均值曲线，一般以 10 日作为平滑周期，即 AMA（10）=DDD 的 9 日移动平均值。在实盘操作中，我们可以利用 DDD 指标线的运行形态及 DDD 指标与 AMA 指标线的交叉关系来分析价格走势。

7.4.2 上升趋势中的 DMA 指标线运行形态

在上升趋势中，短期均线会持续地运行于中长期均线上方，这使得 DDD 指标值会持续地运行于零轴上方。因而，在上升趋势中，我们可以看到 DDD 指标线与 AMA 指标线持续地运行于零轴上方。

图 7-24 为武汉健民（600976）走势图。在 DMA 指标窗口中，我们用虚线标注了零轴所在位置。如图所示，我们可以看到，随着此股步入到上升趋势后，DMA 指标线也开始稳健地运行于零轴上方，这就是 DMA 指标对于上升趋势的直观反映。

7.4.3 下跌趋势中的 DMA 指标线运行形态

在上升趋势中，短期均线会持续地运行于中长期均线上方，这使得 DDD 指标值会持续地运行于零轴下方。因而，在上升趋势中，我们可以看到 DDD 指标线与 AMA 指标线持续地运行于零轴下方。

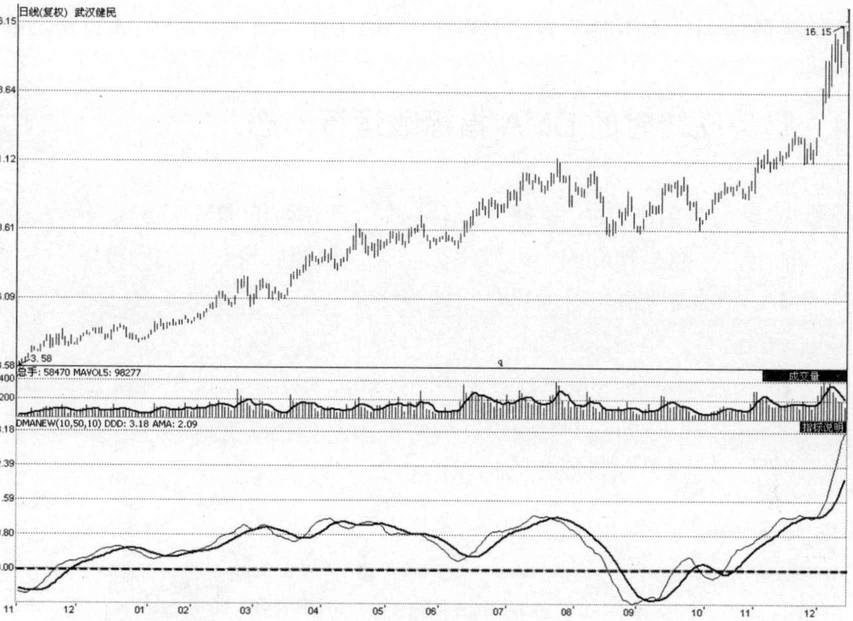

图 7-24　武汉健民上升趋势中 DMA 指标线形态

图 7-25 为武汉健民（600976）走势图。在 DMA 指标窗口中，我们用虚线标注了零轴所在位置。如图所示，我们可以看到，随着此股步入到下跌趋势后，DMA 指标

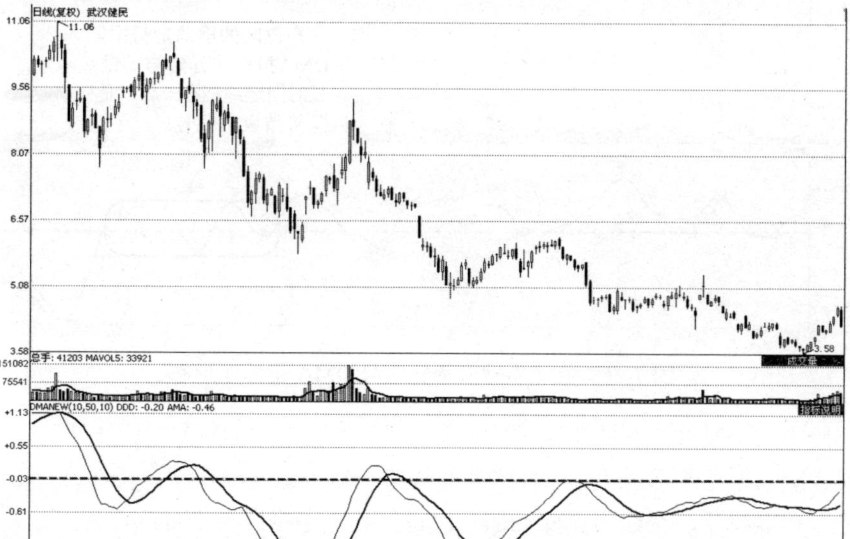

图 7-25　武汉健民下跌趋势中 DMA 指标线形态

线也开始稳健地运行于零轴下方，这就是 DMA 指标对于下跌趋势的直观反映。

7.4.4 趋势反转时的 DMA 指标线运行形态

当股市或个股经持续的上涨进入高位区后，若这时的 DMA 指标线已无法稳健地运行于零轴上方，而是转而向下跌破零轴，并且在随后较长时间内停留于零轴下方，或者是 DMA 指标线开始与零轴长时间地缠绕在一起，这说明多方已无力再度推升，是升势见顶的信号，也是趋势即将反转下行的信号。

图 7-26 为宜华木业（600977）走势图。如图所示，此股在持续上涨后的高位区出现震荡滞涨走势，同期的 DMA 指标线开始与零轴相互缠绕在一起，这是升势结束的信号，也是一轮跌势即将展开的信号。

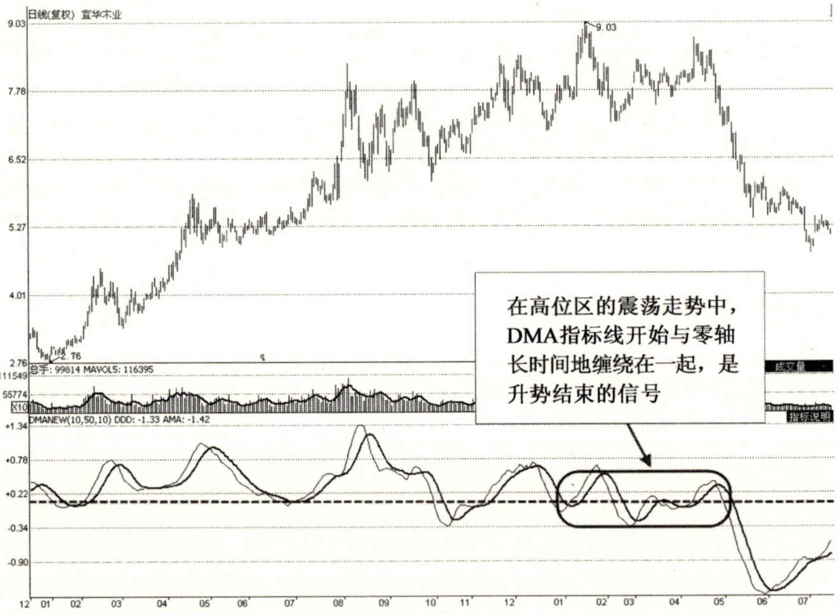

图 7-26 宜华木业升势转跌势 DMA 指标线形态

当股市或个股经持续的下跌进入低位区后，若这时的 DMA 指标线开始向上突破零轴且在随后站稳于零轴上方，且同期的价格走势也呈现出止跌企稳形态，这说明空方已无力再度打压，是跌势见底的信号，也是趋势即将反转上行的信号。

图 7-27 为万科 A（000002）走势图。如图所示，此股在经历了长期下跌走势后，于低位区出现震荡止跌走势。随后，DMA 指标线开始向上突破零轴，并且站稳于零轴上

方，这是下跌趋势结束的信号，也是一轮上升行情即将展开的信号。

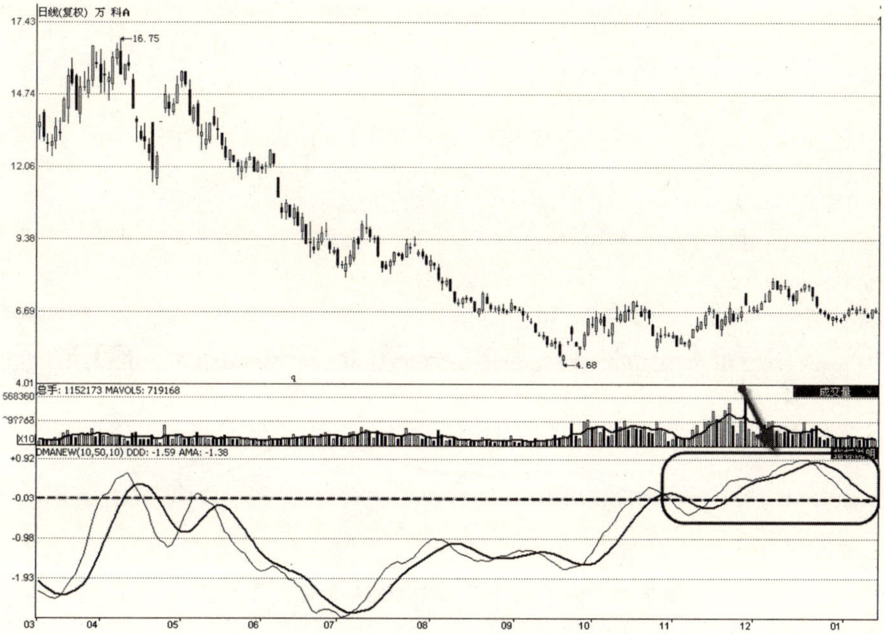

图 7-27　万科 A 跌势转升势 DMA 指标线形态

7.4.5　金叉形态下的短线买入信号

DMA 指标的金叉形态可以帮助我们展开短线买入操作。所谓金叉形态是指 DDD 指标线由下向上交叉并穿越 AMA 指标线。当这种金叉形态出现在低位区的震荡走势中、上升途中的盘整走势后、上升途中的一波回调走势后、下跌途中的一波短期快速下跌走势后，就是极佳的短线买入时机，因为它意味着一波上涨走势即将展开。

图 7-28 为南玻 A（000012）走势图。如图所示，此股在上升途中出现了一波回调走势。在回调走势后出现的 DMA 指标金叉形态预示着这一波回调走势的结束及新一波上涨走势的开始，是我们在回调走势中逢低买入的信号。

图 7-29 为 ST 中冠 A（000017）走势图。如图所示，此股在持续上涨之后，于高位区出现了宽幅震荡走势。此时利用震荡行情中的回调走势及 DMA 指标线的金叉形态，我们就可以很好地把握震荡行情中的低点，从而捕捉震荡走势中的短线反弹上涨行情。

图 7-28　南玻 A 上升途中 DMA 指标金叉形态

图 7-29　ST 中冠 A 震荡走势中 DMA 指标金叉形态

7.4.6　死叉形态下的短线卖出信号

DMA 指标的死叉形态可以帮助我们展开短线卖出操作。所谓死叉形态是指 DDD 指标线由上向下交叉并穿越 AMA 指标线。当这种死叉形态出现在高位区的震荡走势中、下跌途中的盘整走势后、下跌途中的一波反弹走势后、上升途中的一波快速上涨走势后，就是极佳的短线卖出时机，因为它意味着一波下跌走势即将展开。

图 7-30 为长城开发（000021）走势图。如图所示，此股在下跌途中经历了一段时间的盘整走势。随着盘整走势的持续，我们可以看到 DMA 指标开始呈现出死叉形态，这预示着盘整走势的结束、新一波下跌走势的开始。

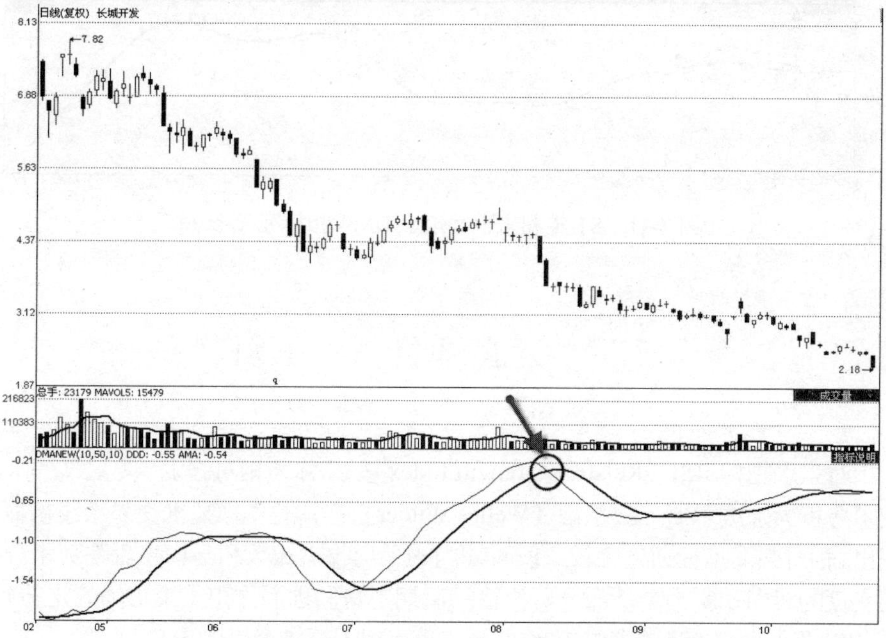

图 7-30　长城开发下跌途中 DMA 指标死叉形态

图 7-31 为 ST 宝利来（000007）走势图。如图所示，此股在上升途中出现了一波快速上涨走势。这一波快速上涨走势使得市场短期获利抛压骤然增加，随后，相对高点所出现的 DMA 指标线的死叉形态，就是预示其一波下跌回调走势即将展开的信号。

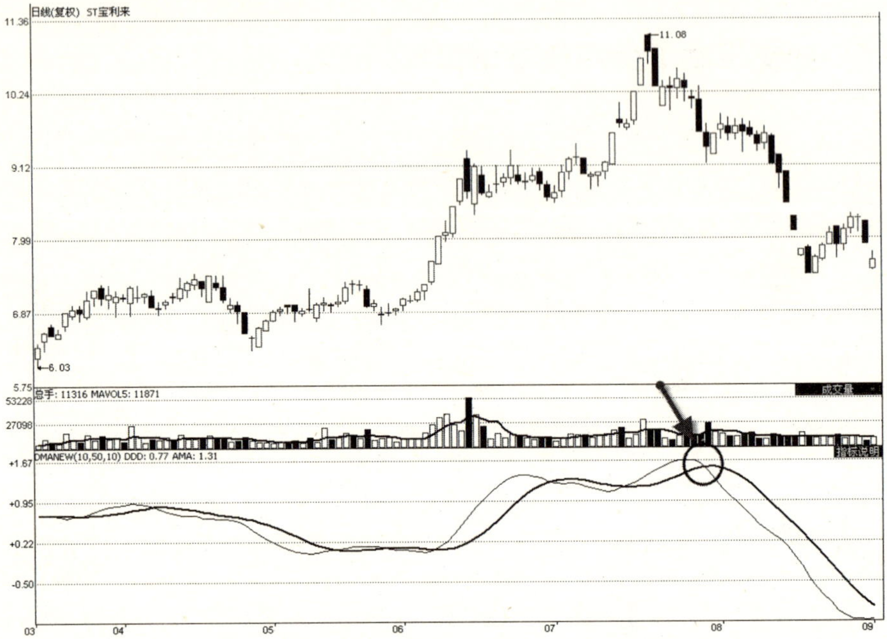

图 7-31 ST 宝利来上升途中 DMA 指标死叉形态

7.5 探底神针——RSI

相对强弱指标 RSI（Relative Strength Index），又称为相对强弱指数、力度指标，由技术分析大师威尔斯·威尔德（Welles Wilder）在其著作《技术交易系统新概念》中提出。相对强弱指标通过比较一段时期内的平均收盘涨数和平均收盘跌数来分析市场买卖盘的意向和实力，从而分析价格的后期走势，进而作出未来市场的走势判断。（注：RSI 指标既可用于分析指数的走势，也可用于分析个股的走势。）

7.5.1 什么是 RSI

相对强弱指标，顾名思义，是用于指示股市或个股当前的相对强弱状态的，其原理就是通过计算股价涨跌的幅度来推测市场运行趋势的强弱度，并据此预测价格走向。当价格的上涨幅度较为明显时，表明多方力量较强，价格在短期内仍有可能继续上升。价格下跌时，表明空方力量较强，价格在短期内仍有可能继续下跌。

相对强弱指标通过计算股价涨跌的幅度来分析相对强弱情况，RSI＝（N 日内收盘价上涨幅度总和）÷（上涨、下跌幅度总和）× 100；其中的 N 为时间周期，一般取三种，分别是 6 日、12 日、24 日；所计算得到的 RSI 数值其范围为 0～100。如果其值较高，则表明市场较为强势，反之，则表明市场较为弱势。在实盘操作中，我们可以利用 RSI 指标线的总体运行形态、交叉穿越关系，来分析预测价格的后期走势。此外，由于 RSI 指标更适用于短期走势的研判，因而，结合可以呈现出价格总体运行趋势的移动平均线来使用，其效果会更好。

7.5.2　上升趋势中的 RSI 指标线运行形态

RSI 指标以 RSI=50 这一位置作为多空双方力量的均衡点。当 RSI 指标值超过 50 时，说明多方力量占优；反之，当 RSI 指标值低于 50 时，则说明空方力量占优。上升趋势是一个多方总体占据的市况，这体现在 RSI 指标线的运行形态上就是，RSI 指标线会持续、稳健地运行于数值 50 上方。

图 7-32 为紫江企业（600210）走势图。在 RSI 指标窗口中，我们用虚线标示出 RSI=50 的位置。如图所示，在此期间，此股处于稳健的上升趋势运行中，而同

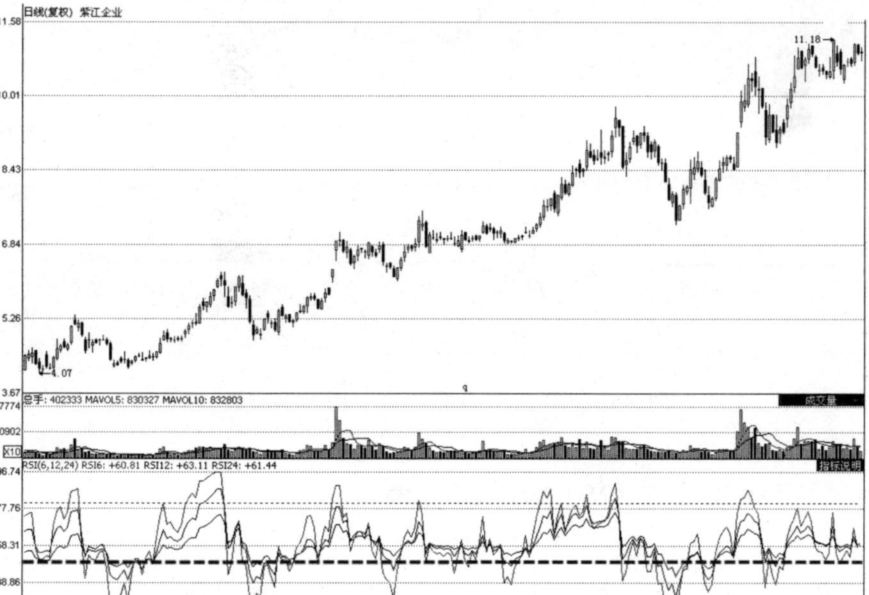

图 7-32　紫江企业上升趋势中 RSI 指标线形态

期的 RSI 指标线则是持续、稳健地运行于数值 50 上方，清晰地反映出了这一趋势运行状态。

7.5.3 下跌趋势中的 RSI 指标线运行形态

下跌趋势是一个空方总体占据的市况，这体现在 RSI 指标线的运行形态上就是，RSI 指标线会持续地运行于数值 50 下方。

图 7-33 为紫江企业（600210）走势图。在 RSI 指标窗口中，我们用虚线标示出 RSI=50 的位置。如图所示，在此期间，此股处于下跌趋势运行中，同期的 RSI 指标线则是持续地运行于数值 50 下方，清晰地反映出了这一趋势运行状态。

图 7-33 紫江企业下跌趋势中 RSI 指标线形态

7.5.4 短线卖点与 RSI 指标超买值

RSI 指标值都在 0～100 的区间内波动，并且以数值 50 为多空实力的平衡点，这一位置也称为 RSI 指标的中轴。在利用 RSI 指标分析价格短期内的波动情况时，我们可以关注 RSI 值偏离中轴的情况。当 RSI 在 20～70 区间时，这表示市场处于常态下，多空双方的交锋较为缓和，价格走势也将延续原有的路线。

当一波快速上涨走势出现，使得 RSI6 值高于 70 时，则表明市场短期内处于超买状态，是多方力量释放过度、空方可能展开阶段性反击的信号，可以作为我们短线卖出的信号。由于 RSI6 指标线的波动较为快速，并且当 RSI6 超过 70 时，价格往往仍然会继续上涨。因而，在实盘操作中，我们可以等 RSI6 指标线从超买区回落至 70 下方时，再择机卖出。（注：在 RSI 指标窗口中，我们用周期最短、反应最为灵敏的 RSI6 来分析市场短期内的超买超卖情况。）

图 7-34 为保税科技（600794）走势图。在 RSI 指标窗口中，我们用虚线标示了数值 70 所在的位置。如图所示，此股短期内的一波快速上涨使得 RSI6 指标线跃升至数值 70 上方，这是市场短期内处于超买状态的表现。随后，当 RSI6 指标线回落至 70 下方，而个股也出现震荡滞涨时，就是我们短线卖出的最好时机。

图 7-34　保税科技短期超买状态 RSI 指标线形态

7.5.5　短线买点与 RSI 指标超卖值

当一波快速下跌走势出现，使得 RSI 值低于 20 时，则表明市场短期内处于超卖状态，是空方力量释放过度、多方可能展开阶段性反击的信号，可以作为我们短线买入的信号。由于 RSI6 指标线的波动较为快速，并且当 RSI6 跌至 20 下方时，价格往往仍然会继续下跌。因而，在实盘操作中，我们可以等 RSI6 指标线从超卖区回升至 20 上方时，再择机买入。(注：在 RSI 指标窗口中，我们用周期最短、反应最为灵敏的 RSI6 来分析市场短期内的超买超卖情况。)

图 7-35 为格力地产（600175）走势图。在 RSI 指标窗口中，我们用虚线标示了数值 20 所在的位置。如图所示，此股在上升途中出现了一波快速的下跌走势，这一波幅度较大、速度较快的下跌走势使得 RSI6 指标线跌至数值 20 下方，这是市场短期内处于超卖状态的表现。随后，当 RSI6 指标线回升至 20 上方，而个股也出现止跌迹象时，就是我们短线买入的最好时机。

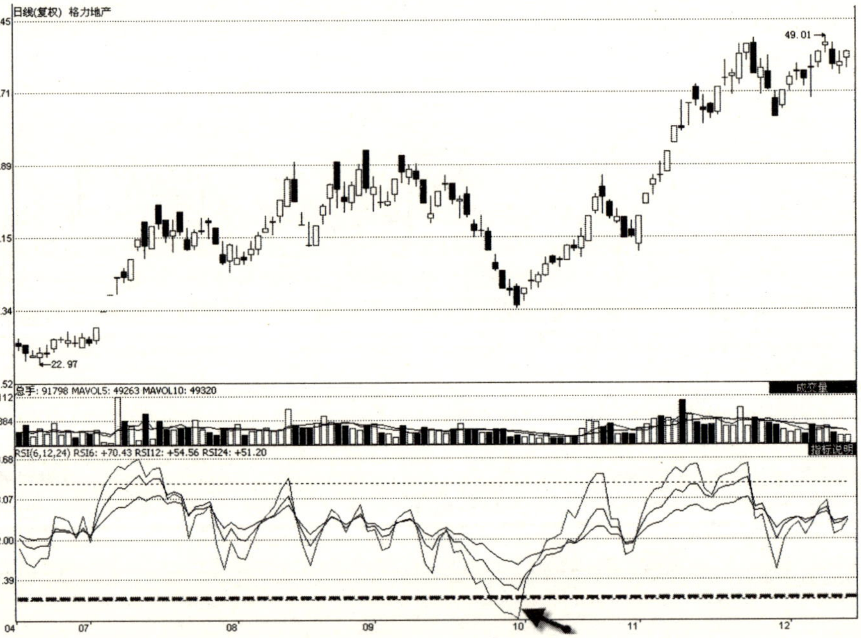

图 7-35 格力地产短期超卖状态 RSI 指标线形态

7.6 黑马利器——MBSS

每笔均量 MBSS 是一个捕捉主力异动行为的指标，与其他类的指标不同，每笔均量可以让我们快速地发现主力的异动动作——频繁地大单买入，而主力的这种行为往往直接与主力的大力建仓及随后的快速拉升等控盘行为相关。可以说，透过每笔均量的异动，我们可以从主力控盘的角度较为准确地捕捉到短期内即将飙升的黑马股。（注：MBSS 只适用于分析个股走势，并不能用于分析指数走势。）

7.6.1　什么是每笔均量

每笔均量也称平均每笔成交量、均笔成交、每笔平均交易数等，主要用于统计个股在每一个交易日的交投情况，即每笔均量=个股某段时间内的总成交量/相应时间段的总成交笔数，将某只股票当日的总成交量除以当日的总成交笔数，我们就可以得到此股当日的每笔成交量。

要想很好地理解每笔均量这个指标，我们主要理解两个概念即可，一个是成交量，另一个是成交笔数。成交量这个概念很简单，它等于买方买入的股票数量，也等于卖方卖出的股票数量。例如，对于一只股票来说，在某一个交易日，其买方买入了 50000 股，同时卖方也卖出了 50000 股，则此股当日的成交量就是 50000 股。对于成交笔数这个概念，我们可以用实例解读。假设投资者 A 挂出了一个 1000 手的卖单，且这个卖单处于“卖一”的位置上，随后，被 B、C、D、E 四个投资者的四张买单（其委托买入价等于投资者 A 的委托卖出价）所消化，则我们可以说，投资者 A 的卖单形成了 4 笔交易。因而，买方或卖方的单子较大时，会使均笔成交数值变大。

每笔均量之所以可以捕捉主力的控盘行为，就是因为主力手中持有资金数量巨大，主力不可能像散户投资者那样进行小单买卖。因而，当主力资金在盘中频繁地进行大单买入或是大单卖出时，每笔均量的数量会显著增加，透过每笔均量数值的大幅攀升，我们可以准确地识别出哪只个股有主力在大力参与。此时，结合个股的前期走势情况，我们就可以很好地判断出主力的控盘方向了。由于主力资金更喜欢在快速建仓，或是上升途中加仓时，采用大单买入的操盘手法，而在高位区出货时则往往采用小单派发的操盘手法，因而，每笔均量的大幅攀升几乎都是与主力的快速建仓、加仓行为相关，这也是为什么我们只能在个股的相对低位区看到每笔均量出现快速攀升的原因所在。

7.6.2　深幅下跌后止跌区的 MBSS 大幅攀升形态

当个股经历了深幅下跌而进入低位止跌震荡区后，若每笔均量出现了明显的攀升形态，则预示着有主力资金在进行积极的建仓。这是个股下跌趋势结束、进入底部区的标志，也是新一轮上升行情即将展开的信号，而且，由于主力资金的积极介入，这类个股的后期涨势往往较为强劲，会显著地强于同期的大盘走势。

图 7-36 为保利地产（600047）走势图。如图所示，此股在深幅下跌后的低位区出现了震荡止跌走势。在每笔均量窗口中，我们可以看到同期的每笔均量数值要显著地高于前期下跌走势，这说明此股已有主力资金介入，并且主力资金在持续地吸筹，这是此股随后将有不错上涨行情出现的标志，此时也是我们中长线买入布局的时机。

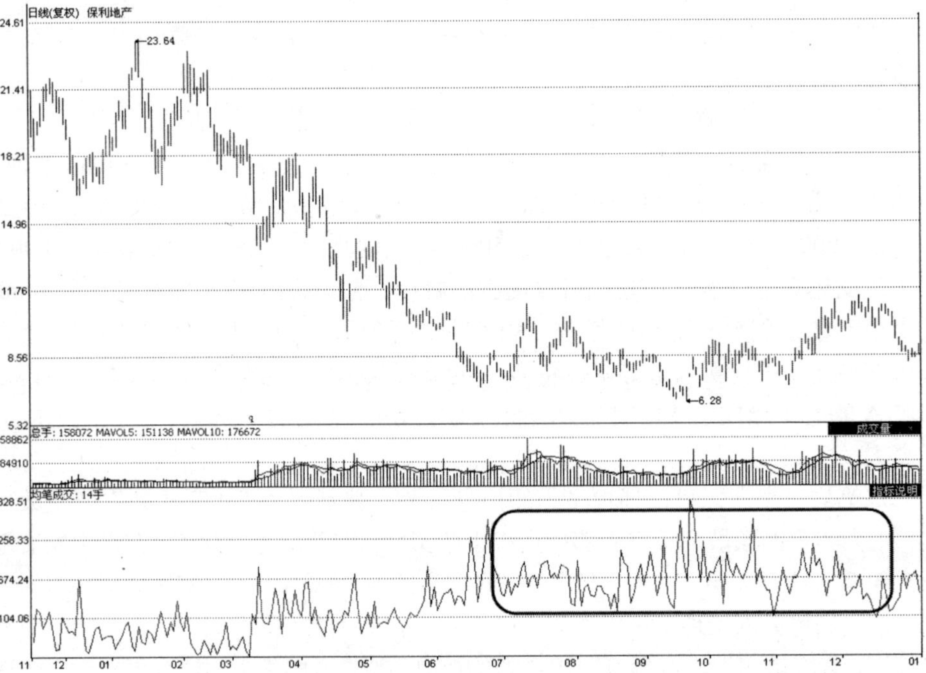

图 7-36 保利地产低位震荡走势中 MBSS 大幅攀升形态

图 7-37 为青岛海尔（600690）走势图。如图所示，此股在深幅下跌后的低位震荡走势中，也出现了每笔均量持续攀升的形态，这是主力资金持续建仓的标志，预示着此股后期的上涨走势将是值得期待的。

青岛海尔随后的走势如图 7-38 所示。此股随后出现了两倍左右的上涨幅度，远远强于同期的大盘，这就是主力资金运作下的个股所具备的潜力。

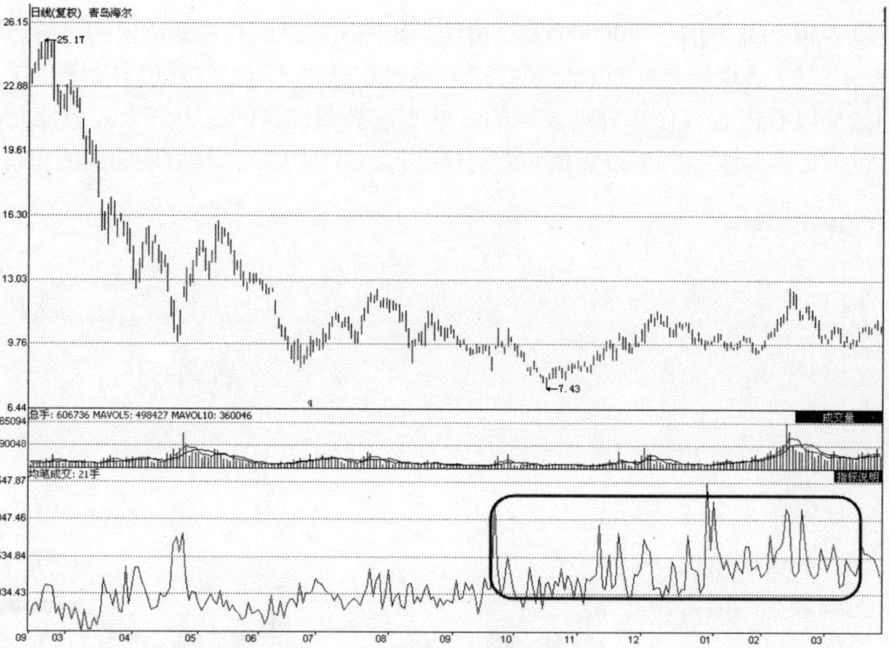

图 7-37　青岛海尔低位震荡走势中 MBSS 大幅攀升形态

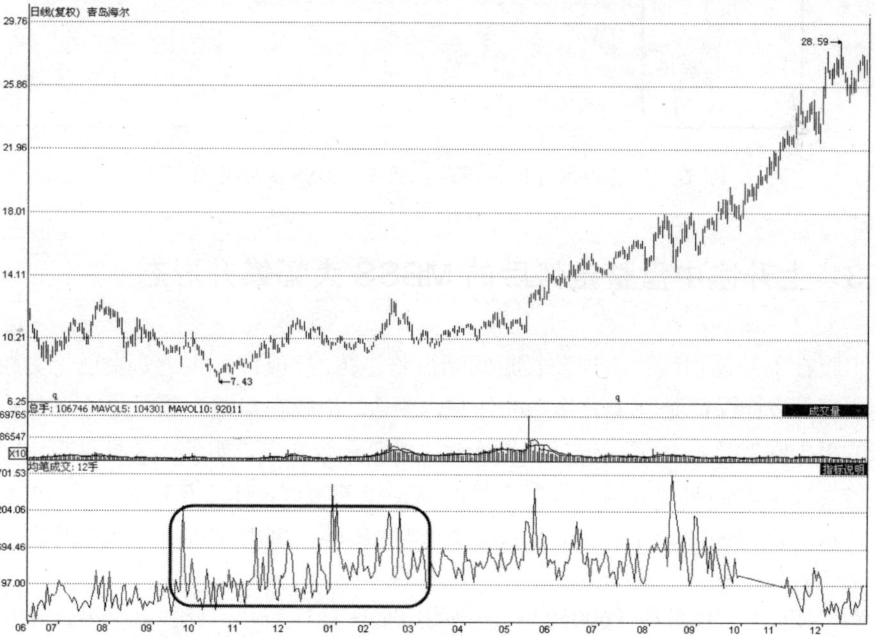

图 7-38　青岛海尔低位震荡后走势图

图 7-39 为北方国际（000065）走势图。如图所示，此股在低位区的盘整震荡走势中，出现了表现极其鲜明的每笔均量大幅攀升形态，但是仅从价格走势上来看，我们是难以看出它有什么异动表现的。其实这是强控盘的主力资金大力建仓的表现，也正是因为强控盘主力资金的大规模介入，才催生了此股后期的大牛市行情。

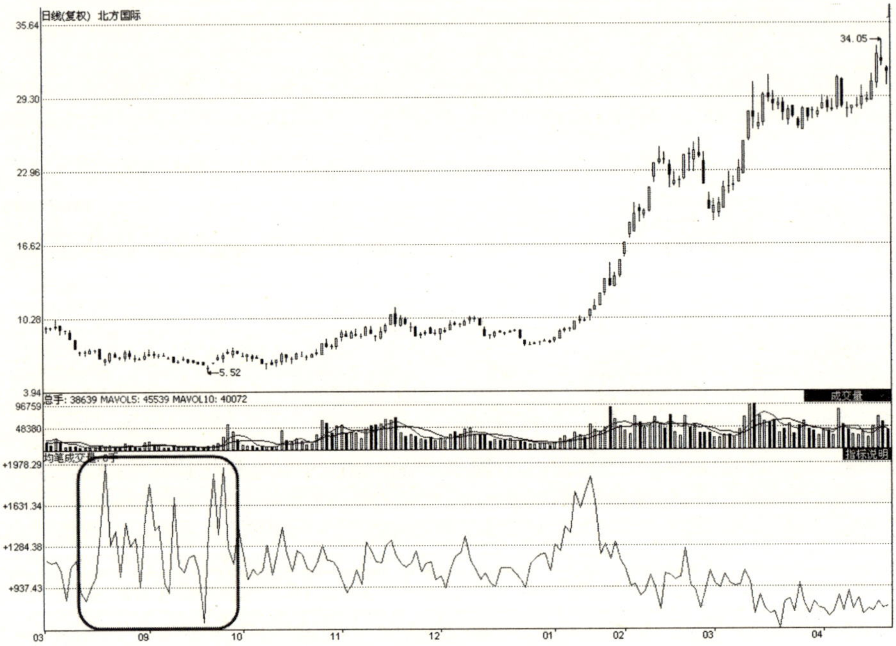

图 7-39　北方国际低位震荡走势中 MBSS 大幅攀升形态

7.6.3　上升途中盘整走势后的 MBSS 大幅攀升形态

个股在上升途中往往出现较长时间的盘整走势，这或许是主力资金已无力再度拉升的表现，或许仅仅是其上升途中的休整，那么，个股在盘整走势后是否还具有强势上涨的潜力呢？透过每笔均量形态的变化，可以一窥端倪，如果在个股盘整走势中出现了每笔均量大幅攀升而同期价格走势波澜不惊的情况，则说明主力资金在不动声色地进行快速加仓操作，这是个股随后即将展开短线飙升的强烈信号，也是我们短线买入的最佳时机。

图 7-40 为安徽水利（600502）走势图。如图标注所示，此股在上升途中出现了较长时间的盘整走势，随着盘整走势的进行，虽然个股的走势仍旧是波澜不惊的盘整震荡走势，但是同期的每笔均量数值却在快速攀升，这是主力资金大力加仓的信号。

由于此股前期的上升形态保持良好，盘整走势也是以股价重心缓缓上移为主基调，因而，这时的主力资金快速加仓行为多意味着主力资金将要继续强势拉升此股，此时即是我们短线买入的最好时机。

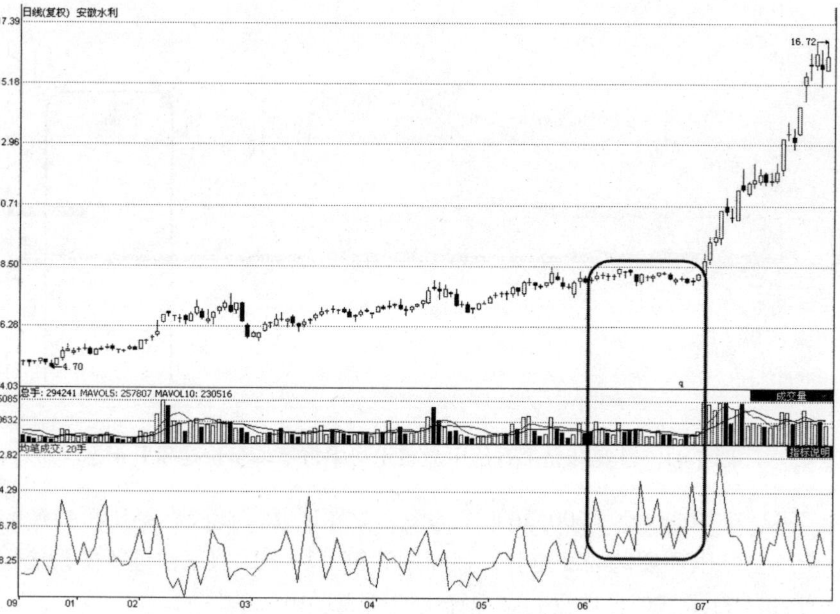

图 7-40　安徽水利上升途中盘整走势中每笔均量快速攀升形态

图 7-41 为莲花味精（600176）走势图。如图所示，此股在上升途中出现了一波回高走势，随后，此股出现了较长时间的盘整走势。此时，我们难以判断盘整走势后的个股选择方向，但是这时每笔均量的大幅攀升却提示我们主力资金进行了突然性的大幅加仓操作。考虑到此股当前仍然处于中长线角度下的相对低位区，而且每笔均量的大幅攀升总是与主力的吸筹行为相关，因而，这预示着此股短期内将有一波快速上涨的飙升走势出现，此时是我们短线买入的最好时机。

7.6.4　高位震荡滞涨区的 MBSS 持续下降形态

当个股经历了持续上涨走势而进入高位区后，若个股在高位区出现了长时间的震荡滞涨走势，且同期的每笔均量也快速下降，这多意味着主力资金已全无拉升意图，而且很可能在进行着小单出货的操作。这是个股上升趋势结束的信号，也是我们中长线卖出离场的时机。

图 7-41　莲花味精上升途中盘整走势中每笔均量快速攀升形态

图 7-42 为中国软件（600536）走势图。如图所示，此股在经历了持续的上涨走势后，于高位区出现震荡滞涨走势，且同期的每笔均量数值呈快速下降形态。这是个股步入顶部区的标志，也是我们应选择中长线离场出局的信号。

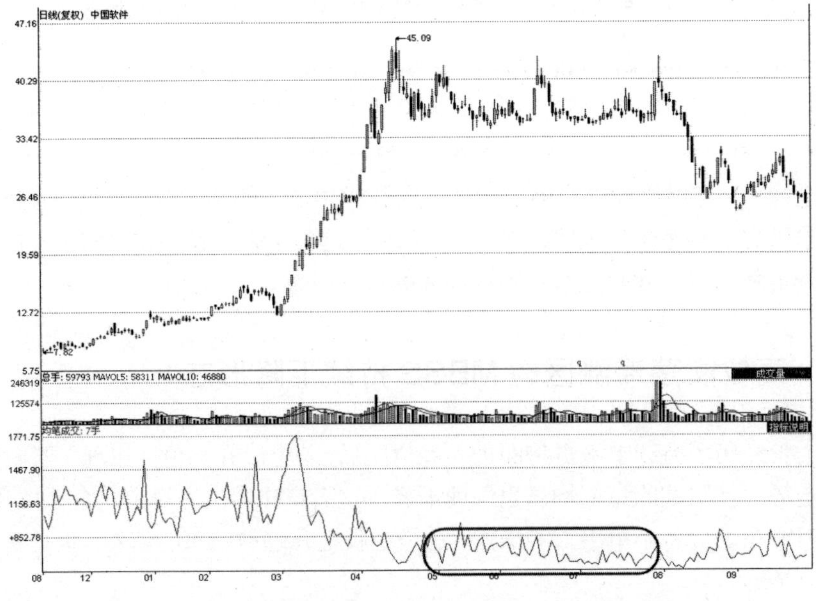

图 7-42　中国软件高位滞涨区每笔均量快速下降形态

图 7-43 为 ST 国发（600537）走势图。如图所示，此股在经历了持续上涨走势后，于高位区出现震荡滞涨走势。如图标注，同期的每笔均量数值快速下降，这是个股进入顶部区的标志，也是升势结束的信号，此时我们应选择卖出离场。

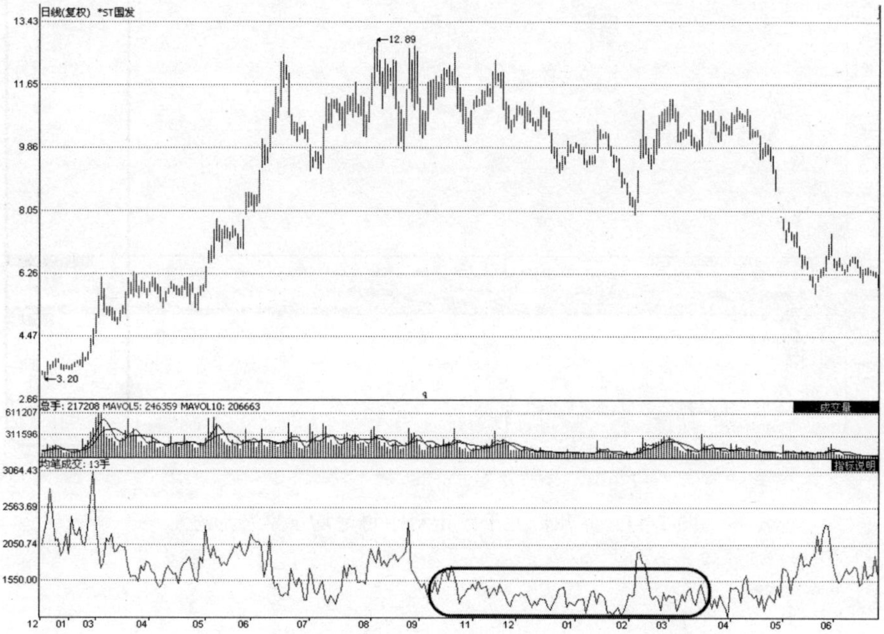

图 7-43　ST 国发高位滞涨区每笔均量快速下降形态

7.6.5　下跌走势中的 MBSS 小幅攀升形态

若个股在相对高位区出现了一波快速下跌走势，且同期的每笔均量出现了攀升，则说明有主力资金在打压出货。这样的个股一般是没什么潜力的，而且，如果此股处于中长线角度上的明显高位区，则这很有可能是其下跌趋势正式展开的信号。

图 7-44 为兖州煤业（600177）走势图。如图所示，此股在高位区的一波下跌走势中出现了每笔均量攀升的形态，这是主力资金打压出逃的表现。在实盘操作中，我们应尽量不要过早地参与这类个股的抄底买入操作，因为一旦主力资金开始打压出货，则它的后期走势是不容乐观的。

图 7-45 为柳钢股份（601003）走势图。如图所示，此股在一波快速下跌走势中出现了每笔均量快速攀升的形态，这是主力资金打压出货的表现，预示着此股短期内难以见底。因而，在实盘操作中，我们不可以贸然地抄底买入。

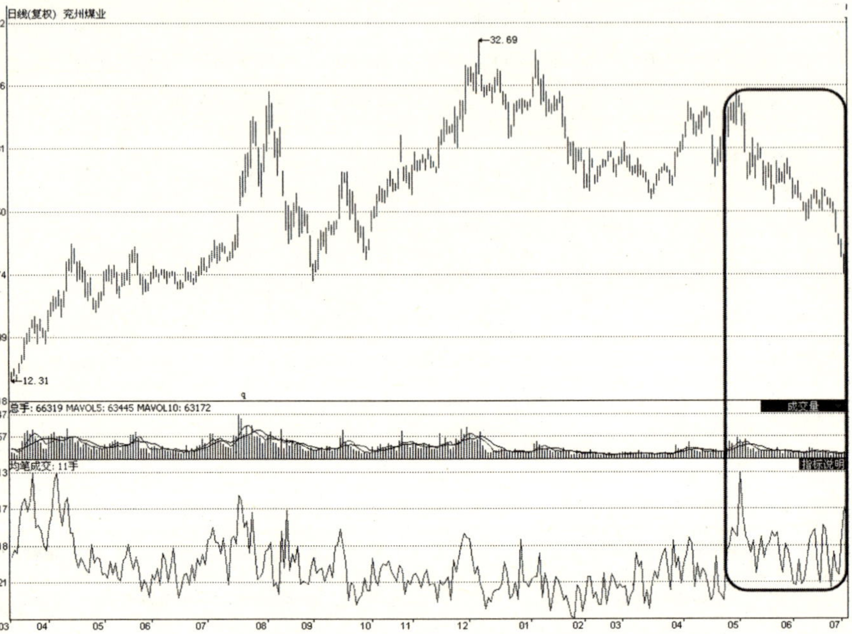

图 7-44　兖州煤业下跌走势中每笔均量攀升形态

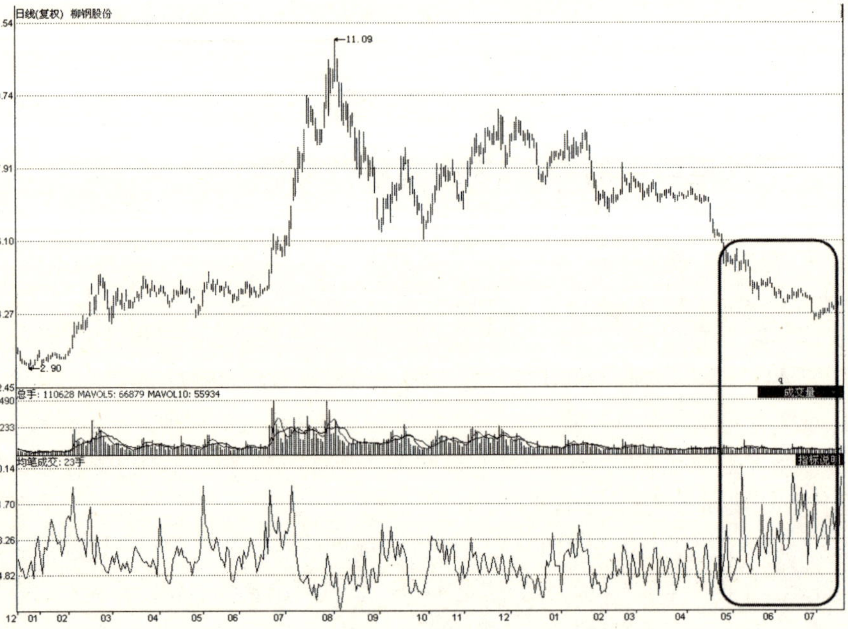

图 7-45　柳钢股份下跌走势中每笔均量攀升形态

第 8 章 主力运作：与庄共舞

股票市场是一个主力与散户互相博弈的市场，主力的成功往往就建立在散户的错误判断之上，散户之所以做出低位买入、高位卖出的错误判断，除了市场环境的影响及投资经验的不足外，往往还与主力的操盘手法相关。主力通过不同的操盘手法制造出了个股在低位区要跌、在高位区要涨的假象，从而迷惑散户做出错误判断。本章中，我们就来详细地了解一下主力经常使用的操盘手法，这些操盘手法也可以说是主力的“骗术”，只有更好地了解这些“骗术”，我们这些散户才能“知己知彼，百战不殆”。

8.1 认识主力

为了更好地了解主力，应对它的特点进行全面了解，既要知道主力的类型，也要明确主力的优势所在。所谓主力，就是指可以形成一股资金实力较强大的力量，其市场行为可以在很大程度上影响甚至决定着个股的走势。散户虽然群体庞大，但由于买卖行为较为分散、无法形成合力，因而对个股走势的影响力极为有限，在股市中扮演着参与者的角色。主力则不同，主力实力强大，这一点与散户迥然不同，而且主力的买卖方向较为明确，当这庞大的资金向某一方向发力时，对个股走势的影响力就会充分体现出来。

8.1.1 主力包括哪些人

“主力”这一概念只是一个笼统的概述，我们可以依据两个标准，即以资金类型为标准和以控盘时间为标准，对主力进行更为详尽的划分。依据资金类型，主力可以分为：基金、券商、QFII、机构投资者、民间资本、大户联盟等。依据控盘时间，主力可以分为：中长线主力、短线主力、过江龙主力等。

1．基金

基金，也就是我们常说的公募基金（Public Offering of Fund）、证券投资基金。基金管理公司通过发行基金单位，集中投资者的资金，由基金托管人（即具有资格的银行）托管，由基金管理人管理和运用资金，从事股票、债券等金融工具投资。我们这里所说的基金是指主要投资于股票市场中的偏股型基金。

购买基金的投资者称之为基民，基民买基金多是希望可以获取高于银行的稳定回报。股市中绩优股的中长期稳健走势恰好与这种投资理念相符，因而，基金大多重仓于业绩较为优秀的个股。由于基金所控制的资金来自于广大基民，这也使得其在股市中的买卖行为要围绕着基民的申购与赎回情况展开。在股市行情较好的时候，基民申购力度会较大，这时的基金也自然会进行较大力度的买入，而基金又多建仓权重股，权重股对股指影响力较大，这使得基金成为了主导大市的重要力量，对上涨行情起到推波助澜的作用。反之，在行情较弱时，基金又会加大卖出力度，从而促使行情跌势加快。

2．券商

券商是“集合理财”这种理财产品的发起人和管理人，是集合客户的资产，并按照集合理财计划进行投资管理的专业投资者。券商较为注重价值投资理念，但由于其总体资金规模相对较小，因而，他们更喜欢建仓于中小盘绩优股，而非大盘蓝筹股。

3．QFII（合格境外机构投资者）

QFII（Qualified Foreign Institutional Investors），QFII 机制是指外国专业投资机构到境内投资的资格认定制度，国外的股市较为注重价值投资理念，它们介入中国股市多是因为看好中国的经济发展潜力，因而，其所买入的个股多是些行业中的龙头企业。由于视角的不同，QFII 所认定的绩优股标准与国内机构所认定的往往不同，而且 QFII 更关注企业的成长潜力，其买卖行为也大多是中长线的持股待涨方式。当 QFII 进入或退出一只个股，大众投资者更应该关心的是这一上市公司的发展潜力，而不是此股的技术形态如何。

4．民间资本

相对于具有公募性质的基金、券商来说，民间资本的资金来源渠道并不为市场所知，但它们却是投资者最应关注的一类主力。因为民间资本往往是以控盘者的角色来主导个股的，而基金、券商等则多是以“重要参与者”的角色影响个股的。一只个股若有多只基金入驻（这是一种最为普遍的情况），则只有当它们达成默契时，此股才极有可能出现波澜壮阔的走势。

此外，民间资本还是市场热点的炒作者，很多个股在没有实际业绩、没有预期业绩的情况下，之所以能出现短期暴涨的翻倍走势，其幕后推手正是民间资本。民间资本擅用各种操盘手法来控盘个股，其所运作的个股往往会出现特立独行的走势，是我们在跟庄实战中重点分析的对象。

5. 中长线主力

中长线主力会在较长时期内控盘个股的走势，这类个股阶段性上涨的走势也许并不十分凌厉，但其中长期的累计涨幅往往十分惊人。这类主力的实力往往较强，在介入个股前一般会有较为周密的安排。例如，用多少资金建仓、用多少资金拉升、个股的目标价位、控盘时间的长短等等。

6. 短线主力

短线主力是指那些追逐于市场热点，力图在快进快出中获取短期收益的主力。这类主力往往采用建仓、拉升一气呵成的手法，在快速建仓后，再通过快速拉升个股，借此激发市场上的追涨情绪，从而完成高位区的出货操作。

7. 过江龙主力

过江龙主力是控盘时间更短的主力，它有点类似于股市中的超级大户，其资金实力远强于普通散户，但又远弱于其他的主力，他们对个股的控盘能力有限。在个股上涨时，这类主力多是借助于其他主力的拉升之机顺势追涨，从而起到推波助澜的作用，以此再吸引场外资金追涨买入，而后快速出货；下跌的时候，则是毫不犹豫地进行大笔卖出，一般很少进行护盘。

8.1.2　主力的优势

主力往往能从控盘个股的过程中获取巨额的利益，这与其所具备的种种优势密不可分。一般来说，主力在资金实力、信息获取方式、操盘手法运用、了解大众投资者买卖方式及心态等方面有着较强的优势。

1. 资金实力强大

股市是一个以实力说话的场所，每一只个股的流通筹码数量都是有限的，谁拥有的资金实力足够强大，谁就可以控制更多的筹码，从而控制个股的走势。主力在控盘一只个股时，其所调用的资金少则几千万，多则过亿。正是因为有了这种强大的资金实力保证，主力才可以买入大量的流通盘，进而操控个股的走势。对于散户来说，是远远不具备这种资金实力的。

在主力控盘个股的过程中，一般要将资金统分为两部分，一部分用于低位区建仓操作，另一部分则用于随后的拉升、护盘等操作。两部分资金的调度比例正好成反比：建仓时的资金多，则拉升所需的资金相对较少；建仓时的资金较少，则拉升时所动用的资金就较多。建仓时的买入力度越大，则市场上浮筹就会越少，主力对个股的控盘能力也就会越强，这样在拉升时就需要为应对获利抛压而动用大量的买股资金。反之，建仓时买入得少，在拉升时就会面临着较强的市场抛压，这样，就需要较多的资金才可以成功实现拉升。

2．信息获取方式领先

在股市中，谁提前一步获取了可靠的消息，谁就能牢牢地将主动权握在自己手中。很多个股在重大消息公布之前往往都会出现异动走势，这尤以停牌前最后一个交易日的涨停板形态最为常见。很明显，这是有资金提前获取了消息，从而展开大力度买入所导致的。那么，提前获取消息的究竟是谁呢？

很明显，不可能是散户，散户只能通过上市公司的公告或是市场传闻来获取消息。其实，提前获取消息的正是主力资金，主力总能通过某种隐蔽的消息渠道提前获取重要消息，从而提前运作个股，领先市场一步，这为主力控盘的成功打下了坚实的基础。

3．了解散户的习惯及炒股心态

主力的对手是散户，主力的控盘成功也是建立在大多数散户错误的判断之上的。在低位区，主力要买股布局，如果散户不卖的话，主力就无法顺利建仓；在高位区，主力要获利出局，如果散户不买的话，主力的利润也只是账面利润。为了保证每一个控盘环节的顺利展开，主力就要了解散户的炒股习惯及炒股心态，只有这样，主力才能运用相应的操盘手法来迷惑散户。例如，在个股上涨时，散户多情绪高涨，喜追涨，而在个股下跌时，则心态恐慌，怕深套。利用这种心理，主力就可以通过低位区的打压、高位区的对倒拉升来迷惑散户，从而使其在情绪的影响下作出错误的买卖决定。

8.1.3 主力坐庄的步骤

一般来讲，主力坐庄的步骤包括五部分：建仓、试盘、洗盘、拉升、出货。

1．建仓

建仓是指在股市中庄家，或主力，大户介入某一个股，一段时间内不断买入的行为。一般所说的建仓就是指主动吸筹。被动吸筹就是指主力在操作股票的过程中遇到原先没有料到的局面而不得不以大量买入来达到目的的行为。

建仓时盘中经常出现规律性的向上冲击波，主力资金的吸筹动作。在盘面上，经常有大笔卖单挂留，在股价已被打压到较低价位，在卖一、卖二、卖三挂有巨量抛单，实际是主力在暗中吸货，一旦等到筹码吸足后，主力就会突然撤掉巨量抛单，这时股价将大幅上涨。在这一阶段的末期，一般成交量会温和放大，但股价却未大涨或只是小幅上涨。技术指标经常出现“底背离”。K 线形态中日 K 线经常在低位出现小十字星，或者小阴阳实体方块，K 线组合在低位出现圆弧底、W 底、头肩底、三重底、U 形底、V 形底等。

2．试盘

试盘是指主力在低位吸足了筹码之后，并不是马上进入拉升状态。一般主力持有的基本筹码占流通盘的 45%～50%，在较长的吸货阶段，主力并不能肯定在此期间有没有其他的主力介入，因此，要进行试盘。试盘时主力一般先要将股价小幅拉升数日，看看市场上的跟风盘多不多，持股者心态如何。随后，便是持续数日的打压，震出意志不稳的浮筹，为即将开始的大幅拉升扫清障碍。

试盘时，股价会突然被盘中出现的上千手大抛单砸至跌停板或跌停板附近，随后又被快速拉起，或者股价被突然出现的上千手大买单拉升然后又快速归位。这表明有主力在其中试盘。主力向下砸盘，是在试探基础的牢固程度，如果一段时期某股总收下影线，则向上拉升可能大，反之则出逃可能性大。

3．洗盘

主力为达到炒作目的，必须在拉升的途中让低价买进，意志不坚定的散户抛出股票，然后让看好后市的投资者有机会跟进。这样，后入市者的成本高，在洗盘的时候就不会轻易抛掉，能够有效地减轻日后拉升时获利盘回吐的压力。

4．拉升

拉升指数是指股市内权重比较大的股票集体上涨，从而导致的股指大幅上涨的情况。这一阶段初期的典型特征是成交量稳步放大，股价稳步攀升，移动平均线处于多头排列上升的状态，K 线图中的阳线出现频率远远大于阴线出现的频率。这一阶段中后期的典型特征是，成交量越放越大，股价上涨幅度越来越快，上升的角度也越来越陡。此时，如果有成交量呈递减状态，则该股要么在高位横盘一个月左右慢慢出货，要么利用除权使股价绝对值下降，然后再次拉高或横盘出货。当个股的交易温度炽热、成交量大得惊人时，大幅拉升阶段就即将结束了，因此，投资者在此阶段后期的交易策略应该是离场观望，谨慎操作。

5．出货

出货是主力操作的最后一步，出货的成功与否直接关系到主力这次操作的成败。这一阶段股价正在构筑头部，买盘虽然仍很旺盛，但已出现疲弱之态，K 线图中阴线出现次数将远远高于阳线的出现次数，如果成交量连日放大，则表明主力已在派发离场。因此，此时也是投资者最佳的离场时机。

8.2　盘面成交量剧增意味着什么

盘面成交量剧增，很可能是主力在进行对倒，对倒出现在主力手中已有较多筹码的情况下。所谓对倒，就是主力利用自身的大量交易账号，将自己所持有的筹码“左手倒右手”的一种手法。对倒的目的无非是利用成交量制造利于主力的股票价位，吸引跟进或卖出。

由于主力的对倒行为会大大增强个股的成交量，因而，对倒手法也称为对倒造量手法。下面我们来看看，主力为何要采用对倒造量手法？主力又会在何时采取对倒造量手法。

8.2.1　主力拉升股价时

个股成交量大幅度放出，无疑是其明显异动的表现，这种异动肯定会引起市场投资者的注意。一般来说，在主力的建仓阶段，由于主力手中筹码较少、且并不希望引发市场抢筹行为出现，因而，主力是没有道理进行对倒造量操作的。但是当个股进入到拉升阶段或出货阶段时，情况就变得完全不同了，我们先来看看主力拉升阶段的对倒造量手法。

在拉升阶段，若是主力持有的筹码数量较少，则其控盘能力就会相对较弱，在拉升时所面临的市场获利抛压就会更重一些。此时，主力通过对倒造量拉升的方法可以在较大程度上激发市场投资者的追涨热情，从而可以借助于市场的力量来推升股价上涨。

拉升阶段的对倒造量手法之所以可以吸引投资者追涨买入，是因为大多数散户都有“放量要涨”的惯性思维方式。但由于这种对倒造量的方式属于实实在在的成交，会在无形之中增强主力的持仓成本，因而，如果主力实力相对较强，且个股正处于上升初期时，主力一般并不会如此大张旗鼓地进行对倒并吸引市场关注。可以说，这种对倒造量手法多出现在个股前期已有不小涨幅的情况下，多是主力为后期出货预留空间，并制造人气而使用的一种手法。

图 8-1 为保税科技（600794）走势图。如图中标注所示，此股在上升途中的一波快速上涨走势中，出现了成交量连续大幅放出的形态，这种连续大幅放出的效果已经明显超越了个股正常上涨时的常态水平，它是主力为制造良好的放量上涨市场氛围所采取的对倒放量拉升手法。由于此股前期已有一定涨幅，因而，这种对倒放量拉升的手法预示着中期顶部即将出现。

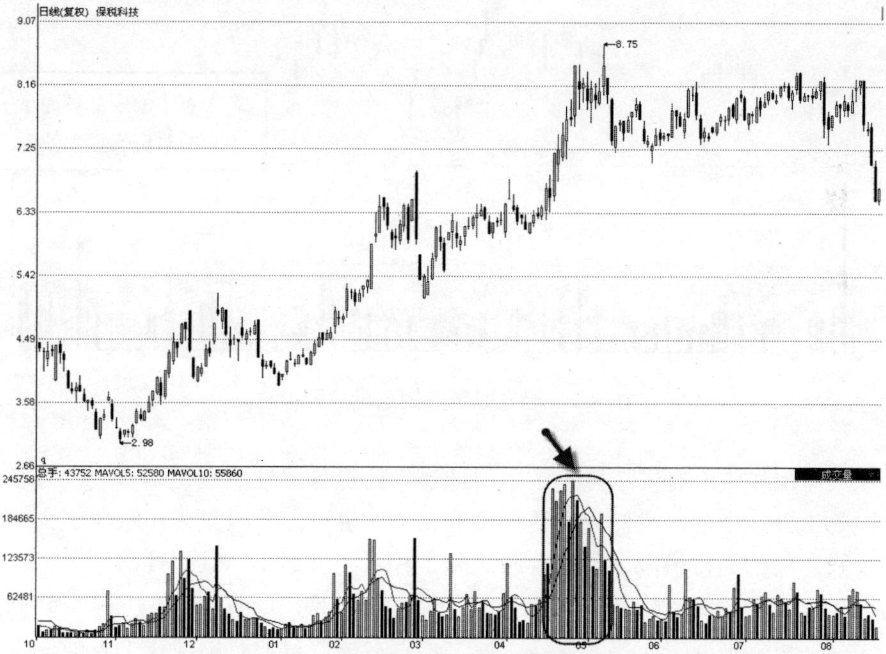

图 8-1　保税科技对倒放量拉升形态

对于短线投资者来说，我们可以在这一波上涨走势后的滞涨期间卖出离场。对于中长线投资者来说，由于此股的累计涨幅并不惊人，因而，可以采取灵活的仓位配置策略，即清掉一部分仓位，寻找潜力更佳的个股，或是暂时持币，但仍留有一部分仓位，以观察此股的中长线走势是否出现反转。

图 8-2 为旭光股份（600353）走势图。如图中标注所示，此股在突破高位盘整区的一波稳步上涨走势中，出现了成交量忽大忽小的形态，这种量能的明显的异动显然与主力的对倒手法有关。当主力于当日进行大量筹码的对倒操作时，这一交易日的成交量就会明显放出；反之，若主力在当日并没有明显的对倒行为，则当日的量能就会突然缩小。

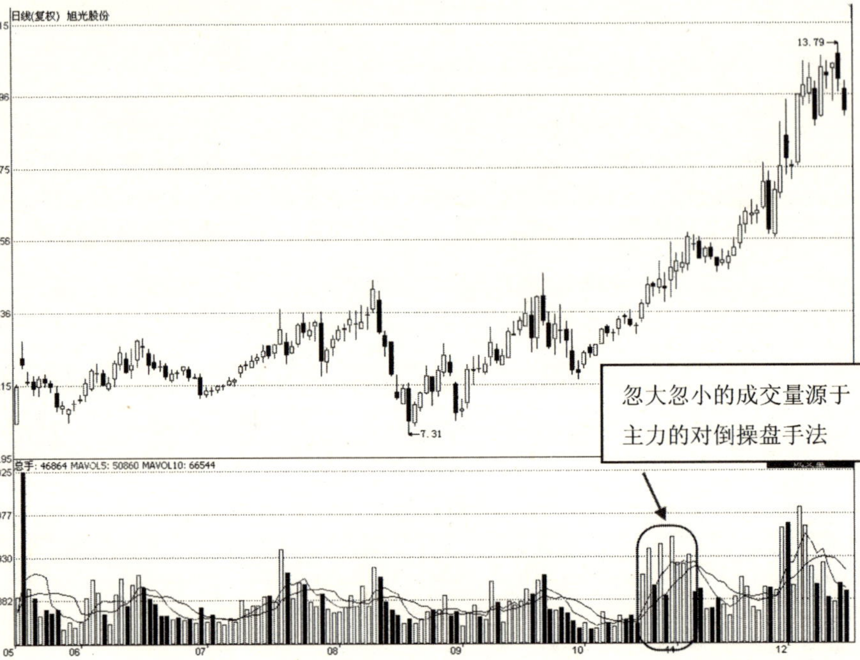

图 8-2　旭光股份对倒放量拉升形态

在实盘操作中，对倒造量手法主要通过价格走势及量能变化来分析，当它出现在个股的上升途中时，我们可确认此股有主力入驻，但此时是否应跟庄买入，则取决于个股当前的运行情况。如果个股正处于稳步上升途中，且累计涨幅不大，则我们可以预计个股后期的中长线走势仍以上涨为主基调，且后期潜在上涨空间仍然较大，因而，可以采取跟庄买入操作。反之，若对倒放量形态出现在个股前期累计涨幅较大的情况下，则我们可以适当地参与短线操作，而不宜采取中长线持股待涨的策略。

图 8-3 为旭光股份对倒放置拉升形态出现后的走势图。标示了此股的走势情况，从图中可以看出，虽然此股短期内仍有一定的上行空间，但是其升幅较小，且后期的中长线走势是以高位区滞涨为主基调的。

图 8-4 为 ST 精伦（600355）走势图。此股在持续上升途中受大盘回调带动而出现了一波快速下跌走势，此时，个股累计涨幅不大、主力全无出货空间可言。在这一波下跌走势后，我们可以看到，此股出现成交量大幅放出，且伴以股价短期飙升的形态，这正是主力资金对倒拉升手法的体现。

对倒拉升形态的出现，说明主力不看好大盘后期走势，因而利用大盘止跌反弹期间对个股进行快速的拉升，以为后期出货预留空间。但是由于主力的控盘能力有限，

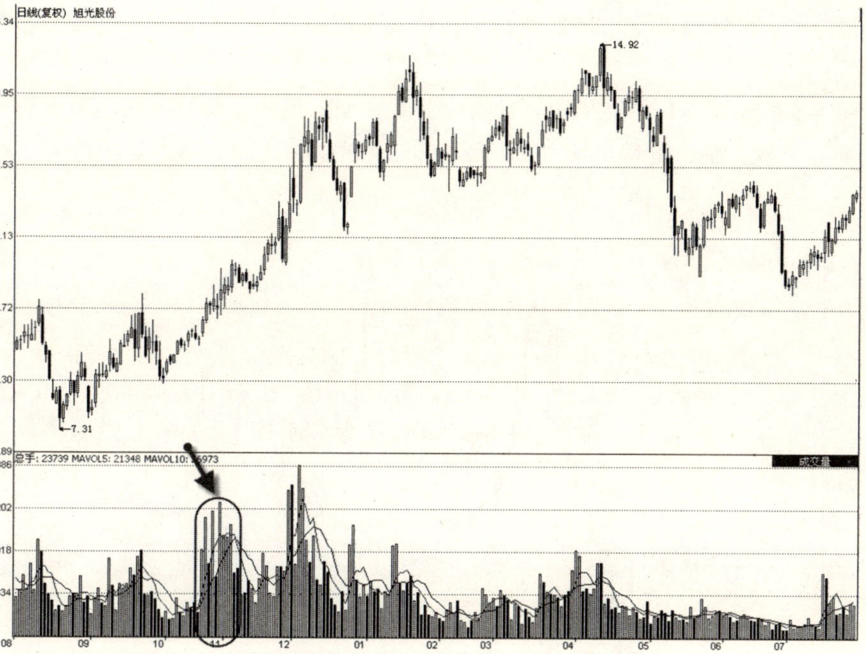

图 8-3　旭光股份对倒放量拉升形态出现后走势图

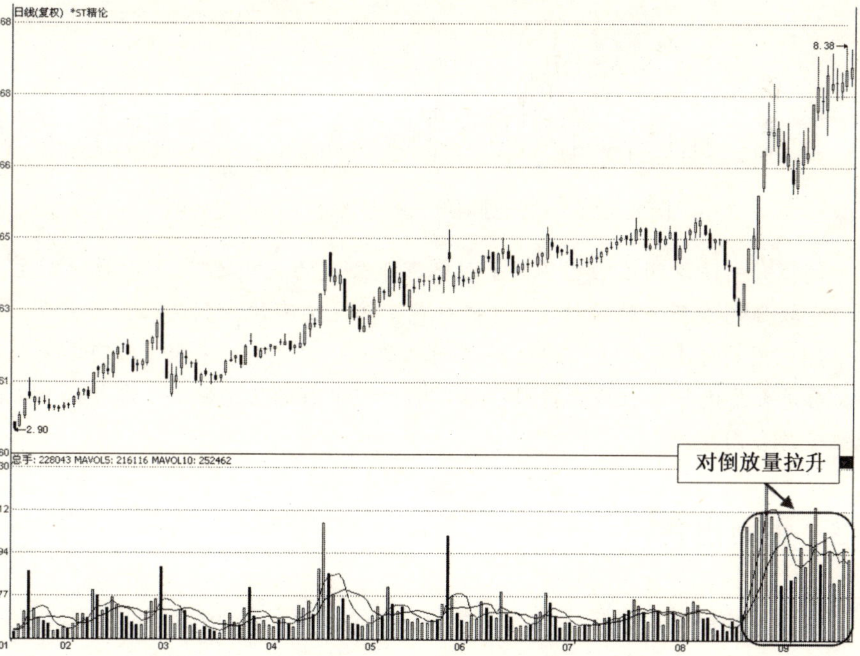

图 8-4　ST 精伦对倒放量拉升形态

因而，为了更好地借助于市场追涨盘力量推高个股上涨，采取对倒式的拉升就是一个不错的选择。

图 8-5 标示了 ST 精伦在这一对倒放量拉升形态后的走势情况，可以看到，在主力放弃对倒操作后，此股的量能也开始逐步地恢复如初，价格走势也进入了中期顶部区。

图 8-5 ST 精伦对倒放量拉升形态出现后走势图

对倒拉升手法说明主力已不怕个股暴露于公众的视野之下，同时也说明主力在短时间内有较强的推升个股的愿望，这也多预示着主力有较强的高位出货意图，是个股走势中期见顶的标志。对于出现这种对倒拉升的个股，一般来说，我们更适宜于短线参与，而是否要进行中长线的持股待涨，则应视个股的估值状态、题材强弱、前期累计涨幅等综合因素决定。

8.2.2 主力出货时

出货阶段的对倒造量手法是主力诱多出货的体现，所谓的诱多，是指主力或庄家有意制造股价上涨的假象，诱使投资者买入，结果股价不疑为反跌，让跟进做多的投资者套牢的一种市场行为。当个股经前期的持续上涨而步入高位区间后，个股的巨大累计涨幅是不争的事实。此时，只有散户有做多的意愿，即散户认为个股后期仍将上涨，主力才有机会于高位出货。否则的话，如果散户在高位区的买入意愿极低，则以主力所持有的巨量筹码来看，是难以顺利出货的。

此时，主力通过在高位区制造放量上涨的形态就不失为一个好办法，特别是如果个股在放量当日可以以一个强势涨停板形态出现，则很多散户就会误认为主力仍有较强的做多意图，从而采取追涨买入的操作，而主力可以趁机悄然出货。

图 8-6 为长春燃气（600333）走势图。此股经高位区的长期盘整震荡之后，出现了放量突破走势。然而，只要我们细心即可发现：此股在突破走势出现前（仍处于盘整震荡之中时）就已出现了明显的异常放量，而此股当时的基本面、消息面等均是风平浪静，因而，这只能是来自于主力的对倒。通过对倒产生的量能放大效果，可以在一定程度上激发市场人气，从而为随后的再度对倒放量拉升创造条件。

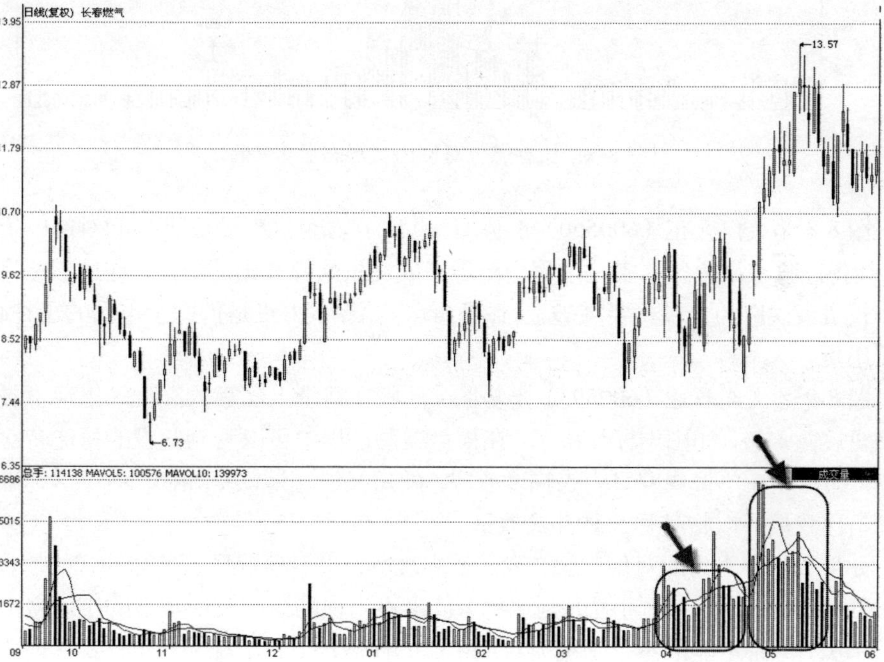

图 8-6 长春燃气对倒出货形态

随后，当此股向上突破这一盘整区时，我们可以看到成交量再度大幅放出，且放量效果更为鲜明，但个股上涨力度却极为沉闷。这与巨幅放大的量能无法相呼应，因而，这只能是主力对倒诱多出货的操盘手法。图 8-7 标示了此股在这一对倒出货形态后的走势情况。

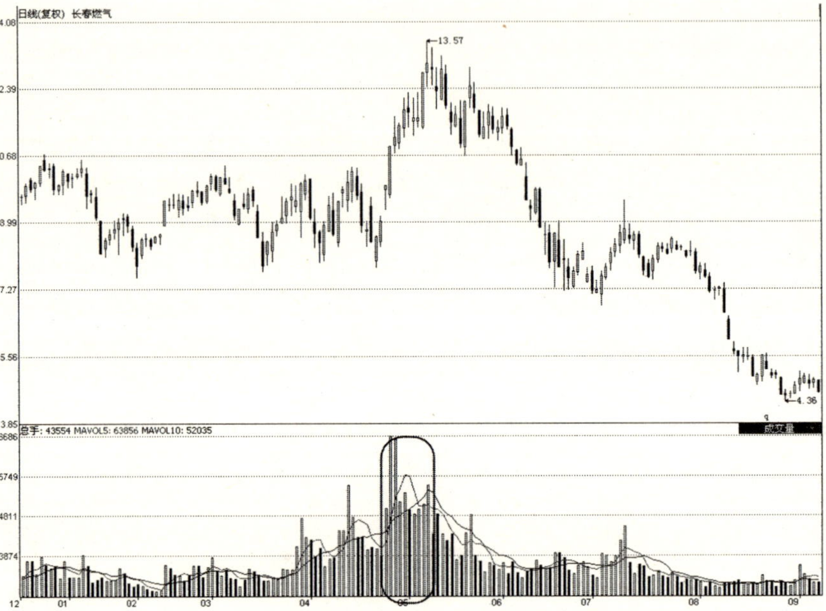

图 8-7 长春燃气对倒出货形态后走势图

图 8-8 为金自天正（600560）走势图。主力在高位区对此股进行的对倒出货的操作，使得此股在高位区的震荡过程中出现了成交量大幅放出的形态，这种形态将会使很多投资者误以为个股将要突破上行，且再涨一层，主力正是借助于市场的这种心态，反手出货。

图 8-9 为大连圣亚（600593）走势图。此股在持续上涨后的高位区出现了长时间的横盘震荡走势。如图中标注所示，在横盘震荡过程中可以看到此股的量能多次出现异动，即量能在单日或双日内大幅度放出，随后又快速地恢复如初，对于这种量能形态而言，我们可以将其称为脉冲式放量。

如果不了解主力的对倒手法，我们很难理解，也很难解释这种脉冲式的放量，然而，如果结合主力的对倒手法，则这种量能形态出现的原因及所蕴含的市场含义就非常简单了。这种量能形态正是主力对倒手法的体现，当它出现在高位滞涨区时，说明主力在实施着对倒出货手法。我们可以看到，在脉冲式放量出现的几个交易日中，个股均处于上涨状态，这就构成了一种“放量上涨”的典型看涨信号，主力正是借用这一形态所具有的看涨含义来实施诱多，从而反手出货的。

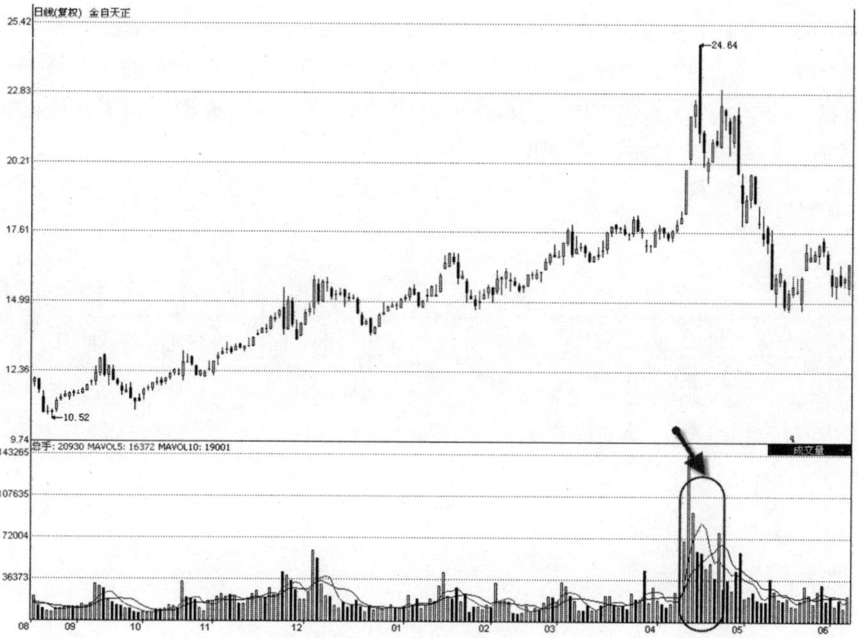

图 8-8　金自天正对倒出货形态

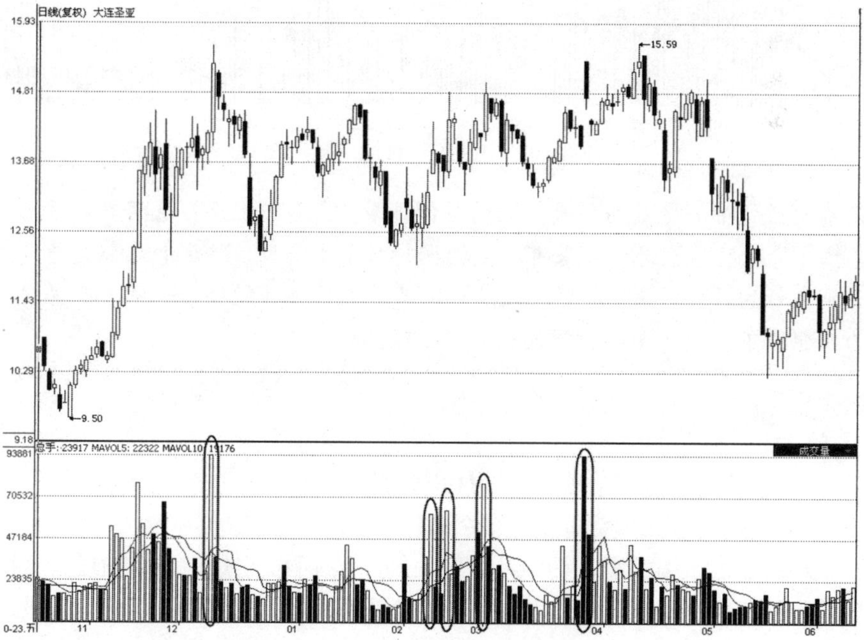

图 8-9　大连圣亚对倒出货形态

图 8-10 为中孚实业（600595）走势图。此股在持续上涨后高位区多次出现这种体现主力对倒手法的脉冲式放量形态，这正是主力于这一高位区进行积极出货的体现，也是个股正构筑中长期大顶的标志。对于中长线投资者来说，如果此股前期累计涨幅较大，则此时应考虑清仓离场。

图 8-10　中孚实业对倒出货形态

出货阶段的对倒造量与拉升阶段的对倒造量，在形态上存在着明显的区别。一般来说，拉升阶段的对倒造量效果可以连续保持数个交易日，甚至十几个交易日，以此才能达到良好的拉升效果；出货阶段的对倒造量则往往只能持续一两个交易日，这也是主力不想给市场更多逢高出货的机会的反映。

8.3　股价被莫名打压

打压手法也是主力操盘过程中经常使用的一种手法，它是指主力通过大笔抛售筹码打低股价的行为。一般来说，这种手法更常见于主力的建仓阶段、洗盘阶段及出货阶段。

8.3.1　主力建仓阶段的打压

图 8-11 为三一重工（600031）走势图。此股在深幅下跌的低位区出现了一波快速下跌走势，这正是主力结合同期大盘不稳而实施的一次打压操作。这种低位区的打压操作会使很多投资者出现恐慌情绪，误以为个股的下跌走势深不见底。这样，当个股随后再度反弹上涨时，就会产生较强的“逢反弹出局”的愿望，而主力则可以借机进行快速的建仓操作。通过这种打压操作，主力只需事先抛售少量的筹码，就可以为随后创造出更有利的建仓价位与建仓环境。

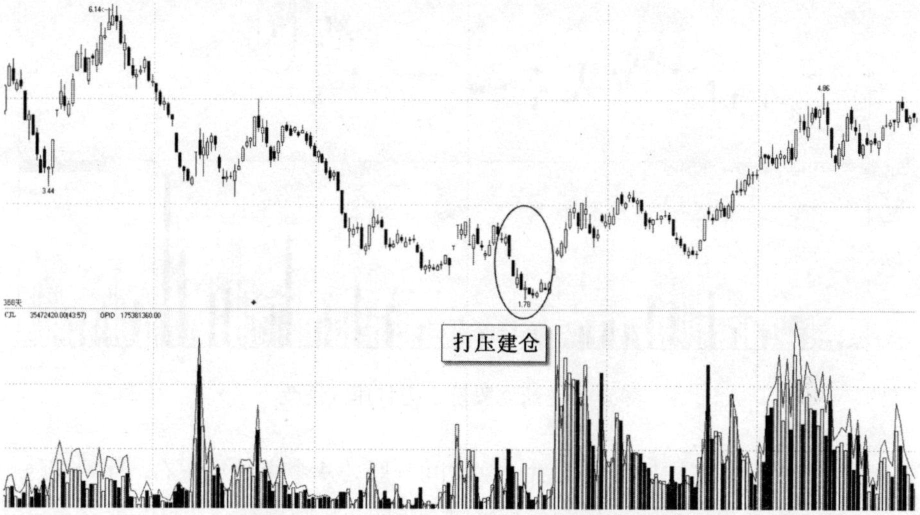

图 8-11　三一重工主力建仓阶段打压形态

8.3.2　主力洗盘阶段的打压

除此之外，打压手法也常见于主力的洗盘阶段，当个股步入上升通道后，会因持续的上涨而累积大量的获利盘。此时，主力结合同期的大盘震荡来打压个股，可以使绝大多数持股者误以为个股涨势见顶，从而抛股离场，而场外的其他投资者则很有可能借这一波回调之际于相对低位进行买入，主力既达到了提高市场平均持仓成本、清洗获利浮筹的目的，也为随后的继续拉升创造了条件。

图 8-12 为鼎力股份（600614）走势图。如图中标注所示，此股在上升途中出现了连续 4 个交易日快速下跌的走势，其实这正是主力在上升途中对此股进行一次快速洗盘操作的表现形态，这种快速的打压式洗盘，既不会破坏个股的上升节奏，也有利

于主力在较短的时间内完成对个股大幅度的推升操作。从走势图中可以看出，在这一次打压式洗盘过后，此股再度在主力的运作下而出现快速上涨。

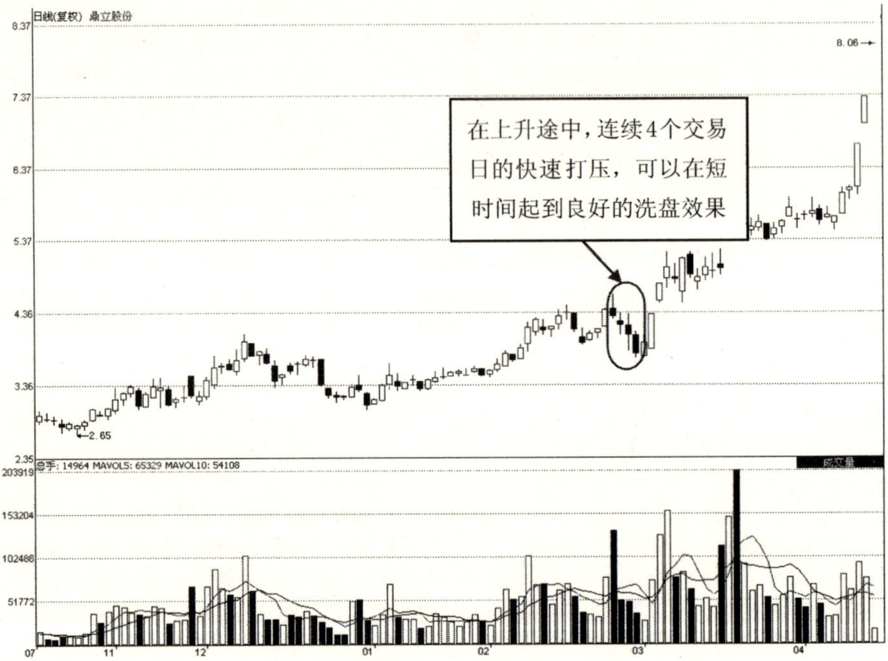

图 8-12　鼎立股份主力打压式洗盘

在盘面走势上，这种打压式洗盘持续时间一般为 4 个交易日左右，且短期跌幅相对较大，给人一种市场抛压沉重的直观感觉。然而，我们查看这几日的成交量就会发现，其实这几日的量能往往是处于明显萎缩的。这说明，个股短期内的快速下跌没不是因资金大量出逃引发的。相反地，市场绝大多数的获利浮筹仍旧锁仓良好。一般来说，散户在获利的情况下若是面对利润的快速减少，多会在担忧中抛股离场以保住既得的利润。因而，这种出现在上升途中的快速的缩量下跌形态反映了大多数的获利筹码并非为散户所持有。那么，这只有一种解释，即主力持有了大量的获利筹码，而且在这种短期快速下跌走势中，主力并无持续的大笔抛售行为。因而，这种快速下跌走势最有可能的是主力结合大盘震荡，通过抛售少量筹码打压股价，而散户则跟风出逃所导致的，这正是我们在此处所讲解的打压式洗盘形态。

图 8-13 为上海金陵（600621）走势图。如图中标注所示，此股在上升途中的一波快速上涨走势后，主力正是通过短短数日内的快速打压来完成对此股的一次洗盘操作的。

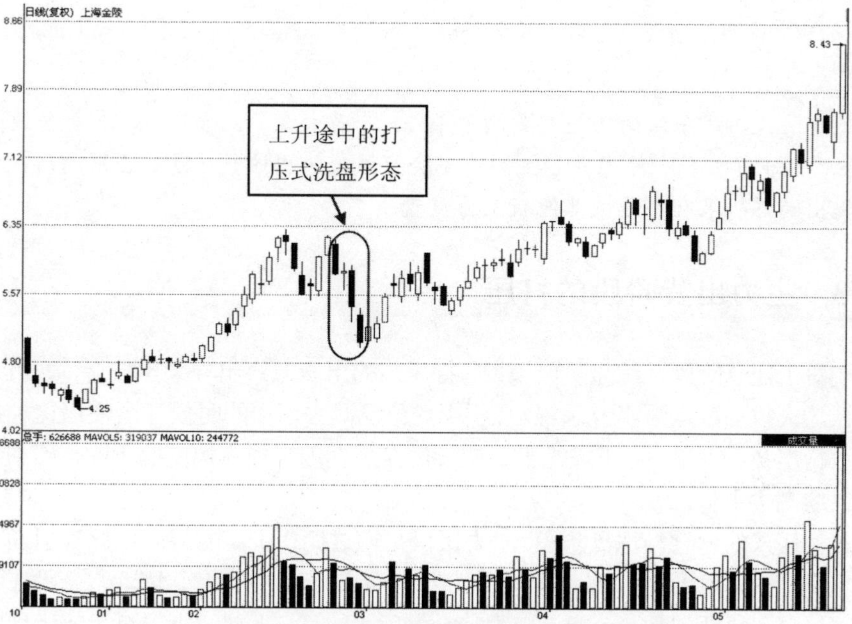

图 8-13　上海金陵主力打压式洗盘

图 8-14 为 ST 中源（600645）走势图。此股在上升途中出现了一波快速下跌走势，这一波下跌走势的短期下跌力度较大、速度较快，但成交量却在快速下跌过程中持续

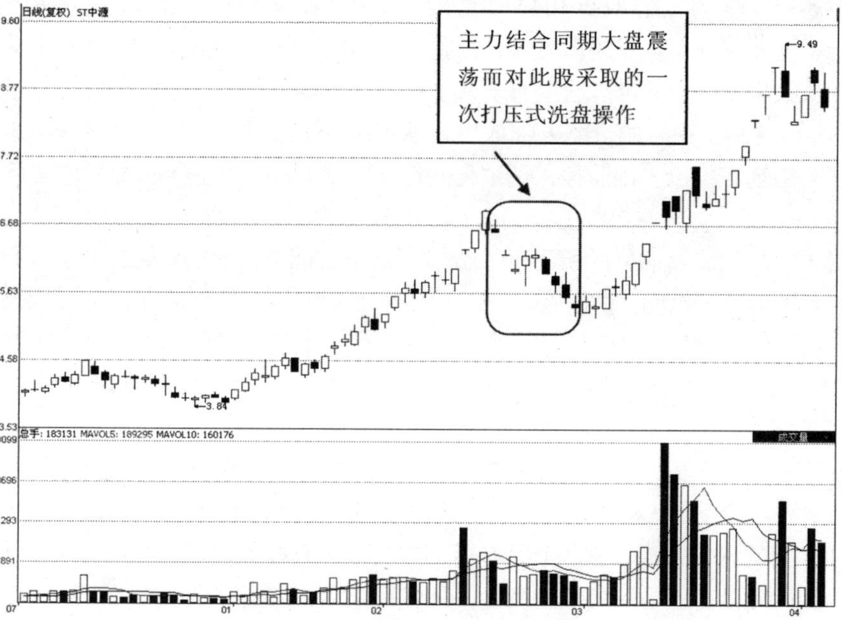

图 8-14　ST 中源主力打压式洗盘

萎缩，这正是主力在上升途中结合同期大盘震荡而采取的一次打压式洗盘行为的体现。

建仓阶段打压手法的实施需要两个条件：一是大盘的同步下跌，二是个股所处的低位区。缺少了任何一个条件，主力都不会贸然地使用这种手法，否则的话，主力打压时抛出的筹码很有可能被其他新主力接盘。

8.3.3 主力出货阶段的打压

相对于建仓阶段及洗盘阶段来说，打压式的出货方式出现频率较低，一般只有在主力认为大盘后期走势不容乐观，且手中仓位已减去不少的时候才会使用这种打压的方式进行出货。毕竟，打压式的出货使股价在短期内出现大幅度的下跌，不利于主力后期继续高位出货。

在打压式的建仓与洗盘阶段，主力仅仅是通过抛售少量的筹码以此来引发市场浮筹的自然涌出，由于主力此时持仓很稳，并没有进行大量抛售，因而，个股在下跌时的量能一般不会明显放大，如果主力持仓量巨大的话，下跌时则很有可能出现明显增加的萎缩。反之，在打压式的出货阶段，主力志在出货，此时，大笔大笔的抛售就必不可少，这就会使得个股在下跌时出现明显的放量。可以说，这种高位区的放量下跌形态也正是主力打压式出货的典型盘面特征。

图 8-15 为上海汽车（600104）走势图。此股在持续上涨后的高位区因主力打压式的出货手法而出现了放量下跌走势，在脱离高位滞涨区的一波快速下跌走势中，此股的量能放大异常明显。若不是主力采取了打压式的操作，散户的抛售是不可能这么集中。而且，这种下跌时的量能大幅放出也不可能源于主力的对倒手法，一般来说，对倒手法会出现在股价上涨阶段，是主力制造“放量上涨”形态从而对散户进行诱多的体现。

对于持续上涨后高位区所出现的放量下跌形态而言，由于这多是主力短期内出货意愿强烈的表现，因而，个股在这一波放量下跌后的表现往往并不理想。因为，主力既然已经在之前打压出货了，就不会在短期内尽力维也纳护股价，这也会使得个股往往还会再跌一层，因而，在第一波放量下跌后的止跌企稳区间，我们不宜盲目的进行短线买入操作。

图 8-16 为 ST 力阳（600885）走势图。如图中箭头标注所示，此股在经高位区的一波反弹上涨之后，出现了成交量大幅放出的下跌走势，这正是主力打压出货的体现，它说明主力的出货意愿较强、个股在短期内也难以有好的起色。在实盘操作中，无论是从中线的角度，还是从短线的角度，我们都应卖股离场，尽量地规避这种主力出货意愿强烈、出货行为明显的个股。因为，如果一旦大盘也同期走坏，这种个股的短期

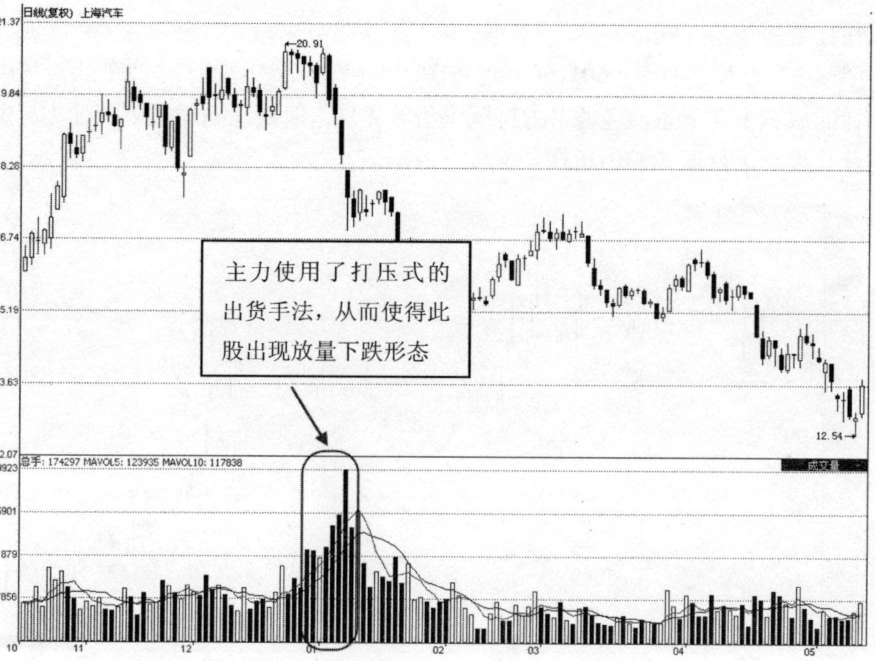

图 8-15　上海汽车主力打压式出货形态

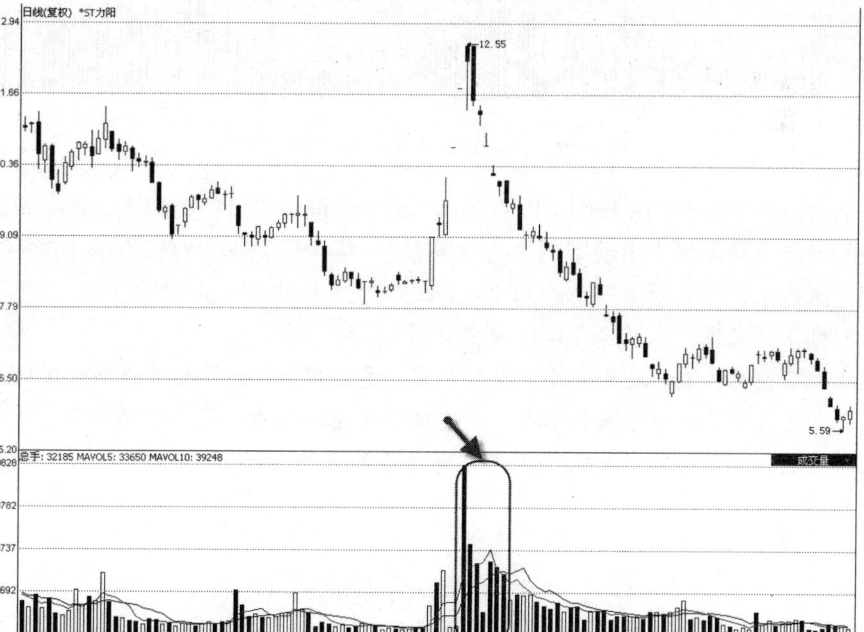

图 8-16　ST 力阳主力打压式出货形态

跌幅往往是极为惊人的。

图 8-17 为兴业银行（601166）走势图。此股在脱离顶部区一波下跌走势中出现了明显的放量下跌形态，这是主力打压出货的体现，但是在随后的下跌途中，主力再度对此股进行了打压式的出货操作。

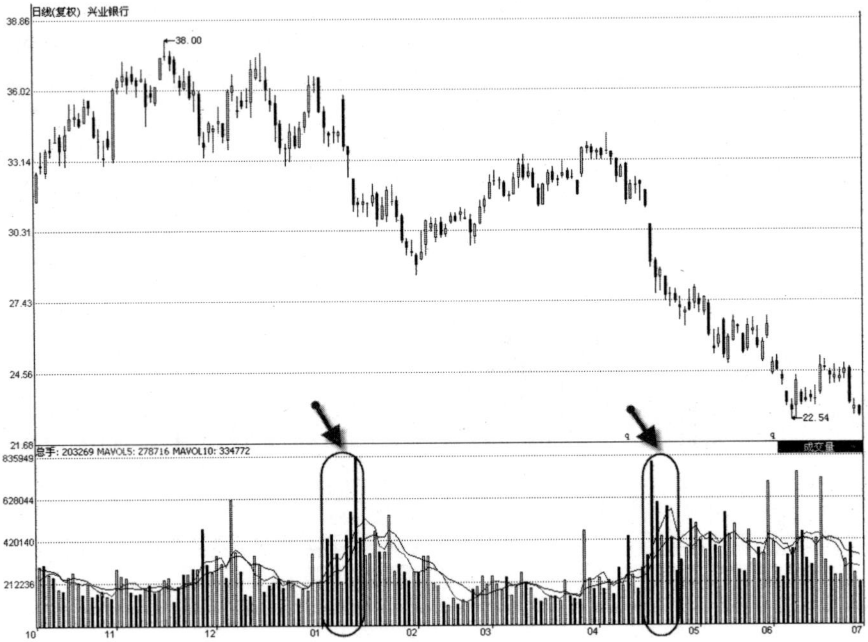

图 8-17　兴业银行主力打压式出货形态

结合以上几个实例，我们可以看到，如果个股前期累计涨幅较大，且在脱离高位滞涨的一波下跌走势中出现了明显的放量形态，则个股后期仍有较大的下跌空间，脱离高位区的第一波放量下跌形态对于我们的实战操作也具有重要的意义，它提示我们应尽早地卖股离场，以避免手中的利润化为乌有。

在大盘突然走弱，或是个股突发性利空消息出现时，如果此时的个股正处于高位区，又正好出现了放量下跌的形态，这就极有可能是主力打压出货的开始，也是个股步入跌势的开始，此时，我们要高度留意风险的来临。

8.4　5 种特征锁定主力

虽然主力的动向让人捉摸不定，但是他们有一些典型的特征，只要这个特征出现，就说明主力行动了，本节就讲解笔者总结的 5 种典型特征。

8.4.1 涨停板肯定有主力介入

涨停板给人的直观印象就是买盘实力极其强大，且有大资金在强力买入，因为我们很难想象行动分散、买卖随意的散户会突然集中起来进行大力度的买入操作，并致使个股出现涨停板走势。可以说，一旦出现涨停板，就可以认为此股有庄入驻，但这一主力是长线庄还是短线庄，抑或是过江龙的庄？是强庄，还是弱庄呢？这时就要以谨慎、细微的方式分析涨停板了。只有这样，才能决定是否在涨停板出现后进行追涨操作。

图 8-18 为壹桥苗业（002447）的分时图。当日此股大幅度跳空高开，随后快速上封涨停板，其涨停形态为一次性的牢牢封住型，彰显了主力的强势做多行为。但这一涨停板是否就是个股短期飙升的信号、追涨买股的时机呢？还需结合它此前的走势来分析。

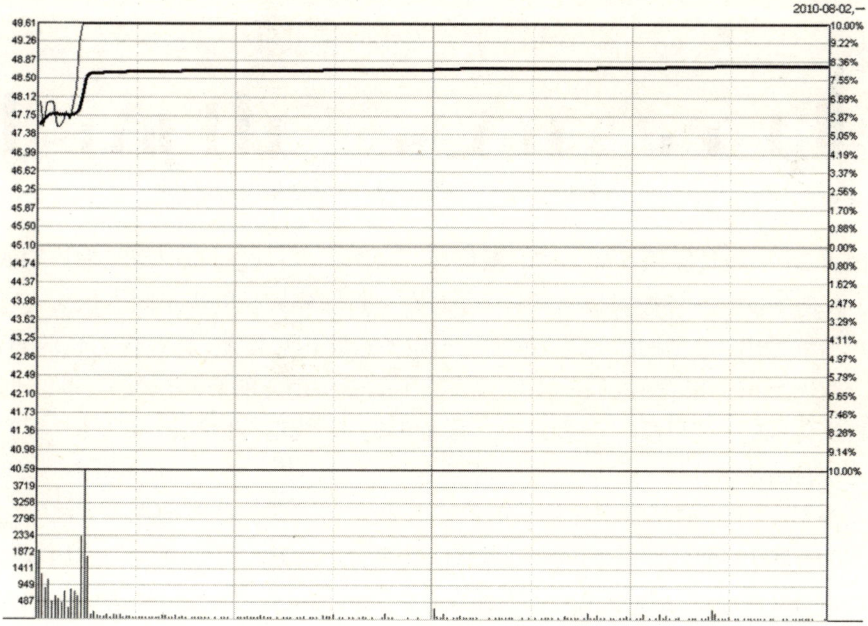

图 8-18 壹桥苗业涨停板分时图

此股上市首日的换手率达到了 87%，这种高换手率是主力可以充分建仓的标志。接着此股在上市次日涨停，说明确有主力在上市首日大力介入此股。随后，此股展开了强势横盘小幅震荡的走势，这段时间的盘整可以看作是主力等待拉升时机，进行拉升前的蓄势。但主力是否会拉升此股、主力的控盘能力如何，此时还难以确定。经过这一段时间的强势整理之后，十几个交易日后此股以一个跳空涨停板的突破形态呈现，且当日的成交量相对萎缩，如图 8-19 所示，这说明主力控盘能力极强，且开始对个股进行强势拉升。通过以上分析可以得出结论：当日的涨停突破形态是此股将要在主力强势运作下而飙升的信号，此时应积极追涨买入。

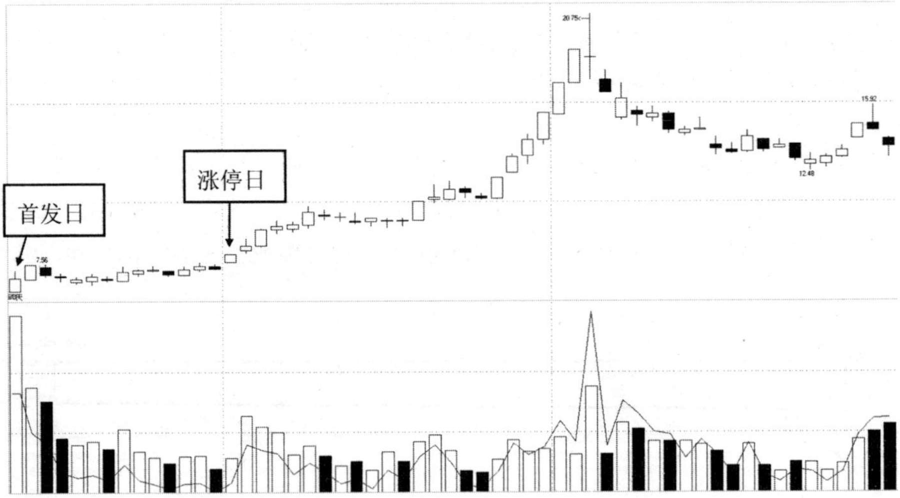

图 8-19　壹桥苗业涨停日前后走势图

图 8-20 为海越股份（600387）涨停板分时图。当日此股也出现了强势的涨停板形态，但是此股的涨停板封板时间较晚，且在上封涨停板后的半小时内依然有连续的大抛单持续涌出，这是抛压较为沉重、主力做多意愿相对较差、控盘能力较弱的表现。仅从分时图形态上来看，此股的涨停板显然不如壹桥苗业的涨停板强势。但分时图只是分析涨停板的一个因素，还要结合此股前期的 K 线走势情况、当日涨停板的量能大小等综合分析。

图 8-21 标示了海越股份涨停日前后的 K 线走势情况。此股前期累计涨幅巨大，且在 2009-11-19 前处于长期的高位盘整震荡走势中。这一区域是空方抛压较重的区域，长期的震荡滞涨走势也说明主力并没有较强的再度拉升个股的意愿，而且，此股在涨停日呈大幅放量形态，涨停板次日又出现了一个放量阴线形态，这极有可能是因为主力逢高抛售所致。通过分析可以得出结论：此时不宜追涨买股，此股当日的涨停板极有可能是主力的诱多手法，是风险的象征，而不是机会的预示。

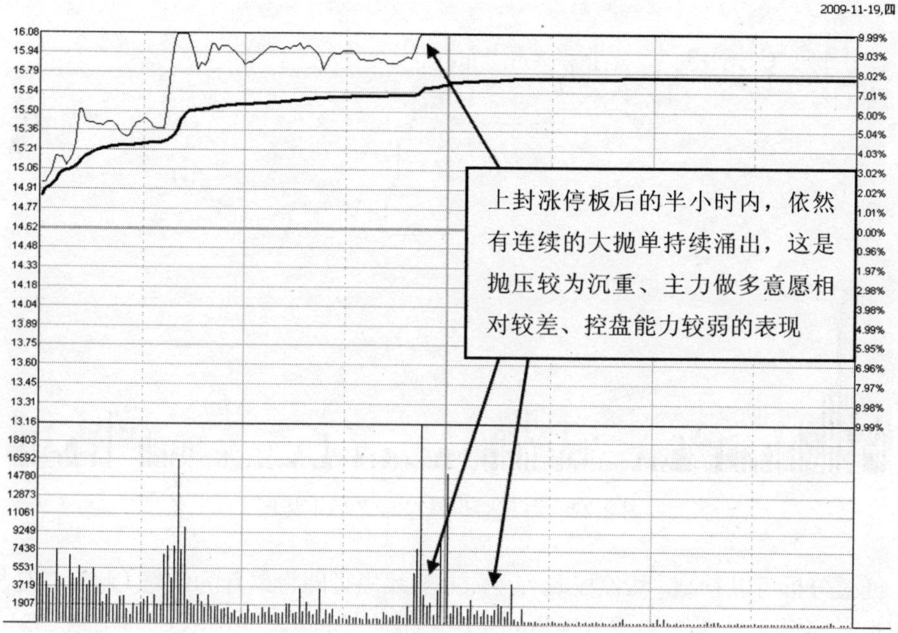

图 8-20　海越股份涨停日分时图

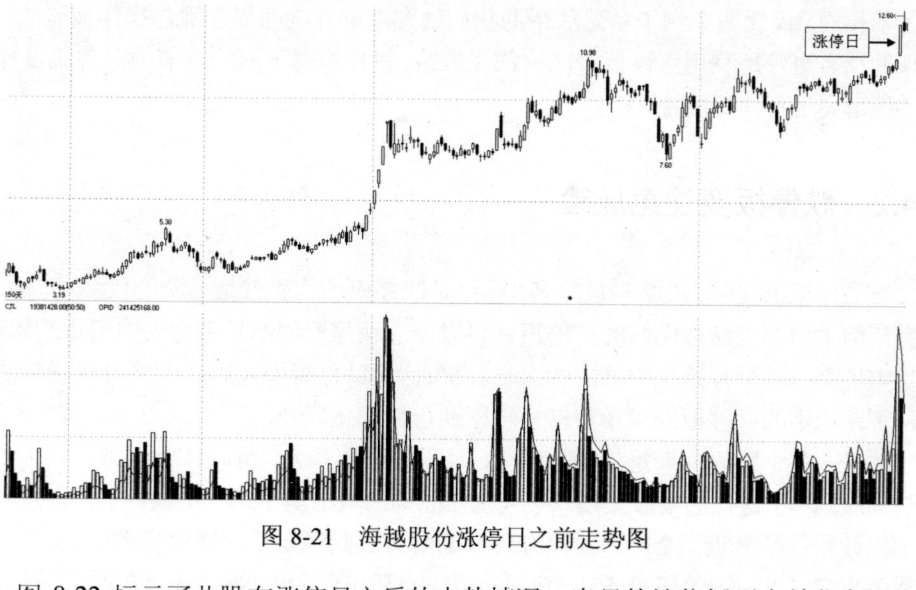

图 8-21　海越股份涨停日之前走势图

图 8-22 标示了此股在涨停日之后的走势情况。当日的涨停板形态并非个股将突破上行的信号，如果不能客观、全面地分析这一涨停板，而实施了与壹桥苗业相同的追涨操作，则将出现高位被套的局面。

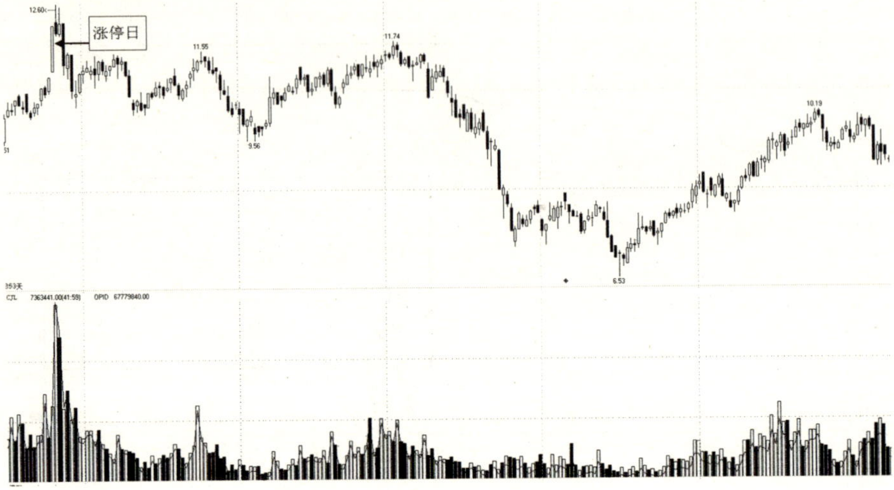

图 8-22 海越股份涨停日之后走势图

通过分析可以看到，涨停板既有可能是短线黑马即将飙升的信号（此时它是机会的象征），也有可能是主力诱多出货的手法（此时它是风险的预示）。本节从一正一反两个角度来分析了如何应对涨停个股，但涨停板形态多种多样，涨停板所出现的位置也各不相同，仅凭两个例子是无法帮助我们透彻理解并全面提升涨停操作技能的。为了帮助读者更好地利用涨停板来部署跟庄策略，将在本书下面的章节中对各式各样的涨停板形态进行详尽的论述。

8.4.2 跌停板要注意风险

当涨停板出现时，机会与风险各半。但是跌停板则几乎就是风险的代名词，因为，没有任何主力会去制造虚假的跌停板。可以说，跌停板如不是主力大力出货的体现，就是市场空方力量开始集中涌出的标志。高位区的跌停板多是趋势即将反转下行的信号，下跌途中的跌停板则预示着新一轮下跌行情即将展开。

如果一只个股的前期走势较为独立，且累计涨幅较大，可以认为它是一只主力控盘的个股。对于这样的个股来说，一旦它在高位区域出现了第一个跌停板，则往往就是主力开始打压出货、个股走势由升转跌的信号，此时要及时地卖股离场。

图 8-23 为 ST 宝硕（600155）分时图。当日此股出现了跌停板形态，在此日之前，此股持续上涨、前期累计涨幅巨大，主力运作迹象明显。当日正处于一波快速上涨后的高位区，因而此股的这种跌停板可以看作是主力开始快速打压出货的体现。这种个股短期内难有二度探顶的机会，此时应及时地卖股离场，以回避主力打压过程中造成的

个股快速下跌。图 8-24 标示了此股在跌停前后的走势情况。

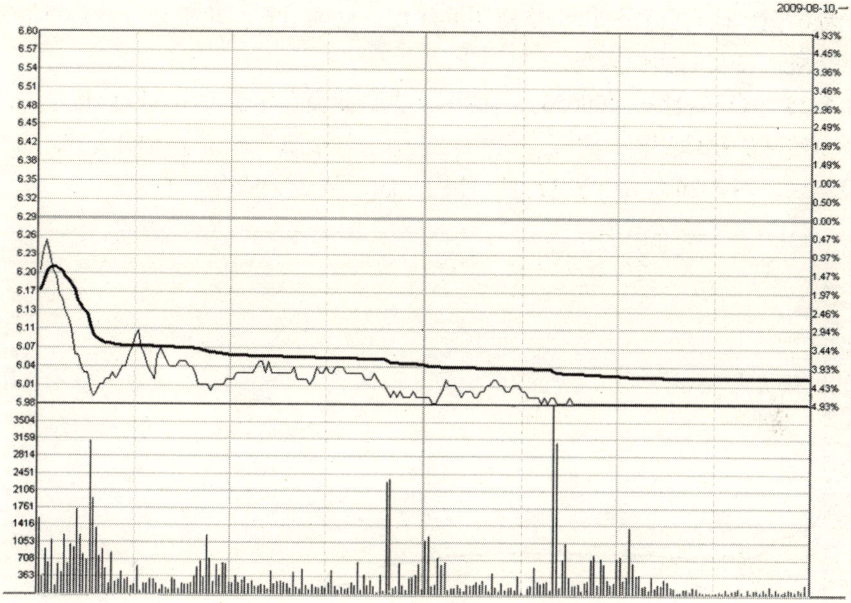

图 8-23　ST 宝硕跌停板分时图

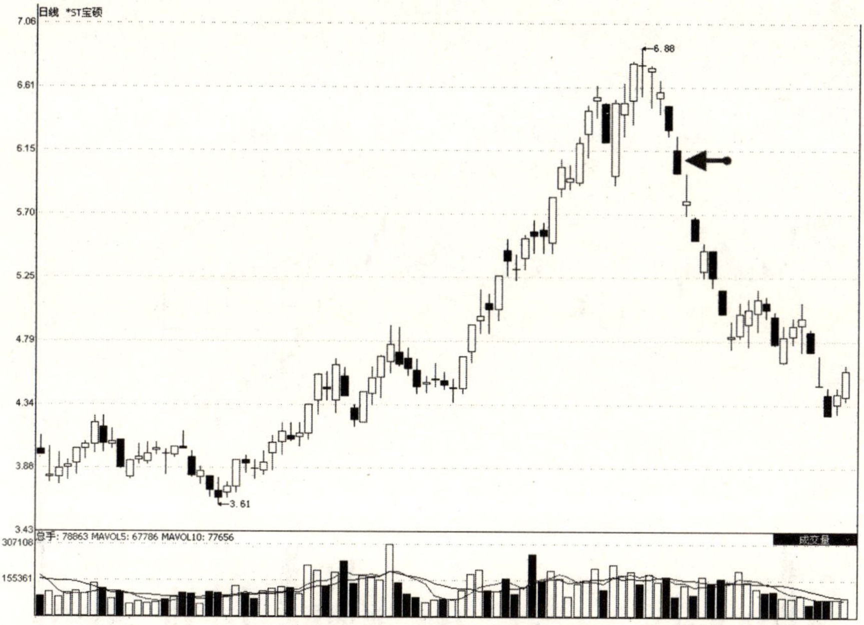

图 8-24　ST 宝硕跌停前后走势图

高位盘整区箱体下沿位置处，或是下跌途中盘整区箱体下沿位置处的跌停板，是主力无意护盘，且有强烈打压出货意图的体现。它预示着一轮下跌行情即将展开，此时不可恋战，应及时卖股离场。

图 8-25 为金科股份（000656）分时图。当日此股在午盘后出现跌停板形态，正处于高位盘整区的箱体下沿，因而这一形态是预示着个股将破位下行的信号，此时应及时卖股离场。图 8-26 标示了此股在跌停板日前后的走势情况。

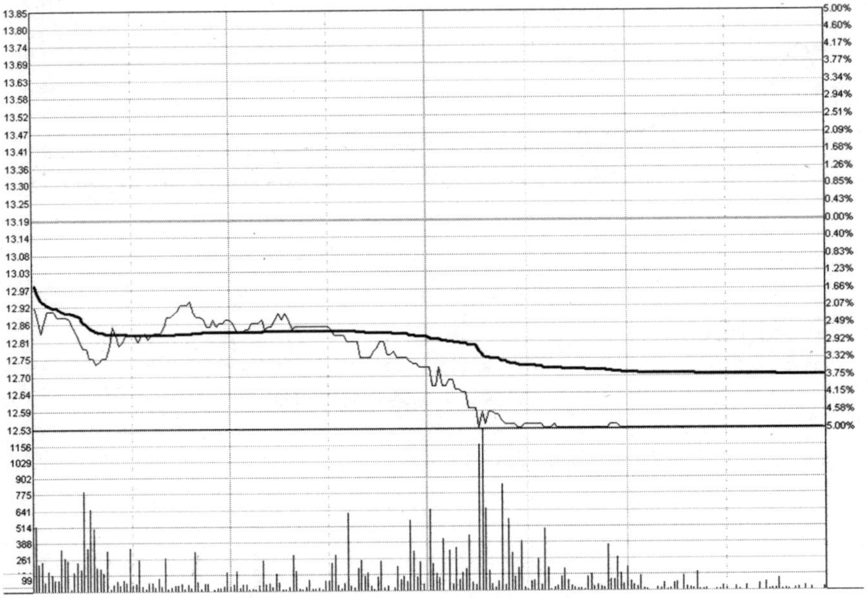

图 8-25　金科股份跌停板分时图

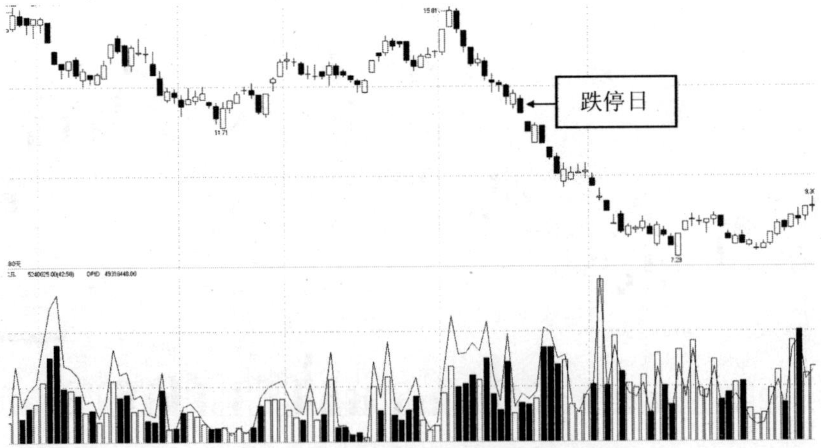

图 8-26　金科股份跌停日前后的走势图

8.4.3 涨停和跌停交替出现

从涨停到跌停的形态有两种：一种是上一交易日涨停，次日跌停的形态；另一种则是出现在一个交易日的盘口之中，它是指个股在当日的走势中出现了先涨停、后急速下跌、在收盘时封于跌停板的形态。两种形态都体现了价格走势的急速反转。

这两种由涨停到跌停的形态更多地出现在个股连续涨停后的高位区，它们所蕴含的市场含义也是基本相同的，都是主力由前期的拉升转而变为当前大力打压出货的标志。这种形态预示着个股随后将出现急速的下跌走势，并且从中长线的角度来看，它往往也是个股上升趋势结束、下跌趋势突然而至的信号。在实盘操作中，一旦个股出现了这种由涨停到跌停的突变，则不能再抱幻想，而应及时卖股离场。

图 8-27 为瑞茂通（600180）分时图。当日此股涨停，并且在这一日之前，此股已经连续出现了 20 多个无量“一”字形涨停板，这使得这一涨停板走势并无太大出奇之处，只是一种惯性使然。此股之所以出现连续涨停板走势，是源于它的资产注入预案。次日，此股停牌交易。随后，于 2009-07-10 日再度复牌并公布消息，“重组事项存在重大不确定性”。这使得当日此股出现了跌停板（见图 8-28）。结合上一交易日的涨停板形态，正好构成了一个由涨停到跌停的组合形态。

图 8-27 瑞茂通涨停板分时图

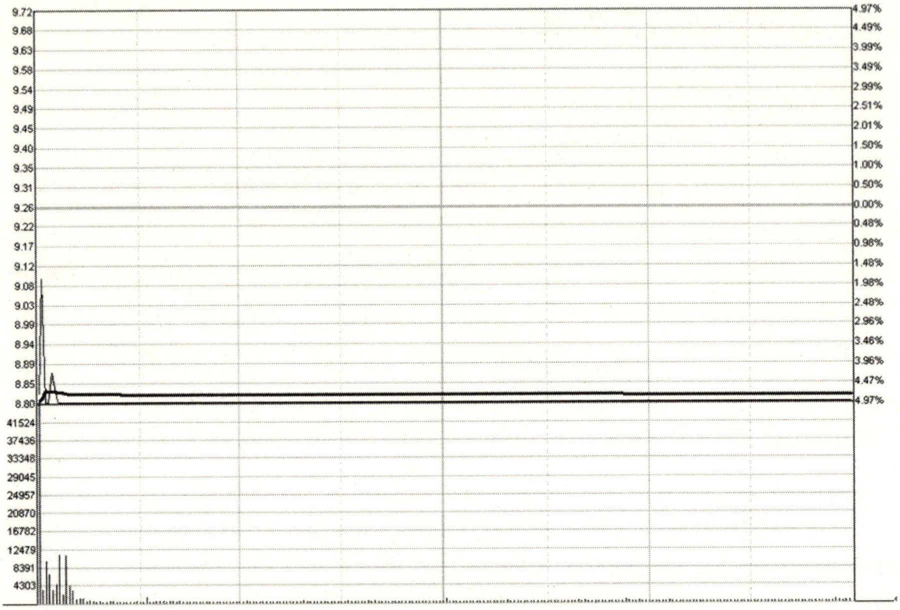

图 8-28　瑞茂通跌停板分时图

这种出现在连续涨停板之后的由涨停到跌停的突然转变，是主力无意再度拉升个股，转而开始大力出货的标志。它既预示着升势的见顶，也预示着跌势的展开，此时一定不可买股入场。对于持股者来说，则应及时卖股离场。图 8-29 标示了此股在涨停前后的走势情况。

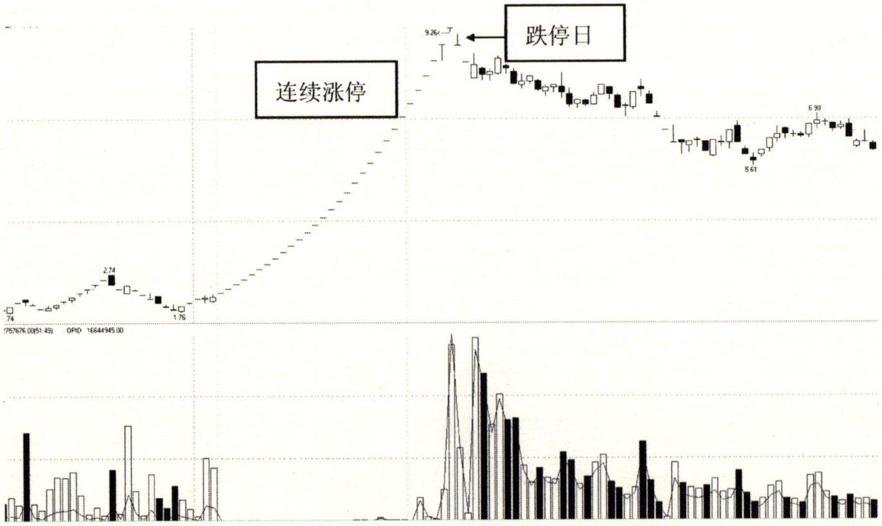

图 8-29　瑞茂通连续涨停后跌停的前后走势图

图 8-30 为佳电股份（000922）走势图。此股在持续大涨后的高位区，也出现了这种由涨停到跌停的突然转变。这一形态同样是个股升势结束、跌势展开的信号，应及时卖股离场。

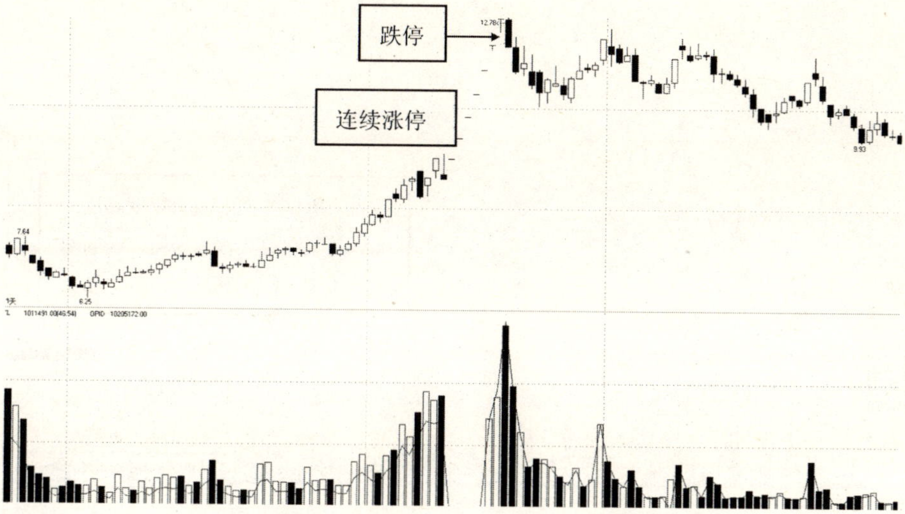

图 8-30　佳电股份由涨停到跌停走势图

8.4.4　高度控盘的庄股

所谓高度控盘的庄股，就是指主力买入了个股中的绝大部分流通盘，这使得主力手中持仓极重，对个股的控盘能力也极强。一般来说，这种强庄股的走势往往较为独立，而且其累计涨幅也往往极大，但强庄股并非一定就是机会的象征，它有的时候也是风险的预示。在应对强庄股时，一定要结合个股的走势来选择策略。下面结合实例来看看如何识别和操作高度控盘的庄股。

图 8-31 为中粮屯河（600737）走势图。此股在大幅上涨之后，于高位区出现了长时间的盘整震荡走势。在图中箭头标注的时间段内，此股每日的波动幅度极小，且量能处于极度萎缩的状态（平均每日的换手率低于 0.5%）。很明显，如果流通盘大部分掌握在散户手中的话，此股不会出现如此怪异的走势，每日的换手率也不会如此之低。

这是一只主力高度控盘的强庄股，图 8-32 为此股走势图。在这张放大了的阶段性 K 线走势图中，可以看到其每日的波动幅度极少，每日的 K 线形态也呈现出高度的一致性。显然，这不是常态下的个股走势，这正是主力高度控盘的显著标志。

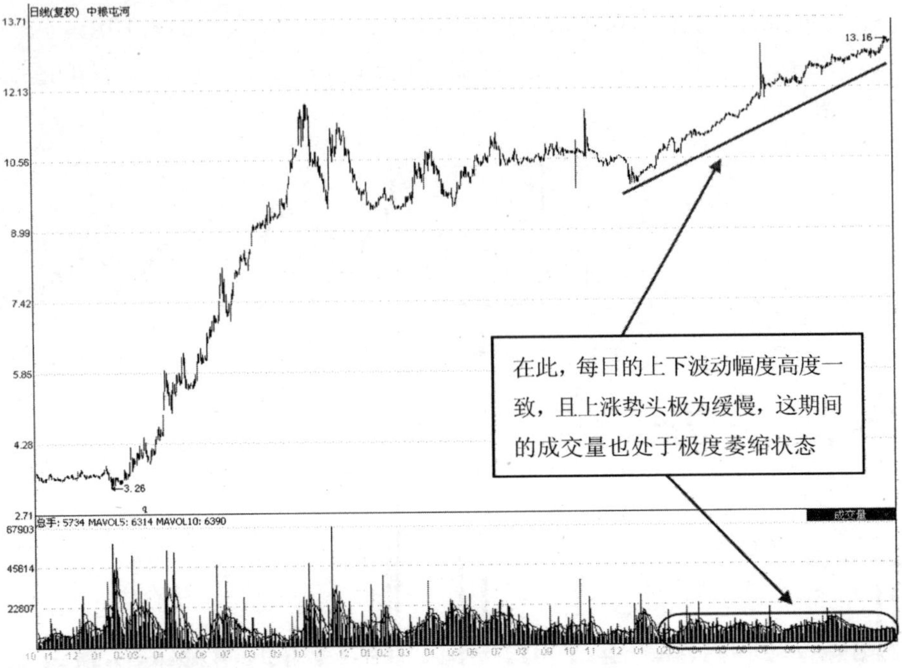

图 8-31 中粮屯河走势图

图 8-32 中粮屯河高度控盘细节放大走势图

那么，对于这只主力高度控盘的个股，我们此时应如何操作呢？由于此股前期累计涨幅巨大，而且在大幅上涨后的高位区又出现了长期的滞涨走势，这说明主力已全无再度拉升个股的意愿，极度萎缩的量能只是主力无法在高位区顺利出货的表现。

对于这种情况来说，主力不可能一直耗下去，一旦主力资金链趋于紧张，就会选择打压出货。因而可以预知，这种高位区长期横盘的主力高度控盘股，其后期走势将是破位下行。此时，投资者的正确操作策略是卖股离场，而非买股入局。图 8-33 标示了此股在高度控盘之后的走势情况，可以看到，当主力不再高位护盘时，此股就开始了破位下行走势，其短期下跌幅度和下跌势头是极为惊人的。

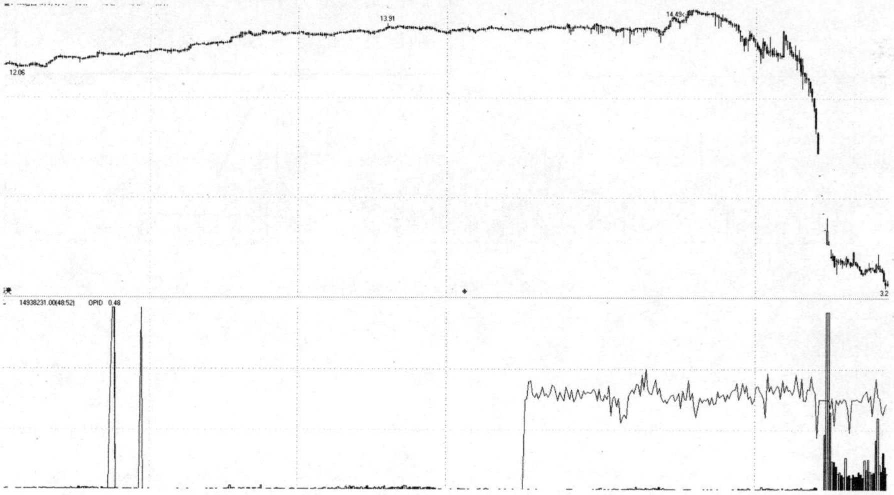

图 8-33　中粮屯河 2002 年 12 月后走势图

图 8-34 为秦岭水泥（600217）走势图，此股在高位区出现滞涨走势，此时的量能突然大幅萎缩，与之前活跃的量能形成明显的“断层”。这说明大部分流通筹码已落入主力手中，而前期活跃的量能则极有可能是主力对倒制造的假象。

透过成交量这种前后极不一致、极不连续的“断层”现象，可以发现这是一只主力高度控盘的个股。但此时却不宜追涨买入，因为此股前期累计涨幅巨大，且当前还出现了明显的高位滞涨走势。此时，正确的操作策略是卖股离场，以规避主力出货所产生的风险。

图 8-35 为广州友谊（000987）走势图。此股在上升途中的一波上涨走势中，成交量突然大幅度地萎缩，这说明个股上涨时面临的获利抛压大幅减轻，这是市场浮筹大量减少的标志，也是主力高度持仓的标志。透过成交量的这种变动，可以识别出这是一只主力高度控盘的个股。那么，此时应如何操作呢？

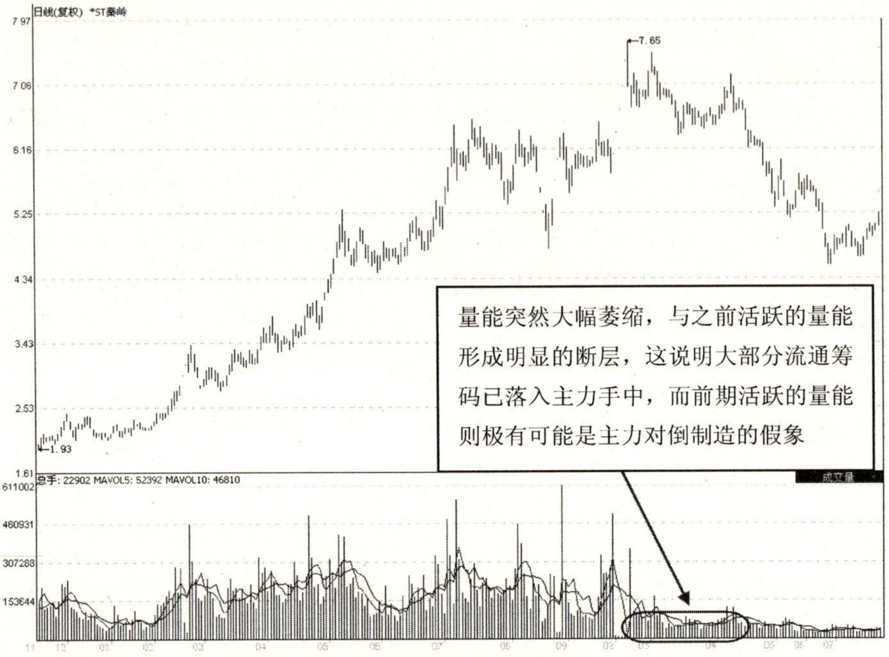

图 8-34　秦岭水泥走势图

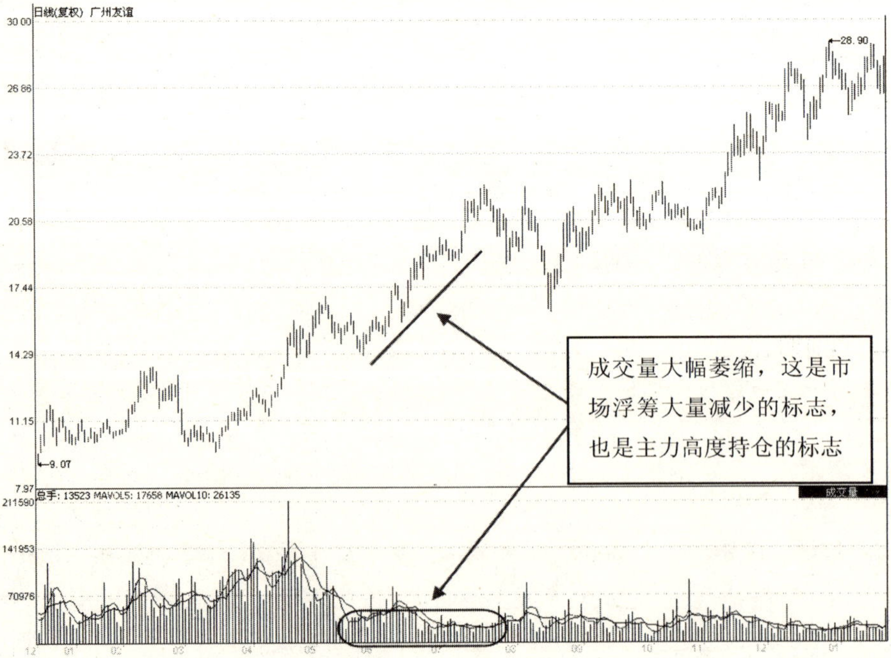

图 8-35　广州友谊走势图

对于此股来说，由于正处于稳健的上升走势中且累计涨幅不大，而主力高度控盘的个股其累计涨幅往往是很惊人的，可以预测其上涨势头并没有结束。因而，在实盘操作中可以在随后的回调走势中逢阶段性的低点买股布局，以分享主力后期继续拉升的成果。

8.4.5 不理会大盘独立上涨的股票

主力最大的魅力就在于它的特立独行的上涨走势，因为它将给我们带来远远大于市场平均水平的回报，这也是我们在炒股时为何要进行跟庄操作的原因所在。如果一只个股的前期累计涨幅较小，且前期有主力入驻的明显迹象。随后，在大盘仍旧处于盘整走势中时，此股开始突破上行，则意味着这是一只强庄入驻的个股，此时也应积极地追涨买入。下面结合实例来看看如何应对独立上涨的庄股。

图 8-36 为上证指数走势图。大盘在经过了金融危机持续下跌之后，于当年年末出现了止跌企稳走势。至次年年初，大盘是处于深幅下跌后低位区的横盘震荡走势之中，并没有反转上行。但是，在同一时间的西藏矿业却已经开始了突破上行。

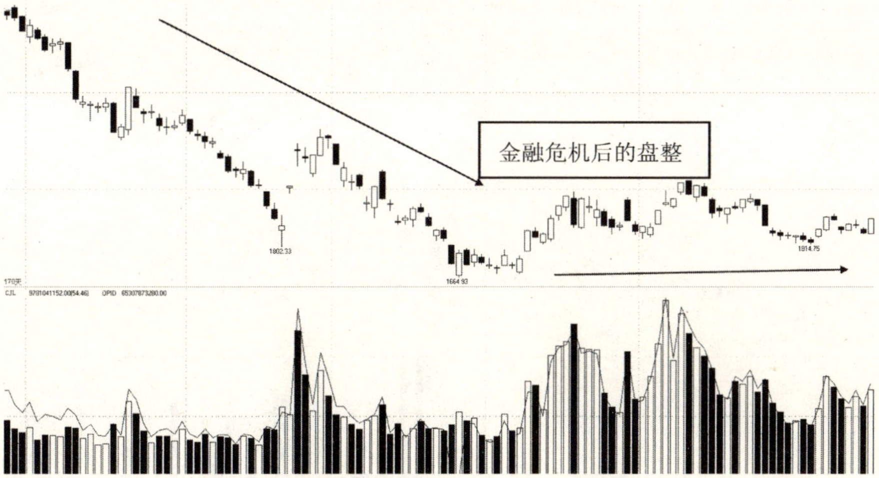

图 8-36　上证指数金融危机后的盘整走势图

图 8-37 为西藏矿业（000762）走势图。可以看到，此股在上证指数还在盘整之时已经开始了明确的突破上行走势，而且此股在此之前的底部区也有主力入驻的明显迹象。结合大盘当前仍旧处于底部横盘整理走势中，可以认为西藏矿业是只主力已入驻，且已展开拉升的庄股。

对于主力而言，一旦主力建仓完毕后开始拉升，则其涨势往往是极为凌厉的。如果我们稍有犹豫，就很可能错过最佳的追涨买入时机。此时应及时追涨买股布局，以分享主力的拉升成果。图 8-38 标示了此股在此之后的走势情况。

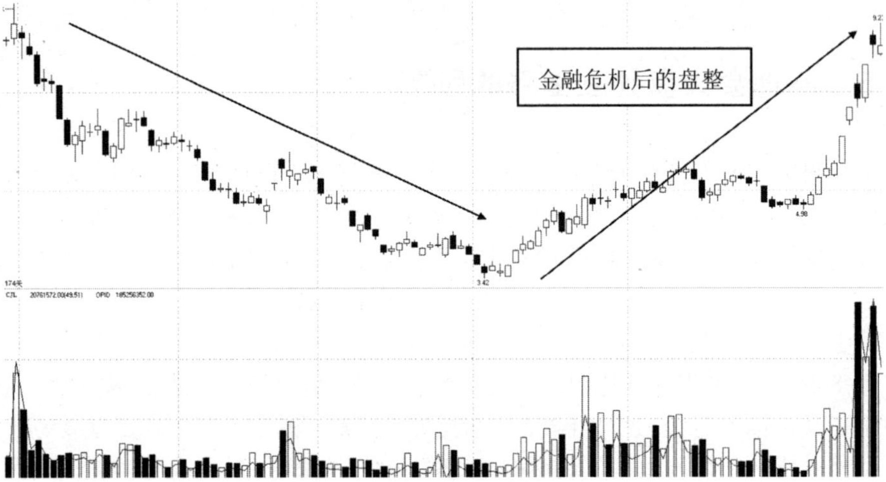

图 8-37　西藏矿业走势图

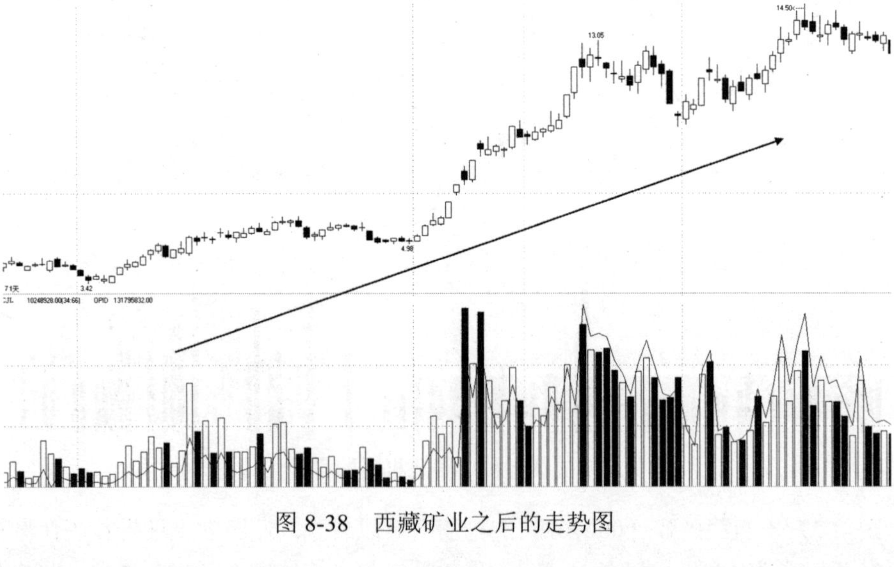

图 8-38　西藏矿业之后的走势图

图 8-39 为一汽轿车（000800）走势图。此股在上证指数还在盘整前开始了突破底部盘整区的上涨走势，其独立的上涨行情与同期的大盘横向震荡行情形成了鲜明的对比。对于此股来说，它在之前的底部震荡时出现了明显的放量，结合此股的突破

上行走势，可以认为这是主力入驻的信号。因而在大盘盘整的同时，个股开始明确地突破上行走势时，可以认定这是一只庄股，且主力已经开始了强势拉升，此时应及时追涨买入。图 8-40 标示了此股在此之后的走势情况。

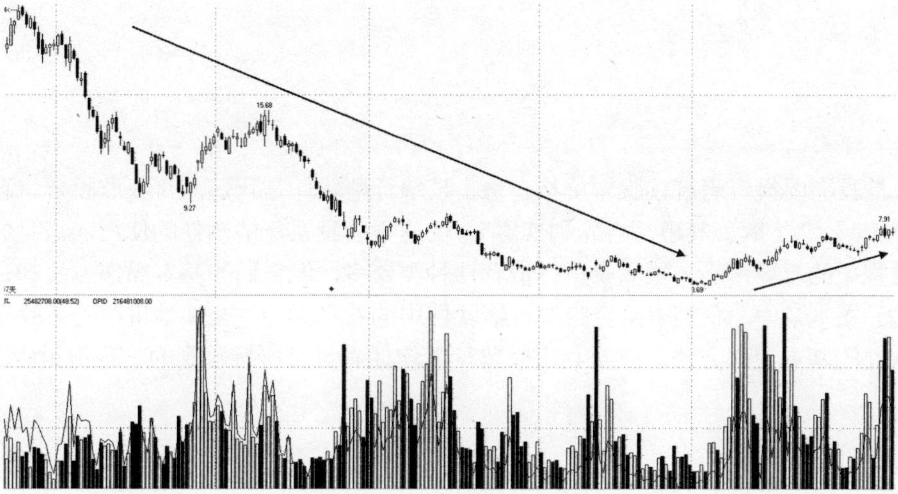

图 8-39　一汽轿车走势图

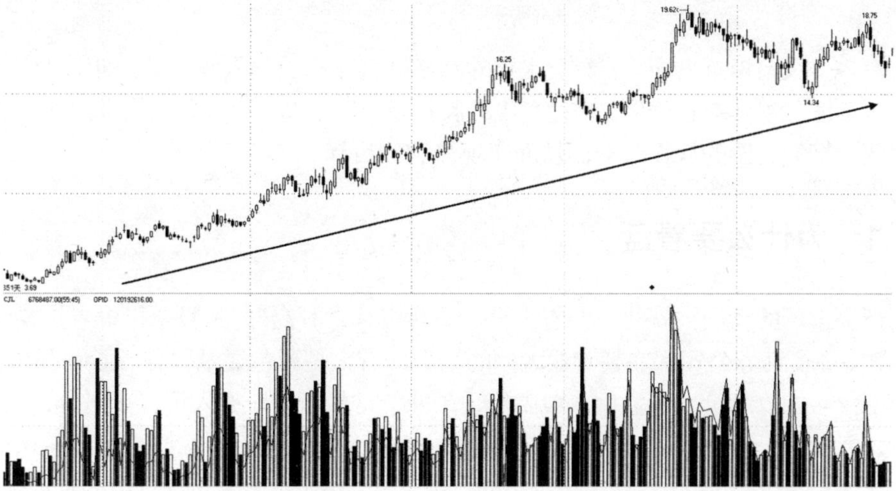

图 8-40　一汽轿车之后走势图

第 9 章 盘口数据：擦亮你的枪

炒股需要投资者解读股票价格走势，股票行情软件是我们实时获取股票信息的重要工具，“工欲善其事，必先利其器”。快速学会股票行情软件的使用，是我们炒股过程中的重要一步，虽然股票行情软件种类繁多，但它们的基本操作方法却是一致的。在本章中，我们来结合股票行情软件中的看盘界面，全面地讲解一下股票行情软件的基本使用方法，以及利用股票行情软件看盘时所接触到的一些常见概念、图形。

9.1 基本认识

对一个股票投资者而言，看盘水平的高低会直接影响其操作效果，即使是中线投资者也不能忽视其存在价值。透过盘中的股指及个股走势，可以研判出多空双方力量的强弱，把握股票的操作节奏，从而实现盈利的目标。

9.1.1 为什么要看盘

把握市场的动向，就要学会看大盘。看盘俗称“盯盘”，是股票投资者主要的日常工作。许多证券公司都在其营业大厅的墙上挂有大型彩色显示屏幕，显示的内容主要有上一天的收盘价、开盘价、最高价、最低价、最新价、买入价、卖出价、买盘、卖盘、涨跌、买手、卖手、现手、成交量和总额等，而股民在看盘时也主要看这些内容。另外，大盘除了显示各只上市股票的行情之外，还显示整个市场行情的股价指数，也就是常说的上证指数和深证成指等。

看盘主要应着眼于股指及个股的未来趋向的判断，通常从以下 3 个方面来思考。

1. 股指与个股方面选择的研判，观察股指与大部分个股运行趋向是否一致。
2. 盘面股指走弱或走强的背后隐性信息。

3. 掌握市场节奏，高抛低吸，降低持仓成本。

9.1.2　盘口最重要的 6 个信息

了解了什么是看盘之后，还要掌握看盘时应该关注的问题，主要有以下几点。

1. 开盘时集合竞价的股价和成交额

开盘时首先要看今日大盘是高开还是低开，即与昨天的收盘价相比价格是高了还是低了。大盘高开和低开能够表示出市场的意愿，是多头占主导地位还是空头占绝大多数。成交量的大小则表示参与买卖的投资者的多少，它往往对一天之内成交的活跃程度有很大的影响。

2. 关注开盘价

在看盘中，开盘价是非常关键的，对于一只股票来讲，低开、高开和平开都是有一定含义的。一般来讲，开盘价预示这只股票一天的整体走势，高开预示整体走势会不错，平开预示没有太大风险，低开则要引起注意了。一只正处于升势的股票，在上涨了一定的幅度之后，一个低开可能就是致命的。

3. 开盘后半小时内股价变动的方向

经过上一个交易日后 20 多个小时的思考，投资者所作的投资决策会较为坚决并接近于理性，所以，在这半个小时中，最能反映出投资者的多空力量对比，可以判断出全天的大致走势。一般来说，如果股价开得太高，在半小时内可能就会回落；如果股价开得太低，在半小时内可能就会回升。这时要看成交量的大小，如果高开又不回落，而且成交量放大，那么这只股票就很可能要上涨。

4. 关注现手和总手数

现手说明股市中刚刚成交的一次成交量的大小。如果某只股票连续出现大量，表示有很多投资者在买卖该股，成交非常活跃，很有可能创出新高。如果半天也没人买，则不大可能成为好股。总手数也叫作成交量，就是指现手的累计数。有时总手数是比股价更为重要的指标。总手数与流通股数的比称为换手率，它表明持股人中有多少人是在当天买入的。换手率高，说明该股买卖的人多，容易上涨。这样的个股，股性特别活跃，也是目前热门题材个股。

5. 注意买盘的变化

比如某只股票冲高回落，买 1 有 300 手（即 30000 股）接盘，瞬间变成了 220 手，减少了 80 手，随后又变为 290 手，增加 70 手，接着又减少，又增加等。但在经过了若干次的变动以后这一价位上的接盘数量与原来的差不多。在几十秒钟的时间里几乎有相同的单子既出又进，这绝非市场所为，一定是有人故意所为。那么这样做的目的是什么呢？一个价位上的接单数量一般是由几张单子组成的，而成交的原则是时间优先，因此排在最前面的单子将先成交。将前面的单子撤下来，后面的单子就往前移，成交的将是后面的单子。因此，这样做的目的是为了让后面的单子成交。那么，为什么又重新将单子挂上去呢？肯定是希望市场能在此价位接掉一些，但又不愿意股价回落过多，因此增加一些接盘以壮声势。同理，股价在涨停板上，买盘如有类似的变化，那就要注意了，有时主力是希望市场接走一些，有时可能是主力觉得目前价位合适，自己出一部分货。

6．开盘后股票涨、跌停板情况

开盘后涨、跌停板的情况会对大盘产生直接的影响。在实行涨、跌停板制度后，可以发现涨、跌停板的股票会对与其有可比性、同类型的股票产生助涨与助跌的作用。

例如，大盘开盘后某只黄金股涨停，在其做多示范效应影响下，其他的与其相近的或者有可比性的股票会有走强的趋势。投资者通过自己的观察，可以找出一些经常联动的股票，在某只股票大幅攀升时，可以跟踪其联动股票而获取收益。

9.1.3 如何利用软件看盘

看行情窗口显示信息的方式很多，例如在证券营业部显示的大屏幕、股票分析软件中的行情窗口，部分报价机、手机和电视台显示的滚动报价等。这种盘面信息的最大特点是：只有各种各样的数据，没有走势图形。行情窗口看盘比较简单，只要明白那些数据的含义就可以了，比如，现价、涨幅、日涨跌、开盘、收盘、最高价、最低价、成交量、成交金额、委买与委卖、成交笔数、每笔手数等，如图 9-1 所示。

图形窗口不仅显示有交易信息数据，还有走势图形，使得投资分析更加形象深入。应该先学些形态分析和均线分析的基础知识，然后在日常交易的过程中，不断对照分析，摸索规律，时间长了，就能看明白图形背后的真实含义了。图形窗口如图 9-2 所示。

图 9-1　行情窗口

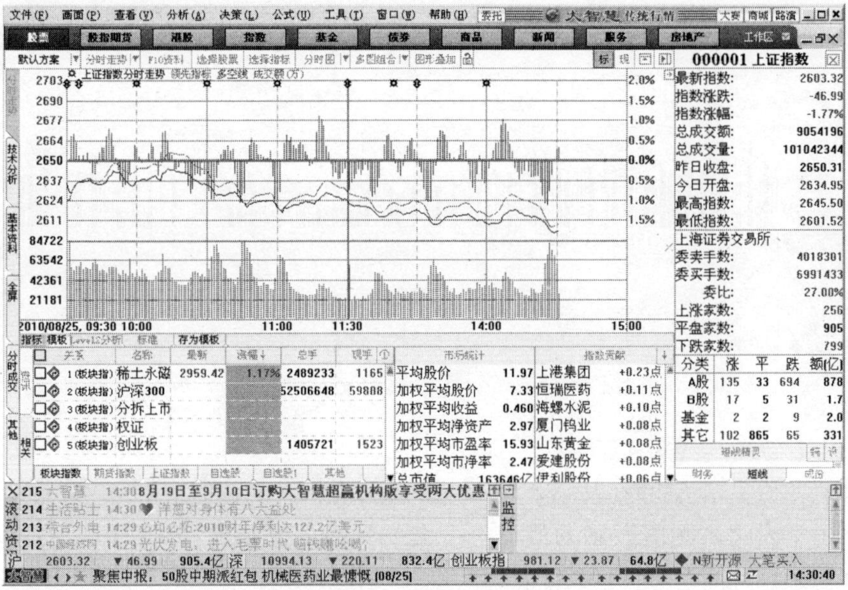

图 9-2　图形窗口

9.1.4 大盘指数的意义和操作

大盘 K 线技术走势图从周期可以分为 5 分钟 K 线图、15 分钟 K 线图、30 分钟 K 线图、60 分钟 K 线图、日 K 线图、周 K 线图、月 K 线图。由于所取的时间段不同，各种 K 线图所代表的意义是不相同的。不过，各种 K 线图所采用的绘制方法有相同之处，只要能够看懂其中的一种，其余的就可触类旁通了。下面以比较常用的日 K 线图为例来介绍怎样去看 K 线技术走势图。

1. 大盘 K 线图的基本内容

一般的股票分析软件所显示的大盘 K 线技术走势图都是由 3 个画面组成的，其中最上面的画面是日 K 线走势图，中间的画面是成交量图形，最下面的画面是某个技术指标图形（技术指标可任意选择）。下图 9-3 为上证指数日 K 线图。

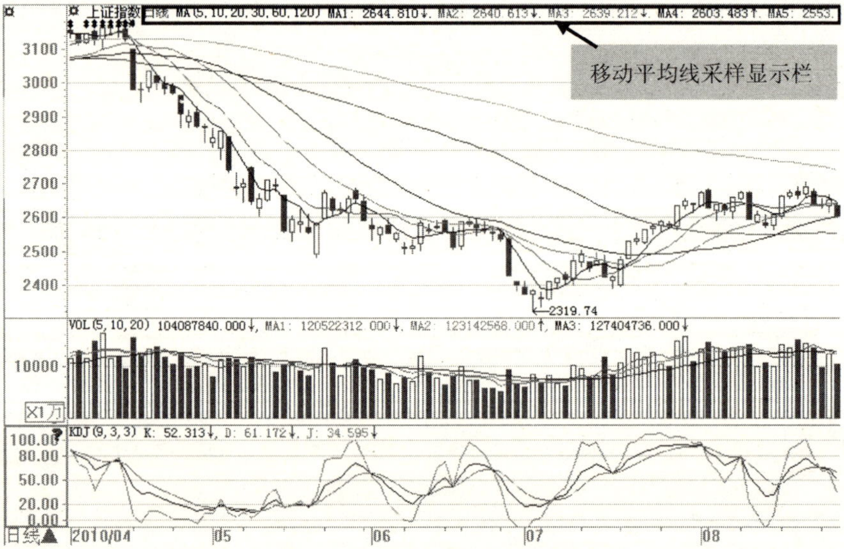

图 9-3 上证指数日 K 线图

（1）移动平均线采样显示栏

本栏可以显示不同时间周期的移动平均线在某一天的数值。例如，本栏的“MA1: 2644.810”表明该图所显示的最后一个交易日的上证指数 5 日移动平均线位于 2644.810 点；“MA2: 2640.613”表明该图所显示的最后一个交易日的上证指数 10 日移动平均线位于 2640.613 点。同理，MA3、MA4、MA5，分别表示的是 20 日、30 日、60 日移动平均线所处的位置。

（2）移动平均线走势图

移动平均线分别用不同颜色表示。如图 9-3 中所示这 6 条移动平均线分别是 5 日、10 日、20 日、30 日、60 日和 120 日的移动平均线，其表示颜色在“移动平均线采样显示栏”有明确提示，其中时间最短的 5 日均线用蓝色表示，10 日均线用紫色表示，20 日均线用灰色表示，30 日均线用棕色表示，60 日均线用绿色表示，120 日均线用浅蓝色表示。

（3）均量线采样显示栏

该栏中显示不同时间周期的均量线在某个交易日的数值。如该栏中“MA1: 120522312.000”表示图中最后一个交易日的 5 日平均量为 120522312.000 手。

（4）均量线

均量线是以一定时期成交量的算术平均值在图形中形成的曲线。它是参照移动平均线的原理，以成交量平均数来研判行情趋势的一种技术指标，又称为成交量均线指标。

（5）成交量柱体

绿色（黑色）柱体表示大盘指数收阴时每日或每周、每月的成交量，红色（白色）柱体表示大盘指数收阳时每日或每周、每月的成交量，一条柱状线就表示一天的成交量。

（6）常用技术指标图形显示栏

本栏可以根据每个用户的需要任意选择技术指标，如 MACD、DMI、RSI、KDJ、SAR 等。

2. 大盘 K 线图的基本操作

进入“K 线图”界面后，用户可以查看历史时点数据、查看财务、查看短线以及查看成分等基本操作，下面以大智慧软件为例进行介绍，其他软件操作类似。

（1）查看历史时点数据

查看历史时点数据，在大盘的 K 线图中，按键盘上的方向键“←”和“→”可以分别向前和向后查看大盘的历史数据信息。左侧浮动窗口中显示的历史数据信息为横竖两条线交点处的 K 线数据，此时用户也可以单击某根 K 线来查看其数据信息，如图 9-4 所示，按“Esc”键，可以取消显示。

（2）切换 K 线图的分析周期

在默认情况下，K 线图的分析周期按日线显示，即每一根 K 线表示一个交易日的情况。如果需要分析其他周期，可以在 K 线窗口中，单击快捷工具栏中“日线”右侧的下三角形图标，从弹出的菜单中选择不同的分析周期，如图 9-5 所示。

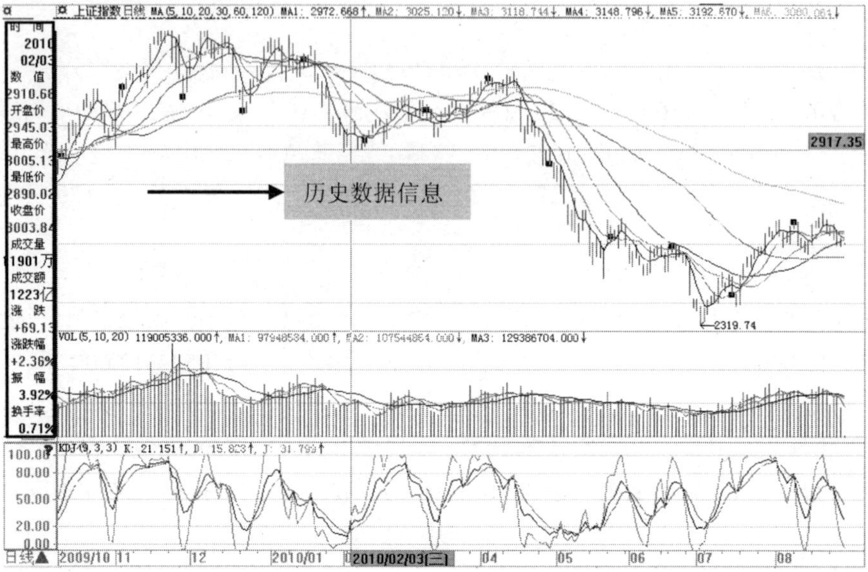

图 9-4　查看历史时点数据

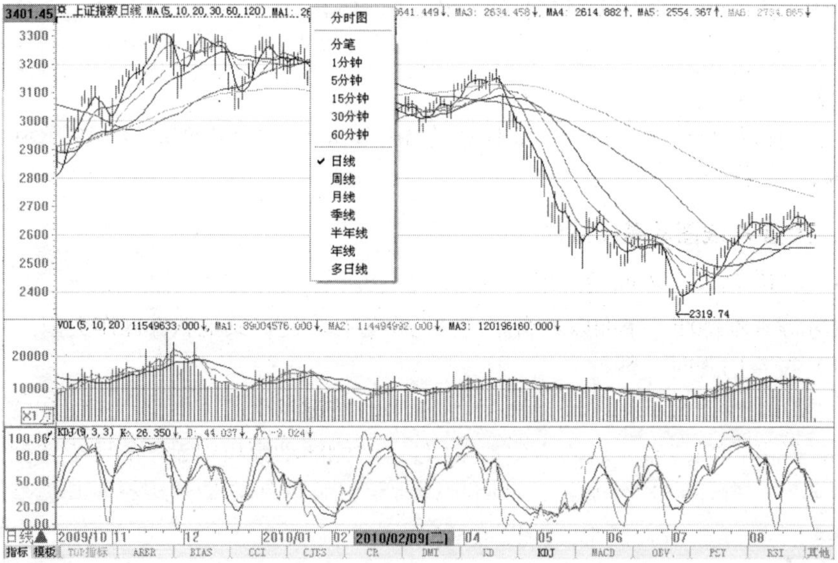

图 9-5　选择不同的分析周期

（3）画面组合

默认情况下，大盘 K 线技术走势图中除了显示 K 线图之外，还显示了成交量和一个技术指标 KDJ，如果想只查看 K 线图，隐藏其他两个子窗口，或者是增加一些技术指标来辅助分析，可以使用画面组合功能。在 K 线窗口的菜单栏中，选择“画面”→“画面组合”命令，将弹出如图 9-6 所示的子菜单，从中可以选择 6 种图形组合，这里选择“4 图组合”，大盘 K 线窗口将在原来的 3 个子窗口中增加一个窗口，显示 RSI 指标，如图 9-7 所示。

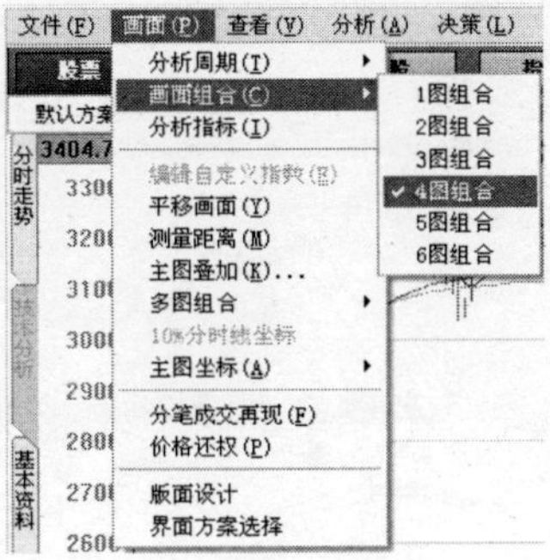

图 9-6　画面组合

图 9-7　4 图组合

（4）多周期分析

对于大盘指数，还可以同时查看不同周期的图形。在 K 线图窗口中，单击快捷工具栏中“多图组合”右侧的下三角形图标，从弹出的菜单中选择“多周期”命令，在该窗口中将会显示 9 个不同分析周期的图形，在某个子窗口中单击，该子窗口标题栏的背景色会改变，以提示这个子窗口处于激活状态，如图 9-8 所示。在快捷工具栏的“多周期”右侧有 4、9、16、25 几个数字按钮，单击这些按钮，多周期窗口将显示对应数量的子窗口。

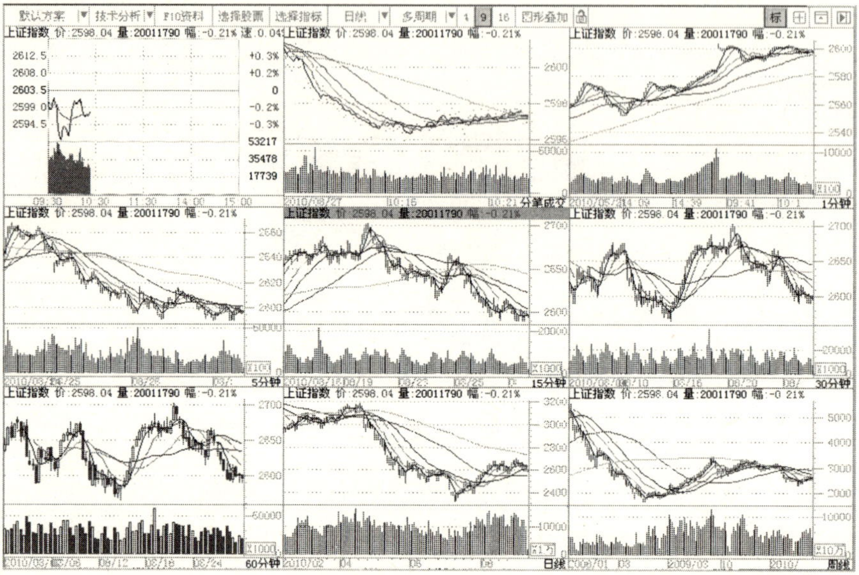

图 9-8　多周期分析

默认情况下，多周期的显示顺序是：分时线、分笔成交线、1 分钟线、5 分钟线、10 分钟线、15 分钟线、30 分钟线、60 分钟线、日线、周线、月线、季线、半年线、年线和多日线等，如果要修改某个子窗口的分析周期，用户可以输入对应周期的数字代码或通过选择菜单中“画面”→“分析周期”命令来修改分析周期。

9.1.5　如何看个股

个股 K 线技术走势图从周期上也可以分为 5 分钟 K 线图、15 分钟 K 线图、30 分钟 K 线图、60 分钟 K 线图、日 K 线图、周 K 线图以及月 K 线图。如图 9-9 所示是上港集团的日 K 线技术走势图。

1．进入个股 K 线图

用户进入个股 K 线图有以下几种不同的方法。

（1）在看盘软件中，直接输入个股代码或个股名称拼音首字母，然后按“Enter”键，即可进入分时走势图；当再次按“Enter”键，则会进入个股动态 K 线图窗口。

（2）从各类行情报价表界面中，双击某个选定的个股，也可进入个股动态 K 线图。

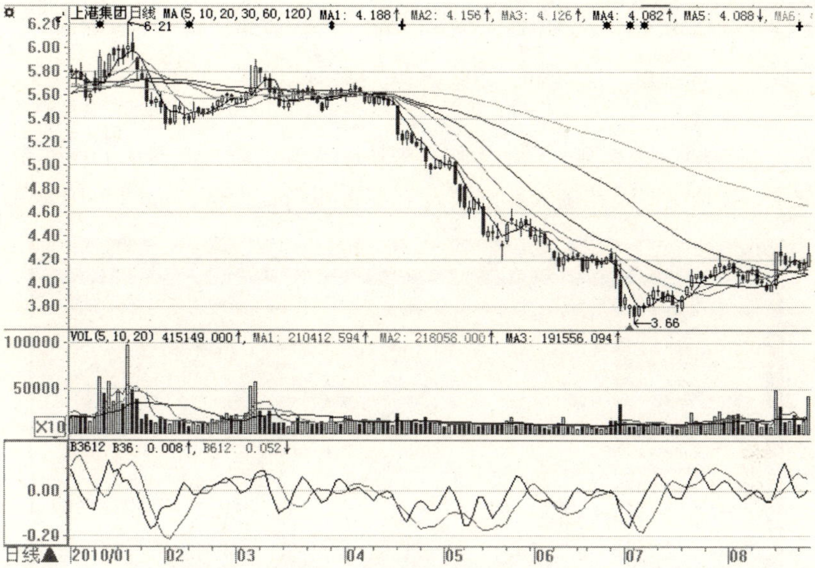

图 9-9　上港集团日 K 线图

2. 个股动态 K 线图的主要操作

（1）按 “Enter” 键循环切换个股分时走势图、个股 K 线图以及行情报价列表。

（2）个股 K 线图画面中直接输入指标名称，即可更换原有的指标显示，如 “KDJ” “MACD” “RSI” 等指标。按数字键盘中的 “/” 键或 “*” 键，可依次快速切换分析指标。

（3）个股 K 线图画面中按 “↑” 或 “↓” 键，可放大或缩小图形。

（4）双击某根 K 线的实体，在弹出窗口中，可以查看该 K 线的历史分时走势（需要保存当日的历史数据）。

（5）在指标线过多的情况下，如果想去掉它，可以在任意一条指标线上单击鼠标左键，再按 “Delete” 键，即可去掉选中的指标。也可以在 K 线窗口空白处单击鼠标右键，从弹出的快捷菜单中选择 “删除指标” 即可去掉主图上的指标。若要重新显示指标，则输入该指标的缩写名称即可。

（6）在 K 线图中，单击鼠标右键，在弹出的快捷菜单中选择 “加入自选股” 可把该股选入自选股栏。

9.1.6　如何看板块

在股票投资中，根据市场的热点不同，不同板块股票会出现不同的涨势，例如，在美国金融危机期间，由于受国际局势的影响，黄金板块出现了不小的涨势，几乎所有的黄金股都有或大或小的涨幅。因此，适当地关注板块，通常会有一些令人惊喜的发现。

下面以同花顺软件为例，介绍如何看板块的涨幅情况，其具体的操作步骤如下。

步骤 1：首先打开同花顺软件，进入上海 A 股行情页面，如图 9-10 所示。

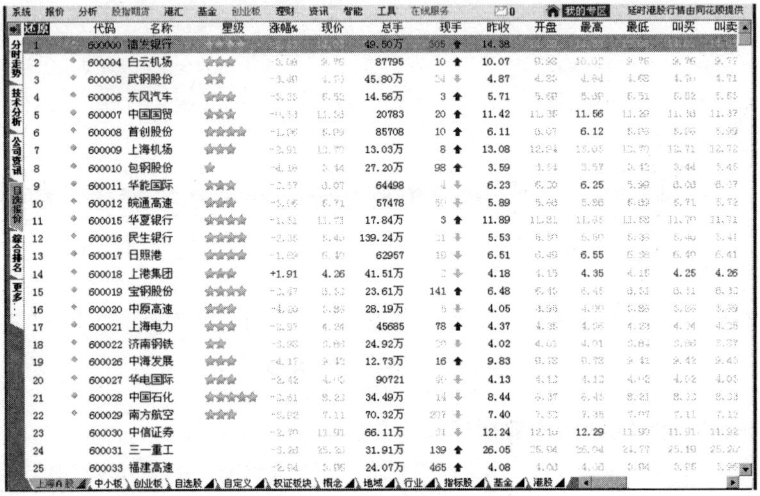

图 9-10 上海 A 股行情页面

步骤 2：在该页面中单击下面一排板块选项卡即可在不同板块中切换，这里单击“行业”选项卡，在弹出的菜单中选择“食品、饮料”→“食品”板块，如图 9-11 所示。

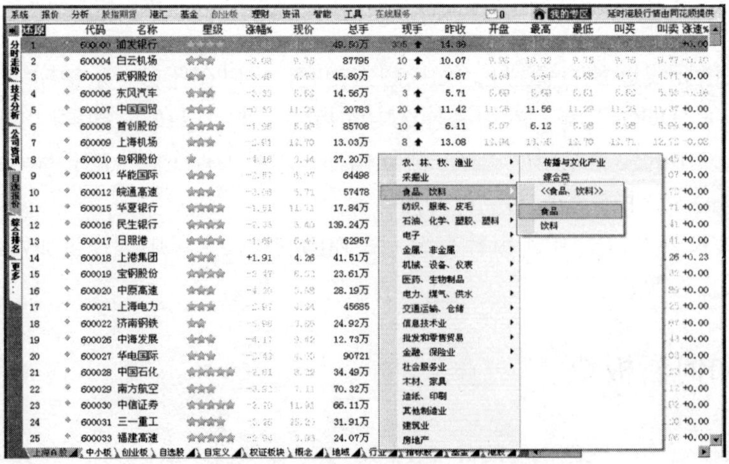

图 9-11 选择“食品”板块

步骤 3：“食品”板块的股票即会显示在页面中，并显示有星级、涨幅等信息，用户可以方便地进行选择，如图 9-12 所示。

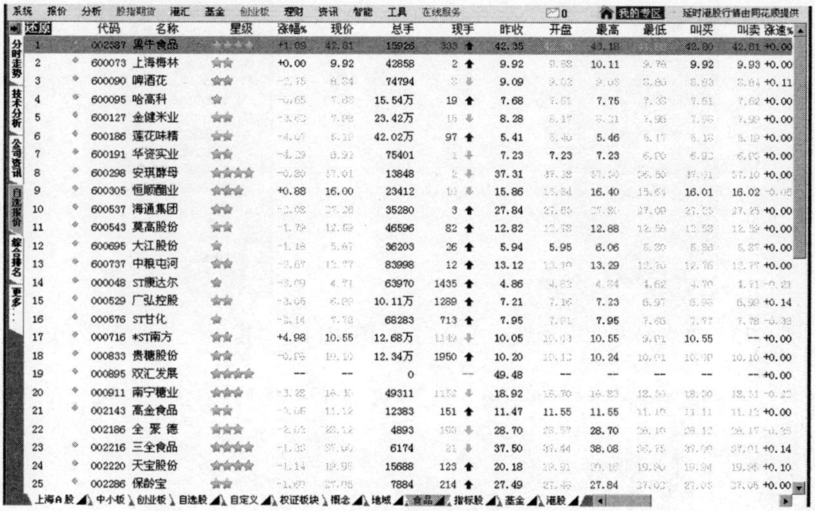

图 9-12 “食品”板块股票

9.1.7 怎样使用分析工具

看盘软件中一般都提供有许多实用的分析工具，通过这些工具，可以方便、快捷地挑选出符合条件的股票，下面以大智慧的交易系统指标选股为例进行具体地介绍。

交易系统指标是在各种技术指标的基础上加上买入和卖出的判断条件，在主图 K 线图上显示买卖红绿箭头的指标，宗旨在于建立一套完整的交易规则体系。交易系统指标可以对买入、卖出等操作发出明确的信号指示，其具体的操作方法如下。

步骤 1：在分时走势或 K 线走势界面中双击左侧隐藏菜单中的“交易系统”选项，即可展开交易系统的子选项，如图 9-13 所示。

步骤 2：双击“指标交易系统”选项，即可展开“指标交易系统”子项，如图 9-14 所示。

步骤 3：双击某个指标交易系统后，即可打开该指标相应的功能。例如，打开威廉指标交易系统后，将自动寻找符合条件的买卖点并发出买卖信号，如图 9-15 所示。

图 9-13 “交易系统”子选项

图 9-14 “指标交易系统”子选项

图 9-15 买卖信号

步骤 4：红色三角符号表示为系统发出的买入信号；绿色三角符号表示为系统发出的卖出信号。将鼠标光标放在买入、卖出信号的小箭头处，即可看到系统模拟买卖交易的情况，包括价格、收益和利润率等信息，如图 9-16 所示。

步骤 5：如果要调整公式的参数，可以在交易标记上单击鼠标右键，从弹出的快捷菜单中选择“调整参数”选项，打开“调整交易系统指示参数”对话框，如图 9-17 所示，从中调整公式的具体参数。

步骤 6：退出交易系统指标功能时，只需右击主图空白处，在快捷菜单中选择“删除全部系统指示”选项即可，如图 9-18 所示。

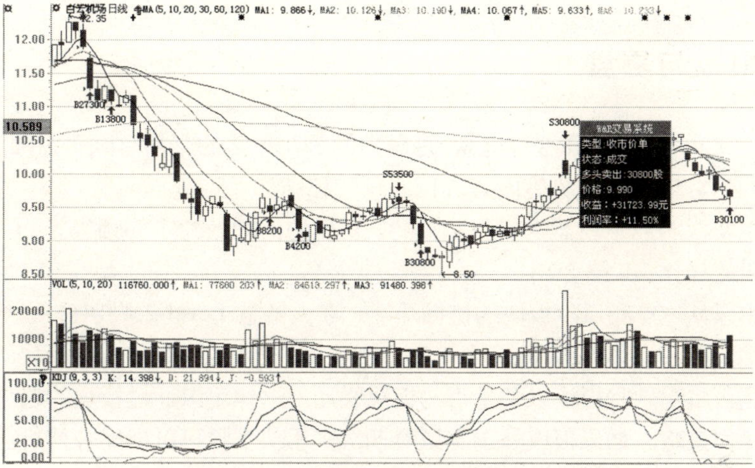

图 9-16　模拟买卖交易的情况

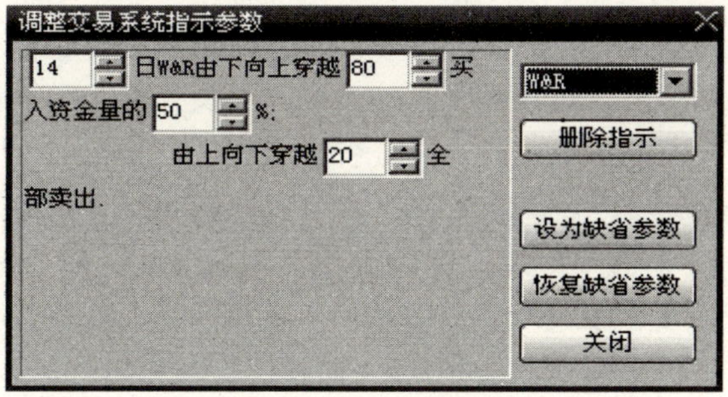

图 9-17　“调整交易系统指示参数”对话框

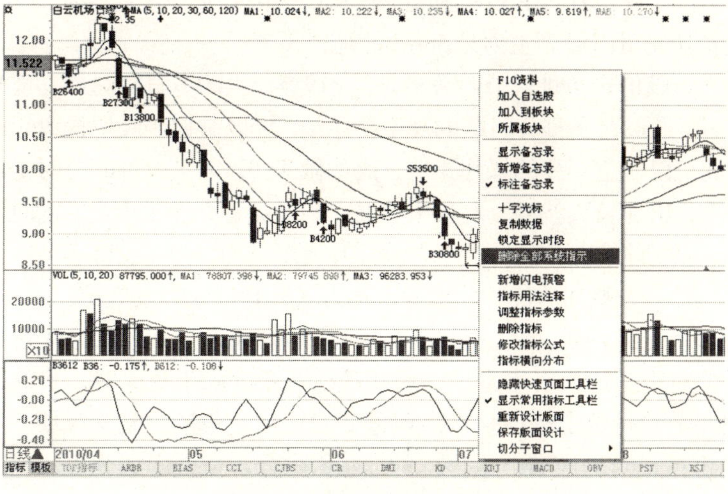

图 9-18　删除全部系统指示

9.1.8 盯盘与复盘

看盘中有两个概念，盯盘与复盘。盯盘指的是在正常的交易时间对盘面进行分析，而复盘指的是对当天的走势等内容进行回顾和总结。

此处主要说明一下复盘的步骤和技巧。复盘的目的是为了回顾当天的盘面，从而确定下一步的操作策略。

复盘可以从热点和风险板块的挖掘开始。在大智慧 Level-2 股票分析软件中打 81 或 83，可以看到沪深 A 股中股票排名，从中可以逆推到涨跌幅靠前的板块，看股票池中的股票是否属于这些板块以及是否与板块联动。这样可以通过板块的趋势来拟定手头个股的操作策略。如果板块处于高风险期，则手头个股可以出局等待机会；如果板块处于发力期，则即便手头个股暂时没有表现，也要耐心持有。

对板块研究的同时，需要对大盘走势进行回顾。大盘走势是整体趋势，要查看大盘目前处于什么位置，与量能配合关系是否正常，是否有背离现象出现，等等。

大盘和板块回顾完后，再转入个股的分析。个股分析的对象首先是投资者持仓的股票，接着分析股票池中的个股。投资者当天感兴趣的股票可以放在持仓股中一起分析。

个股研判时首先要看分时线，此处可参考大智慧的分时分笔成交功能，看当天是否有异常情况出现，多空双方动能如何，以及股价走势是否与前期制定的策略符合。

大智慧提供的分时分笔成交功能对个股分时复盘帮助非常大。投资者可以通过此功能了解一天的买卖单在什么价位和数量，从中可以看到是否有主力资金在运作。通过挂单及撤销功能可以看到主力是否在做假盘。

除了对当天股价走势进行分时分析外，大智慧提供的多日分时线功能也是非常有用的复盘工具。通过对多日分时线的观察和总结，可以掌握到股票操盘手的操盘习惯及规律，从而可以制定短线的操作策略，比如做 T+0。如果股价的分时走势不符合平时的操盘习惯，出现较大波动，则意味着主力的操盘意愿发生变化，此时可以跟庄而行。另外，多日分时线也会反映出主力做拉升或出货的习惯，投资者从中可以看出股票是台阶式拉升、先整理后拉升、逐步上扬方式、脉冲式爆发等等。

对分时分笔走势判断之后，需要转到日线和周线进行分析。日线对中短线投资者较有用，但对中长线投资者来说，周线甚至月线准确率更高对。日线、周线、月线的研判主要是看股价走势中是否出现重要的突破，包括突破支撑线、压力线等，股价走势是否在正常的通道中运行，量价是否配合，是否出现背离，是否出现重要的买卖点等。

9.2　盘口的 9 个核心概念

在看盘软件中，盘口往往会透露出非常多的秘密，本节通过对盘口语言的分析，旨在指导读者正确地理解盘口信息的真正含义，从而快速判断主力的操盘意图，准确分析股价的未来趋势，及时做出正确的操盘策略，更好地把握买卖的时机。

9.2.1　换手率

所谓换手率是指单位时间内，某只股票的累计成交量与其流通股本之间的比率，一般是以日为单位，平常我们所说的换手率也都是指日换手率。换手率是我们衡量一只股票其流通筹码换手情况的指标，既可以帮助我们判断一只股票的换手情况，也可以帮助我们分析它的股性是否活跃。

1．低换手率与高换手率

由于控盘大股东所持有的流通股数量不同，因而，不同类型的股票，其换手率的高低标准并不在一个水平线上，上市公司的控股股东其持有的流通股一般不会在市场上卖出。如果控股股东持有大量的流通股，则这类股票的换手率自然较低；反之，那些控股股东持股比例较低、多路资金介入的个股，其换手率就会相对较高一些。

在实盘操作中，对于那些控股股东持股比例相对较低的个股，我们可以重点关注它们中的换手率（默认指称日换手率）较低或较高的个股。那么，什么标准属于低，什么标准属于高呢？一般来说，日换手率小于 2%属于低，大于 5%属于高。较低的换手率往往说明主力资金大量持仓、市场浮筹较少，这类个股极有可能是强庄股，也是有望成为中长线大黑马的潜力股。较高的换手率说明市场交易活跃、换手充分。那么，在这充分换手的背后，是否有主力的进出呢？这是我们应注意的内容。

图 9-19 为江苏吴中（600200）走势图。此股因公布一则消息，抗癌新药获省重大科技成果转化专项资金 1000 万元，而出现了连续两个无量涨停板的走势。江苏吴中所属控股子公司江苏吴中医药集团有限公司目前在研“国家一类生物抗癌新药重组人血管内皮抑素注射液获得的研发与产业化”项目获得了江苏省科技成果转化专项资金扶持，1000 万的补助资金对于上市公司来说并不算什么高“收益”，但贵在这一题材与当时的市场热点相符，因而，此股出现了连续涨停板的走势。

但是在公布消息的四天后的这个涨停板，此时却出现了 42%的换手，考虑到此股的题材并不具有持续性，因而，突破后高点位的巨额换手是应引起我们警示的风险信号，因为它极有可能是主力资金正大规模派发离场的标志。退一步来说，即使当日有主力入驻，那主力也应短炒此股，此股在随后几日的走势仍应是快速飙升。只有这样，短线主力才能保证其本金的安全性，也才能最大限度地激发市场做多热情，从而实现获利出局。然而短线主力并没再度强势拉升此股，这是否意味着主力短期内做多意愿不强烈呢？通过以上分析得出结论：高换手率所提示的风险是我们可以逢高出局的信号。

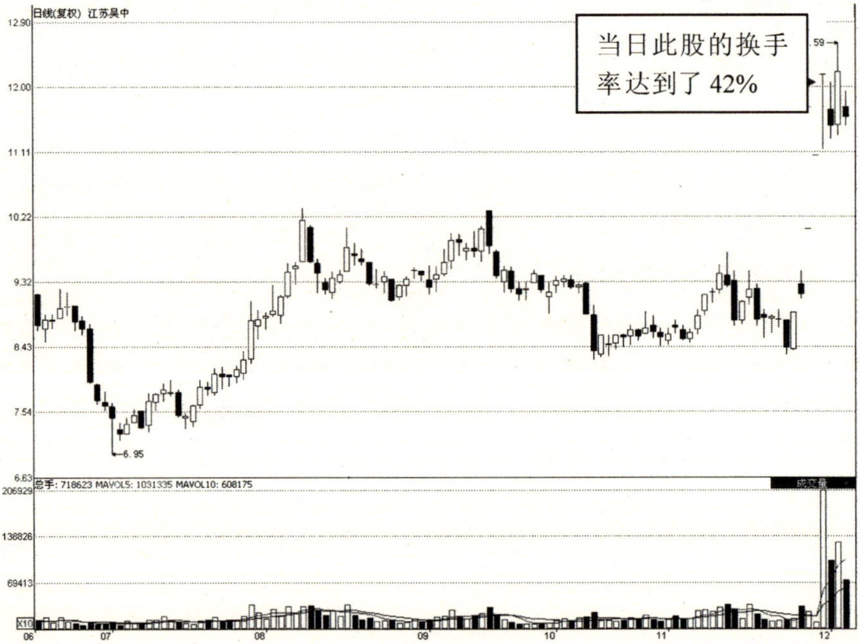

图 9-19　江苏吴中高换手率

图 9-20 为乐山电力（600644）走势图。此股在一波深幅调整后的阶段性低位区出现盘整震荡走势，查看此股的公开信息得知，此股为全流通股票，其控股股东总持股数不到 30%，可以其余 70%的流通筹码分布在基金、券商、机构、个人等买卖行为比较频繁的投资者手中，但此股在这一低位盘整震荡走势中其每日的平均换手率居然不到 1%。一般来说，这是有主力资金入驻，且积极锁仓的标志，也是个股后期将有好行情出现的标志。

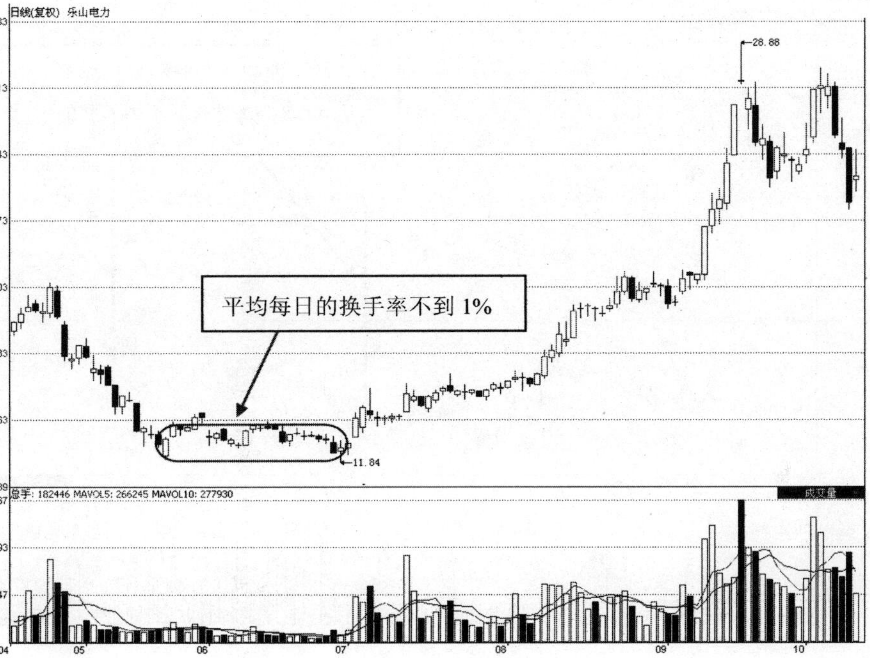

图 9-20　乐山电力低换手率

2．区间换手率

虽然换手率常常以日为时间单位进行解读，但计算个股在某一定时间段（多个交易日）内的累计换手率也具有重要的实战意义，这可以称之为区间换手率。当个股处于横盘震荡走势中时，运用区间换手率就可以进一步揣测主力的市场行为了。

一般来说，区间换手率更多地用于分析主力的建仓行为。在低位区，如果个股有新主力强力建仓的话，一般来说，在最理想的情况下，成交量的 1/3 至 1/4 会落入主力的手中，而主力想要控盘一只个股，并且有较强的控盘实力，它至少需要 50%的流通盘。这意味着如果个股在低位区出现了接近 200%的换手率，而分时图中又经常出现异动的话，那很有可能是有主力介入此股了。当然，低位区并不意味着个股一定处于深跌后的底部区，只要主力认为个股后期仍有较大的上涨空间，就会积地的建仓个股。

图 9-21 为哈高科走势图。此股长期处于盘整震荡走势之中，但是值得关注的是，此股在这段时间内的累计换手率竟然达到了 425%，这正是主力资金大力介入此股的信号，也正因为有主力资金的大力介入，此股随后才出现了强势突破的大幅上涨走势。

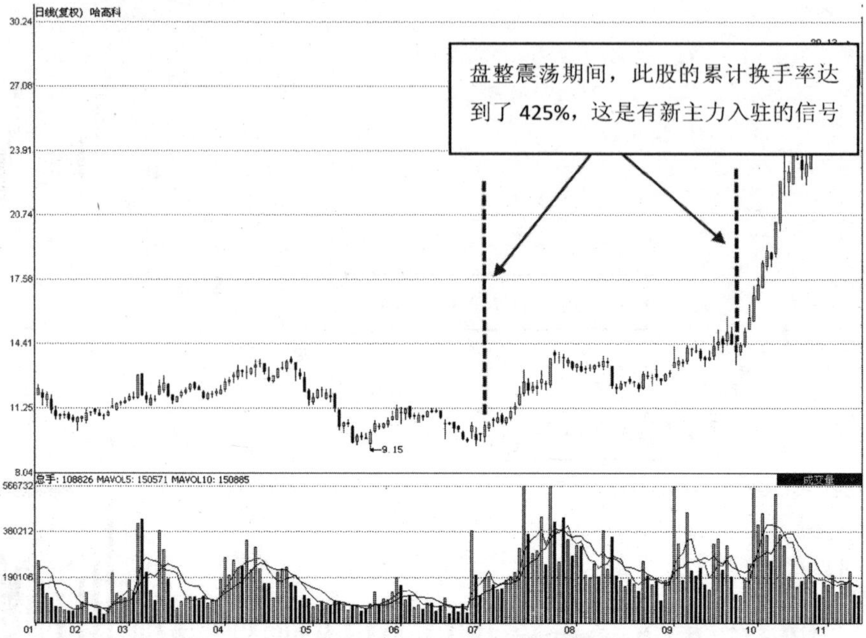

图 9-21　哈高科区间换手率

3. 新股换手率

国内的 A 股市场中，惯有“炒新”的氛围，每周都会有一些新股排队上市，而上市的新股中，总有一些会获得主力资金的青睐，从而出现新股上市后的飙升行情。那么，如何发现新股在上市后是否会有行情出现呢？通过换手率来分析，就是一种很好的方法。

主力资金一般都是在新股上市首日介入的，为了满足主力建仓的需要，新股必然要在当天有较高的换手率。一般来说，对于中盘及大盘股来说，新股上市首日的换手率若低于 40%，则难有新股行情，而对于小盘股来说，新股上市首日的换手率若低于 60%，则也难有新股行情。相对而言，中小盘股获得主力资金炒作的机会更大一些，因为大盘股的股本过大，很难有哪家主力资金有足够的炒作实力。

在实盘分析中，换手率仅仅是我们分析新股的一个要素，除此之外，新股的题材面、新股上市的定价等方面也是我们应关注的焦点。如果一只个股有着不错的炒作题材，其上市定价也不是很高，则这类新股就极易获得主力资金的炒作，其后面的上升空间也会较大；反观那些在上市之前就已被大肆宣传而定价明显偏高的个股，由于上市后再难有较大的炒作空间，因而，多不会获得主力的炒作。

图 9-22 为中国石油（601857）走势图。此股在上市之前被媒体炒作得十分厉害。

当时它是顶着“亚洲最赚钱的公司”的荣誉来到 A 股市场的，而当时的股市又正处于牛市和峰值处，此股以 16.70 元发行，但上市首日的开盘价却在 48 元上方。作为一只超级大盘股，此股已明显被高估了，很难想象在这样的价位上，后期还能有多大的上涨空间。虽然当日此股有 50%多的换手率，但这时需要的不仅仅是技术分析，而更应是理性的思考。

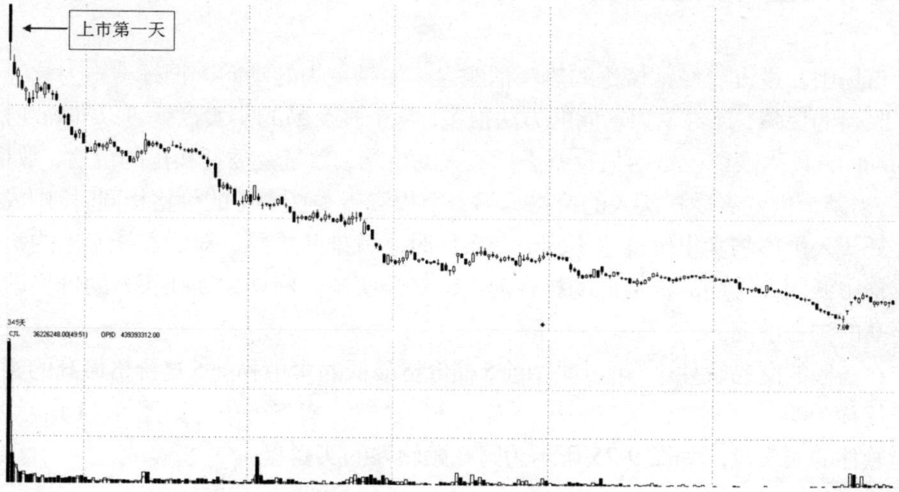

图 9-22　中国石油走势图

图 9-23 为北新路桥（002307）走势图。此股作为一只新疆板块的小盘绩优股，上市首日的换手率达到 80%，不到 20 元的股价也说明个股的后期上涨空间仍较为充

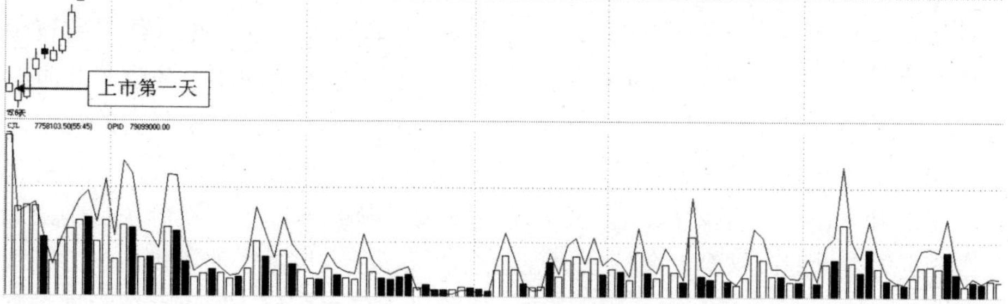

图 9-23　北新路桥走势图

分。正是有着这多方面的良好条件，主力在其上市首日积极介入，超过 80%的换手率就是最好的证明。当日的盘口也是频繁地出现大买单扫盘，在主力的炒作下，此股随后出现了一波短期快速翻倍的新股行情。

9.2.2 买盘与卖盘

市场中，投资者经常谈论的热门话题之一便是主力的动向，把好“主力脉”，便有了收益的保障。探寻主力动向的方法很多，从个股交易的买卖盘就可以准确观察主力的动向，具体表现就是一只股票委托买入的价格、数量及委托卖出的价格、数量的反映。当某个投资者委托买入的价格与另一个投资者委托卖出的价格相同时，则成交；当委托买入价格与卖出价格达不到成交条件时，就排队等候。对于委托卖出的卖单，按价格由低向高排列，价格低的排在前面；对于买单，同样按委托买入的价格排序，价格高的排在前面。

在一般的交易软件中，可以显示前5档价格最低的卖单和前5档价格最高的买单，一般简称为买一、买二、买三……，或卖一、卖二、卖三……。如图 9-24 所示为大智慧软件的买卖盘，如图 9-25 所示为同花顺软件的买卖盘。

卖盘	5	5.55	1406	
	4	5.54	1071	
	3	5.53	616	
	2	5.52	880	
	1	5.51	163	+9
买盘	1	5.50	220	-91
	2	5.49	2789	
	3	5.48	900	
	4	5.47	1020	
	5	5.46	1520	

图 9-24　大智慧买卖盘

卖⑤	11.97	171
卖④	11.96	121
卖③	11.95	83
卖②	11.94	34
卖①	11.93	144
买①	11.92	35
买②	11.91	1283
买③	11.90	1156
买④	11.89	70
买⑤	11.88	90

图 9-25　同花顺买卖盘

一般来讲，当某只股票长期在低迷状况中运行，某日股价有所启动，并且在卖盘上挂出巨大抛单（每笔经常成百、上千手），买单则比较少，此时如果有资金进场将挂在卖一、卖二、卖三档的压单吃掉，可看作主力建仓动作。注意，此时的压单并不一定是有人在抛空，也有可能是庄家自己在造量，以引起投资者的注意，如果持续出现卖单挂出便被吃掉的情况，就可以推断出主力的实力不弱。投资者要注意，如果想介入，千万不要跟风追买卖盘，待到大抛单不见了，股价在盘中回调时再介入，避免当日追高被套。在低位出现上述情况，介入风险一般不大，主力向上拉升意图明显，短线有被浅套可能，但定会有所收益。与之相反，如果在个股被炒高之后，盘中出现巨大抛单，卖盘一、二、三档总有成百、上千手压单，而买盘不行，此时一定要提高警惕，注意风险。

当某只股票在正常平稳的运行中，股价突然被盘中出现的上千手的大抛单砸至跌停板或跌停板附近，随后又被快速拉起；或者股价被盘中突然出现的上千手的大买单拉升，然后又快速归位，出现这些情况则表明有主力在其中试盘，主力向下砸盘是在试探基础的牢固程度，然后决定是否拉升。该股如果在一段时期内总收下影线，则主力向上拉升的可能性大；反之，主力出逃的可能性大。

当某只个股经过连续下跌，出现了护盘动作，在其买一、买二、买三档发现有大手笔买单挂出，这是绝对的护盘动作，但这不意味着该股后市止跌了。因为在市场中，股价护是护不住的，主力护盘，证明其实力欠缺，否则可以推升股价。此时，该股股价往往还有下降空间。但投资者可留意该股，因为该股有庄家在内，一旦市场转强，这种股票往往能快速回升。

9.2.3　内盘与外盘

外盘是指主动性买入的股票数值，即买方以委卖盘中事先挂出的委卖价来进行买入的股票数值，这是一种主动性的买入。内盘是指主动性卖出的股票数值，即卖方以委买盘中事先挂出的委买价来进行卖出的股票数值，这是一种主动性的卖出。内盘与外盘之和正好就是成交量。如图 9-26 所示。

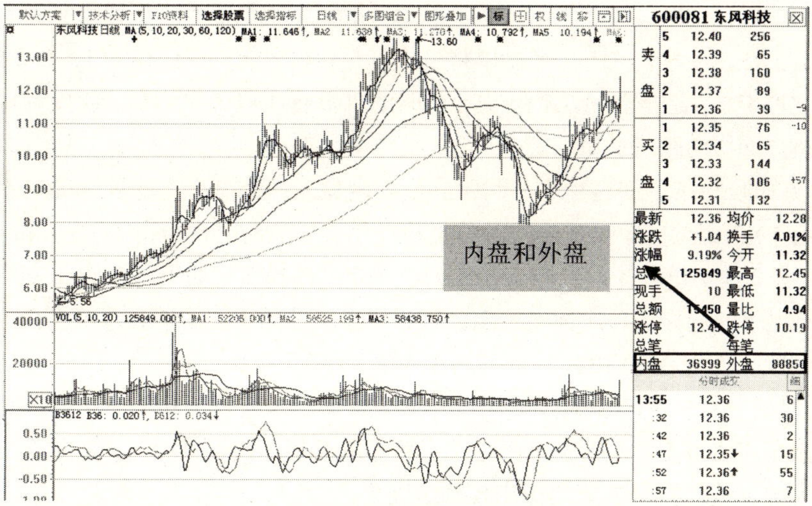

图 9-26　内盘和外盘

由于内盘、外盘显示的是开市后至现时以‘委卖价’和‘委买价’各自成交的累计量，所以对判断目前的走势强弱非常有帮助。一般来讲，当外盘大于内盘时，反映了场中买盘承接力量较强，走势向好；内盘大于外盘时，则反映场内卖盘力量大于买盘，走势偏弱。如果主动性买盘与主动性卖盘价格相差很大，说明买方追高意愿不强，同时卖方也有较强的惜售心理，多空双方处于僵持状态。

内盘和外盘的数值能够反映出主动卖出和主动买入量的大小，通常被投资者作为短线操作的重要参考依据。但内盘或外盘的数值有时并不是真实的，在真实的市场中，往往表现的是外盘大，股价并不一定上涨；内盘大，股价也并不一定下跌。

其实，原因很简单，主力为了迷惑散户，通常会故意制造出虚假的内盘或外盘。例如，庄家处于吸筹阶段时，往往会在下档不同价位挂一些买单，而在上面用更大的卖单压住股价，此时内盘是大于外盘的。因此，投资者在利用内盘和外盘的大小判断股票的走势时，一定要结合股价所处的位置和成交量的大小来进行，同时还要关注股票走势的大形态。

一般来讲，有以下几种情况需要注意。

1. 股价经过了长时间的下跌之后，处于较低价位，成交量也极度萎缩。然后，盘中成交量温和放出，当日外盘数量增加，大于内盘数量，此时，股价将极大可能上涨。与之相反，在股价经过了长时间的上涨，处于较高价位，成交量巨大，并不能再继续增加，当日内盘数量放大，大于外盘数量，股价将极有可能继续下跌。

2. 在股价持续阴跌过程中，时常会出现外盘大、内盘小，此种情况并不表明股价一定会上涨。因为庄家用几笔抛单将股价打至较低位置，然后在卖 1、卖 2 挂卖单，并自己吃掉卖单，造成股价小幅上升。此时的外盘将明显大于内盘，使投资者认为庄家在吃货，而纷纷跟进被套。

3. 在股价持续上涨过程中，时常会发现内盘大、外盘小，此种情况并不表示股价一定会下跌。因为庄家用几笔买单将股价拉至一个相对的高位，然后在股价小跌后，在买 1、买 2 挂买单，让投资者认为主力在出货，纷纷卖出股票，此时庄家层层挂出小单，将抛单通通接走。这种先拉高、后低位挂买单的手法，常会显示内盘大、外盘小，达到欺骗投资者的目的。

4. 股价已有较大的涨幅，如某日外盘大量增加，但股价却难以大幅上涨，投资者要警惕庄家诱多出货。当股价已下跌了较大的跌幅，如某日内盘大量增加，但股价却难以大幅下跌，投资者要警惕庄家诱空吸货。

9.2.4　委比

委比是衡量某一时段买卖盘相对强度的指标，委比的取值为－100～+100，涨停的股票的委比一般是+100，如图 9-27 所示，而跌停是－100，如图 9-28 所示。委比为 0，意思是买入（托单）和卖出（压单）的数量相等，即委买：委卖=5：5。

委比	+100.00%		3077
卖⑤	–		0
卖④	–		0
卖③	–		0
卖②	–		0
卖①	–		0
买①	12.45		3030
买②	12.43		14
买③	12.42		3
买④	12.41		16
买⑤	12.40		14
最新	12.45	开盘	11.32
涨跌	+1.13	最高	12.45
涨幅	+9.98%	最低	11.32
振幅	9.98%	均价	12.30
总手	148,496	量比	4.42
金额	18,262	换手	4.74%
现手	50	市盈(动)	18.07
涨停	12.45	跌停	10.19

图 9-27　涨停委比

委比	-100.00%		-1702
卖⑤	7.20		101
卖④	7.19		10
卖③	7.18		177
卖②	7.17		312
卖①	7.16		1102
买①	–		0
买②	–		0
买③	–		0
买④	–		0
买⑤	–		0
最新	7.16	开盘	7.45
涨跌	-0.38	最高	7.68
涨幅	-5.04%	最低	7.16
振幅	6.90%	均价	7.43
总手	101,608	量比	1.11
金额	7,545	换手	3.44%
现手	37	市盈(动)	亏损
涨停	7.92	跌停	7.16
外盘	44039	内盘	57569

图 9-28　跌停委比

委比的计算公式为：委比 =（委买手数－委卖手数）/（委买手数 + 委卖手数）× 100%。其中，委买手数是指现在所有个股委托买入下三档的总数量。委卖手数是指现在所有个股委托卖出上三档的总数量。委比值的变化范围为－100%～+100%：

- 当委比值为－100%时，它表示只有卖盘而没有买盘，说明市场的抛盘非常大。
- 当委比值为+100%时，它表示只有买盘而没有卖盘，说明市场的买盘非常有力。
- 当委比值为负时，卖盘比买盘大，说明市场抛盘较强；而委比值为正时，说明买盘比卖盘大，说明市场强劲。委比值从－100%到+100%的变化是卖盘逐渐减弱、买盘逐渐强劲的一个过程。反之，从+100%至－100%，说明买盘逐渐减弱，卖盘逐渐增强的一个过程。

9.2.5　量比

量比是衡量相对成交量的指标，是指股市开市后平均每分钟的成交量与过去 5

个交易日平均每分钟成交量之比。其计算公式为：量比＝现成交总手/［过去 5 日平均每分钟成交量 × 当日累计开市时间（分）］。当量比大于 1 时，说明当日每分钟的平均成交量大于过去 5 日的平均值，量比值越大，表明了当日该股当日流入的资金越多，市场活跃度越高；当量比小于 1 时，说明当日每分钟的平均成交量小于过去 5 日的平均值，量比值越小，说明了资金的流入越少，市场活跃度越低。

量比是将某只股票在某个时点上的成交量与一段时间内的成交量平均值进行比较得出的指标，它能够排除因股本不同造成的不可比情况，是发现成交量异动的重要分析工具。在看盘软件中，量比就在中间给出的依据买卖盘与成交明细做出的阶段性总结的各项动态资料中，如图 9-29 所示。

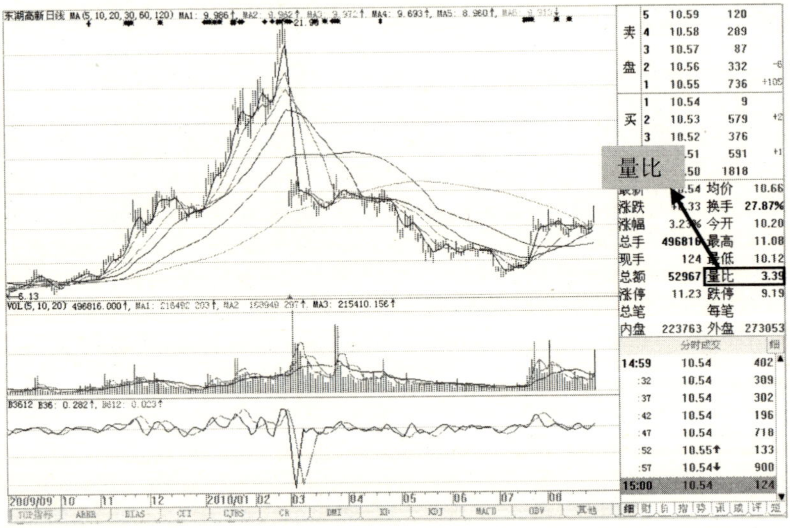

图 9-29　量比

通常，量比值应该有一个合理的期间，下面列出量比值在各期间所表示的意义。

- 量比为 0.8～1.5 倍，表示成交量是正常水平。
- 量比在 1.5～2.5 倍，为温和放量，如果此时股价也处于缓缓上升的状态，则升势相对健康，可继续持股；如果此时股价是下跌的，则可认定跌势很难在短期结束，从量的方面判断应择机退出。
- 量比在 2.5～5 倍，为明显放量，如果此时股价也相应地突破重要支撑或跌穿阻力位置，则突破的成功概率很高，投资者可以相应地采取行动。
- 量比达到 5～10 倍，为剧烈放量，如果是个股长期处于低位时出现剧烈放量突破，涨势的后续空间巨大。但是，如果在个股已有巨大涨幅的情况下出现剧烈的放量，则需要高度警惕，最好是观望。

- 量比达到 10 倍以上的股票，一般应该反向操作。在涨势中出现这种情形，表明股价已经见顶。在股票处于长期下跌时见到巨大量比，说明该股已经见底，有可能要反转了。
- 量比达到 20 倍以上，是极端放量的一种表现，这种情况的反转意义特别强烈，如果在连续的上涨之后，出现这种情况，是涨势结束的强烈信号。当某只股票在跌势中出现极端放量，则是建仓的大好时机。
- 量比在 0.5 倍以下的缩量情形为严重缩量，是市场交易极度不活跃的一种表现，但是也蕴藏着一定的市场机会。长庄股一般都是缩量创新高的股票，而且缩量创出新高，表明庄家控盘程度相当高。缩量调整的股票，特别是放量突破某个重要阻力位之后缩量回调的个股，常常是不可多得的买入对象。
- 涨停板时量比在 1 倍以下的股票，上涨的空间是不可估量的，而且在第二天开盘立刻涨停的可能性极高。在跌停板的情况下，量比越小则说明杀跌动能未能得到有效宣泄，后市仍有巨大下跌空间。

9.2.6　大单

大单是指每笔成交中的大手笔单子。一般情况下，股价的大幅上升或下跌都是由主力使用大笔资金推动的，这些主力资金不可能是一手两手地进行交易，因此，一旦有主力资金进入，个股应该出现盘中大买卖单成交活跃的现象。例如，一只股票长期极少出现连续大手笔成交卖买单，近期突然在委托买卖中出现大量买卖盘，且成交大单不断时，这就表明主力资金开始进入，很快就会上涨。正确判别单笔主动性大买单的真伪是看盘的基本功夫，也是看盘的基本要求。下面根据实际经验，对不同情况下的大单进行分析。

1．出现大买单

连续的大买单，而且，这些大买单的数量常常是以整数居多，但也有可能会出现零数，例如 6666 手、8888 手等，显然这些绝对不是中小投资者的交易，一般的投资者也不会这样挂单的，说明是主力资金在活动。通过主力使用的大买单或卖单可以判断出他们的意图，如果大单相对挂单较小且并不因此成交量有大幅改变，一般为主力对敲所致。成交稀少的较为明显，此时应是处于吸货末期，进行最后打压吸货。如果大单相对挂单较大且成交量有大幅改变，是主力积极活动的征兆。

2. 扫盘

扫盘是指在涨势中突然出现大买单，将所有卖盘挂单连续吞进。如果前期股价比较低，并且均线形成多头排列，涨势初起之际，如果有大单一下子连续地横扫了多笔卖盘时，表明主力正大举进场建仓，是投资者跟进的绝好时机。

3. 隐性买卖盘

隐性买卖盘是指在买卖成交中，有的价位并未在委买卖的挂单中出现，而是在成交一栏里出现了，这里面往往隐藏着庄家的踪迹。如果是单向整数连续隐性买单出现，而挂盘并无明显变化，一般是主力拉升初期的试盘动作或派发初期激活追涨跟风盘的启动盘口。如果是上有压板，而出现大量隐性主动性买盘（特别是大手笔），股价不跌，则是大幅上涨的先兆。如果是下有托板，而出现大量隐性主动性卖盘，则往往是庄家出货的迹象。

4. 低迷期的大单

当某只股票长期低迷，某日股价启动，卖盘上挂出巨大抛单（每笔经常上千、上万手），买单则比较少，此时如果有资金进场，将挂在卖一、卖二、卖三档的压单吃掉，可视为主力建仓动作。大牛股在启动前时常会出现这种情况。

5. 盘整时的大单

当某只股票在某日正常平稳的运行之中，股价突然被盘中出现的上千手大抛单砸至跌停板附近，随后又被快速拉起；或者股价被突然出现的上千手大买单拉升，然后又快速归位，表明有主力在试盘。主力向下砸盘，是在试探基础的牢固程度，然后决定是否拉升。如果某只个股在一段时期中总收下影线，则向上拉升可能性大；反之，出逃的可能性大。

6. 无征兆的大单

一般来讲，无征兆的大单多为主力对股价运行状态实施干预而造成的，如果是连续出现大单个股，现行的运作状态极有可能被改变。如果是不连续的大单，也有可能是资金大的个人大户或小机构所为，那样的话，其实际研判意义就不太大。

7. 大单吸货

如果个股的股价处于低位，盘口出现层层大买单，而只有零星小卖单，但突然盘中不时出现大单吞掉下方买单，然后又快速扫光上方抛单，此时可理解为主力在吸货。

9.2.7　对敲

对敲，即主力同时使用多个账号进行交易，不断地买进或卖出，人为地将股价抬高或压低，以便从中获益。当成交栏中连续出现较大成交盘，但是委买卖盘中却没有此价位的挂单，或是成交量远远大于实际委买卖盘中的挂单量时，则极有可能是主力对敲所导致的。此时如果股价在高位可能是为了掩护出货，如果股价在低位可能是为了激活股性。

庄家对敲主要是利用成交量制造有利于庄家的股票价位，吸引散户跟进或卖出。庄家经常在建仓、震仓、拉高、出货、反弹行情中运用对敲。通常情况下，庄家对敲的方式主要有以下几种。

1. 建仓时通过对敲的手法来打压股价，以便在低价位买到更多便宜的筹码。在个股的 K 线图上表现为股票处于低位时，股价以小阴小阳沿 10 日线持续上扬。这说明有庄家在拉高建仓，然后出现成交量放大并且股价连续的阴线下跌，从盘口看股票下跌时的每笔成交量明显大于上涨或者横盘时的每笔成交量。

2. 拉升时利用对敲的手法来大幅度拉抬股价。庄家使用大手笔进行对敲，制造出个股被市场看好的假象，希望能够提升股民对该股的期望值，减少日后高位盘整时的抛盘压力。从盘口看小手笔的买单往往不容易成交，而每笔成交量明显有节奏放大，股价上涨很快，下边的买盘跟进也很快，这时的每笔成交会有所减少。

3. 震仓洗盘时因为跟风盘获利比较丰厚，庄家一般会采用大幅度对敲震仓的手法使一些不够坚定的投资者出局。从盘口看在盘中震荡时，高位和低位的成交量明显放大，这往往是庄家为了控制股价涨跌幅度而用相当大的对敲手笔控制股价造成的。

4. 出货时进行对敲。从盘口看往往是盘面上出现的卖二、卖三上成交的较大手笔，并没有看到卖二、卖三上有非常大的卖单，而成交之后，原来买一或者是买二甚至是买三上的买单已经不见了，或者减小了，这往往是庄家运用比较微妙的时间差报单的方法对投资者布下的陷阱，接庄家卖出的往往是跟风的散户。

5. 反弹对敲。庄家出货之后，通常会造成股价的下跌，许多的中小散户被套，同时成交量明显萎缩，这时庄家会找机会使用大资金连续对敲拉抬股价，盘口会出现较大的买卖盘突然出现又突然消失，主要原因在于庄家此时对敲拉抬的目的只是适当地拉高股价，以便能够把手中最后的筹码也卖个好价钱，而不是真的打算拉升股价。

9.3 解读不同时段的盘口语言

看盘的时间非常重要。一般来讲，早盘和尾盘的变化对趋势的分析更加重要，开盘半小时之间往往可以定下一天的行情趋势，收盘半个小时之间经常会发生较大的变化。例如尾盘拉升，或者是尾盘暴跌，也能预示出明天的行情走势。

9.3.1 早晨开盘的重点

开盘是一个新的交易日的开始，开盘的表现往往能够定出大盘一天走势的基调，除非出现特别大的利多或利空消息，否则，当日内一般不会发生高强度的震动和大比例的逆反走向。

1. 集合竞价

集合竞价就是在当天还没有成交价的时候，投资者可根据前一天的收盘价和对当日股市的预测来输入股票价格，而在这段时间里输入计算机主机的所有价格都是平等的，不需要按照时间优先和价格优先的原则交易，而是按最大成交量的原则来定出股票的价位，这个价位就被称为集合竞价的价位，而这个过程被称为集合竞价。集合竞价的时间为：沪市为 9:15－9:25（开盘集合竞价时间）；深市为 9:15－9:25（开盘集合竞价时间），14:57－15:00（收盘集合竞价时间）。

集合竞价是大盘一天走势的预演，在开盘前可以先看集合竞价的股价和成交额，是高开还是低开，它显示出市场的意愿，预期今天的股价是上涨还是下跌，成交量的大小则表示参与买卖的人的多少，它往往对一天之内的成交活跃度有较大的影响。一般来讲："高开＋放量"说明做多意愿较强，则大盘当日收阳的概率较大；"低开＋缩量"说明做空意愿较强，则大盘当日收阴的概率较大。

2. 开盘

每天股市开始交易称为开盘。中国的股市开盘时间是周一到周五，上午为 9:30－11:30，下午为 01:00－03:00，中国所有地方都一样。开盘价指每个交易日开市后，每只证券的第一笔成交价为该证券的开盘价。

（1）开盘的三种状态

平开表示市场与上一交易日收盘结果一致，认同上一个交易日的收盘价，多方和空方处在平衡状态中，没有特别明显的上攻和下跌方向。

低开表示目前空方占据主动地位，如果股价在顶部大幅跳空低开表明人气不旺，往往是多方力量衰弱、空方力量增长的征兆。如果股价在底部跳空低开，表示市场转暖，而且，低开很有可能是主力机构在建仓和洗盘，这时是投资者是抄底吸筹的良机。

高开表示多方力量较大，股市人气旺盛。如果股价在底部大幅跳空高开表示有人抢筹码，往往是多空双方力量发生根本性逆转的时机，多方坚决上攻，主力做多意愿强烈，股价后期上涨的可能性非常大。如果股价处在高位高开，则极有可能是主力拉高出货。

（2）重视开盘后的 30 分钟

中国股市实行 T+1 交易制度，开盘与收盘的时段多空双方都进行激烈的搏杀，在总趋势一定的情况下，盘中走势反而相对平缓，因此，当日开盘后 30 分钟大盘与个股的走势对全天的影响非常大。看盘高手从当日开盘细节中就可以看出当日股市运行趋势，并相应作出正确的交易策略。

一般来讲，短线散户往往将手里要了结的股票在头 30 分钟里面抛掉，而在当日最后 30 分钟决定买进股票。市场主力做盘也大多在开盘 30 分钟就完成当日的拉高、试盘、洗盘等任务。

开盘后的前 10 分钟是多空双方非常关注的时间段，也是股民应该注意的时间段。此时盘中的成交量不是太大，使用较小的资金就能达到目的，庄家往往也会利用这一时间段进行控盘，故意拉高或者是突然打压。在强势市场中，由于多空双方力量的争夺，多方力量占据优势，往往是高开高走。在弱势市场中，多方往往会在开盘时向下打压，而空方也会大量抛售，造成开盘后的急跌。因此，开盘后的前 10 分钟的市场表现有助于正确地判断市场走势的强弱。

开盘后的第 2 个 10 分钟多空双方通常会进入休整阶段。此时，往往会对原有的趋势进行修正，如果高开高走得太猛，获利盘就会回吐；如果下跌的过猛，就可能会有所回升。因此，这一时间投资者可以仔细观察，选择准确的买卖点。

开盘后的第 3 个 10 分钟，多空双方经过前面的较量，已经互相了解对方的情况，买卖盘会变得可信度更大，这段时间大盘和个股的走势基本上是全天走向的基础，投资者可以根据这时显示出来的趋势推断出全天的大概情况，从而做出自己的判断。

（3）开盘三线

开盘三线是以开盘为起点，以第 10、20、30 分钟指数为移动点连成三条线段，从这三线中可以推断出大盘和个股一天走势的相关信息。

一般来讲，开盘三线有以下几种典型的形态。

①开盘三线连三上

开盘三线连三上是指 9:40、9:50、10:00 的点位都比 9:30 开盘的点位高的形态，表明当天的行情趋好的可能性较大。但是，如果 10:30 以前出现成交量持续异常放量的情况，则可能为庄家或机构拉高出货，此时应以抛出为主。

②开盘三线连三下

开盘三线连三下是指 9:40、9:50、10:00 的点位都比 9:30 开盘的点位低的形态，表明当天的行情趋坏的可能性较大，空头力量过于强大，当天收阴线概率大于 80%。

③开盘三线二上一下

开盘三线二上一下是指 9:40、9:50、10:00 的点位与 9:30 开盘的点位相比，9:40、9:50 两个移动点比原始起点高，而另一个移动点比原始起点低，表示当天行情买卖双方势力均强，行情以大幅震荡为主，如多方逐步占据优势，则向上爬行。

④开盘三线一上二下

开盘三线一上二下是指 9:40、9:50、10:00 的点位与 9:30 开盘的点位相比，9:40、9:50 两个移动点比原始起点低，而另一个移动点比原始起点高，表明当天行情买卖方比较均衡，但空方比多方有力，大盘是拉高调整的趋势。

⑤开盘三线二下一上

开盘三线二下一上是指 9:40、9:50、10:00 的点位与 9:30 开盘的点位相比，9:40、9:50 两个移动点比原始起点低，而另一个移动点比原始起点高，表示空方力量大于多方，而多方也积极反击，出现底部支撑，一般收盘为探底的阴线。

⑥开盘三线一下二上

开盘三线一下二上是指 9:40、9:50、10:00 的点位与 9:30 开盘的点位相比，9:40 这个移动点比原始起点低，而另外两个移动点比原始起点高，表示今日空方的线被多方击破，反弹成功并且将是逐步震荡向上的趋势。

9.3.2 盘中信息解读

沪、深两市每交易日时间为 4 小时，除掉首尾各半小时为开盘和尾盘时间，其余 3 小时均为盘中时间。在这 3 小时中，可分多空博弈、多空决胜和多空强化 3 个阶段。

1. 多空博弈

开盘仅仅是拉开一日股市序幕，多空之间只是相互试探，还没有正面交锋，盘中则是多空双方正式交手的开始，也是潜伏的黑马股启动的时刻，需重点关注启动个股。指数、股价波动的频率越高，表明多空双方的搏斗越是激烈。若指数、股价长时间平行，则表明多空双方持续观望，无意恋战。多空双方的胜败除依赖自身的实力（资金、信心、技巧）外，还要考虑消息和人气两个因素。这个阶段，股民亦可慎重判断，不必急于出手。

2．多空决胜

经过多空双方的较量，此时胜负趋势会逐渐地明朗。如果多方占据优势，股价会不断推高；如果空方占据优势，股价则会不断跌落。此时，投资者可以通过关注不同类型和板块的强弱变化选择买卖的最佳时机。

多空决胜由下列因素组成。

（1）指标股的表现。指标股涨势强劲，大盘一般不会下跌；指标股萎靡不振，大盘必将下跌。多头指标股沦为空头指标股，则大盘跌速加快。

（2）涨跌家数。大盘普跌，个股飙升是不祥之兆，对大盘走势有害无益。个股与大盘表现形成极大反差，资金过于集中个股，使大盘失血，将造成恶性循环。涨家数量大于跌家，收盘指数上涨；反之，跌家数量大于涨家，收盘指数下跌。观察涨跌家数，辨别多空力量的最佳时间为收盘前一小时。

（3）波动次数。如果股指的波动震幅大，波动次数多，在跌势中则说明趋于上涨，在涨势中则说明趋于下跌。一般情况下，一个交易日中，有 7 次以上的较大波动，则有反转契机。

3．多空强化

多空强化是盘中的最后阶段，在经过多空双方激烈的较量之后，盘末往往会出现强者更强、弱者更弱的局面。如果股价创了新高，那么尾盘还会有一番急拉行情，如果此时股价走低，那么尾盘还会有一番急挫走势。实战中将 14:30 前盘中出现的最高和最低点描出并取其中间值为标准，如果此时指数在中间值和最高点中间，则涨势会进一步强化，尾盘有望高收。若此时指数在中间值和最低点之间，则尾盘震荡向下的概率较大。

另外，在休盘和复盘时还会有比较不错的短线机会。在中盘过程中，临近休盘和午后复盘承前启后，是应重点关注的时间段。上午休市前的走势一般具有指导意义，如果大市处于升势，上午收于高点，表明人气旺盛，行情向好；反之，如果大市处于跌势，上午收于低点，表明人气低迷，行情向淡。临近休盘时候的走势也是多空双方争夺的要点。由于中午休盘时段，投资者就会有充裕的时间分析前市的走向，预测后市的趋势，从而修改自己的投资决策。因此主力往往会利用休市前的机会抢先制造出有利于自己的走势，例如在升势中上午收于低点，跌势中上午收于高点，以达到引诱广大中小投资者跟风的效果。

通常情况下，在下午复盘之后，如果有冲动性买盘进场，大盘有可能快速冲高，即使回落后也有向好机会，可以择机买入。如果指数几乎不动，或者轻微上攻，则可能是主力故意拉高以掩护出货。

看盘时，如果能把休盘前和复盘后的走势进行相互印证，将会对下午的走势做出更准确的判断。例如大盘连绵下跌，反弹在即的时候，主力往往会做出跌势未尽的假象，在上午休市前刻意打压，使之以最低价报收。下午复盘后，中午经过思考下定决心斩仓的人会迫不及待地卖出，指数急挫，但这往往是最后一跌，主力则会趁机吃进后拉高，还能提高此时追进者的持股成本。于是，中午休盘前的下跌便成了最佳的短线建仓良机。

9.3.3 下午收盘的重点

开盘是序幕，盘中是过程，收盘才是定论。通常情况下，尾盘是多空双方在一日拼斗之后的总结，是一种承前启后的特殊位置。如果尾盘收红，并且出现了长长的下影线，可以看作是探底获支撑后的反弹，投资者可以择机买入，次日以高开居多。买在最后时刻能够有效地规避当日风险。如果尾盘收黑，并且出现长长的上影线，表明上档的压力沉重，投资者可适当减磅，因为次日低开低走的概率非常大。

股票市场波动最大的时间段就是在收盘前的半小时左右。此时股价常常会有异动，这种异动也被称为尾盘效应，是主力操作的一种典型手法。如果当日盘口强劲，会在尾市半小时左右引发跟风盘的涌入，使股价脱离当日走势斜率单边上行，此时庄家会借机大笔拉高，以封死下一个交易日的下跌空间。由于此时跟进的买盘都有强烈的短线利润的兑现心理，所以尾盘若在抢盘时出现 5%以上的升幅，要小心次日获利盘兑现对股价造成的抛压，以及庄家次日开盘借势作打压震荡所带来的被动，投资者最好不要在尾盘过分追高抢货，以免陷入庄家次日短期震荡带来的被动局面。

在不同的情况下，收盘价所表现出来的形态有不同的含义。正常情况下，尾盘有小幅拉升或小幅回落，属于修正尾盘，并没有太大的实际意义。如果是某只股票并不在上升阶段，成交量也没什么异常的表现，但在尾盘的最后一刻突然出现一笔或几笔明显的大单，导致股价大幅上升，则表示主力在做收盘价，其目的有以下几种。

（1）如果该股当天成交平淡，表明市场很少有人注意该股，此时尾盘急拉，则很有可能是主力护盘，以引起投资者的注意。

（2）如果该股盘中在某一低价区，出现一些较大成交量，而股价却没有因为大量抛单继续下跌，则说明该股极有可能存在主力对敲的现象，则主力尾盘急拉的目的也是护盘。

（3）如果该股盘中股价不断走低，并伴随着较大的成交量，走势明显弱于大盘，则尾盘拉升有两种可能：一是主力在尾市做收盘价，借机出逃；二是主力不得不在尾市拉升以护盘。

9.4　不同阶段的炒股策略

通俗说法中，股市有牛市、熊市，甚至牛皮市等说法。事实上并非只有牛市投资者才可以进行股票投资的。投资者在不同的行情下进行股票投资时，可参考下面的一些方法。

9.4.1　牛市发展的几个阶段

所谓多头市场，即通常所说的“牛市”，是指股价长期保持上涨趋势时的股票市场。其特征是无论大盘 K 线还是绝大多数个股的 K 线都是倾斜向上，即便中间有回调，但总体股价呈向上趋势。

多头市场可以分为四个阶段，投资者在进行股票操作时，需要分清市场具体处于哪个阶段。不同阶段的操作策略是不同的。

在多头市场的第一个阶段，绝大多数股票会呈现快速上涨的趋势，A 股市场的指数上升很快。在此行情下，投资者可以将可用资金全部放入增长速度较快的股票品种或股票组合中，即所谓的满仓操作。至于操作对象，在多头市场的第一个阶段，最合适的股票是那些风险较高的股票和中小板股票。这些股票在空头市场上股价跌幅较大，且由于资金量小，在多头市场上往往可以获得更快的上涨速度（见图 9-30）。

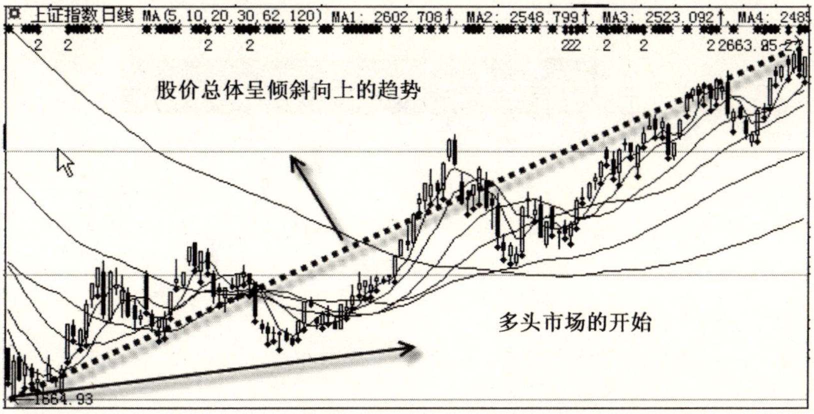

图 9-30　多头市场特征

多头市场第一阶段的明显例子就是金融危机年末时开始的大反转，从这一天开始，大盘指数和个股在很长一段时间都呈倾斜向上的趋势。即便中间有回调，但总的向上趋势不改。在多头市场中，耐心持有优质股票往往比追涨杀跌可以获得更高的收益率。

多头市场的第二个阶段中指数拉升得可能更快，但选股变得更艰难。在这个阶段中大多数股票已经达到其合理的股价，继续上涨的空间有限。此时选股更应该考虑中长期因素，基本面良好的中小板股票比较适合这个阶段的投资。因其资金量小，股价比较容易拉升，从而成为投资者的偏爱。

多头市场第三个阶段的特征是，大盘指数还是在上涨，但实际股价上涨的股票占的比例却少于 40%。在此阶段中，投资者需要进行调仓换股，把手头持有的中小盘绩优股调换为前期滞涨的股票，或绩优大盘股。谨慎的投资者在此阶段时可以将部分资金回笼，不再进行满仓操作。在此阶段时，投资者要保持谨慎心态，随时应对空头市场带来的风险。

多头市场的第四个阶段的特点是，指数依然在上涨，但上涨的股票比例不多于 20%，即所谓的二八现象。在此阶段中，只有极少数的绩优股和风险抵抗性的股票仍在上涨。此时投资者要密切关注大盘变化，谨慎的投资者可以提前出局，落袋为安。时刻谨记，本金安全是股票投资的第一目标。

多头市场第四阶段的例子就是金融危机爆发之前的 A 股市场，此时指数仍然在大幅拉升，但上涨股票却很少。以古井贡酒（000596）为例（图 9-31），在此期间内大盘指数仍然在拉升，但古井贡酒的股价却在呈现下降趋势，而在此时间内呈现这种走势的个股还有很多。在市场上出现这种现象时，投资者一定要谨慎。

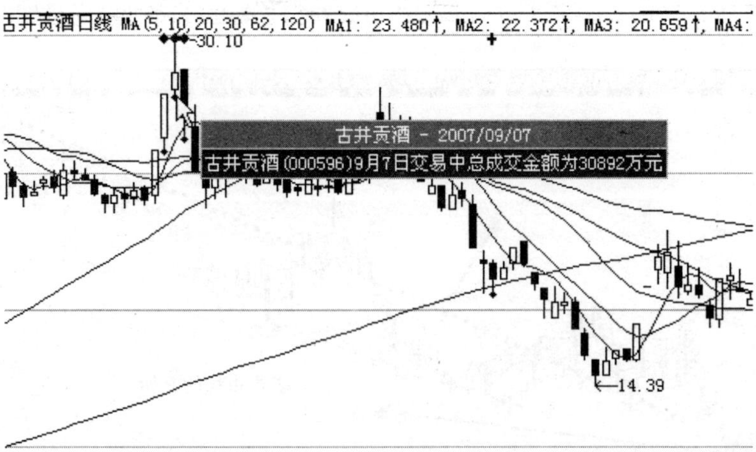

图 9-31　古井贡酒股价走势图

投资者在多头市场的第四个阶段中最好把股票出净，耐心等待空头市场的结束，等待下一波机会。空头市场中投资者以空仓观望为佳，不建议参与操作。

9.4.2　震荡市要注意的事情

方向未明时的行情，又叫“消息行情”，其特征是市场对消息极为敏感。一旦出现利空消息，无论此消息对股市的影响力度是大是小，影响时间是长是短，都会导致股价直接下跌，而一旦出现利多消息，则股价会随之快速上升。

消息行情的产生往往是由于多空双方力量达到一个持平，此时消息成为决定双方力量的直接因素。此时上市公司的基本面和技术面因素反而影响较小。

消息行情中，建议投资者控制仓位，谨慎为主。有消息产生时，需要对消息的真实性及其影响力度、影响时间做一个判断，不要跟风操作以免被套。

在分析消息时，投资者需要注意消息的反向效应，这是消息对股价走势隐含的影响。忽略消息的这个作用，往往使投资者的操作事倍功半。

消息的反向效应包含两重含义。首先，消息在未确定状态下受人追捧，而一旦得到确认则其作用很快丧失。这是因为在消息未得到确认时，投资者都认可该消息产生的作用，从而做出相应的反应。但当消息真正得到确认时，消息的动能已经得到释放，消息反而被冷落了。

另外一个就是股市中有名的谚语：利好出尽是利空，利空出尽是利好。其原因在于，消息行情中多空双方动能均衡，消息的产生是人为地引导动能走向。因此，当利空消息出尽之后，空方力量也得到了有效释放，此时多方的反击将会直接有效；反之亦然。

9.4.3　新股发行频繁会导致大盘下跌

新股的发行会对股价走势产生一定程度的影响，因为新股申购时会冻结一定程度的资金。因此，当同时发行股票的上市公司较多时，场内的资金量会明显减少，此时股票市场的供求关系会发生变化。新股冻结的资金量越大，则股价下跌的可能性就越大。

与之相反，申购新股的资金解冻时，又会再一次改变股票市场的供求关系，因为申购资金远远大于申购成功所占用的资金量。此时，这些资金在解冻后会考虑购买市场上的股票。解冻资金量较大时，也会带来股价的明显上涨。

新股申购对市场影响的一个例子是中国石油的申购。在申购前，市场普遍看好中国石油发行价给予投资者的收益空间。因此在申购前一日大量资金出局，导致上证 K

线出现大阴线，如图 9-32 所示。从技术角度来讲，这跟大阴线是不合理的。这就是新股上市给市场带来的影响。

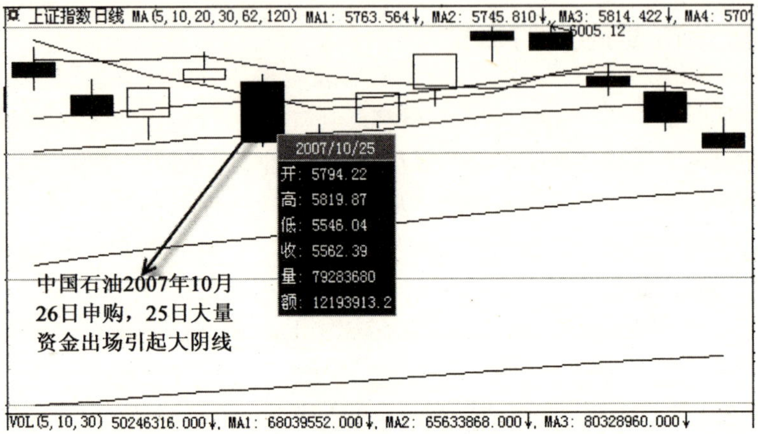

图 9-32 新股发行时上证 K 线大阴线

一般来讲，社会上的游资充裕，而市场不明朗时，投资者会乐于申购新股。因为新股上市一般不会出现跌破发行价的情况，风险小。但股票处于多方市场时，申购新股的投资者相对要少得多，因为新股的中签率一般比较低，投资者更乐于通过购买已上市的股票获得成功率更高的收益。

投资者在这种情况下，首先要看发行新股的公司是否较多，同时要看其能够吸引的资金是否较多。如果新股冻结资金较多时，可以把新股发行作为一个短线利空，在资金解冻前做一个短线。否则不用把新股发行带来的影响看得过重。

9.4.4 股价回档及下跌反弹时怎么办

股价回档出现在多头市场中，指的是由于股价快速上涨而带来的向下回跌。这种情况下股价的下跌幅度要小于上涨幅度。

股价回档的原因一方面是由于上涨中成交量逐渐加大，需要回跌一下释放一下空方动能；另外一方面则是由于有些投资者获利回吐或解套出局，从而加大了卖盘。多空市场中的股价回档为没有进入的投资者带来了难得的机会，即俗话说的“有钱难买牛回头”。投资者可以参考消息以及技术分析，如果确认股价回档是上涨中继，可以在回档结束时果断杀入。已经持有股票的投资者，可以在回档前兑换收益，等待回档结束再进入。

下跌反弹与股价回档相反，它出现在空方市场，是多方力量释放的一个过程，下跌反弹为投资者带来了止损的机会。投资者在确认趋势尚难反转时，要果断地止损出局，等待股市趋势确认反转再进入。

股价回档的例子可以参考图 9-33 中的双良股份（600481，现名双良节能）。从图中可以看出，该股总体走势是向上的，但每向上运行一段时间总会回档一定的幅度。对于中短线投资者来说，在回档前出局，然后在回档结束时进入，可以收获比长线更大的利益。

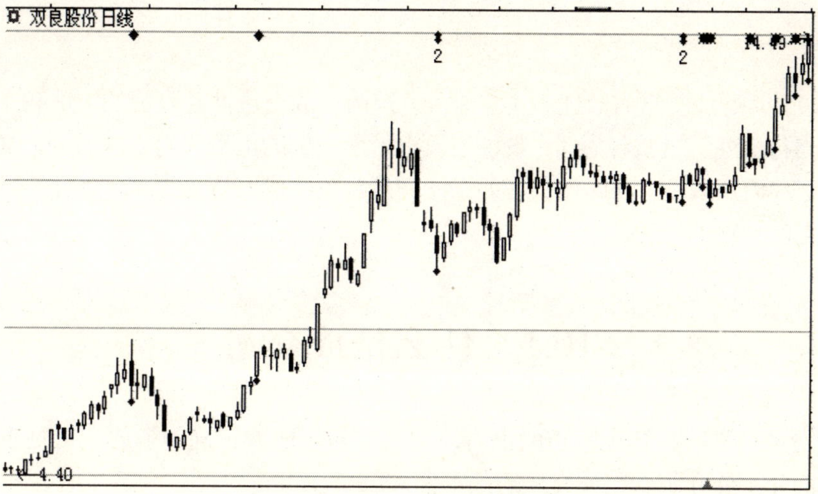

图 9-33　双良股份股价回档

判断股价回档开始及结束的方法，可以通过技术分析的阶段底部和顶部分析进行，在后面分析中会有对于底部、顶部的详细说明，在此不做赘述。

第 10 章
价量随行：运动的轨迹

在股市中，成交量有时比股价还重要。因为市成交量推动股价的上涨和下跌。因此有时当行情处于盘整状态时，股价还没有给出明确的上涨或者下跌方向，但是成交量可能已经有所改变。因此投资者如果能够及时关注成交量的变化，有时是可以提前做出方向的预测的。

10.1 什么是成交量

成交量是又一种解读股市的语言，因此交易者能否正确理解成交量是十分重要的。下面先主要介绍一些成交量的基本含义。

10.1.1 成交量的定义

在股市中，交易是双向的，也就是说有买有卖才能完成一次交易。例如，股民想买入 1000 股股票，此时市场中必须有人卖出 1000 股同样的股票，这笔交易才能完成。同理，如果股民想出售 1000 股股票，那么此时市场中也必须要有人买入 1000 股同样的股票，才能完成此笔交易。

计算成交量的方法是单边计算，也就是说如果多头买入了 1000 股股票，同时市场中也卖出了 1000 股股票，此笔交易完成，但是成交量计算方式是 1000 股股票，而并非 2000 股股票。

10.1.2 图表中的成交量

在股票分析软件中，成交量不用自己计算，软件可以自动显示出来。但是在不同的分析页面中，成交量的表现形式也是不一样的。

在日常使用最多的 K 线图中，每一根 K 线下方对应有一根柱线，这个柱状线就是当前 K 线周期内的成交量。

如图 10-1 所示为金陵饭店（601007）日 K 线图。从 K 线走势图中可以看到，该图表反映的时间周期为日。也就是说，每一根长条柱线代表的时间为一天。在 K 线图下方出现的柱状线为成交量。每一根柱状线代表的成交量为当天的成交量，与上方的 K 线图相对应。

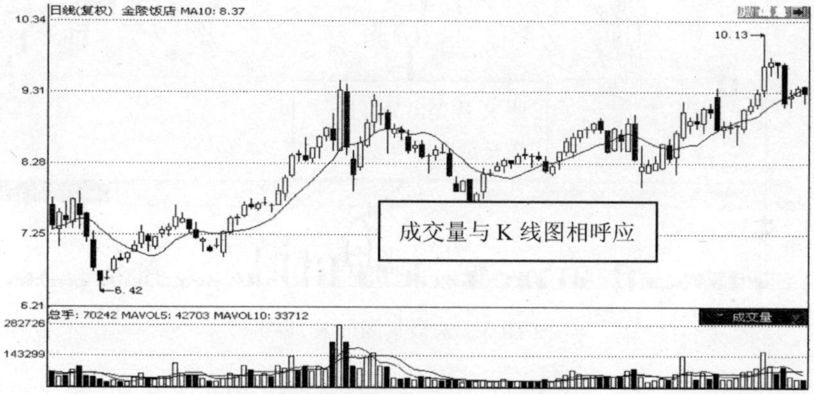

图 10-1　金陵饭店日 K 线图

如图 10-2 所示为太极集团（600129）60 分钟 K 线图。该图表的时间周期为 60 分钟，因此 K 线下方对应的柱状线为每一小时的成交量。

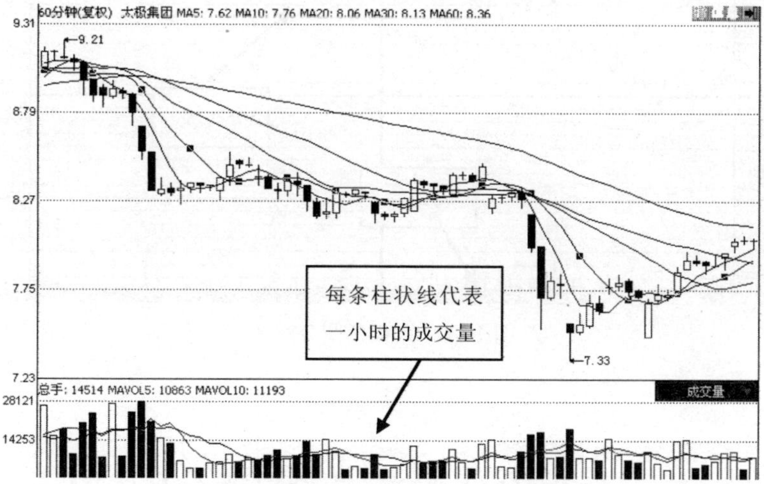

图 10-2　太极集团 60 分钟 K 线图

如图 10-3 所示为太极集团周 K 线图。该图表的时间周期为一周，因此每个 K 线对应的柱状线代表着一周的成交量。

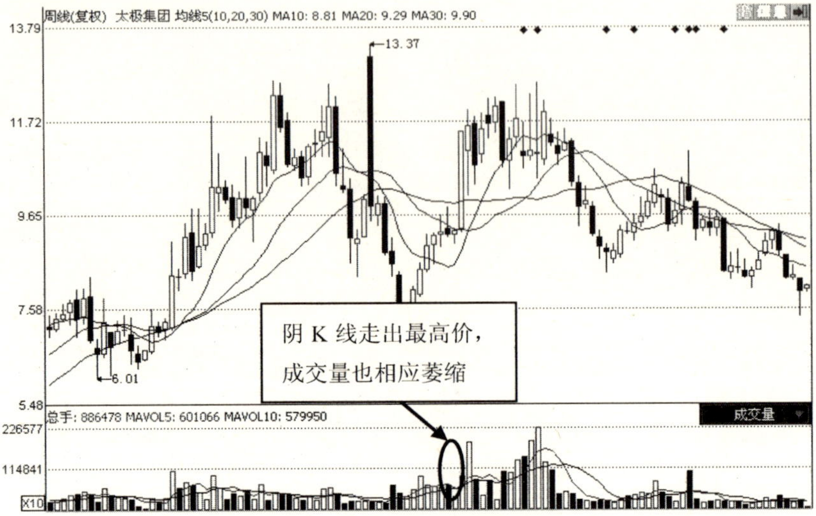

图 10-3　太极集团周 K 线图

在分时图中，成交量是以竖线的形式表现的。如图 10-4 所示为太极集团分时图，图中上方的曲线为分时走势图，分时走势图下方的竖线为成交量。

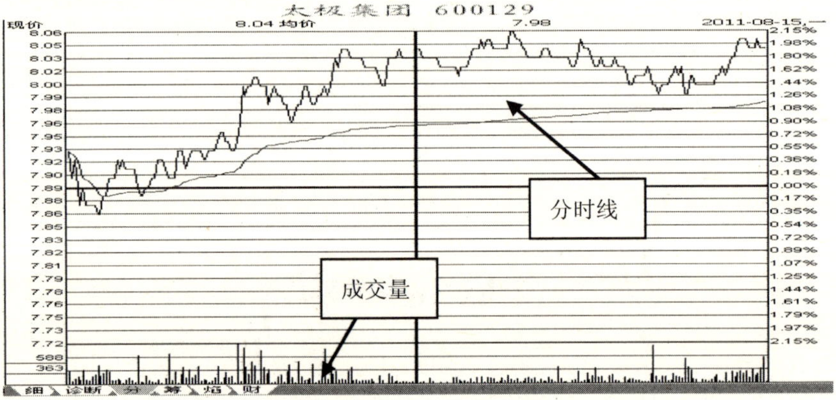

图 10-4　太极集团分时图

10.2　上涨未开始，成交量已经有信号

由于股价的上升与下跌，是由买卖双方的交易造成的。因此如果成交量出现了波动，一般股价也会有所变动。有时在行情的底部，股价依然处于盘整状态，没有给出

明确的上涨信号，但是有成交量有可能已经出现上涨的信号，因此投资者据此可以提前做出上涨的判断。

10.2.1　底部放量

当股价在快速下跌之后达到某一价位，开始减慢下跌速度。可是如果成交量出现了放量增长的迹象，则说明有很多的资金进入场内，因此股价有可能即将上涨，市场的底部有可能形成。

如图 10-5 所示为兰花科创（600123）日 K 线图。股价在 8.94 元达到最低点，此后开始小幅上扬，成交量在此时也出现了明显的放量过程，成交量的放量提示市场有可能已经到达底部，有大量的多头已经开始进入市场。因此投资者此时买入股票相对来说风险较低，从后市的走势图中可以看到，自成交量放量，市场形成底部之后，股价快速上扬，涨幅将近 3 倍之多。

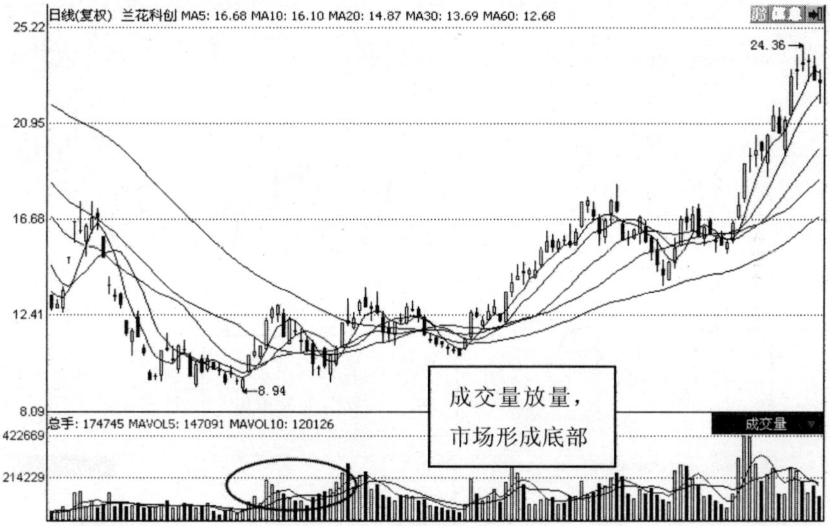

图 10-5　兰花科创日 K 线图

如图 10-6 所示为中江地产（600053）日 K 线图。股价从 2.41 元开始上扬，成交量在市场底部也出现了逐步放量的信号。据此可以判断，在此价位多头有强烈的支撑，市场底部已经形成。因此投资者此时买入股票是十分安全的，而且价位很低，未来股价向上增长，涨幅近 3 倍之多。

如图 10-7 所示为东风汽车（600006）的日 K 线图。股价在 4.22 元形成底部，此后股价小幅上涨，成交量出现增长，虽然放量增长并不明显，但是整体上成交量依然

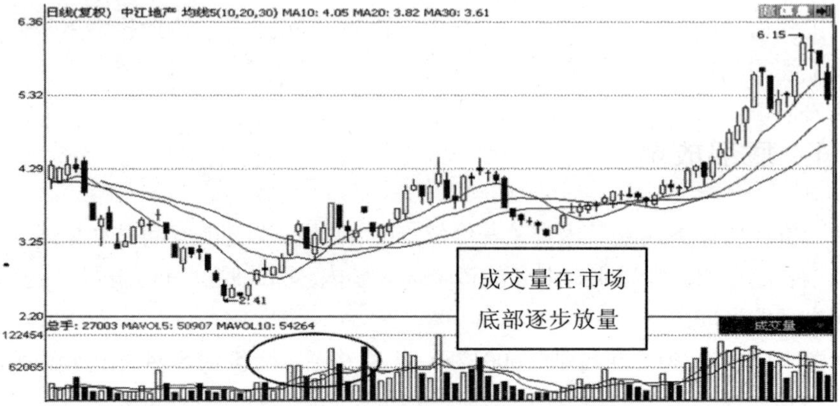

图 10-6　中江地产日 K 线图

呈台阶式向上增大。因此证明多头开始进入市场，稳步地将股价向上推高，而此时投资者应该逢低买入股票。

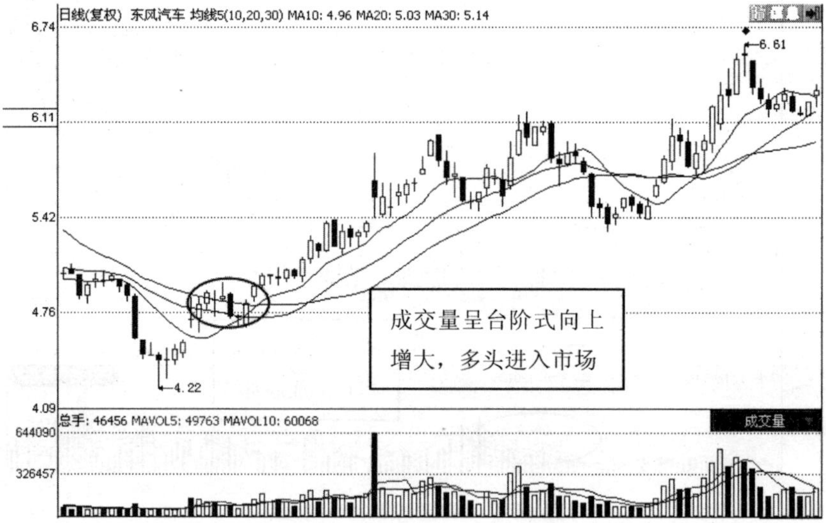

图 10-7　东风汽车日 K 线图

10.2.2　无量回调

当主力推升股价到一定价位之时，势必有一定的跟风者入场。但是主力并不希望有更多的跟风者与主力共同分享利润，而要采取打压的方式迫使跟风者出场。在走势图中，股价也会从上涨行情出现一个明显的回调。

但是因为主力不愿意将大部分筹码抛出，因此成交量不会明显放大，一般会出现无量或者低量的迹象。因此可以认定这种回调大多是主力故意制造的，目的是为了吓跑跟风者，而此时真正的做法应该是逢低买入股票，等待未来继续上涨。

如图 10-8 所示为 ST 国创（600145）日 K 线图。股价从 7.50 元开始上扬，但是不久便进入深幅回调中。因为当股价拉升到 10.5 元附近时，主力认为有太多的跟风者入场，于是进行了一次洗盘过程，将股价大幅向下打压，甚至跌幅超过了之前上涨幅度的一半。观察此时的成交量，却发现成交量出现明显的下跌过程，因此属于无量回调。此时投资者正确的做法应该是逢低买入股票，因为未来的上涨之路还没有结束。此时的利润空间远没有达到主力想要达到的目标，因此在主力清除跟风者之后，还将继续推高股价。从走势图中可以看到，此后股价继续飙升，一路直至 11.77 元。

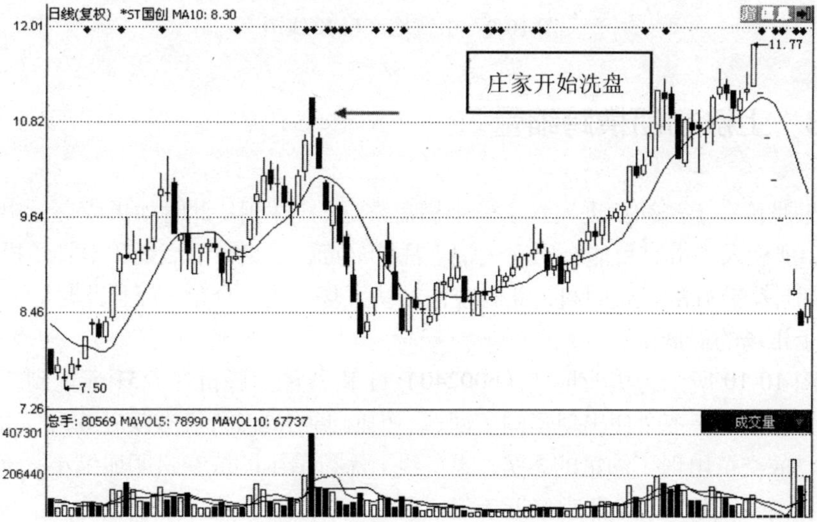

图 10-8　ST 国创日 K 线图

如图 10-9 所示为中江地产（600053）日 K 线图。股价在上涨过程中出现了一次小幅的回调过程，此时成交量出现了明显的缩量状态。所以此时的回调可以认为是主力故意打压所致，目的是清除出大部分的跟风者，未来股价继续向上推升。因此，此时是投资者利用低位进行买入的一个时机，此时的买入价格是下一轮上涨的起始位置。

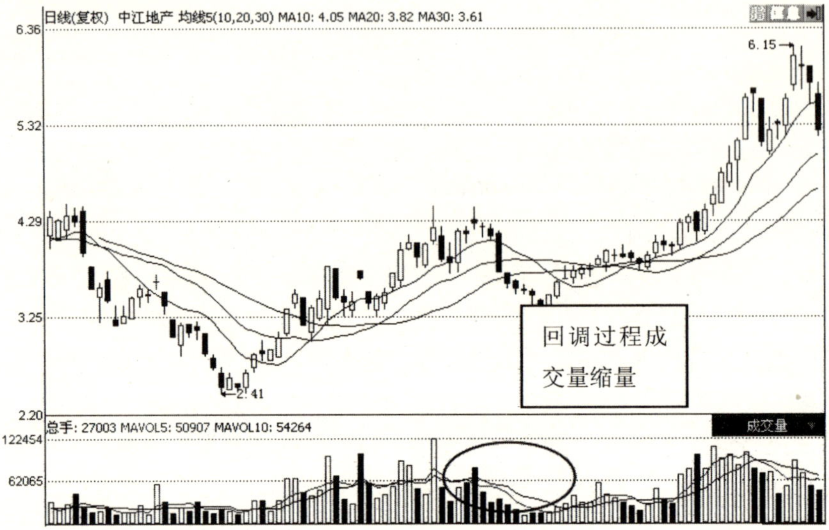

图 10-9　中江地产日 K 线图

10.2.3　上涨初期横跨缩量

如果股价在上涨初期进入到了一个横盘整理的过程中，此时如果成交量出现缩量的走势，那么未来很有可能会出现大幅上涨的局面。因此对于短线和中长线投资者来说，这都是十分好的投资时机，此时应该尽快入场，建立仓位，而且此时的买入价非常接近于市场的最低价。

如图 10-10 所示为华业地产（600240）日 K 线图。股价在 6.51 元达到新低，此后开始上涨，但是不久便出现了向下回调。但回调的最低价没有跌破 6.51 元的低位，而且此时成交量出现了缩量的态势，比直线上涨行情中的成交量明显缩小。此时如果投资者趁高买入股票，是非常接近于最低价的。后市股价将大幅快速地向上拉升，直至 10.15 元的高位。

如图 10-11 所示为熊猫烟花（600599）周 K 线图。在金融危机爆发后，股价进入到了一个上涨中的盘整行情。此时成交量出现明显的缩量现象，因此可以认定这是主力故意而为，目的是让散户认为成交量有所减小，而不敢继续持有股票。当更多的跟风者出场以后，主力将快速向上拉高股价。

从走势图中也可以看到，股价一路升至 27.17 元的最高位，而如果股民能够在上涨盘整时根据缩量的现象买进股票，则未来几周内可以获得数倍的利润。

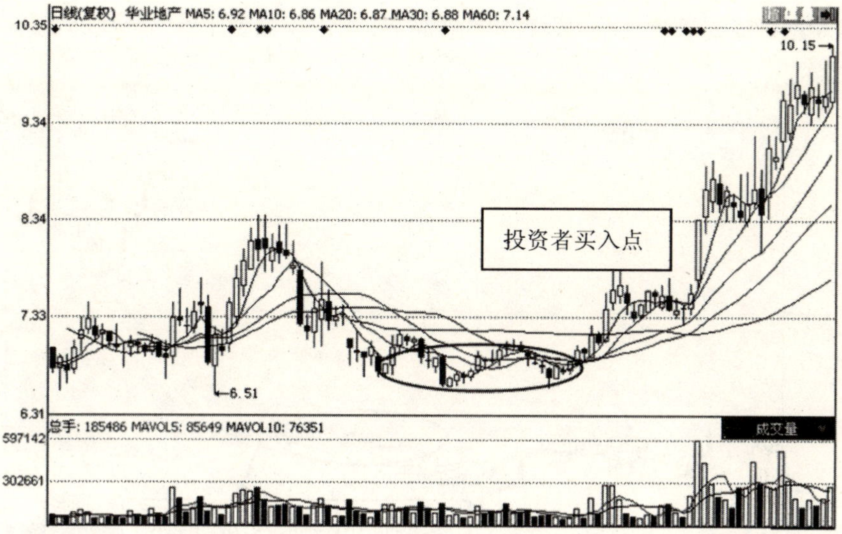

图 10-10 华业地产日 K 线图

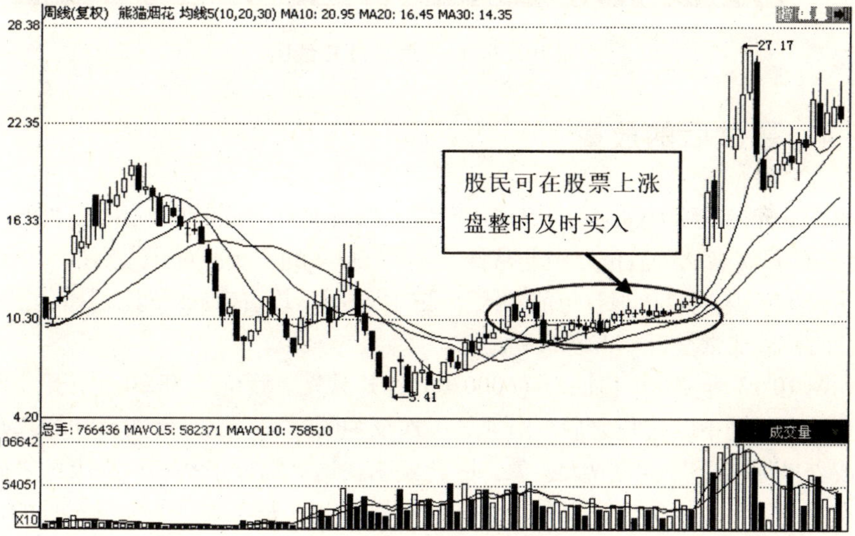

图 10-11 熊猫烟花周 K 线图

如图 10-12 所示为广电信息（600637，现名百视通）日 K 线图。股价在上涨不久，便进入到了一个盘整的行情中。此时成交量出现了轻微的缩小状态，而这正是庄家在拉升股价中故意制造的假象，目的是让胆小的投资者害怕成交量较小不能推动股价继续上行，而过早地卖出股票。此后股价快速地以多个涨停板的形式向上拉高，在横盘时根据成交量缩小而买入股票的投资者，可以说抓到了新一轮快速上涨行情的起始位置。

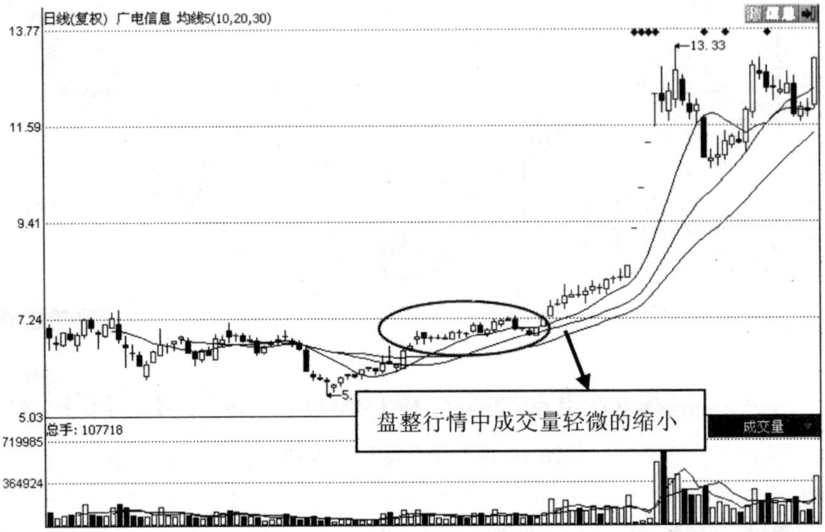

图 10-12　广电信息日 K 线图

10.2.4　暴跌后的放量

如果股价在连续暴跌之后，出现了明显的放量现象，则说明经过了漫长的下跌过程，更多的投资者认为股价已经非常低，因此有更多的多头愿意介入到市场中逢低吸纳股票。因此，未来股价很有可能转入上涨的行情中，投资者此时可以少量买入股票，而且此时买入非常接近于市场的最低价。

如图 10-13 所示为中信证券（600030）日 K 线图。股价从 58.20 元开始下跌，经过了一轮漫长的下跌过程之后，出现了一次反弹的过程，而且此次反弹的起始点位置，成交量给出了明显的放大迹象。因此说明在这个点位多头正积极吸纳筹码，股价很有可能受到强大的支撑。从走势图中可以看到，整个强劲的反弹过程的 70 点正是源自这个成交量的放大现象之后，因此此时买入的股民可以说是抓住了一个反弹的最低点。

如图 10-14 所示为熊猫烟花（600599）周 K 线图。股价在一轮深幅下跌之后，在 5.41 元止住了脚步。此时成交量出现了明显的放大迹象。这说明在这个价位有更多的多头进入市场，因此很有可能这是一个市场底部。因此，投资者应该在此时少量买入股票，来谋求未来股价继续向上所能够获得的利润。不久可以看到，未来股价一路

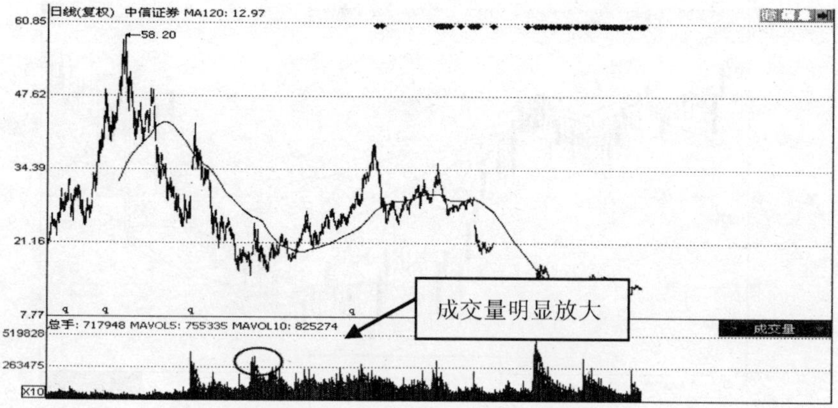

图 10-13　中信证券日 K 线图

走高，直至 27.17 元。若此时能够买入股票，则买入价是十分低的，未来的利润有将近 6 倍之多。

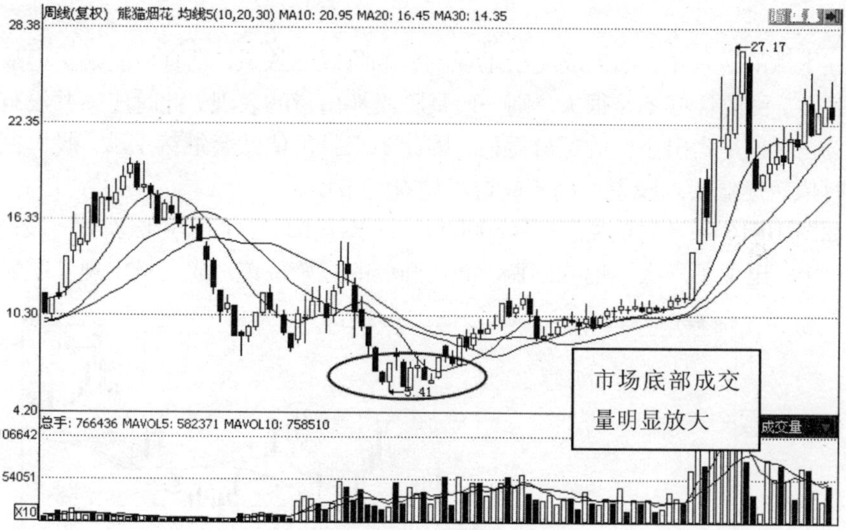

图 10-14　熊猫烟花周 K 线图

如图 10-15 所示为上海电力（600021）60 分钟图。股价在市场的底部形成了一个头肩底形态，成交量也出现了明显的放量特点，这也验证了头肩底形态的有效性。因此，此时股民买卖股票是更加安全的，而未来股价将快速地上扬，此时的买入价是非常接近于最低价 3.74 元的。

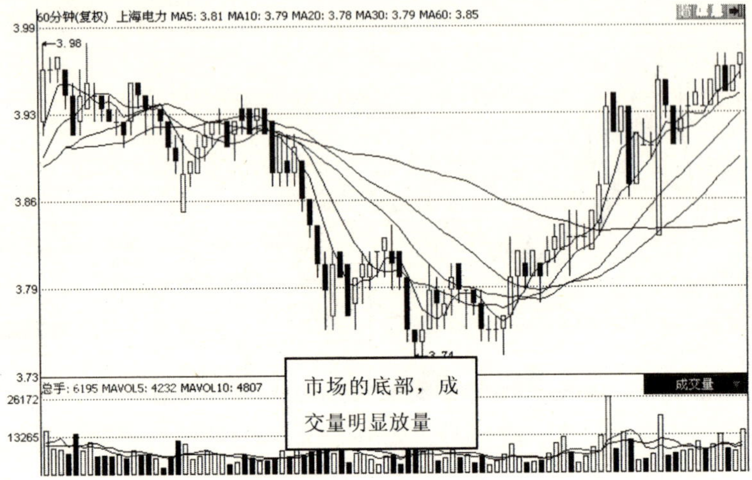

图 10-15 上海电力小时图

10.2.5 上涨中期的放量

在上涨的过程中，如果成交量出现明显的阶段性放量，则有可能是主力故意制造的。如果上涨的幅度不是很大，则一般是阶段性出货的表现。此时庄家并没有完全考虑出场，而只是卖出手中的部分筹码，因此未来股价依然会继续上涨。股民完全可以在此时依然逢低买入股票，而不能过早地看空市场。

如图 10-16 所示为东风汽车（600006）日 K 线图。从图中可以看到，股价在上涨的过程中，出现了一次小幅的回调，而在回调的起始位置，成交量出现了明显的放大

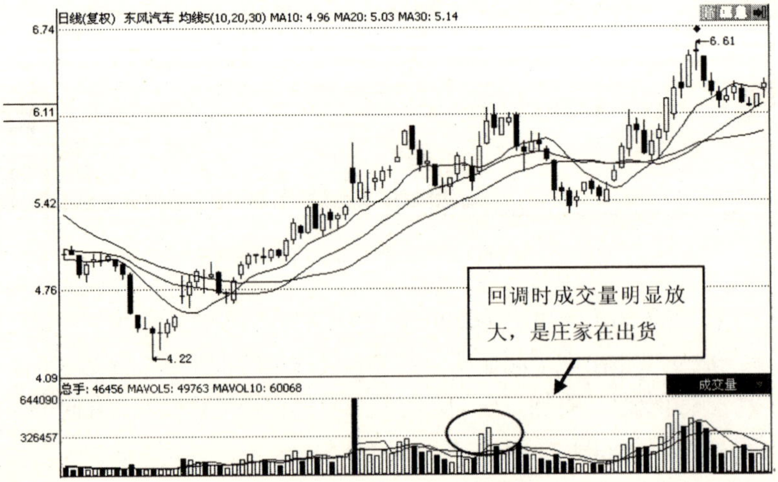

图 10-16 东风汽车日 K 线图

迹象。这是主力故意而为，目的是卖出手中的部分筹码。但是因为涨幅远远没有达到主力的预定目标，因此投资者可以在回调时，寻找低位进入市场，来追逐后面的上涨空间。

如图 10-17 所示为东方海洋（002086）日 K 线图。在途中椭圆形区域标注的位置，成交量明显增大。与此同时，在 K 线图中是一个阶段性的顶部，这正是庄家对倒造成的现象。此时庄家部分出货，未来还将有一段上升的空间，因此投资者可以在回调结束时，积极寻找低点入场。

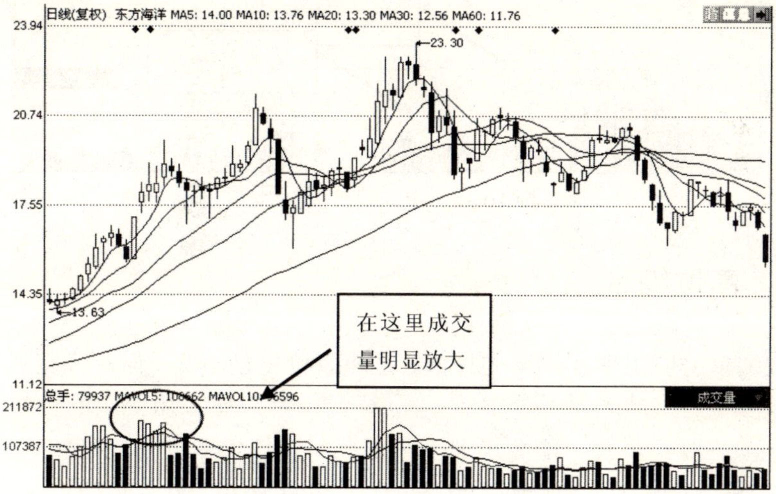

图 10-17　东方海洋日 K 线图

如图 10-18 所示为金发科技（600143）日 K 线图。从图中可以看到，当阶段性放量出现后，股价没有达到市场的顶部。因此可以认定，此时的放量是庄家对倒而为，因此投资者可以在阶段放量出现后寻找低位出场，追逐后面的利润，此时距离最高点还有将近 2 元左右的利润。

10.3　上涨行情即将结束，成交量先报警

当上涨行情即将结束之时，多头的能量可能已经减弱，或者空头的能量将快速增大。这时在成交量上都会出现一些细微的波动，而成交量的变化有时会提前于股价的变化，因此如果投资者能够正确识别成交量的含义，则是可以成功抄底的。

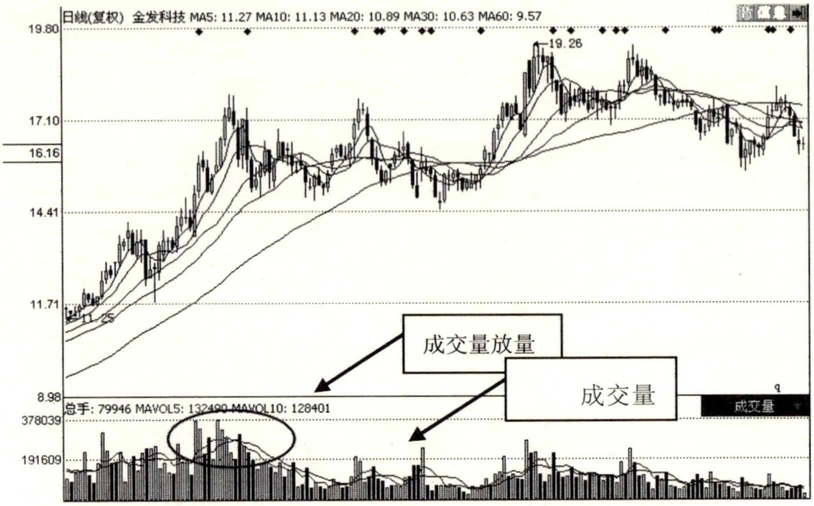

图 10-18　金发科技日 K 线图

10.3.1　高位缩量

高位缩量一般出现在市场的顶部，是指股价屡创新高，但是成交量却出现了萎缩的迹象。这说明在市场的高位，已经很少有人愿意用更高的价格来买进股票，因此未来股价很有可能会迅速下落，此时是投资者离场的最佳时机。

如图 10-19 所示为民和股份（002234，现名 ST 民和）日 K 线图。股价在市场的顶部出现了 3 个阶段性的顶部，在最后一个顶部出现后，股价没有达到前面顶部的高位，而且重要的是成交量出现了明显的缩小迹象。这说明没有更多的人愿意再推动股价继续向上运行，因此股价迅速从高位开始滑落。此时正是投资者获利出场的良好时机，既避免了风险，又可以减少大部分损失。

如图 10-20 所示为中信证券（600030）日 K 线图。从图中可以看到股价在 58.20 元达到顶峰，但是关注成交量的股民可以发现，此时成交量并没有给出明显的放量迹象。因此此处的信号并没有得到成交量的确认，所以是十分危险的一个信号，投资者应该利用高位及时出场。

如图 10-21 所示为万东医疗（600055，现名华润万东）日 K 线图。股价在 19.62 元达到了新高，但是此时的成交量却远远低于前期高点的成交量，因此成交量的萎缩就代表了此时的新高并没有得到市场的确认，未来很有可能会向下运行，投资者应该尽快离场。从后市的走势图中也可以看到，股价自此开始迅速下滑，19.62 元就成为了市场的底部。

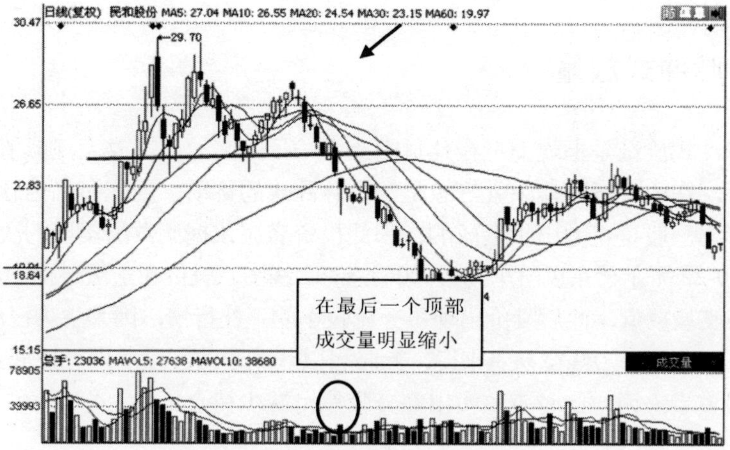

图 10-19　民和股份日 K 线图

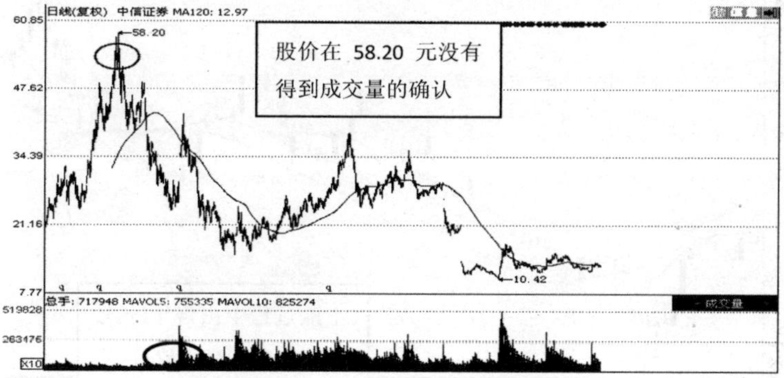

图 10-20　中信证券日 K 线图

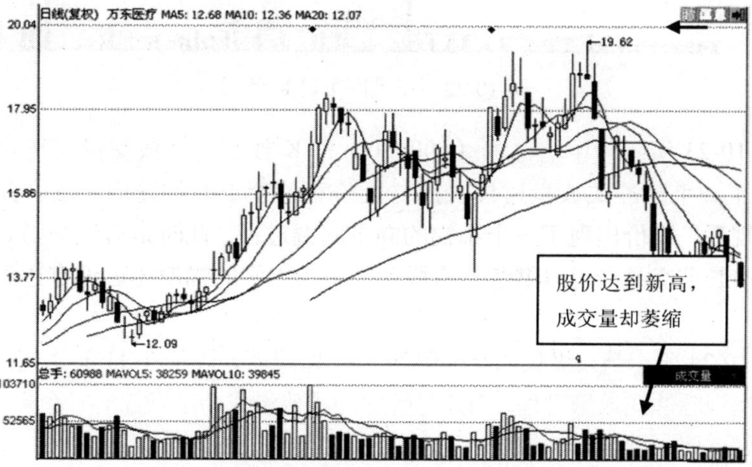

图 10-21　万东医疗日 K 线图

10.3.2 脉冲式放量

所谓脉冲式放量是指成交量在几日内或者一日内突然大幅放大，随后又恢复到放大前的水平，在成交量的途中就好像是一次脉冲式的跳动，因此命名为脉冲式放量。此种放量形态一般是主力出货造成的，因此投资者应该据此做出卖出的决策。

如图 10-22 所示为东风汽车（600006）日 K 线图。股价在上涨过程中出现了一次脉冲式的成交量放量，此后股价出现了一轮较小的下挫行情，因为主力已经开始卖出部分筹码，因此作为短线交易者来说，此时可以获利了结，以后再寻找低点进场。作为中长期投资者来说，此时应该卖出部分股票，减少持仓量。

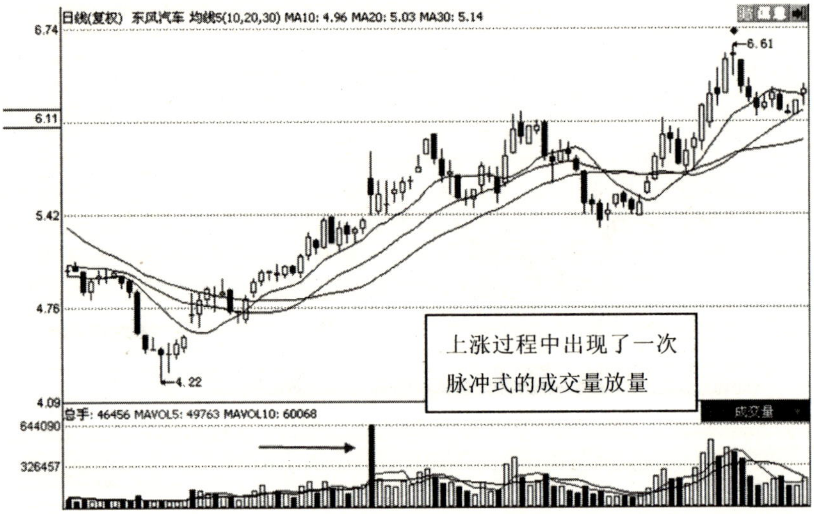

图 10-22 东风汽车日 K 线图

如图 10-23 所示为中信证券（600030）日 K 线图。在成交量图形中，两个柱状线形成了一个脉冲式放量过程。此时股价正处于上升的途中，而在此脉冲式放量过程出现后，股价出现了一个小幅的向下回调过程，此时是短线交易者出场的良好时机。中长期交易者可以继续持有股票，因为上涨的幅度还远没有达到主力出货的目标。

如图 10-24 所示为太极集团（600129）日 K 线图。股价在 11 元达到顶峰，此时成交量也出现脉冲式放量过程，而此时的脉冲式放量成为了顶部的一个标志，是主力出货的良好证明。因此投资者应该在此时及时出货，平仓离场。

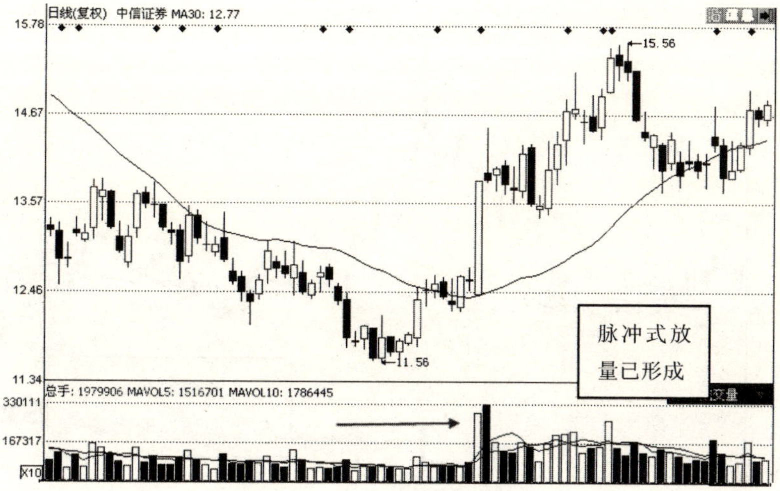

图 10-23　中信证券日 K 线图

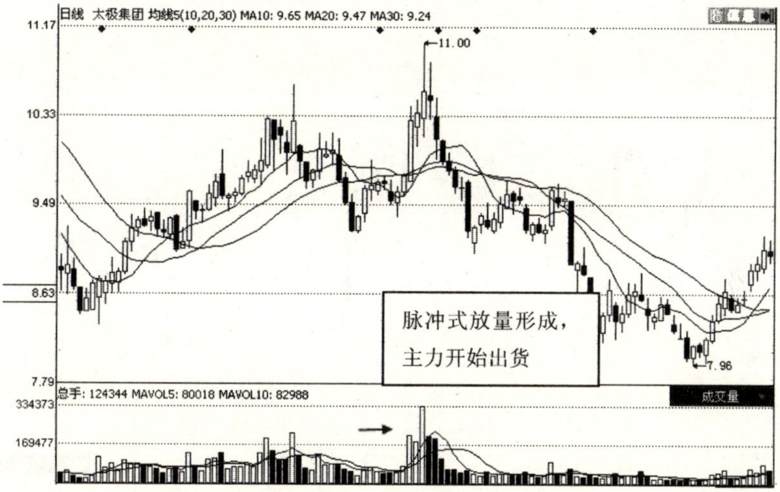

图 10-24　太极集团日 K 线图

如图 10-25 所示为青山纸业（600103）日 K 线图。股价在 5.92 元创出新高，此时一个脉冲式放量图形也已经出现。在此之前，股价已经有了不小的涨幅，因此作为主力出货时常见的脉冲式放量特征，投资者应该及时离场。

如图 10-26 所示为银鸽投资（600069）日 K 线图。此例中的脉冲式放量出现在下跌的过程中，当股价向上反弹触及前方低点之时，受到该位置的阻力作用而向下运行，此时的脉冲式放量可以认作是股价继续下跌的一个明显标志。因此投资者在此时应该逢高离场。

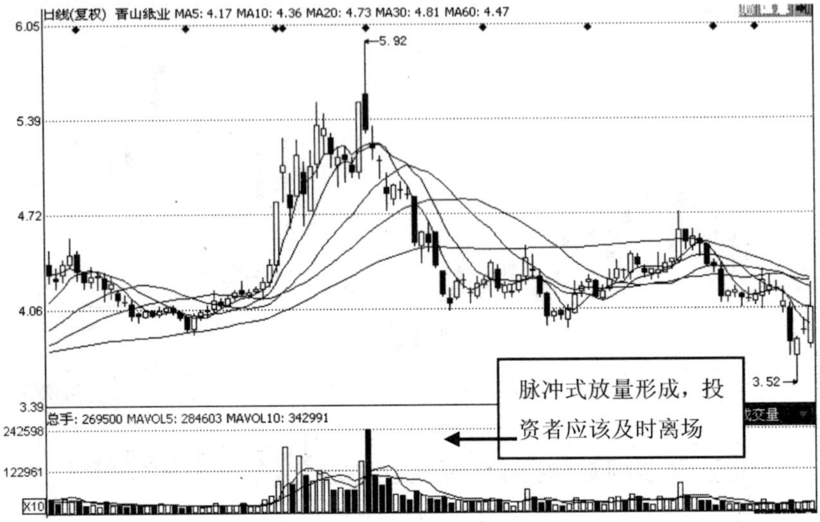

图 10-25 青山纸业日 K 线图

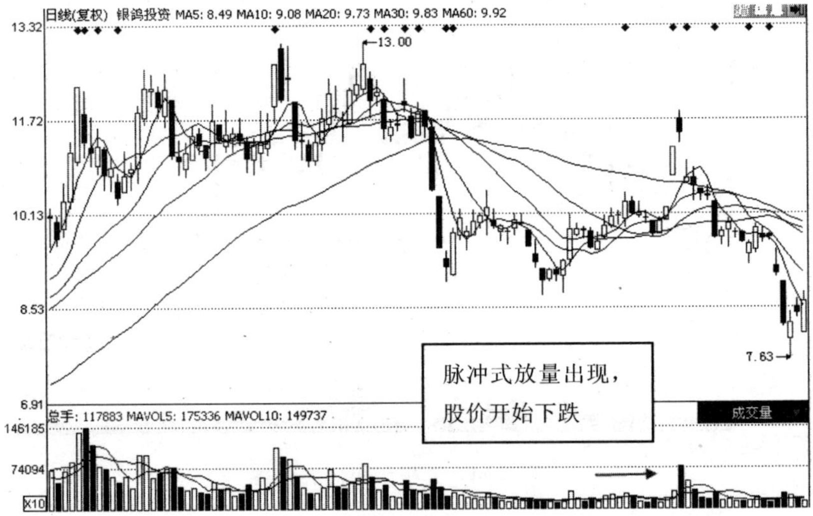

图 10-26 银鸽投资日 K 线图

如图 10-27 所示为林海股份（600099）日 K 线图。从图中可以看到，股价从 12 元到 7.79 元之间呈现下跌趋势，成交量在此期间出现了几次脉冲式放量的现象，但这只能说明股价将继续下跌，放量仅仅是庄家为了更好地出货而制造的假象。此期间的反弹行情投资者不要去想，正确的做法是在反弹的高点及早离场。

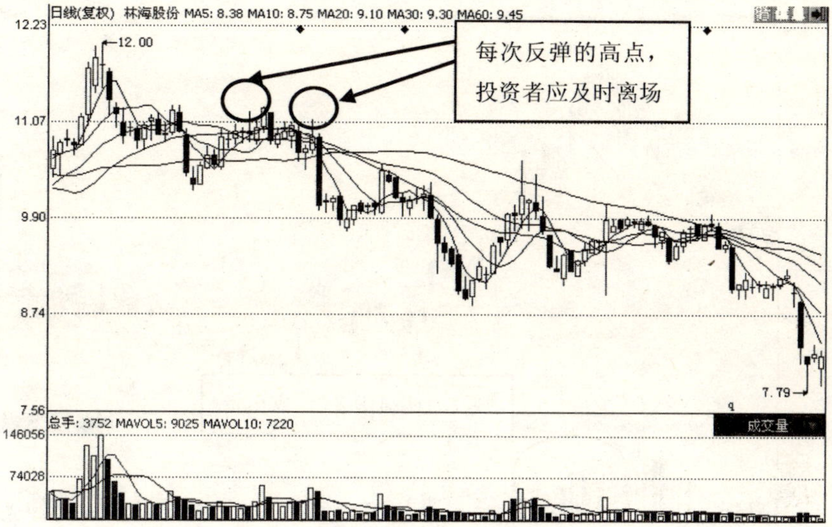

图 10-27　林海股份日 K 线图

10.3.3　高位横盘放量

在市场的高位，如果股价处于横盘走势当中，而成交量却出现了明显的放大迹象，此时投资者切不可认为这是什么好的征兆，往往股民会认为巨大的成交量是多头推动股价继续上行的标志。其实恰恰相反，大部分情况下股价会从高位迅速下滑。

因为更大的成交量是主力出货的一个常见标志，如果没有主力大规模地出售手中的筹码，成交量也不会出现巨大的增长。因此此时的投资者最明智的做法是在高位及时离场。

如图 10-28 所示为 ST 波导（600130）日 K 线图。股价在市场的顶部，出现了一个宽幅震荡的局面。此时成交量出现了明显的增大迹象，这正是庄家出货所致。因此投资者应该在庄家出货前快速离场，否则将会遭受巨额损失。

如图 10-29 所示为中视传媒（600088）日 K 线图。在市场的顶部，股价大幅震荡，而此时成交量也出现了几次阶段性的放量。这正是庄家在分批出货，利用宽幅震荡的行情，希望将手中的筹码分几次在顶部全部出售，因此投资者此时应该快速离场，而不能买入股票。

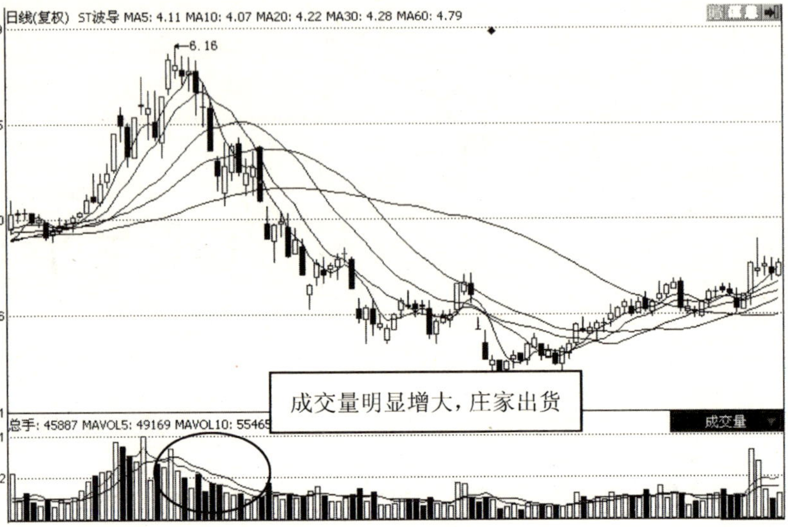

图 10-28　ST 波导日 K 线图

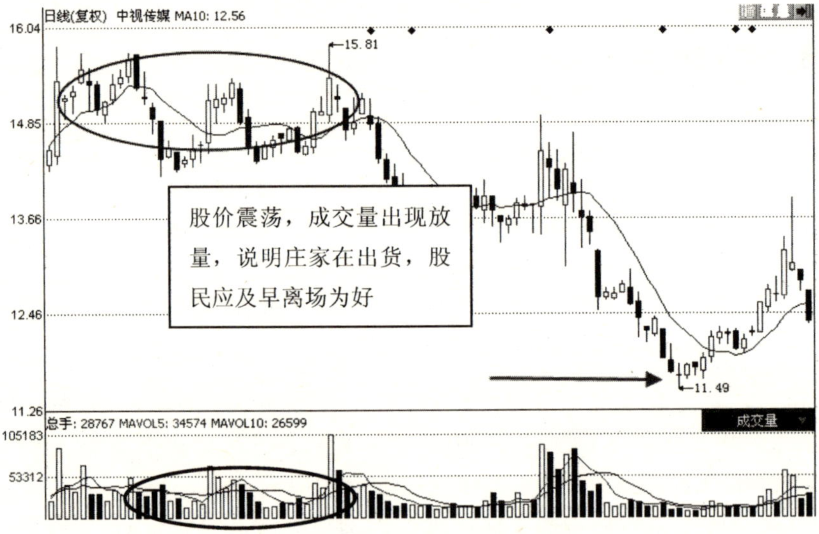

图 10-29　中视传媒日 K 线图

10.3.4　暴跌途中放量

如果股价在大幅下跌的过程中，成交量出现放量的迹象，则是空头势力增加的迹象，投资者不仅不能买入股票，而且还应该积极离场。否则未来股价将继续大幅回落，给投资者带来更大的经济损失。

如图 10-30 所示为中视传媒日 K 线图。股价在高位反复震荡之后，开始向下运行，在下跌的过程中出现了一次明显的放量过程。这正是空头积极增加能量的标志，因此投资者不仅不能封闭买入股票，而且还应该趁此高位快速离场减少损失。

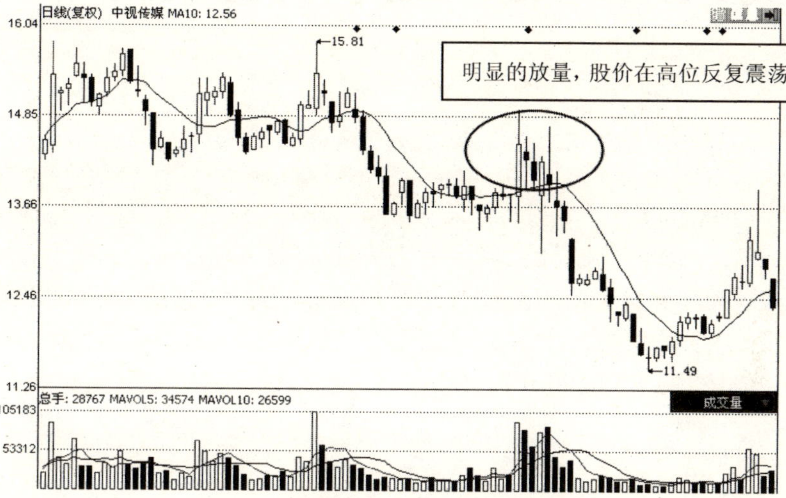

图 10-30　中视传媒日 K 线图

如图 10-31 所示为中国人寿（601628）日 K 线图。股价在整个下跌行情中，先后两次出现了明显的放量过程。这两次放量过程分别说明空头具有强大的压制能力，因此投资者应该利用高位积极、快速地离场，切忌盲目抄底进场做多。

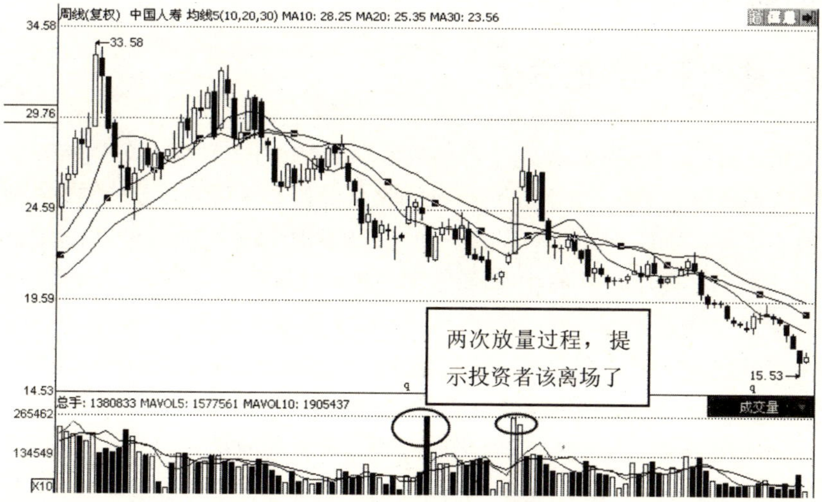

图 10-31　中国人寿日 K 线图

第 11 章 均线买卖：飓风起于青萍之末

移动平均线简称均线，是股市中最常用到的分析工具之一。股民利用移动平均线也可以完成低买高卖的目标。但是移动平均线具有滞后性的特点，因此不可能在股价的最底部或者最高价买入或卖出，其所进场和离场的位置分别是次低点和次高点。也就是说当股民根据均线买入股票时，一般是行情启动初期，而当股民根据均线卖出股票之时，一般是下跌行情刚刚开始。

11.1 移动平均线工具

移动平均线是股市中用得最多的一种分析工具之一，它同 K 线一样，可以作为独立判断走势行情的一种分析方法。在股市中，有很多股民正是通过均线来实现低价买入和高价卖出这一目标的。

11.1.1 移动平均线的方法

顾名思义，移动平均线计算的是平均数值，而常用的样本是计算收盘价的平均值。例如，计算 5 日移动平均线，就是将每日的收盘价与前 4 日的收盘价综合相加，再除以总天数 5 得到一个数值。同理，将每日的移动平均线数值用同样的方法计算，然后将所得出的数据在图中用曲线相连接，便形成了一条移动平均线。因此，移动平均线在图表中呈曲线走势，而不是直线。如图 11-1 所示为移动平均线形态示意图。在 K 线图中，蜿蜒起伏的 3 条曲线，分别是 10 日、20 日、30 日 3 条不同周期的移动平均线。

移动平均线的“移动”二字，是指所取的样本是向前移动的。比如，计算 2 日移动平均线，是将当天的收盘价与前一日的收盘价相加除以 2 得到的数值。因为每一天的时间周期是向前移动的，因而索取的前一日样本也是向前移动的，因此所获得的平均数值称为移动平均。

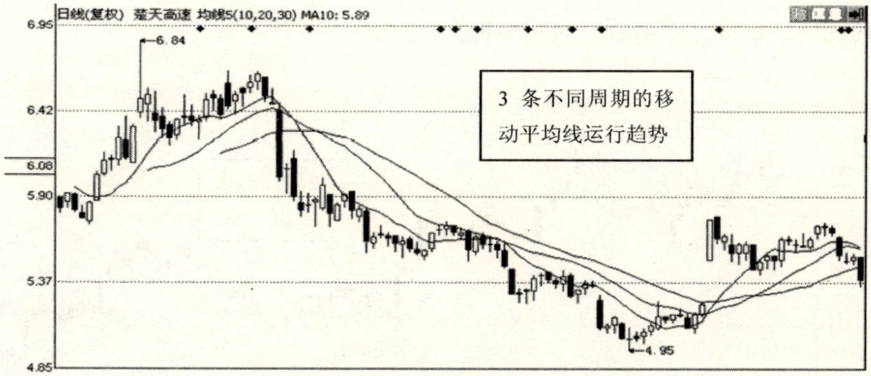

图 11-1　移动平均线

11.1.2　移动平均线的分类

根据不同的需求，可以将移动平均线分成若干类别。此图按照时间周期来划分，将移动平均线分成短期移动平均线、中期移动平均线、长期移动平均线 3 类。这 3 类移动平均线分别可以追随和体现不同的趋势。

短期移动平均线所取的时间周期一般是 5 与 10，此类均线一般反映短期趋势。

如图 11-2 所示为太极集团（600129）日 K 线图。图中的曲线为 5 日移动平均线，从图中可以看到，它可以清晰地反映短期行情。当股价在下跌过程中出现极短的向上反弹行情时，5 日均线都会相应地给出向上的运行趋势，说明其灵敏性比较强，能够紧密地反映股价的短期变化。

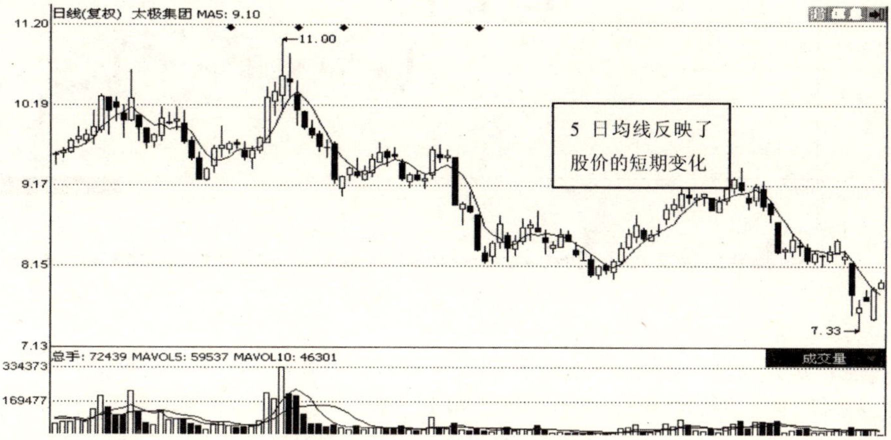

图 11-2　太极集团日 K 线图

如图 11-3 所示为 10 日均线示意图。从图中可以看到，10 日均线的滞后性大于 5

日均线，但是也可以反映出短期趋势的运行态势。

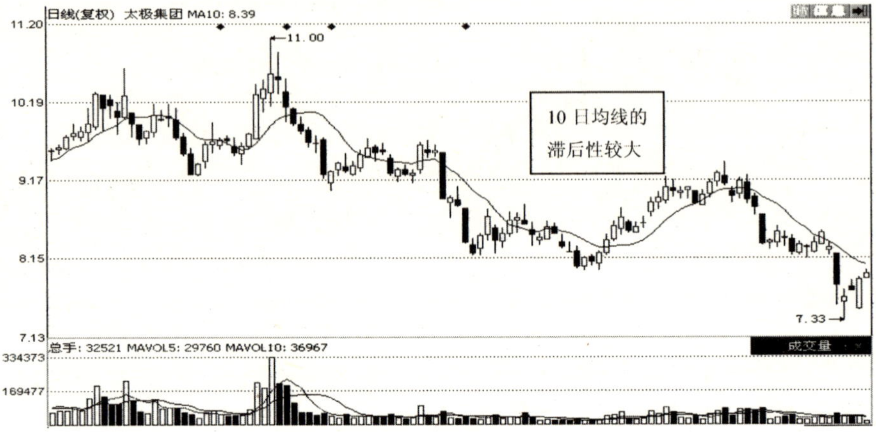

图 11-3　10 日均线

如图 11-4 所示为 20 日均线示意图。20 日移动平均线是短期均线向中期均线过渡的一种形式，因此从图中也可以发现，该均线既可以反映出一定的短期走势，又代表了一定的中期运行方式。

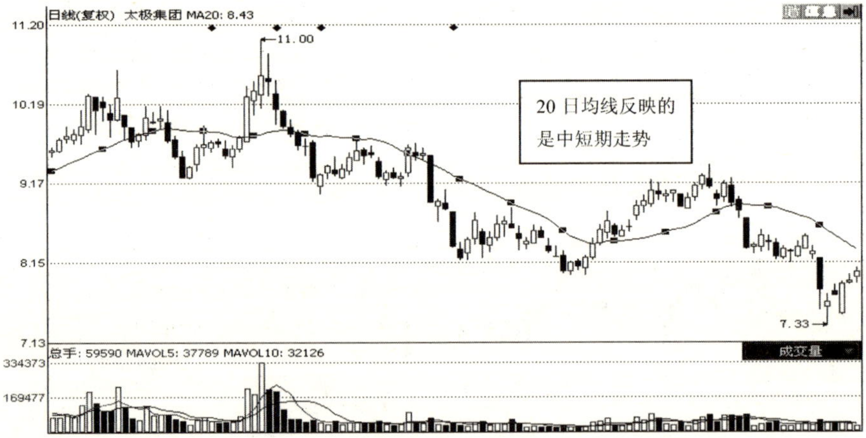

图 11-4　20 日均线

中期均线一般反映的是股价的中期运行方式，也就是说它对短期股价的细微变化反映并不明显，一般常用的中期均线为 30 日、60 日等。如图 11-5 所示为 30 日均线示意图。从图中可以看到，30 日的曲线反映的是中期的股价运行行情，一般适用于中、长线投资者使用。

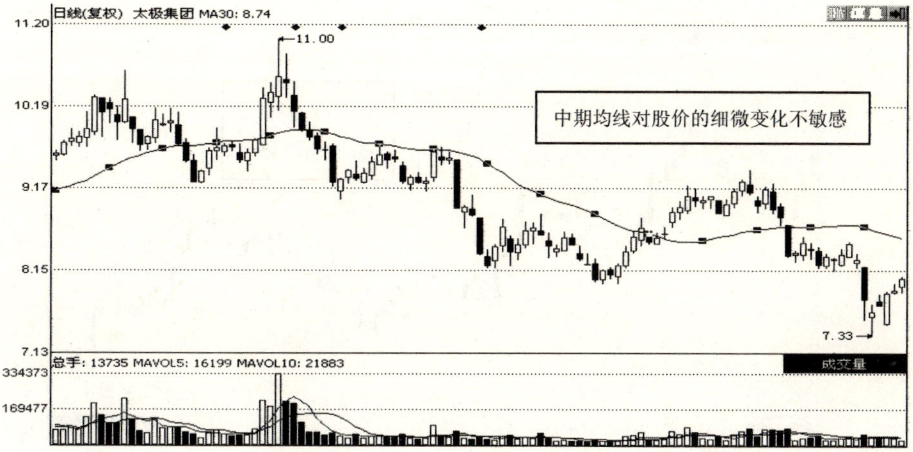

图 11-5　30 日均线形态

如图 11-6 所示为 60 日均线示意图。60 日均线也属于中期均线，但是作为短线交易者来说，60 日均线又是长期均线。从图中也可以看到，60 日移动平均线对股价的细小反弹或者回调都是不敏感的，而长线交易者一般也不会太在意这些细小的波动。

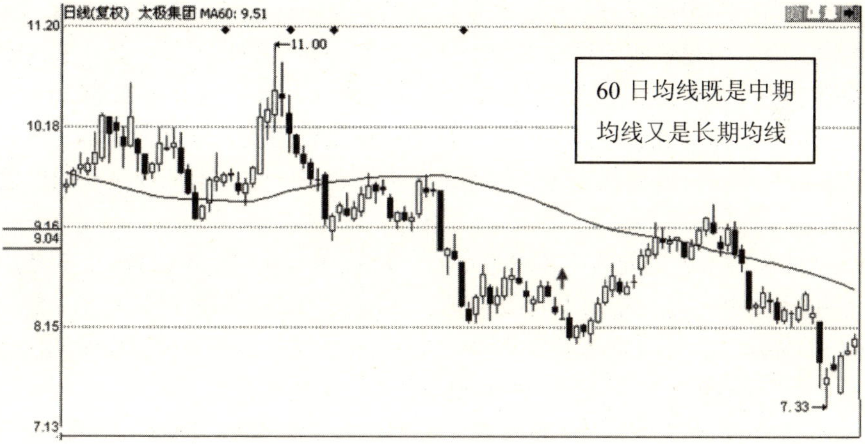

图 11-6　60 日均线

长期均线一般反映长期趋势，是长线投资者所需使用的分析工具。如图 11-7 所示为 120 日均线示意图。从图中可以看到，该曲线反映了股价运行的大体趋势是向下探的，而对股价在下降过程中的细小反弹丝毫没有给出任何信号。

图 11-7 120 日均线

11.1.3 移动平均线的滞后性

移动平均线因为计算方法取的是平均数值，因此具有滞后性是必然的。例如 10 日平均线，除了均线数值计算样本中用到了当前交易日的收盘价，而且还兼顾了前 9 日的收盘价，因此就有了一定的滞后性。这种滞后性表现在参数越大，均线的时间周期越大，滞后性也越大。因此当移动平均线发出买入或者卖出信号时，一般不是在市场的最低价或者最高价下发出，而是在有了一定的上涨或下跌幅度之后出现的。

如图 11-8 所示为楚天高速（600035）日 K 线图。从图中可以看到，3 条均线形成交叉的位置，并不是在市场中的最高价和最低价，而是在股价已经有了一定的下跌幅度和上涨幅度后，才分别形成金叉和死叉的。也就是说，如果根据均线的信号做出买卖决策，买入点不是位于市场中的最低价，卖出价也不是位于最高点。但是均线发出信号仅是行情启动之初，股价还没有大幅度下挫或者上涨，因此依然可以获得不菲的利润空间。

如图 11-9 所示为金发科技（600143）日 K 线图。图中出现了 5 条均线，分别为 5 日均线、10 日均线、20 日均线、30 日均线、60 日均线。从图中可以清晰地发现，60 日均线作为较长周期的均线滞后性较大，当股价已经从 19.26 元开始下跌之后，短期均线最先向下运行，而长期均线依然保持向上的态势。但是成交量在高位开始萎缩，说明趋势即将转变。

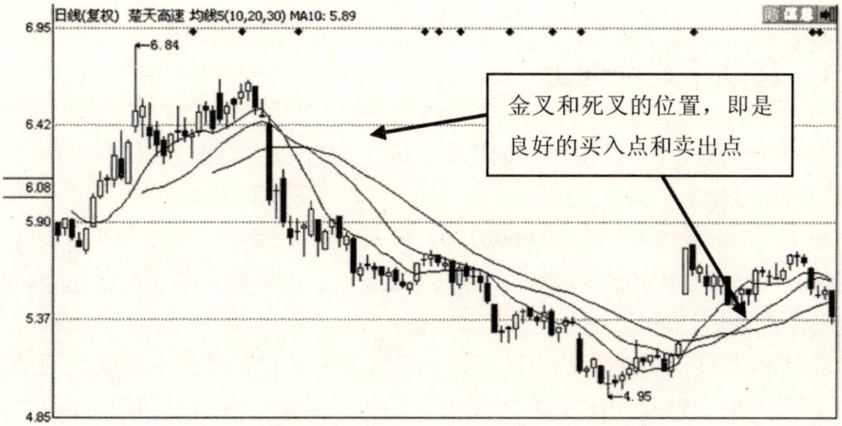

图 11-8　楚天高速日 K 线图

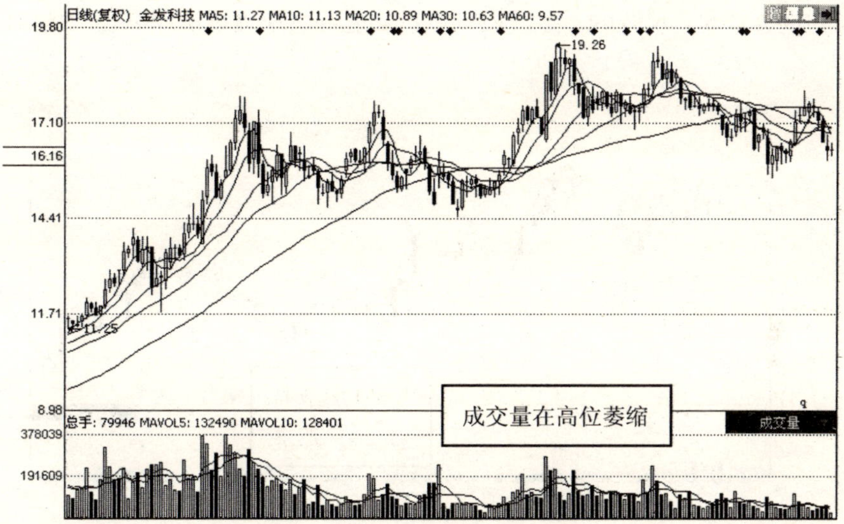

图 11-9　金发科技日 K 线图

11.2　上涨初期均线发出的买入信号

在上涨初期，均线会发出各种各样的买入信号。尽管这些信号出现有先后顺序，价位也有高低之分，但都是给投资者进场的提示信号。

11.2.1 移动平均线向上

如果短期均线向上，就说明短期趋势是向上运行的。因此短线投资者可以在股价回落到短线均线附近，买入股票。

如图 11-10 所示为太极集团（600129）日 K 线图。图中的均线为 5 日均线，属于短期均线，可以反映出短期趋势。从图中可以发现，该均线紧贴着股价运行，股价的细小变动，都被短期均线记录下来。

尽管股价从 11 元附近开始下跌，直至 7 元左右的价位才逐渐触底，短期均线也呈现向下的态势，但是在下跌过程中出现了短暂的反弹行情，而短期均线也常常在反弹之初就开始了向上运行的态势。

因此投资者在看到短期均线保持向上的态势时，完全可以买入股票，因为它说明短期的走势是向上反弹的。短线投资者只要能够快速进场快速离场，是可以实现利润的。

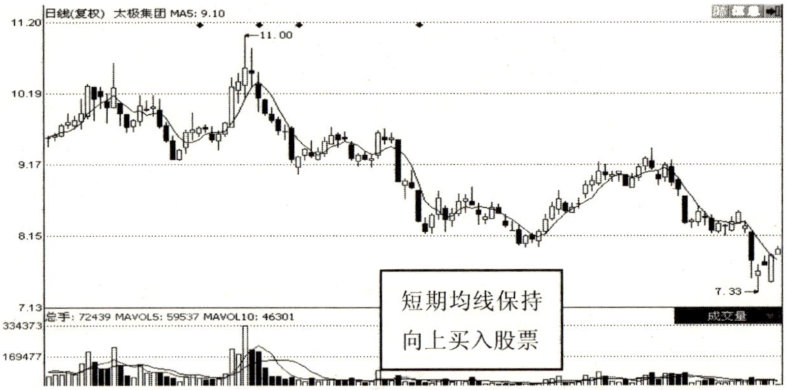

图 11-10 太极集团日 K 线图

如图 11-11 所示为太极集团日 K 线图。图中的均线为 10 日均线，也属于短期均线的一种。尽管它比 5 日均线滞后，但它同时也过滤掉了一些细微的股价虚假信号。因此短线交易者根据 10 日均线来进场是比较安全的。当股价在下跌过程中出现了一次向上的反弹行情时，10 日均线给出了向上的运行态势。这时股民可以抓住这次机会买入股票，只要 10 日均线没有向下掉头就可以持有该股。

如果短期和长期均线出现向上的态势，则说明中短期走势是向上运行的。但是因为有一定的滞后性存在，因此投资者不能马上进场，而是要等待股价回落到中长期均线附近时再买入股票，这时买入价是比较低的。

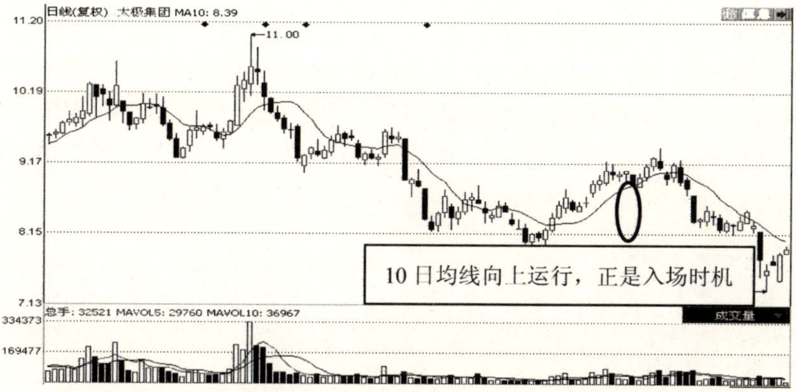

图 11-11 太极集团日 K 线图

如图 11-12 所示为太极集团日 K 线图。途中的均线为 20 日均线，属于中期均线。当股价在下跌的末期出现了一个短暂的反弹时，中期均线给出了一个向上的运行趋势，而箭头指向的位置是股价回落在均线附近时，因此是一个买入点。此时的买入价尽管不是反弹的最低点，但是反弹的开始，而在买入后不久就迎来了一个向上跳空的行情。

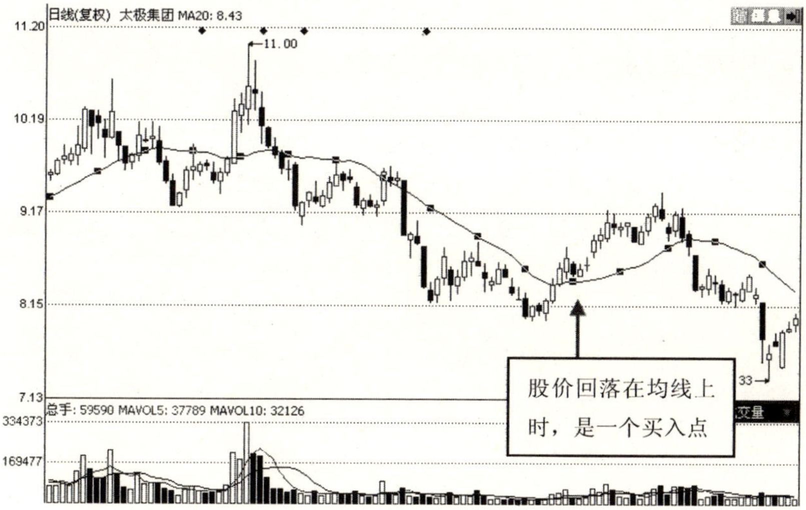

图 11-12 太极集团日 K 线图

如图 11-13 所示为中信证券（600030）日 K 线图。从图中可以看到，股价从 58.20 元开始暴跌，直至 10.42 元左右创下了新低而止住脚步。但是股价在下跌的过程中也出现过强势的反弹，在此轮反弹中，120 日均线给出了向上的运行态势。但是因为 120

日均线属于长期均线，因此滞后性较大。

尽管长期投资者并不注意股价的细微波动，但是也应该选择较低的价位做多。在图中箭头标注的位置是股价回落到 120 日均线附近，此时是一个较好的买入点。股价受到长期均线的支撑而继续上行，在股价未跌落 120 日均线之前，或者 120 日均线没有向下运行之前，投资者都可以持有该股。

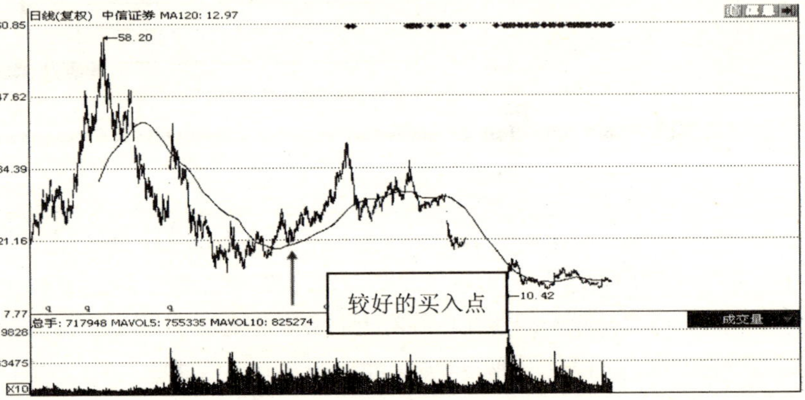

图 11-13　中信证券日 K 线图

11.2.2　均线上拐

如图 11-14 所示为均线上拐形态示意图。它是指股价从下跌状态转变为上涨行情的中间过程，均线原有的向下趋势是反映股价暴跌的行情，而当股价开始掉头向上时，均线也会从向下的运行态势转而逐渐走上，并向上拐头，就是股价行情将有发生转变的时候。

图 11-14　均线上拐形态

如图 11-15 所示为太极集团（600129）日 K 线图。股价在反弹的初期，均线出现了一个向上勾头的走势。这说明在短期行情内，股价完成了从下向上的转变，因此投资者可以在此时趁低价买入股票，而成交量如果能够放大，则买入的风险将更低。

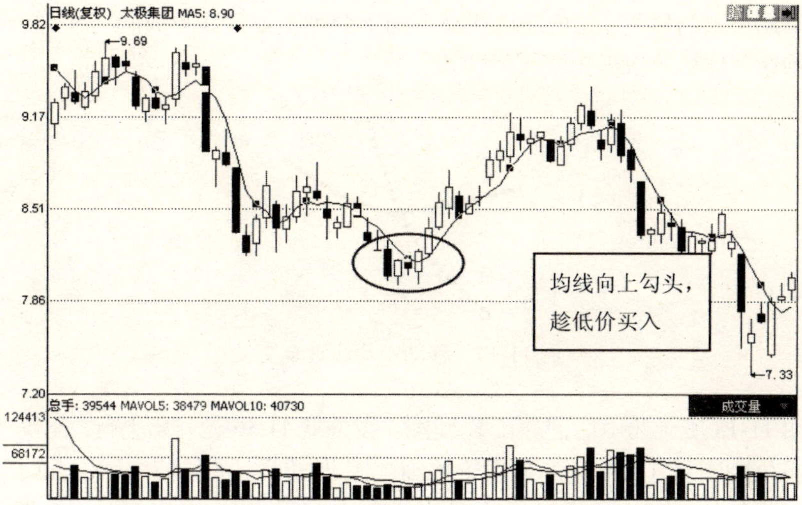

图 11-15　太极集团日 K 线图

如图 11-16 所示为中信证券（600030）日 K 线图，图中的均线为 30 日均线，属于中期均线，因此也代表了股价的中期走势。当均线从下跌趋势逐渐走停开始向上勾头之时，说明中期趋势将从下跌状态转变成上升状态。因此在均线向上勾头时，激进的投资者可以少量买入股票，抓取反弹的初始位置。

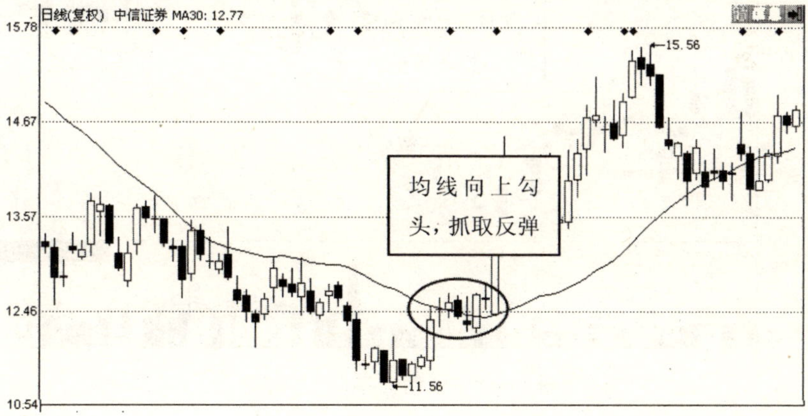

图 11-16　中信证券日 K 线图

11.2.3　移动平均线黄金交叉

如图 11-17 所示为移动平均线黄金交叉示意图。移动平均线的黄金交叉是均线所发出的早期买入信号之一，短期均线从下向上穿越长期均线形成的交叉称为金叉。投资者根据这一信号可以做出买入的决策。

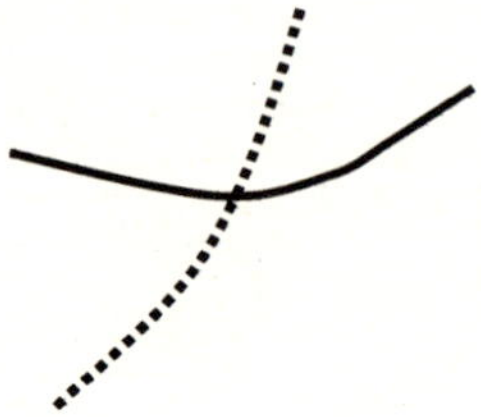

图 11-17　移动平均线黄金交叉

如图 11-18 所示为中信证券日 K 线图。股价从 11.56 元开始上行，当均线出现金叉时，股价刚刚从 11.56 元的最低价抬高，因此属于上涨行情初期，此时的买入价依然是非常低的。图中的均线为 5 日均线和 10 日均线，二者都属于短期移动平均线，滞后性都非常小，因此二者所形成的交叉滞后性也是比较小的。

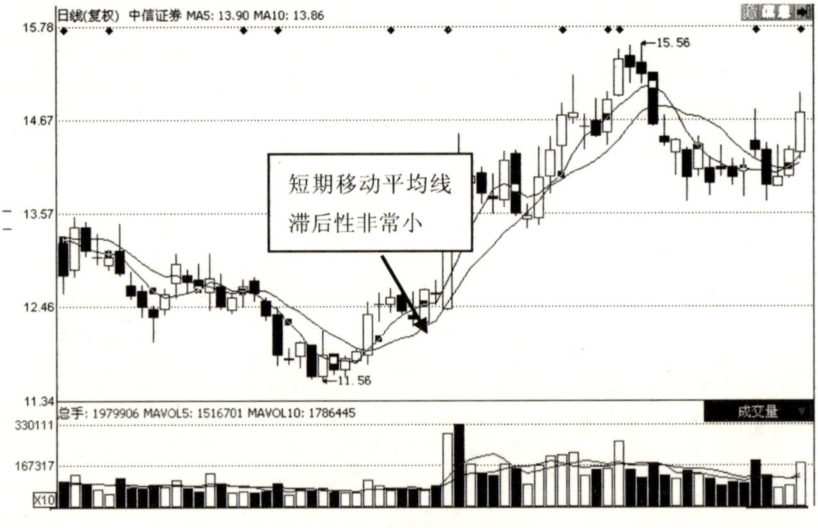

图 11-18　中信证券日 K 线图

如图 11-19 所示为上证指数日 K 线图。图中共有 5 条均线，分别为 5 日均线、10 日均线、20 日均线、30 日均线和 60 日均线。当大盘指数从下转入上涨行情时，各条均线也先后从向下运行转变为向上运行，而 5 日均线作为短期均线，分别与其他周期的均线形成交叉处。从图中也可以看到，短期均线最先与中期均线形成交叉，最后与长期均线形成交叉。因此金叉出现的时间有先后顺序之分，而且交叉的位置也有高低之分，因此选择不同周期的交易者所进场的位置是不同的。

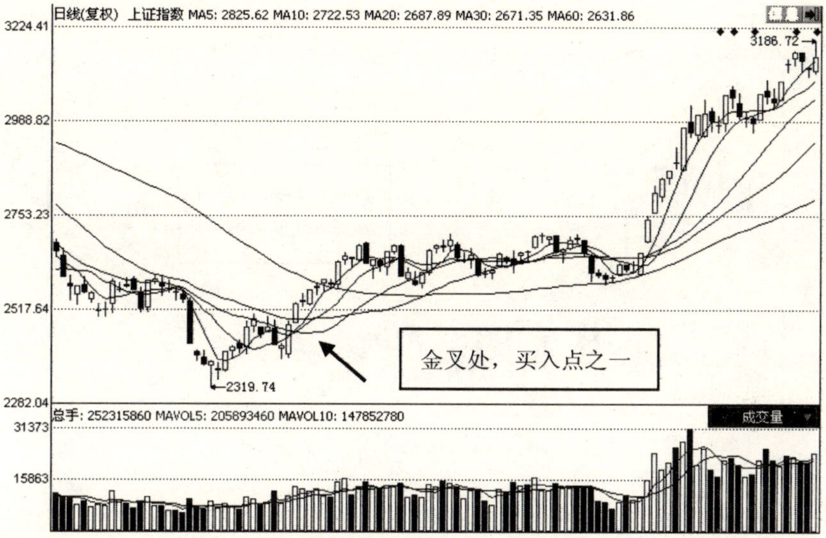

图 11-19　上证指数日 K 线图

11.2.4　多头排列

均线的多头排列一般出现在股价强势上涨的行情中，它是指短期均线、中期均线和长期均线分别以圆弧状向上运行，3 条曲线不交叉，短期均线在最上方，其次为中期均线和长期均线。如图 11-20 所示为多头排列形态示意图。

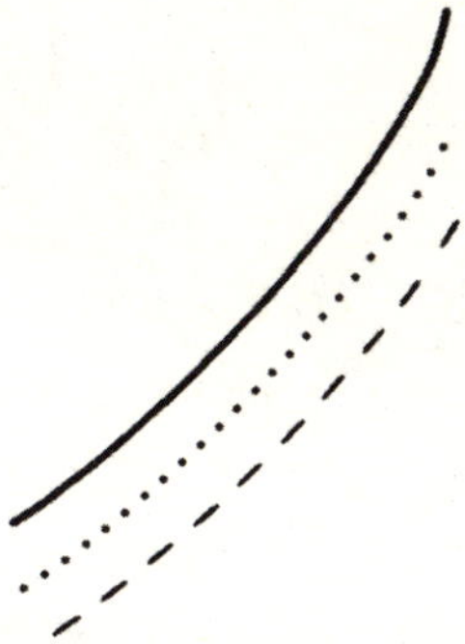

图 11-20　多头排列形态

如图 11-21 所示为宇通客车（600066）日 K 线图。股价从 14.11 元的低位开始上行，不久 3 条均线就出现了多头排列形态。这说明股价处于快速上涨的过程之中。当股价回落到短期均线附近时，投资者可以逢低买入股票。

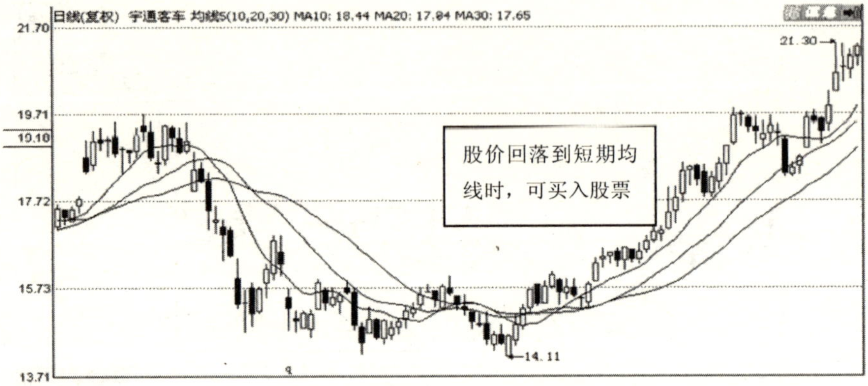

图 11-21　宇通客车日 K 线图

如图 11-22 所示为悦达投资（600805）日 K 线图。股价在 9.66 元见底后，开始上行，而且上涨的幅度相当大，速度也相当快。均线也给出了多头排列形态，股价始终紧贴着 5 日均线和 10 日均线之上运行，成交量出现了逐渐放大的信号，说明这轮上涨是比较强劲的，持续时间会比较长。因此当股价触及长期均线附近时，股民可以逢低买入股票，追逐未来的上涨行情。

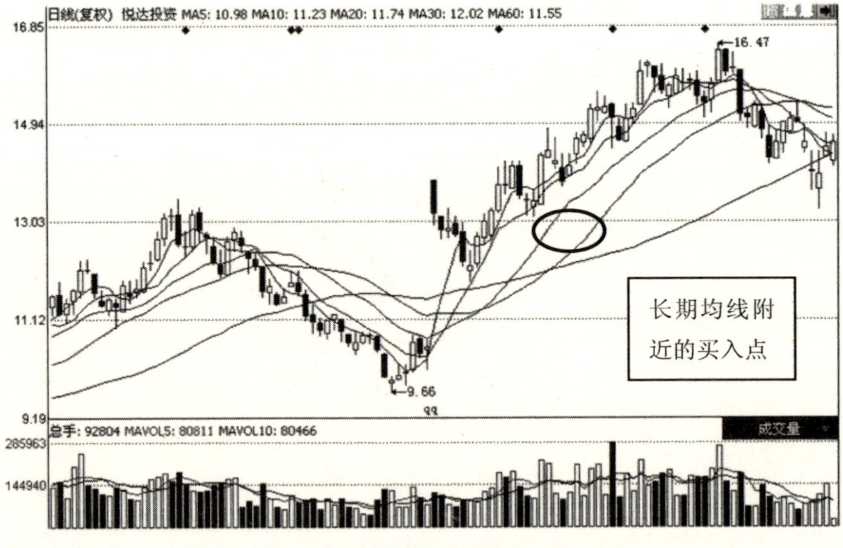

图 11-22　悦达投资日 K 线图

11.2.5　黏合向上

如图 11-23 所示为移动平均线黏合向上形态示意图。该形态是指均线原有的运行方向是向下的，但是随着股价见底回升，均线逐渐结合，在黏合后期开始向上发散，这说明股价在盘整的末期选择了向上的运行方向。

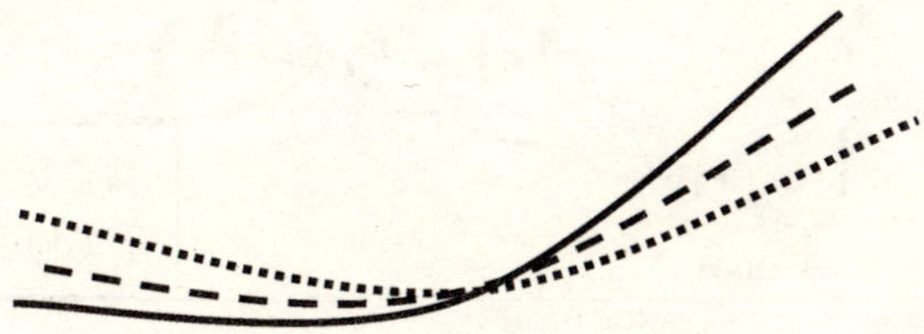

图 11-23　均线黏合向上形态

如图 11-24 所示为郑州煤电（600121）日 K 线图。股价从 7.60 元开始上扬，在上涨的中途出现了一个漫长的盘整过程，配合着盘整行情的出现，3 条曲线出现了黏合的形态。这说明多空双方在此价位出现强烈交战，未来走势并不明朗。当均线从黏合开始向上运行之时，就说明最终股价选择了向上继续运行的方向。因此投资者可以在此时买入股票，此时的买入价是新一轮上涨行情的起始位置。

图 11-24　郑州煤电日 K 线图

如图 11-25 所示为上证指数日 K 线图。大盘指数在 2319.74 元达到了新低，随后指数开始上行，但是上行幅度并不很大就出现了漫长的盘整阶段，多条均线也随之出现了黏合的状态，当均线从黏合状态开始向上发散时，说明大盘指数将继续上行，而且此时成交量也出现了放大的迹象，说明向上的趋势是相当可靠的。此时的价位也正是新一轮上涨的起始位置。

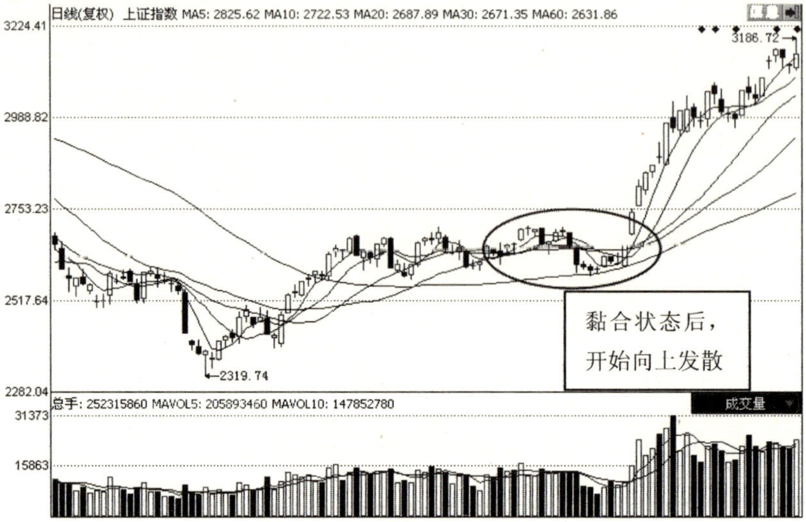

图 11-25　上证指数日 K 线图

如图 11-26 所示为宇通客车（600066）日 K 线图。股价在 14.11 元达到了新低，在此之前股价从高位开始暴跌，3 条均线也开始出现向下运行的态势。但是随着股价接近底部，下跌的速度有所放缓，3 条均线也出现了相互黏合粘连的情况，当均线从黏合的状态开始向上运行时，说明行情的方向将要转变，下跌的行情即将结束，市场的底部已经形成。因此投资者可以在此时买入股票，这一位置非常接近市场的最低价。

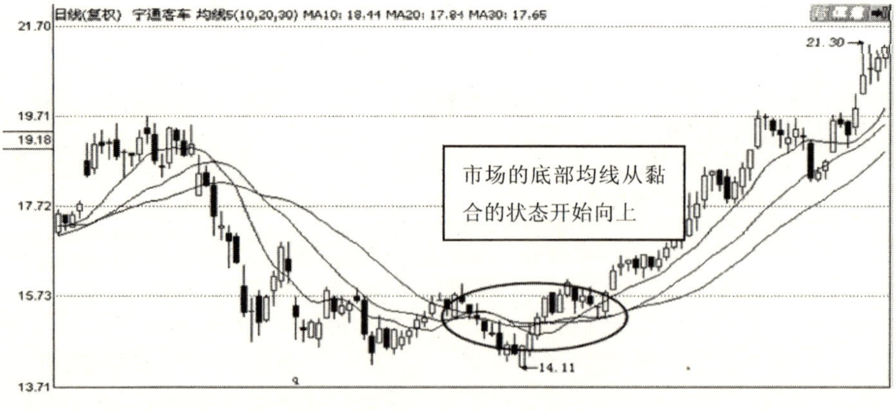

图 11-26　宇通客车日 K 线图

11.2.6　交叉向上发散

如图 11-27 所示为均线交叉向上发散形态示意图。该形态一般出现在市场的底部，原有的均线是向下运行的，代表着原有的下降趋势。当市场的底部确认后，股价止跌回升，均线也从向下运行开始交叉，并开始掉头向上运行。

在市场的底部确认后，均线经常出现交叉向上的走势，因此自形态出现，投资者买入股票一般可以完成抄底工作。

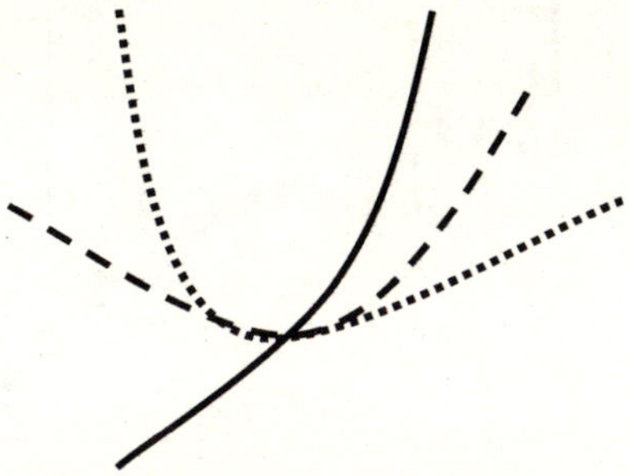

图 11-27　均线交叉向上发散形态

如图 11-28 所示为悦达投资（600805）日 K 线图。市场在 9.66 元创造出了一个市场底部，均线也在此位置先后出现了交叉，并随之开始向上运行。因此投资者此时买入股票几乎是在市场最底部买入的。

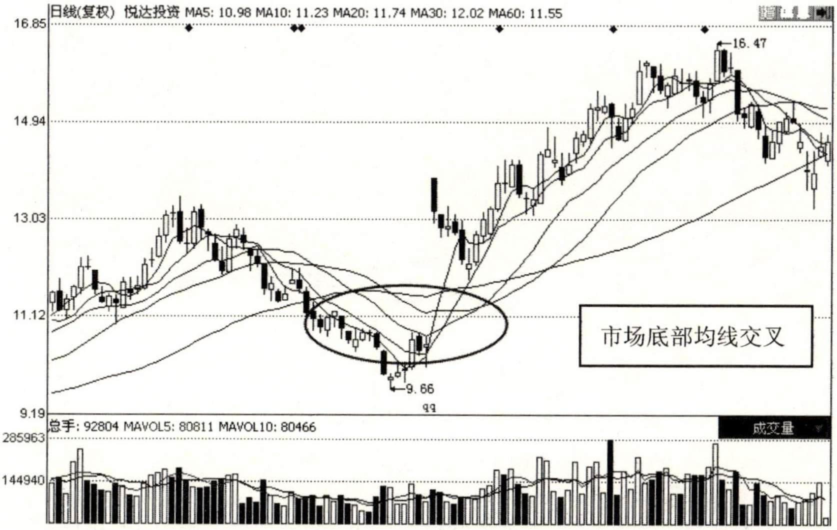

图 11-28　悦达投资日 K 线图

如图 11-29 所示为楚天高速（600035）日 K 线图。从图中可以看到，3 条均线在市场的底部附近，也出现了从向下运行的交叉再到向上运行的变化过程。因此投资者根据此信号买入股票，应该说是非常接近市场最低价的。

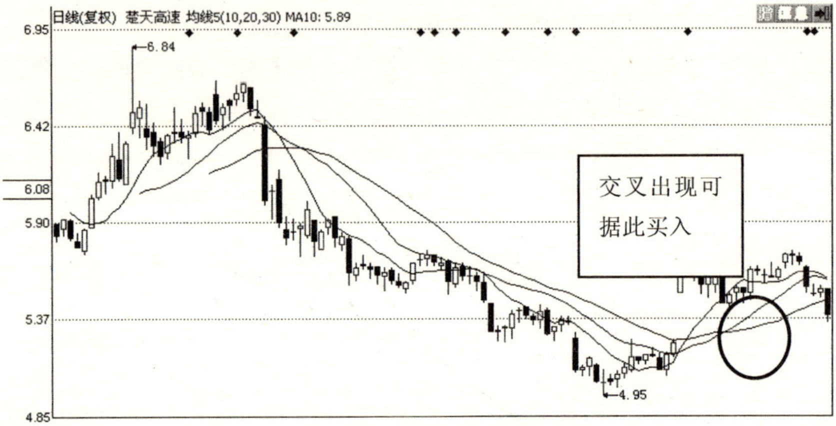

图 11-29 楚天高速日 K 线图

11.2.7 银山谷

如图 11-30 所示为银山谷形态示意图。该形态是由 3 条均线形成的，短期均线先后与中期均线和长期均线形成金叉，中期均线与长期均线形成交叉，此时 3 条均线会形成一个三角形区域中，而且这个三角形区域是向上倾斜的，此三角形区域就称为银山谷。尽管此形态出现的时间要晚于金叉出现的时间，但是该形态的准确性一般也要高于金叉的准确性。因此在看到此形态后，投资者应该逢低吸纳买入股票。

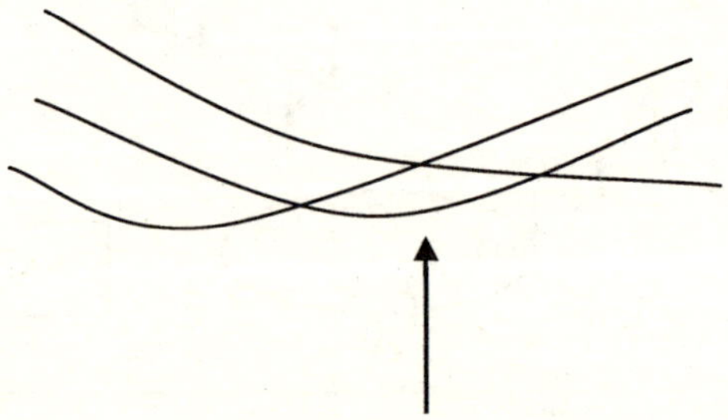

图 11-30 银山谷形态

如图 11-31 所示为东风汽车（600006）日 K 线图。股价从 4.22 元达到了市场的底部，此后开始一路上扬，而且在上扬之初，10 日均线与 20 日均线和 30 日均线分别形成了一个银山谷形态。此时买入股票的股民，股价是非常接近 4.22 元这一最低水平的。

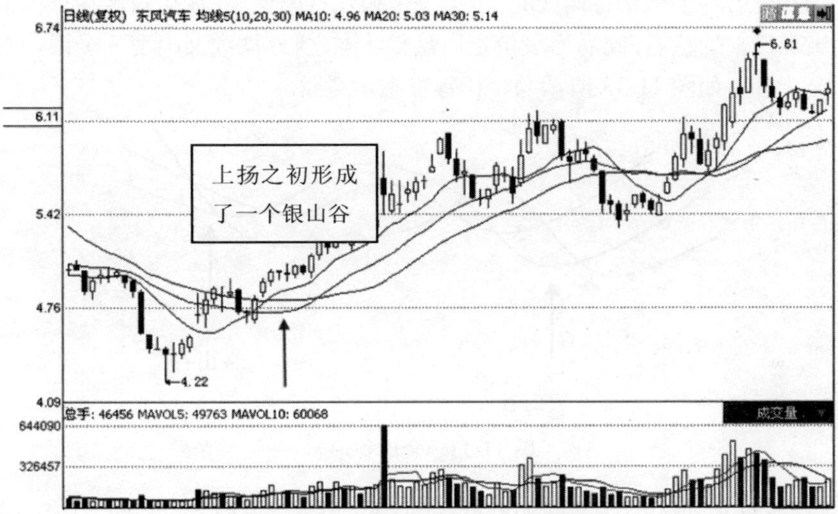

图 11-31 东风汽车日 K 线图

如图 11-32 所示为广电信息（600637，现名百视通）日 K 线图。股价在 5.47 元开始上扬，不久 3 条均线就出现了银山谷形态。此时在 K 线图中，股价依然是盘整区域，但是均线的这种形态就给出了股价在未来将有上涨的信号，因此此时买入还可以获得一个最低的价位。

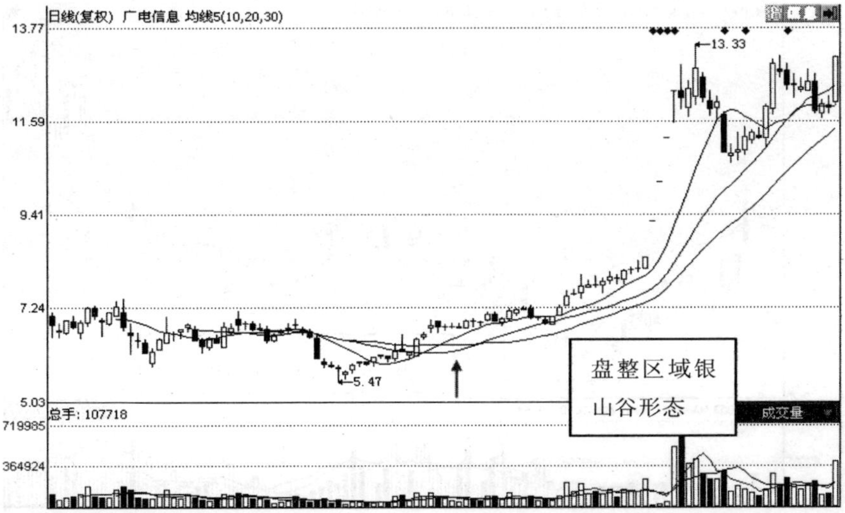

图 11-32 广电信息日 K 线图

11.2.8 金山谷

金山谷是由两个银山谷构成的。当第一个银山谷出现后，如果股价在小幅上涨后，又一次出现盘整的状态，此后当股价走出盘整状态之时，均线又出现一个银山谷形态，则称为金山谷。如图 11-33 所示为金山谷形态示意图。

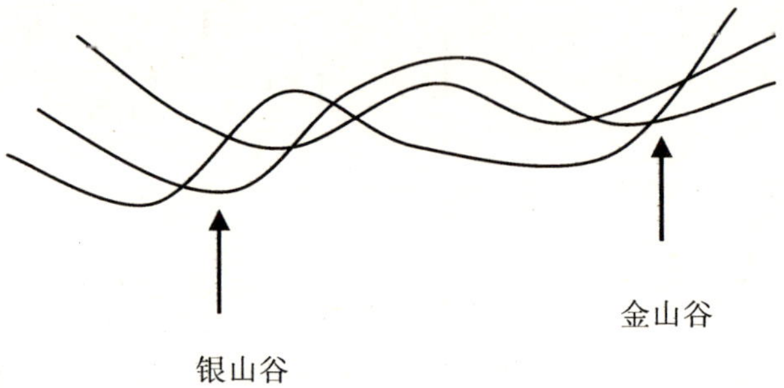

图 11-33　金山谷形态

如图 11-34 所示为中江地产（600053）日 K 线图。均线在形成第一个银山谷形态之后，股价开始了上扬之旅。此时买入股票的股民可以获得一定的利润，但是此轮上涨空间并不是很大，不久便出现了小幅的下挫行情。

当股票价格结束了回调行情，开始继续上涨时，均线给出了金山谷形态。这就说明真正的上涨行情即将到来，此时还没有入场的交易者可以在此时买入股票，等待未来更加强劲的上涨。

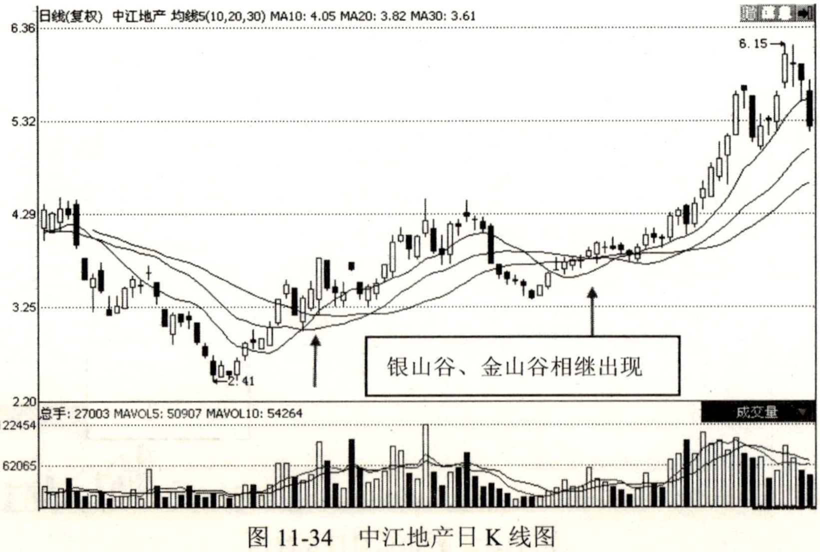

图 11-34　中江地产日 K 线图

如图 11-35 所示为中润投资（000506）日 K 线图。股价在均线形成银山谷形态后开始小幅上扬，但是不久又出现了向下的回调行情，而且此轮回调幅度较大，甚至几乎吞没了之前的上涨利润。当回调行情结束后，均线再一次出现交叉，一个金山谷形态就出现了。

此时金山谷出现的位置与银山谷的位置基本相当，但是这并不影响金山谷的信号作用。当金山谷形态出现后，股民可以立即介入，此后的上涨幅度不仅较大，而且速度极快。这也可以说明之前银山谷出现的小幅上涨仅仅是主力推动股价上涨之前的一轮试探。

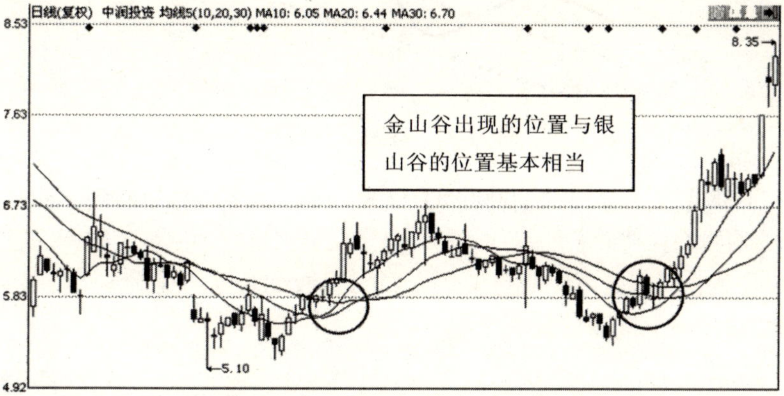

图 11-35　中润投资日 K 线图

如图 11-36 所示为海正药业（600267）日 K 线图。图中所标注区域正是均线形成的金山谷形态，此金山谷要高于之前的银山谷形态。因此说明新一轮的上涨将自此开始，因此股民应该抓紧时间立即入场，抢占上涨的源头。

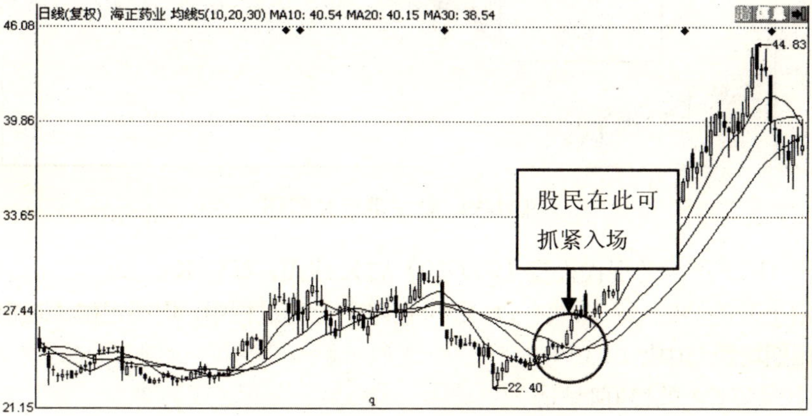

图 11-36　海正药业日 K 线图

11.2.9 逐浪上升

如图 11-37 所示为逐浪上升形态示意图。该形态也是出现在股价上涨的过程中，代表了上涨实力的强劲。此形态一般要求短期均线和长期均线基本保持向上的运行态势，但是短期均线有时会与长、中期均线形成交叉，但中短期均线不会与长期均线形成交叉，长期均线始终位于下方向上运行，衬托着中短期均线运行。

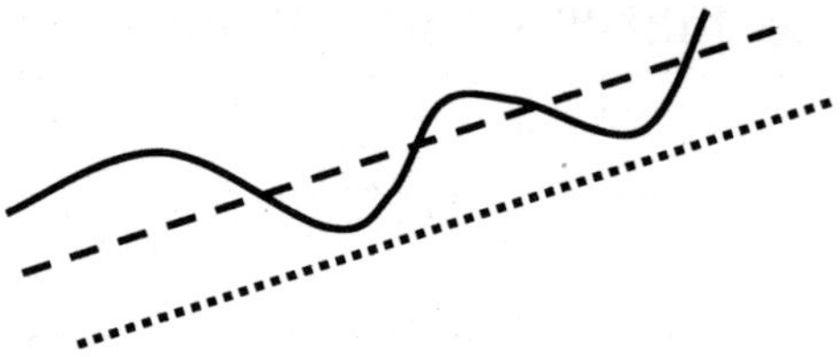

图 11-37 逐浪上升形态

如图 11-38 所示为盐田港（000088）日 K 线图。从图中可以看到，股价在整个上涨过程中，均线均保持向上的运行态势。但是在上涨过程中出现了回调的过程，回调幅度不大，均线也仅仅是短中期均线有交叉的迹象，而长期均线始终保持向上的运行，就这样股价逐步向上推高。

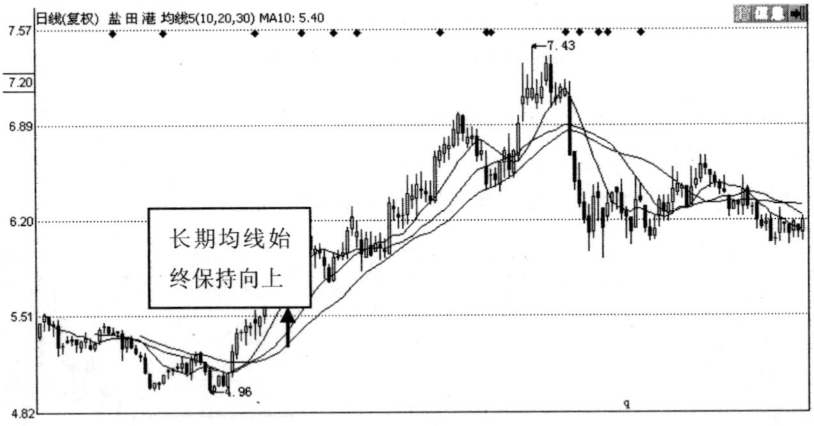

图 11-38 盐田港日 K 线图

如图 11-39 所示为现代投资（000900）周 K 线图。尽管 K 线图的时间周期较长，但是逐浪上升的均线形态依然有效，股价在整个上升过程中，均线走出了逐浪上升形态。当短期均线与中期均线形成交叉，或者股价触及中短期均线时，就是投资者在上涨过程中追涨买入的良好时机。

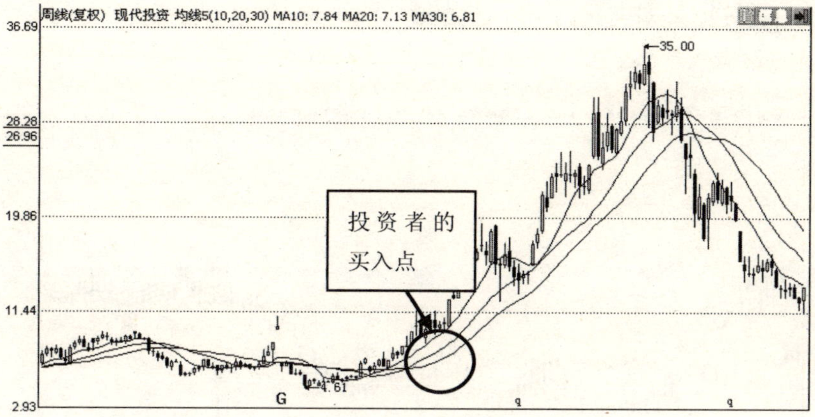

图 11-39　现代投资周 K 线图

11.2.10　上升爬坡

如图 11-40 所示为上升爬坡形态示意图。该形态是指短期均线、中期均线和长期均线分别沿着一定的坡度向上运行，只要均线没有给出走势或者向下的迹象，投资者均可以一直持有该股。

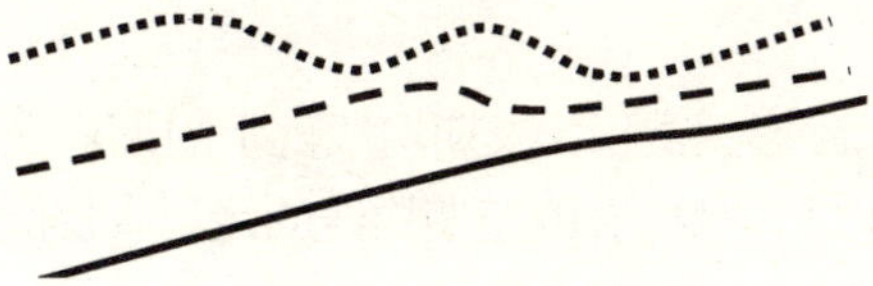

图 11-40　上升爬坡形态

如图 11-41 所示为凤凰光学（600071）日 K 线图。股价在上涨的过程中，均线系统始终以一定的角度向上运行，形成了上升爬坡的形态。因此说明股价能够稳步地向上推进，股民可以逢低吸纳股票，在上涨的中途买入。

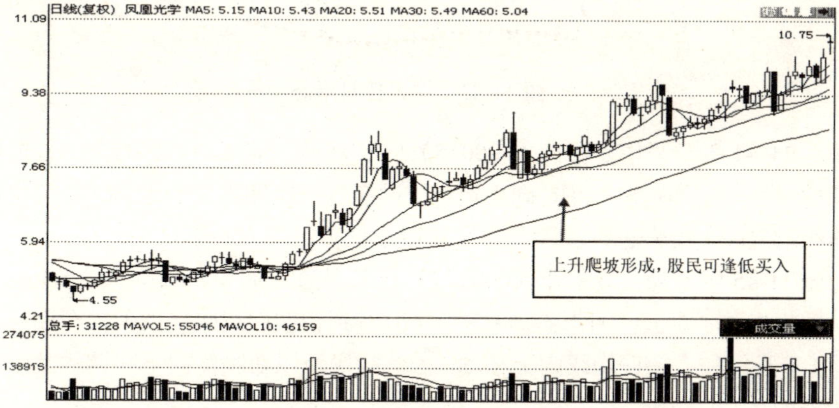

图 11-41　凤凰光学日 K 线图

如图 11-42 所示为兰花科创日 K 线图。伴随着股价的稳步上涨，均线系统也出现了上升爬坡的形态。

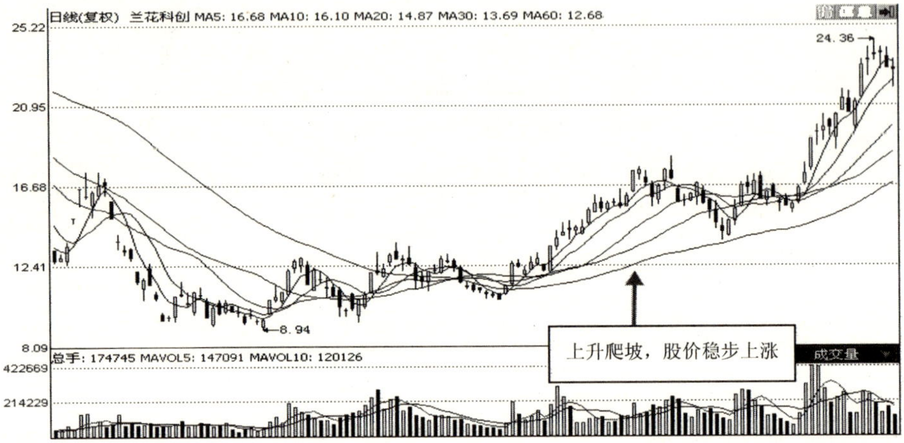

图 11-42 兰花科创日 K 线图

11.2.11 烘云托月

如图 11-43 所示为烘云托月形态示意图。该形态是指，长期均线位于短期均线和中期均线下方，而且与中短期均线有一定的距离，衬托着中短期均线的运行。股价将沿着中短期均线向上运行，是一种看涨的形态。

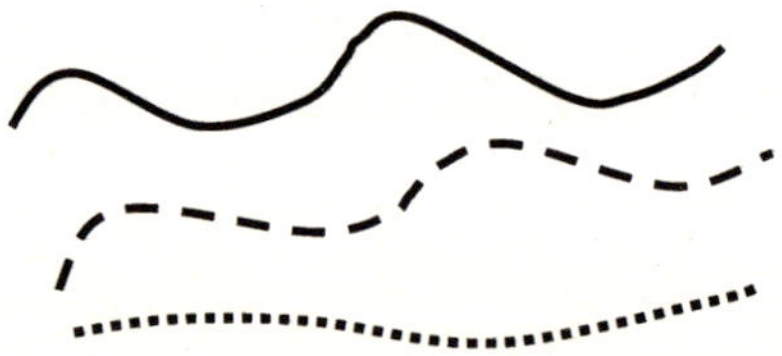

图 11-43 烘云托月形态

如图 11-44 所示为华夏银行（600015）日 K 线图。从图中可以看到，长期均线与中短期均线有一定的距离，而且向上运行，衬托着中短期均线的走势。股价也始终在短期均线附近向上缓慢进行，因此股民可以逢低吸纳买入股票。

如图 11-45 所示为金健米业（600127）日 K 线图。股价沿着均线缓步向上移动，均线系统也形成了烘云托月形态。从图中可以看到长期均线始终位于中短期均线的下方，衬托着股价和中短期均线向上移动。因此股民可以在股价向下回调触及中短期均线时买进。

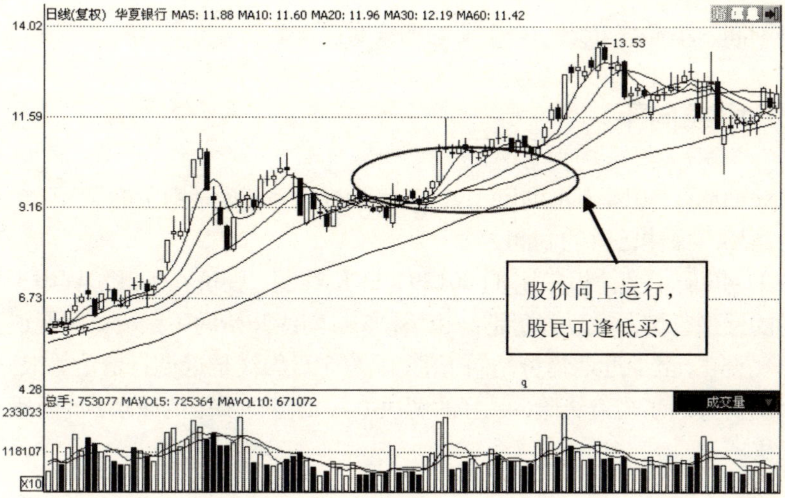

图 11-44　华夏银行日 K 线图

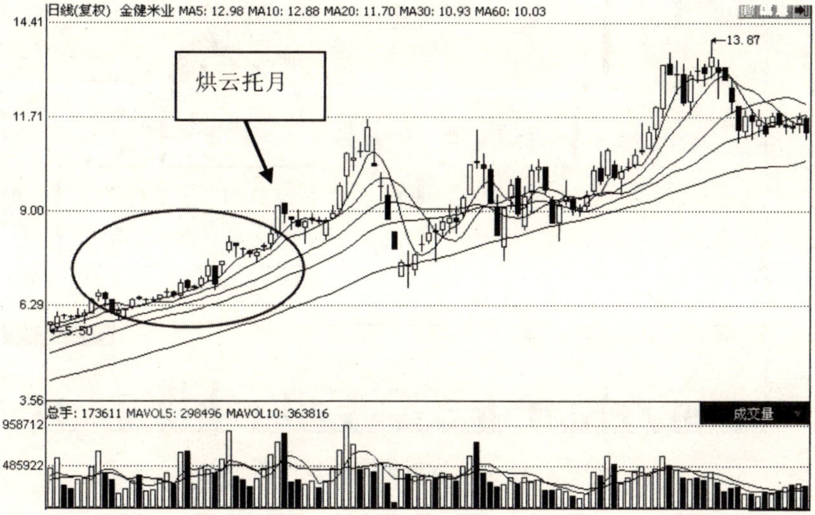

图 11-45　金健米业日 K 线图

11.3　下降初期均线发出的卖出信号

当股价运行到市场顶部以后，投资者能够及时离场是非常重要的，而均线常常能够在行情下跌处发出卖出信号，尽管此时已经不是股价的最高点了，但是依然可以保住大部分利润。下面将介绍一些主要的均线卖出形态。

11.3.1 均线向下

如果短期均线向下，则说明近几个交易日的行情走势是向下的。因此短线交易者应该及时离场，保住已有的利润。

如图 11-46 所示为太极集团（600129）日 K 线图。股价在下跌过程中出现了一次较为强劲的反弹行情，在反弹行情结束后，5 日均线开始向下运行。因此说明行情极有可能出现变化，至少近期趋势是向下的，因为 5 日均线是近期行情走势很好的体现。因此短线交易者为了规避风险，最好的解决办法是出售手中的股票，此时距离反弹的最高点相去不远。

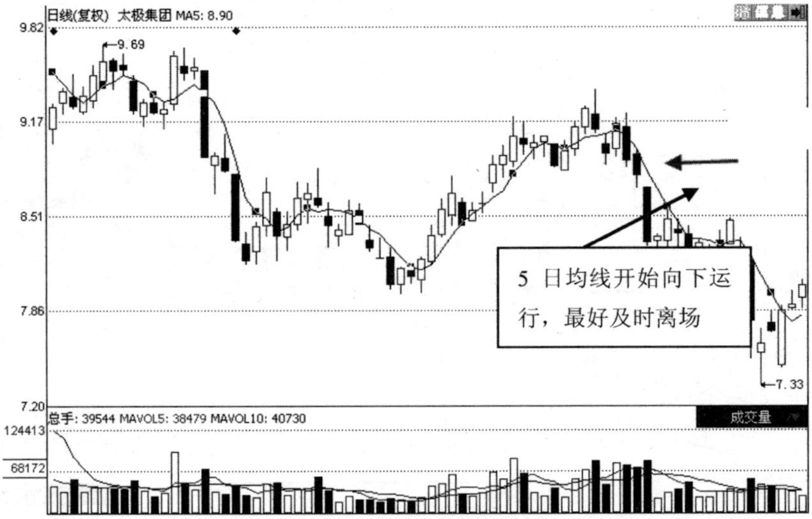

图 11-46　太极集团日 K 线图

如图 11-47 所示为青海明胶（000606）日 K 线图。股价自 8.30 元开始下行，直至 4.53 元结束。在此期间，10 日均线作为短期均线的一种，基本上也是处于向下运行的态势。因此投资者应该明确近期的主要运行行情是向下的，尽量不要盲目入场做多。

如果中期均线是向下的，则说明中期行情走势是下跌的，因此对于中短线投资者来说，应该格外警惕。如果进场，也应该快进快出，以免市场行情继续下跌给自己造成巨大的损失。

20 日均线是短期均线向中期均线过渡的一种新均线形态，在一定程度上它也能反映出中期行情的走势。

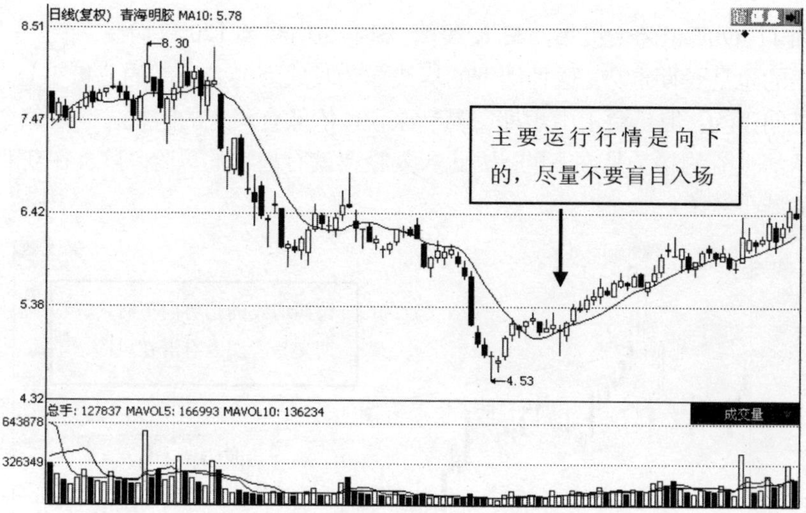

图 11-47　青海明胶日 K 线图

如图 11-48 所示为太极集团日 K 线图。股价从 11 元开始下跌，20 日均线也开始出现向下运行的走势。此时的投资者应该认清主要的方向是下跌的，因此买入股票要格外小心。

从图中也可以看到，自 11.00 元开始，股价在整轮的下跌过程中也出现了几次向上的反弹，投资者可进行短线操作买入股票。但是这些反弹行情走势短暂，转瞬即逝。因此短线交易者要想进场交易，必须快速 yb 场获利了结，否则当股价继续向下运行时，短线交易者还有可能会出现巨额亏损。

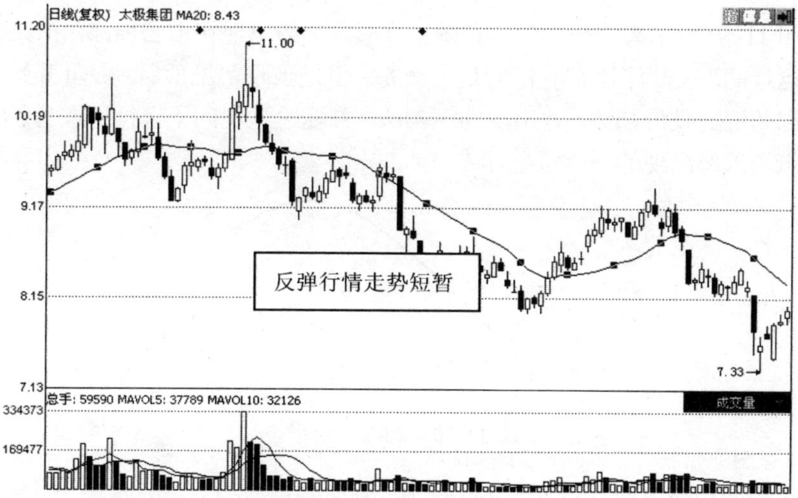

图 11-48　太极集团日 K 线图

如图 11-49 所示为太极集团日 K 线图。图中的均线为 120 日均线，属于长期均线，它所代表的也是长期走势。这种类型的均线作为长线交易者所需的分析工具，尽管长期均线是向下的，但是对于中短期交易者来说，依然有买入的时机。但是每个投资者都应该认清主流的趋势是向下的，因此买入股票就有潜在的风险，只有在获利后快速离场才能减少风险。

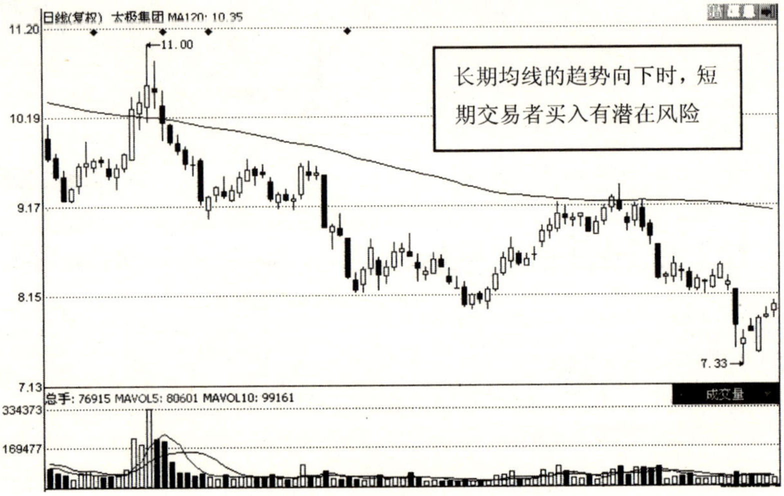

图 11-49 太极集团日 K 线图

11.3.2 均线下勾

如图 11-50 所示为均线下勾示意图。该形态一般出现在市场顶部，指原有的均线是向上运行的，反映了原有的行情是上涨的。但是当股票见顶后，股价开始回落，此时均线因为追随股价趋势，也出现向下勾头，并随之呈现向下运行的态势。因此均线下勾是市场顶部出现的一个常见标志。

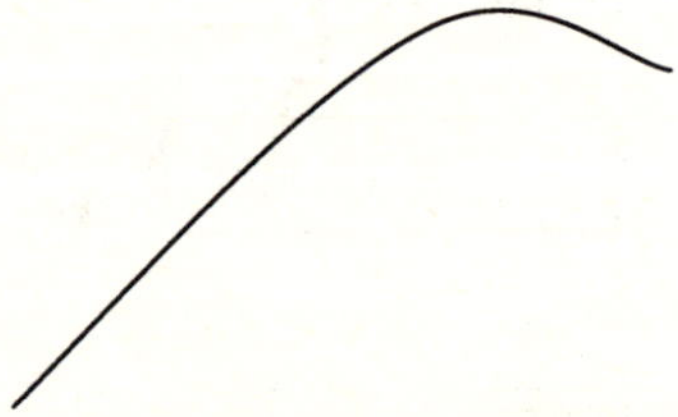

图 11-50 均线下勾形态

如果短期均线出现了向下勾头的迹象，则说明短期趋势将要改变。因此短线交易者应该意识到风险即将到来，提前离场是最好的选择。

如图 11-51 所示为万科 A（000002）日 K 线图。图中的均线为 10 日均线，代表了短期行情。股价两次到达顶部之时，10 日均线都出现了向下勾头的迹象。因此短线交易者如果能够根据此信号及时离场，是可以保住大部分利润的，且卖出点位基本位于最高价附近。

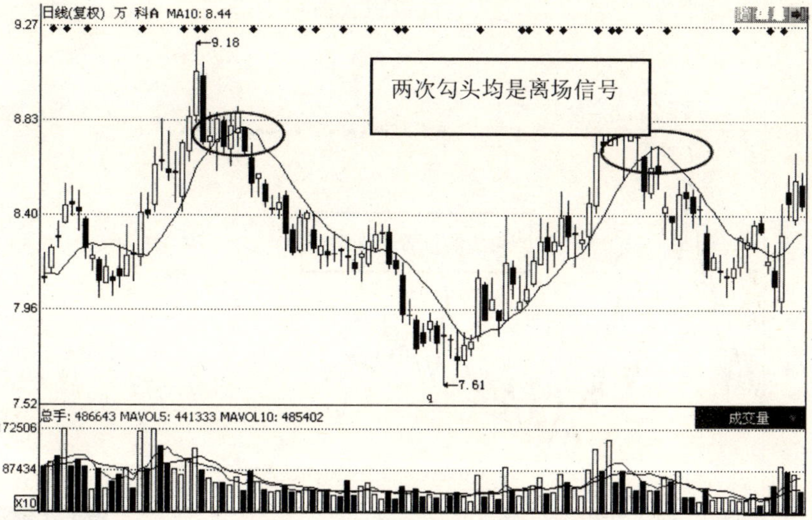

图 11-51　万科 A 日 K 线图

如图 11-52 所示为太极集团日 K 线图。从图中可以看到，代表着中期行情的 20 日均线在最高价来临之前就已经开始向下勾头，因此说明股价在高位已经迎来了潜在的

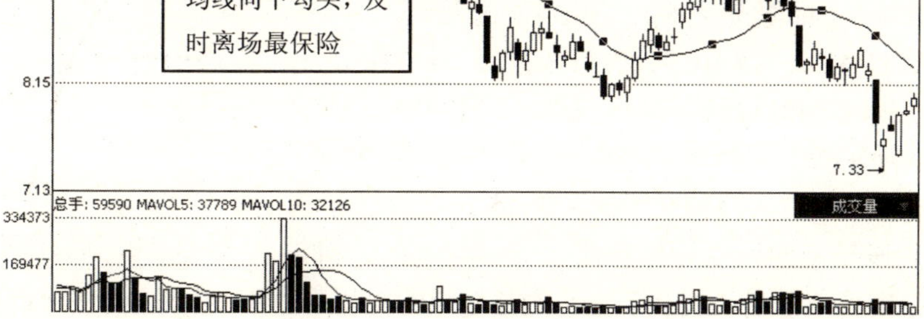

图 11-52　太极集团日 K 线图

风险。尽管根据此信号卖出股票没有追溯到最后的利润，但是同样可以规避很大的风险。

如图 11-53 所示为中信证券（600030）日 K 线图。图中的均线为 120 日均线，代表了长期走势。当该均线出现向下勾头的走势之后，说明长期趋势已经得到了转变。因为该均线滞后性较强，因此该勾头的位置也会滞后于最高点，但是这对于长线交易者来说，并不十分重要。

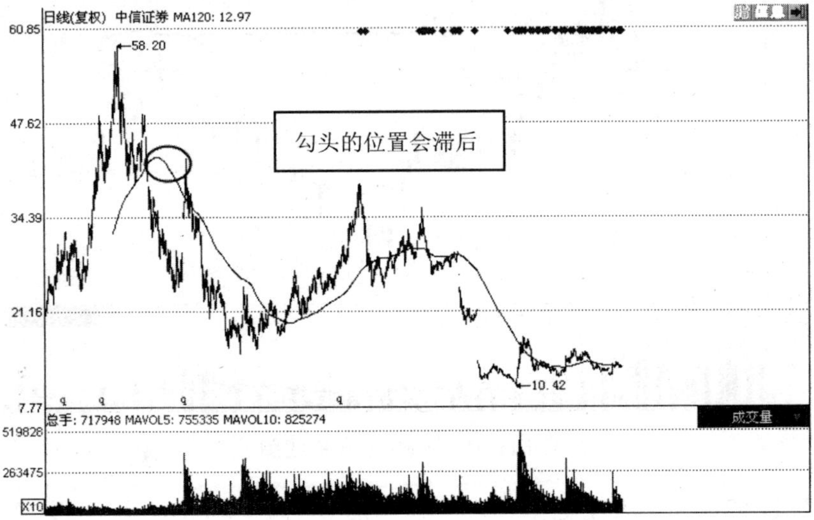

图 11-53　中信证券日 K 线图

11.3.3　均线死叉

如图 11-54 所示为均线死叉形态示意图。死叉是死亡交叉的简称，该形态要求短期均线从上向下穿越长期均线，二者形成的交叉称之为死叉，该形态代表着后市将出现下跌的走势。此信号一般出现较早，因此投资者应该予以特别的关注。

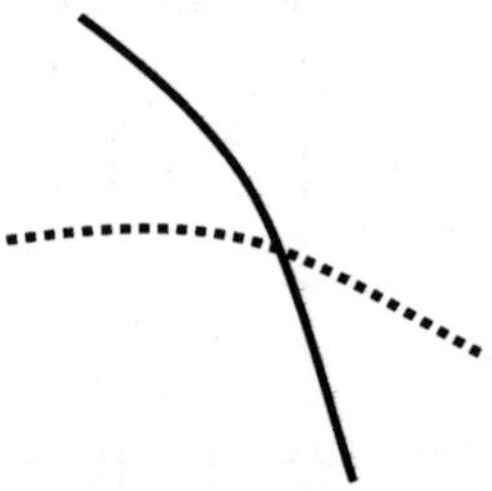

图 11-54　均线死叉形态

如图 11-55 所示为中信证券日 K 线图。股价在 15.56 元达到了顶峰，此后开始回落。不久，5 日均线和 10 日均线就出现了一个死亡交叉形态。从图中也可以发现，该死叉出现的位置十分接近于最高价 15.56 元，这是因为二者均属于短期均线，滞后性较小。因此在见到死叉后，投资者应该尽快获利了结，尤其是短线交易者更应该尽快离场，保住之前的利润。

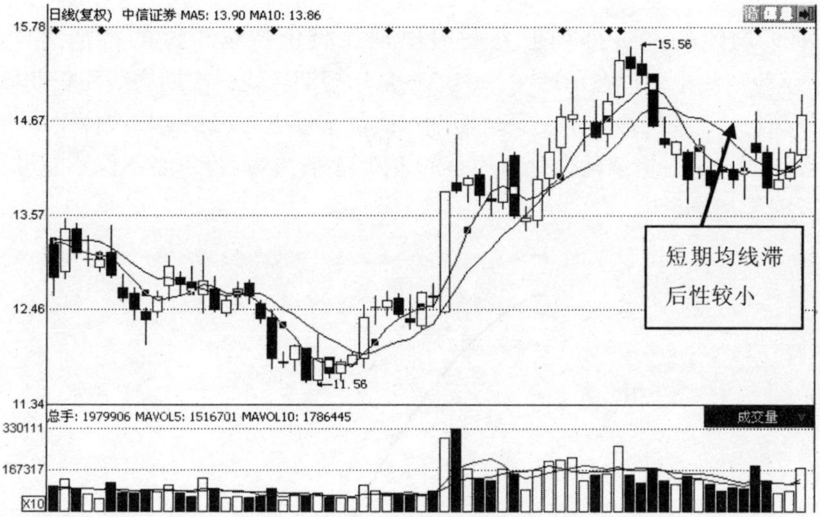

图 11-55　中信证券日 K 线图

如图 11-56 所示为楚天高速（600035）日 K 线图。股价从顶部开始回落，10 日均线作为短期均线先后与 20 日均线、30 日均线形成交叉，因为 3 条均线均是中短期均线，因此有一定的滞后性，要比 5 日均线和 10 日均线交叉形成的滞后性要大。但是纵观整个下跌趋势，死叉出现的位置依然处于下跌行情的初始位置，因此此时卖出股票，依然是很明智的举动。

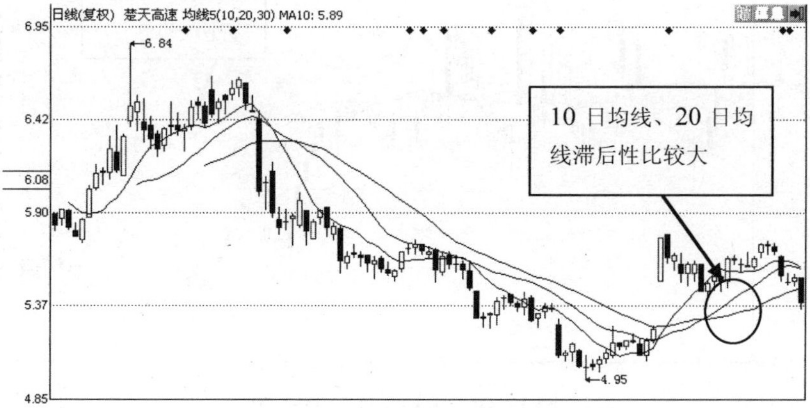

图 11-56　楚天高速日 K 线图

11.3.4 移动平均线空头排列

移动平均线的空头排列形态一般出现在股价持续下跌的行情之中，如图 11-57 所示为空头排列形态示意图。该形态是指短期均线、中期均线和长期均线呈圆弧状向下运行，3 条均线互不交叉，短期均线位于最下方，长期均线位于最上方。此形态出现说明未来行情依然会延续原有的下跌趋势，因此投资者不仅不能过早入场，还应该及时全离场。

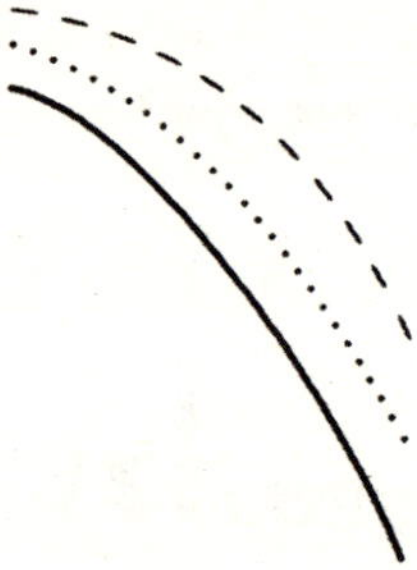

图 11-57 空头排列形态

如图 11-58 所示为太极集团日 K 线图。股价在盘整后期，开始向下暴跌，3 条均线也出现了空头排列的形态。因此说明行情将继续下跌的态势，投资者不能过早入场，尽管在下跌行情中出现了反弹行情，但也仅仅是昙花一现，因为此 3 条均线出现的空头排列就奠定了未来下跌的主基调。

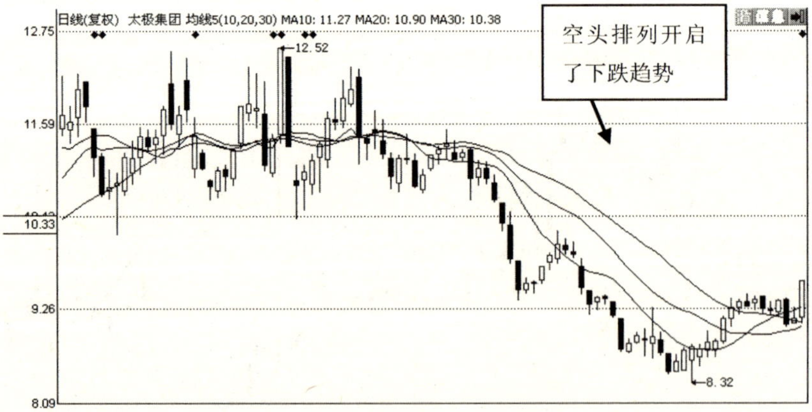

图 11-58 太极集团日 K 线图

如图 11-59 所示为浙江东方（600120）日 K 线图。股价从市场顶部开始下跌，3 条均线给出了空头排列形态。从 K 线图上看，始终受到均线的压制作用而向下运行，因此投资者应该尽快地逢高离场，避免亏损扩大。

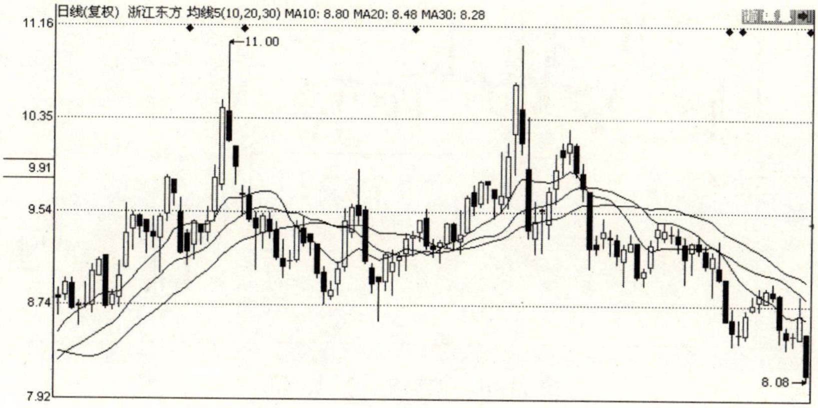

图 11-59　浙江东方日 K 线图

11.3.5　黏合向下

如图 11-60 所示为均线黏合向下形态示意图。该形态一般出现在盘整的末期，当股价处于盘整走势之中，均线会出现相互黏合的状态；当股价最终选择向下运行的方向时，均线也会从联合状态变成向下运行的态势。这说明未来股价下跌空间将很大，因此投资者应该尽快获利离场。

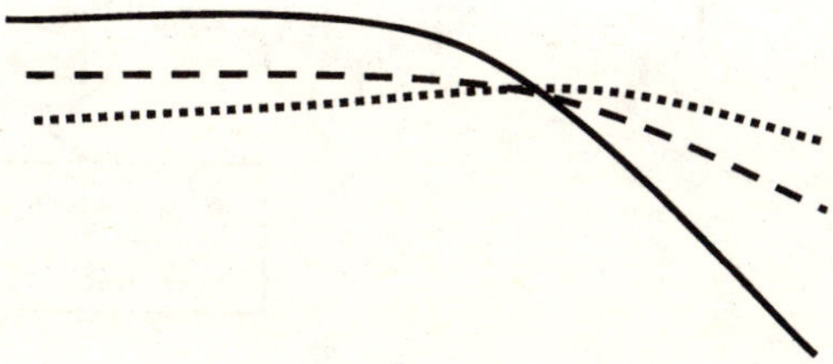

图 11-60　均线黏合向下形态

如图 11-61 所示为太极集团日 K 线图。股价在市场的顶部经过了一段期间的盘整，此时均线出现了相互黏合缠绕的现象。最终股价选择了向下的运行方向，均线也从盘整的缠绕状态开始向下运行，而未来股价下跌了近 4 元，因此在均线刚刚从黏合状态开始向下运行时，投资者就应该及时离场避免损失。

如图 11-62 所示为上海机场（600009）日 K 线图。股价在上涨行情中一路走高，直至 20.95 元达到顶峰。此后股价并没有快速下跌，而是进入到了一个盘整的走势行情中。

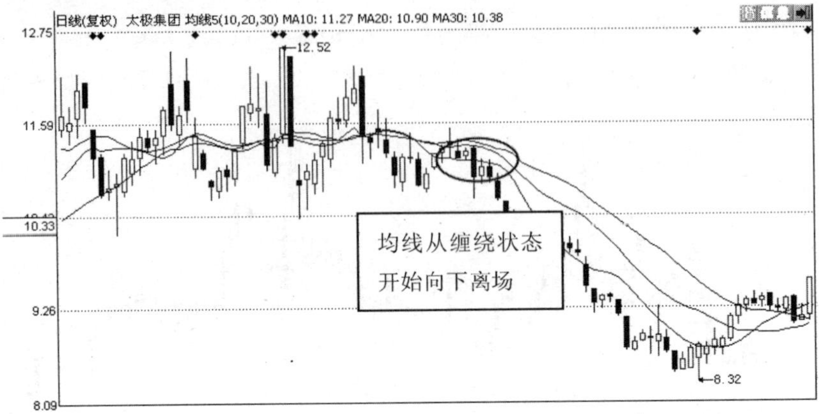

图 11-61　太极集团日 K 线图

这说明尽管多头推动的能量有所衰退，但是空头的力量也没有急剧增大完全主宰整个市场。多空双方处于激烈交战状态，未来走势方向有待突破验证。当最终股价选择向下运行时，均线系统也从盘整时的黏合状态开始向下发散，而股价也开始快速跌落，因此当均线刚刚从盘整状态开始向下发散时，投资者应该及时获利离场，此时卖出是整个下跌行情中的最高点附近。

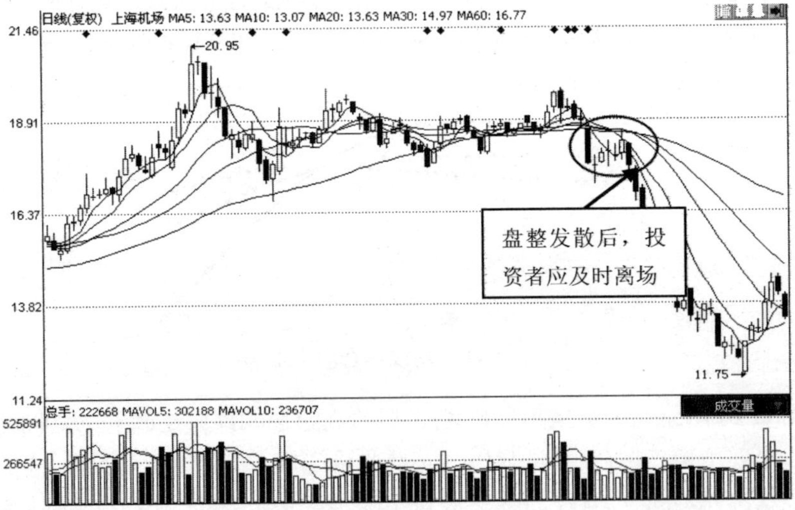

图 11-62　上海机场日 K 线图

11.3.6　交叉向下发散

如图 11-63 所示为均线交叉向下发散形态示意图。该形态一般出现在市场的顶部，均线从原有的向上运行逐渐交叉，演变成最后的向下发散形态。均线的这一改变，代表着行情已经从上涨转变为下跌。

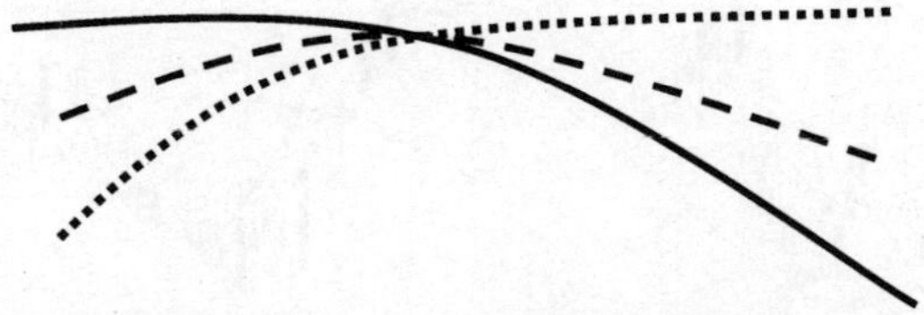

图 11-63　均线交叉向下发散形态

如图 11-64 所示为青山纸业（600103）日 K 线图。从图中可以清晰地看到，在市场的底部股价创出了新高，均线系统也开始从向上发散逐渐收敛到相互交叉，再到后市的向下运行发散。因此投资者根据 K 线表现出的形态，应该认清市场顶部的到来，平仓离场。

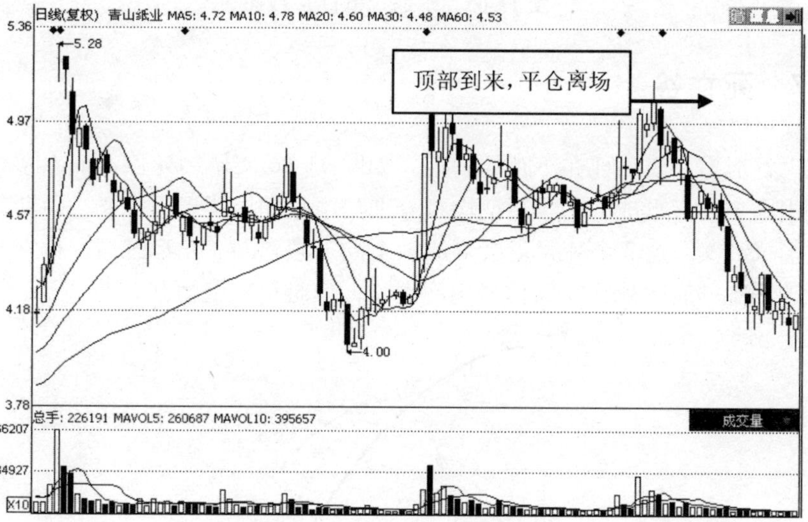

图 11-64　青山纸业日 K 线图

如图 11-65 所示为水晶光电（002273）日 K 线图。股价在 53.59 元达到了顶峰，此时成交量已经有所减小，这就是市场即将出现衰竭的一个危险信号，而且此时均线系统已经从向上发散开始出现交叉，并将向向下发散转变。均线的此种形态就意味着市场已经由上涨行情即将转变为下跌行情，因此投资者应该利用此时的高价位及时离场。

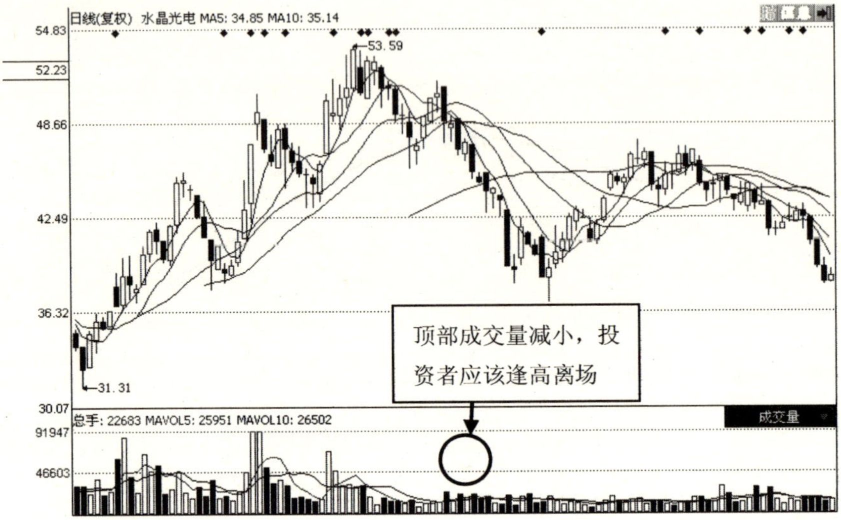

图 11-65 水晶光电日 K 线图

11.3.7 死亡谷

死亡谷形态一般出现在下跌的前期。如图 11-66 所示为死亡谷形态示意图。该形态是由 3 个死叉形成的，当短期均线分别与中长期均线形成死叉，中期均线与长期均线形成死叉，这 3 个死叉就会形成一个向下倾斜的三角形区域，称之为死亡谷形态。该形态一般比死亡交叉信号出现得晚，但是可信度更强。

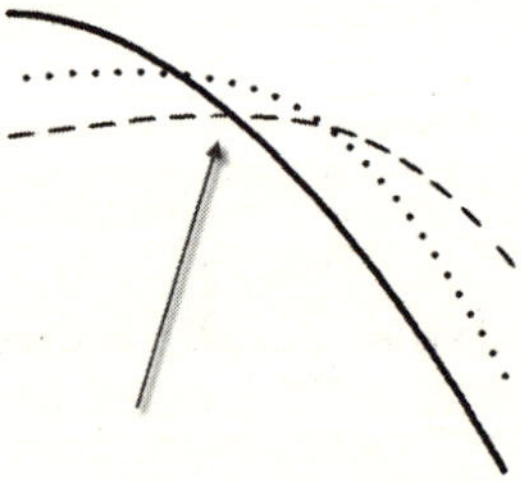

图 11-66 死亡谷形态

如图 11-67 所示为楚天高速（600035）日 K 线图。从图中可以看到，在下跌之初，均线系统给出了一个死亡谷形态。据此投资者可以判定，市场方向已经转化，未来将有一轮较深的跌幅。此时尽管已经不是市场的最顶部，但是距离顶部依然较近，是下跌的初始时期，因此应该及时离场，避免损失扩大。

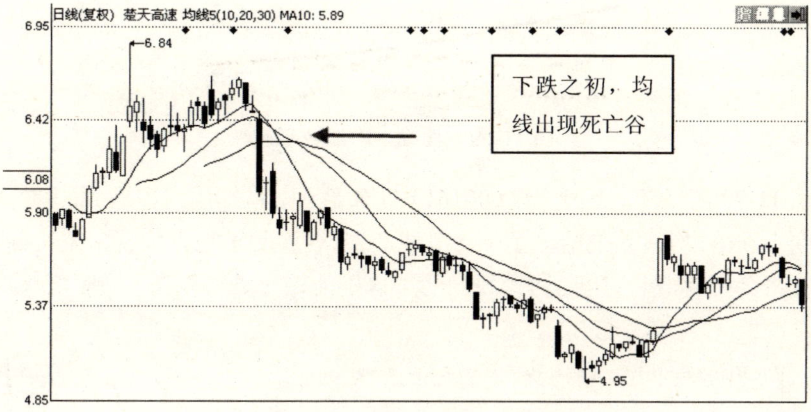

图 11-67　楚天高速日 K 线图

如图 11-68 所示为宇通客车（600066）日 K 线图。从图中可以看到，在市场的顶部，股价开始下滑，均线系统给出了死亡谷形态。此形态一经出现就表明多头主宰的上涨行情有可能已经宣告结束，因此根据此形态及时获利离场是非常明智的选择。

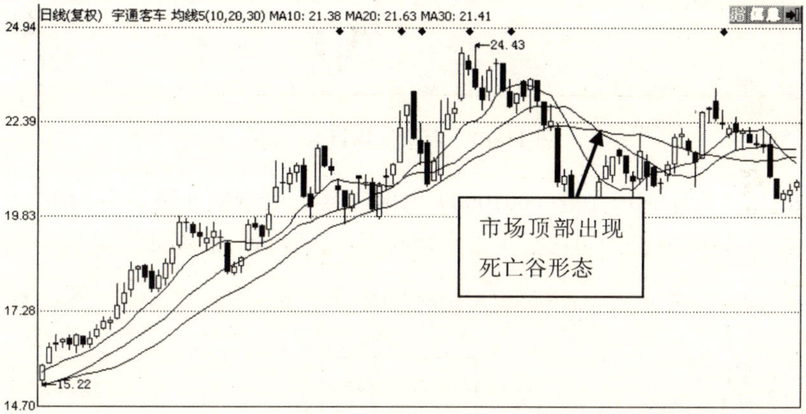

图 11-68　宇通客车日 K 线图

11.3.8　下山滑坡

下山滑坡形态与上升爬坡形态是一组相反的均线形态。如图 11-69 所示为均线下山滑坡形态示意图。该形态是指短期均线、中期均线和长期均线基本上沿着固定的幅度向下运行，因此说明空头实力较强，能够稳步地打压股价，因此后市一般会继续下跌，投资者应该逢高离场。

图 11-69　均线下山滑坡形态

如图 11-70 所示为天坛生物（600161）日 K 线图。从图中可以看到，股价从 27.89 元开始向下回落，均线系统给出了下山滑坡形态。这说明未来股价将由空头稳定打压，下跌幅度将会持续很长时间。因此投资者不仅不能过早进场做多，还应该及时寻找高点离场。

图 11-70　天坛生物日 K 线图

如图 11-71 所示为唐山港（601000）日 K 线图。股价从 8.76 元开始下跌，整个下跌的过程持续时间很长，而且空头稳定地向下打压股价，而均线系统也

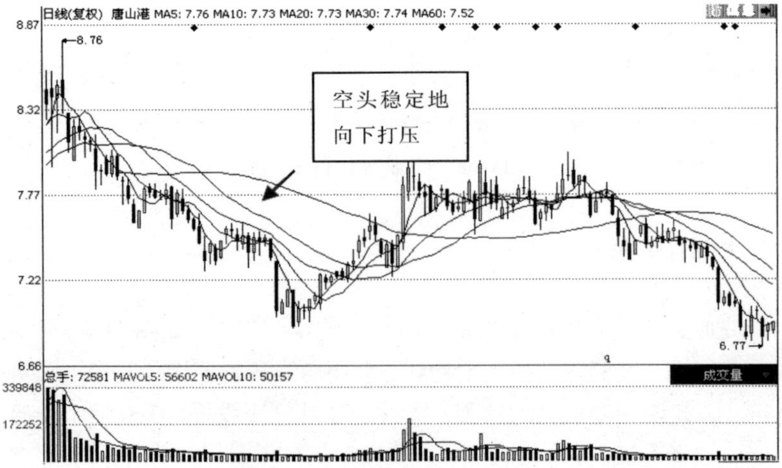

图 11-71　唐山港日 K 线图

给出了下山滑坡形态，来体现空头强大的压制股价能力。因此投资者如果能够及早离场，则势必会将损失降到最低，离场时间越早，越接近市场的高位。

11.3.9　逐浪下降

均线的逐浪下降形态与逐浪上升形态是一组相反的均线形态。如图 11-72 所示为均线逐浪下降形态示意图。该形态是指短期均线和长期均线呈波浪状向下运行，但是二者均不与长期均线形成交叉，长期均线始终压制着短期均线和中期均线向下运行。此形态说明空头势力极大，未来下跌之势很强，投资者应该及时离场，而且不要去抢反弹。

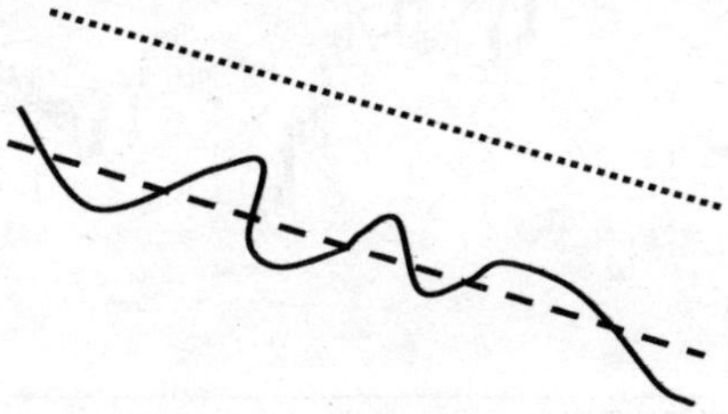

图 11-72　逐浪下降形态

如图 11-73 所示为川大智胜（002253）日 K 线图。股价从 56.29 元开始暴跌，均线系统给出了逐浪下降形态。这就说明长期均线代表的长期趋势是向下的，尽管中短期均线有所交叉，但是投资者应该利用反弹的高点及时离场，而不应该去抢反弹。

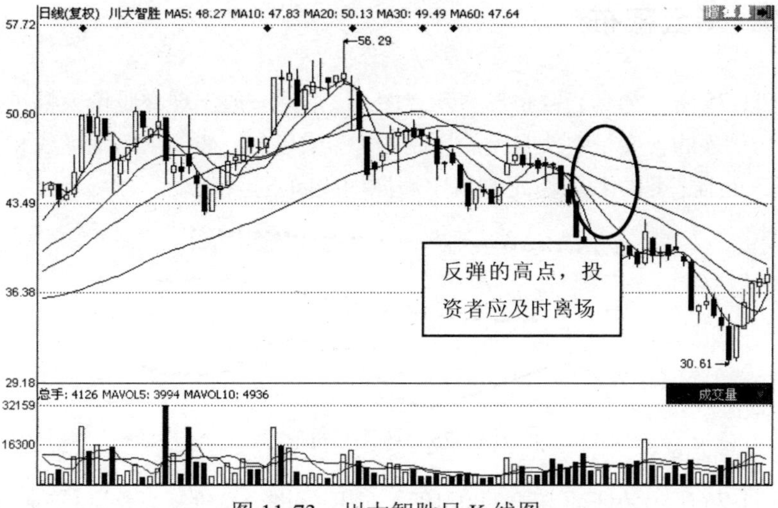

图 11-73　川大智胜日 K 线图

如图 11-74 所示为林海股份（600099）日 K 线图。股价在整个下跌的过程中，出现了几次短暂的反弹行情，而均线系统也给出了发散形态。当短期均线与中期均线形成交叉时，也就代表了短暂的行情为反弹行情，但同时也说明这种反弹行情是短暂的，长期均线所代表的趋势是向下的，而且是主要的运行方向。此时投资者正确的做法应该是在反弹高点及时离场，而不是去做短线的反弹交易。

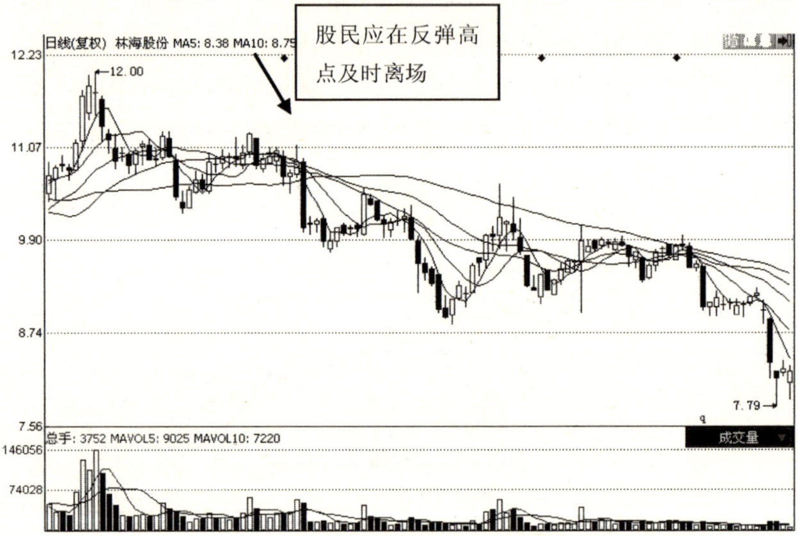

图 11-74 林海股份日 K 线图

11.3.10 乌云密布

如图 11-75 所示为乌云密布形态示意图。该形态一般出现在股价大幅下挫的行情之中，它所代表的含义是空头强大的压制能力。该形态一般要求短期均线和中期均线向下运行，而且长期均线始终压制着中短期均线向下运行。

图 11-75 乌云密布形态

如图 11-76 所示为证通电子（002197）日 K 线图。股价从盘整区域向下跌落，直至 8.87 元的低价。此期间均线系统给出了乌云密布形态。长期以来向下运行，而且始终压制着中短期均线向下运行，并且均线与中短期均线保持着一定的距离。这种 K 线形态就证明了空头的势力十分强大，投资者应该及时离场，而不应该进场做多。

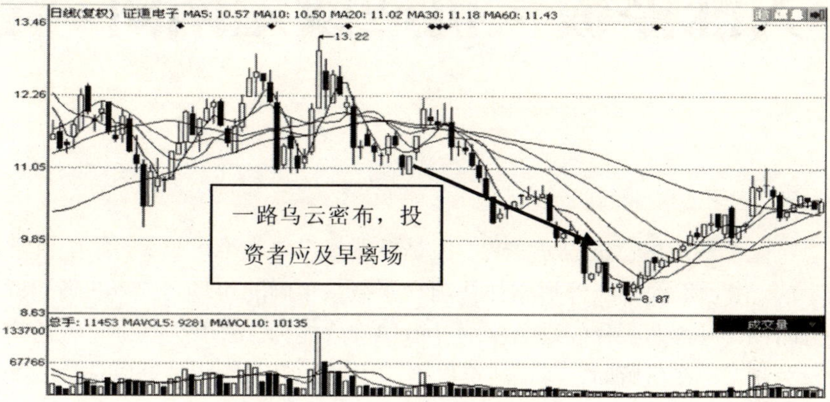

图 11-76　证通电子日 K 线图

如图 11-77 所示为桂林三金（002275）日 K 线图。股价走出顶部的盘整区域之后，开始快速下跌，直至 15.62 元的新低。均线系统给出了乌云密布形态，因此投资者应该认清原有的上涨行情已经结束，此时应该及时离场，离场时间越早，损失越小，距离最高点越近。

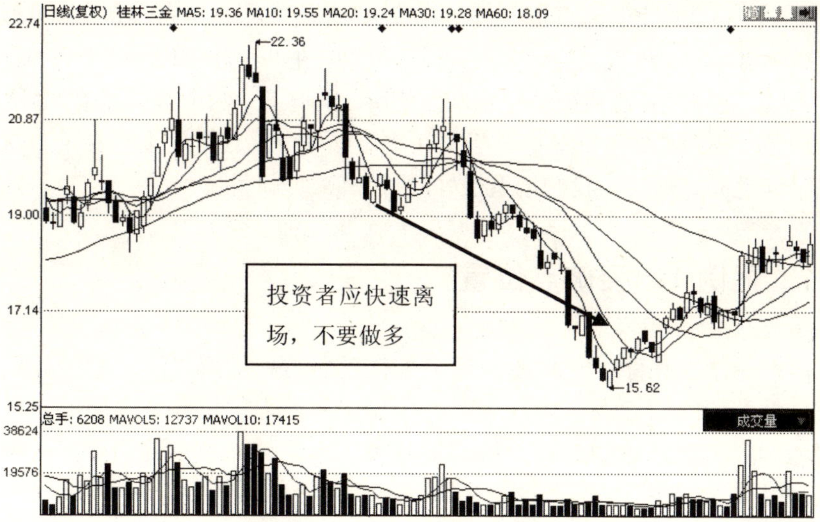

图 11-77　桂林三金日 K 线图

第 12 章 大涨停板：机遇或是陷阱

每个股民都期待自己的股票涨停，但是抓涨停板非常难，本章将集中讲解涨停板的操作手法。由于不同的涨停形态往往蕴含了截然不同的市场含义，准确地识别并理解这些分时图，将有助于我们进一步提升盘口实战能力。由于这些分时图往往与主力的控盘行为相关，在讲解时，我们还会结合主力的控盘意图来综合阐述，以期帮助读者能真正地透过分时图表象来把握影响到个股走势的内在实质。

12.1 开盘冲涨停

开盘冲涨停是指个股高开或平开，在 9:30 开始连续交易后，立刻因连续性的大单扫盘而快速冲击涨停板，随后牢牢封板至收盘。在冲击涨停板时，个股可能是一次就牢牢封板，也可能在涨停板价位上略作停留，出现了一两个裂口才牢牢封板，其市场含义相近，我们不作过细区分。只是在实盘操作中，若个股没有在第一次冲涨停板时就牢牢封板，则会为我们创造很好的抢涨停买入时机。

12.1.1 案例 1：突破点位置

当这种开盘冲涨停的分时图出现了盘整后的突破位置点时，它往往是一轮强势上攻行情开始的信号，也体现了主力控盘能力很强、拉升意愿坚决，个股随后仍有可能迎来势如破竹的上涨走势。实盘操作中，如果当日有追涨买入时机，则不可错过。

如图 12-1 为中润资源（000506）分时图，当日此股小幅高开，开盘后就快速上冲涨停板，在涨停板附近略作停留后（可以看到，涨停板上有两个小裂口），即牢牢封板直至收盘。这是一种十分强势的涨停形态，也彰显了主力资金的做多意图。从日 K 线走势来看，当日正处于盘整后的突破位置点，日 K 线具有很好的突破形态。因而，在实盘操作中，此股在当日第一次冲击涨停板后的略作停留的数分钟内，就是我们抢涨停板买入的最好时机。如图 12-2 标示了此股涨停前后的运行情况。

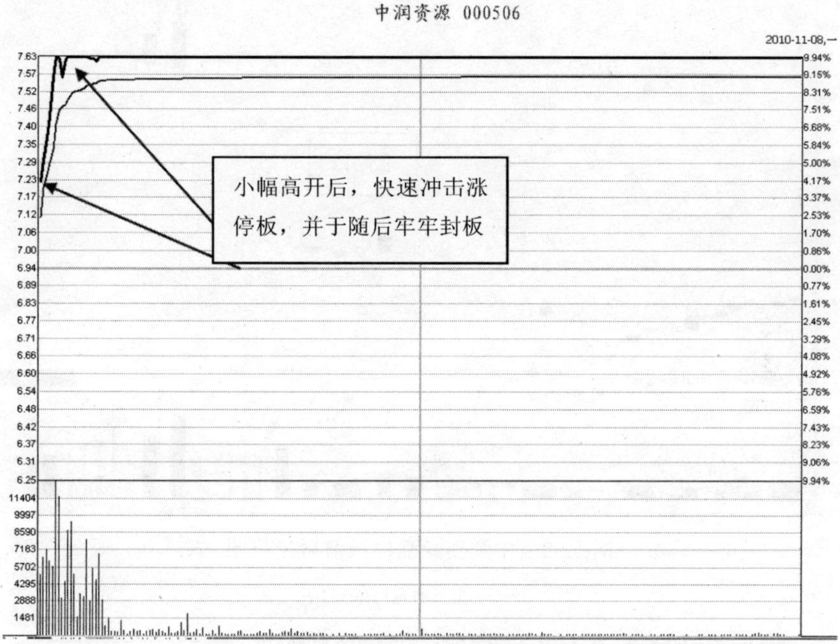

图 12-1　中润资源分时图

12.1.2　案例 2：加速上升通道中

当这种开盘冲涨停板的分时图出现在个股加速上涨过程中时，它预示着个股短期内仍有不错的上升空间，持股者应耐心持股、尽享利润增长。场外投资者若有当日追涨买入机会的话，则也可适当短线参与，但为了规避追涨风险，在参与时应控制好仓位。

如图 12-3 为上海新梅（600732）分时图，当日此股高开幅度较大，开盘后快速冲涨停板，并且一次性就牢牢封板，这已是个股连续第二个交易日出现涨停板了，此时的个股正处于加速上升通道中。实盘中，我们应短线看多、做多，不宜过早地获利卖出。如图 12-4 标示了此股涨停前后的运行情况。

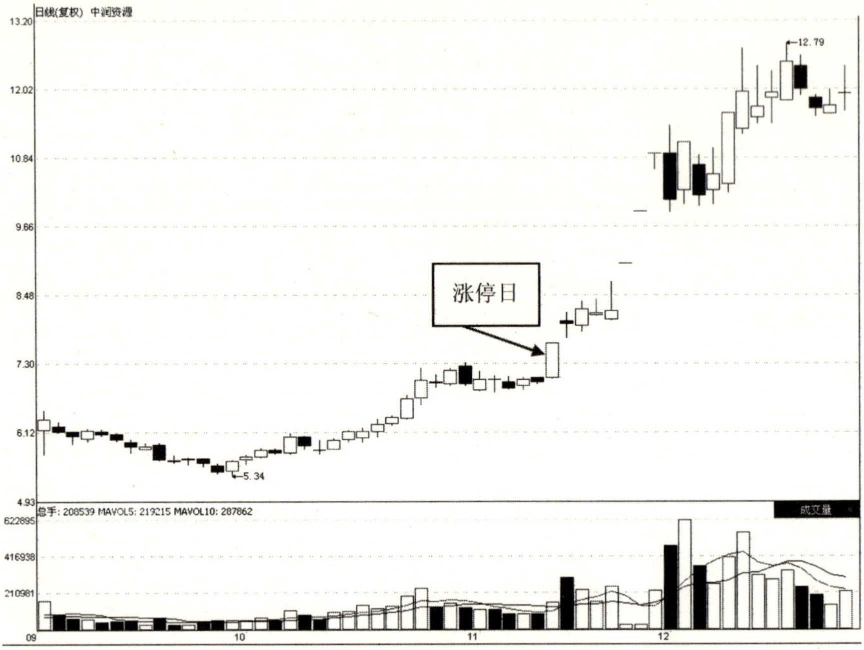

图 12-2 中润资源涨停日前后走势图

上海新梅 600732

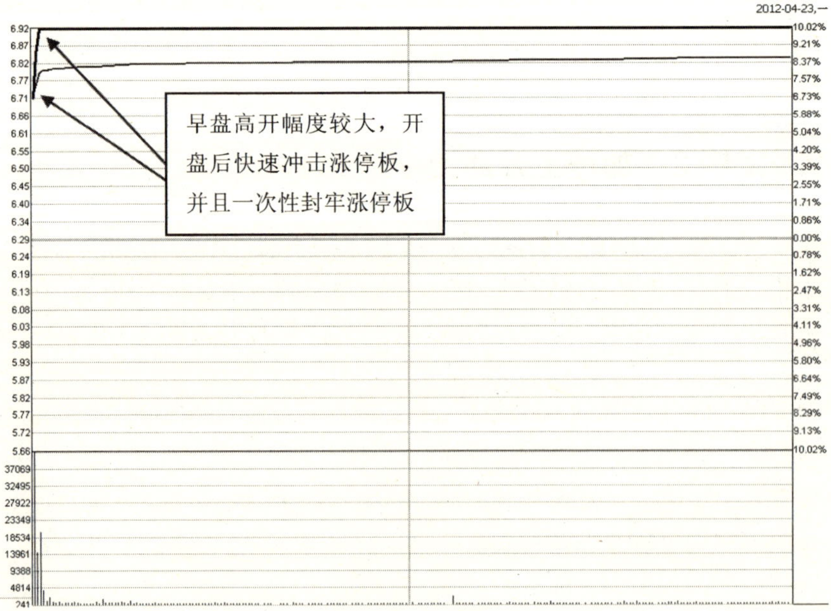

图 12-3 上海新梅涨停日分时图

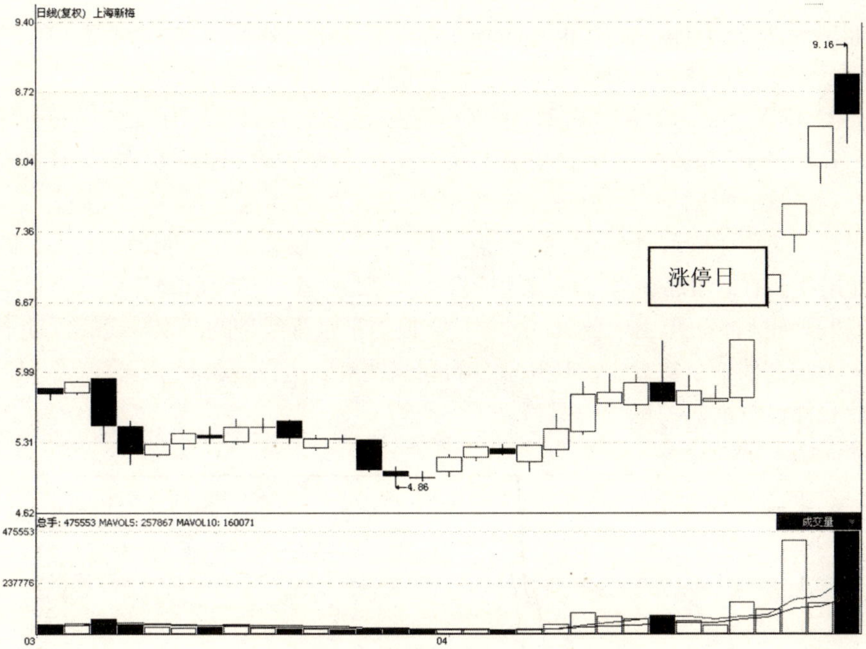

图 12-4　上海新梅涨停日前后走势图

12.2　早盘“厂”字板

“厂”字板有着典型的形态特征，在更多的时候，它是主力强势做多一只个股的标志。“厂”字板是指个股在四平八稳的运行过程中，此时离涨停价位相对较远，突然出现了一两波极为流畅的上扬，直冲涨停板，并在冲击涨停板后牢牢封板。

对于“厂”字板形态来说，主要有两种：一种是水平线平走型的，另一种是高点平走型的。就短线冲击力来说，高点平走型的“厂”字板更具短线实战价值，是我们应重点关注的对象。下面我们结合具体案例来进行解读。

12.2.1　案例 1：水平线平走型

水平线平走型是指个股在盘中启动前一直在上一交易日收盘价附近平稳运行。这也使得个股在冲击涨停板时的一两波上涨幅度巨大。就短线交易来说，若个股没有明显利好支撑，则随后几个交易日的上涨动力会因当日冲涨停所消耗的较多买盘资金而出现滞涨，因而，我们不可对个股的短期上涨空间预计过高。实盘中，在“厂”字板之后，个股能再有10%左右的上涨空间就可以获利了结了。

如图12-5为江苏通润（002150）分时图。当日此股微幅低开，随后的运行四平八稳，在早盘10:30之后，个股快速上涨，在冲击涨停板的过程中没有明显的停留；封板之后，从分时图来看，好像一个汉字“厂”，故将其称之为“厂”字板。

当日此股处于阶段性调整后的低点，而“厂”字板又是一个明确的看多、做多信号，如果我们有所准备，当日积极地抢板买入了，那么，在随后的几个交易日中可获取不错的短线利润。但由于此股的“厂”字板属于水平线型的，故短线的预期上涨空间也不可过高估计，实盘中，10%左右的利润就可以适当地获利了结了。图12-6标志了此股涨停日前后的运行情况。

图12-5　江苏通润涨停日分时图

12.2.2　案例2：高点平走型

高点平走型是指个股在盘中的相对高点、但离涨停价仍旧较远的位置，横向运行，随后，快速启动、向上冲击涨停板。这种“厂”字板的短线冲击力度较强，对当日买盘资金量的消耗程度也尚可。实盘中，我们可以对个股随后的短线上涨空间抱有一定的期望值，但这需要日K线图的配合。

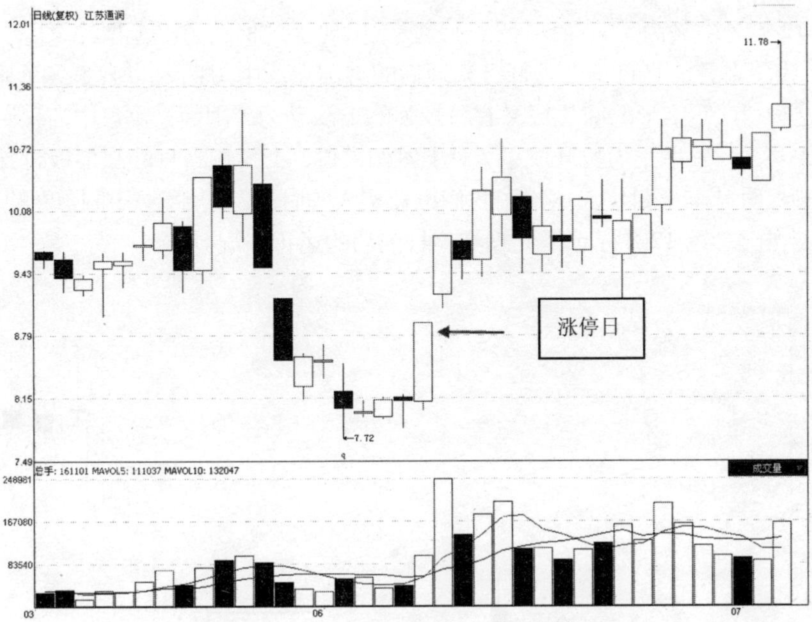

图 12-6　江苏通润涨停日前后走势图

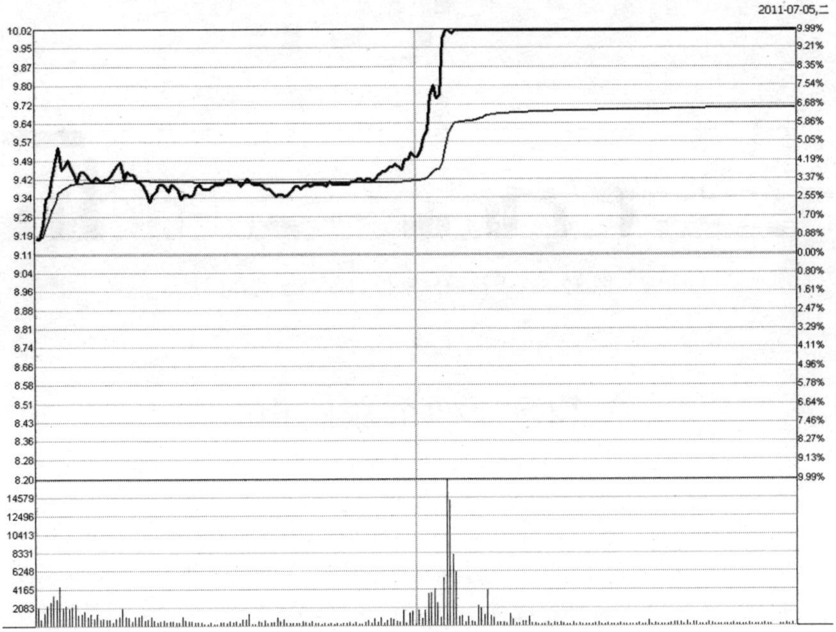

图 12-7　中昌海运涨停日分时图

图 12-7 为中昌海运分时图。当日此股就出现了这种高点平走型的“厂”字板，从日 K 线图来看，当日正处于低点整理后的突破点，中短期内的上涨空间都是巨大的，而这种“厂”字形的涨停板又有着较强的上涨动力，因而，实盘中，我们可以积极地追涨买入，分享主力拉升成果。对于本例来说，个股在当日冲涨停板时并没有在第一次触板时就牢牢封住，这给了我们抢板买入的时间，对于这一难得的买入时机，我们不可错过。图 12-8 标示了此股涨停口前后的运行情况。

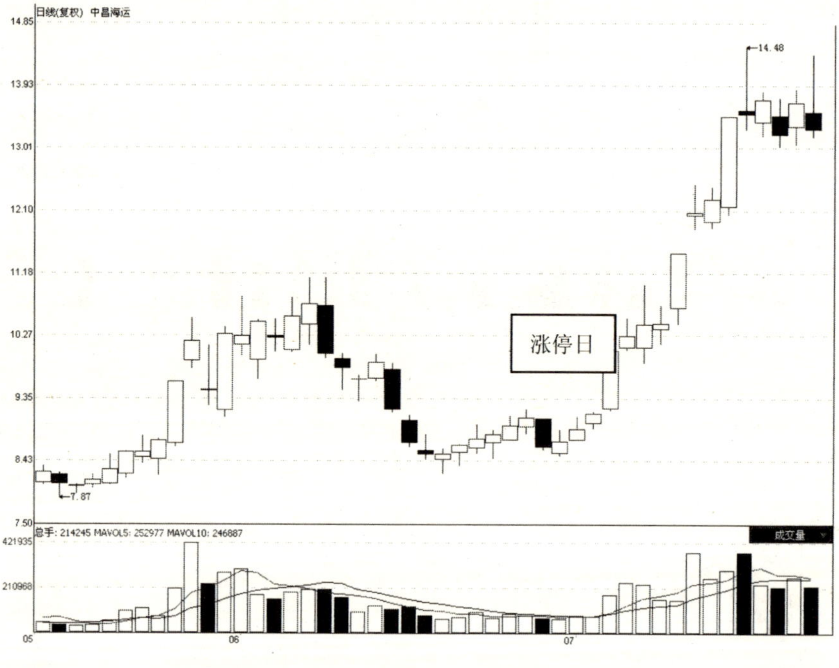

图 12-8 中昌海运涨停日前后走势图

12.3 秒杀涨停板

秒杀涨停板是一种很特殊的形态，从日 K 线效果来看，个股当日会收出一个长长的上影线形态。秒杀涨停板的形成过程是这样的，个股的实时成交价本来离涨停价很远，但是，随着一笔或者是连续多笔的高价大买单入场扫盘，使得其呈现出 90 度的脉冲式上涨，在短短的数秒或者是几分钟之内，股价竟然达到了当日的涨停板价位。但是，个股仅在涨停上略作停留，时间极短，随后就向下运行，全天再也没有向上运行、意欲封板的态势。在实盘中，秒杀涨停板的具体形态还会有所不同，我们还应具体情形具体分析，下面我们结合实战案例来进一步地解读。

12.3.1　案例 1：逐波回落不破均价线

逐波回落不破均价线，是秒杀涨停板的一种具体形态。它是指个股在秒杀涨停板之后，股价是以震荡向下的方式逐波回落的，虽然回落幅度较大，但收盘时的价位仍明显高于秒杀涨停板走势启动前的实时成交价，而且在震荡回落之后，个股一般仍旧能够稳稳地站于均价线上方。

这种秒杀涨停板与向上试盘线的形成如出一辙，它们的市场含义也是极为相近的，是主力短期内有意拉升个股的信号。实盘中，若这种形态出现在阶段性的低点时，我们不妨买股入场，博取短线利润，毕竟主力在短期内还是有着较强拉升个股意愿的。

如图 12-9 为南京高科（600064）分时图，当日，南京高科低开低走，整个上午一直处于下跌状态。直到 13 时 41 分，此股在盘中交易时突现异常，向上扫盘的巨单频频出现，在同一价位成交超过 10 万股的单数在两分钟内出现了 3 次。13 时 43 分，一笔 15 万股的大单直接将股价由绿盘拉红至 13.76 元成交。13 时 44 分，再度连续出现巨单扫盘，将个股快速推升至涨停，并在涨停板上成交 13 万股。

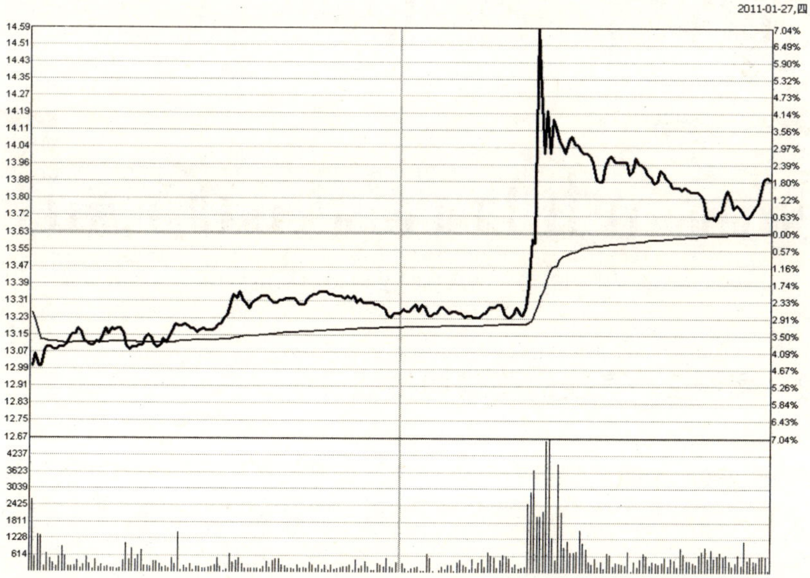

图 12-9　南京高科涨停日分时图

但是，个股并没有封板，仅在涨停板略作停留就因卖单的大力抛售而开板，这就是个股突然启动形成的秒杀涨停板走势。随后，个股似乎也失去了再度冲高的动力，股价震荡下行，直至收盘仅上涨 1.83%。但这个价位仍要明显高于秒杀涨停板前的启动价。从日 K 线走势来看，当日的个股正处于一波快速下降后的盘中低点，因而，这种震荡滑落型的秒杀涨停板可以看作是主力的一次试盘行为，预示着主力短期内有意强势拉升个股，是个股随后出现一波强势上涨行情概率较大的标志。实盘中，它也是我们短线出击个股的一个信号。如图 12-10 标示了南京高科涨停日前后的运行情况。

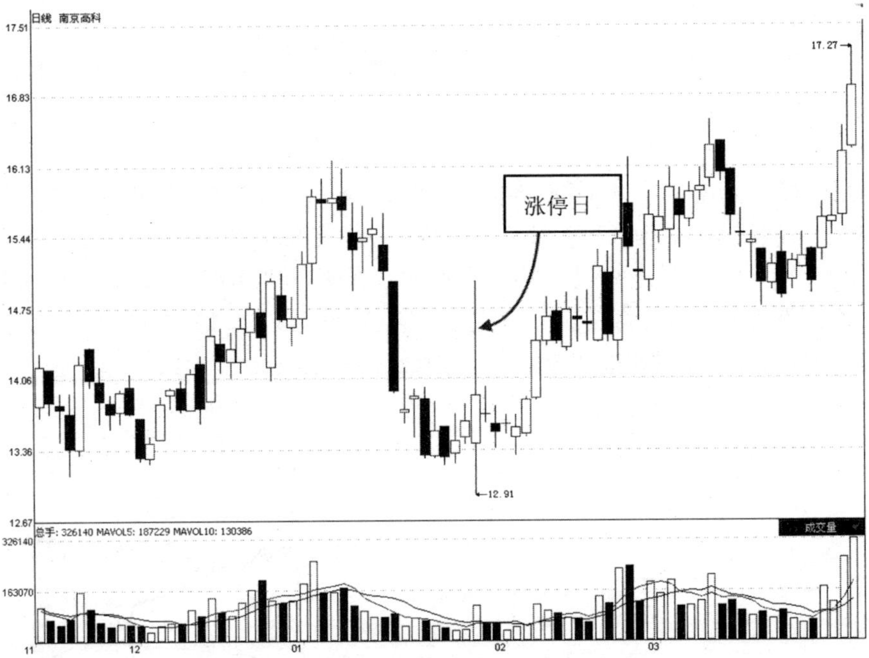

图 12-10 南京高科涨停日前后走势图

12.3.2 案例 2：直线回落破均价线

直线回落破均价线，是指个股因一笔或几笔大单入场，突然达到了涨停板的价位，但是，随后的下落速度同样十分快速，并跌破了均价线，随后的全天交易中，个股走势平淡，再也没有十分表现。这种形式的秒杀涨停板常见于主力的出货过程中，之所以采取这种手法，是主力猜透了散户投资者的心理。

由于秒杀涨停板来得非常突然，消失得也十分迅速，没等市场散单挂单卖出，股价却又已恢复如初，而散户投资者都有逢高卖股的习惯，若是卖股价格明显低于这个当日最高价，一般来说是不愿再卖股的，而主力正好可以借此心态大力出货。

如图 12-11 为栖霞建设（600533）分时图。在早盘开盘后，此股交投较为清淡，上方的压单数量也相对较少，随后，一笔天价大买单将个股的股价快速打到涨停价位，但是仅仅是停留了几秒钟，股价又再度快速滑落，跌回到了启动前的位置点。随后的全天交易较为清淡，值得注意的是，当时的量能明显放大。结合这种形态常见于主力出货手法中，而放大的量能又正好满足了主力的出货需要，因而，实盘中，我们宜卖股离场。如图 12-12 标示了栖霞建设涨停日前后的运行情况。

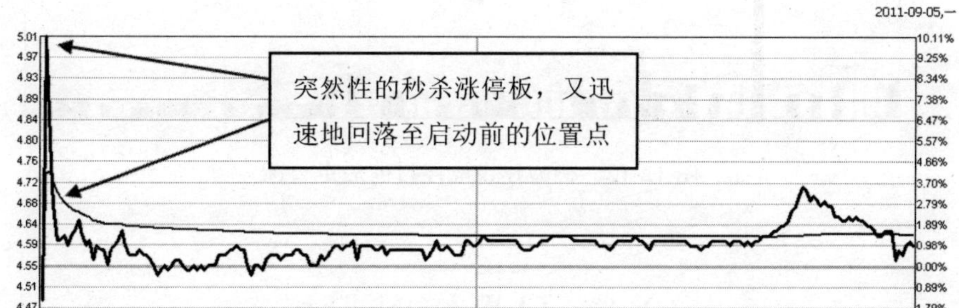

图 12-11　栖霞建设分时图

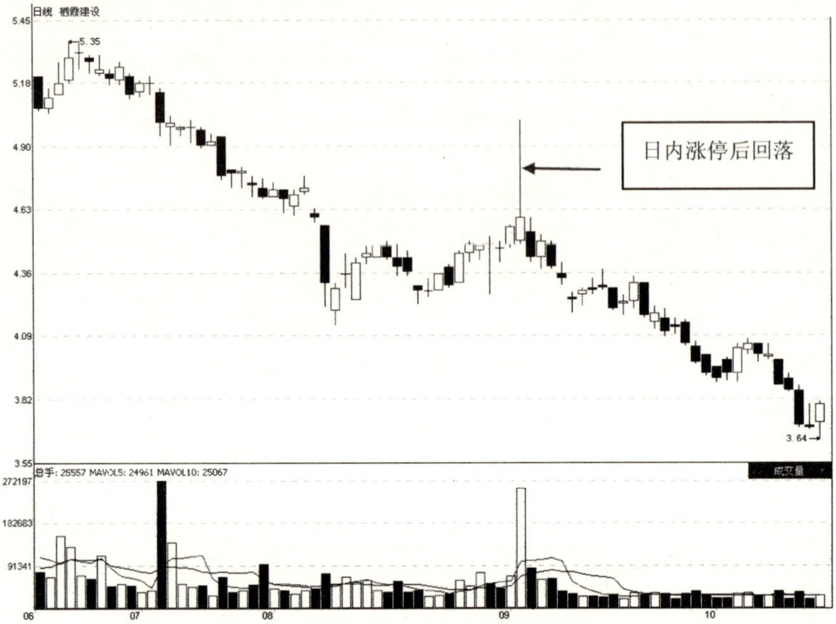

图 12-12 栖霞建设涨停日前后走势图

12.4 早盘短时封板

早盘短时封板形态是指个股早盘阶段上封涨停板，但封板时间并不长，随后，由于大卖单的抛售，涨停板被打开，在随后的全天走势中，个股也没有再度强势封牢涨停板。至收盘时，其收盘价或许离涨停板价位很近，或许勉强收于涨停板。

一般来说，这种早盘先封板、随后开板的形态并不是个股能够连续强势上涨的标志，但这也不意味着个股将有深幅的回调走势。实盘中，我们要关注的焦点是，当日充当卖方的是否就是控盘的主力资金。这可以结合个股当日盘中的回落幅度及随后几个交易日的表现来观察。

如果当日的盘中回落幅度较大，则说明抛压沉重，这更有可能是主力出货导致的；反之，如果回落幅度很小，则这种回落或是源于市场获利抛压涌出，也有可能是主力借机实施的一次洗盘行为。

如果个股随后几日的量能不萎缩，且股价不深幅回调，则说明当日的开板更有可能是主力释放获利浮筹的一种手法。个股在经历几个交易日的休整之后，仍有望再度上攻。反之，如果个股随后几个交易日的量能明显萎缩，则说明当日的涨停开板更可能是源于主力的借涨停板出货行为所致。

12.4.1　案例 1：盘中回落幅度小

如图 12-13 为世联地产（002285，现名世联行）分时图。此股当日就出现了这种早盘短线封板的形态，仅从涨停板盘口形态的角度来看，当日的这种涨停板并不强势，但从一般分时图的角度来看，这仍是一种相结强劲的分时图。实盘中，从这种涨停分时图来看，当日的表现只能向我们提示了个股有主力运作这一信息，至于主力是充当的卖方还是借机洗盘，是难以分辨的。分析的重点是随后几个交易日。

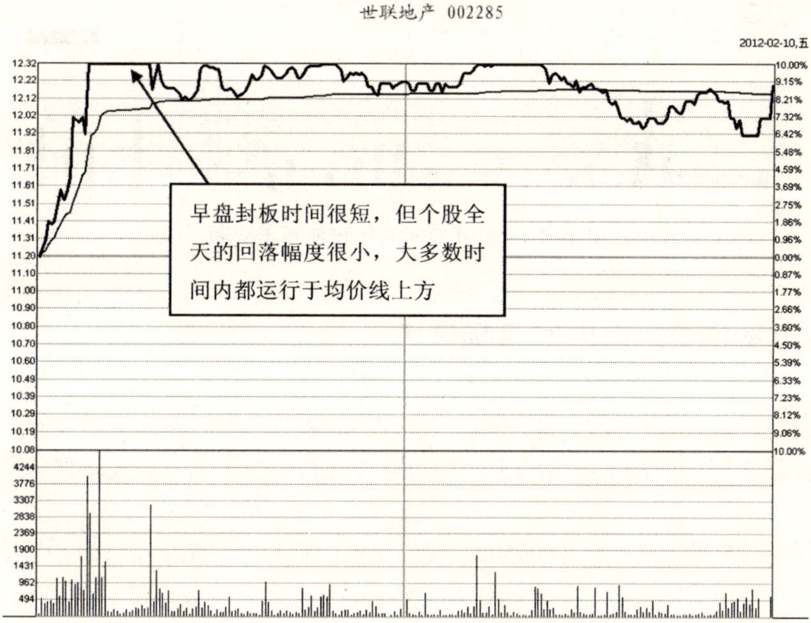

图 12-13　世联地产 2012-02-10 日分时图

从此股的日 K 线走势来看，当日正处于低位窄幅震荡后的突破位置点，短期几日内连续的大阳线彰显了主力的做多意愿，且个股短期内的涨幅不大。因而，主力在这一位置借涨停板之机出货的可能性不大。但为了规避风险，我们还应观察其随后几个交易日表现来进行验证。随后几日，此股的量能并没有萎缩，依旧保持着相对放大状态，这说明买盘入场力度较大、买盘较为充足，且日 K 线均收于小阳线，多方占据了相对优势。从短线的角度来看，个股短期内依旧有着较强的上涨动力，短线不妨介入。如图 12-14 标示了此股涨停前后的走势情况。

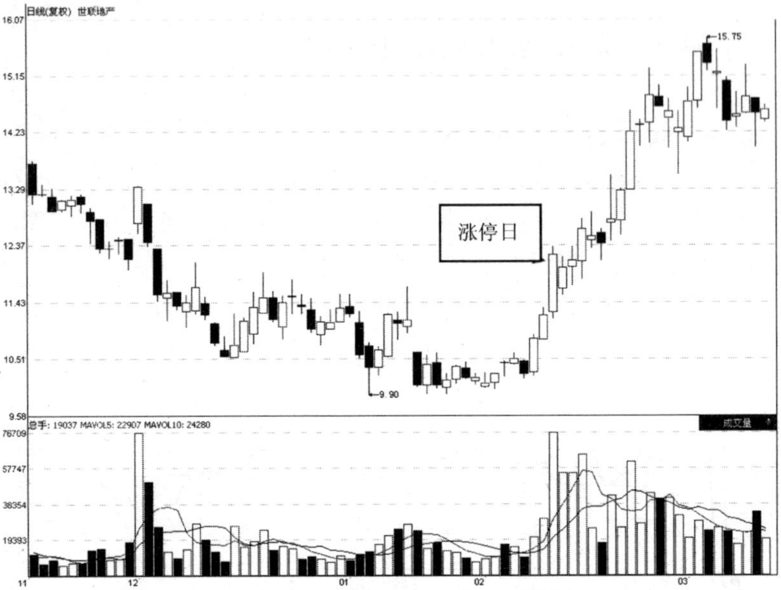

图 12-14　世联地产涨停日前后走势图

12.4.2　案例 2：盘中回落幅度大

个股在早盘短时封板之后，在全天随后的走势中，若回落的幅度较大，则这种走势往往是主力早盘诱多出货的手法，如果当日的量能还明显放大，则可做进一步的验证。

如图 12-15 为绿景地产（000502，现名绿景控股）分时图。在早盘开盘后，个股强势上封涨停板，但是持续的时间却非常短。随后，个股开板、向下震荡运行，至收盘时，回落的幅度达到了 5%，幅度可谓不小。从日 K 线走势图上来看，当日正处于宽幅震荡区的上沿位置点，且当日的量能明显放大，结合这种分时图形态所蕴含的主力出货含义，我们可以预计到个股是难以突破上行的，随后再度跌回震荡区的概率较大。实盘中，应积极地逢高卖股离场，规避高位被套风险。如图 12-16 标示了此股涨停开盘后回落前后的运行情况。

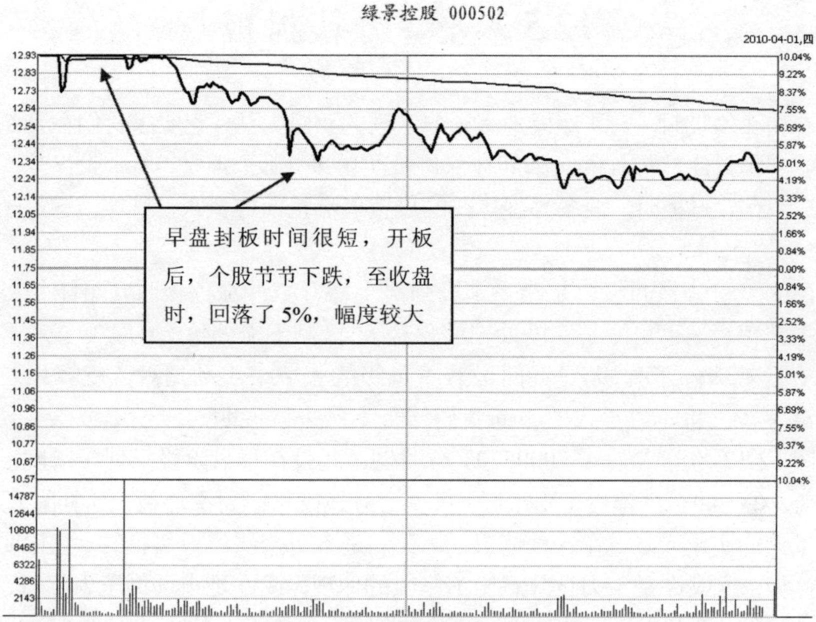

图 12-15　绿景控股分时图

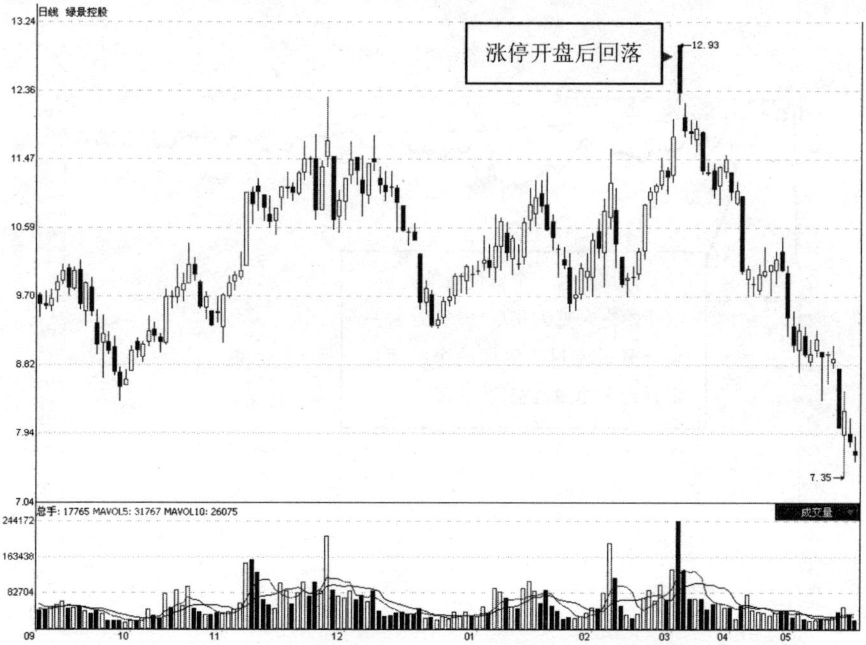

图 12-16　绿景控股涨停开盘后回落前后走势图

12.5 差一分钱封板

在参与涨停股时，抢涨停板是一种很激进的买股方法，它要求我们在判断个股随后马上能牢牢封住涨停板的一瞬间挂涨停价买单来买股。但是，若个股仅差一分钱封板、却无法有效封板时，很多心态焦躁的投资者会抢涨停买入，其实，这是一种错误的操作。

所谓的差一分钱封板，是指当个股强势上涨并直冲涨停板时（可能是当日的第一次冲击涨停板，也可能是二度冲击涨停板），只剩下涨停价上的卖单没被扫掉（即只差一分钱就涨停了）。若是此时没有重量级的大单来主动扫盘，就算只差这一分钱就可涨停了，也不宜抢入。下面我们结合案例来做说明。

如图 12-17 为苏常柴 A（000570）分时图，此股在早盘阶段出现了二度上冲涨停板的走势，在上冲至涨停价位附近时，只差一分钱就可以封涨停板，但个股无力封板，始终不见大的买单入场。在这种情形下，我们是不可抢涨停板买股的。它说明主力无意封涨停板，这或许是主力拉升意愿不坚决的体现，或许是市场抛压太沉重、主力控盘能力不足的体现，总之，这是一个危险的信号。如果我们因心态急躁而过早抢板买入的话，则极有可能短线即处于套牢状态。如图 12-18 标示了此股在涨停回落前后的走势情况。

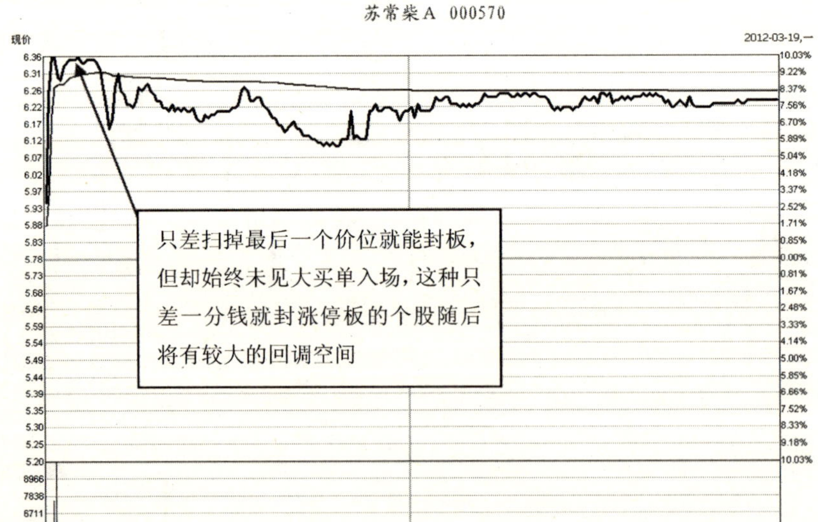

图 12-17 苏常柴 A 分时图

图 12-18　苏常柴 A 涨停回落前后走势图

12.6　板中放量不开

板中放量不开是指在个股牢牢封板的过程中（一般来说，都是早盘阶段就牢牢封板的），因突然出现的大抛单而使得分时量大幅增加，但涨停板并没有因这些大抛单的涌出而打开，也没有出现小幅度的裂口形态。

板中放量不开可能源于大资金的出逃，这也是主力控盘能力不足的标志，也可能源于主力借大盘下跌实施的一次洗盘操作。实盘中，它可能是上涨信号，也可能是下跌信号，我们应结合当日的大盘走势及个股放量程度来进一步分析，以得出准确结论。

12.6.1　案例 1：大盘下跌带动

在个股牢牢封板过程中，若大盘持续下跌，就会使得个股随后的上涨遇到较大阻力，即使主力有意拉升，也将承担较大风险。此时，主力往往会用大单子在封板过程中主动抛出，这样可以让那些实时盯盘、做多意愿不坚的散户投资者认为主力在出逃，主力则达到了洗盘的目的。既然是洗盘，那么主力砸出的单子数量就不会太多；若主力控盘能力较强的话，市场散单也不会太多。这样，个股当日虽有所放量，但放量程度会较为温和，这也是辨别当日的这种放量不开板是否为主力洗盘的一个标志。

如图 12-19 为湘潭电化（002125）分时图。当日此股开盘后就快速上冲并牢牢封住了涨停板，但是，在个股封板过程中，大盘却在午盘前后节节下跌（图 12-20 为当日大盘分时图），个股也在午盘后的半小时左右于板上出现了大幅度的放量（如图 12-19 标注所示）。这就是大盘下跌带动所造成的个股板上放量。这并非主力资金出逃的标志，查看日 K 线图可知，当日的量能放大效果较为温和，而且正处于突破走势中，因而，从实盘操作的角度来看，我们可以将这种板中放量不开板看作是主力拉升时的一次洗盘行为，当然，这是主力借大盘下跌而实施的一次洗盘，个股随后仍会有不错的上涨潜力，我们可以看多、做多。如图 12-21 标示了此股涨停日前后的运行情况。

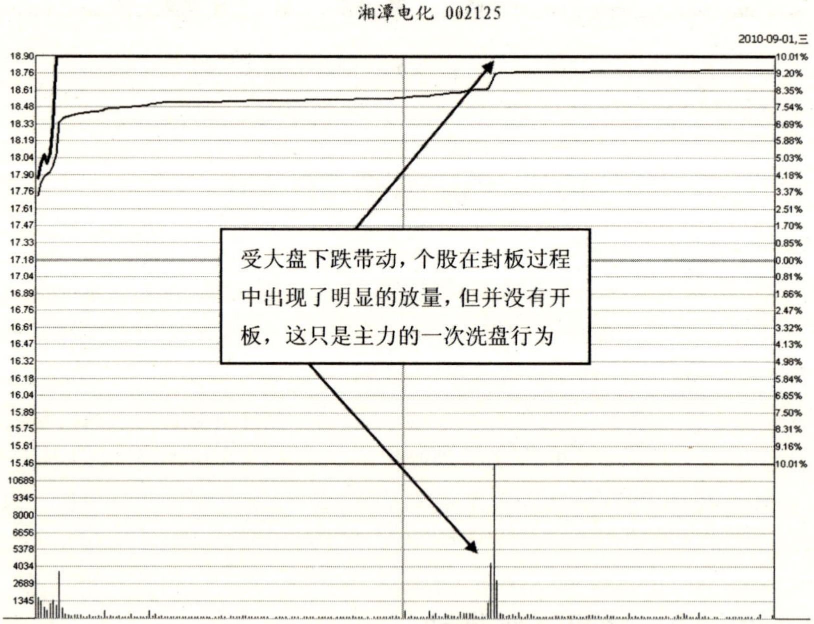

图 12-19　湘潭电化涨停分时图

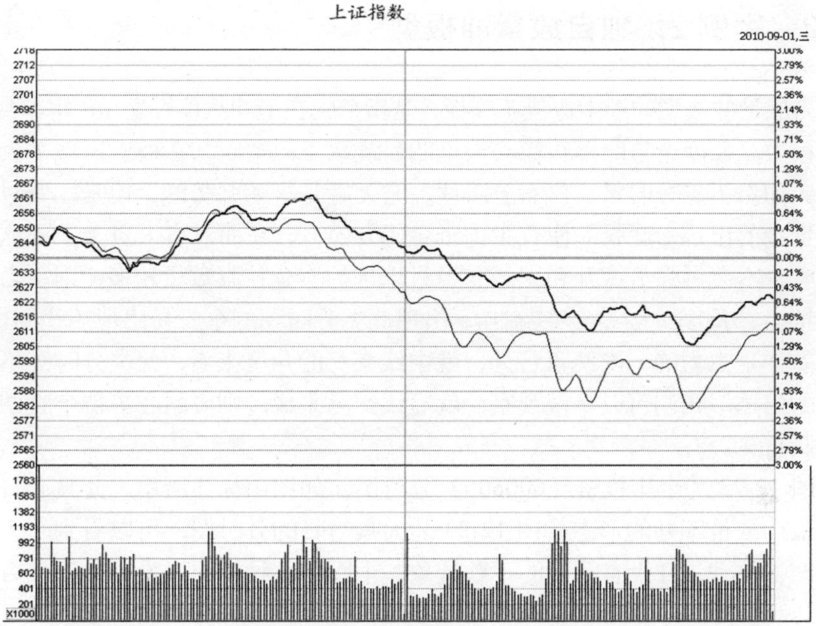

图 12-20　上证指数当日分时图

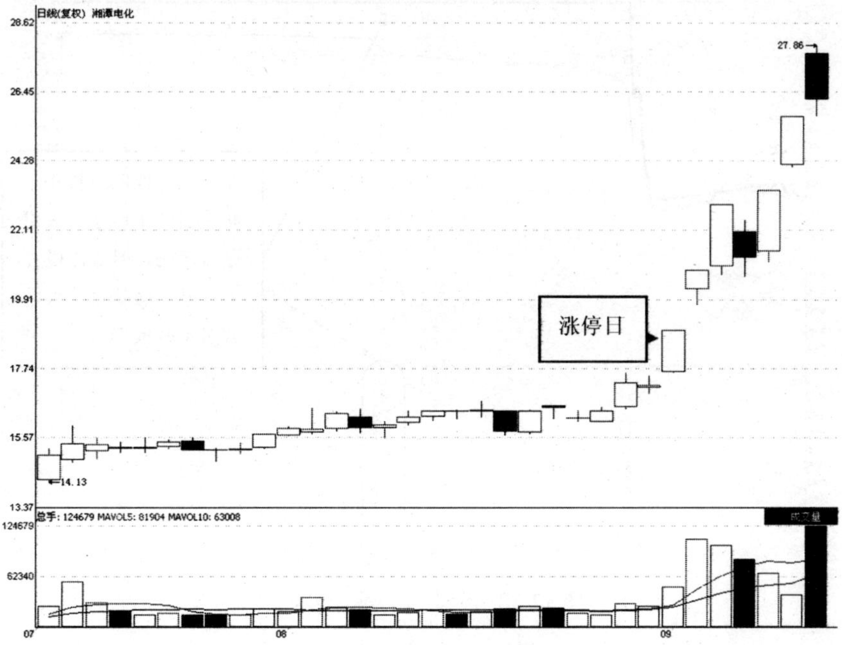

图 12-21　湘潭电化涨停日前后走势图

12.6.2 案例 2：独自放量冲板型

独自放量冲板型的板中放量不开板，是指个股在上冲涨停板之后，牢牢封板，在封板过程中，大盘走势四平八稳、未见明显跳水，但个股却在板上出现了大幅放量的情形。如果不看分时量，仅看分时线，它无疑是极为强势的。但是，分时量却暴露了大资金的出逃，此股即使有主力资金想要拉升，在面对有大资金出逃这种情形时，一般也不会再强势拉升和因为若当日出逃的资金持股数量较多，则主力将不得不高位接盘、承担较大风险。实盘中，出现此类分时图的个股易出现短线回调走势，这可以看作是主力的一次洗盘行为，就中线交易的角度来看，此类分时图不代表主力资金的出逃，我们可以多做观察；就短线交易来说，则应耐心等待个股回调之后再做买股打算。

如图 12-22 为金丰投资（600606）分时图，如图中标注所示，此股当日就出现了这种板中放量不开的形态。图 12-23 为大盘当日的分时图，可以看到，大盘走势仅仅是窄幅波动，并没有明显的下跌迹象，个股的这种板中放量不开板具有明显的独立性。

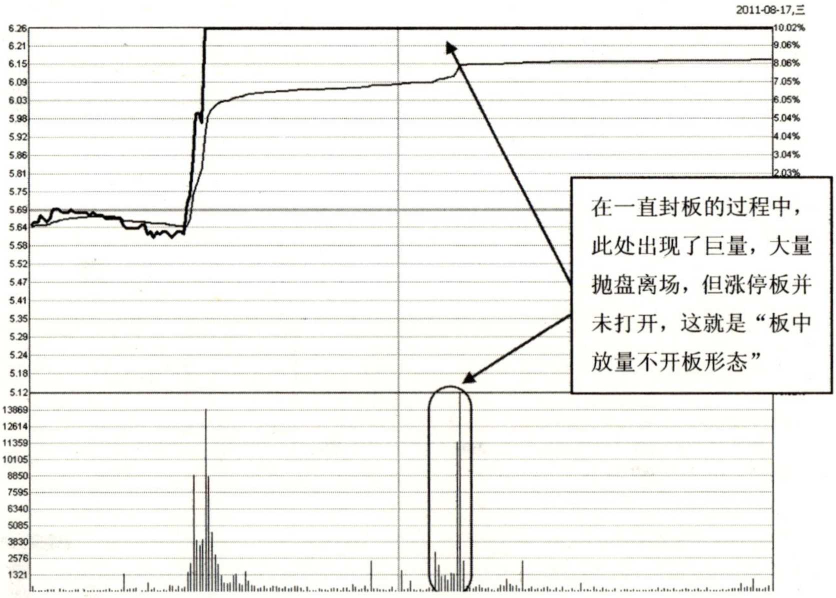

图 12-22　金丰投资涨停分时图

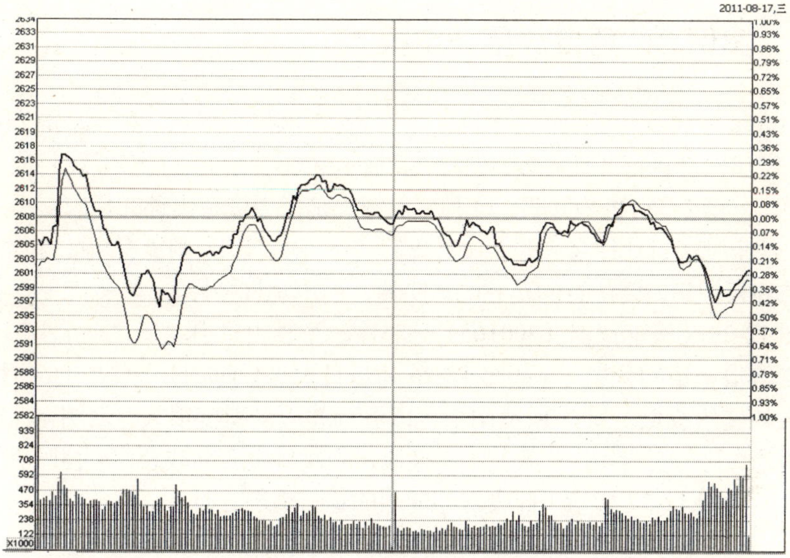

图 12-23　上证指数当日分时图

一般来说，这种情形下的放量不开板是主力资金主动出逃的标志。从日 K 线图来看，当日量能明显放大，这说明主动出逃的大资金数额较大，这一股大资金实力不菲，个股短期内难以出现急速上涨走势，随后出现回调下跌的概率则较大。可以说，这一分时图是短线卖股信号，而非持股或追涨信号。如图 12-24 标示了金丰投资涨停日前后的走势情况。

图 12-24　金丰投资涨停日前后走势图

12.6.3 案例 3：独自放量一字板

独自放量一字板是指：个股当日呈“一字型”涨停板形态，在大盘走势平稳的背景下，个股虽然没有打开涨停板，但却在涨停板上出现了明显的放量，其放量效果从日 K 线图上可以看得更为鲜明。这种形态同样是主力资金出逃的标志，由于当日是一字板，故个股次日往往会高开。如果我们追涨买入的话，则极有可能高位被套。对于这种涨停板，我们要注意的是它的风险性，而不是机会性。

如图 12-25 为天瑞仪器（300165）分时图，个股当日出现了“一字型”涨停板，在大盘走势很平稳的背景下（如图 12-26 为当日大盘分时图），个股却在封板过程中出现了大幅度的放量，从日 K 线图中可以看到其放量程度很大。很明显，这是主力资金出逃的信号，实盘中，若我们持有此股，则次日应逢高减仓；未持股者，则不可追涨买入。如图 12-27 标示了此股涨停前后的运行情况。

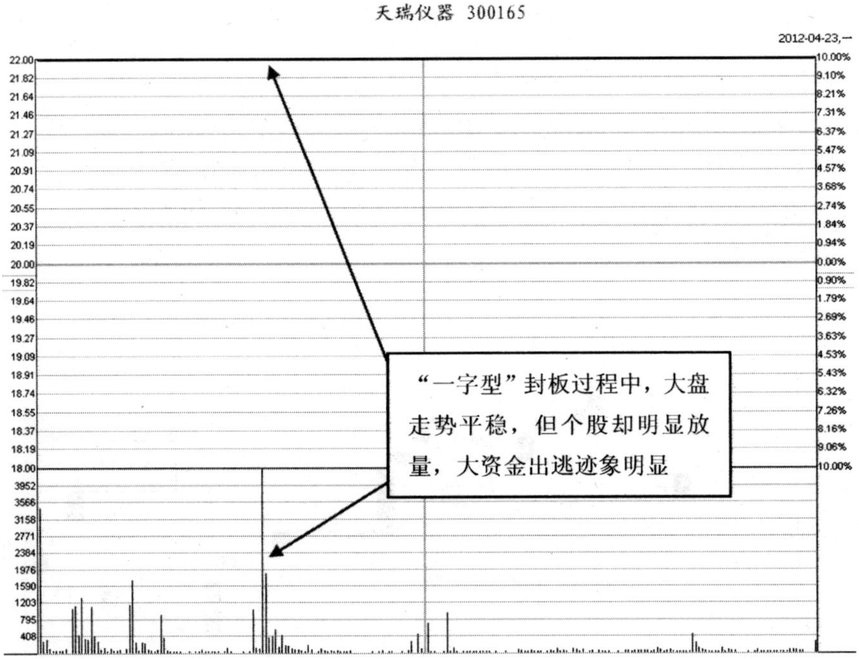

图 12-25　天瑞仪器涨停日分时图

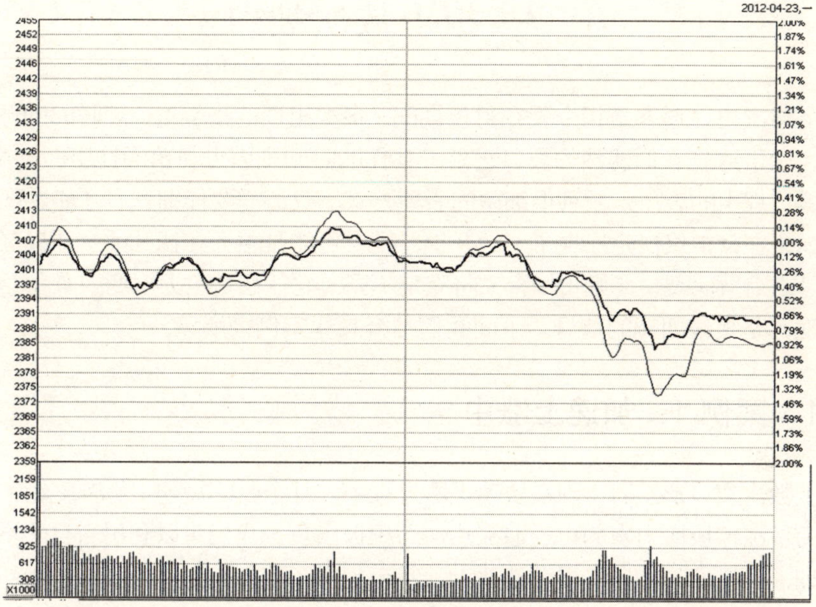

图 12-26　上证指数当日分时图

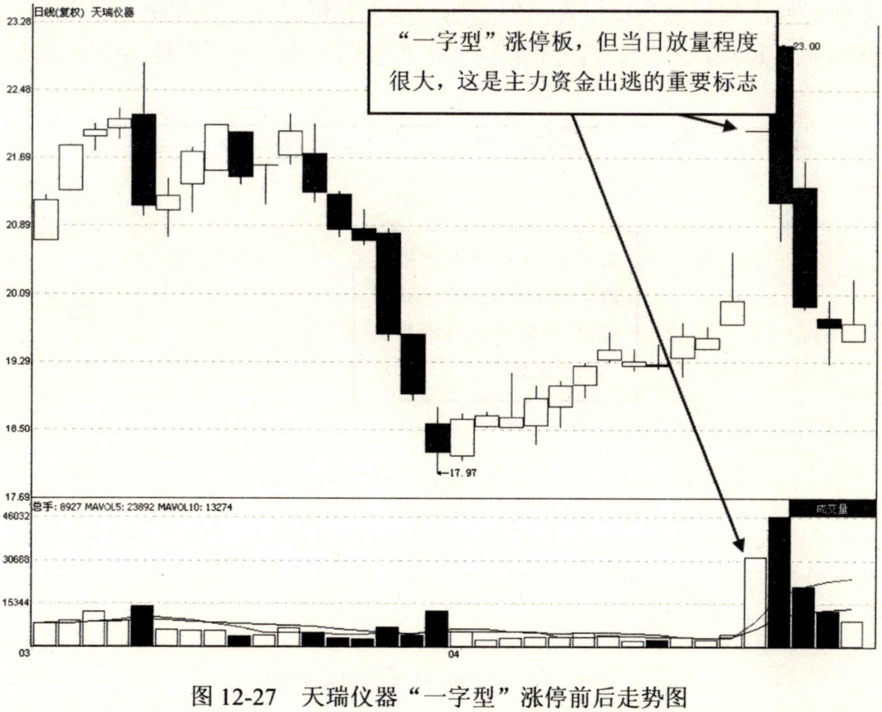

图 12-27　天瑞仪器“一字型”涨停前后走势图

12.7 板上数次裂口

板上数次裂口形态是指个股在封板期间，多次出现的小幅度、短时间的开板，这是裂口，除了这些看似偶然的裂口之外，其作的时间则因大封单的挂出而牢牢封板。

封板过程中的裂口是一种很细微的表现方式，我们需要仔细查看才能发现。一般来说，如果在盘中仅仅是出现了一次开口，则有可能是主力在拉升前夕开板释压导致的。但是，若数次裂口，则市场含义将完全不同，它往往是主力短期内减仓，甚至出货的表现，是短线回调的信号。下面我们结合具体案例来解读。

12.7.1 案例 1：加速上涨中

板上数次裂口形态若出现在快速上涨过程中，且个股的短期上涨幅度较大，则它就是主力借涨停板所引发的市场追涨热情而积极出货。我们可以利用当日的量能大小来做验证，如果当日的量能显著地放大，甚至创出了近期急速上涨过程中的新高，则可以进一步确认这是主力出货行为造成了板上数次裂口的形态。

如图 12-28 为吉电股份（000875）分时图。此股在早盘开盘后快速上封涨停板，刚开始的时候，封板态势很牢靠，但随后的全天封板过程中，却出现了 3 个裂口。查看此股的日 K 线，不仅是当日的股价创出了近期新高、处于短期内的明显高点，

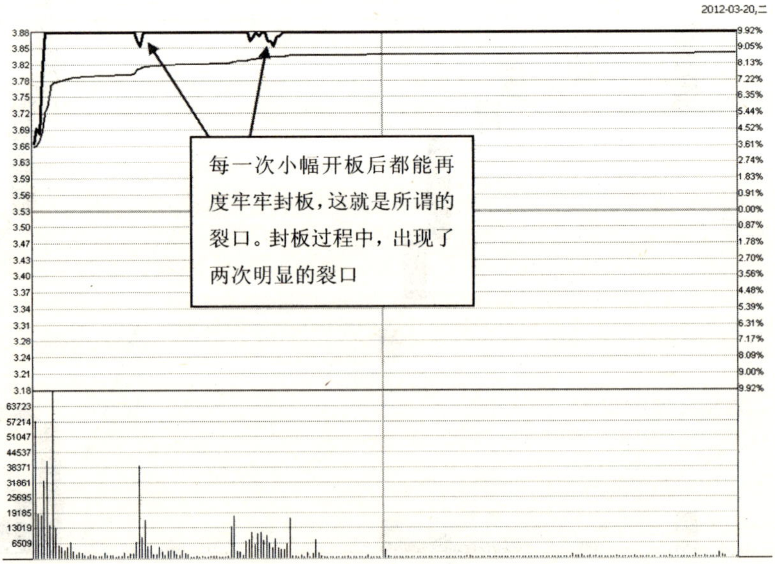

图 12-28　吉电股份涨停日分时图

当日的量能也是创出了近期新高。可以确定，这是主力出货行为导致的。实盘中，若我们当日追涨买入了，那么，次日就应及时地卖股离场；如果我们持有此股，则可适当地减仓，次日见情形不妙时，则清仓离场。图 12-29 标示了此股涨停前后的运行情况。

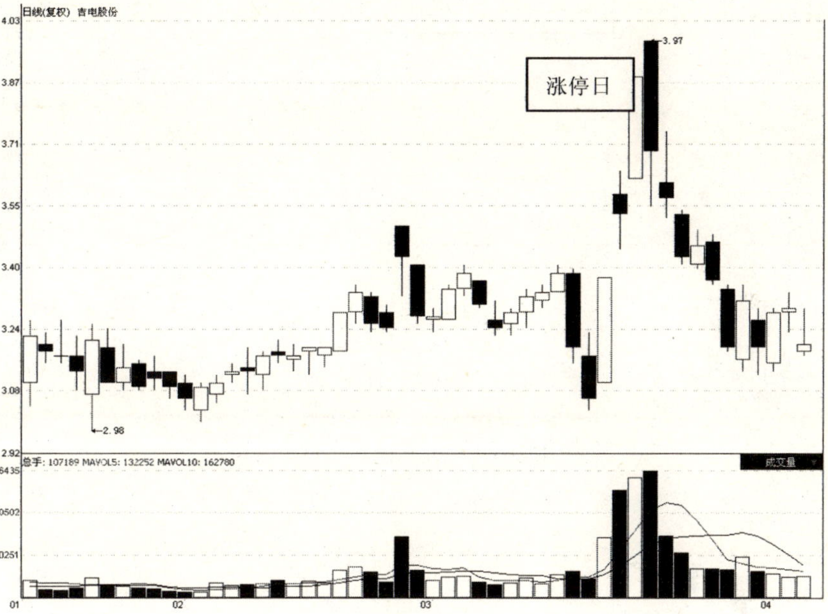

图 12-29　吉电股份涨停日前后走势图

12.7.2　案例 2：跳空突破时

在经历了短期的整理之后，出现了跳空型的涨停板，这本是一种相对强势的攻击形态，但是，如果在牢牢的封板过程中却数次裂口，则将使得当日的跳空涨停板做多气势大打折扣，也预示着个股短期内的上冲力度将明显不足。就短线操作来说，我们不宜追涨买入。

如图 12-30 楚天高速（600035）分时图，当日此股跳空高开，随后快速上封涨停板，但在整个封板过程中却出现了 3 个裂口，当日成交量也异常放大。虽然从日 K 线走势来看，当日的跳空涨停板出现了在低位窄幅调整之后，涨停板的出现给人感觉是个股将要出现一波强势的反弹行情，但当日的数次裂口却使得这种预期只能落空，我们是不宜追涨买入的。如图 12-31 标示了此股涨停日前后的运行情况。

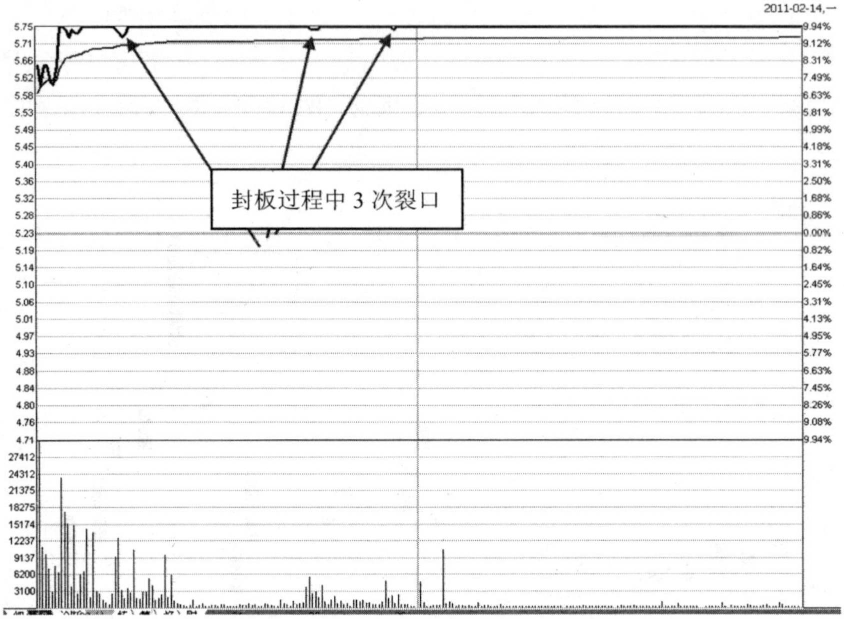

图 12-30　楚天高速涨停日分时图

图 12-31　楚天高速涨停日前后走势图

12.8 尾盘震荡封板

尾盘震荡封板是指在收盘前的尾盘半小时内，个股震荡走高、不断地接近涨停板，至收盘前的最后几分钟内成功上封涨停板。这是一种极为弱势的涨停形态，它常见于个股短期大涨之后的高点，或者是中期持续攀升之后的高点，是一个明确的下跌信号。当其出现后，我们应做好卖股离场的准备。因而，从实际走势来看，当个股出现这种涨停分时形态后，其短期内的下跌力度往往较大，如果我们没有风险意识的话，是很容易高位被套的。

12.8.1 案例 1：缓升走势中

图 12-32 为北巴传媒（600386）分时图。此股在午盘之后突然被拉起，在尾盘的半小时内，股价震荡走高，但直至收盘时的价格才接近涨停板，至收盘前最后几分钟内成功封板。从日 K 线走势来看，虽然此时的上涨较为缓慢，但上涨时间较长、中期内已有一定的累计涨幅，这一涨停板的出现虽然使得日 K 线上呈现了加速上扬状，但这只是一种日 K 线图发出的虚假信息，我们只有通过查阅当日的涨停分时图才不至于盲目追涨被套。如图 12-33 标示北巴传媒涨停前后的走势情况。

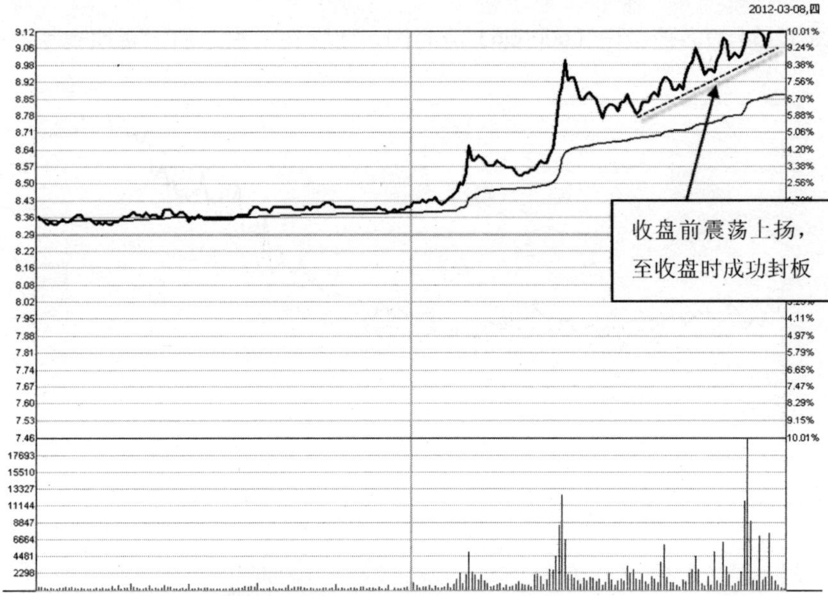

图 12-32 北巴传媒涨停日分时图

图 12-33 北巴传媒涨停日前后走势图

12.8.2 案例 2：整理突破后的加速中

如图 12-34 为多伦股份（600696）分时图。此股在午盘之后不断地震荡上行，直

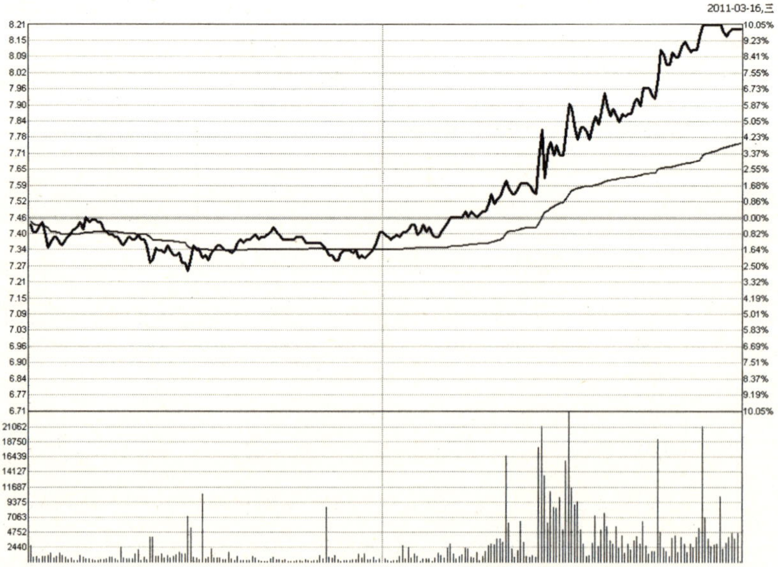

图 12-34 多伦股份涨停分时图

至收盘时，勉强上封涨停板。从日 K 线图来看，当日正处于短期大涨后的局部高点，短期获利盘较多、获利抛压较重，而且这种涨停分时图又是一种明确的看跌信号。因而，在实盘操作中，我们可逐步地减仓或清仓离场，以规避随后的调整行情。如图 12-35 标示了此股涨停日前后的运行情况。

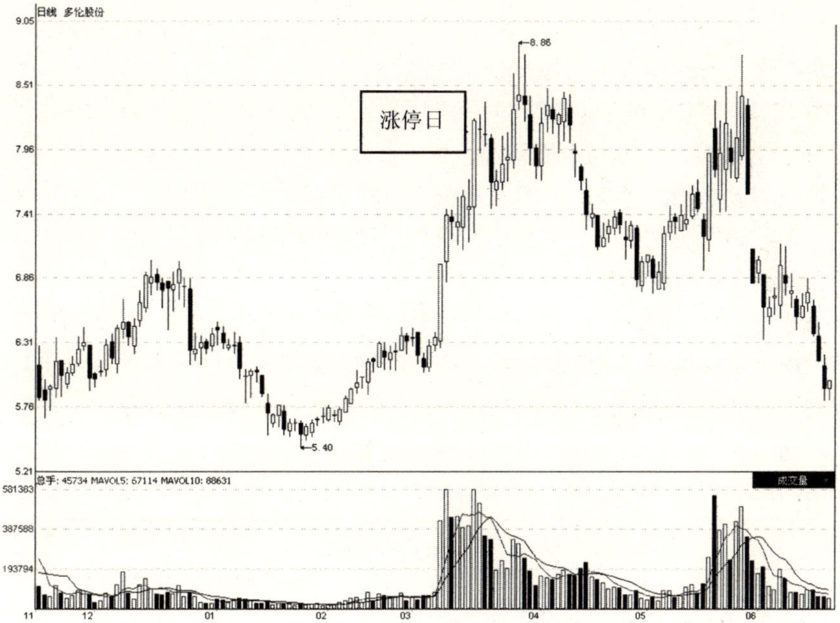

图 12-35　多伦股份涨停日前后走势图

12.9　阶梯板

阶梯板是指个股在分时图上呈现出了台阶式的上涨方式，并最终封板。所谓的台阶式上涨是指股价每经过一波流畅上扬后就能稳稳地停留于盘中高点，并横向运行保住这一波上扬的成果，在横向运行之后，又再度经一波较为流畅的上扬达到一个更高的点位。从形态上来看，个股的上涨犹如迈着台阶似的稳步上行。一般来说，这种阶梯板更常见于强控盘主力运作的个股之中，如果个股的日 K 线形态较好，它是一个较为明确的上涨信号。实盘中，我们可以结合个股的趋势运行情况来决定是中线买股入场，还是短线参与博取收益。下面，我们结合具体的案例来进一步解读。

12.9.1 案例 1：长期震荡区突破点

在经历了长期的横向震荡走势之后，如果个股在突破位置点出现了这种阶梯板形态，则它就是主力将要强势拉升个股的信号，个股随后的上涨可能较为急速，也可能相对缓慢，但有一点是可以肯定的，那就是个股将突破这一盘整区向上运行。实盘中，我们不妨买股入场，分享主力拉升带来的收益。

如图 12-36 为宇顺电子（002289）分时图。此股当日就出现了这种阶梯板的走势，从日 K 线走势来看，个股的中期跌幅巨大，此前正处于低点位的横向震荡整理之中，个股走势已明显企稳，就差最后的强势突破，即可以实现反转上行。这个阶梯板可以说正是一个明确的反转信号。实盘中，我们应及时地买股入场。如图 12-37 标示了宇顺电子涨停前后的运行情况。

值得注意的是，此股的这一低位震荡整理走势正是起始于一个涨停板，这也可以作为随后这个阶梯板看多、做多信息的一种验证，毕竟涨停板在大多数时还是代表着主力有真实拉升个股意愿的。实盘操作中，我们应结合个股此前发现的一些信号来进行验证，这是一种技巧，可以让我们的交易更精准。

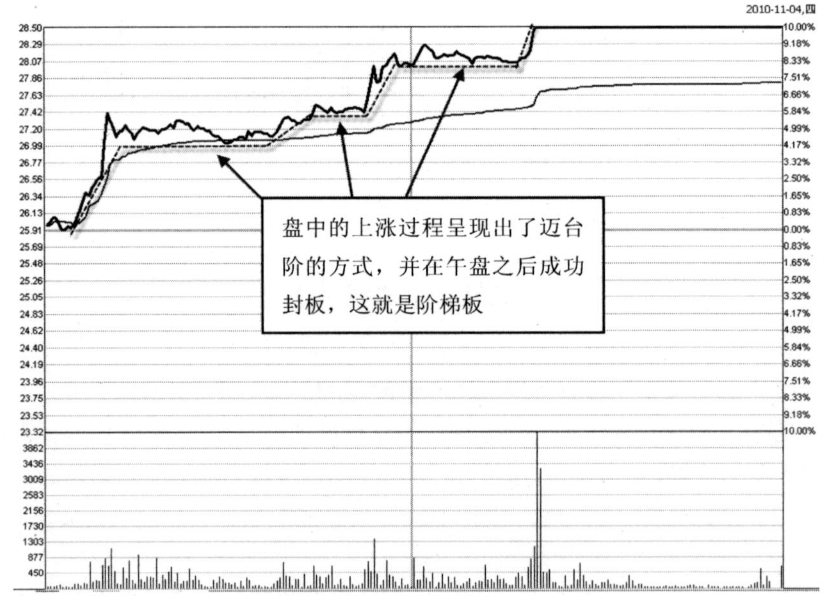

图 12-36 宇顺电子涨停日分时图

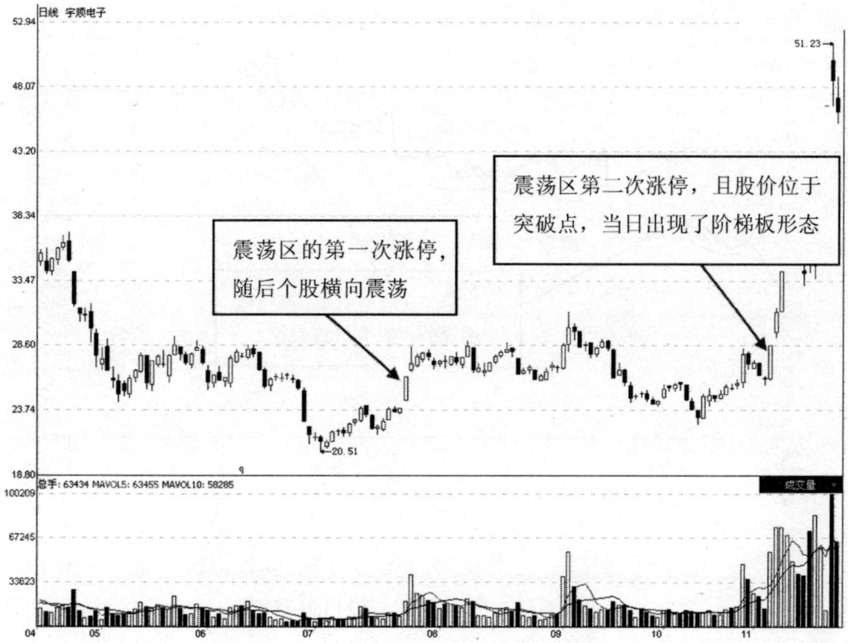

图 12-37　宇顺电子涨停前后走势图

12.9.2　案例 2：中短期低位区

在中短期的低位区，个股若在持续的整理走势之后出现了这种阶梯板形态，虽然这不能看作是有中长线强庄控盘个股的标志，但它却彰显了主力资金此时的控盘能力不弱，且做多个股的意愿较坚决，预示着个股将有不错的反弹上涨行情出现。实盘中，我们不妨短线做多，及时地追涨买股布局。

如图 12-38 为庞大集团（601258）分时图，如图标注所示，当日此股在盘中的上涨过程就呈现出了一个台阶、一个台阶式的方式，直至最终上封涨停板，这就是阶梯板。从日 K 线图来看，当日此股处于中期深幅下跌后的低点，此前有着较为充分的整理走势出现，当日的这个阶梯板使得个股呈突破上行状。我们知道，这种阶梯板是较为可靠的上涨信号，若能有日 K 线形态来配合，则个股随后的强势上涨概率将更大。因而，实盘操作中，积极地追涨买入、分享主力拉升成果是最好的策略。如图 12-39 标示了此股涨停前后的运行情况。

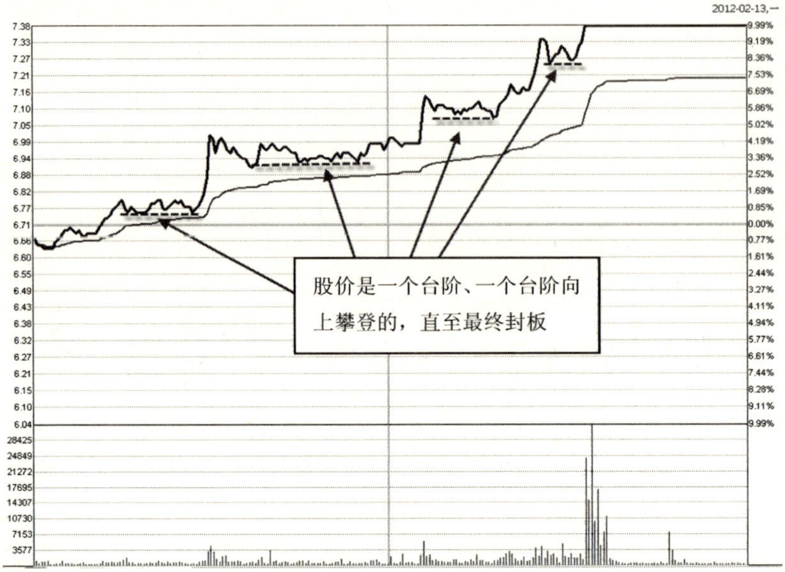

图 12-38 庞大集团涨停日分时图

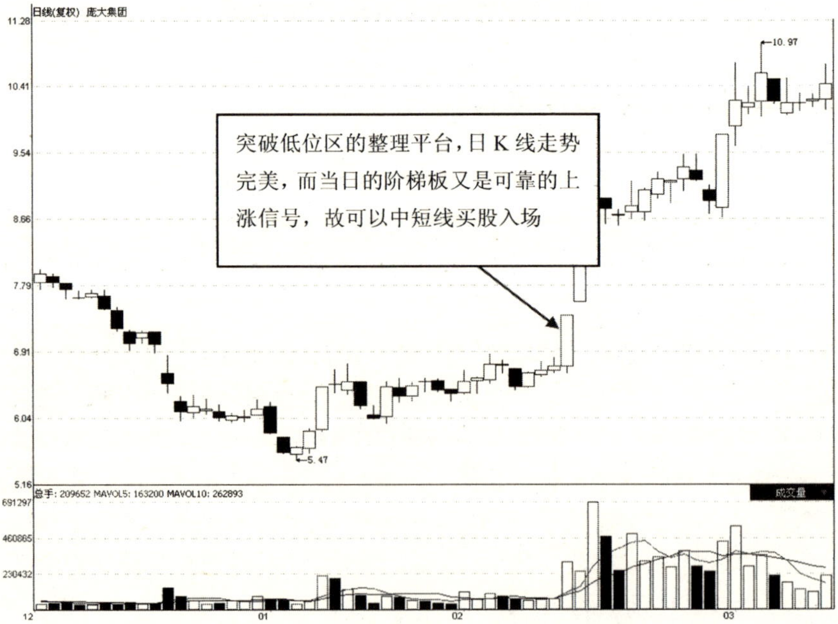

图 12-39 庞大集团涨停日前后走势图

12.10　波浪板

波浪板是指个股在上冲到涨停板价位附近后，并没有牢牢封板，而是在接近涨停板的盘中高点处上下波动，其运行方式犹如波浪一样，一般来说，直至尾盘阶段才会封板。

波浪板的出现说明主力做多意愿不坚决，这可能与同期的大盘走势较差有关。实盘操作中，对于这类涨停板，持币者不宜短线参与，因为这类个股的短线上涨动能并不强；但是持股者仍可持股待涨、耐心观察，多关注大盘的表现。毕竟这种涨停板并非主力出货的标志，它只是主力控盘能力相对较弱、拉升意愿不强的信号，如果随后的大盘走势较好，则此股的表现还是会相对强于同期大盘的。

图 12-40 为上海电力（600021）分时图。当日此股就在盘中出现了这种波浪板的形态。查看同期的大盘走势可以发现，当日的大盘也正处于阶段性的低点，短期内有一定的反弹上涨空间，波浪板有一定的上涨动力，虽然不是很强，但它也说明主力有意拉升个股。因而，对于持股者来说，仍可以持股待涨、多观察大盘的走势，若随后的大盘走势较差，再短线卖股也不迟。如图 12-41 标示了此股 2011-10-27 前后的运行情况。

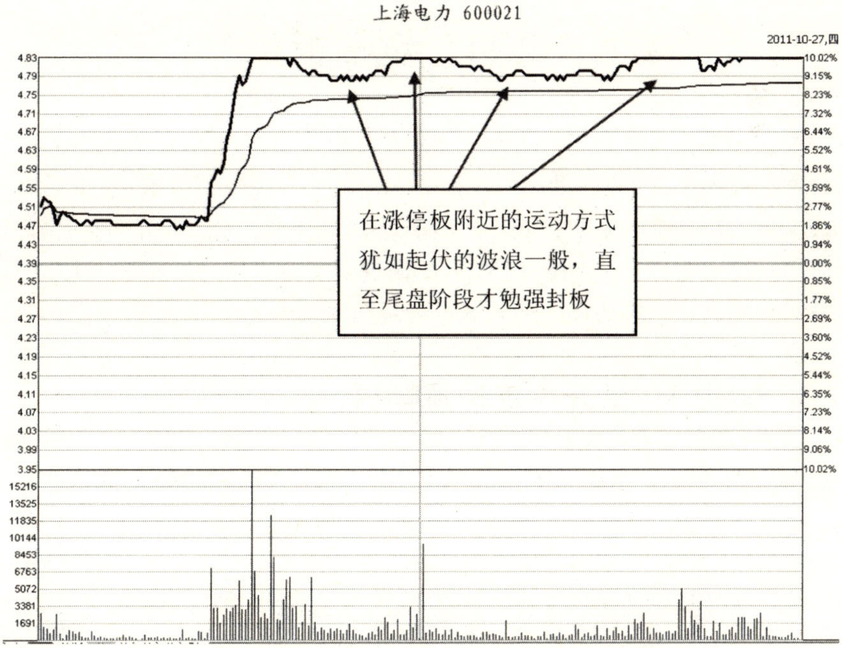

图 12-40　上海电力涨停日分时图

图 12-41　上海电力涨停日前后走势图

12.11　宽幅板

宽幅板是指个股当日的震幅较大，一般来说，至少要超过 10%才可以称之为宽幅。出现这种宽幅板的情形主要有两种：一种是低开高走、股价节节攀升，至收盘时，上封涨停板；另一种是个股未明显低开，但在盘中却出现了下探走势，随后节节走高，至收盘时上封涨停板。一般来说，宽幅板的出现对多方力量的消耗是巨大的，如果个股处于阶段性的高点，则短期内的回调走势是在所难免的。

12.11.1　案例 1：低开高走的宽幅板

如图 12-42 为新民科技（002127）分时图。当日此股明显低开，但在午盘之后，股价节节上涨，至收盘时封于涨停板。由于低开幅度较大，当日的震幅达 14.59%，属于典型的宽幅板。这种涨停板对多方力量的消耗是巨大的，往往致使短期内的买盘处于匮乏状态。从日 K 线走势图来看，当日正处于短期内大涨后的高点。因而，一波较大幅度的回调走势在所难免。实盘中，这种涨停板应引起持股者的警惕，而持币者则不宜追涨买入。如图 12-43 标示了此股在涨停日前后的运行情况。

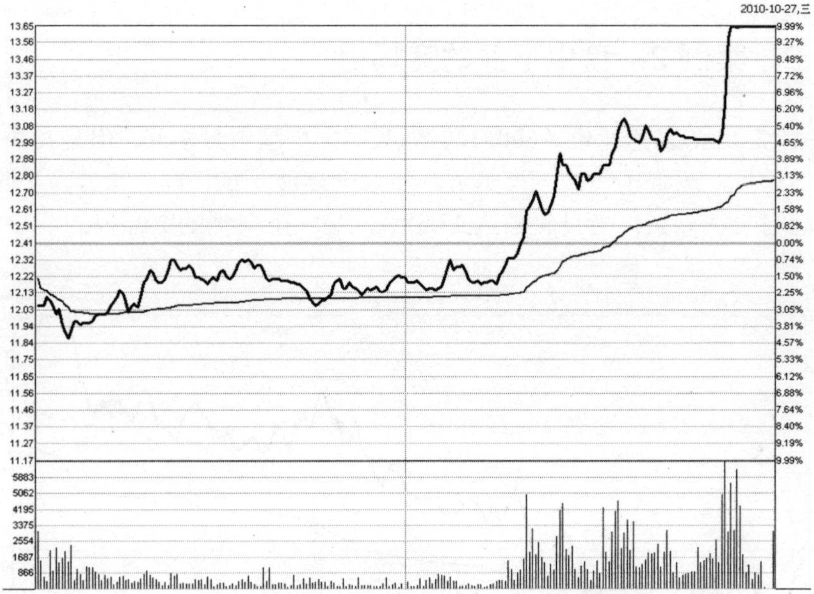

图 12-42　新民科技 2010-10-27 日分时图

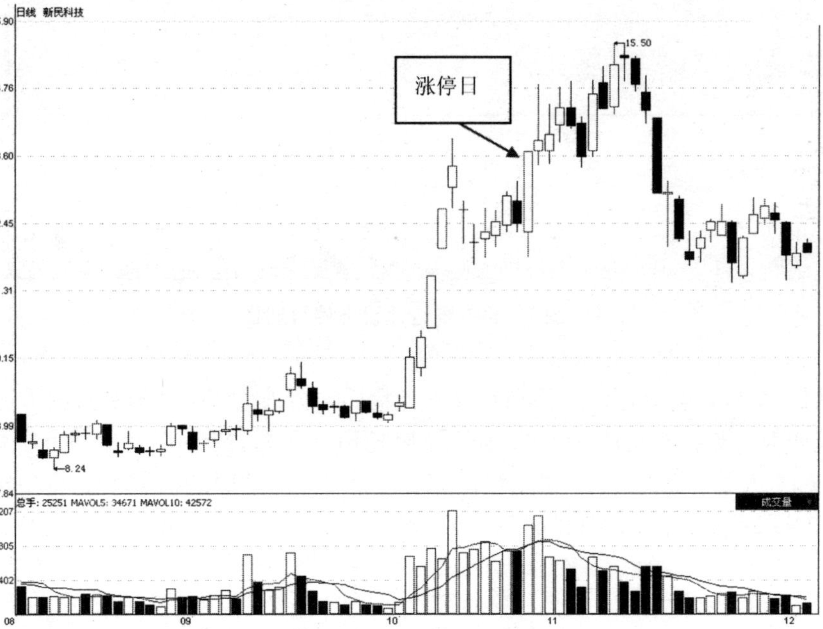

图 12-43　新民科技涨停日前后走势图

12.11.2 案例 2：盘中下探的宽幅板

如图 12-44 为腾达建设（600512）分时图。个股当日平开，但是在随后的盘中则向下运行，出现了一波下探走势，随后则逐波上扬、向上攀升，至收盘时，个股成功封于涨停板。当日震幅达 13.38%，是一个典型的宽幅板。

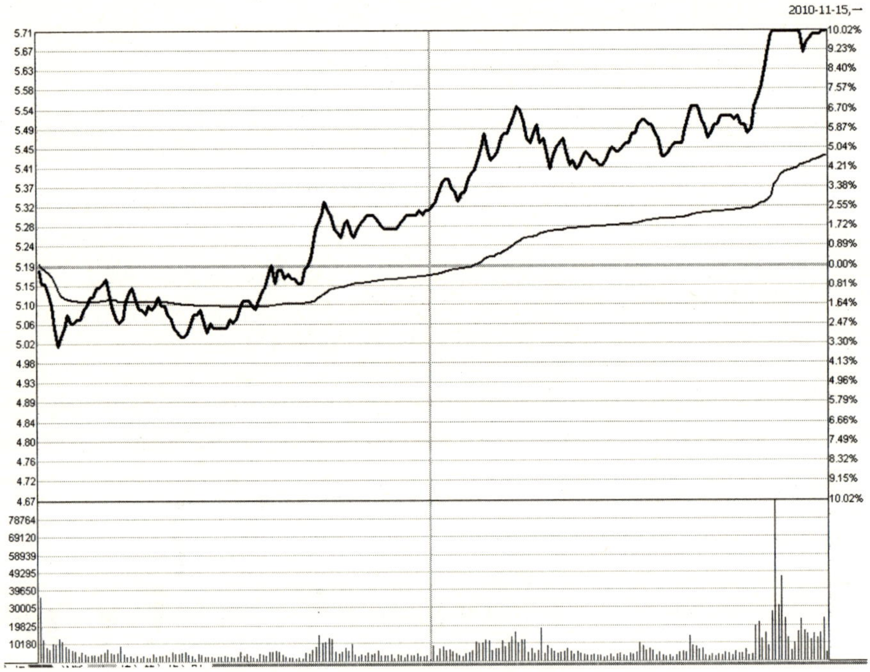

图 12-44 腾达建设涨停分时图

从日 K 线走势来看，虽然当日处于盘整后的突破行情中，但是，由于这种宽幅板对短期内的买盘消耗是巨大的，因而个股随后再度突破上行的动力将有所减弱。实盘中，对于这类个股的突破行情，我们不可抱有过大的希望，持币者也不宜追涨买入。如图 12-45 标示了此股涨停日前后的运行情况。

图 12-45　腾达建设涨停日前后走势图

12.12　凹型板

凹型板，顾名思义，其形似汉字中的“凹”字，这种封板形态也可以称之为“开闸放水”。基于凹型板出现的时间不同，可以分为早盘凹型板与午盘后凹型板。虽然出现的时间不同，但是它们的市场含义还是较为接近的，我们先来看看凹型板的具体表现形态。

以早盘凹型板为例，它的形成过程往往是这样的：个股早盘高开高走（或是涨停开盘），随后强力上封涨停板，但是涨停板却仅仅封住了一段时间（一般在一个小时左右），随后涨停板被打开，在随后的时间段内，个股处于盘中相对较高的点位，但却在离涨停板有一定距离的位置点横向运行，直至尾盘阶段才再度上封涨停板。

在绝大多数情况下，凹型板都是源于主力的涨停出货手法，是主力诱多出货的一种表现形态，仅在极少数情况下，它才是主力急速拉升个股过程中的一种快速洗盘手法。实盘中，我们可以结合个股的日 K 线运行方式、当日的量能大小来做具体研判。下面我们结合案例来看看如何操作凹型板。

12.12.1 案例 1：早盘凹型出货板

这是一种只有早盘与午盘后封涨停、中间则是开板的形态，多出现在个股短期飙升的上涨途中，既有可能是主力的一种开板洗盘手法，也有可能是主力的一种诱多出货手法，我们要结合当日的具体量能、个股所处位置区间来综合判断。

图 12-46 为金健米业（600127）分时图。如图所示，此股当日的走势呈现为早盘凹型板形态，由于中盘交易中涨停板被打开，因而使得多空双方的分歧明显加大，从而导致个股当日的成交量大幅放出，换手率达到了惊人的 27%。

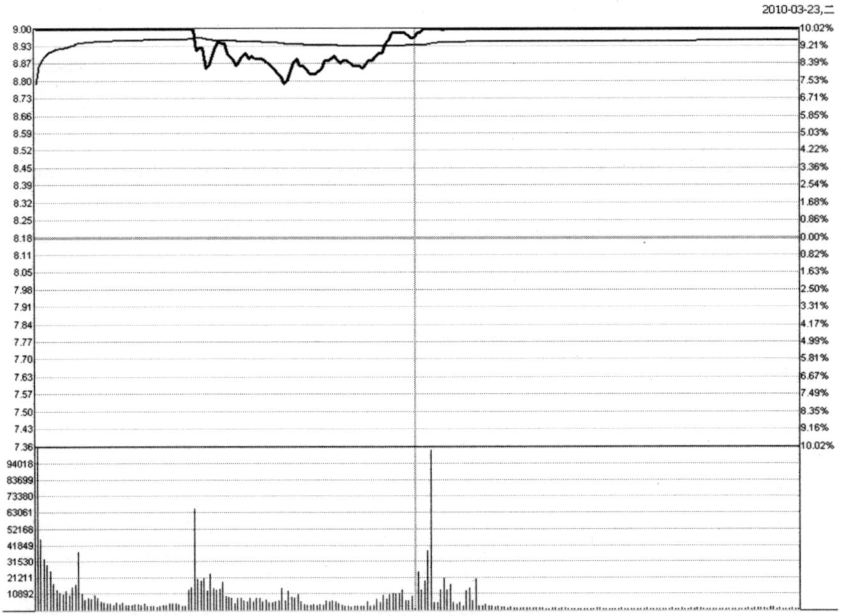

图 12-46 金健米业涨停日分时图

从日 K 线走势图来看，个股当日正处于盘整后的突破点，K 线形态很好，但是，这种早盘凹型板在绝大多数时候都是主力出货手法导致的，而且当日的成交量放大过于明显，这可以进一步印证主力的出货。实盘操作中，我们就不宜再追涨买入了。对于那些手中持有此股的短线客来说，及时地逢高减仓方为上策。图 12-47 标示了此股涨停日前后的运行情况。

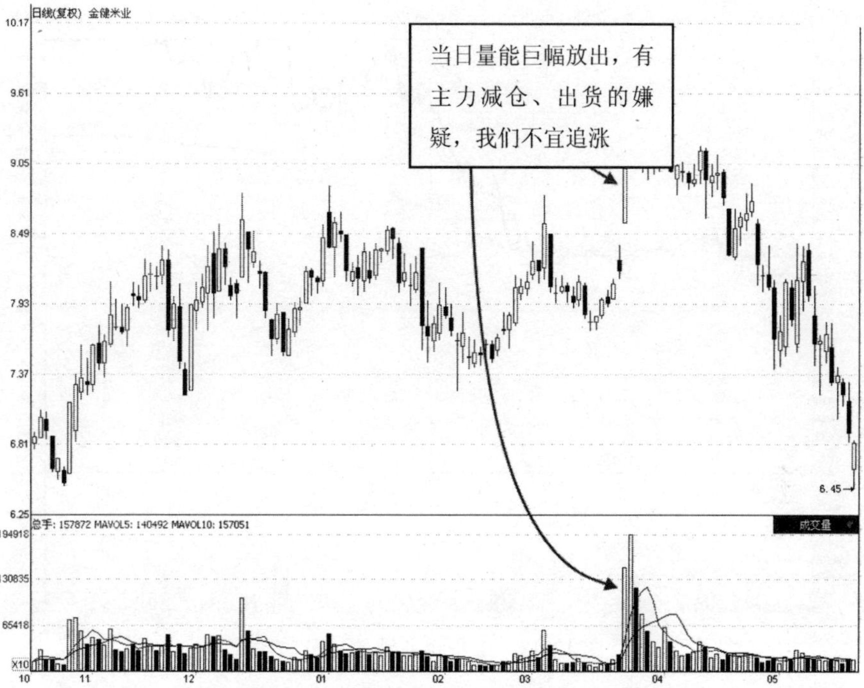

图 12-47 金健米业涨停日前后走势图

12.12.2 案例 2：午盘后凹型出货板

午盘后的凹型板若出现在短线上涨后的高点，则它是主力出货的体现；若出现在突破位置点，则个股的短线上涨力度也不强。我们可以多观察几个交易日再做买卖决策。

图 12-48 为中华企业（600675）分时图。当日此股在午盘后出现了封板走势，但封板并不牢靠，而是出现这种“封板、长时间开板、再封板”的凹型板形态。从日 K 线走势图来看，个股短期内的上涨幅度较大，因而，凹型板多代表着主力的出货行为。实盘中，持股者宜减仓，持币者则不可追涨买入。图 12-49 标示了此股涨停日前后的运行情况。

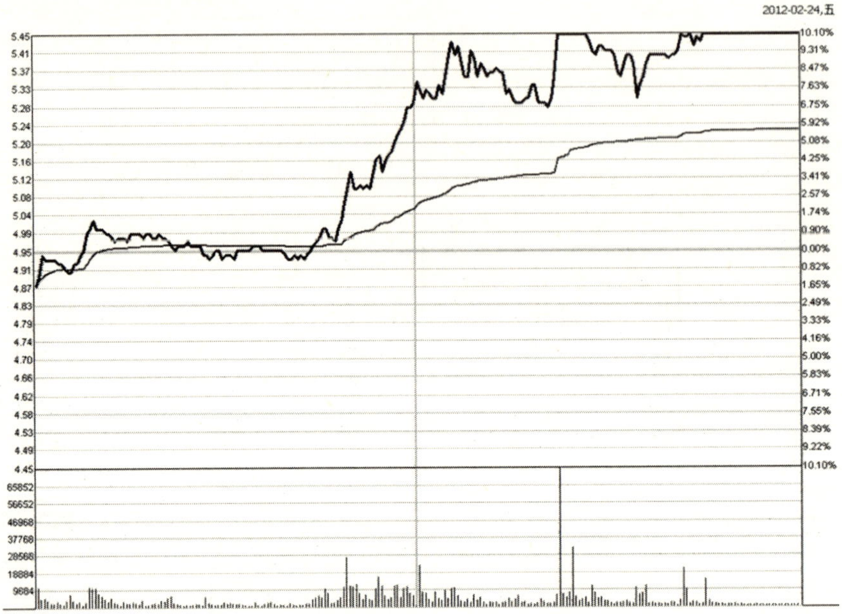

图 12-48　中华企业涨停日分时图

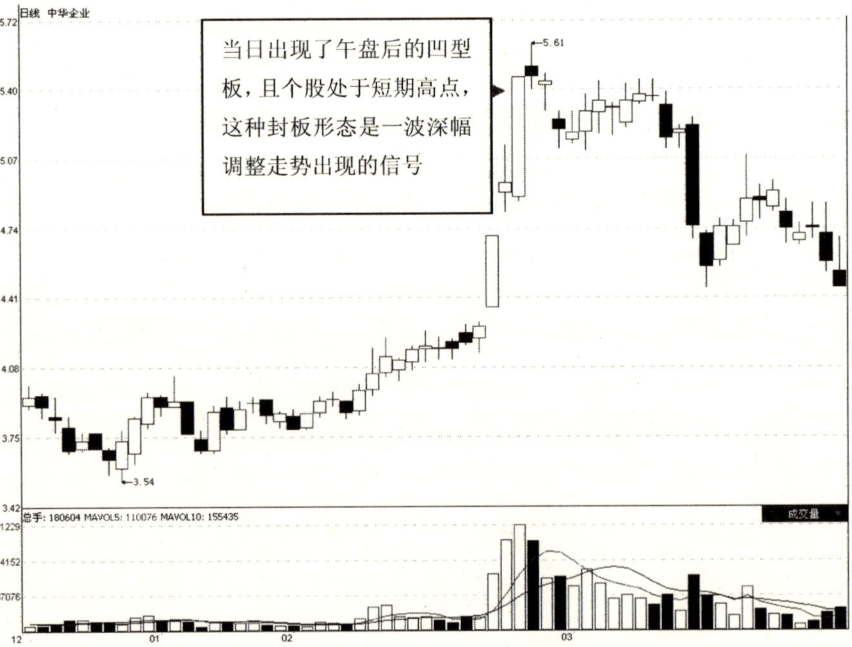

图 12-49　中华企业涨停日前后走势图

12.12.3　案例 3：飙升中凹型洗盘板

在个股处于飙升过程中，有些主力会使用凹型板来实施相对迅急的洗盘，此时，我们可以通过个股的日 K 线图来辨识主力的这种洗盘行为。一般来说，若个股正处于快速飙升走势中，凹型板当日的成交量又相对放量温和，或者是量能与之前交易日相对接近，则它就很有可能是主力洗盘手法的体现。实盘操作中，若个股的短期上涨幅度不是很大，则我们可以短线参与，分享主力的急势拉升行情。

图 12-50 为北新路桥（002307）分时图。如图所示，此股在当日出现了一个早盘快速上封涨停板且封牢，但这种牢牢封住涨停板的形态仅仅维持了半小时左右，随后此股的涨停板被大单打开，但回落的幅度并不大，直至午盘之后才再度上封涨停板。两次封板时间的间隔时间较长，这就是一个明显的凹型板形态。

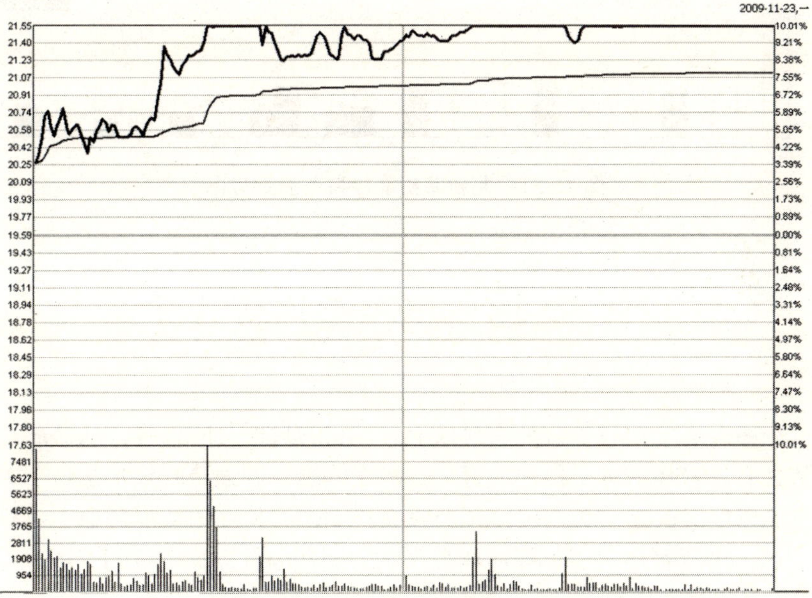

图 12-50　北新路桥涨停日分时图

从日 K 线走势图来看，在涨停之前，此股处于明确的上升通道中，而且当日此股的量能并未明显放大。一般来说，这种处于良好上升通道中且量能放大不明显的“凹”字形涨停板多是主力的一次途中洗盘行为，主力出货的可能性很小。实盘操作中，由于此时的个股刚刚突破上行、短期内的上涨幅度尚可，因而，我们是可以追涨买股参与的。图 12-51 标示了此股涨停日前后的运行情况。

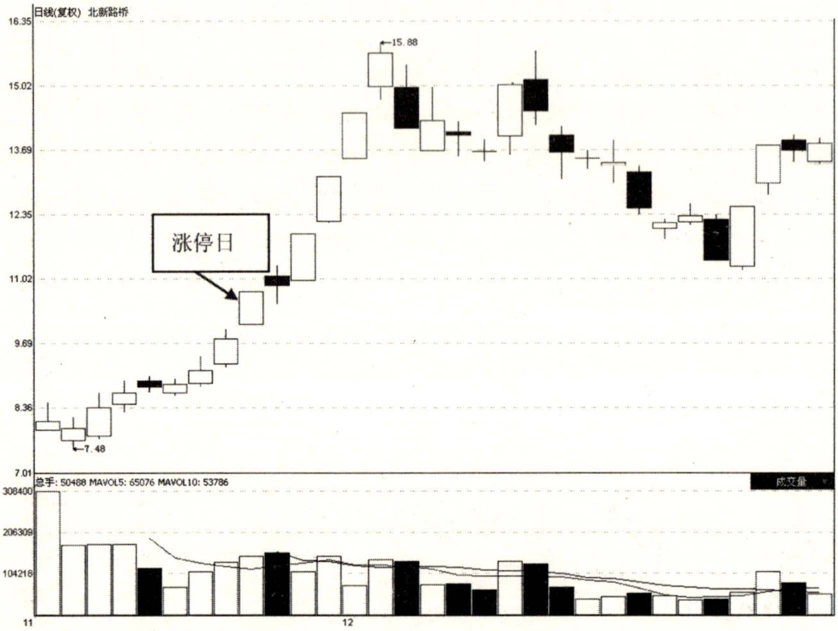

图 12-51　北新路桥涨停日前后走势图

12.13　尾盘涨停板

尾盘涨停板是一种最为常见的封板形态，它的封板时间较晚，从随后几个交易日的走势来看，它并不是一种预示着个股将连续飙升的强势封板形态。在实盘操作中，尾盘涨停板仅仅是向我们提示了个股有异动，而且，如果不是源于当日大盘走势过好的话，则这种尾盘涨停板还体现了主力短期内有控盘个股的意图，是个股走势将有方向性选择的信号。那么，个股随后的选择方向是向上还是向下呢？我们结合日 K 线、当日的量能大小、尾盘封板的具体方式等因素来综合分析。本节中，我们结合具体的实例来讲解尾盘封板技术，力图使读者能更好地把握尾盘板的机会，规避尾盘板的风险。

12.13.1　案例 1：强势上行通道中

图 12-52 为紫光古汉（000590）分时图。此股的全天走势较为强劲，股价一直稳稳地站于均价线上方，且处于明显上涨的状态。在尾盘阶段，个股在大买盘扫盘的推动下而快速上行，成功封板，并且在封板之后，个股没有再打开涨停板，一直封牢至收盘。在所有的尾盘板中，这种在全天涨幅相对较大的情形下而向上运行、随后牢牢封板的尾盘板是一种相对较为强势的涨停板。一般来说，它不是主力出货的标志，它更多地体现的是主力顺势拉升个股、有着相对较强的拉升意愿。实盘中，我们可以把重点放在个股的日 K 线走势图上，以此来得出不失偏颇的结论。

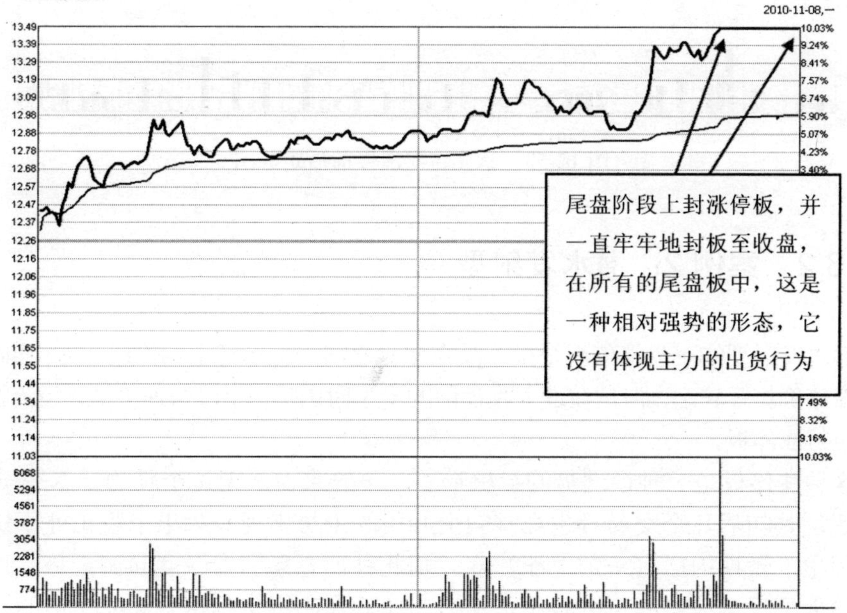

图 12-52　紫光古汉涨停分时图

图 12-53 为此股的日 K 线走势图，从图中可以看到，当日正处于盘整后的突破上涨行情中。实盘中，对于中线投资者来说，仍可以积极地看多、做多，但尾盘封板毕竟是一种相对较弱的封板形态，它预示个股随后即飙升的概率较小，对于激进的短线投资者来说，这类个股的实战意义并不突出。

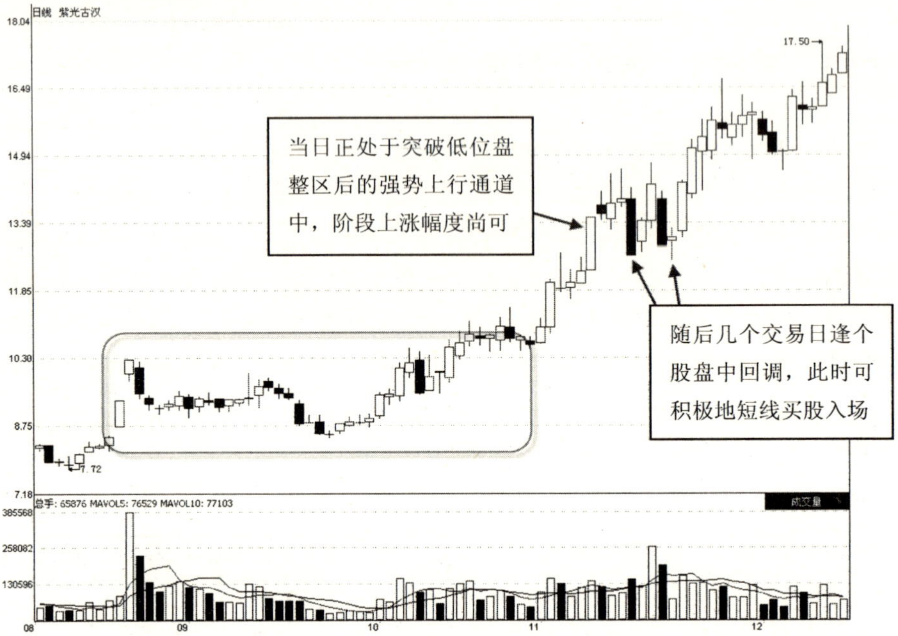

图 12-53 紫光古汉涨停前后走势图

12.13.2 案例 2：潜水发射型

潜水发射型的尾盘涨停板是指个股在尾盘之前一直运行于均价线下方，实时成交价离涨停价相距较远，但是在进入收盘前的半小时内后，个股快速上涨，经流畅上扬而直接封涨停板。

这种涨停板是一种很弱势的封板形态，一般来说，无论个股的日 K 线走势是否理想，其随后几个交易日也难有向上冲击的走势出现。如果个股正处于快速上涨过程中，短期内已有一定上涨幅度，则此种形态易引发深度回调走势，这时的潜水发射型尾盘涨停板可以看作是主力为随后逢高出货预留空间而实施的一种操盘手段。

图 12-54 为莱茵置业（000558）分时图。如图中标注，在全天的运行中，分时线始终运行于均价线下方，直至尾盘阶段，个股快速上扬，向上突破均价线，在收盘前成功封住了涨停板。这种形态就是潜水发射型的尾盘涨停板。从日 K 线图来看，当日正处于短期大涨后的高点，当日的这种封板方式预示着个股短期上涨动能已经不足，主力只能靠运作收盘价来拉高个股，这或许是主力控盘能力不足的体现，或者是主力已有意减仓甚至出货了。因而，实盘中，我们也应在当日收盘时，或者在次日及

时地卖股离场。图 12-55 标示了此股涨停日前后的走势情况。

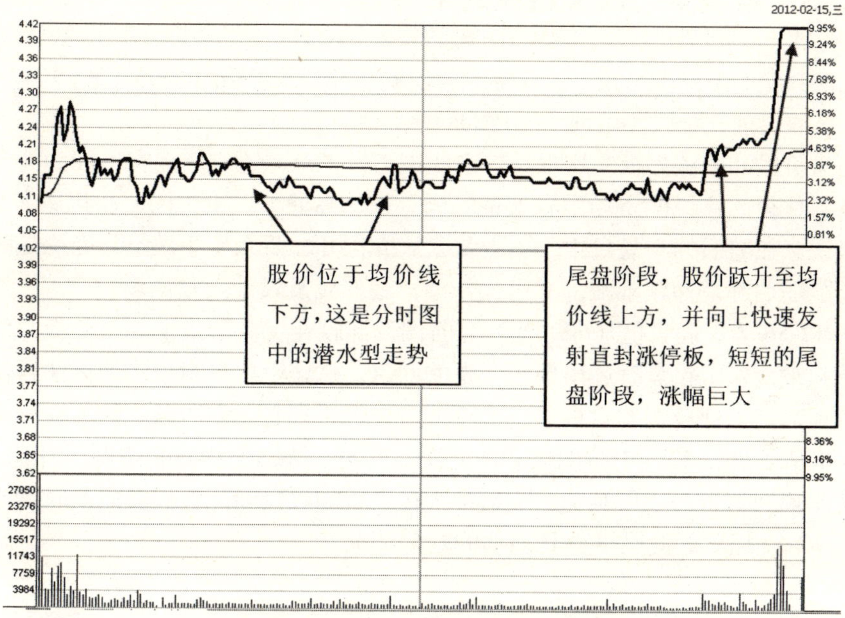

图 12-54　莱茵置业涨停日分时图

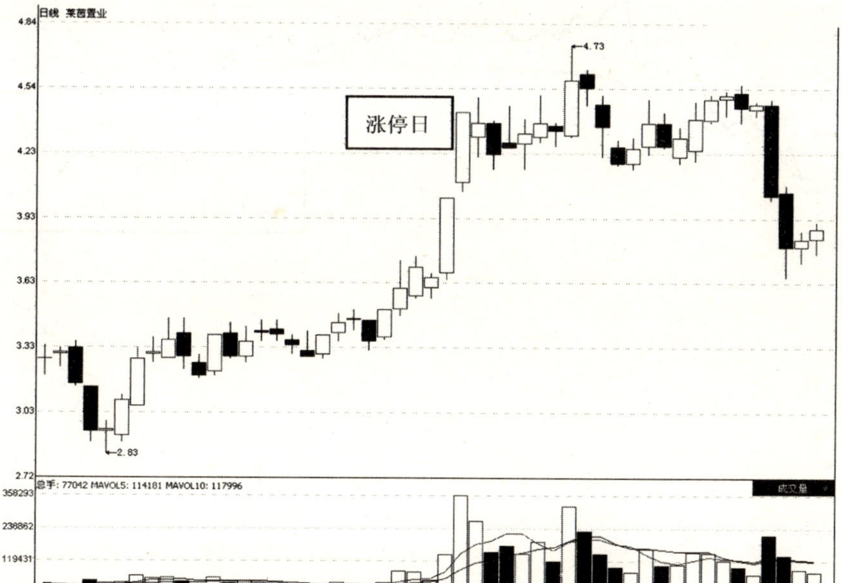

图 12-55　莱茵置业涨停日前后走势图

12.13.3 案例 3：无法封住的下降型

无法封住的下降型是指个股在尾盘阶段向上冲击涨停板，但却并没有牢牢封住至收盘，在收盘前，个股还出现了一定的回落。

尾盘阶段冲击涨停板，这本身就说明主力做多意愿不强，而在上冲到涨停价后还没有封住板，这说明市场中有大量的抛盘正逢高涌出，主力已无心再做多封板。一般来说，在随后的交易日中，主力要么放弃拉升，要么反手做空，无论是哪种情形，个股随后都是易跌难涨。实盘操作中，我们应及时地卖股离场。

图 12-56 为天宸股份（600620）分时图。此股在尾盘阶段上冲涨停板，但却始终无法封牢，直至收盘时还出现了一定的回落。这属于尾盘封板，但无法封住的下降回落型，是一种极弱的封板形态。对于短线走势来看，它所预示的下跌倾向要比上涨倾向强。从日 K 线走势图来看，个股也正处于持续上涨后的高点，因而，随后的一波深幅回调走势在所难免。实盘中，在当日的收盘前，我们就应及时地卖股离场。图 12-57 标示了此股涨停日前后的走势情况。

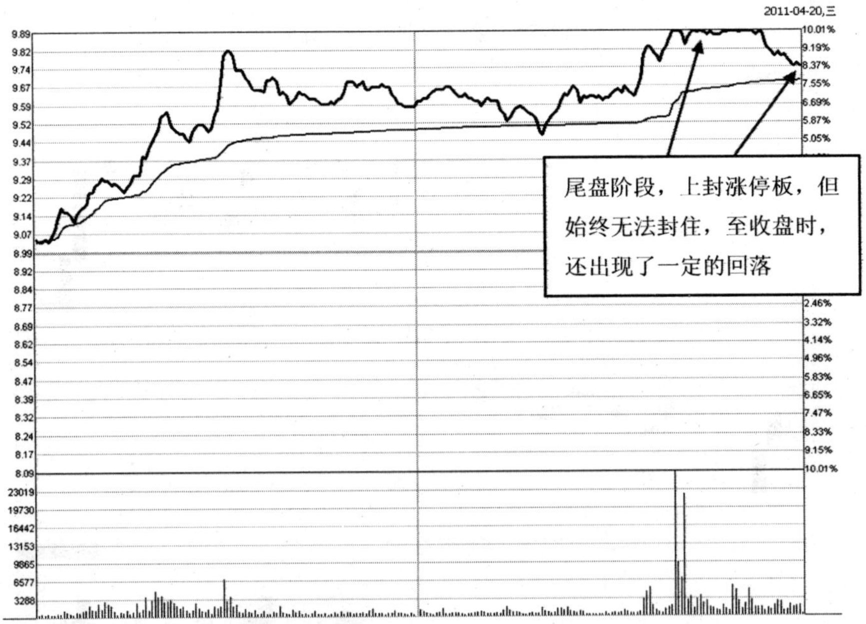

图 12-56 天宸股份涨停日分时图

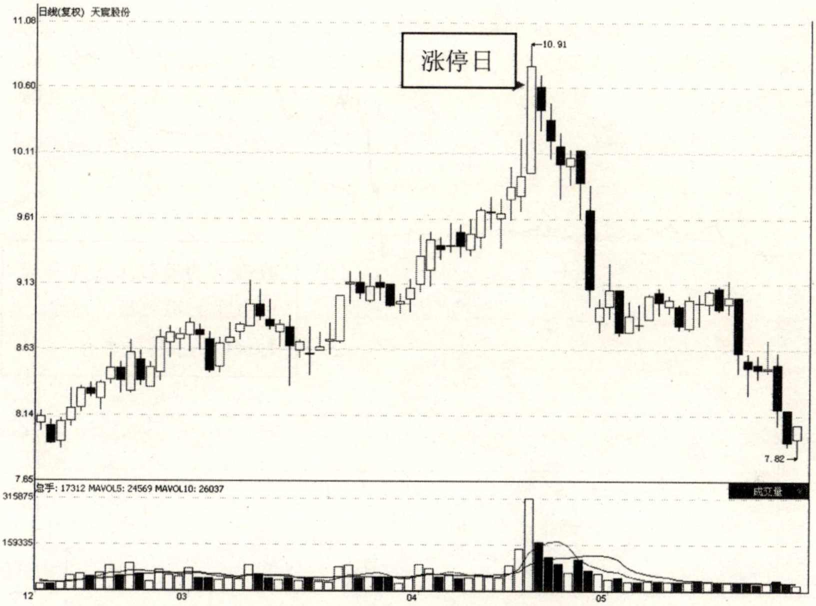

图 12-57　天宸股份涨停日前后走势图

12.13.4　案例 4：勉强封板

尾盘勉强封板是指个股虽然在早盘或午盘后上涨幅度较大，但却一直没有上封涨停板，虽然全天都运行于盘中高位，距离涨停板较近，但是，直至收盘时才勉强上封涨停板。这是一种极弱的封板形态，它若出现在中短期的高位区，就是一个预示着短期内上涨走势结束、调整行情即将展开的明确信号，我们应及时地卖股离场。

图 12-58 为国际实业（000159）分时图。此股在午盘之后快速飙升，但却始终没有上封涨停板，股价一直在盘中高点位徘徊，直至到尾盘收盘阶段，才勉勉强强上封涨停板。从局部走势来看，虽然当日的涨停板使得个股呈窄幅整理后突破形态，但是，从中期走势来看，个股的上涨幅度较大，而这种涨停板也不能代表主力拉升个股的做多意愿。实盘中，我们不可追涨买入，持股者反而应逐步减仓或是清仓离场。图 12-59 标示了此股在涨停日前后的运行情况。

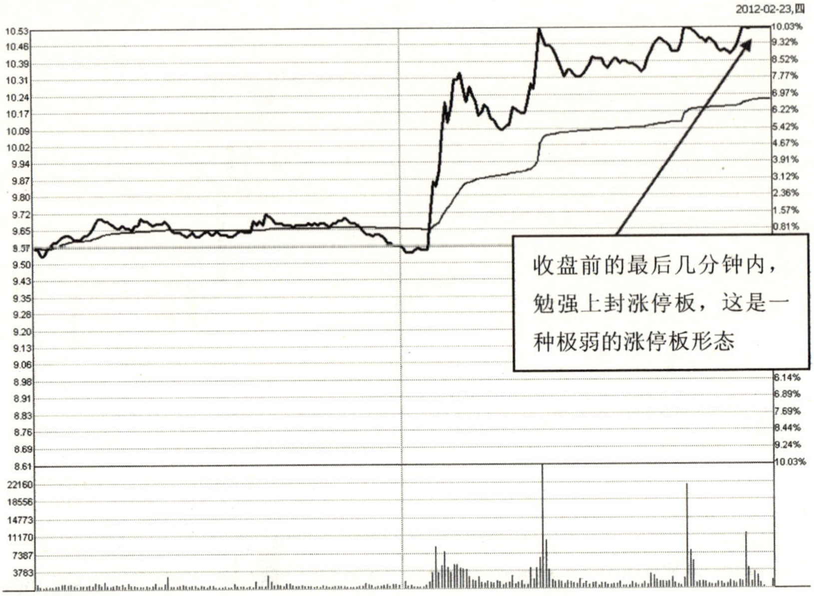

图 12-58　国际实业涨停日分时图

图 12-59　国际实业涨停日前后走势图

12.14　尾盘突然开板

尾盘突然开板是一种很独特的形态，个股在全天都牢牢地封住了涨停板，并没有任何开板迹象，但在收盘前的半小时左右却没开板，这只能是主力的“杰作”。一般来说，是主力的出货行为导致了尾盘突然开板。主力之所以在尾盘阶段突然反手出货，可能是由于当日的大盘出现了较大幅度的下跌，主力放弃拉升计划，为了控制风险，在尾盘阶段减仓离场。这属于大盘下跌导致的尾盘开板。还有可能是主力发现随后涨停板的延续，到了尾盘阶段，涨停板上的散单数量较多，于是，主力借机出货。这属于独立于大盘的尾盘开板。

对比这两种情形来看，独立于大盘的尾盘开板型更具短线杀伤力，因为此时的开板源于主力的大力度出货，而不是力度稍弱的减仓行为。但是，无论哪种情形，这种形态都是短线看跌信号。实盘中，若个股还正处于高点位，则我们宜卖股离场，提防风险。

12.14.1　案例 1：独立于大盘型

图 12-60 为皖维高新（600063）分时图。此股在早盘阶段就上封涨停板，并且一直牢牢封板，但在尾盘阶段却突然开板，原因何在呢？我们可以先从当日的大盘走势情况着手分析。图 12-61 为当日的大盘分时图，通过对比可以看到，皖维高新的尾盘突然开板具有完全的独立性。因而，此股的尾盘突然开板是源于主力有预谋的大力度出货行为，而且，也体现了主力出货的迫切意愿。这类个股随后的短期走势都是不容乐观的，很可能有急跌行情出现。实盘中，持股者应及时地卖股离场。若投资者当日追涨买进了，则次日就应卖掉它，不可抱有幻想。毕竟在风险显著大于机会的情形下，保证本金安全才是最重要的。如图 12-62 标示了此股涨停前后的走势情况。

12.14.2　案例 2：大盘跳水带动型

大盘跳水带动型的尾盘突然开板是指个股在牢牢封住涨停板之后，大盘出现了较大幅度的下跌，于是，个股在尾盘突然开板卸压，这种开板也使得个股成交量大幅增加。大盘跳水带动型的尾盘突然开板既可以看作是主力借机释放获利抛压的体现，也可以看作是主力见势不妙、反手做空的体现。一般来说，如果此时的个股正处于快速

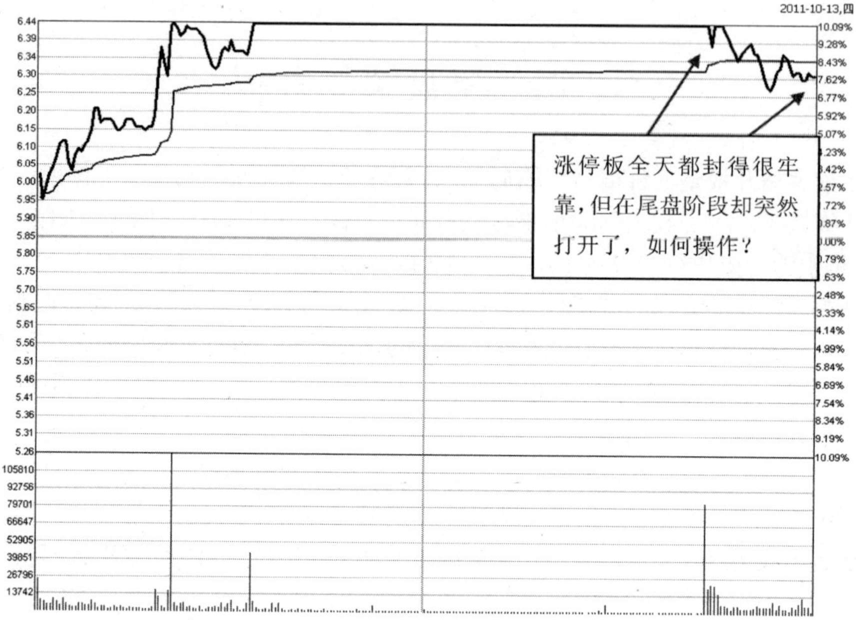

图 12-60　皖维高新涨停日分时图

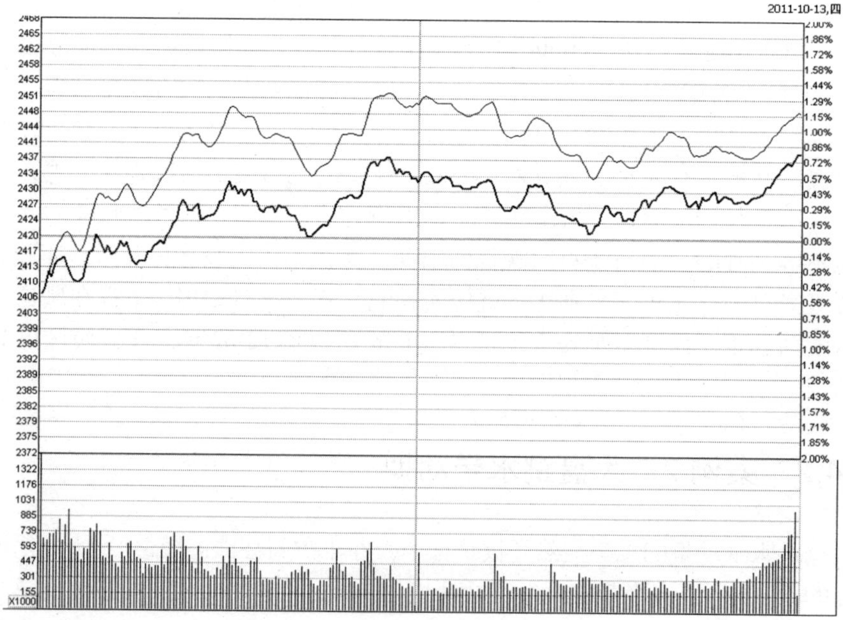

图 12-61　上证指数 2011-10-13 分时图

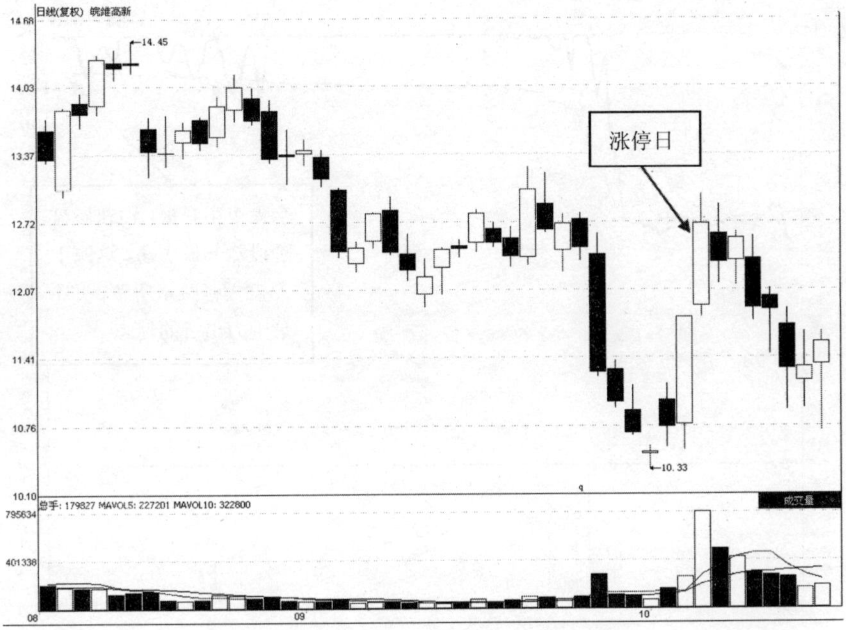

图 12-62　皖维高新涨停日前后走势图

上涨通道中，且短线涨幅较大，则我们应提防风险，卖股离场方为上策。

图 12-63 为包钢股份（600010）分时图。当日此股在早盘阶段就牢牢地封住了涨停板，但在尾盘阶段却震荡开板。图 12-64 标示了当日的大盘走势，可以看到，大盘在尾盘阶段出现了大幅跳水，可以说，此股的尾盘开板正是源于大盘的这种深幅跳水走势。

由于大盘跳水走势来得突然，因而个股的开板是一种被迫无奈之举，它并不代表主力的出货行为。实盘中，我们宜结合个股的日 K 线走势来综合分析。如果个股的短期涨幅已经较大，那么在大盘突然大幅跳水的背景下，主力可能会转手做空。但是，如果个股处于刚刚突破启动之初，则主力一般仍会按照原计划实施拉升操作。尾盘开板放量毕竟减弱了个股的短期上涨动力，我们可以观察一两日再做决定。如果个股随后几个交易日内可以有效地运行于当日涨停价附近，则说明主力做多意愿依然较为坚决，此时我们可以买股入场，短线参与；如果个股出现了较大幅度的回调，则主力短期内的拉升意愿就不是很强了，短线参与的价值不大。对于此股来说，它随后两日的表现依旧强劲，并未出现明显的回调，因而，我们是可以短线买股参与的。图 12-65 标示了此股涨停日前后的运行情况。

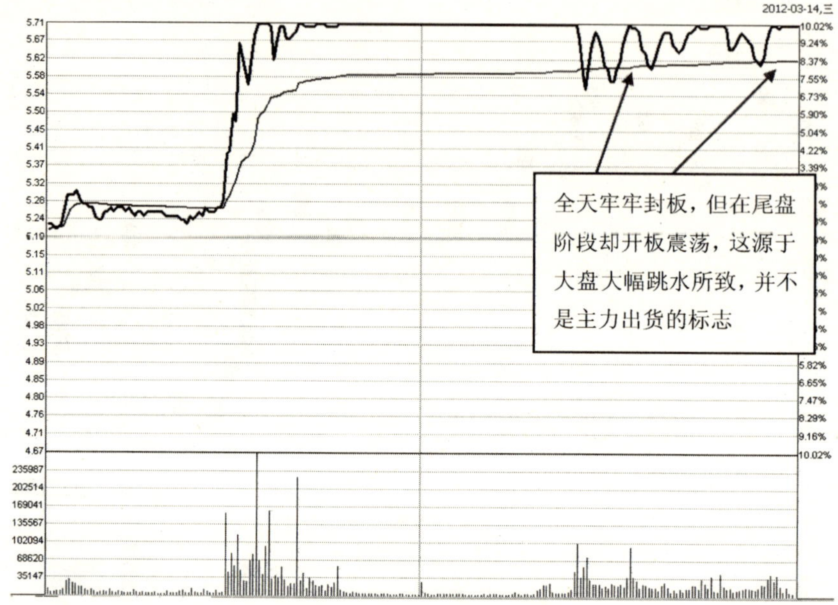

图 12-63　包钢股份涨停日分时图

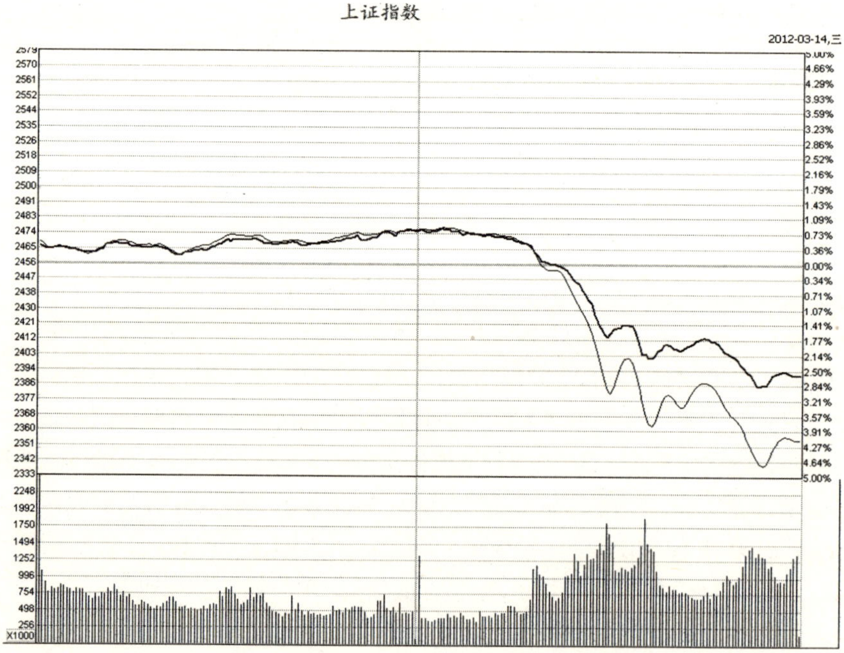

图 12-64　上证指数涨停日分时图

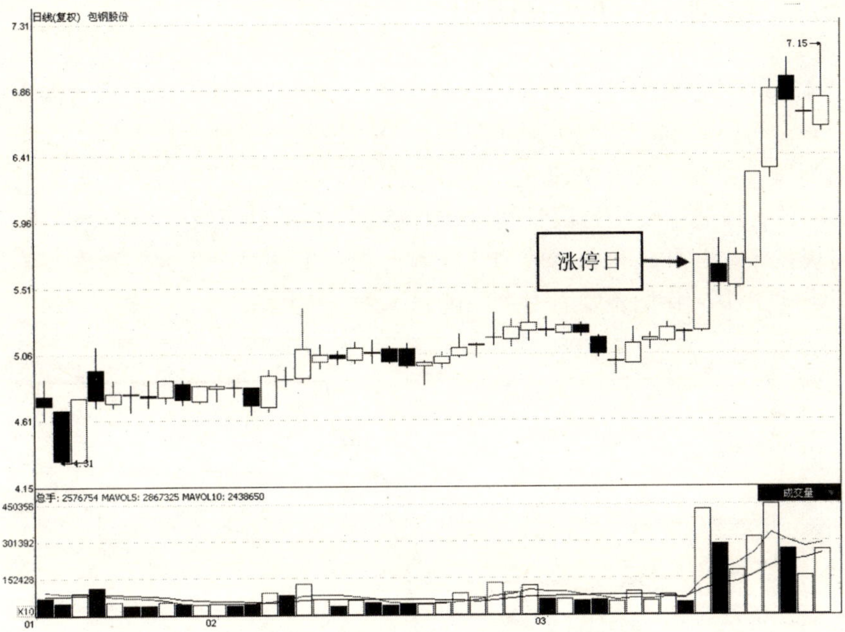

图 12-65　包钢股份涨停日前后走势图

12.15　潜水板

潜水板形态常出现在阶段性的高点，是主力资金突然袭击涨停板的一种方式。一般来说，它是下跌信号，预示着个股随后的走势不容乐观。实盘中，我们应注意风险。

潜水板形态是指个股的股价在盘中持续地运行于均价线下方，但是午盘之后却强势启动，向上快速飙升，短时间内即向上冲击涨停板并成功封板。均价线对个股的上涨形成了阻力，使得个股如潜水一般运行于其下方，故这种启动于均价线下方的涨停板称之为潜水板。

潜水板多出现在大盘走势较好的背景下，是主力借大盘之势再度拉升个股的一种手法，如果此时个股已累计涨幅较大，则它就是主力借大盘之势趁机拉升的一种方式，这种拉升并非主力真实有意拉升个股的信号，它常常成为主力为出货预留空间的一种手法。下面我们结合具体案例来看看在不同情形下如何操作出现了潜水板走势的个股。

12.15.1 案例 1：加速突破中

图 12-66 为浙江广厦（600052）分时图。当日此股就出现了这种潜水板的分时图形态，可以看到，在整个早盘阶段，分时线都持续地运行于均价线下方，午盘之后则风云突变，股价快速飙升并成功封板。这就是潜水板，其形态特征还是十分鲜明的。虽然个股的封板时间也相对较早（在午盘开始后的半小时内），而且一次封板就牢牢封住，至收盘时再也没有开板，但这种潜水板的形态并不是强势涨停板。实盘中，我们还要看看个股的日 K 线走势图。

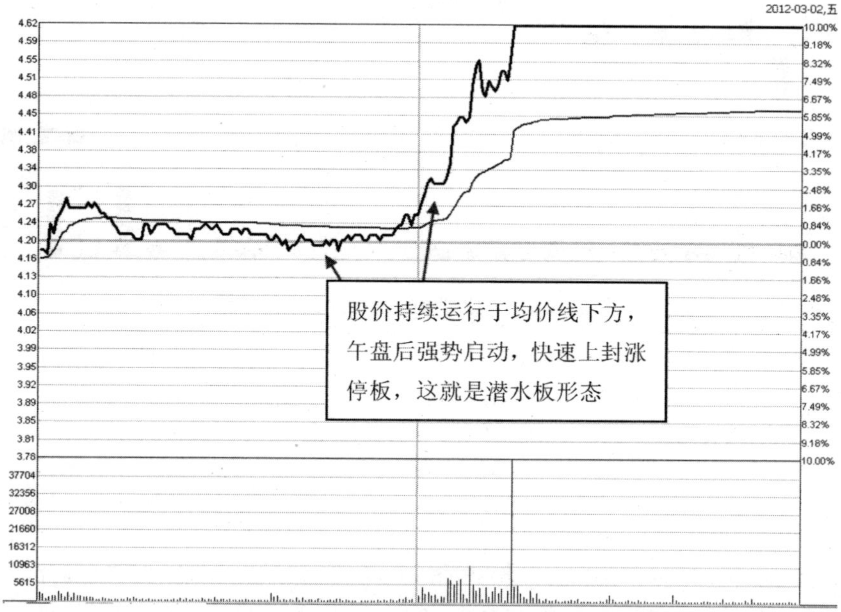

图 12-66　浙江广厦涨停日分时图

图 12-67 为浙江广厦走势图，图中标示了涨停当日这个时间点，可以看到，当日的个股正处于加速突破走势中，日 K 线形态很优异，但个股的阶段性上涨幅度已经较大，而潜水板又往往是主力借大盘走势较好，为出货预留空间的一种操盘手法体现，故在次日，当个股再度上涨时，我们就宜短线卖股离场了，以规避个股随后因主力减仓或大力出货而造成的短线快速回调下跌。

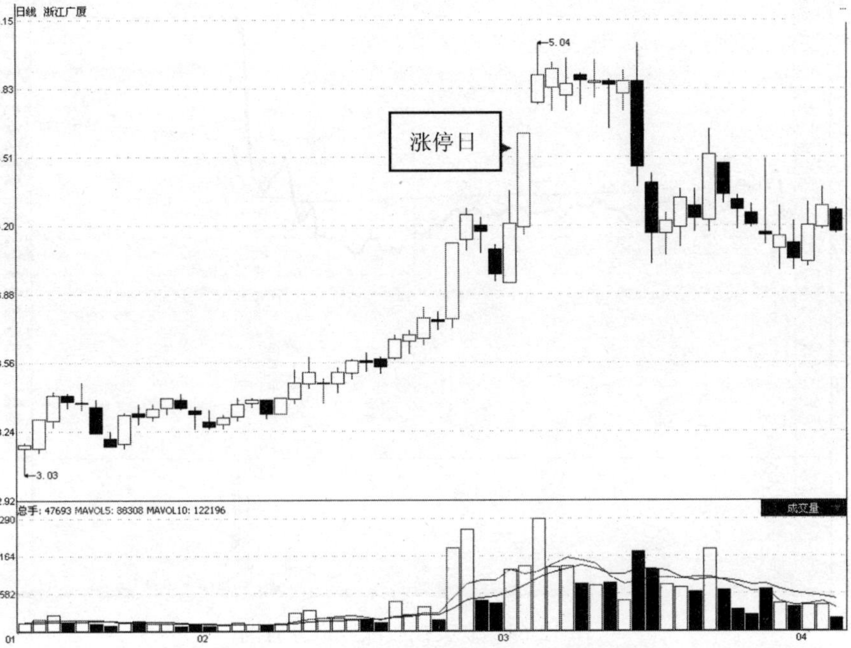

图 12-67　浙江广厦涨停日前后走势图

12.15.2　案例 2：反弹后的高点

潜水板也很有可能出现在跌途中反弹走势中的局部高点，此时，它是个股反弹走势结束的信号。通常来讲，在潜水板出现的次日，个股还有一个冲高的动作，这是主力为出货创造的诱多的一种手法，此时也是我们短线卖股的最佳时机。

图 12-68 为联美控股（600167）分时图。当日此股出现了这种潜水板形态，从日 K 线走势图来看，当日处于跌途中反弹后的高点，实盘操作中，当我们明晰了这种潜水板的市场含义后，就应意识到个股的短期反弹行情将结束，随后的次日是短线卖股离场的一个好时机。图 12-69 标示了联美控股涨停日前后的运行情况。

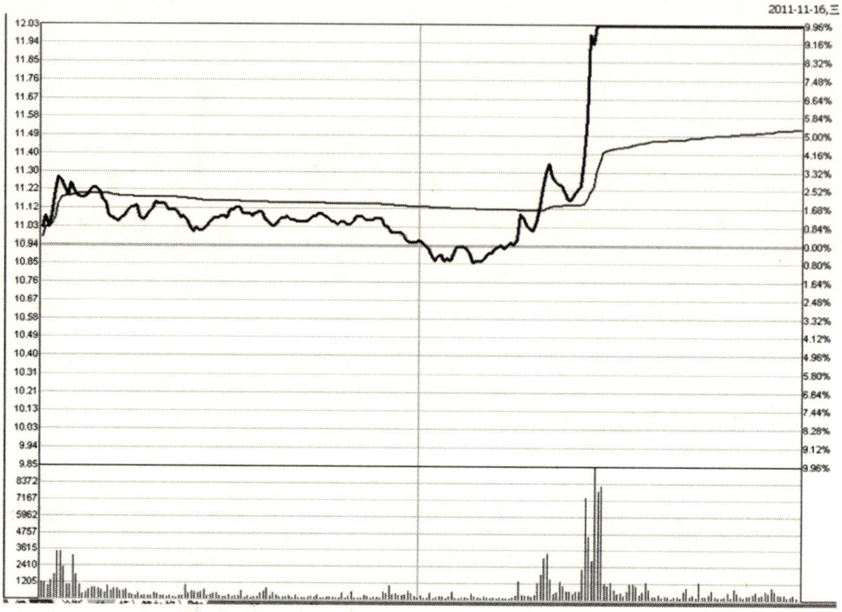

图 12-68　联美控股涨停日分时图

图 12-69　联美控股涨停日前后走势图

12.16　天量涨停

天量涨停，顾名思义，涨停板当日的成交量呈极端放大状，远远高于此前的均量水平。在天量涨停出现之前，个股的量能变化相对温和。我们这里所说的天量涨停还特指涨停板之后的一两个交易日没有出现量能的突然大幅缩小，以此来区别脉冲型的涨停板。

交易是双向的，有买就有卖，天量涨停板的出现是多空双方分歧巨大的标志。很多投资者认为，既然个股已经涨停了，即使多空分歧再巨大，就短期而言，也应是多方占据明显的主导地位。这种看法有一些道理，然而，实际情况往往并非如此。跟踪那些在涨停当日出现天量的个股，我们会发现，这些个股的中短期走势往往并不好，很多个股甚至掉头向下。但股市情形是复杂的，我们需结合具体情形、具体案例来把握天量涨停。

12.16.1　案例 1：连续“一字板”之后

个股会出现连续的“一字板”走势，这多由于重大利好消息所致，如资产注入、资产重组等等。连续的“一字形”涨停板使得个股在利好消息后，股价得以重新定位。若个股在这种连续“一字板”之后出现了天量涨停，则往往与主力拉涨停出货手法有关，是个股中期见顶、深幅调整走势将展开的信号，我们应加以规避。

图 12-70 为华阳科技（600532，现名宏达矿业）走势图。在此期间，此股因资产注入事项，两次出现连续的“一字板”走势，而且，这两次的走势很相似，在连续“一字板”之后都出现了天量涨停板形态。这正是主力借个股连续涨停板势头，使得涨停板诱多出货手法的标志，此时入场的只是散户追涨者，主力则充当卖家角色。

12.16.2　案例 2：挖坑后的突破点

挖坑后的突破点是指个股首先出现了较长时间的震荡整理走势，随后，连续数日的大阴线快速下跌，使得个股跌破了这一整理区域，呈向下破位状，然后，个股在一个明显的局部低点持续地窄幅整理，股价有所回升，当再度达到前期整理区的突破位置点时，出现了一个巨量的涨停板。

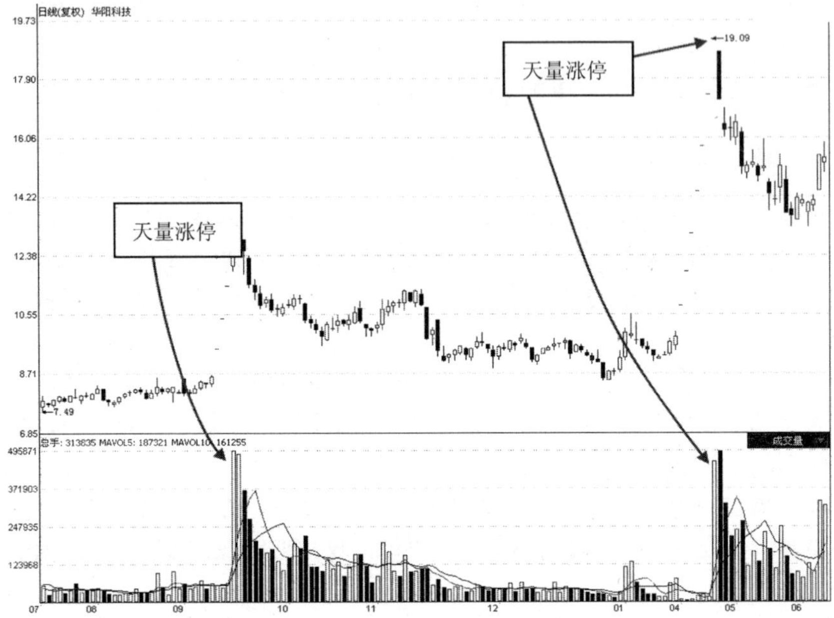

图 12-70　华阳科技涨停前后走势图

这种先挖坑、再巨量涨停突破的形态源于主力的先抑后扬的拉升手法，巨量涨停板的出现也是源于主力在即将拉升个股前的一次拔高吸筹操作。一般来说，此类主力的控盘实力均较强，对个股的预期拉升期望值也很高，这类个股随后极有望成为中短线的翻倍黑马股。当然，实盘中，我们还要掌握技巧，这就是要关注个股的累计涨幅情况，如果个股前期的累计涨幅不大，则此时可重仓入股，反之，则宜轻仓进退，降低风险。

图 12-71 为中珠控股（600568）走势图。此股在低位区经历了长期横盘震荡之后，开始突破上涨，在突破位置点，一个天量涨停板出现，这一日的量能远远高于此前的均量水平。它说明主力虽然有拉升意愿，但控盘能力依旧有限，个股短期内出现急速飙升的概率不大，而出现大幅波动的概率则较大。我们不妨借个股波动，在波动中逢低买入，这样既可以短线赚取利润，也可以稳稳地中长线持股待涨，避免一出手就陷入短线被套的窘境。

12.16.3　案例 3：加速上涨中

当天量涨停板出现在加速上涨走势中时，它就不是单纯意义上的市场抛盘较多的标志了。一般来说，此时的天量涨停与主力对倒式操盘手法有关，而主力对倒的目的就是制造个股上涨气势、营造追涨氛围，这么做的初衷不是为了让散户盈利，而是希望场外散户可以加入到追涨阵营中，主力则借机出货。实盘中，一旦个股随后量能出

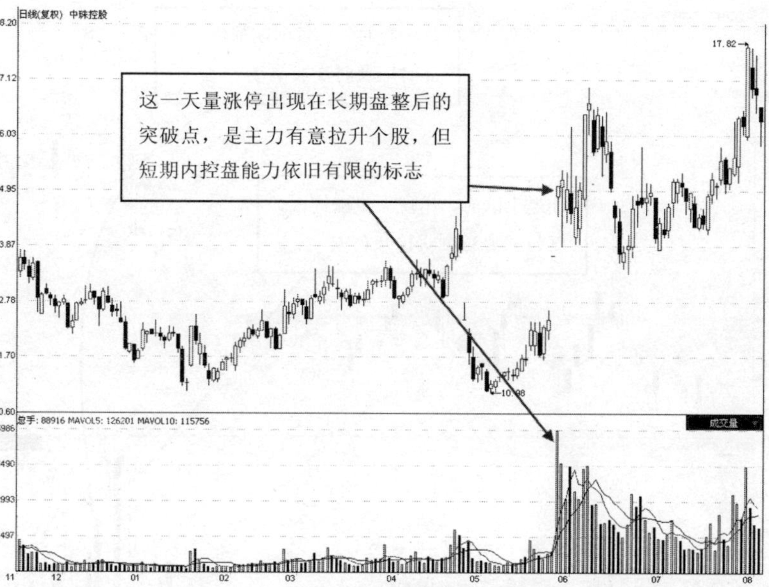

图 12-71　中珠控股涨停前后走势图

现缩小，也就意味着主力不再对倒拉升了，个股的中期顶部也将形成，我们此时应在第一时间内卖股离场。

图 12-72 为大通燃气（000593）走势图。此股在加速上涨过程中出现了天量涨停板，量能放大过于突出，显然是主力对倒造成的，随后几日的量能放大程度几近相同，这更加印证了此时的放量源于主力对倒，否则的话，个股的放量效果不会如此整齐一致。如图标注，高点位，量能明显缩小的那个交易日，就是主力不再对倒的标志，此时，我们应卖股离场。

12.16.4　案例 4：跌途盘整后的跳空

在下跌途中的盘整走势之后，若个股出现了一个向上跳空且突破盘整区的涨停板，我们要留意当日的量能大小。一般来说，若当日的量能远远高于此前的均量水平，则它意味着主力正诱多出货减仓，这个涨停板并非个股将展开强势突破行情的标志，我们万不可追涨买入。

图 12-73 为中国国贸（600007）走势图。此股在下跌途中出现了长期的盘整震荡走势，此时，一个向上跳空型涨停板出现，从局部 K 线形态来看，个股似有突破上行行情出现，但是，当日的天量却揭示了主力在借助涨停板进行出货。实盘中，我们不可追涨买入。

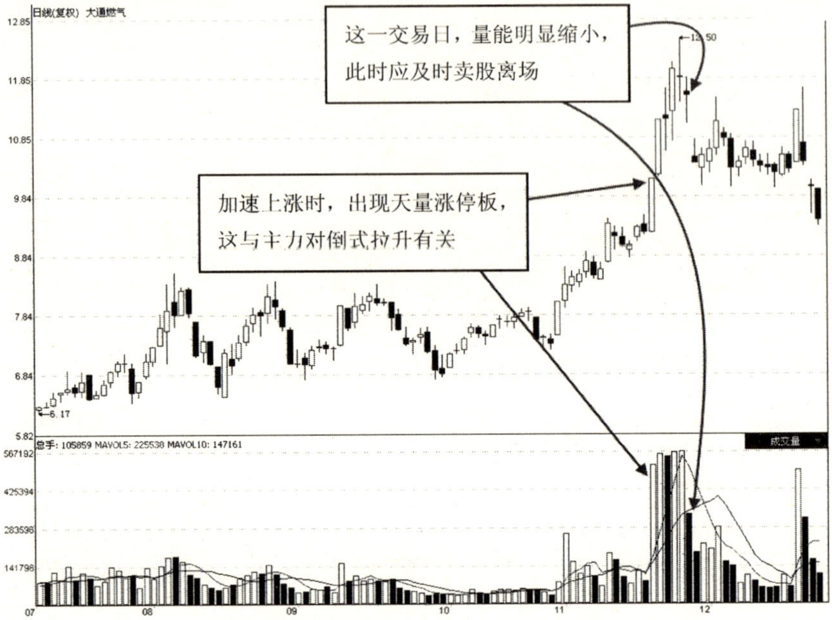

图 12-72 大通燃气涨停前后走势图

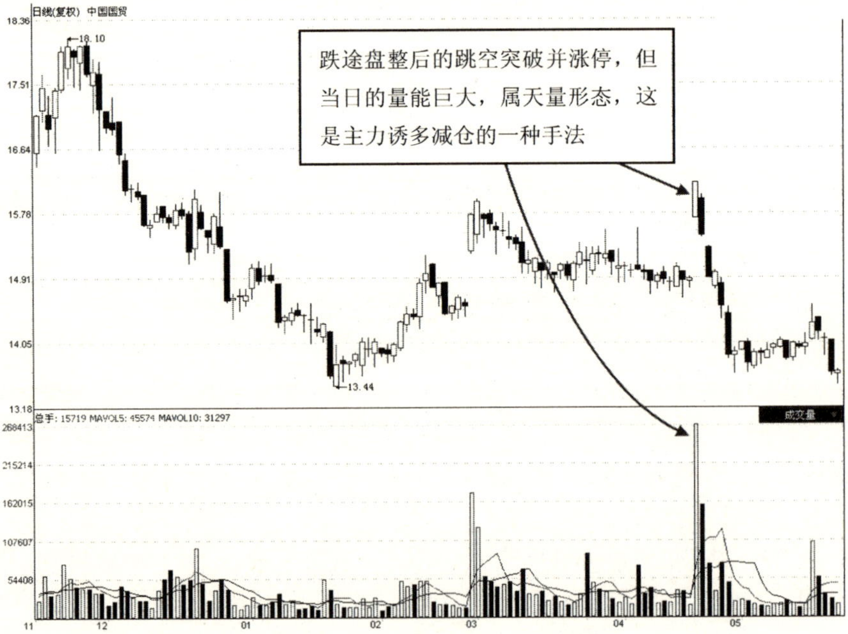

图 12-73 中国国贸涨停前后走势图

12.16.5　案例 5：低位整理后的双日天量

低位，既可以是中长期下跌后的历史低点，也可以是个股累计涨幅较小、从趋势循环角度来看仍有较大上涨空间的位置区。对于“低位”这个概念，我们只需观察一下个股近几年的走势情况，并从全局来把握它的运行，对此就可一目了然。

低位整理后的双日天量涨停体现了两层含义：一是，主力有意拉升个股，因为，在这一位置区进行诱多出货是不切实际的，而且，涨停板当日天量应是被套散户及短线获利盘争抢抛售所致，主力则充当的是买家；二是，主力的建仓成本价几乎就是这两日涨停板价位，因而，个股随后出现大幅度回调的可能性不大。基于以上两层含义，实盘中，我们不妨追涨买入。

图 12-74 为老白干酒（600559）走势图。此股在趋势循环中的相对低点位置区出现了长期的整理走势，虽然股价重心略有上移，但累计上涨幅度极小，随后，双日天量涨停的形式突破了这一整理区，这就是主力开始强力拉升个股，且正大力拔高吸筹的典型标志。实盘中，对于出现在这一位置区的双日天量涨停，它只预示着机会，不蕴含风险，我们完全可以大胆介入、积极追涨。

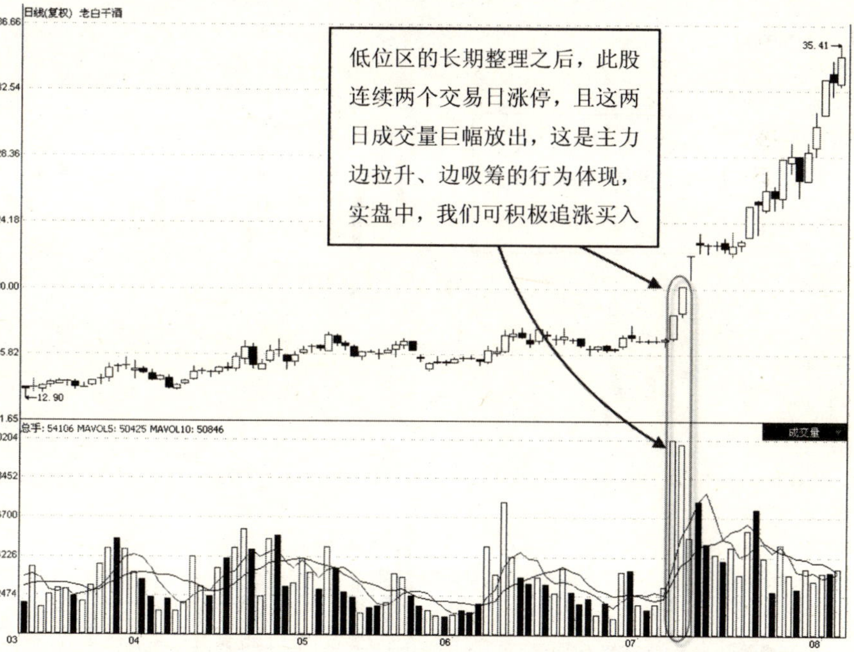

图 12-74　老白干酒涨停前后走势图

12.17 堆量涨停

堆量涨停是指个股以连续涨停板的形式出现，并且这些涨停日的成交量也大幅度放出，每个交易日的成交量都远高于启动前的均量水平。堆量涨停有两层含义：一是，此股之前并没有强控盘主力资金入注，否则的话，个股在快速飙升时是不会出现如此大的量能的；二是，主力在拉升时有对倒行为，或者是这种上涨是源于多路资金的“击鼓传花游戏”。

一般来说，出现了堆量涨停的个股若没有火爆题材支撑，是难以走远的。实盘中，在个股阶段上飙升幅度在 30%左右时，我们就不宜再短线参与了。反之，对于那些有火爆题材支撑的个股，则可以在放量涨停刚开始行动时及时地追涨买入，随后一边持股、一边观察这一热点题材的持续性。

图 12-75 为联美控股（600167）走势图。此股在快速飙升过程中就出现了这种连续涨停板，且成交量巨幅放出的堆量涨停形态。此股的这种上涨并没有很火爆的题材支撑，这种上涨与主力的对倒式手法息息相关。实盘中，我们只宜在个股刚刚启动时短线追涨参与，一旦它的短线涨幅较大，就不宜再追涨买入了。

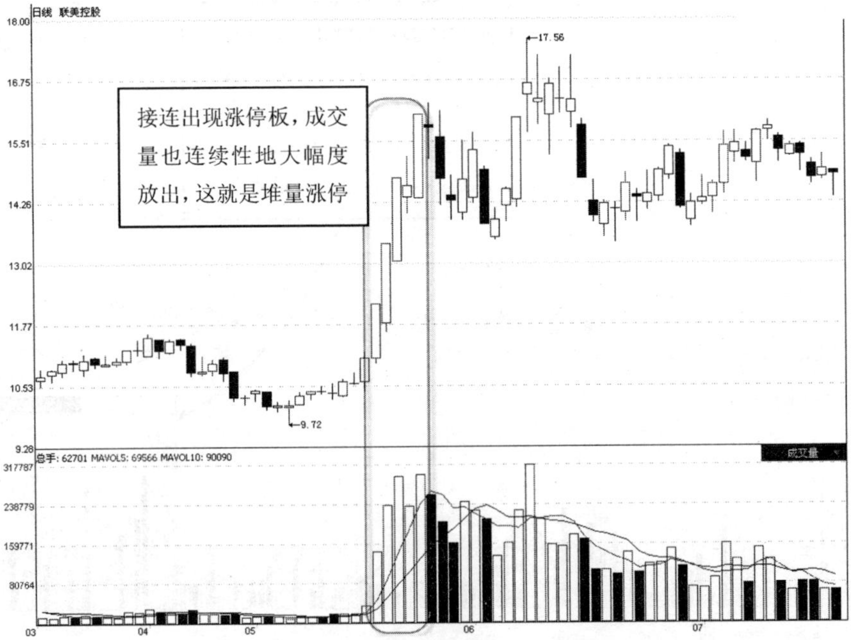

图 12-75 联美控股涨停前后走势图

12.18　放量板次日的翻倍量

放量板次日的翻倍量是指个股首先出现了一个放量的涨停板，次日成交量又进一步放大，且当日的成交量是上一交易日的两倍左右。这种量价形态更多地出现在一波上涨走势中的相对高点，放量的涨停板就已体现了多空分歧的加剧，涨停板次日的天量则再度体现了逢高抛盘的数量巨大。

由于涨停板次日的量能过大，往往呈现为远远高于前期均量，从而呈现为天量，而这种天量是不可能持续下去的。因而，个股随后的量能缩小也就意味着它在相对高点失去了上涨的动力。在短期大涨后的高点，是没有平衡可言的，买盘若无法再度推动个股上涨，则势必将引发大幅度的回调行情。在实盘操作中，我们不可追涨买入，持股者则应逢高卖出。

12.18.1　案例 1：反弹走势中

图 12-76 为桐君阁（000591）走势图。此股在震荡下跌途中，于短期内的反弹走势中出现了这种先是放量涨停板、次日量能则再度翻倍的量价形态，虽然个股的短期上涨幅度并不是很大，但是这种量价关系却预示着个股短期内的多方力量已消耗过大，随后也失去了上涨的动力。实盘中，我们宜逢高卖股，而不是追涨买入。

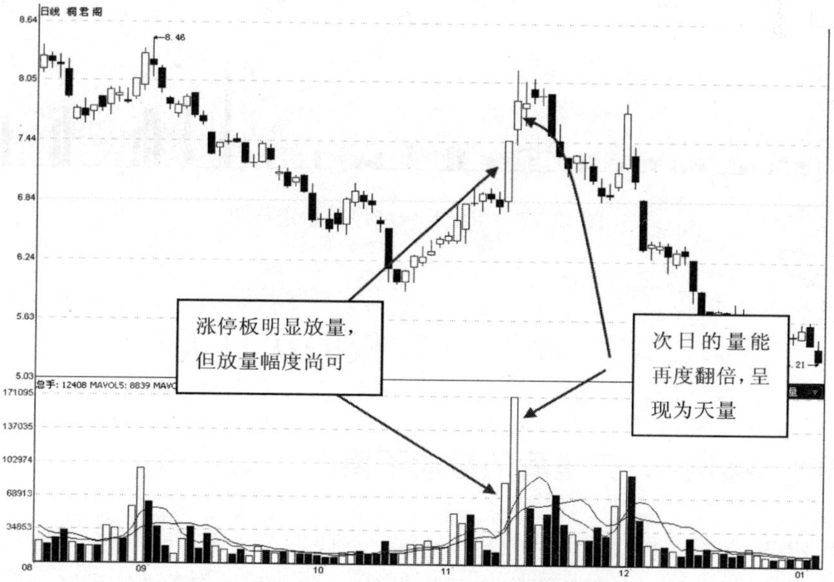

图 12-76　桐君阁涨停前后走势图

12.18.2 案例 2：突破走势中

即使个股的日 K 线走势形态俱佳，呈现为持续整理之后的突破形态，但如果出现了这种先放量涨停、再翻倍天量的量价关系，则个股也是难有出现有效突破行情的。实盘中，我们不可受日 K 线看似完美的形态诱惑，追涨买入。

图 12-77 为川化股份（000155）走势图。此股在持续整理之后的突破位置点，先是一个放量涨停板，交易日则是量能再度翻倍的天量，这种量价配合是无法突破成功的。

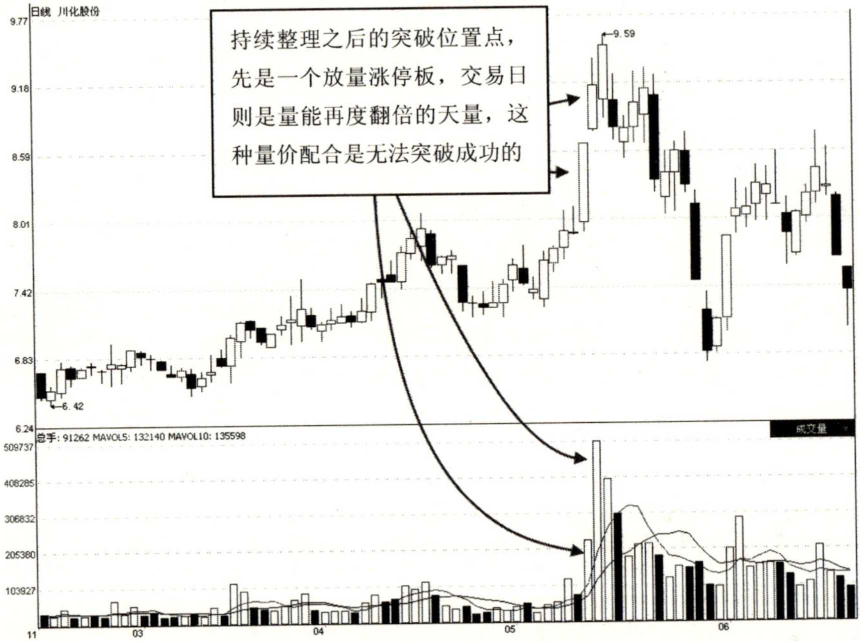

图 12-77 川化股份涨停前后走势图

12.19 单独一字板的次日天量

12.19.1 案例 1：天量后的量能不萎缩

图 12-78 为绿景控股（000502）走势图。此股发布一则利好消息，“绿景地产：终止资产重组并增加矿产资源投资等经营范围”。这并不是实质性的利好消息，但当

时的股市处在一种"涉矿"即涨的环境中，因而，它也算是不错的利好消息，对股价的震幅效果还是显而易见的。当日出现了一字板走势，但量能未见萎缩。

次日，个股跳空高开，但成交量却巨幅放大，呈天量状。这种量价配合说明个股短期涨势已告一段落，短线获利抛盘如柱，是短期内将有深幅调整走势的标志。就短线意义来讲，我们不妨在天量当日卖股离场，因为个股随后至少有 10%以上的回调空间。但这种回调是短暂的还是长久的呢？从随后的成交量来分析不失为一种选择，若个股随后的量能无法有效保持放大状（相对于一字板之前的均量大小而言），则个股往往就失去了上涨的动力，中期内的走势将是易跌难涨，不宜再介入。若个股随后交易日的量能可以有效地保持放大状，说明买盘的入场力度还是较大的，个股或短暂调整之后，出现二度上冲的概率较高，我们可择机再度买股入场、博取短线收益。对于绿景控股来说，就属于第二种情况。

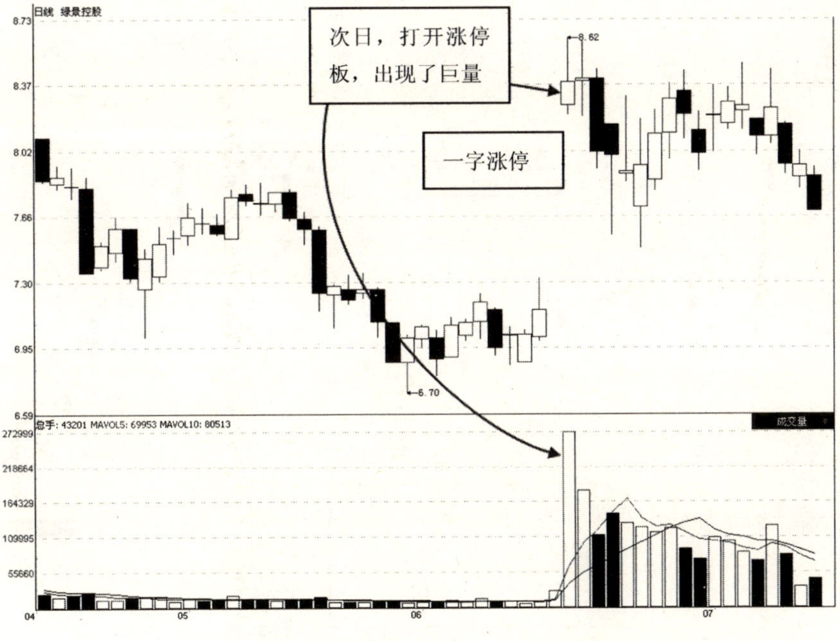

图 12-78 绿景控股涨停前后走势图

12.19.2 案例 2：天量后的量能恢复如初

图 12-79 为大众交通（600611）走势图。因受益于政策面的利好消息提振，此股出现了一字涨停板。这则利好消息是："国务院总理温家宝 26 日主持召开国务院常务

会议，决定开展深化增值税制度改革试点。会议决定，先在上海市交通运输业和部分现代服务业等开展试点。同时，在现行增值税 17%标准税率和 13%低税率基础上，新增 11%和 6%两档低税率。分析人士指出，这一改革将改变服务业因征收营业税带来税负过重和重复征收的问题，为企业减轻税负，也意味着以交通运输业为首的现代服务业有望进入全面减税时代。"

对于主营出租车业务的大众交通来说，对于这则消息还是很敏感的，此股属于受益股。当日此股出现了一字板走势，由于这则利好消息的影响力有限，个股的一字板仅仅是"一日游"行情。次日，多空双方交锋极为激烈，个股也出现了天量的形态。对于此股来说，在天量日之后，个股的放量状态仅仅维持了不多的几个交易日，随后，个股虽然仍在高位区强势震荡整理，但量能却大幅度缩小，此时的量能几乎恢复到了一字涨停板之前的均量水平。这种量能的快速萎缩，说明买盘无意在高位区进驻个股，个股随后将迎来深幅的调整走势。实盘中，我们不宜再短线介入此股。

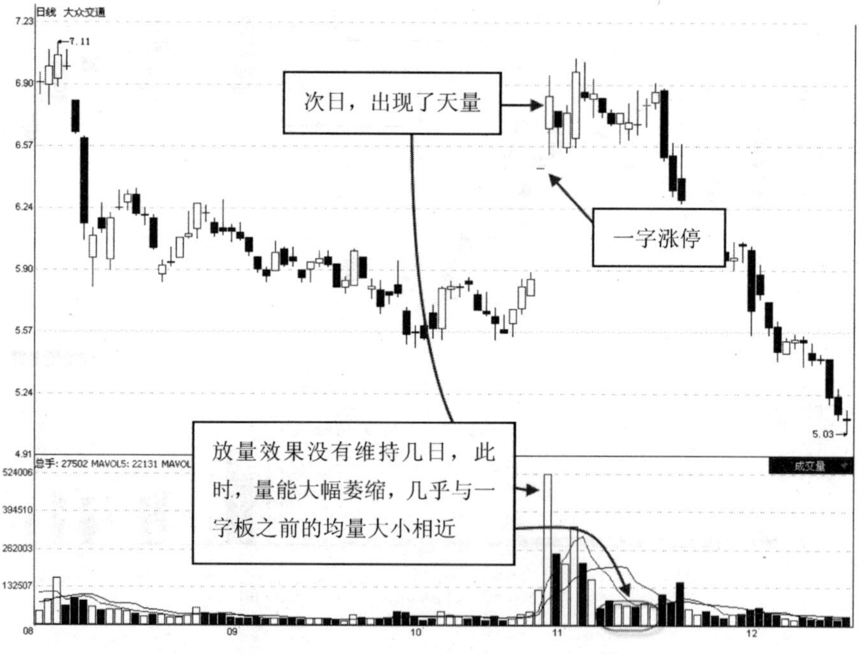

图 12-79　大众交通涨停前后走势图

12.19.3　案例 3：天量当日收于阴线

如果个股在"一"字涨停板次日出现了天量阴线的形态，则这多与主力的逢高打压出货手法相关，反映了主力迫切的出货意愿，是预示着个股短期内将有急速下跌走势出现的信号。实盘中，我们应在第一时间内卖股离场，不可抱有逢反弹高点卖出的侥幸心理。

图 12-80 为上海梅林（600073）走势图。此股在突破盘整走势时，首先是以一个“一”字型的涨停板出现的，次日随风云突变，收出现了高开低走且量能巨幅放大的放量大阴线。这种形态出现说明主力并无意拉升个股，但是逢高卖出的力度却很大，这类个股随后的短线下跌走势往往会十分迅急，我们应在放量大阴线当日就卖股离场。

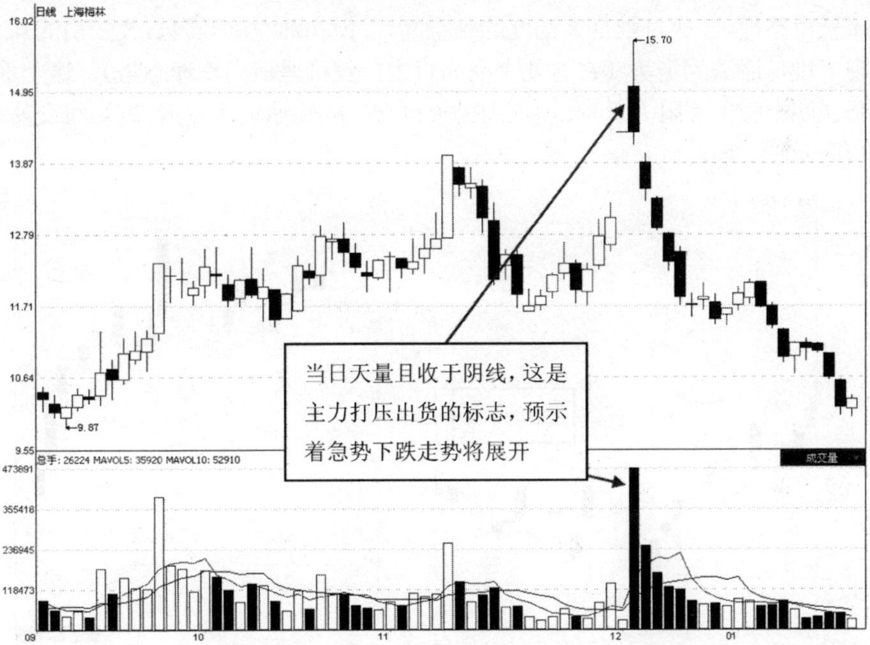

图 12-80　上海梅林涨停前后走势图

12.20　涨停后的堆量滞涨

涨停后的堆量滞涨是指个股首先是以一个涨停板形态实现了对盘整区或是缓升格局的突破，但是随后的几个交易日中则没有保持这种向上突破的势头，虽然股价未做明显的回调，但这几日的成交量却明显放大，远大于涨停板之前的均量水平。

涨停后的堆量滞涨形态反映了这样一种市况，即短期内的市场逢高抛压较为沉重，虽然大量的买盘在入场承接，但却无法有效推动个股上涨，而买盘的这种入场力度是不可能一直持续下去的。由于此时的个股仍旧处于阶段性的高点，因而，一旦买盘入场力度减弱，那么在卖盘的打压下，一波深幅的调整走势也就在所难免。实盘中，在堆量滞涨过程中，我们是应卖股离场的。

12.20.1 案例 1：跳空后的横向滞涨

图 12-81 为宁波联合（600051）走势图。如图标注所示，此股先是以一个涨停板突破了低位整理区，次日则是大幅度的跳空高开，但在跳空高开当日及随后的几日中，却出现了堆量滞涨的走势（在这几个交易日中，股价呈横向整理态势）。这一堆量滞涨走势说明个股上涨阻力重重，短期内已难再有好的加速上涨行情，就短线交易来说，我们可以卖股离场。

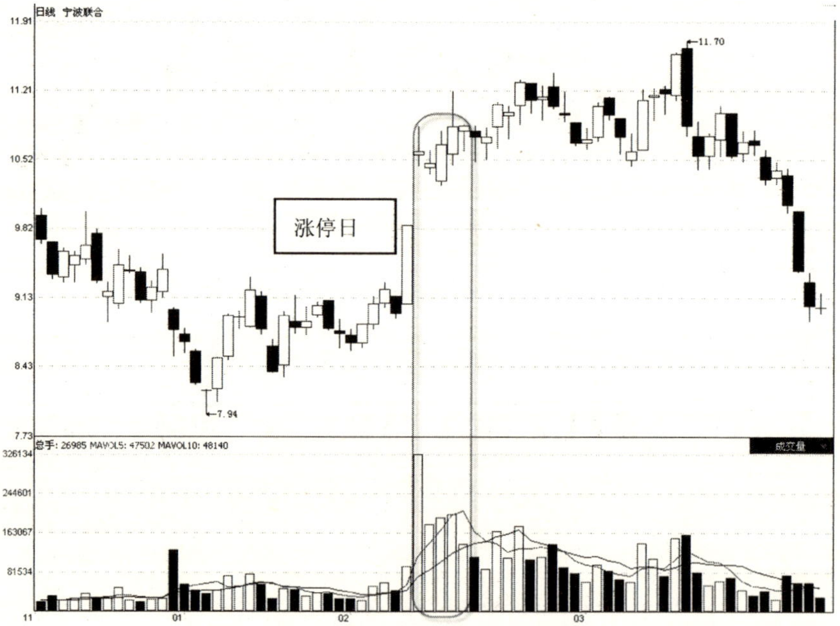

图 12-81 宁波联合涨停日前后走势图

12.20.2 案例 2：缓升态势的滞涨

图 12-82 为林洋电子（601222）走势图。如图标注所示，在此股出现涨停板之

后的三日内，虽然个股均收于阳线，但这三日的上涨幅度很小，这与期间的放量效果明显不匹配，仍然属于放量滞涨。它也同样是市场抛压极为沉重的信号，预示着随后将有深幅调整走势出现。实盘中，是我们短线卖股的信号。

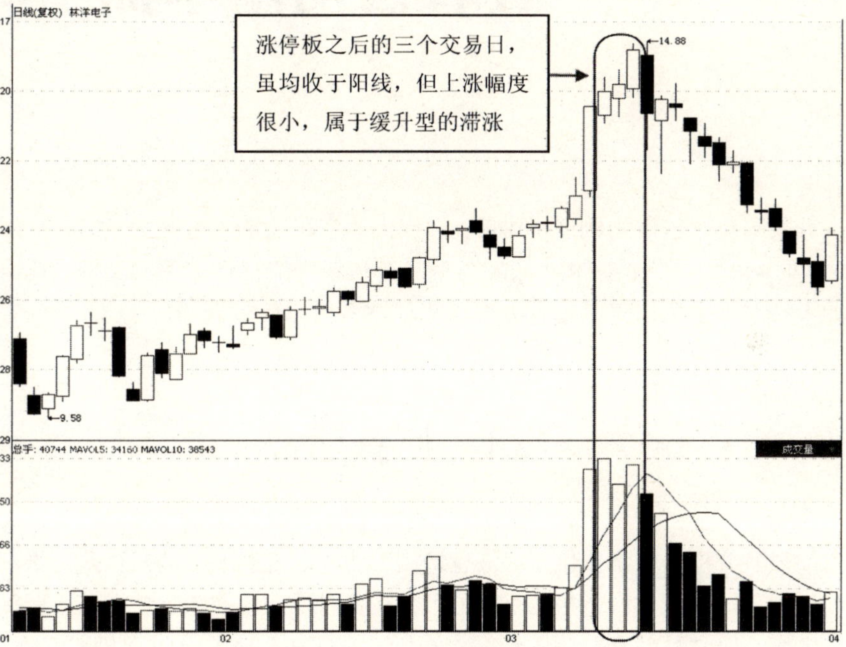

图 12-82　林洋电子涨停前后走势图

第 13 章
查看公司基本面

本章以同花顺软件为例进行讲解，它提供的资讯功能十分强大，它所包含的信息地雷、实时解盘、公告新闻和个股财务信息等资讯功能操作简单而实用。其他炒股软件（如大智慧、通达信等）也有类似功能，读者可以自行选择。

13.1　信息地雷

目前很多分析软件都提供了“信息地雷”功能。信息地雷是指软件提供商、证券公司和资讯公司等软件服务机构，将上市公司各种历史信息及新的公告、新闻、市场评论等内容，以“*”“◆”等图形符号的形式，挂在相应的分时走势图或 K 线图上方的一种信息提供方法。

只要盘中出现重要的市场评论及公告、新闻等内容，信息地雷都会实时地显示在相应的分时走势图上，如图 13-1 所示。

13.1.1　信息地雷的操作方法

信息地雷一般出现在大盘和个股走势图的上方。在走势图界面中，将鼠标光标移到相应的信息地雷上，地雷旁边则会出现相应的标题提示。把光标移到标题提示信息上按“回车”键或者双击则可进入正文浏览，按“ESC”键或者再次按“回车”键返回。

若股票当日有信息地雷出现，则在行情报价牌中股票名称后面也可以看到。将鼠标光标移动至“◆”图形上，即可看到相应的标题提示信息。双击鼠标则进入正文浏览，按“ESC”键或者按“回车”键返回，如图 13-2 所示。

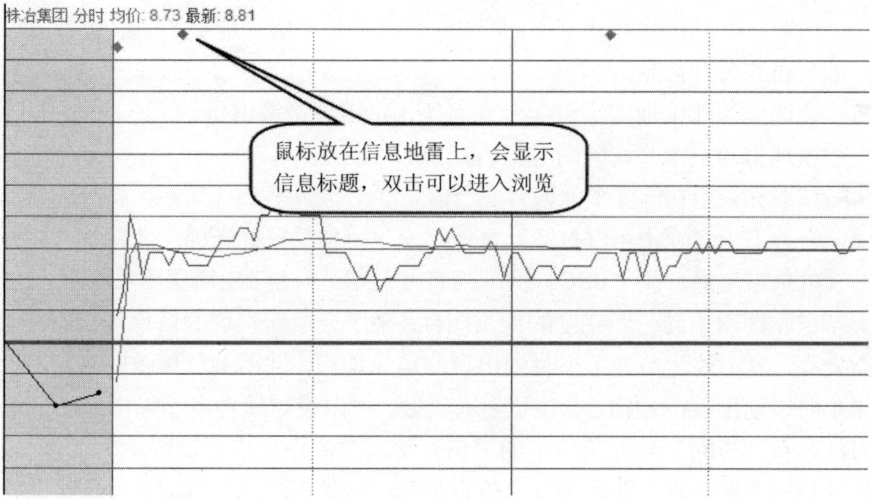

图 13-1　分时图的信息地雷

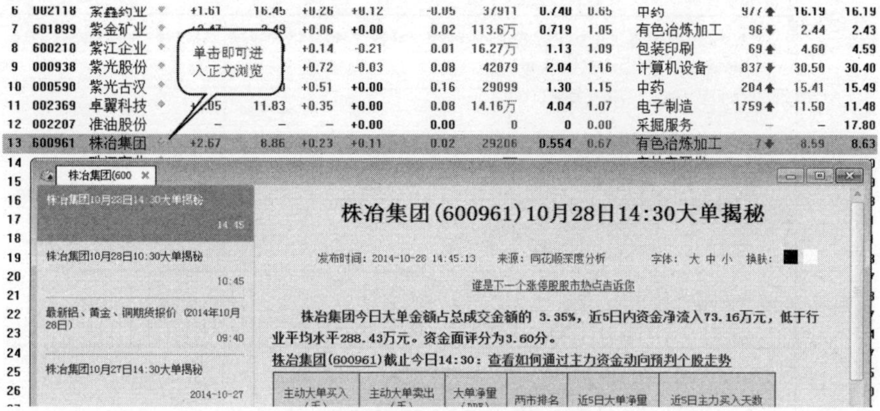

图 13-2　行情报价栏的信息地雷

13.1.2　信息地雷的分类

同花顺软件基本没有信息的分类，只用“◆”来表示，而其他软件会有很多种不同的图标来显示。比如大智慧软件使用不同的信息地雷“图标”代表不同的信息分类，使读者能够预先了解信息种类，而不需要一一地单击来进行查看，十分方便和直观。大智慧信息地雷一共分为 5 个种类。

- ¤　该图标表示资讯地雷，包含上市公司公告及新闻信息。
- ◆　当该图标出现在分时界面时，为荐股地雷，一般包括盘中点评、专家荐股等内容；当其出线在 K 线走势图界面时为公开信息地雷，一般包含上市公司公布的公开信息。

▼ 该图标为评论地雷，包含专家点评、资讯评论等信息。

+ 该地雷为上市公司的财务报告信息。

⇕ 该图标表示在同一个位置有多个信息地雷。如图 13-3 所示，将鼠标移动到复合地雷上，双击可以打开复合地雷，也可移动鼠标光标，选择其中想要查看的地雷信息，按“ESC”键，或者按“回车”键退出地雷。

大智慧软件用不同色彩亮度的地雷图标，来区分最新出现的信息地雷。若地雷颜色稍微发亮，表示其为当天半小时内出现的信息地雷；地雷颜色稍微发暗，表示其为当天半小时以前出现的地雷。若投资者有需要，可以设置软件自动弹出最新的信息地雷。方法是在“查看”功能菜单中的“信息地雷”命令里进行设置。

再回到同花顺软件，即使是复合信息类型，只要将鼠标放到信息地雷上，就会显示多重标题，点开以后可以选择浏览。

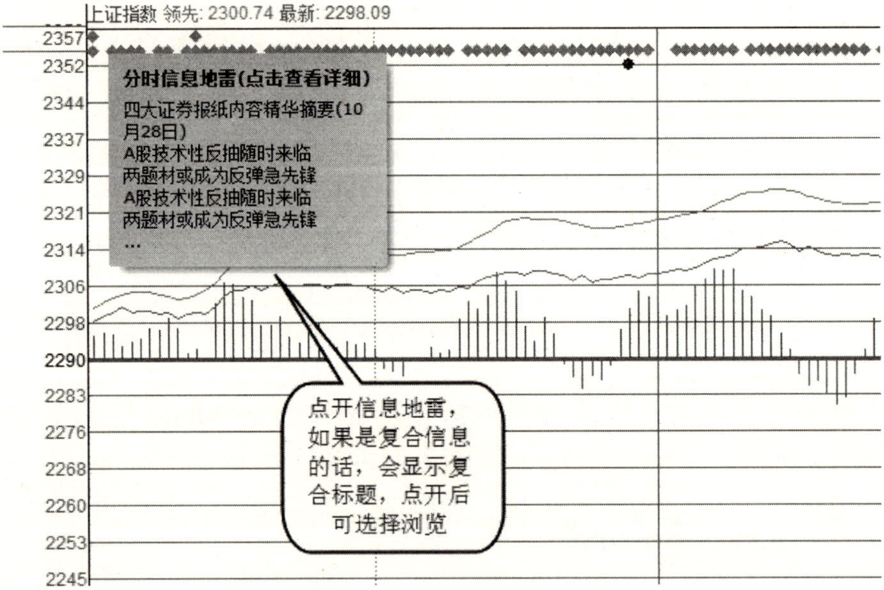

图 13-3 复合地雷的操作

13.1.3 信息地雷的设置

投资者在选择“工具”功能菜单中的“系统设置”，再选择“信息地雷”，可以对同花顺的信息地雷功能进行设置，其中可以设置的选项有是否在 K 线图、分时走势图上显示信息地雷、是否显示同花顺研究分时、是否显示论股堂（类似论坛性质）。如图 13-4 所示。

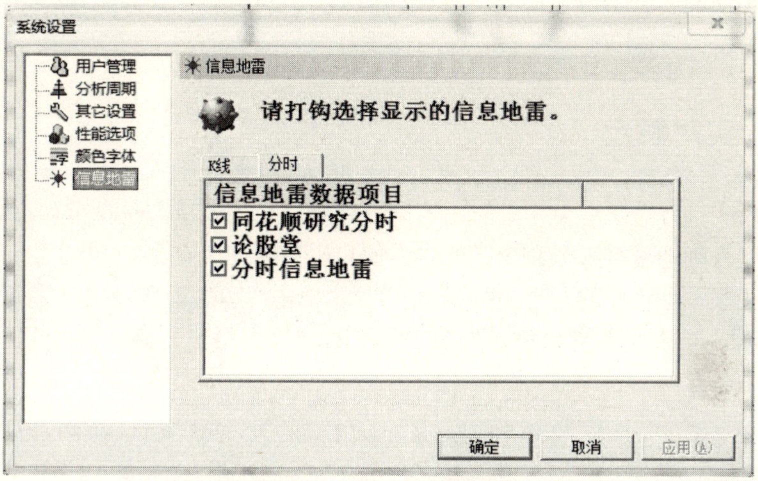

图 13-4　信息地雷设置选项

13.1.4　个股的生命历程

在 K 线走势图中，可以看到个股的实时的信息地雷以及历史的信息地雷，从而个股的基本面变化消息、重要的公司公告、历史财务报告（包含年报、中报）等个股的历史信息就一目了然地显示出来。所以又把挂在 K 线走势图上的信息地雷称为个股的“生命历程”，如图 13-5 所示。

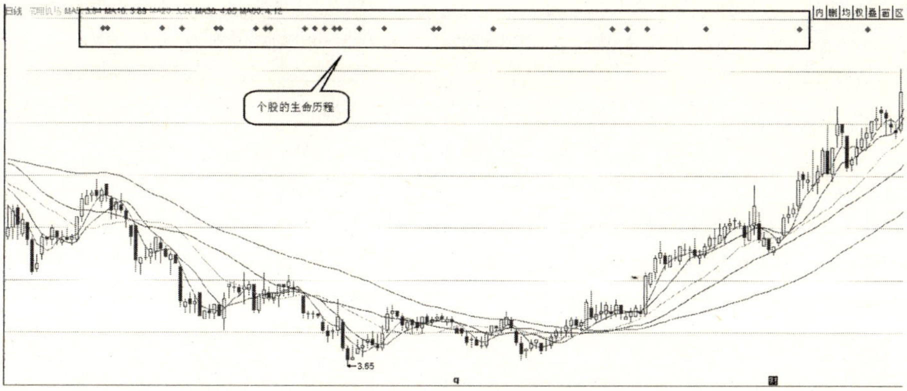

图 13-5　个股的“生命历程”

信息地雷以“◆”等图标，出现在大盘或者个股 K 线走势图的上方。其查看方法与分时走势图类似，将鼠标光标移到信息地雷的位置，双击或者按“回车”键进入信息地雷的详细内容浏览，按“ESC”键退出。若想隐藏“生命历程”，则打开信息地雷设置对话框，把“显示信息地雷”选项前的打钩去掉即可。

13.1.5 实时解盘

同花顺实时解盘是在盘中定时由不同分析师发布的最新沪深股市动态信息，从而为投资者能准确地掌握大盘和个股的各类信息提供帮助。

在同花顺看盘软件的左下角找到“解盘”，单击“解盘”，再单击“打开同花顺解盘”，即可进入实时解盘对话框。如图 13-6 所示，实时解盘对话框包含了当日全部的解盘信息。

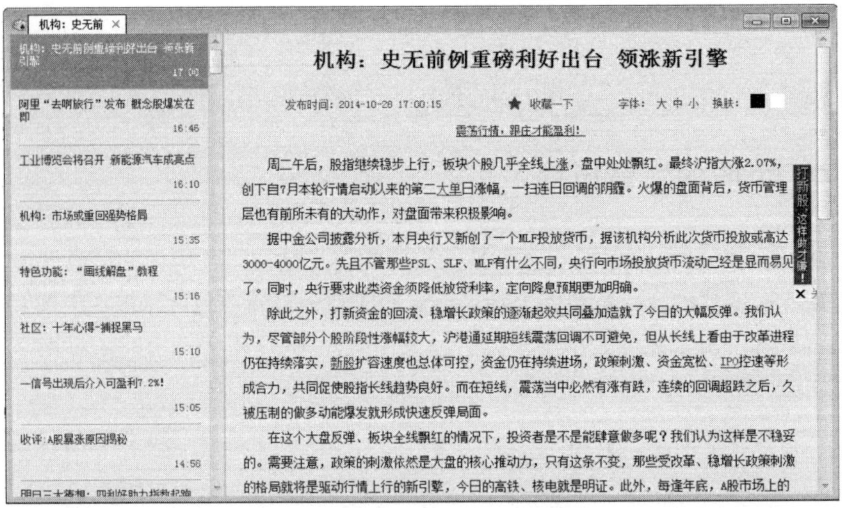

图 13-6　当日的实时解盘信息

一旦有新的解盘信息发布，系统会在软件屏幕的右下角自动跳出一个提示框，告诉投资者现在已经有新的解盘信息了，如图 13-7 所示。投资者单击“查看”按钮，即可转到实时解盘窗口，或者单击某条信息的标题栏目，可以查看详细的解盘信息。

由于弹出的提示框在几秒钟后会消失，此后投资者如果想再次查看实时解盘的内容，可以通过功能菜单进入解盘的窗口。若投资者想保存实时解盘中的内容，在实时解盘窗口中将信息文字全选，按“Ctrl+C”键复制到剪贴板中，即可进行保存或打印操作。

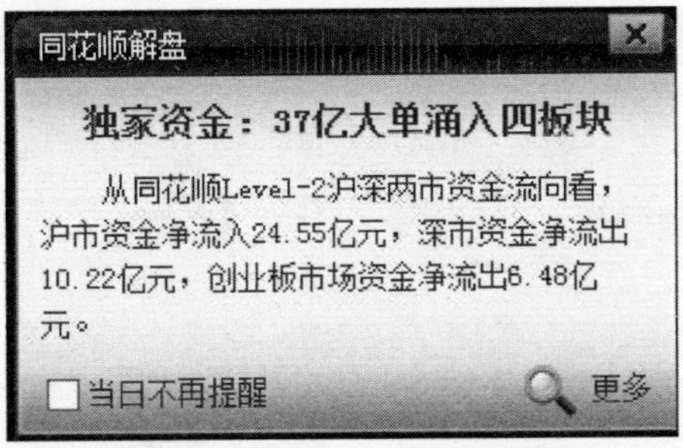

图 13-7　实时解盘弹出窗口

13.2　公告新闻

公告新闻栏包含了近期发布的财经新闻、影响近期股市走势的热点问题以及上市公司发布的信息等。按不同的公告信息，其分为财经要闻、上市公司信息、市场研究、板块资讯和交易所新闻等栏目，以方便投资者快速地获得所需要的资讯。

关于公告新闻，不同的软件有不同的用法和不同的称谓。

13.2.1　进入不同软件的公告新闻栏

在大智慧 365 软件中，单击左上角的图标，出现下拉菜单，单击“工具”选项，在“工具”菜单中选择“公告新闻”，即可查阅公告新闻。或者用快捷键来操作，单击【74+Enter】：进入公告新闻。

在同花顺软件中，公告新闻被称为研报。在软件上的上方中间位置，有“研报”按钮，单击它会出现研报大全、研报查询、机构评级和最牛分析师选项。

13.2.2　公告新闻栏的操作

在同花顺软件中，单击“研报”菜单中的“研报大全”按钮，会出现查询界面。查询界面分为两部分，一为检索部分，一为内容部分（如图 13-8 所示）。

1. 可以在“股票代码/名称”中直接输入股票代码进行查询，或输入股票名称的首字母，如深圳机场可输入 SZJC 即可。

2. 可以在“文章标题”检索中，输入文章标题的关键字进行检索，例如我们想知道深圳机场的 2013 年的三季报即可输入“深圳机场 2013 三季报”。

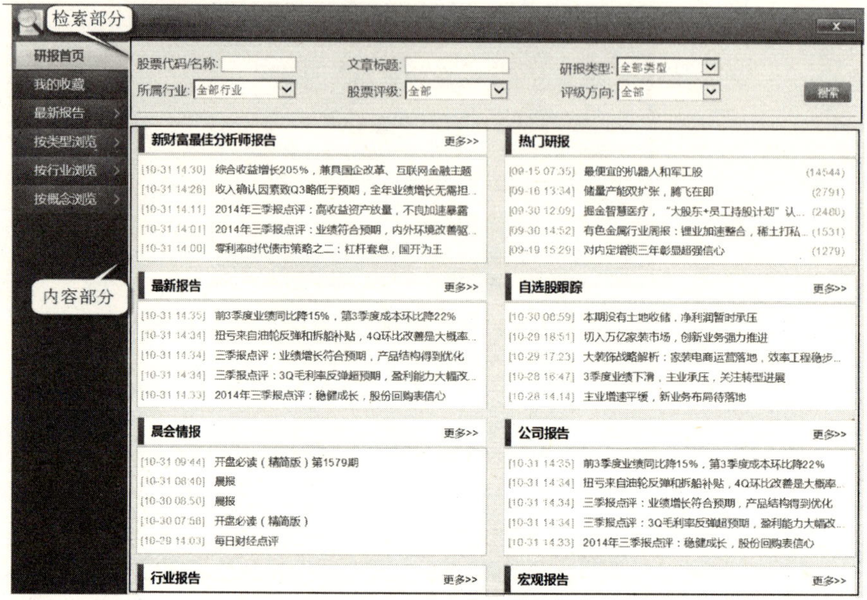

图 13-8　公告新闻栏的操作

3. 在“研报类型”中，可以选择晨会情报、公司研究、行业研究、策略研究、宏观研究、债券研究、衍生品、港股市场和其他报告，进而缩小检索范围。

4. 可在“所属行业”中选择股票版块，能更方便地看到其中类似的消息和报告。

5. “股票评级”为同花顺软件给各股票进行的评级，方便缩小检索范围。“评级方向”与股票评级选项基本类似，只是更进一步缩小范围而已。

6. 在检索部分的左侧，还可以再进行更细致的划分，分别为我的收藏、最新报告、按类型浏览、按行业浏览和按概念浏览。

7. 内容部分为检索后显示出的检索内容。如果没有进行任何检索，会出现如图 13-8 中的各种类型报告的集中展示。

13.3　个股的基本面资料

不论是大智慧 365 系列软件还是同花顺软件，它们的个股基本面数据来源都是从各企业披露的财务数据。如果说有不同，仅仅是列出项目、列出顺序有不同而已。

进入同花顺的个股界面，可以在选定股票的情况下按“F10”键，或按“10+Enter”键进入，如图 13-10 所示。

赣粤高速 600269

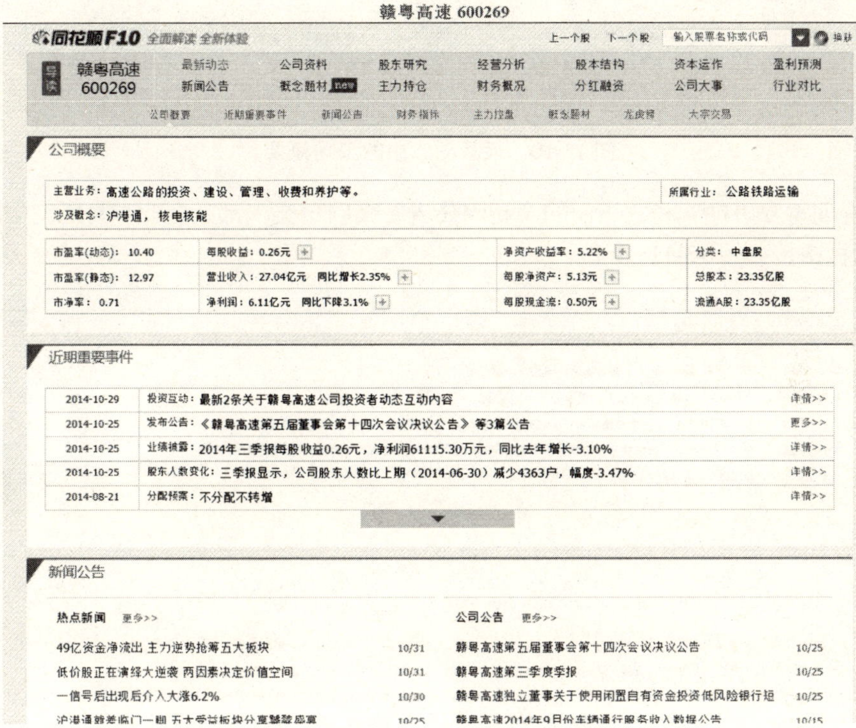

图 13-9　个股资料界面

13.3.1　最新动态

同花顺软件中的最新动态与大智慧 365 中的操盘必读所披露的是同一类信息，也就是该企业最基本的消息和最新的消息。

在最新动态栏目中，包括公司概要、近期重要事件、新闻公告、财务指标、主力控盘、概念题材、龙虎榜、大宗交易和融资融券等项。

“公司概要”中列出项为主营业务、所属行业、涉及概念等一些必备的基础的企业信息，还有一些简要的财务数据，如市盈率、每股收益、净资产收益率、总股本等。为什么仅仅是一些简要的财务数据呢？因为在“财务概况”选项中，有更全面、更详尽的财务数据（见图 13-10）。

公司概要

主营业务：高速公路的投资、建设、管理、收费和养护等。			所属行业：公路铁路运输
涉及概念：沪港通，核电核能			
市盈率(动态)：10.40	每股收益：0.26元	净资产收益率：5.22%	分类：中盘股
市盈率(静态)：12.97	营业收入：27.04亿元　同比增长2.35%	每股净资产：5.13元	总股本：23.35亿股
市净率：0.71	净利润：6.11亿元　同比下降3.1%	每股现金流：0.50元	流通A股：23.35亿股

图 13-10　最新动态中的公司概要

“近期重要事件”和它下面的“新闻公告”属同一类，都是企业本身所发生的一些事件披露。如图 13-11。

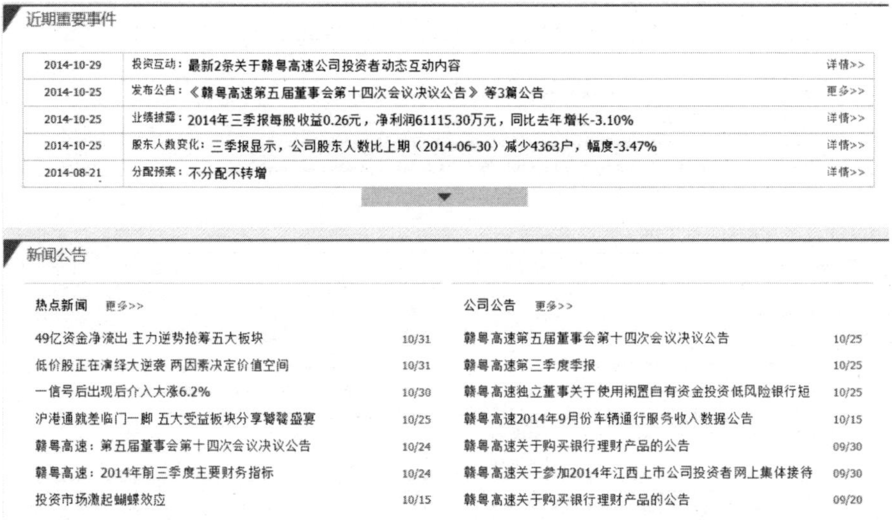

近期重要事件

2014-10-29	投资互动：最新2条关于赣粤高速公司投资者动态互动内容	详情>>
2014-10-25	发布公告：《赣粤高速第五届董事会第十四次会议决议公告》等3篇公告	更多>>
2014-10-25	业绩披露：2014年三季报每股收益0.26元，净利润61115.30万元，同比去年增长-3.10%	详情>>
2014-10-25	股东人数变化：三季报显示，公司股东人数比上期（2014-06-30）减少4363户，幅度-3.47%	详情>>
2014-08-21	分配预案：不分配不转增	详情>>

新闻公告

热点新闻　更多>>		公司公告　更多>>	
49亿资金净流出 主力逆势抢筹五大板块	10/31	赣粤高速第五届董事会第十四次会议决议公告	10/25
低价股正在演绎大逆袭 两因素决定价值空间	10/31	赣粤高速第三季度季报	10/25
一信号后出现后介入大涨6.2%	10/30	赣粤高速独立董事关于使用闲置自有资金投资低风险银行短	10/25
沪港通就差临门一脚 五大受益板块分享饕餮盛宴	10/25	赣粤高速2014年9月份车辆通行服务收入数据公告	10/15
赣粤高速：第五届董事会第十四次会议决议公告	10/24	赣粤高速关于购买银行理财产品的公告	09/30
赣粤高速：2014年前三季度主要财务指标	10/24	赣粤高速关于参加2014年江西上市公司投资者网上集体接待	09/30
投资市场激起蝴蝶效应	10/15	赣粤高速关于购买银行理财产品的公告	09/20

图 13-11　最新动态中的“近期重要事件”和“新闻公告”

在最新动态中的其他版块都是一些无足轻重的信息了，即使有重要信息，也仅仅是重要信息的简报或简明的数据，更重要的东西都深藏在其他选项中。

13.3.2　公司资料

公司资料栏目包含公司名称、公司地址、所属行业、上市日期、公司联系方式、法人代表、公司高层、主营业务、公司简介等基本信息。其中法人代表、所属行业、主营业务等栏目应引起投资者的关注。图 13-12 为东风汽车（600006）详细情况栏目示例。

详细情况

	公司名称：东风汽车股份有限公司	所属地域：湖北省
	英文名称：Dongfeng Automobile Co.Ltd	所属行业：交运设备 — 汽车整车
	曾 用 名：东风汽车->S东汽	公司网址：www.dfac.com
主营业务：设计、制造和销售东风系列及东风日产系列轻型商用车、东风康明斯发动机及相关零部件、东风系列及东风日产系列轻型发动机。		
产品名称：轻型载货汽车　、运动型多用途乘用车　、客车底盘等。		
控股股东：东风汽车有限公司（持有东风汽车股份有限公司股份比例：60.10%）		
实际控制人：国务院国有资产监督管理委员会（持有东风汽车股份有限公司股份比例：20.53%）		
最终控制人：国务院国有资产监督管理委员会（持有东风汽车股份有限公司股份比例：20.53%）		
董事长：朱福寿	董　秘：张新峰	法人代表：朱福寿
总 经 理：杨青	注册资金：200000.00万元	员工人数：10290
电　话：86-27-84287977;86-27-84287896	传　真：86-27-84287988	邮 编：430056
办公地址：湖北省武汉经济技术开发区创业路58号		
公司简介：东风汽车股份有限公司是一家设计、制造和销售东风系列轻型商用车、东风康明斯发动机及相关零部件的公司.主要产品包括乘用车和商用车两大类.东风轻型商用车已形成东风小霸王、东风金霸、东风多利卡、东风之星、东风金刚、东风皮卡、东方快车等多系列上千个品种.产品结构覆盖轻型卡车、轻客、客车底盘、皮卡、SUV等车型,是中国最大的轻型商用车生产基地.		

图 13-12　公司资料

13.3.3　股东研究

股东研究给出的数据主要是大股东的持股情况，如是否继续持有、或新进、或减持该股，以及股份的占比。对于跟大股东进仓出仓的投资者来说，可以从这里跟踪他们的行动（见图 13-13）。

2014-09-30　2014-06-30　2014-03-31　2013-12-31　2013-09-30

前十大流通股东累计持有：129116.72万股，累计占流通股比：64.55%，较上期变化：6423.45万股 ↑

机构或基金名称	持有数量(万股)	占流通股比例(%)	增减情况(万股)	股份类型	历史持股
东风汽车有限公司	120200.00	60.10	不变	流通A股	点击查看
中国工商银行-南方绩优成长股票型证券投资基金	2235.18	1.12	新进	流通A股	点击查看
中国银行股份有限公司-招商行业领先股票型证券投资基金	1535.10	0.77	新进	流通A股	点击查看
中国光大银行股份有限公司-光大保德信量化核心证券投资	1025.70	0.51	新进	流通A股	点击查看
中国银行-南方高增长股票型开放式证券投资基金	1000.00	0.50	新进	流通A股	点击查看
东风汽车公司	884.18	0.44	不变	流通A股	点击查看
中国工商银行股份有限公司-南方新优享灵活配置混合型证券投资基金	600.00	0.30	新进	流通A股	点击查看
北京金盛阳光投资有限公司	597.94	0.30	新进	流通A股	点击查看
长江证券股份有限公司	550.00	0.27	新进	流通A股	点击查看
中信信托有限责任公司-中信·稳健分层型证券投资集合资金信托计划1304D期	488.62	0.24	新进	流通A股	点击查看

图 13-13　股东研究

13.3.4　经营分析

经营分析中最重要的栏目为主营构成，主营构成包括公司主营构成和公司采购和销售客户情况信息。它主要是统计该公司在这个报告期内的主营业务收入，其中包括公司涉足的行业项目和公司产品在全国范围内的营业收入、营业成本、毛利率以及同比增长等数据。图 13-14 为东风汽车（600006）主营构成栏目示例。

2014-06-30 | 2013-12-31 | 2013-06-30

注：通常在中报、年报时披露

业务名称		营业收入(万元)	收入比例	营业成本(万元)	成本比例	利润比例	毛利率
按行业	汽车行业	835895.06	100.00%	723080.10	100.00%	100.00%	13.50%
按产品	轻型车	276194.53	33.04%	244705.88	33.84%	27.91%	11.40%
	SUV	225833.16	27.02%	197773.89	27.35%	24.87%	12.42%
	皮卡	212479.69	25.42%	172647.99	23.88%	35.31%	18.75%
	客车及底盘	97234.40	11.63%	85259.07	11.79%	10.62%	12.32%
	其他	24153.27	2.89%	22693.27	3.14%	1.29%	6.04%
按地区	华东地区	222571.36	26.63%	-	-	-	-
	华中地区	205771.95	24.62%	-	-	-	-
	华南地区	200600.05	24.00%	-	-	-	-
	华北大区	131036.79	15.68%	-	-	-	-
	其他	75914.92	9.08%	-	-	-	-

图 13-14　经营分析中的主营构成

采购和销售客户情况信息包括公司财务报告期内，前五名供应商采购金额及前五名销售客户销售金额合计信息，以及相关金额所占的比重信息。

13.3.5　股本结构

股本结构中的数据主要为股本的变动情况，总股本是多少，流通是多少，限售又是多少，并且还有每季度股本结构的变化，是否有增发情况等（见图 13-15）。

13.3.6　资本运作

资本运作应结合该企业的财务报表中的现金流量表来看，它的数据主要是投资活动产生的现金流出量。比如说开发了什么新项目，购进了什么设备，或者兼并了某些其他企业等（见图 13-16）。

13.3.7　盈利预测

盈利预测是同花顺软件根据他们的某种计算方法，预测出该企业今后两年的盈利取向。因为是预测，所以也只能起到参考的作用，而不能作为决策的依据（见图 13-17）。目前为止 2014 年的年报尚未出炉，那么图中给出的 2014 年和 2015 年的盈利数据就是预测出来的。

总股本结构

股份构成	2014-09-30	2014-06-30	2014-03-31	2013-12-31	2013-09-30	2013-06-30
总股本(万股)	200000.00	200000.00	200000.00	200000.00	200000.00	200000.00
A股总股本	200000.00	200000.00	200000.00	200000.00	200000.00	200000.00
流通A股	200000.00	200000.00	200000.00	200000.00	200000.00	200000.00
限售A股	-	-	-	-	-	-
变动原因	三季报	半年报	一季报	年报	三季报	半年报

A股结构图

A股总股本：200000.00万股 ； 流通A股：200000.00万股；该股已实现A股全流通！

A股历次股本变动

变动日期	变动原因	变动后A股总股本(万股)	变动后流通A股(万股)	变动后限售A股(万股)
2009-12-31	定期报告	200000.00	200000.00	-
2009-11-13	股权分置受限股份上市	200000.00	200000.00	-
2009-06-30	定期报告	200000.00	79800.00	120200.00
2008-12-31	定期报告	200000.00	79800.00	120200.00
2008-06-30	定期报告	200000.00	79800.00	120200.00
2007-12-31	定期报告	200000.00	79800.00	120200.00
2007-06-30	定期报告	200000.00	79800.00	120200.00
2006-12-31	定期报告	200000.00	79800.00	120200.00

图 13-15　股本结构

项目投资

公告日期	项目名称	承诺使用募集资金(万元)	已投入募集资金(万元)	建设期(年)	税后收益率(%)	预测年新增净利润(万元)	项目简介
1999-06-16	柴油发动机完善生产能力技术改造项目	6000.00	6000.00	-	19.94%	1959.90	-
1999-06-16	轻型车完善生产能力项目	127000.00	111868.03	-	22.77%	67607.00	-
1999-06-16	投资参股东风康明斯发动机有限公司项目	21750.00	20709.91	-	25.53%	9000.00	-

收购兼并

公告日期：2014-03-28　交易金额：1862.08 万元　交易进度：完成

交易标的：常州东风汽车有限公司16.67%股权

买方：东风汽车股份有限公司

卖方：东风资产管理有限公司

交易概述：公司于2013年3月22日召开的第三届董事会第三十二次会议审议并通过了《关于收购常州东风汽车有限公司股权的议案》。公司将以1862.08万元的价格收购东风资产管理有限公司持有的常州东风汽车有限公司(以下简称"常州东风")16.67%的股权。

公告日期：2013-03-26　交易金额：4900.00 万元　交易进度：完成

交易标的：东风裕隆汽车销售有限公司49%股权

买方：东风汽车股份有限公司

卖方：英属维尔京群岛 JETFORD INC.

交易概述：公司将以4900 万元的价格受让英属维京群岛 JETFORD INC.持有的东风裕隆汽车销售有限公司的49%股权.本次交易未构成关联交易.

公告日期：2012-03-27　交易金额：2295.02 万元　交易进度：完成

交易标的：襄樊东风隆诚机械有限责任公司100%股权

买方：东风汽车股份有限公司

卖方：东风(十堰)实业公司

图 13-16　资本运作

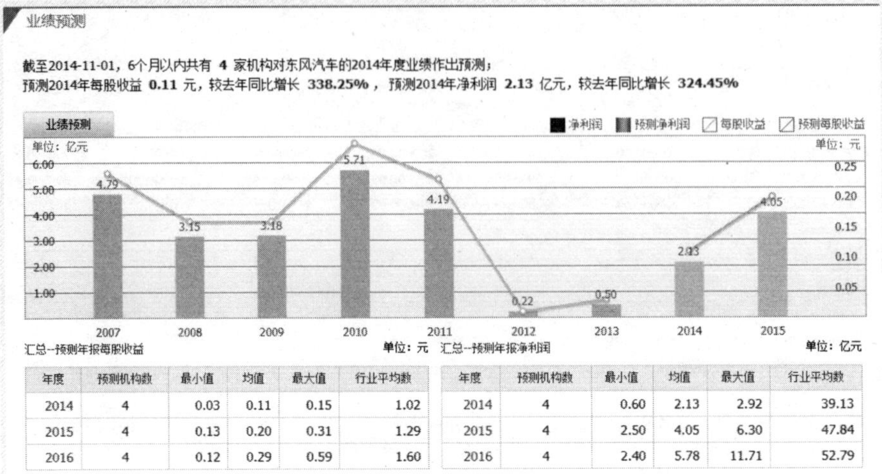

年度	预测机构数	最小值	均值	最大值	行业平均数
2014	4	0.03	0.11	0.15	1.02
2015	4	0.13	0.20	0.31	1.29
2016	4	0.12	0.29	0.59	1.60

年度	预测机构数	最小值	均值	最大值	行业平均数
2014	4	0.60	2.13	2.92	39.13
2015	4	2.50	4.05	6.30	47.84
2016	4	2.40	5.78	11.71	52.79

图 13-17　盈利预测

13.3.8　新闻公告

新闻公告栏目是记录公司所属的行业范围内的新闻、资讯等信息。行业新闻是按时间顺序排列的，在该栏目中还经常有一些信息，预示着该行业的冷热走向，成本、利润等因素出现变化，从而会影响该公司的经营利润情况。

13.3.9　题材概念

题材概念的内容主要是与行业的相关性消息。比如东风汽车，它的常规概念就是汽车制造、新能源汽车。在这个栏目中，还会说到汽车行业的优势、劣势、机会和威胁。更加深度的分析就是汽车制造行业的上游企业和下游企业的数据。

13.3.10　主力持仓

对于跟庄操作的投资者来说，主力持仓数据是必不可少的。一只股票是否有拉升的可能性，主要看这只股票里是不是有庄。所以是否有主力进入，也是选择持有该股票的一个选择标准。但庄和主力并不是同一个概念，主力可以是一个庄，也可以是几个庄。因此这个栏目所给出的都是持股占比很大的机构的数据（见图 13-18）。

机构持股明细

2014-09-30 2014-06-30 2014-03-31 全部

机构或基金名称	持有数量(万股)	持股市值(亿元)	占流通股比例(%)	增减情况(万股)
东风汽车股份有限公司	121084.18	69.74	60.54	不变
南方绩优成长股票型证券投资基金	2235.18	1.29	1.12	新进
招商行业领先股票型证券投资基金	1535.10	0.88	0.77	新进
光大保德信量化核心证券投资基金	1025.70	0.59	0.51	新进
南方高增长证券投资基金	1000.00	0.58	0.50	新进
南方新优享灵活配置混合型证券投资基金	600.00	0.35	0.30	新进
北京金盛阳光投资有限公司	597.94	0.34	0.30	新进
长江证券股份有限公司	550.00	0.32	0.28	新进
中信信托有限责任公司	488.62	0.28	0.24	新进
招商安盈保本混合型证券投资基金	458.25	0.26	0.23	新进
招商安泰股票投资基金	317.82	0.18	0.16	新进
南方高端装备灵活配置混合型证券投资基金	53.19	0.03	0.03	新进
招商安泰平衡型证券投资基金	52.76	0.03	0.03	新进
摩根士丹利华鑫进取优选股票型证券投资基金	38.00	0.02	0.02	新进
招商安瑞进取债券型证券投资基金	33.19	0.02	0.02	新进

图 13-18 主力持仓

13.3.11 财务概况

在同花顺软件中称为财务概况的选项，在大智慧系列软件中被称为财务透视，它们所指的都是同一类信息。

财务概况栏目是重点介绍公司最近四个财务报告的各项财务指标和报表。通过财务概况栏目，投资者可以了解公司近几年的经营状况和基本面变化，以及公司最近的财务报告信息。财务概况栏目分为主要财务指标、利润表摘要、资产负债表摘要和现金流量表摘要等分栏目。

主要财务指标分栏是对一年中四个报告期的每股收益、每股税后收益、每股净资产、每股未分配利润、每股公积金、销售毛利率和营业利润率等财务数据指标进行对比（见图 13-19）。

利润表摘要分栏是对四个报告期营业收入、营业成本、营业利润、投资收益、利润总额、可供分配利润等财务信息进行对比。

资产负债表摘要包含了四个报告期的公司资产数据、借款、负债、股东权益、资本公积金等数据信息统计。现金流量表摘要包含了四个报告期的公司经营现金流量净额、投资现金流量净额、筹资现金流量净额、现金净增加额度等信息。

科目\年度	2014-09-30	2014-06-30	2014-03-31	2013-12-31	2013-09-30	2013-06-30
基本每股收益(元)	0.09	0.06	0.02	0.03	0.01	0.02
净利润(万元)	18578.79	12209.60	3599.42	5018.26	2444.00	4318.50
净利润同比增长率(%)	660.18	182.73	180.30	130.89	34.37	-54.86
营业总收入(万元)	1299422.40	896210.52	433669.33	1930569.42	1449588.11	1007902.18
营业总收入同比增长率(%)	-10.36	-11.08	-3.06	9.07	3.73	1.21
每股净资产(元)	3.07	3.04	3.00	2.98	2.98	2.99
净资产收益率(%)	3.07	2.03	0.60	0.84	0.41	0.72
净资产收益率-摊薄(%)	3.03	2.01	0.60	0.84	0.41	0.72
资产负债比率(%)	60.54	60.33	61.27	61.59	62.18	61.54
每股资本公积金(元)	0.32	0.32	0.32	0.32	0.33	0.33
每股未分配利润(元)	1.40	1.36	1.33	1.31	1.30	1.31
每股经营现金流(元)	-0.02	0.14	-0.42	-0.26	-0.54	-0.54
销售毛利率(%)	14.13	14.05	13.97	12.96	13.00	12.85
存货周转率	5.66	3.74	1.86	7.98	5.56	3.80

图 13-19　财务概况

13.3.12　分红融资

公红融资有两种情况，一种是上市公司给股东分红，一种是向外界融资。一种是发钱，一种是收钱。这个融资在这个栏目里是特定的，就是增高新股或配股，而不论是发钱还是收钱，在这里都会看到详细的数据。图 13-20 所示为东风汽车的分红数据。

公告日期	分红方案说明	A股股权登记日	A股除权除息日	A股派息日	方案进度
2014-08-29	不分配不转增	-	-	-	董事会预案
2014-03-28	10派0.076元(含税)	2014-06-19	2014-06-20	2014-06-20	实施方案
2013-08-31	不分配不转增	-	-	-	董事会预案
2013-03-26	10派0.033元(含税)	2013-06-14	2013-06-17	2013-06-20	实施方案
2012-08-22	不分配不转增	-	-	-	董事会预案
2012-03-27	10派0.5元(含税)	2012-06-15	2012-06-18	2012-06-21	实施方案
2011-03-26	10派1.2元(含税)	2011-06-20	2011-06-21	2011-06-24	实施方案
2010-08-20	不分配不转增	-	-	-	董事会预案
2010-03-27	10派0.6元(含税)	2010-06-18	2010-06-21	2010-06-24	实施方案
2009-08-19	不分配不转增	-	-	-	董事会预案
2009-03-27	10派0.9元(含税)	2009-06-19	2009-06-22	2009-06-26	实施方案
2008-08-29	不分配不转增	-	-	-	董事会预案
2008-03-29	10派1.5元(含税)	2008-06-20	2008-06-23	2008-06-27	实施方案
2007-08-29	不分配不转增	-	-	-	董事会预案
2007-03-30	10派1.2元(含税)	2007-07-18	2007-07-19	2007-07-25	实施方案
2006-08-29	不分配不转增	-	-	-	董事会预案
2006-03-24	10派0.8元(含税)	2006-06-19	2006-06-20	2006-06-23	实施方案
2005-08-30	不分配不转增	-	-	-	董事会预案
2005-03-01	10派0.75元(含税)	2005-06-27	2005-06-28	2005-07-01	实施方案

图 13-20　分红数据

13.3.13　公司大事

公司大事栏目是按照时间先后顺序，记录公司股改进程、分红送股、交易异动、财务报告披露等公司重大事件的栏目。图 13-21 为东风汽车（600006）的大事提醒栏目“近期重要事件”。

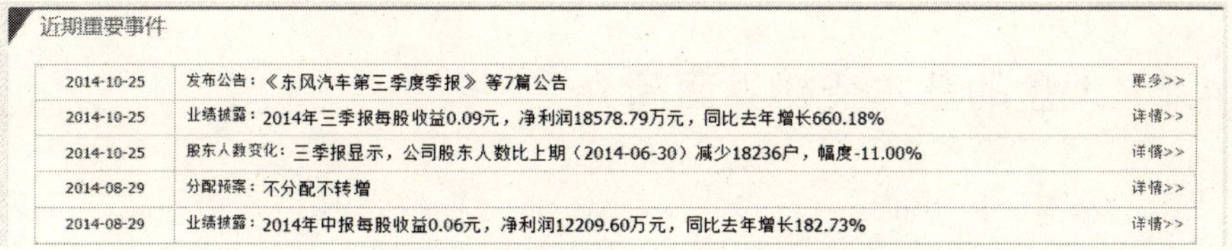
近期重要事件

2014-10-25	发布公告：《东风汽车第三季度季报》等7篇公告	更多>>
2014-10-25	业绩披露：2014年三季报每股收益0.09元，净利润18578.79万元，同比去年增长660.18%	详情>>
2014-10-25	股东人数变化：三季报显示，公司股东人数比上期（2014-06-30）减少18236户，幅度-11.00%	详情>>
2014-08-29	分配预案：不分配不转增	详情>>
2014-08-29	业绩披露：2014年中报每股收益0.06元，净利润12209.60万元，同比去年增长182.73%	详情>>

图 13-21 公司大事中的“近期重要事件”

13.3.14　行业对比

行业对比是同行业之间的对比，这个栏目的侧重点是财报分析。所以如果没有财报分析基础的话，也只能是简单地看看该企业在同行业中的排名而已。即使是看看排名，也能有利于我们从中找到不同指标的龙头企业（见图 13-22）。

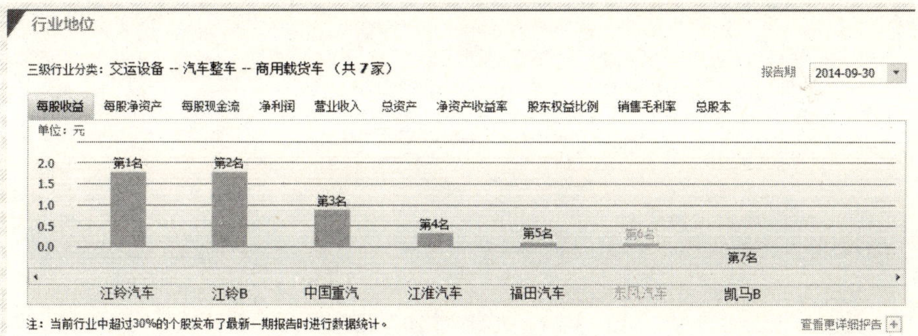

图 13-22　行业对比

在图 13-22 中显示，在每股收益中东风汽车在整体行业中排名第 6 名。当然我们还可以选择其他的选项来看排名。东风汽车在每股净资产中排第 6 名，在每股现金流中排第 5 名，在净利润中排第 6 名，在营业收入中排第 6 名，在总资产中排第 3 名，在净资产收益率中排第 5 名，在股东权益比例中排第 4 名，在销售毛利率中排第 4 名，在总股本中排第 2 名。综合以上的排名来看，东风汽车在同行业应处于中下游水平。

13.4 大盘的基本资料界面

在大盘基本资料界面里，可以查看到当日的龙虎榜、市场概览、证券要闻、新股分析、融资融券、宏观研究和基本信息等栏目。

13.4.1 大盘的基本资料界面简介

大盘的基本资料里面进入方式为在大盘分时界面或者 K 线走势界面，按 F10 键或者【10+Enter】键即可，其操作方法与个股基本资料界面一致（见图 13-23）。

图 13-23 大盘“F10”信息界面

- ❑ 龙虎榜栏目主要内容包括以各种参数为依据的排名。比如有以涨幅为参数的涨幅龙虎榜，以板块为参数的当日涨幅最大板块的龙虎榜，还有以概念排名、以营业部投资排名、以大宗交易排名及以董监高持股变动为排名的各种龙虎榜。
- ❑ 市场概览栏目首先给出的是沪深两市分别的上市股票总量、股票市价总值、流通市值，月末 A 股平均市盈率等参数。然后下面是各企业发出的各种公告的集合，而这些集合将再次被分类，分为利好公告、利空公告、增发配股公告、减持公告和股东大会公告。可以让我们第一时间知道整体市场的情况。

- ❑ 证券要闻栏目则是一些分析评论文章。其中包括大势分析、财经热点、行业研究、基金动态、期货走势、国际市场、债券要闻、重组并购等。
- ❑ 新股分析栏目则是针对新股的各种消息。
- ❑ 融资融券栏目是最近几年我国市场新出现的风险规避金融工具，当然这种方法并不是新的，而在我国则是第一次尝试。该栏目首先披露的是各企业的融资融券的金额和数量，其后是一些更有针对性、更细致的分析，如图 13-24 所示。

沪市融资融券交易明细

证券代码	股票简称	融资买入额（万元）↓	融资余额（万元）	融券卖出量（万股）	融券余额（万元）	融资融券余额（万元）
600000	浦发银行	125437.60	906110.72	2078.18	4011.67	910122.38
601166	兴业银行	103892.50	734486.24	1736.37	4113.82	738600.05
600030	中信证券	101436.62	761453.16	1109.80	5840.14	767293.31
601318	中国平安	87918.30	1215020.94	302.31	7478.21	1222499.15
600795	国电电力	84128.77	127516.39	2680.51	2229.39	129745.79
600837	海通证券	75924.51	412326.07	941.77	5024.48	417350.55
600016	民生银行	59101.13	635323.69	2618.39	4097.78	639421.48
600015	华夏银行	57630.16	201288.50	1134.60	1610.39	202898.88
601390	中国中铁	53199.02	139616.48	434.26	1856.38	141472.87
601818	光大银行	52990.18	181760.07	2188.21	1138.46	182898.53
600036	招商银行	51602.11	526691.78	1540.43	5874.04	532565.82
601688	华泰证券	39934.26	219730.46	734.30	2094.64	221825.09
601009	南京银行	39885.32	88956.92	222.37	1478.07	90434.99
600755	厦门国贸	38014.51	89744.88	2.00	2.40	89747.28
600435	北方导航	35546.51	142529.43	53.34	444.40	142973.84

图 13-24　融资融券交易明细

- ❑ 宏观研究栏目是宏观经济学中的一些指标与大盘走势的比较数据。比如我们经常能听到的 CPI 指标、PPI 指标、M1、M2、准备金率、利率等。这些指标的变动不论从短期还是长期，都会影响整个市场的走势，它是方向性的，所以作为投资者来说，不能忽视这些指标。
- ❑ 基本信息栏目是以月报形式发布的，每月一总结整体市场的情况，包括我们在前面说过的市场概览中的一些数据，还有一些交易所发布的公告信息。

13.4.2 大盘默认方案界面简介

同花顺软件加入了选择窗口界面方案的功能，可以满足用户的不同看盘习惯和窗口布局个性化的需求。在软件上方的功能按钮的中央靠右部分，有两个选择，一为“自定义”选项，一为“多窗口”选项。有 8 种以上的选择方式任用户选择。如图 13-25

所示为多窗口中的六股报价选项，可以同时观察六只股票的走势情况。

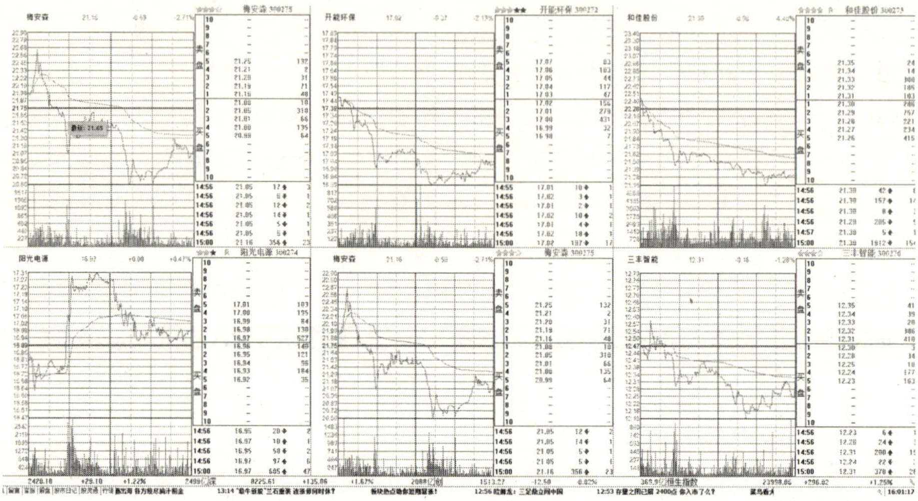

图 13-25　六股同时观察

在自定义页面中，有 9 种选择的方案，分别为 DDE 决策、板块轮动、个股追踪、关联报价、短线狙击、短线看盘、综合盯盘、寻找潜力股和快手抢反弹。如图 13-26 所示为自定义中的“短线狙击”。

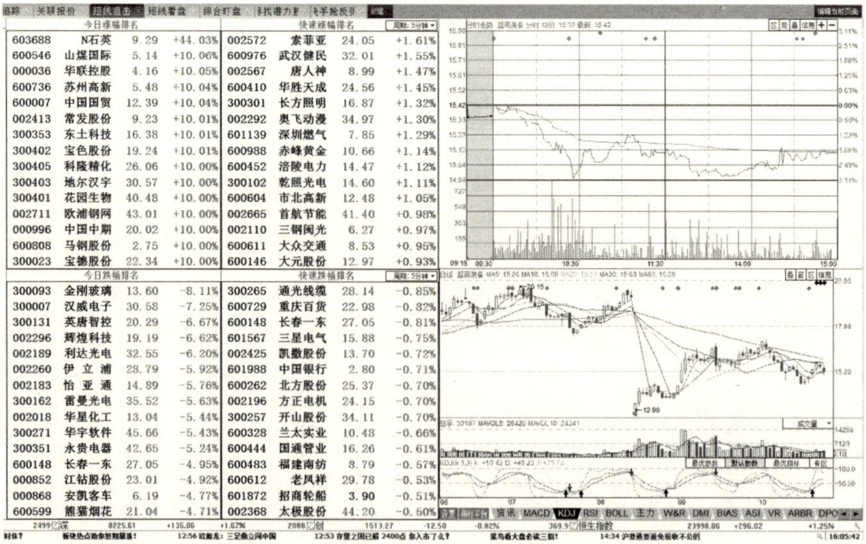

图 13-26　自定义中的“短线狙击”界面

该界面中可以看到当日的涨幅、跌幅排名和当日快速涨幅、跌幅排名，并且右侧的图表 5 秒钟一换。这种快速切换适合于做短线的朋友们快速地观察不同股票的变化。

图 13-27 为综合盯盘，可以同时观察期货、股指期货和自选股票。对于跨界三栖的朋友们，可以不用切换看盘软件就可以同时看到各种金融衍生品的走势。右侧的走势栏也可以相互对照对比，作为参考。

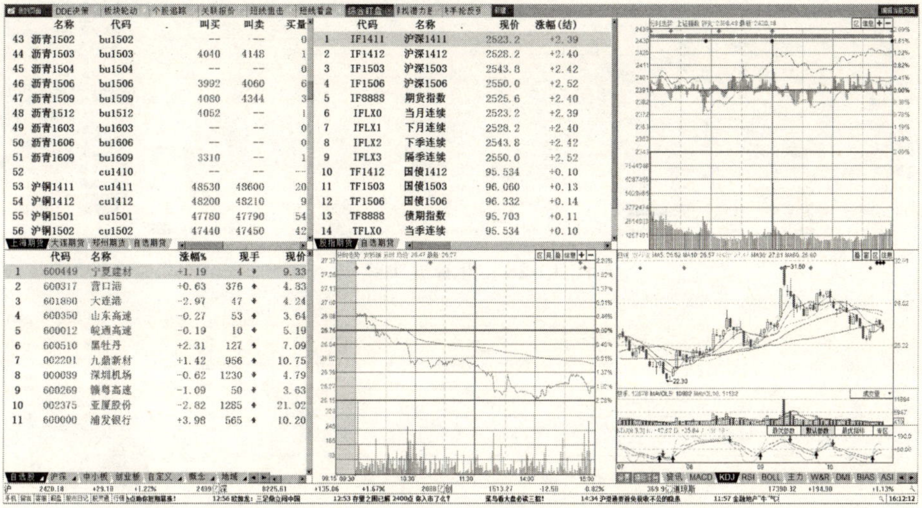

图 13-27　自定义中的“综合盯盘”界面

13.5　板块的基本资料信息

众所周知，个股的走势与相应板块的其他股票有互相联动的关系，受到其所在的板块指数走势影响。因此对个股所在板块的研究，也是十分重要的。在行情报价牌界面中，单击下方行情选择按钮中的“板块指数”按钮，即可对各类板块行情进行查看。

在图 13-28 中，单击“板块热点”以后，在分时走势图下方有多种板块的选项，如第一为“银行”板块，第二为“人脑工程”板块等等。再双击某一板块，就会显示出更具体的信息。我们以银行板块为例，双击“银行”板块如图 13-29 所示。

上方为银行板块指数的走势图，下方为银行板块的各种即时信息，右侧为各银行涨幅排名。

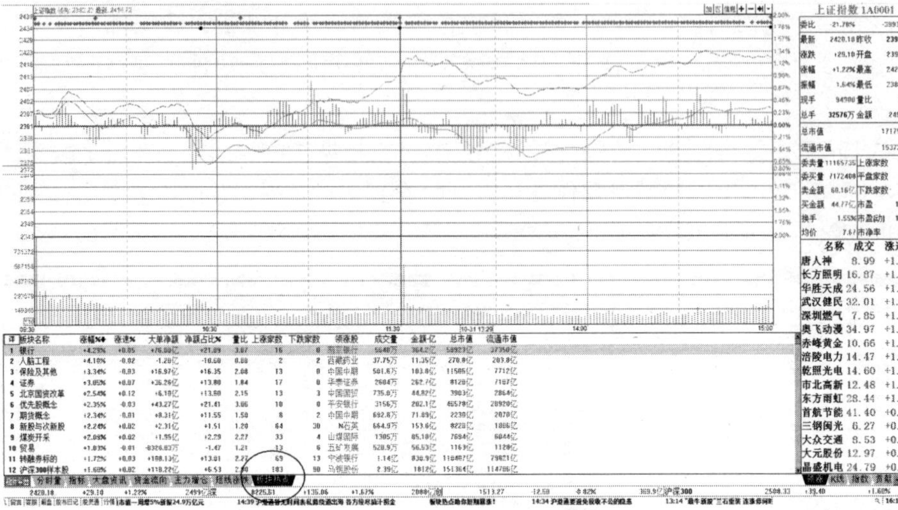

图 13-28　查看板块热点

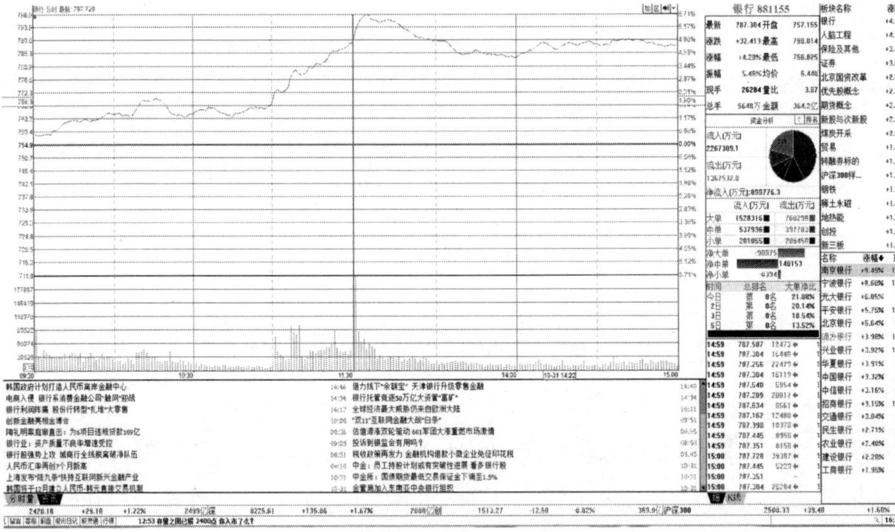

图 13-29　银行板块示例

13.6　同花顺股民交互平台

同花顺软件除了强大的资讯和技术分析功能外，还为投资者专门设立了相互交流技术和信息的网上交互平台，例如同花顺论股堂、同花顺找高手、股灵通等等。为了使投资者能熟练使用，在本节中将对它们做一些简要的介绍。

13.6.1　同花顺论股堂

同花顺论股堂为投资者提供了一个信息方便快捷的交互平台。投资者可以在其上获得权威的产品技术支持，学习投资技术知识，与其他投资者交流信息。

在同花顺软件上方中间靠右侧有论股堂按钮，单击论股堂，会出现一个类似在线聊天工具一样的对话框，可以随时将想说的话发表上去，只要有人也在查看论股堂，就会看到你说的话（见图 13-30）。

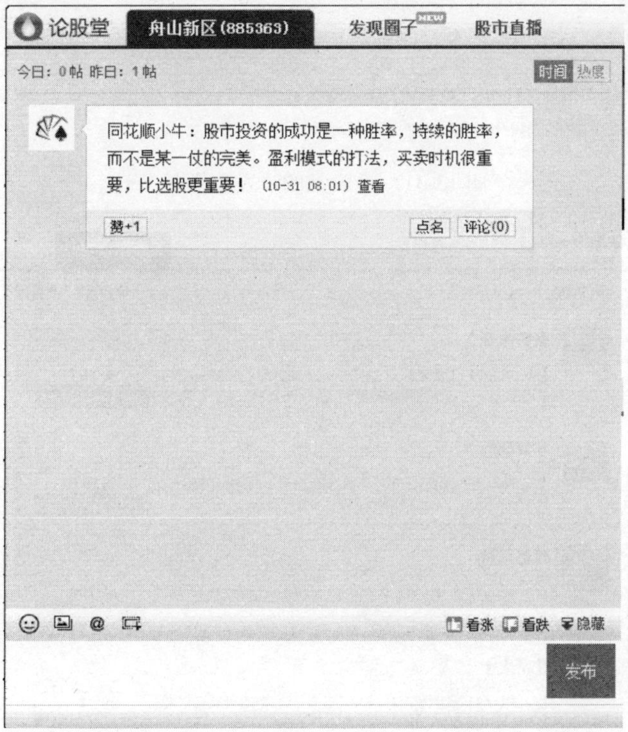

图 13-30　“论股堂”界面

在对话框的右侧有“发现圈子”选项，类似于微信圈子的交流方式（见图 13-31）。

对话框最右侧的选项为“股市直播”，类似于现在用的 YY 软件和 QT 软件，可以用语音或是文字即时交流。如图 13-32 和图 13-33 所示，点击进去以后就可以和直播室的主持人进行互动了。

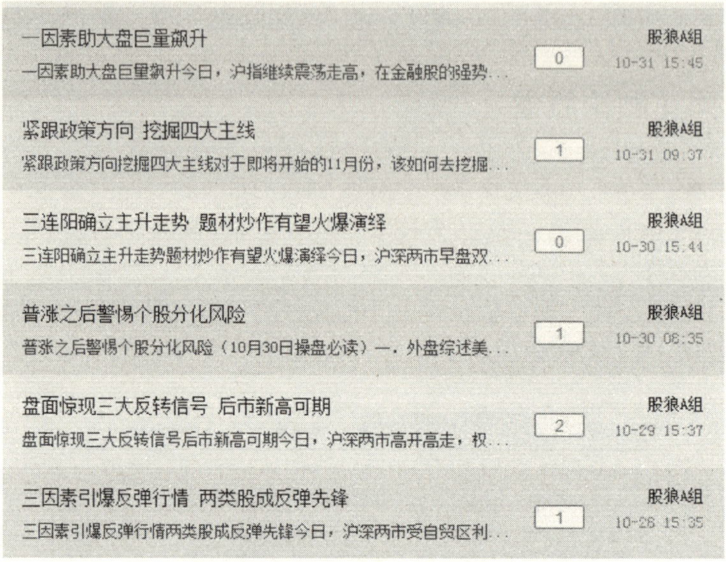

图 13-31 论股堂的“发现圈子”

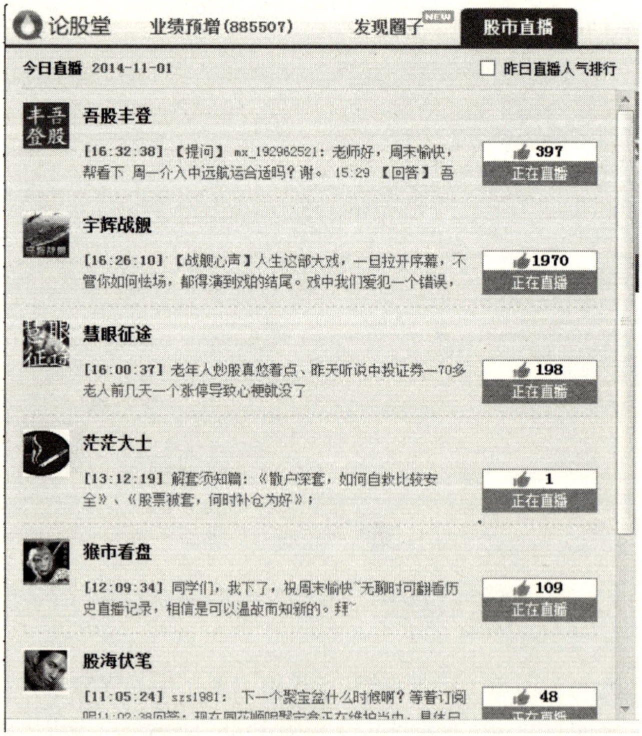

图 13-32 论股堂的“股市直播”

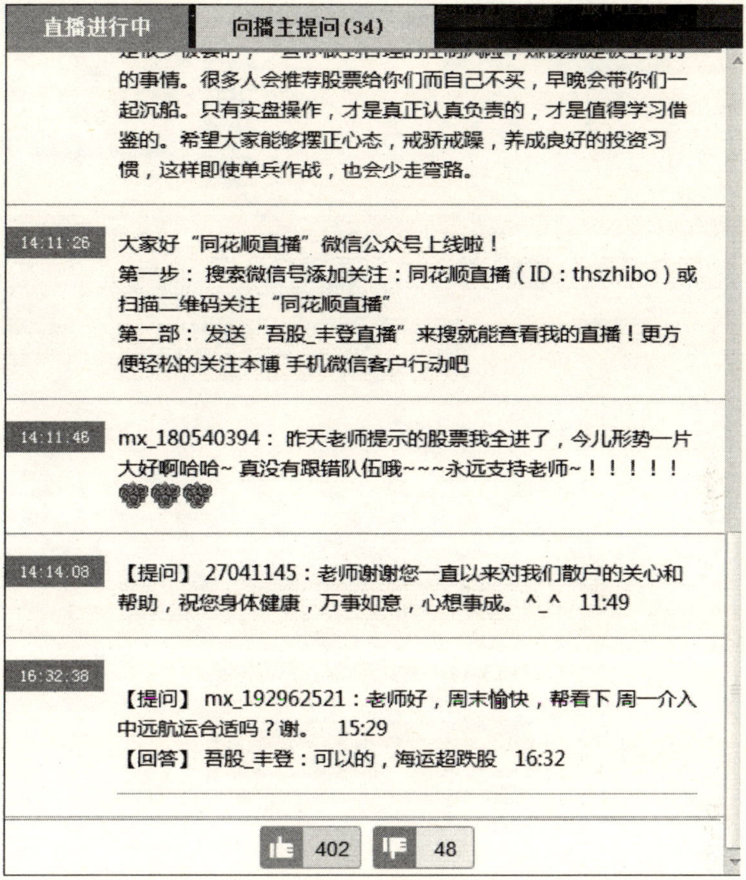

图 13-33　论股堂直播室

13.6.2　找高手

在“论股堂”按钮的右侧就是“找高手”按钮，单击它会跳出一个网页，地址为 ace.10jqka.com.cn。这里常年举行着一些比赛，可以在这个网页中看到各高手的收益排名，甚或你也可以报名参赛（见图 13-34）。

13.6.3　股灵通

在同花顺软件的左下角有一“股灵通”的按钮选项，或者按“Ctrl+G”可以直接跳出股灵通。股灵通类似于腾讯 QQ 一类的在线聊天工具，只不过它的平台是同花顺提供的，其操作方法与腾讯 QQ 也如出一辙，大同小异（见图 13-35）。

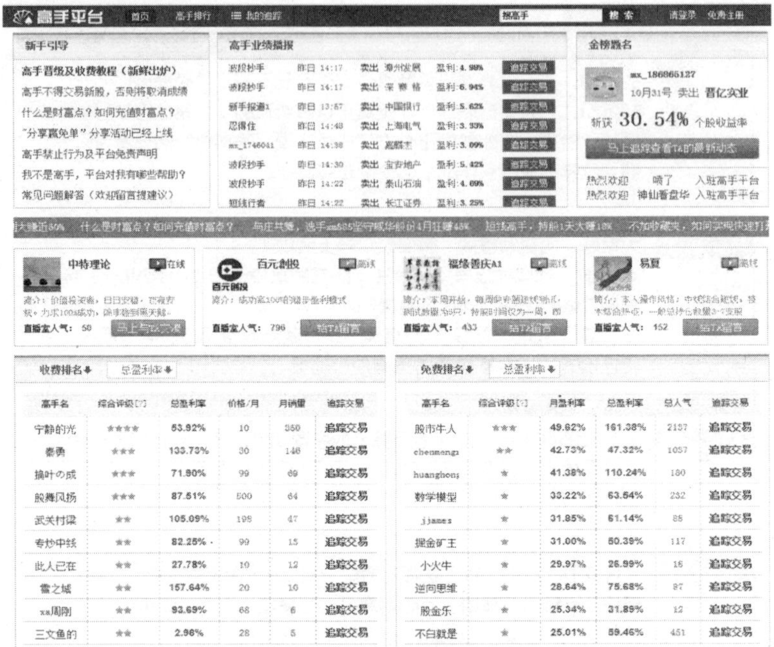

图 13-34　同花顺高手平台网页

图 13-35　股灵通

附录 A 常见股票名词释义速查

（A）

A 股：A 股是我国境内的公司发行，供境内机构、组织或个人（不含台、港、澳投资者）以人民币认购和交易的普通股股票。A 股市场于 1990 年成立。

（B）

B 股：B 股是中国大陆公司发行的人民币特种股票，在国内证券交易所上市，以外币交易。B 股市场于 1992 年成立，2001 年 2 月 19 日前，仅限外国投资者买卖。2001 年 2 月 19 日后，B 股市场对国内投资者开放。

保证金：在证券市场融资购买证券时，投资者所需缴纳的自备款。

白色曲线：大盘分时图的白色曲线表示上证交易所对外公布的通常意义下的大盘指数，即加权数。

黄色曲线：是不考虑上市股票发行量的多少，将所有股票对上证指数的影响等同对待的不含加权数的大盘指数。

参考两者关系：在指数上升时，黄线在白线上，表示发行量少（盘小）的股票涨幅较大；白线在黄线上时，表示发行量多（盘大）的股票涨幅较大。当指数下跌时，黄线在白线上，小盘股跌幅小于大盘股的跌幅；白线在黄线上时，小盘股的跌幅大于大盘股的跌幅。

白马：是指股价已形成慢慢涨的长升通道，还有一定的上涨空间的股票。

背离：当价格与其他技术指标出现的不正常的配合关系。有量价背离和指标背离。

（C）

抄底：底是顶的对立面。如果在股价下降到一定程度后，买进股票，然后股价就回升了。那么你就是成功地抄到了底。

成交量：是指在某一点上某只股票所成交的数量，单位为手。

承销商：承销商向公司担保所筹集资金会及时到位，不足部分由承销商负担。

重组：包括股份分拆、合并、资本缩减（部分偿还）以及名称改变。

筹码：投资人手中持有一定数量的股票。

除权、除息： 由于上市公司送股、配股或转增股本引起公司总股本的增加，从而每股股票所代表的企业实际价值减少，则需要在股票价格中剔除这部分因素，这种剔除行为就叫作除权。上市公司将盈余以现金方式分配给股东，股价就需要除息。

除权除息价＝（股权登记日的收盘价－每股所分红利现金额＋配股价×每股配股数）/（1＋每股送红股数＋每股配股数）

创业板市场： 也称二板市场，是上市标准较低、为中小创新公司融资的股票市场。

（D）

大非、小非： 非是指非流通股。

小非就是小部分非流通股，股改之前就有承诺，非流通股在股改结束以后一年之内是不会在二级市场上抛售的，一年以后也不是大规模的抛售，而是有限度地抛售一小部分，为的是不对二级市场造成大的冲击，而剩下相对较多的一部分就是大非。

大户： 就是大额资产的投资人，例如财团、信托公司以及其他拥有庞大资金的集团或个人。

打压： 是用非常方法，将股价大幅度压低。通常大户在打压之后便大量买进以取暴利。

大盘分时走势图：

白色曲线，表示上证交易所对外公布的通常意义下的大盘指数，即加权数。

黄色曲线，是不考虑上市股票发行量的多少，将所有股票对上证指数的影响等同对待的不含加权数的大盘指数。

参考两者关系，在指数上升时，黄线在白线上，表示发行量少（盘小）的股票涨幅较大；白线在黄线上时，表示发行量多（盘大）的股票涨幅较大。当指数下跌时，黄线在白线上，小盘股跌幅小于大盘股的跌幅；白线在黄线上时，小盘股的跌幅大于大盘股的跌幅。

红色、绿色的柱线反映当前大盘所有股票的买盘与卖盘的数量对比情况。红柱增加，表示买盘大于卖盘，指数逐渐上涨；红柱缩短，表示卖盘大于买盘，指数逐渐下跌。绿柱增加，指数下跌量增加；绿柱缩短，指数下跌量减小。

短线： 预期股价上涨，先低价买入后再在短期内以高价卖出。预期股价下跌，先高价卖出再伺机在短期内以低价回购。

对敲： 是股票投资者（庄家或大的机构投资者）的一种交易的手法。具体操作方法在多家营业部同时开户，以拉锯方式在各营业部之间报价交易，以达到操纵股价的目的。

对冲基金： 此类基金有别于共同基金，被富有的个人和机构用于实施进取型策略，包括卖空、杠杆操作、程序交易、互换交易、套利交易和衍生品交易。法律规定，每个对冲基金的投资者应少于 100 人，因此一般情况下，对冲基金的最小交易额限定为 100 万美元。

多头：对股票后市看好，先行买入股票，等股价涨至某个价位，卖出股票赚取差价的人。

多头市场：一般来说，人们通常把股价长期保持上涨势头的股票市场称为多头市场。多头市场股价变化的主要特征是一连串的大涨小跌。

（E）

ETF 基金： ETF 为 Exchange Traded Fund 的英文缩写，中文译为“交易型开放式指数基金”。ETF 基金管理的资产是一揽子股票组合，组合中的股票种类与某一特定指数一致。如 50ETF（510050）同上证 50 指数包含的成分股票相同，成分股构成比例也一致。因此 ETF 基金的净值走势往往与相应的指数一致。

ETF 基金可以说是一种混合型的特殊基金，它克服了封闭式基金和开放式基金的缺点，同时集两者的优点于一身。ETF 基金交易时，可以选择申购赎回方式，其与开放式基金的操作相类似，而它是使用特定的 ETF 业务功能进行申购和赎回基金份额；ETF 基金也可以如同封闭式基金一样，直接在证券软件里买入卖出交易。

二级市场：指流通市场，是已发行股票进行买卖交易的场所。二级市场的主要功能在于有效地集中和分配资金。

（1）促进短期闲散资金转化为长期建设资金；

（2）调节资金供求，引导资金流向，沟通储蓄与投资的融通渠道；

（3）二级市场的股价变动能反映出整个社会的经济情况，有助于抽调劳动生产率和新兴产业的兴起；

（4）维持股票的合理价格，交易自由、信息灵通、管理缜密，保证买卖双方的利益都受到严密的保护。已发行的股票一经上市，就进入二级市场。投资人根据自己的判断和需要买入和卖出股票，其交易价格由买卖双方来决定，投资人在同一天中买入股票的价格是不同的。

二板市场：见创业板市场。

（F）

法人股：指企业法人或具有法人资格的事业单位和社会团体以其依法可经营的资产向公司非流通股权部分投资所形成的股份。

反弹：是指在下跌的行情中，股价有时由于下跌速度太快，受到买方支撑暂时回升的现象。反弹幅度较下跌幅度小，反弹后恢复下跌趋势。

放量：当日成交量比前几个交易日有明显的放大，称为放量。股价高位放量可能是主力出货的表现，低位放量可能是股价将要突破的预兆。

封闭式基金：封闭式基金在基金的发起人在设立基金时，限定了基金单位的发行总额，筹足总额后基金即宣告成立，并进行一定期限的封闭。在封闭期内不再接受新的投资，即基金的份额和规模不会变动。封闭式基金的流通采取在证券交易所上市的办法，即投资者可以在二级市场进行交易，如同买卖股票。封闭式基金目前也采取 T+0 交易制度。

值得注意的是，封闭式基金在二级市场中的交易价格不等于其净值，即存在一定的溢价关系。

分红：是指股份公司在盈利中每年按照股票份额的一定比例支付给股票持有人的红利。

分拆：指公司通过发行新公司的股票，将公司分支机构或部门从公司中拆离出去的行为。母公司股东按原来持股数量比例获得新公司的股票，总价值基本不变。

分仓：投资人为了超量持仓以影响价格、操纵市场，借用其他会员席位或其他客户名义在交易所从事交易，规避交易所持仓限量规定，其在各个席位上总的持仓量超过了交易所对该客户或会员的持仓限量。

分散化投资：将资金同时投资于不同类型证券和不同领域公司股票，以降低风险的行为。

浮筹：浮筹一般指散户手中的股票，流动性强，短线投机心态较强，操作时每拉升到一个关键的技术位，这部分投资者手中的股票容易变现。

（G）

割肉：在买入股票后，股价下跌，投资者为避免损失扩大而低价（赔本）卖出股票的行为。

股票指数期货：股票指数期货简称股指期货，就是将某一股票指数视为一特定的、独立的交易品种，开设其对应的标准期货合约，并在保证金交易（或杠杆交易）体制下，进行买空、卖空交易，通常股指期货都使用现金交割。

股本：股本是指该股票发行股份的总数。

股息：是指股份公司按股票份额的一定比例交付给股票持有者的收入。

股权：股权是股票持有者与其所持有的股票比例相应的权益以及承担的相应责任。

股票价格指数：简称股价指数，是指金融服务机构编制的、通过对股票市场的股票价格进行平均计算和动态对比后得出的数值，是衡量和反映所选择的一组股票价格变动的指标。

股东权益比率：股东权益比率是股东权益对总资产的比率。股东权益比率应当适中，如果权益比率过小，表明企业过度负债，容易削弱公司抵御外部冲击的能力；如果权益比率过大，则意味着企业没有积极地利用财务杠杆作用来扩大经营规模。

股权分置：中国的上市公司中存在着非流通股与流通股两类股份，除了持股的成本的巨大差异和流通权不同之外，赋予每份股份其他的权利均相同。由于持股的成本有巨大差异，造成了两类股东之间的严重不公。股权分置改革，如果不考虑非流通股与流通股的持股成本，不承认两类股东持股成本的差异，便失去了解决问题的逻辑基础，更谈不上保护社会公众投资者这个弱势群体的合法权益和“三公”。判断股权分置改革成败的标准只有一项，即：股权分置改革后，上市公司中所有股份的持股成本是否相同。股权分置问题一直都是困扰着股市健康发展的最主要问题。股权分置不对等、不平等基本包括三层含义。一是权利的不对等，即股票的不同持有者享有权利的不对等，集中表现在参与经营管理决策权的不对等、不平等；二是承担义务的不对等，即不同股东（股票持有者的简称）承担的为企业发展筹措所需资金的义务和承债的义务不对等、不平等；三是不同股东获得收益和所承担的风险的不对等、不平等。股权分置使产权关系无法理顺、企业结构治理根本无法有效进行，企业管理决策更无法实现民主化、科学化，独裁和内部人控制在所难免，甚至成为对外开放、企业产权改革和经济体制改革深化的最大障碍。因此，解决股市问题，股权分置问题必须解决。关于股权分置的提法，最开始提的是国有股减持，后来提出全流通，现在又提出解决股权分置，其实三者的含义是完全不同的。国有股减持包含的是通过证券市场变现和国有资本退出的概念；全流通包含了不可流通股份的流通变现概念；解决股权分置问题是一个改革的概念，其本质是要把不可流通的股份变为可流通的股份，真正实现同股同权，这是资本市场基本制度建设的重要内容。解决股权分置问题后，可流通的股份不一定就要实际进入流通，它与市场扩容没有必然联系。明确了这一点，有利于稳定市场预期，并在保持市场稳定的前提下解决股权分置问题。

国有股：指有权代表国家投资的部门或机构以国有资产向公司投资形成的股份，包括以公司现有国有资产折算成的股份。国有股不能在股市交易。

国债：国债是中央政府根据信用原则，以承担还本付息责任为前提而筹措资金的债务凭证。

（H）

H 股：在香港交易所上市的中国大陆公司股票。

含权：凡是有股票有权未送配的均称含权。

黑马：是指股价在短时间内，上涨幅度很大的股票。

红筹股：在香港注册、上市并由大陆控股的中资公司。

红股：公司向现有股东发行的免费的额外股票，通常按照事先制定的比例按股东持有股份数发行。

红利： 股东所获得的公司部分净利润分配。通常，红利表示为每股一定金额数。

护盘： 股市低落、人气不足时，机构投资大户大量购进股票，防止股市继续下滑行为。

换手率： 换手率是指一定时间内，股票的成交量与股票流通股份总数的比值。

回购： 公司将自己发行的股票或债券购回。回购的目的包括利用闲置现金，提高每股盈利，提高对公司的内部控制，获得股票以便用于员工股票期权计划或退休金计划。在这种情况下，也被称为公司回购。

回调： 在上升趋势中出现的小幅下跌。

（I） （无）

（J）

绩优股： 是指业绩优良的公司的股票。

基金： 我们现在所说的基金通常是指证券投资基金，证券投资基金是一种间接的证券投资方式，基金管理公司通过发行基金单位，集中投资者的资金，由基金托管人（具有资格的银行）托管，由基金管理人管理和运用资金，从事股票、债券等金融工具投资，其与投资者共同承担风险，分享收益。

基本面分析： 股票价值的基本面分析要素涉及所分析企业的销售、收益和资产。行业和公司的基本面分析要素包括销售、资产、收益、产品或服务、市场和管理。对于宏观经济的基本面研究，则包括国民生产总值、利率、失业、存货、储蓄等内容。

技术分析： 技术分析（或图表分析）指针对市场价格行为的行情预测分析。技术分析主要研究市场（或股票）的供求关系。技术分析师通过对价格的运动规律、成交量、变化模式等的研究，并以图线的形式反映这些指标的运动特征，来试图估计当前市场行为的可能效果或者某证券的未来供求状况。

加仓： 一般是指在原有头寸活力状态下，增加新头寸扩大盈利的一种操作方法。

建仓： 投资者开始买入看涨的股票。

交割： 交易双方过户交易货币的所有权的实际交付行为。

经济周期： 经济周期分为衰退、危机、复苏和高涨四个阶段，每个阶段都对股票价格产生影响。衰退期，股票价格逐步下滑，到危机时期股价跌到最低点，在经济复苏开始时，股价又开始上升，升到高涨时期股价涨至最高点。

（K）

开放式基金： 与封闭式基金不同的是，开放式基金的规模不是固定不变的，它是一种可以随时根据市场供求情况发行新份额或被投资人赎回的投资基金。当有投资者申购新份额时，基金的规模就增加；当原来的投资者赎回基金时，其规模就减小。

开放式基金一般不上市交易，其通过向基金公司、银行等销售单位进行申购和赎回，投资者可以通过股市分析软件来查看其净值走势。开放式基金规模不固定，在基金单位申购和赎回时，是按当日的净值进行结算的。

可转债：可转换债券是指能够转换成股票的企业债券，其兼有股票和普通债券双重特征。其中一个重要特征就是有转股价格。在约定的期限后，投资者可以随时将所持的可转债按股价转换成股票。

空头：是指变为股价已上涨到了最高点，很快便会下跌，或当股票已开始下跌时，变为还会继续下跌，趁高价时卖出的投资者。

空头市场：是指股价呈长期下降趋势的市场，空头市场中，股价的变动情况是大跌小涨，也叫熊市。

空头陷阱：通常出现在指数或股价从高位区以高成交量跌至一个新的低点区，并造成向下突破的假象，使恐慌性抛盘涌出后迅速回升至原先的密集成交区，并向上突破原压力线，使在低点卖出者踏空。

（L）

蓝筹股：蓝筹股指的是那些在行业景气或不景气时都能够有能力赚取利润，同时风险较小的公司的股票，蓝筹股的股本和价格通常较高。

利好：是指刺激股价上涨的信息，如股票上市公司经营业绩好转、银行利率降低、社会资金充足、银行信贷资金放宽、市场繁荣等，以及其他政治、经济、军事、外交等方面对股价上涨有利的信息。

利空：是指能够促使股价下跌的信息，如股票上市公司经营业绩恶化、银行紧缩、银行利率调高、经济衰退、通货膨胀、天灾人祸等，以及其他政治、经济、军事、外交等方面促使股价下跌的不利信息。

量比：量比是指开市后每分钟的平均成交量与过去 5 个交易日每分钟平均成交量的比值，它是衡量相对成交量的指标。

龙头股：龙头股指的是某一时期在股票市场的炒作中对同行业板块的其他股票具有影响和号召力的股票，它的涨跌往往对其他同行业板块股票的涨跌起引导和示范作用。龙头股并不是一成不变的，它的地位往往只能维持一段时间。

LOF 基金：　LOF 的英文全称是“Listed Open-Ended Fund”，中文译为“上市型开放式基金”。它的交易方式与 ETF 基金类似，可以选择申购赎回方式和二级市场直接交易方式。与 ETF 基金不同的是，ETF 基金走势与相应的指数走势相关，而 LOF 基金不是。

（M）

满仓：是指投资者将资金全部买入了股票而手中已无现金。

每股净资产： 衡量企业盈利能力的重要指标。每股净资产＝公司的净资产/公司总股份。例如，某公司拥有 100000 元的净资产和 10000 股的总股本，则每股净资产为 10 元。

每股收益： 对公司收益的一种衡量方式，即均匀分布于每一股股份之上的收益。

（N）

N 股： 在纽约交易所上市的中国大陆公司。

内盘： 内盘是指到目前为止，该股票以委托卖出价格成交的手数总和。

牛市： 股票市场上买入者多于卖出者，股市行情看涨称为牛市。

（O）（无）

（P）

盘整： 股价经过一段快速上升或下降后，遭遇阻力或支撑而呈小幅涨跌变动，做横盘整理。

配股： 公司发行新股时按股东所持股份数以持价（低于市价）分配认股。

平仓： 原先买入的就卖出，原先是卖出（沽空）的就买入。

普通股： 普通股是指在公司的经营管理和盈利及财产的分配上享有普通权利的股份，代表满足所有债权偿付要求及优先股东的收益权与求偿权要求后对企业盈利和剩余财产的索取权，它构成公司资本的基础，是股票的一种基本形式，也是发行量最大、最为重要的股票。目前在上海和深圳证券交易所中交易的股票，都是普通股。普通股股票持有者按其所持有股份比例享有以下基本权利。

（1）公司决策参与权。普通股股东有权参与股东大会，并有建议权、表决权和选举权，也可以委托他人代表其行使其股东权利。

（2）利润分配权。普通股股东有权从公司利润分配中得到股息。普通股的股息是不固定的，由公司盈利状况及其分配政策决定。普通股股东必须在优先股股东取得固定股息之后才有权享受股息分配权。

（3）优先认股权。如果公司需要扩张而增发普通股股票时，现有普通股股东有权按其持股比例，以低于市价的某一特定价格优先购买一定数量的新发行股票，从而保持其对企业所有权的原有比例。

（4）剩余资产分配权。当公司破产或清算时，若公司的资产在偿还欠债后还有剩余，其剩余部分按先优先股股东、后普通股股东的顺序进行分配。

（Q）

期货合约： 在未来的规定日期，以固定价格购买或出售某种证券、商品或金融工具的有法律约束力的交易合约。

期权：期权是指这样一种合约，其持有人有权利（而非义务）在合约到期日或到期日以前，按特定的价格买卖某种资产。

企业债券：企业债券是公司依照法定程序发行、约定在一定期限还本付息的有价证券，与国债不同的是，其发行人一般是上市公司或有限责任公司。

清算交收：证券交易双方实施交易的最终结果，出售方转移其拥有的证券，同时购买方支付其购买的证券的费用。

趋势：即市场发展的方向。

权证：权证是指标的证券发行人或者其以外的第三人发行的，约定持有人在规定期间内或特定到期日，有权按照约定的价格向发行人购买或者出售标的证券，或以现金结算方式收取结算差价的有价证券。

（R）

认购权证：认购权证持有人有权按约定价格在特定期限内或到期日，向发行人以行权价格和行权比例买入标的证券。

认沽权证：认沽权证持有人有权按约定价格在特定期限内或到期日，向发行人以行权价格和行权比例卖出标的证券。

（S）

S 股：在新加坡交易所上市的中国大陆公司。

散户：就是买卖股票数量很少的小额投资者。

三板市场：三板市场的全称是“代办股份转让系统”，于 2001 年 7 月 16 日正式开办。三板市场一方面为退市后的上市公司股份提供继续流通的场所，另一方面解决原 STAQ、NET 系统历史遗留的数家公司法人股流通问题。三板市场是个双向扩容的市场，好的三板公司可以上到主板，业绩差的主板股票也会下到三板，另外原先历史遗留问题股也会逐步转战三板。

市盈率：市盈率是指股票当前股价与平均每股年收益（税后）的比值。

市净率：市价与每股净资产之间的比值，比值越低意味着风险越低。

（T）

T+1 和 T+0：自 1995 年 1 月 1 日起，为了保证股票市场的稳定，防止过度投机，股市实行“T+1”交易制度，当日买进的股票，要到下一个交易日才能卖出。同时，对资金仍然实行“T+0”，即当日回笼的资金马上可以使用。

踏空：投资者因看淡后市，卖股票后，该股价却一路上扬，或未能及时买入，因而未能赚得利润。

探底：是指寻找股价最低点的过程，探底成功后股价由低点开始翻升。

摊平：指股票投资者在股价下跌时购买股票，趁低价增加购买，以降低自己股票的平均价格。

套利：试图利用不同市场或不同形式的同类或相似金融产品的价格差异牟利。最理想的状态是无风险套利。

逃顶：股价经过大幅拉升后达到了高峰，主力和机构开始出货，技术指标出现背离，股价即将下跌。此时以高价卖出股票，称为逃顶。

套牢：是指预期股价上涨，不料买入后，股价一路下跌，为投资者造成损失。

特别处理 ST 股：沪深证券交易所在 1998 年 4 月 22 日宣布，根据 1998 年实施的股票上市规则，将对财务状况或其他状况出现异常的上市公司的股票交易进行特别处理，由于“特别处理”的英文是 special treatment（缩写是 ST），因此这些股票就简称为 ST 股。上述财务状况或其他状况出现异常主要是指两种情况：一是上市公司经审计连续两个会计年度的净利润均为负值，二是上市公司最近一个会计年度经审计的每股净资产低于股票面值。在上市公司的股票交易被实行特别处理期间，其股票交易应遵循下列规则。

（1）股票报价日涨跌幅限制为 5%；

（2）股票名称改为原股票名前加“ST”；

（3）上市公司的中期报告必须审计。

跳水：股价迅速下滑，幅度很大。

跳空与补空：股市受强烈的利多或消息影响，开盘价高于或低于前一交易日的收盘价，股价走势出现缺口，称之为跳空；在股价之后的走势中，将跳空的缺口补回，称之为补空。

天量：买卖成交量极大。

天价：过高的股价。

填权：除权后股价上升，将除权差价补回，称为填权。

停牌：股票由于某种消息或进行某种活动引起股价的连续上涨或下跌，由证券交易所暂停其在股票市场上进行交易。待情况澄清或企业恢复正常后，再复牌在交易所挂牌交易。

投资：利用现有资金购入一定形式的资产，如公司债券、不动产、厂房设备、工艺品等，期望经过一段时间获得收益和财产增值。

投资组合：由投资人或金融机构所持有的股票、债券、衍生金融产品等组成的集合。投资组合的目的在于分散风险。

头寸：在交易中所持有的买卖合约数。

退市：对在证券交易所报价交易的股票或证券予以摘牌的处理。

托管：是在托管券商制度下，投资者在一个或几个券商处以认购、买入、转换等方式委托这些券商管理自己的股份，并且只可以在这些券商处卖出自己的证券；券商为投资者提供证券买卖、分红派息自动到账、证券与资金的查询、转托管等各项业务服务。

（U）（无）

（V）（无）

（W）

外盘：外盘是指到目前为止，该股票以委托买入价格成交的手数总和。

委比：其计算公式为：委比 =（委买手数 − 委卖手数）/（委买手数 + 委卖手数）× 100%，委比是衡量某一时段买卖盘相对强度的指标。

委差：某品种当前买量之和减去卖量之和。反映买卖双方的力量对比。正数为买方较强，负数为抛压较重。

（X）

洗盘：庄家为达到炒作目的，必须于途中让低价位买进，意志不坚的散户抛出股票，以减轻上档压力，同时让持股者的平均价升高，以利于实施坐庄的手段，达到牟取暴利的目的。

现手：现手是指股票最近一次委托交易成交的数量，单位为手。

熊市：熊市与牛市相反。股票市场上卖出者多于买入者，股市行情看跌称为熊市。

（Y）

一级市场：指股票的初级市场也即发行市场，在这个市场上投资者可以认购公司发行的股票。通过一级市场，发行人筹措到了公司所需资金，而投资人则购买了公司的股票成为公司的股东，实现了储蓄转化为资本的过程。一级市场有以下几个主要特点。

（1）发行市场是一个抽象市场，其买卖活动并非局限在一个固定的场所。

（2）发行是一次性的行为，其价格由发行公司决定，并经过有关部门核准。投资人以同一价格购买股票。

溢价：即证券的交易价格和实际价值不相符。交易价格低于实际价值为负溢价，相反为正溢价。

移仓：也叫导仓，是为了制造市场假象，或者为转移盈利，把一个席位上的持仓转移到另外一个席位上的行为。

印花税：进行证券交易时向政府交纳的税。

佣金：经纪商代理客户买卖证券业务收取的基本费用。

优先股：是相对于普通股而言的。主要指在利润分红及剩余财产分配的权利方面，优先于普通股。

优先股有两种权利：

（1） 在公司分配盈利时，拥有优先股票的股东比持有普通股票的股东分配在先，而且享受固定数额的股息，即优先股的股息率都是固定的，普通股的红利却不固定，视公司盈利情况而定，利多多分，利少少分，无利不分，上不封顶，下不保底。

（2） 在公司解散，分配剩余财产时，优先股在普通股之前分配。

（Z）

债券：债券是政府、金融机构、工商企业等机构直接向社会借债筹措资金时，想向投资者发行，并且承诺按一定利率支付利息并按约定条件偿还本金的债权债务凭证。债券的本质是债的证明书，具有法律效力。债券购买者与发行者之间是一种债权债务关系，债券发行人即债务人，投资者（或债券持有人）即债权人。债券是一种有价证券，是社会各类经济主体为筹措资金而向债券投资者出具的，并且承诺按一定利率定期支付利息和到期偿还本金的债权债务凭证。由于债券的利息通常是事先确定的，所以，债券又被称为固定利息证券。

债券回购：回购是一种融资工具，目前是不允许个人投资者参与的，主要对机构客户。

债券回购是指交易双方进行的以债券为权利质押的一种短期资金融通业务。资金融入方（正回购方）在将债券卖给资金融出方（逆回购方）以融入资金的同时，双方约定在将来某一日期由正回购方按约定回购利率计算的金额向逆回购方买回相等数量的同品种债券的交易行为。

涨停板、跌停板：交易所规定的股价一天中最大涨（或跌）幅度为前一日收盘价的百分数，不能超过此限，否则自动停止交易。

证券：对股票、企业债券、单据、票据、政府债券等的总称。

增资：上市公司为业务需求经常会办理增资（有偿配股）或资本公积新增资（无偿配股）。

震荡：指股价一天之内忽高忽低地大幅度变化。

整理：股市上的股价经过大幅度迅速上涨或下跌后，遇到阻力线或支撑线，原先上涨或下跌趋势明显放慢，开始出现大幅度上下震动，并持续一段时间，这种现象称为整理。整理现象的出现通常表示多头和空头激烈互斗而产生了跳动价位，也是下一次股价大变动的前奏。

证券交易所：一个有组织的进行证券交易的场所，会员经纪商在证券交易所为机构投资者和个人投资者的报单交易提供集中的供求方面的撮合。

支撑线: 又称抵抗线，是指当股价跌到某个价位附近时，股价停止下跌，甚至回升。支撑线起到阻止股价继续下跌的作用。

止损: 当所持有的头寸与市场发展方向相反时，为了保护其利益而采取的一种保护手段。

中户: 指投资额较大的投资人。

阻力线: 股价上涨达到某一价位附近，如有大量的卖出情形，是股价停止上扬，甚至回跌的价位。股价在上升途中到达某一价位时，由于此价位上方多为套牢盘，当股价一到达该价位，就不断有卖盘出现，致使股价无法上涨，此价位就叫阻力位。如果股价一旦突破阻力线，则该阻力线反而会转变为股价的支撑线。

转托管: 是在托管券商制度下，投资者要将其托管股份从一个券商处转移到另一个券商处托管，就必须办理一定的手续，实现股份委托管理的转移，即所谓的转托管。

做空机制: 认为价格将要下跌时，可预交 10%的定金从第三人手中借来货物卖出，待平仓时再买进还给第三人，将所交的定金收回的方式。

铸底: 股价由最低点回升，随后遭到空头压卖而再度跌落，但在最低点附近又获得多头支撑，如此来回多次后，便迅速脱离最低点而一路上涨。